Finanças Corporativas de Curto Prazo

O acesso às aulas deverá ser feito através do código alfanumérico abaixo, com validade de 12 meses a contar do primeiro acesso. A permissão e o acesso são de uso exclusivamente pessoal.

Para cadastrar-se, basta digitar o código alfanumérico abaixo informado no *site* www.atlas.com.br/cursos e seguir todos os procedimentos exigidos (aceitando, inclusive, os termos de uso).

CÓDIGO ALFANUMÉRICO DE ACESSO EXCLUSIVO

K4MG5-4UNIA

www.atlas.com.br/cursos

CEPEFIN – Centro de Pesquisas em Finanças
Equipe de Professores da FEARP-USP e do INEPAD

ALBERTO BORGES MATIAS

(Coordenador)

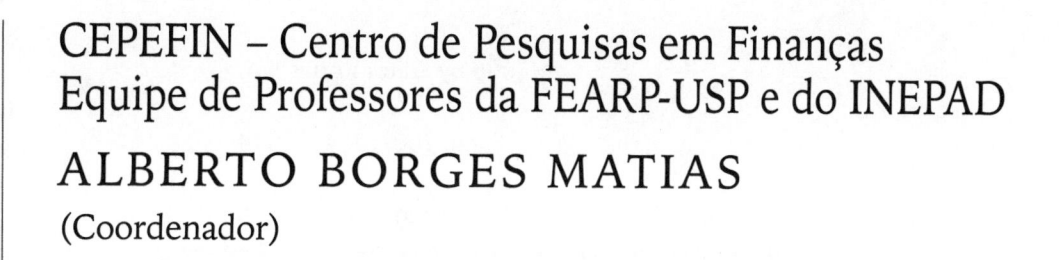

Finanças Corporativas de Curto Prazo

A Gestão do Valor do Capital de Giro

Série Finanças Corporativas

Volume 1

2ª Edição

SÃO PAULO
EDITORA ATLAS S.A. – 2014

© 2006 by Editora Atlas S.A.

1. ed. 2007; 2. ed. 2014

Capa: Zenário A. de Oliveira
Composição: Formato Serviços de Editoração Ltda.

Dados Internacionais de Catalogação na Publicação (CIP)
(Câmara Brasileira do Livro, SP, Brasil)

Finanças corporativas de curto prazo, volume 1: a gestão do valor do capital de giro / Alberto Borges Matias (coordenador). – 2. ed. – São Paulo: Atlas, 2014.

Bibliografia.
ISBN 978-85-224-8464-5
ISBN 978-85-224-8465-2 (PDF)

1. Administração financeira 2. Capital de giro I. Matias, Alberto Borges.

06-5965
CDD-658.15244

Índice para catálogo sistemático:

1. Capital de giro : Administração financeira   658.15244

TODOS OS DIREITOS RESERVADOS – É proibida a reprodução total ou parcial, de qualquer forma ou por qualquer meio. A violação dos direitos de autor (Lei nº 9.610/98) é crime estabelecido pelo artigo 184 do Código Penal.

Depósito legal na Biblioteca Nacional conforme Lei nº 10.994, de 14 de dezembro de 2004.

Impresso no Brasil/*Printed in Brazil*

Editora Atlas S.A.
Rua Conselheiro Nébias 1384
Campos Elísios
01203 904   São Paulo SP
11 3357 9144
atlas.com.br

Sobre a equipe do INEPAD e USP

Participantes da primeira edição:

Coordenação: Alberto Borges Matias

Professores Participantes
Ernesto Fernando Rodrigues Vicente
Genésio de Carvalho Filho
Perla Calil Pongeluppe Wadhy Rebghy

Alunos de Pós-Graduação Participantes
Adriana Cândido
Alexandre José Maschieto
Aline Figlioli
Ana Luisa Gambi Cavallari
Bruno Lobão Soares
Carolina Macagnani dos Santos
Claudionei Nalle Júnior
Daniel Siqueira Pitta Marques
David Forli Inocente
Ernani Mendes Botelho
João Paulo Leonardo de Oliveira
Jorge Luis Faria Meirelles
Luciano Thomé e Castro
Marcelo Botelho da Costa Moraes
Marcos Antonio Gimenes Sanches
Murilo Carneiro
Rodrigo Maimoni Pasin
Roseli de Oliveira Machado
Sílvio Hiroshi Nakao
Thiago Alves
Verônica Aparecida Cosenza Vieira

Alunos de Graduação Participantes
Turmas Entrantes em 2001, 2002, 2003 e 2004 da FEA-RP/USP

Executivos Participantes
Adalberto Savioli
Cristina Bepe
Eduardo Gimenez

Professores Revisores
Maurílio Benite
Orliene Maciel Guimarães
Roy Martelanc

Participantes da segunda edição:

Coordenação: Alberto Borges Matias

Apoio de Coordenação
Gislaine de Miranda Quaglio

Professores Participantes
Alexandre Pereira Salgado Junior
Marcelo Botelho da Costa Moraes
Márcio Mattos Borges de Oliveira
Maurílio Benite
Silvio Hiroshi Nakao

Alunos de Pós-Graduação Participantes
Adriel Martins de Freitas Branco

Eduardo Ribeiro Rodrigues
Gleison Lopes Fonseca
Thiago Ferreira Quilice

Executivos Participantes
Jose Roberto Louzado Junior
Patrícia A. Ambrosio
Maykon Rogerio Dornfeld
Nicolau Jamil Candalaft

Sumário

Apresentação, xi
Prefácio, xiii

O Ensino, a Pesquisa e a Organização em Finanças, 1

Parte I – GESTÃO OPERACIONAL DO CAPITAL DE GIRO, 19

1 Fundamentos da Gestão do Capital de Giro, 21
  1.1 Introdução, 21
  1.2 Contextualizando o conceito de capital de giro, 22
  1.3 Contabilidade aplicada à gestão capital de giro, 23
  1.4 Definições de capital de giro, 27
  1.5 Ciclo operacional, 29
  1.6 Capital de giro operacional, 32
  1.7 Capital de giro financeiro, 34
  1.8 Gestão integrada do capital de giro, 35
  1.9 Avaliação da liquidez na gestão do capital de giro, 39
  1.10 Dinâmica do capital de giro, 42
  Resumo, 47
  Questões, 48
  Exercícios, 48
  Estudo de caso, 49
  Referências, 51

2 Gestão de Recebíveis, Crédito e Cobrança, 52
  2.1 Introdução, 52
  2.2 Objetivos do crédito, 53
  2.3 Fundamentos de crédito, 53
  2.4 Estrutura organizacional corporativa, 58
  2.5 Políticas de crédito, 60
  2.6 Sistemas de informação para análise e gestão de crédito e cobrança, 66
  2.7 Gestão de risco de crédito, 68
  2.8 Gestão de cobrança, 80
  2.9 Gestão da carteira de recebíveis, 89
  Resumo, 92
  Questões, 92
  Exercícios, 92
  Estudo de caso, 93
  Anexo: O balanço perguntado, 96
  Referências, 100

3 Gestão Financeira de Estoques e Logística, 102
  3.1 Introdução, 102
  3.2 Previsão de vendas, 103
  3.3 Gestão de estoques, 106
  3.4 MRP/MRP II, 113
  3.5 OPT – *Optimized Production Technology*, 114
  3.6 *Just in time*, 114
  3.7 Compras, 115

3.8 Evolução dos conceitos: integração da cadeia de suprimentos, 119

Resumo, 121

Questões, 122

Exercícios, 122

Estudo de caso, 124

Referências, 125

4 Fontes de Financiamento e Modalidades de Seguro para Capital de Giro, 127

4.1 Introdução às fontes de financiamento para capital de giro, 127

4.2 Fontes operacionais de capital de giro, 128

4.3 Fontes financeiras para capital de giro, 130

4.4 Introdução às modalidades de seguro para capital de giro, 132

4.5 Fontes financeiras para capital de giro junto a instituições financeiras, 134

4.6 Fontes de crédito ao consumo, 138

4.7 Fontes de crédito rural, 140

4.8 Fontes de crédito habitacional, 143

4.9 Fontes de capital de giro empresarial, 143

4.10 Fontes de recursos de longo prazo para capital de giro, 145

Resumo, 146

Questões, 147

Exercícios, 147

Estudo de caso, 148

Referências, 148

5 Gestão da Tesouraria, 149

5.1 Introdução, 149

5.2 Fluxo de caixa, 151

5.3 Modelos de administração de caixa, 151

5.4 Administração das aplicações financeiras de curto prazo, 155

5.5 Situação financeira e patrimonial, 156

5.6 Risco de contraparte, 157

5.7 Nomenclaturas e conceitos, 159

5.8 Sistema de pagamentos brasileiro (SPB), 159

5.9 COAF e combate à lavagem de dinheiro, 159

Resumo, 160

Questões, 160

Exercícios, 160

Estudo de caso, 162

Referências, 163

Parte II – GESTÃO TÁTICA DO CAPITAL DE GIRO, 165

6 Gestão do Valor no Capital de Giro, 167

6.1 Introdução, 167

6.2 Objetivo da gestão do capital de giro, 167

6.3 Dinâmica da geração de valor no capital de giro, 169

6.4 Conceitos gerais, 171

6.5 Geração de valor na tesouraria, 174

6.6 Geração de valor no giro, 181

6.7 Impactos inflacionários na gestão do capital de giro, 191

Resumo, 192

Questões, 192

Exercícios, 192

Estudo de caso, 192

Referências, 194

7 Gestão Tributária do Capital de Giro, 195

7.1 Introdução, 195

7.2 Regimes de tributação, 196

7.3 Tributos sobre a receita, 196

7.4 Tributos sobre valor agregado, 198

7.5 Tributos sobre o lucro, 199

7.6 Tributos sobre investimentos e passivos financeiros, 200

7.7 Tributos sobre o trabalho e encargos, 201

7.8 FGTS, 201

7.9 Outros encargos, 202

7.10 Impacto dos tributos no capital de giro líquido, 202

7.11 Tributos diferidos, 204

7.12 Planejamento tributário, 206

7.13 Elisão fiscal, evasão fiscal e sonegação, 206

7.14 Geração de valor na tributação, 207

Resumo, 208

Questões, 208

Exercícios, 208

Estudo de caso, 209

Referências, 210

8 Gestão do Capital de Giro Internacional, 211

8.1 Introdução, 211

8.2 Ambiente da gestão do capital de giro internacional, 211

8.3 Fluxos básicos da gestão do capital de giro internacional, 213

8.4 Gestão dos estoques internacionais, 217
8.5 Administração e operação de serviços de transporte, 225
8.6 Gestão do crédito internacional, 226
8.7 Financiamentos internacionais para capital de giro, 227
8.8 Gestão da tesouraria internacional, 229

Resumo, 234
Questões, 235
Estudo de caso, 235
Referências, 236

9 Os Sistemas de Informação na Gestão Integrada do Capital de Giro, 237

9.1 Introdução, 237
9.2 *Enterprise resources planning* (ERP) – conceito e evolução, 238
9.3 Vantagens e desvantagens da adoção de um sistema ERP, 239
9.4 Seleção de um sistema ERP, 240
9.5 Áreas de aplicação dos sistemas ERP nas empresas, 242
9.6 ERP e *e-SCM*, 243
9.7 *Supply Chain Management* (SCM) e Tecnologia da Informação (TI), 244
9.8 Previsão da demanda, 245
9.9 Utilização dos sistemas ERP na gestão do capital de giro, 246
9.10 Compras ou ciclos de gastos, 247
9.11 Faturamento ou ciclo de receitas, 249
9.12 Financeiro, 250
9.13 Gestão de caixa, 250
9.14 Gestão de estoques, 251
9.15 Contabilidade, 251

Resumo, 256
Questões, 257
Referências, 257

10 Aspectos Comportamentais na Gestão do Capital de Giro, 259

10.1 Visões sobre o comportamento humano, 259
10.2 Comportamento e administração financeira, 263
10.3 Aspectos comportamentais na administração do capital de giro, 281
10.4 Considerações finais e direcionamentos futuros, 286

Resumo, 287
Questões, 288
Referências, 289

Posfácio, 293

Apresentação

No mundo conturbado em que vivemos, com crises se sucedendo em diferentes países por diversas razões e se refletindo em todas as atividades econômicas em virtude da globalização, com políticas monetárias conflitantes, contracionistas em uns e expansionistas em outros, com inflações incontroladas, com volatilidades cambiais, em decorrência de medidas artificiais, com riscos variados entre tantas outras imprevisibilidades, a administração financeira transforma-se em uma atividade de extrema importância para o sucesso empresarial.

Em virtude da globalização, tudo o que acontece em qualquer lugar do mundo é transmitido instantaneamente, provocando efeitos econômicos significativos e ampliando a volatilidade dos ativos.

É a nova era das economias interligadas pela migração de capitais, pelas flutuações cambiais, pela interligação dos mercados financeiros e de capitais, pela utilização crescente dos derivativos e pelo aumento dos riscos empresariais e financeiros, tanto pela assimetria das informações quanto pela dificuldade de previsão, com razoável probabilidade de acerto, do cenário futuro.

Com efeito, as inesperadas crises internacionais de soluções imprevisíveis, as alterações repentinas nas taxas de câmbio, as decisões artificiais nas taxas de juros pelas Autoridades Monetárias de diferentes países, as variações significativas nos preços das *commodities*, os subsídios concedidos à produção e ao crédito financeiro, os atos terroristas, os tratados internacionais, a volatilidade inflacionária não controlada e as novas leis, que criam outros critérios e regras, gerando aumento de custos não repassáveis aos preços ou mesmo redução nas vendas ou nos lucros, exigem do Executivo de Finanças acompanhamento diuturno de todos os fatos econômicos, que possam modificar os cenários por ele estabelecidos e o obrigam a, periodicamente, reciclar e atualizar seus conhecimentos técnicos.

Diante de tantas volatilidades e incertezas, o responsável pelas Finanças da empresa fica angustiado na hora da tomada de decisões e inseguro pelo desconhecimento das inúmeras variáveis que perturbam a atividade social.

A administração do capital de giro, em particular, exige uma atenção especial por parte do Administrador Financeiro para que não falte a necessária liquidez às atividades empresariais, que poderá comprometer a lucratividade e a própria sobrevivência da sociedade.

Se a gestão das finanças corporativas de curto prazo para ser bem realizada exige do profissional responsável, na atual conjuntura mundial, aprimoramento contínuo, é facilmente perceptível e compreensível a dificuldade encontrada pelos alunos de graduação, e mesmo os de pós-graduação, para dominarem essa especialização e assimilarem os diferentes tópicos que a informam.

Foi, portanto, em muito boa hora, que um grupo de professores de escola, ligados aos programas de Pós-graduação em Finanças da FEARP/USP e liderados pelo Prof. Dr. Alberto Borges Matias, decidiu enfrentar o enorme desafio de escrever um livro sobre a Gestão do Capital de Giro, que abordasse com profundidade e de forma didática os seus princípios e fundamentos e, o que é muito importante, considerando a realidade brasileira. O sucesso obtido foi tamanho que justifica sua segunda edição.

Nos capítulos deste livro, que tive a satisfação de examinar, os complexos temas técnicos são tratados de forma didática, com casos exemplificativos, e voltados para a realidade brasileira, não se tratando, por conseguinte, de mais uma tradução de obras alienígenas. Enriquece, sem dúvida, a biblioteca acadêmica sobre o Capital de Giro.

Conheci o Prof. Dr. Alberto Borges Matias, nos anos 1980, como meu aluno nas aulas de Finanças, no Curso de Graduação da FEA/USP, e me impressionou seu esforço e dedicação. Mais tarde, tive o grande prazer de tê-lo novamente como meu aluno no Curso de Doutorado da FEA/USP e a imensa satisfação de orientá-lo em sua tese de doutorado, com a qual conquistou brilhantemente o grau de doutor, em 21.5.1992.

Envaidecido por ter sido convidado pelo Prof. Dr. Alberto Borges Matias para escrever o Prefácio desta segunda edição, produção acadêmica de professores coordenados por ele, cujos profundos conhecimentos técnicos são garantia da elevada qualidade de seu conteúdo, quero parabenizá-los por terem realizado, com sucesso, uma obra tão necessária aos cursos universitários e que, em conjunto com o livro Finanças Corporativas de Longo Prazo, são um marco no estudo de finanças empresariais no Brasil.

São Paulo, 15 de julho de 2013.

Keyler Carvalho Rocha
Professor de Pós-graduação da FEA/USP e Vice-Presidente do Conselho de Administração do IBEFSP – Instituto Brasileiro de Executivos de Finanças de São Paulo

Prefácio

Como professor fundador da FEA-RP/USP,[1] tive a preocupação de buscarmos ser os melhores do país em nossas áreas, pois ou assim agíamos ou sucumbiríamos – o curso de Administração de Empresas da unidade acabou sendo o de maior nota média em todas as edições do Provão do MEC. Sendo a minha área Finanças, procurei fazê-lo da melhor forma para atingir o objetivo por mim mesmo proposto, razão do contínuo questionamento sobre a estrutura curricular da área.

Este livro surge da necessidade encontrada nas disciplinas que ministrei na FEA/USP, *campi* de São Paulo e Ribeirão Preto, de organização didática do conhecimento de Finanças, bem como de críticas de ex-alunos quanto à necessidade de introduzir temas importantes para a vida profissional. Já no curso de graduação, pude observar que o ensino de Finanças encontrava resistência de entendimento por parte dos alunos, quer por falta de entendimento de conceitos de disciplinas anteriores, quer pelo encadeamento, de forma pouco didática, do conteúdo das disciplinas da própria área de Finanças.

No tocante ao aspecto de entendimento de conceitos de disciplinas anteriores, a deficiência encontrava-se na falta de coordenação das disciplinas de Finanças, com outras que a antecediam e que eram de fundamental importância para seu entendimento.

Quanto ao aspecto de encadeamento do conteúdo das disciplinas de Finanças, pudemos, em conjunto com alunos dos programas de pós-graduação, observar, já nos levantamentos iniciais de programas acadêmicos nacionais e internacionais, a mescla existente entre conceitos, sem uma clara definição de sequência, e a proliferação de disciplinas numeradas (Finanças 1, Finanças 2, Finanças 3, Finanças 4) sem uma clara sedimentação de conteúdo razoavelmente conectado. Após algumas reuniões nos programas de pós-graduação, definimos a separação do conteúdo de gestão financeira de curto prazo do de longo prazo, nas disciplinas de Finanças Corporativas no curso de graduação, transformando a disciplina Administração Financeira I em Administração do Capital de Giro, e tendo por função a exposição de todo o conteúdo de gestão financeira de curto prazo, e a disciplina de Administração Financeira II em Administração Financeira de Longo Prazo. Esta discussão acabou por gerar alguns artigos de Educação em Finanças, cuja essência encontra-se já na introdução deste livro, na qual expomos nossa visão para a formatação do bloco de disciplinas de finanças do curso de graduação em administração.

Após a discussão de formação acadêmica da disciplina, passamos a discutir a literatura que poderia ser utilizada dentro desta nova formação e observamos que a literatura convencional, com raras exceções, não atendia ao que havíamos definido; aliás, grande parte dos livros de fundamentos em finanças concede pouca ênfase à gestão do capital de giro. Decidimos, assim, ao produzir um livro sobre Administração do Capital de Giro, que ele seria a base conceitual da disciplina de Finanças de mesmo nome, tradicionalmente nomeada

---

[1] Ver <www.fearp.usp.br>.

de Finanças I, e cujo título poderia ser Administração Financeira I: Administração do Capital de Giro, ou Finanças Corporativas de Curto Prazo. Os capítulos do livro formam as diversas aulas a serem ministradas na disciplina. Optou-se, na redação do texto, por uma forma mais didática e acessível a alunos de graduação e de MBAs, normalmente ambos os grupos iniciantes na área de Finanças.

As discussões permearam três turmas de pós-graduação da FEA-RP/USP, que participaram ativamente da formação deste livro, e três turmas de graduação da FEA-RP/USP, que utilizaram esta literatura, mesmo em fase de produção, contribuindo para seu aperfeiçoamento. O trabalho de pesquisa foi centralizado no CEPEFIN – Centro de Pesquisas em Finanças do INEPAD – Instituto de Ensino e Pesquisa em Administração,[2] também por mim fundados.

Nesta segunda edição, acrescentamos alguns procedimentos já existentes no mercado, e ainda não cobertos pela literatura em finanças, tais como operações barter, atividades de compras e operações de seguros de crédito. Novos colegas professores participaram desta edição, em acréscimo ao grupo inicial, bem como alunos dos programas de pós-graduação, tanto mestrado quanto doutorado. A utilização da primeira edição nas turmas noturnas do curso de Administração da FEA-RP/USP mostrou válido todo nosso esforço na condução deste projeto. Inúmeros professores solicitaram os *slides* que utilizávamos e que passamos a disponibilizar pelo *site* da editora. Como complemento, estamos desenvolvendo para esta segunda edição as aulas gravadas por nossos professores dos diversos capítulos deste livro, válidas tanto para professores quanto para alunos e executivos do mercado, permitindo uma mudança no processo acadêmico de ensino – a aula a ser acompanhada em casa e os casos e exercícios a serem realizados em sala de aula; mesmo assim, nossos alunos têm solicitado algumas apresentações em sala de aula. Também será disponibilizado o *e-book* desta edição.

Meus profundos agradecimentos a todos os participantes deste projeto, tanto na primeira quanto nesta segunda edição.

Esperamos que todos os leitores, professores, alunos e profissionais apreciem este nosso esforço de dar à área uma organização conceitual sólida, preocupada com o ensino de graduação no país, pela qual poderíamos ter gestões financeiras cada vez mais sólidas nas organizações. Esta é a nossa pretensão.

Alberto Borges Matias[3]

---

[2] Ver <www.inepad.org.br>.

[3] Ver <www.albertomatias.com.br>.

O Ensino, a Pesquisa e a Organização em Finanças

I – Introdução

A área de finanças é muito ampla. Seu campo de atuação é dinâmico e afeta a vida de todos os agentes que compõem um sistema econômico, sejam as famílias, empresas e governo. O termo *finanças*, de acordo com Gitman (2010), pode ser definido como "a arte e a ciência de administrar o dinheiro".

Praticamente todas as pessoas, empresas e governos gastam ou investem dinheiro, em um processo que envolve instituições e instrumentos financeiros na transferência de dinheiro entre todos.

Da perspectiva das famílias (finanças pessoais), as finanças envolvem as instituições financeiras, investimentos e consumo. Diariamente as pessoas mantêm algum contato com os bancos, sejam emitindo cheques, efetuando saques em caixas eletrônicos, pagamentos *online* ou utilizando seu cartão de crédito ou débito.

Quando a renda é superior aos seus gastos, buscam uma forma de aplicar os excedentes financeiros, seja em uma caderneta de poupança, em CDB/RDB, em fundos de investimentos, aquisições de ações, ou até mesmo em imóveis. Ao contrário, quando a renda é inferior aos gastos, há necessidade de complementar sua renda, para honrar seus compromissos com terceiros. Nessa situação, podem recorrer ao cheque especial, créditos consignados, adiantamento de 13º salário, ao crédito direto ao consumidor, entre outras modalidades oferecidas pelas instituições financeiras. Outras modalidades de financiamento, como o *leasing*, também são oferecidas quando as famílias desejam adquirir um produto de maior valor, como um veículo, por exemplo.

Sobre a perspectiva das empresas, empreendedores, diretores e gerentes estão a todo o momento tomando diversas decisões financeiras na gestão de um negócio, tais como planejamento orçamentário, concessão de crédito a clientes, avaliação de projetos de investimentos, captação de recursos financeiros para financiamento de suas atividades, administração do seu capital de giro entre outras, sendo tomadas de forma contínua e inevitável. A parte das finanças que trata das decisões financeiras das empresas chama-se finanças corporativas, podendo ser dividida em decisões de investimentos e decisões de financiamento.

Segundo Assaf Neto (2010), a decisão de investimento envolve todo o processo de identificação, avaliação e seleção de alternativas de aplicações de recursos na expectativa de retornos econômicos futuros. As decisões de financiamento envolvem a escolha das melhores ofertas de recursos e a melhor proporção a ser utilizada das suas fontes, seja capital próprio ou de terceiros.

Independentemente da posição ou situação, a área de finanças influencia de alguma maneira a vida de todos. Assim, o objetivo deste capítulo visa discutir o ensino de finanças. Os objetivos específicos são:

- entender quais os motivos para se estudar finanças;

- apresentar as disciplinas e conteúdos de finanças abordados nos cursos de administração das universidades brasileiras;
- identificar os temas mais discutidos na literatura de finanças;
- identificar quais temas estão sendo mais pesquisados em periódicos científicos nacionais e internacionais;
- apresentar uma ideia da gestão financeira das organizações.

II – Por que estudar Finanças?

Por que é importante conhecer e estudar Finanças? Mesmo para aqueles profissionais que não querem, ou não se especializaram na área financeira, certamente este estudo é importante por dois motivos. Primeiro, porque precisam ter um conhecimento básico de finanças para administrar seus recursos pessoais, que podem envolver diversas situações, como, por exemplo, escolher o melhor tipo de aplicação financeira. Segundo, porque basicamente todas as decisões de negócios importantes têm implicações financeiras.

Segundo Gitman (2010), todos os gestores de uma empresa, independentemente dos cargos que ocupem, interagem com o pessoal da área financeira por diversos motivos, como a contratação de pessoas, negociar orçamento de compras de materiais, disponibilidade de recursos para campanhas de marketing, avaliação de investimentos em máquinas e equipamentos etc. Em função disso, é importante que os funcionários das diversas áreas da empresa, como recursos humanos, marketing, produção e sistemas de informação entendam os conceitos básicos de finanças e o papel do administrador financeiro na organização.

Além disso, os recursos podem ser uma restrição importante ao pessoal das áreas não financeiras da empresa. Em razão da existência dessas implicações nas decisões de negócios, Brighan e Ehrhardt (2007) afirmam que os executivos não financeiros devem terminantemente saber o suficiente de finanças para trabalhar com essas implicações dentro da análise de sua especialidade. Assim, o campo de finanças é importante para todo estudante de negócios, independentemente de sua especialização.

O estudo das finanças corporativas enfatiza o papel do administrador financeiro. Segundo Mayo (2008), o administrador financeiro deve assegurar que a empresa possa satisfazer suas obrigações quando essas vencerem e determinar quais são as melhores fontes de financiamento para a empresa.

Complementando, Brighan e Ehrhardt (2007) afirmam que esse ainda possui a responsabilidade de decidir os termos de crédito sob os quais os clientes poderão fazer suas compras, quanto de estoque a empresa deve manter, saldo de caixa mínimo etc. Atualmente, o administrador financeiro está cada vez mais envolvido com o desenvolvimento de estratégias empresariais que visam o crescimento da empresa e a melhoria de sua posição de mercado.

Assim, pode-se afirmar que a disciplina Finanças estuda o dinheiro e sua administração. Mas como essa disciplina está sendo oferecida nos cursos de graduação em Administração? No próximo item, serão apresentados os conteúdos de finanças oferecidos nesses cursos, em algumas universidades brasileiras.

III – Ensino de Finanças no Brasil

A fim de identificar os principais conteúdos de Finanças oferecidos pelas universidades brasileiras, o objeto deste item contempla as Instituições de Ensino Superior (IES) que oferecem os cursos de graduação em Administração, e que participaram do Exame Nacional de Desempenho dos Estudantes (ENADE) em 2009. Pela inviabilidade de analisar todas as IES examinadas, optou-se por analisar apenas aquelas instituições cujos cursos ficaram entre os 20 melhores classificados.

Foram acrescentadas a essa amostra, quatro IES que não participaram do ENADE 2009, mas que obtiveram conceito A no Exame Nacional de Cursos (Provão) em 2003, último ano de aplicação deste exame, totalizando uma amostra pretendida de 24 instituições.

O método escolhido para definição da amostra foi do tipo não probabilística por conveniência. Foi verificado se estas IES oferecem em seus respectivos *sites* as ementas das disciplinas oferecidas nos cursos de Administração. Apesar de todas oferecerem os planos de ensino, apenas 15 disponibilizam as ementas e os conteúdos, sendo essas consideradas como amostra real do presente estudo. A Tabela 1 relaciona as IES analisadas.

Tabela 1 – IES selecionadas para pesquisa

CENTRO UNIVERSITÁRIO MUNICIPAL DE SÃO JOSÉ
FACULDADE DE ECONOMIA E ADMINISTRAÇÃO FEA/USP SÃO PAULO
FACULDADE DE ECONOMIA E ADMINISTRAÇÃO FEA-RP/USP SÃO PAULO
FUNDAÇÃO UNIVERSIDADE DO ESTADO DE SANTA CATARINA
INSPER INSTITUTO DE ENSINO E PESQUISA
FACULDADE DE ECONOMIA E ADMINISTRAÇÃO PUC (RJ)
UNIVERSIDADE DE BRASÍLIA
UNIVERSIDADE FEDERAL DE ITAJUBÁ
UNIVERSIDADE FEDERAL DE JUIZ DE FORA
UNIVERSIDADE FEDERAL DE MINAS GERAIS
UNIVERSIDADE FEDERAL DE SANTA MARIA
UNIVERSIDADE FEDERAL DE UBERLÂNDIA
UNIVERSIDADE FEDERAL DO PARANÁ
UNIVERSIDADE FEDERAL DO RIO GRANDE DO SUL
UNIVERSIDADE FEDERAL DE PERNAMBUCO

Dos 15 cursos analisados, todos possuem no mínimo duas disciplinas que abordam conteúdos da área de Finanças, chegando a um total de 108 disciplinas oferecidas. Dessas disciplinas, identificaram-se 73 denominações diferentes, conforme demonstrado na Tabela 2. Das denominações encontradas, Administração Financeira I (40%), Administração Financeira II (33%) e Orçamento Empresarial (33%) são as três denominações mais utilizadas pelos cursos estudados.

Tabela 2 – Disciplinas com conteúdo de Finanças

	Disciplinas	Nº observações	Frequência
1	Administração Financeira I	6	40%
2	Administração Financeira II	5	33%
3	Orçamento Empresarial	5	33%
4	Mercado de Capitais	4	27%
5	Análise Financeira	3	20%
6	Finanças Internacionais	3	20%
7	Mercado Financeiro	3	20%
8	Administração Financeira	2	13%
9	Administração Financeira III	2	13%
10	Análise de Investimentos	2	13%
11	Avaliação de Projetos de Investimento	2	13%
12	Avaliação e Criação de Valor	2	13%
13	Finanças I	2	13%

	Disciplinas	Nº observações	Frequência
14	Finanças II	2	13%
15	Finanças Setoriais	2	13%
16	Mercado de Capitais I	2	13%
17	Mercado de Capitais II	2	13%
18	Tópicos Avançados de Finanças	2	13%
19	Tópicos de Finanças	2	13%
20	Outros	1	353%
	Total	**108**	

Foram analisados os conteúdos oferecidos em cada uma dessas disciplinas citadas acima. Os conteúdos mais oferecidos são:

Tabela 3 – Conteúdos mais abordados nas disciplinas de Finanças

	Conteúdos	Nº observações	Frequência
1	Análise de Demonstrações Financeiras, Gestão de Custos e Orçamento	30	28%
2	Cálculos/Mercado Financeiro	28	17%
3	Investimentos	20	15%
4	Mercado de Capitais	19	12%
5	Administração de Capital de Giro	19	6%
6	Custo Capital	18	6%
7	Financiamento a Longo Prazo	16	4%
8	Estrutura de Capital	13	0%
9	Riscos Financeiros	7	0%
10	Gestão Baseada em Valor	7	0%
11	Governança Corporativa	4	0%

Os conteúdos mais citados são os que envolvem a Análise e a Estrutura das Demonstrações Contábeis, Gestão de Custos e Orçamento Empresarial. Esses conteúdos geralmente são oferecidos em disciplinas e em livros de Contabilidade Gerencial e Controladoria, ou em disciplinas e livros específicos para cada um desses temas. Em seguida, o conteúdo mais citado é Cálculos/Mercado Financeiro, que aborda aspectos sobre as instituições e produtos financeiros, e o estudo do valor do dinheiro no tempo. Em terceiro, o conteúdo mais abordado refere-se a Investimentos, onde são estudados aspectos relacionados a orçamento de capital e análise de viabilidade econômica de projetos de investimentos.

Observa-se que não há um padrão na oferta desses conteúdos. Primeiro, as disciplinas podem ter várias denominações, entre os diferentes cursos. Segundo, alguns temas são mais oferecidos que outros. Além disso, outro ponto observado foi que um mesmo conteúdo é oferecido em duas ou mais disciplinas diferentes.

Confirmando essas observações, Matias (2007) efetuou a análise das grades curriculares de dez cursos de graduação de IES brasileiras e constatou que há uma grande diferença na eleição de critérios para o encadeamento das disciplinas. Segundo o autor, as grades curriculares não possuem orientação para a gestão do valor, além da falta de estímulo ao aprendizado da gestão do capital de giro, demonstrando a falta de orientação prática no ensino de Finanças para a realidade brasileira.

Os conteúdos relacionados ao estudo do capital de giro representam somente 6% das disciplinas oferecidas. Interessante notar que das disciplinas mais oferecidas não há nenhuma específica para este tema.

O Conselho Nacional de Educação,[1] por meio da Resolução nº 4, publicada em 13 de julho de 2005, instituiu as Diretrizes Curriculares Nacionais do Curso de Graduação em Administração. O artigo 5º define que nos cursos de graduação devem constar em sua organização curricular conteúdos que revelem inter-relações com a realidade nacional e internacional, segundo uma perspectiva histórica e contextualizada de sua aplicabilidade no âmbito das organizações.

Define ainda que os currículos atendam aos seguintes campos interligados de atuação:

I – Conteúdos de Formação Básica: relacionados com estudos antropológicos, sociológicos, filosóficos, psicológicos, ético-profissionais, políticos, comportamentais, econômicos e contábeis, bem como os relacionados com as tecnologias da comunicação e da informação e das ciências jurídicas;

II – Conteúdos de Formação Profissional: relacionados com as áreas específicas, envolvendo teorias da administração e das organizações e a administração de recursos humanos, mercado e marketing, materiais, produção e logística, financeira e orçamentária, sistemas de informações, planejamento estratégico e serviços;

III – Conteúdos de Estudos Quantitativos e suas Tecnologias: abrangendo pesquisa operacional, teoria dos jogos, modelos matemáticos e estatísticos e aplicação de tecnologias que contribuam para a definição e utilização de estratégias e procedimentos inerentes à administração; e

IV – Conteúdos de Formação Complementar: estudos opcionais de caráter transversal e interdisciplinar para o enriquecimento do perfil do formando.

Observe que os conteúdos são discriminados de forma generalista. O MEC, segundo Matias (2007), não define quais os conteúdos mínimos dos cursos, ficando a cargo de cada instituição essa definição ou a estruturação da grade curricular.

A bibliografia das disciplinas também foi analisada. Das 15 ementas analisadas, apenas oito fornecem a bibliografia utilizada nas disciplinas. Foram identificadas 61 obras diferentes em 86 ocorrências. Para facilitar a apresentação, foram excluídas as edições de cada obra, constando apenas o nome, autor e editora, conforme apresentado na Tabela 4.

Tabela 4 – Bibliografia utilizada nas disciplinas de Finanças

	Obras	Nº observações	Frequência
1	GITMAN, L. J. Princípios de Administração Financeira. Harbra.	6	7%
2	ASSAF NETO, A. Finanças corporativas e valor. Atlas.	4	5%
3	ROSS, S. A.; WESTERFIELD, R. W.; JAFFE, J. F. Administração financeira Corporate Finance. Atlas.	4	5%
4	BRAGA, R. Fundamentos e técnicas de administração financeira. Atlas.	3	3%
5	FORTUNA, E. Mercado financeiro: produtos e serviços. Qualitymark.	3	3%
6	BRIGHAM, E.; EHRHARDT, M. C. Administração financeira: teoria e prática. Pioneira Thomson Learning.	2	2%
7	CASAROTTO FILHO, Nelson; KOPITTKE, Bruno Hartmut. Análise de investimentos matemática financeira, engenharia econômica, tomada de decisão. Atlas.	2	2%
8	DAMODARAN, A. Finanças corporativas. Bookman Editorial.	2	2%
9	DAMODARAN, A. Valuation security analisys for investment and corporate finance. New York, Willey & Sons.	2	2%
10	GROPPELLI A. A.; NIKBAKHT, E. Administração financeira. Saraiva.	2	2%

---

[1] O Conselho Nacional de Educação é um órgão colegiado integrante da estrutura do Ministério da Educação do Brasil (MEC).

	Obras	Nº observações	Frequência
11	LEMES JÚNIOR, A. B.; CHEROBIM, A. P. M. S.; RIGO, C. M. Administração financeira princípios, fundamentos e práticas brasileiras. Campus.	2	2%
12	ROSS, Stephen A., WESTERFIELD, Randolph W. e JAFFE, Jeffrey. Corporate finance. New York, Irwin/McGraw-Hill.	2	2%
13	SANVICENTE, A. Z.; MELLAGI Filho A. Mercado e capitais e estratégias de investimento. Atlas.	2	2%
14	SECURATO, J. R. Decisões financeiras em condições de risco. Atlas.	2	2%
15	SECURATO, J. R. e outros. Cálculo financeiro das tesourarias – bancos e empresas. Saint Paul Institute of Finance.	2	2%
16	ANDRADE, A.; ROSSETTI, J. P. Governança corporativa fundamentos, desenvolvimento e tendências. Atlas.	1	1%
17	ANTHONY, R. N. Contabilidade gerencial. Atlas.	1	1%
18	ASSAF NETO, A. Matemática financeira e suas aplicações. Atlas.	1	1%
19	ASSAF NETO, Alexandre. Estrutura e análise de balanços: um enfoque financeiro. Atlas.	1	1%
20	BODIE, Z.; KANE, A.; MARCUS, A. Investments. McGraw-Hill/Irwin.	1	1%
21	BREALEY, R. A.; MYERS, S. C.; ALLEN, F. Princípios de finanças corporativas. McGraw-Hill.	1	1%
22	BRIGHAM, E. F.; EHRHARDT, M. C. Financial management theory & pratice, Thomson Business School Edition.	1	1%
23	CAVALCANTI, F.; YOSHIO, J. Mercado de capitais. Campus.	1	1%
24	Comissão Nacional da Bolsa de Valores. Introdução ao mercado de ações. Rio de Janeiro, CNBV.	1	1%
25	COPELAND, T.; KOLLER, T.; MURRIN, J. Valuation measuring and managing the value of companies. EUA, McKinsey & Company.	1	1%
26	COPELAND, T.; KOLLER, T.; MURRIN, J. Avaliação de empresas. Makron Books.	1	1%
27	COPELAND, Tom; ANTIKAROV, Vladimir, Opções reais: um novo paradigma para reinventar a avaliação de investimentos. Campus.	1	1%
28	CORREIA NETO, J. Elaboração e avaliação de projetos de investimento considerando o risco. Campus.	1	1%
29	DAMODARAN, A. Corporate finance theory and practice. New York, John Wiley & Sons.	1	1%
30	DAMODARAN, Aswath. Avaliação de investimentos. Qualitymark.	1	1%
31	FALCINI, P. Avaliação econômica de empresas técnica e prática. Atlas.	1	1%
32	FERREIRA, J. A. S. Finanças corporativas. Prentice Hall Brasil.	1	1%
33	FERREIRA, R. G. Engenharia econômica e avaliação de projetos de investimento critérios de avaliação, financiamentos e benefícios fiscais e análise de sensibilidade e risco. Atlas.	1	1%
34	FLEURIET, M. A arte e a ciência das finanças. Elsevier.	1	1%
35	FREZATTI, Fábio. Orçamento empresarial: planejamento e controle gerencial. Atlas.	1	1%
36	HESS, Geraldo e outros. Engenharia econômica. Difel.	1	1%
37	HOJI, Masakazu. Administração financeira e orçamentária: matemática financeira aplicada, estratégias financeiras, orçamento empresarial. Atlas.	1	1%

	Obras	Nº observações	Frequência
38	HULL, J. Fundamentos dos mercados futuros de opções. Cultura Editores Associados.	1	1%
39	HUMMEL, P.; TASCNNER, M. Análise e decisão sobre financiamento e investimento. Atlas.	1	1%
40	IUDÍCIBUS, S.; MARTINS, E.; GELBCKE, E. R. Manual de contabilidade das sociedades por ações. Atlas.	1	1%
41	LAPPONI, Juan Carlos. Projetos de investimento na empresa. Elsevier.	1	1%
42	MARTELANC, R.; PASIN, R.; CAVALCANTE, F. Avaliação de empresas. Prentice Hall.	1	1%
43	MARTINS, E.; ASSAF Neto A. Administração financeira: as finanças das empresas sob condições inflacionárias. Atlas.	1	1%
44	MATARAZZO, Dante Carmine. Análise financeira de balanços. Atlas.	1	1%
45	MATIAS, A. B. Finanças corporativas de longo prazo. Atlas.	1	1%
46	MOTTA, Regis da Rocha; CALOBA, Guilherme Marques. Análise de investimentos. Atlas	1	1%
47	OLIVEIRA, J. A. N. Engenharia econômica. McGraw-Hill.	1	1%
48	PADOVESI, Clóvis. Introdução à administração financeira. Cengage Learning.	1	1%
49	PETERS, Robert. Retorno do Investimento. S. Paulo, McGraw-Hill.	1	1%
50	PETTY, J. W.; MARTIN, J. D. Gestão baseada em valor. Qualitymark.	1	1%
51	PORTERFIELD, James T. S. Decisão de investimento e custo de capital. Atlas.	1	1%
52	RAPPAPORT, A. Gerando valor para o acionista. Atlas.	1	1%
53	RAPPAPORT, A.; MAUBOUSSIN, M. J. Análise de investimentos. Campus.	1	1%
54	RAPPAPORT, S. P. The affluent investor investment strategies for all markets. New York, NYIF.	1	1%
55	SÁ, Graciano. O valor das empresas. Expressão e Cultura.	1	1%
56	SAMUELS, J. M. et al. Management of company finance. International Thomson Business Press. London.	1	1%
57	SMIDT, Bieroraw. As decisões de orçamento de capital. Guanabara.	1	1%
58	STEWART III, G. B. Em busca do valor. Bookman.	1	1%
59	VAN, H. J. C.; WACHOWICZ, J. M. Fundamentals of financial management. Prentice Hall.	1	1%
60	WELSCH, Glenn A. Orçamento empresarial. Atlas.	1	1%
61	WESTON, J. F.; COPELAND, T. E. Managerial finance, ninth edition. Texas, The Dryden Press International Edition.	1	1%

Das três obras mais citadas nas ementas, duas são de origem norte-americana: Gitman e Ross; Westerfield; Jaffe. Nesse ponto, Matias (2007) afirma que a grande maioria das publicações de Administração Financeira, que influencia a formação das grades curriculares, é de origem norte-americana, apresentando maior ênfase em finanças corporativas, contendo exemplos e casos na maioria das vezes de empresas de capital aberto.

Como no Brasil é expressiva a participação de micro e pequenas empresas, estas obras muitas vezes não condizem com a realidade brasileira. De acordo com matéria publicada no G1 (2012), o Brasil tem mais de 6 milhões de micro e pequenas empresas, que totalizam 99% dos negócios do país, segundo pesquisa feita pelo Sebrae em parceria com o Dieese, entre 2000 e 2011.

No próximo tópico serão descritas as principais obras sobre Finanças publicadas no Brasil e um levantamento das pesquisas acadêmicas sobre o tema.

IV – Pesquisa em Finanças

No item anterior, foi feita uma análise do ensino de finanças nos cursos de graduação em Administração no Brasil. A seguir, serão demonstrados quais os principais temas abordados nas obras de Finanças publicadas no Brasil.

Em seguida, serão apresentados os principais assuntos que estão sendo discutidos na academia sobre o tema, do ponto de vista de pesquisadores nacionais e estrangeiros.

- **Literatura de Finanças**

Foram pesquisados os *sites* de cinco editoras[2] que publicam obras de Contabilidade e Administração. As obras pesquisadas foram selecionadas no campo destinado a livros de Finanças de cada editora. As obras de Finanças foram divididas em: Manuais de Finanças, que são as obras que possuem diversos conteúdos sobre o tema e em obras de conteúdos e temas específicos sobre o assunto. Livros de Contabilidade e Gestão de Custos não foram analisados.

Foram encontrados 29 manuais, sendo 15 de autores brasileiros e 14 de autores estrangeiros com edições traduzidas, resumidos na Tabela 5:

Tabela 5 – Manuais de Finanças

	Obra	Autor	Edição	Ano	Origem
1	Administração Financeira	Sanvicente	3. ed.	1987	Nacional
2	Administração Financeira e Orçamentária	Hoji	10. ed.	2012	Nacional
3	Administração Financeira	Morante; Jorge	2. ed.	2007	Nacional
4	Curso de Administração Financeira	Assaf Neto; Guasti	2. ed.	2012	Nacional
5	Finanças Corporativas	Lemgruber et al.	1. ed.	2001	Nacional
6	Finanças Corporativas e Mercados	Carmona	1. ed.	2009	Nacional
7	Finanças Corporativas e Valor	Assaf Neto	6. ed.	2012	Nacional
8	Fundamentos de Administração Financeira	Assaf Neto; Guasti	1. ed.	2010	Nacional
9	Fundamentos de Finanças Corporativas	Salazar	1. ed.	2010	Nacional
10	Fundamentos e Técnicas de Administração Financeira	Braga	1. ed.	1989	Nacional
11	Finanças Empresariais	Kuhnem	2. ed.	2008	Nacional
12	Finanças Corporativas – Teoria e prática	Luzio	1. ed.	2012	Nacional
13	Introdução à Administração Financeira	Padoveze	2. ed.	2011	Nacional
14	Administração Financeira	Lemes Jr.; Rigo; Cherobim	3. ed.	2010	Nacional
15	Gestão Financeira – Ênfase em aplicações e casos nacionais	Wernke	1. ed.	2008	Nacional
16	Administração Financeira: *Corporate Finance*	Jaffe; Westerfield; Ross	2. ed.	2002	Estrangeiro
17	Princípios de Administração Financeira	Jordan; Westerfield; Ross	2. ed.	2002	Estrangeiro
18	Finanças Empresariais – Essencial	Berk; DeMarzo	1 ed.	2010	Estrangeiro
19	Fundamentos de Finanças Empresariais	Berk; DeMarzo; Harford	1. ed.	2010	Estrangeiro
20	Finanças Empresariais	Berk; DeMarzo	1. ed.	2008	Estrangeiro

---

[2] As editoras pesquisadas foram: Editora Atlas, Grupo A (McGraw-Hill/Bookman), Cenage, Saraiva e Campus/Elsevier.

	Obra	Autor	Edição	Ano	Origem
21	Administração Financeira	Jordan; Westerfield; Ross	8. ed.	2008	Estrangeiro
22	Análise para Administração Financeira	Higgins	8. ed.	2007	Estrangeiro
23	Princípios de Finanças Corporativas	Brealey; Myers; Allen	8. ed.	2008	Estrangeiro
24	Finanças Corporativas	Brealey; Myers	1. ed.	2005	Estrangeiro
25	Finanças Corporativas	Damodaran	2. ed.	2004	Estrangeiro
26	Finanças – Revista e Ampliada	Merton; Bodie	1. ed.	2002	Estrangeiro
27	Administração Financeira – Teoria e Prática	Ehrhardt; Brigham	13. ed.	2012	Estrangeiro
28	Administração Financeira – Série Essencial	Nikbakht, Gropelli	3. ed.	2012	Estrangeiro
29	Fundamentos da Moderna Administração Financeira	Brigham; Houston	11. ed.	2009	Estrangeiro

De acordo com os sumários, os conteúdos abordados nas obras analisadas foram distribuídos da seguinte maneira:

Tabela 6 – Distribuição de conteúdos nos Manuais de Finanças

	Tópico	Conteúdos	Nº de ocorrências	Frequência %
Primeira Parte	Fundamentos de Finanças	Conceitos, funções e objetivos Cálculos Financeiros Ambiente Financeiro Problema *Agency*	27	93%
Segunda Parte	Análise Econômico-Financeira/Gestão de Custos/Orçamento Empresarial	Análise e estrutura das demonstrações financeiras Fluxo de Caixa Alavancagem Operacional Análise Custo Volume Lucro Orçamento Empresarial Formação Preços	24	83%
Terceira parte	Risco e Retorno	Risco e Retorno Precificação Ativos Avaliação de Ações Fundamentos de Mercado de Capitais	21	72%
Quarte Parte	Decisões Financeiras Longo Prazo	Orçamento de capital Métodos de Avaliação Econômica de Investimentos Custo de Capital Estrutura de Capital Alavancagem Financeira Política de Dividendos Fontes de Financiamento a Longo Prazo	27	93%

	Tópico	Conteúdos	Nº de ocorrências	Frequência %
Quinta Parte	Administração Financeira de Curto Prazo	Capital de Giro Práticas de Tesouraria Administração do Caixa Administração de Valores a Receber Administração de Estoques Financiamentos a Curto Prazo	20	69%
Sexta Parte	Tópicos Especiais em Finanças	Fusões e Aquisições Avaliação de Empresas Gestão Baseada em Valor Finanças Internacionais Mercados Derivativos Finanças Comportamentais Governança Corporativa	16	55%

A maioria das obras (93%) começa com uma primeira parte, onde são discutidos os aspectos básicos da administração financeira, características gerais sobre mercado financeiro e um estudo sobre o valor do dinheiro no tempo (matemática financeira). Outro tema também abordado em 93% das obras é com relação às decisões de longo prazo, como investimentos, financiamentos, custo e estrutura de capital e política de dividendos.

Das 29 obras, apenas 20 abordam aspectos relacionados à administração do capital de giro. Nesse aspecto, Matias (2007) afirma que o tema gestão do capital de giro é tratado de forma segmentada, ou é abordado superficialmente nas obras de finanças.

Além dos manuais, identificaram-se 120 obras com conteúdos específicos de Finanças. Essas obras tratam de forma mais aprofundada alguns itens abordados nos manuais de finanças, conforme levantamento anterior.

Tabela 7 – Obras com conteúdos específicos de Finanças

Tema	Frequência	%
Matemática Financeira	20	17%
Mercado Financeiro e/ou de Capitais	18	15%
Análise de Demonstrações Financeiras	17	14%
Decisões e Análise de Investimentos	13	11%
Avaliação de Empresas	12	10%
Orçamento Empresarial	8	7%
Finanças Internacionais	5	4%
Fluxo de Caixa	4	3%
Análise de Crédito	3	3%
Capital de Giro	3	3%
Derivativos	3	3%
Curso Básico de Finanças	3	3%

Tema	Frequência	%
Finanças para Empreendedores/Empresários	3	3%
Finanças Comportamentais	2	2%
Captação de Recursos LP	1	1%
Finanças de LP	1	1%
Finanças Pessoais	1	1%
Finanças para Pequenas e Médias Empresas	1	1%
Estudos de Casos em Finanças	1	1%
Finanças Básicas	1	1%
Total	**120**	**100%**

Aqui notamos também a pequena quantidade de obras específicas em capital de giro, sendo encontradas apenas três obras que abordam o tema de maneira aprofundada. As três obras são: Finanças Corporativas de Curto Prazo (MATIAS, A. B. (Org.)); Administração do Capital de Giro (ASSAF NETO, A.; SILVA, A. T.) e Administração Estratégica do Capital de Giro (VIEIRA, M. V.)

- **Pesquisa Acadêmica em Finanças (Periódicos Nacionais)**

Foram pesquisados os periódicos nacionais da área de Administração e Ciências Contábeis que publicam ocasionalmente artigos da área de Finanças, entre os anos de 2007 e 2012. Os periódicos selecionados foram:

- Revista Brasileira de Finanças (RBFin).
- Revista de Administração da Universidade de São Paulo (RAUSP).
- Revista Contabilidade & Finanças (RCF).
- Revista de Administração de Empresas (RAE).
- *Brazilian Administration Review (BAR)*.
- Revista de Administração Contemporânea (RAC).

Com base na classificação dos conteúdos apresentados na Tabela 7, verificaram-se quais temas de Finanças apresentam mais pesquisas científicas no período levantado. Foram encontrados 200 artigos, conforme demonstra a Tabela 8:

Tabela 8 – Temas de Finanças mais pesquisados em periódicos nacionais

Assunto	2012	2011	2010	2009	2008	2007	Total	%
Risco e Retorno	13	8	8	3	6	5	**43**	**22%**
Fundamentos de Mercado de Capitais	3	6	–	2	2	5	**18**	**9%**
Governança Corporativa	1	1	3	3	3	2	**13**	**7%**
Estrutura de Capital	1	–	2	4	4	1	**12**	**6%**
Precificação de Ativos	1	5	3	1	–	1	**11**	**6%**
Opções	2	–	2	3	2	2	**11**	**6%**
Fundos de Investimentos	1	–	2	3	3	–	**9**	**5%**
Banking	3	1	1	1	3	–	**9**	**5%**
Administração de Valores a Receber	1	–	1	3	3	–	**8**	**4%**
Ambiente Financeiro	–	1	1	–	3	1	**6**	**3%**
Análise e Estrutura das Demonstrações Financeiras	2	1	1	–	–	2	**6**	**3%**

Assunto	2012	2011	2010	2009	2008	2007	Total	%
Métodos de Avaliação Econômica de Investimentos	1	2	2	–	–	1	6	3%
Fontes de Financiamento de Longo Prazo	–	–	1	3	1	–	5	3%
Avaliação de Empresas	1	–	1	–	2	1	5	3%
Custo de Capital	1	2	–	–	–	1	4	2%
Política de Dividendos	4	–	–	–	–	–	4	2%
Fusões e Aquisições	1	1	1	1	–	–	4	2%
Avaliação de Ações	–	2	1	–	–	–	3	2%
Gestão Baseada em Valor	2	–	–	–	1	–	3	2%
Mercados Derivativos	–	2	–	–	–	1	3	2%
Finanças Comportamentais	1	–	–	1	–	1	3	2%
Custos de Transação	1	2	–	–	–	–	3	2%
ISE Sustentabilidade Empresarial	–	1	–	1	–	–	2	1%
Cálculos Financeiros	–	1	–	–	–	–	1	1%
Fluxo de Caixa	–	–	–	–	–	1	1	1%
Análise Custo Volume Lucro	–	–	–	–	–	1	1	1%
Orçamento Empresarial	–	–	–	–	1	–	1	1%
Formação de Preços	–	–	–	1	–	–	1	1%
Alavancagem Financeira	–	–	–	–	–	1	1	1%
Capital de Giro	1	–	–	–	–	–	1	1%
Financiamentos de Curto Prazo	–	1	–	–	–	–	1	1%
Pesquisa em Finanças	–	–	–	–	1	–	1	1%
Total	41	37	30	30	35	27	200	100%

Os dados mostram que os temas Risco e Retorno e Fundamentos de Mercado de Capitais são o maior foco dos pesquisadores brasileiros. A preferência por artigos nessa área pode ser em função da disponibilidade de informações disponíveis aos pesquisadores. Leal, Oliveira e Soluri (2013) sugerem que a preferência por artigos empíricos se reflete na maior incidência de artigos em subáreas favorecidas pela disponibilidade dos dados, como Economática e Bloomberg.

Camargo, Coutinho e Amaral (2005) traçaram o perfil da área de finanças do ENANPAD,[3] por meio de um levantamento da produção científica realizada entre 2000 e 2004. Os autores identificaram que os temas mais abordados no período foram: Finanças Corporativas (30,99%), Derivativos e Gestão de Risco (25,73%) e Mercado de Capitais (18,71%). Porém, ao ponderar estas duas últimas como sendo uma só, elas passam a representar 44,44% do total, confirmando a preferência dos pesquisadores nessa área.

Ainda sobre esse tema, Leal, Oliveira e Soluri (2013), ao comentarem as características dos artigos publicados na RBFin, observam que a maioria reproduz testes empíricos internacionais com dados nacionais. Segundos os autores os artigos abordam empresas com ações em bolsa, cujas informações são abundantes e pouco oferecem sobre as demais empresas.

O tema Capital de Giro foi pouco explorado nesse período. O tema aparece apenas uma vez entre os temas mais pesquisados, assim como conteúdos relacionados ao tema, como Administração de Valores a Receber (oito publicações), Financiamento de Curto Prazo (uma publicação) e Fluxo de Caixa (uma publicação).

Matias (2007), em pesquisa ao portal da Capes em 2004, verificou que não havia nenhum artigo que

---

[3] ENANPAD – Encontro Nacional da ANPAD.

contivesse as palavras *capital de giro,* working *capital, financiamento de curto prazo, recebíveis, estoques, caixa e tesouraria.* Isso reforça o baixo interesse de pesquisa dos pesquisadores brasileiros sobre o tema.

- **Pesquisa Acadêmica em Finanças (Periódicos Internacionais)**

Foram pesquisados três periódicos internacionais da área de Negócios e Finanças que publicam artigos da área de Finanças, também entre os anos de 2007 e 2012. Os periódicos foram selecionados, com base no seu fator de impacto, medido pelo número de citações de seus artigos em outras revistas, publicado pelo JCR (*Journal Citation Reports*). Os periódicos com maior fator de impacto[4] são:

- *Review of Financial Studies.*
- *Journal of Finance.*
- *Journal of Financial Economics.*

Foram levantados apenas os artigos com temas relacionados a Finanças, não sendo considerados temas que abordam Economia, num total de 1.361 artigos selecionados, conforme demonstra a Tabela 9:

Tabela 9 – Temas de Finanças mais pesquisados em periódicos internacionais

Assunto	2012	2011	2010	2009	2008	2007	Total	%
Risco e Retorno	44	38	46	57	47	35	267	20%
Fundamentos de Mercado de Capitais	32	27	40	50	38	50	237	17%
Banking	26	20	19	15	11	17	108	8%
Fundos de Investimentos	19	19	13	24	10	7	92	7%
Precificação de Ativos	9	18	12	16	17	13	85	6%
Governança Corporativa	14	14	12	13	15	14	82	6%
Ambiente Financeiro	8	13	7	14	13	14	69	5%
Fusões e Aquisições	5	14	10	11	5	6	51	4%
Estrutura de Capital	9	5	11	7	7	8	47	3%
Fontes de Financiamento de Longo Prazo	4	7	5	6	8	7	37	3%
Opções	5	5	4	10	4	9	37	3%
Métodos de Avaliação Econômica de Investimentos	9	5	6	1	4	6	31	2%
Finanças Comportamentais	10	3	4	6	3	3	29	2%
Administração de Valores a Receber	5	6	3	1	2	6	23	2%
Política de Dividendos	1	6	3	4	6	2	22	2%
Custo de Capital	4	3	3	5	2	1	18	1%
Teoria da Agência	4	1	4	3	3	1	16	1%
Alavancagem Financeira	5	3	4	1	1	1	15	1%
Risco de Liquidez	1	3	3	3	1	4	15	1%
Avaliação de Ações	5	6	1	–	1	1	14	1%
Administração do Caixa	2	1	3	4	2	1	13	1%
ISE Sustentabilidade Empresarial	1	2	–	–	3	2	8	1%
Análise e Estrutura das Demonstrações Financeiras	1	–	–	1	3	2	7	1%
Financiamentos de Curto Prazo	2	1	1	2	–	1	7	1%

---

[4] No primeiro bimestre de 2013.

Assunto	2012	2011	2010	2009	2008	2007	Total	%
Gestão Baseada em Valor	2	–	–	3	2	–	7	1%
Práticas de Tesouraria	–	1	1	2	–	1	5	0%
Avaliação de Empresas	–	–	–	1	3	1	5	0%
Custos de Transação	2	–	–	1	1	1	5	0%
Mercado Derivativo	1	–	–	1	–	1	3	0%
Finanças Internacionais	–	–	–	1	–	1	2	0%
Análise Custo Volume Lucro	–	–	–	1	–	–	1	0%
Orçamento de Capital	–	1	–	–	–	–	1	0%
Capital de Giro	–	–	1	–	–	–	1	0%
Administração de Estoques	–	1	–	–	–	–	1	0%
Total	230	223	216	264	212	216	1.361	100%

Observa-se que a pesquisa internacional em Finanças é muito superior às pesquisas nacionais. Assim como nos periódicos nacionais, os temas mais pesquisados são Risco e Retorno e Fundamentos em Mercado de Capitais. Confirma-se também que o tema de capital de giro é bem menos explorado pelos pesquisadores internacionais em relação a outros temas, mas em proporção maior em relação às pesquisas nacionais.

Em relação ao capital de giro, foram encontrados os temas: Administração de Valores a Receber (23 publicações), Administração de Caixa (13 publicações), Financiamento de Curto Prazo (sete publicações), Práticas de Tesouraria (cinco publicações) e Capital de Giro e Administração de Estoques (uma publicação).

V – A Organização da Gestão Financeira

Caso de Abertura: Esse desconto, não!

O Sr. Ruinde Negócio é gerente de contas a receber da empresa "Extadi Fícil Ltda." Certo dia, um cliente o contactou, solicitando desconto para realizar pagamento com um mês de antecedência. Ruinde Negócio, baseado em seus conhecimentos de mercado, disse que o máximo que poderia conceder seria 2%. O cliente gostaria de obter pelo menos 3%, mas Ruinde Negócio foi intransigível e não concedeu o desconto. O cliente, então, esperaria até a data de vencimento para realizar o pagamento.

Na mesma empresa, o gerente de contas a pagar, Sr. Senco Municação, acabou de receber mercadorias de seu fornecedor, quase no mesmo valor que o cliente queria antecipar à empresa, para pagamento daqui a um mês, com uma taxa de juros embutida de 5% ao mês. Se o Sr. Senco Municação pagasse a mercadoria a vista, não teria a incidência de 5% de juros e até poderia negociar um desconto. Mas, no momento, a empresa estava sem caixa.

A empresa está conseguindo gerar valor? O que há de errado?

Se fosse concedido desconto de 3% ao cliente, com esses recursos a empresa poderia comprar a mercadoria a vista, sem a incidência de 5% de juros. A empresa estaria gerando valor, pois deixaria de pagar 5% de juros ao fornecedor com a concessão de desconto de apenas 3% ao cliente.

Caso 1
Caso de abertura: as organizações e o capital de giro

O que se pretende demonstrar é que a Gestão do Capital de Giro é negligenciada de diversas formas, tendo sido objeto de descuidada atenção das universidades como disciplina, apresentando baixo índice de menção por meio da pesquisa acadêmica e uma lacuna evidente nas empresas que administram o circulante de maneira fragmentada. A fragmentação também é refletida na gestão de valor, a qual não é tratada de maneira sistêmica.

Um exemplo da fragmentação da gestão do capital acontece quando o caixa é de responsabilidade da tesouraria, a gestão de crédito fica como incumbência do setor de Vendas e a gestão de estoque é desenvolvida pela área de Produção. Os interesses envolvidos na gestão do capital de giro podem se mostrar conflitantes quando cada área responsável por uma das subdivisões do gerenciamento do circulante resolve implantar uma política que é conflitante com a gestão realizada por outra área. Por exemplo, quando a empresa apresenta necessidade de caixa para suportar as atividades operacionais e o setor de vendas enfatiza a cessão de crédito aos clientes, ou quando a área comercial deseja a existência de um estoque para facilitar as vendas e a área de finanças quer diminuí-lo ao máximo. Ou seja, a otimização dos componentes do capital de giro em cada área pode estar em contraposição à geração de valor por meio do capital de giro; em outras palavras, pode-se dizer que *garantir o desempenho que mais favoreça as partes individualmente pode ser prejudicial ao todo da empresa*.

De acordo com a importância de uma gestão capaz de observar o desenvolvimento de suas operações financeiras de rotina e suas estratégias de longo prazo, propõe-se a criação, dentro da estrutura da empresa, de unidades que coordenem órgãos responsáveis por partes específicas de curto e longo prazo, mas que se integram sistematicamente, a fim de determinar políticas de gestão e instrumentos operacionais capazes de proporcionar liquidez e geração de valor para a empresa.

Para efetivação da gestão integrada do capital de giro, propõe-se a criação de um Comitê Gestor do Capital de Giro, formado pelo Diretor Financeiro, Diretor de Produção e Diretor de Vendas.

Internamente, a Diretoria Financeira seria formada por duas gerências: uma voltada para a administração financeira de curto prazo e outra voltada para a administração financeira de longo prazo.

A Ilustração 1 apresenta uma proposta de organização para a área de finanças.

Ilustração 1 – Estrutura organizacional da área financeira

A Estrutura Organizacional com Foco em Finanças

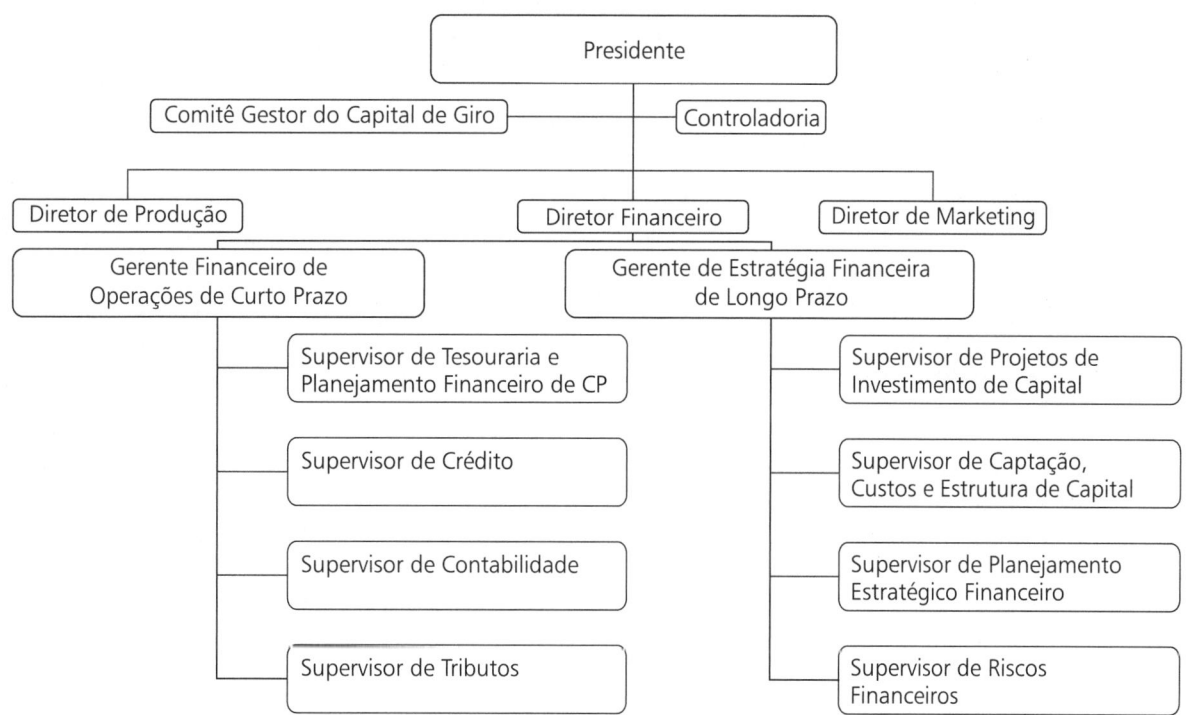

- **Organização Financeira das empresas brasileiras**

Para demonstrar como as empresas brasileiras organizam sua estrutura financeira, foram pesquisados os relatórios anuais de algumas empresas que apresentam essa estrutura em seus relatórios anuais, disponibilizados aos seus investidores em seus *sites*:

1) **AMBEV**

O Comitê de Operações, Finanças e Remuneração da empresa tem a função de atender ao Conselho de Administração no que concerne a:

- apresentação de propostas de planejamento de médio e longo prazos;
- análises, propostas e monitoramento dos objetivos anuais de *performance* da companhia,

assim como dos orçamentos necessários para atingi-los;
- análise e monitoramento da posição da companhia por meio de estudos dos resultados, desenvolvimento de mercado e permanente *benchmarking* interno e externo;
- análises, monitoramento e propostas para a uniformização de boas práticas;
- análises e monitoramento da *performance* das marcas da companhia e estratégias de inovação;
- análises, monitoramento e propostas de assuntos relacionados à Gente e Gestão, incluindo programas de recrutamento, remuneração variável e propagação da cultura da companhia, equivalente a Comitê de Remuneração;
- análises, monitoramento e sugestões sobre assuntos jurídicos, tributários e regulatórios relevantes;
- análises e monitoramento do plano anual de investimento da companhia;
- análise e monitoramento de oportunidades externas de crescimento;
- análise e monitoramento da estrutura de capital e fluxo de caixa da companhia;
- análise e monitoramento do gerenciamento de risco financeiro da companhia, bem como do orçamento e política de tesouraria.

2) PÃO DE AÇÚCAR

Comitê Financeiro: Formado por quatro membros, sendo um independente. É responsável por acompanhar e supervisionar a implementação e realização do plano anual de investimentos; revisar e recomendar oportunidades relacionadas a transações de financiamento para melhorar a estrutura de capital; e revisar o fluxo de caixa. As reuniões ocorrem, no mínimo, a cada dois meses.

3) MAGAZINE LUIZA

O Comitê de Finanças é um órgão colegiado de assessoramento e instrução, instituído pelo Conselho de Administração da Companhia, na forma do disposto no § 1º, do artigo 23, do Estatuto Social da Companhia. O Comitê tem como responsabilidade principal assessorar o Conselho de Administração: (i) na definição da política e do planejamento financeiro da Companhia; (ii) na definição das políticas e dos níveis de endividamento adequados para as atividades da Companhia, bem como monitoramento de *covenants* contratuais e garantias; (iii) na definição da política de aplicações financeiras e de investimentos; (iv) monitoramento dos riscos financeiros para o Magazine Luiza; e (iv) no monitoramento das atividades das subsidiárias Luizacred S.A. – Sociedade de Crédito, Financiamento e Investimento, e Luizaseg Seguros S.A.

4) DROGA RAIA

Comitê de Finanças: (i) acompanhar o cumprimento do orçamento e dos resultados; (ii) auxiliar o Conselho de Administração na análise da conjuntura econômica brasileira e mundial e de seus potenciais reflexos em nossa posição financeira; (iii) examinar, discutir e formular recomendações ao Conselho de Administração quanto à política financeira proposta pela Diretoria; e (iv) propor mecanismos de operacionalizações relacionados à gestão de riscos e a coerência das políticas financeiras com as diretrizes estratégicas e o perfil de risco do negócio.

Pode-se observar que na estrutura destas empresas não existe um comitê específico para tratar da administração do capital de giro.

VI – Considerações finais

Vimos que a maioria dos cursos adota um livro-texto e segue o roteiro proposto no livro, sem as adaptações necessárias à realidade brasileira – inflação, nosso mercado de capitais, custo de capital, taxa de juros, dentre outras. Assim, o ensino de finanças apresenta-se desintegrado e inadequado à realidade brasileira.

É fundamental que o administrador de empresas tenha uma sólida formação em finanças, com conhecimento teórico e prático do papel da administração financeira e da controladoria, da importância das informações contidas nas demonstrações financeiras, do que é administração do capital de giro e planejamento financeiro e dos fundamentos de risco, retorno e de geração de valor, para: diagnosticar situações; negociar recursos, acordos e bens; tomar decisões; propor e implementar mudanças; lidar com a diversidade e a adversidade; planejar, organizar, dirigir e controlar recursos, atividades e bens.

VII – Exercício

Faça uma análise comparativa da estrutura curricular de seu curso relativamente às propostas aqui expostas, apresente sugestões de melhoria e discuta com o professor propostas à direção da escola.

Referências

ASSAF NETO, A. *Finanças corporativas e valor*. 5. ed. São Paulo: Atlas, 2010.

BRIGHAM, E. F.; EHRHARDT, M. C. *Administração financeira*: teoria e prática. São Paulo: Thomson Learning, 2007.

CAMARGO, M. A.; COUTINHO, E. S.; AMARAL H. F. *O perfil da área de Finanças do ENANPAD*: um levantamento da produção científica e de suas tendências entre 2000-2004. ENANPAD 2005. Disponível em: <http://www.anpad.org.br/diversos/trabalhos/EnANPAD/enanpad_2005/FIC/FICD995.pdf>. Acesso em: 4 mar. 2013.

G1. *Micro e pequenas empresas são 99% do total no país, mostra pesquisa*. Disponível em: <http://g1.globo.com/economia/pme/noticia/2012/02/micro-e-pequenas-empresas-sao-99-do-total-no-pais-mostra-pesquisa.html> Acesso em: 4 mar. 2013.

LEAL, R. P. C.; ALMEIDA, V. S.; BORTOLON, P. M. Produção científica brasileira em Finanças no período 2000-2010. *RAE*, São Paulo, v. 53, nº 1, jan./fev. 2013. Disponível em: <http://rae.fgv.br/rae/vol53-num1-2013/producao-cientifica-brasileira-em-financas-no-periodo-2000-2010>. Acesso em: 10 abr. 2013.

GITMAN, J. L. *Princípios de administração financeira*. 12. ed. São Paulo: Pearson Prentice Hall, 2010.

MAYO, H. B. *Finanças básicas*. São Paulo: Cengage Learning, 2008.

Parte I

Gestão Operacional do Capital de Giro

1

Fundamentos da Gestão do Capital de Giro

Objetivos do capítulo

- Apresentar o conceito e em que contexto está inserido o capital de giro.
- Explicar a importância do capital de giro.
- Apresentar noções fundamentais para a gestão do capital de giro.
- Mostrar a importância de uma boa gestão do capital de giro.
- Apresentar conceitos como capital de giro líquido e necessidade de capital de giro.

1.1 Introdução

Como visto na introdução deste livro, o estudo de finanças é amplo e dinâmico, e seu estudo pode ser dividido em dois âmbitos: macro e micro.

O âmbito macro de finanças está relacionado à economia, mais especificamente à macroeconomia, e refere-se a questões como fluxos internacionais de capital, sistema financeiro nacional e mercados financeiros. O âmbito micro de finanças refere-se às finanças das organizações, que, por sua vez, podem ser divididas em curto prazo e longo prazo. No longo prazo, as finanças empresariais contemplam temas como a análise de projetos, a estrutura e o orçamento de capital. No curto prazo, as finanças empresariais contemplam o **capital de giro**. Este livro abordará a administração financeira de curto prazo: a gestão financeira do capital de giro. A Ilustração 1.1 apresenta o contexto em que a gestão do capital de giro está inserida.

Ilustração 1.1 – Contextualização do capital de giro

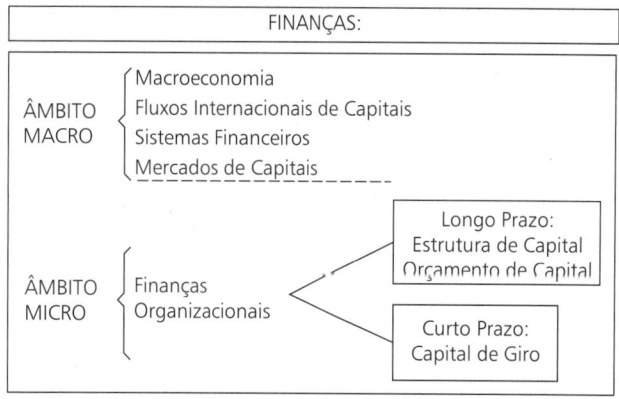

O objetivo principal desta gestão é administrar os principais componentes do capital de giro, como estoques, contas a receber, disponibilidades, fornecedores, empréstimos bancários entre outros, visando o equilíbrio entre a liquidez e rentabilidade das organizações.

Neste capítulo vamos tratar dos fundamentos do capital de giro, do uso da contabilidade na sua gestão e os principais aspectos relacionados à gestão operacional e financeira do giro.

1.2 Contextualizando o conceito de capital de giro

Uma empresa, independentemente de sua estrutura (pública ou privada, com fins lucrativos ou não, de pequeno, médio ou grande portes), em suas operações estão inclusas atividades rotineiras, com diversos eventos repetitivos, conhecidos como ciclo operacional.

Para facilitar a compreensão do ciclo operacional e de sua relação com o capital de giro de uma empresa, vamos utilizar como exemplo a abertura de uma loja de roupas femininas, a Nossa Loja Ltda., aberta pela Dona Maria.

Digamos que o local de instalação da Nossa Loja já tenha sido escolhido. Será em um *shopping center*. E que os móveis e equipamentos necessários ao funcionamento da loja, como prateleiras, balcões e computadores, já foram adquiridos.

Precisamos agora comprar as mercadorias que serão vendidas na Nossa Loja. Mas grande parte do capital inicial foi utilizada na aquisição de móveis e equipamentos, sendo que não sobraram recursos suficientes para a aquisição de todas as mercadorias necessárias. Assim, a maioria das compras de mercadorias deverá ser realizada a prazo.

Após negociação com os fornecedores, a Nossa Loja conseguiu um prazo de 60 dias para o pagamento de suas compras, sendo possível adquirir todas as mercadorias necessárias para a abertura da loja, e o estoque foi formado. Funcionários foram contratados, as mercadorias foram colocadas nas prateleiras e a Nossa Loja pôde, então, ser inaugurada.

A inauguração foi um sucesso, com um grande volume de vendas. Algumas vendas foram realizadas a vista, mas a grande maioria foi realizada a prazo, em três parcelas, sendo uma entrada e o restante em 30 e 60 dias.

Logo, mais mercadorias tiveram que ser adquiridas, pois o estoque diminuiu rapidamente. Para algumas peças, como as blusinhas da moda, o estoque já tinha até terminado e, nesse caso, a Nossa Loja chegou a perder vendas, por não ter a mercadoria que o cliente estava procurando. Mas o problema logo foi solucionado: a Dona Maria entrou em contato com os fornecedores, mais mercadorias foram adquiridas e a Nossa Loja conseguiu repor os estoques, dando continuidade ao negócio.

Esse ciclo rotineiro (financeiro) compreende a transição periódica de disponível (caixa) compra de mercadorias para estoques, de estoques em contas a receber (clientes), de contas a receber em disponíveis que serão utilizados para pagamento dos fornecedores, que irão fornecer mais mercadorias para estoques, reiniciando o ciclo, como mostra a Ilustração 1.2.

Ilustração 1.2 – Capital de giro e ciclo financeiro

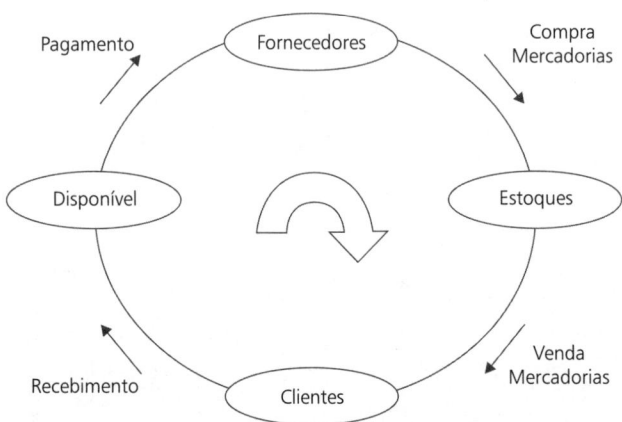

O ciclo financeiro, se bem dimensionado e administrado, permitirá à empresa a geração de suficiente *liquidez* e *lucratividade*, necessárias à sua *sobrevivência* e *prosperidade*. O montante de recursos necessários para a manutenção desse ciclo rotineiro é representado pelo capital de giro, e é esse que irá permitir, por fim, a materialização dos fatores citados: liquidez, lucratividade, sobrevivência e prosperidade. Assim, o *capital de giro* refere-se aos recursos financeiros, próprios ou de terceiros, necessários para sustentar as atividades operacionais, no dia a dia das empresas.

Antes de prosseguir a leitura, reflita alguns instantes a respeito da seguinte questão: **aumentei as vendas, aumentei o faturamento, mas estou endividado e sem dinheiro. O que ocorreu?**

A resposta para essa questão está na gestão do capital de giro e, ao longo deste capítulo, serão apresentados os fatores que podem levar a uma situação como a citada acima.

1.2.1 *Volume do capital de giro*

O volume do capital de giro, como mostra a Ilustração 1.3, varia de acordo com o volume de vendas, sazonalidade do negócio, fatores cíclicos da economia, tecnologia e política de negócios.

Ilustração 1.3 – Volume do capital de giro

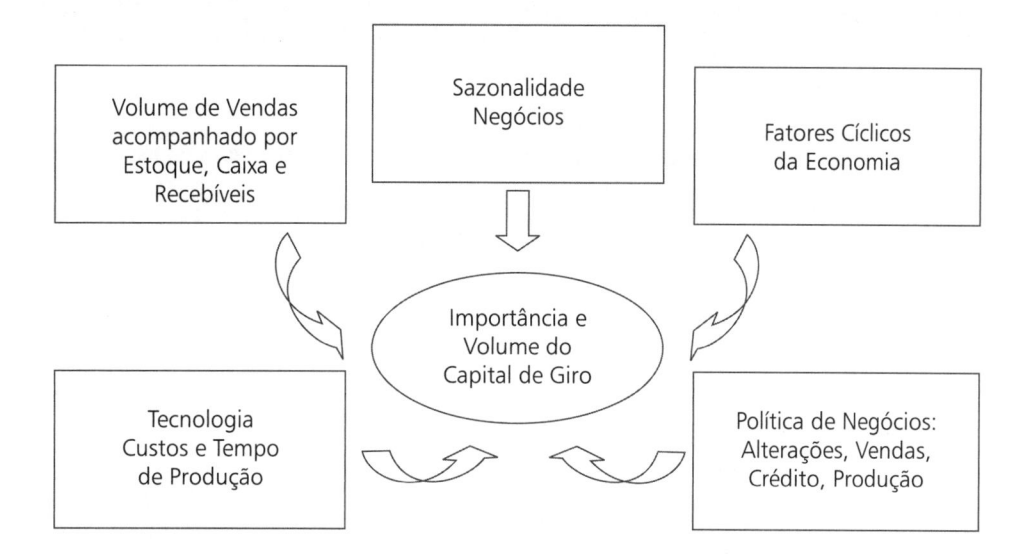

```
    [Volume de Vendas          [Sazonalidade           [Fatores Cíclicos
     acompanhado por            Negócios]               da Economia]
     Estoque, Caixa e
     Recebíveis]
                          ( Importância e
                            Volume do
                            Capital de Giro )

    [Tecnologia                                        [Política de Negócios:
     Custos e Tempo                                     Alterações, Vendas,
     de Produção]                                       Crédito, Produção]
```

Normalmente, aumentos no volume de vendas acarretam aumentos no volume de estoques, caixa e recebíveis. O aumento no volume de vendas exige, normalmente, uma quantidade maior de estoque. Por exemplo, se a venda média de determinada mercadoria aumenta de duas unidades ao dia para quatro unidades ao dia, então, é normal que o estoque aumente também. Além do estoque, é normal que ocorra um aumento nos recursos disponíveis (caixa), uma vez que a realização de compras de mercadorias em maior volume demanda mais recursos financeiros, mesmo que sejam feitas a prazo, devido ao aumento no volume dos estoques. Os recebíveis também acompanham o aumento das vendas, quando parte dessas vendas é realizada a prazo.

A sazonalidade dos negócios determina variações na necessidade de recursos ao longo do tempo, como é o caso de empresas de sorvetes, cujas vendas são grandes no verão e pequenas no inverno.

Os fatores cíclicos da economia, como recessão, afetam o negócio, provocando, por exemplo, a diminuição de vendas.

A tecnologia influencia, principalmente, os custos e o tempo de produção, e proporciona aumento de produtividade nas empresas.

A política de negócios diz respeito aos fatores externos à empresa que podem afetar o andamento do negócio, como movimentos dos concorrentes, aumento nas exigências dos consumidores, alterações nos processos dos fornecedores, que podem implicar em mudanças nas condições de vendas (como prazos de venda), condições de crédito, de fornecimento e de produção.

1.3 Contabilidade aplicada à gestão capital de giro

Para uma maior compreensão do capital de giro é importante utilizar as demonstrações contábeis da organização, pois é por meio delas que serão explicados e resumidos os diversos mecanismos e aspectos do capital de giro. Não cabe aqui o questionamento sobre a qualidade das informações contábeis, mas uma administração financeira adequada, nela inclusa a gestão do capital de giro, que necessita de adequada contabilidade gerencial.

O balanço patrimonial apresenta a estrutura de investimentos e financiamentos realizados pela empresa, sendo dividido em três grupos: ativo, passivo e patrimônio líquido. O Ativo e o Passivo são classificados em Circulantes e Não Circulantes.

Os ativos que serão convertidos em dinheiro ou realizados no prazo de um ano, a partir da data do início do balanço, são considerados circulantes ou de curto prazo. O ativo circulante é composto por disponibilidades, recebíveis, estoques e outros ativos de curto prazo. Da mesma maneira, no passivo circulante, são registradas todas as dívidas e obrigações de curto prazo, que deverão ser pagas nos próximos 12 meses, após a data de início do balanço. O passivo circulante é composto por dívidas com fornecedores, financiamentos bancários, encargos e tributos a recolher e outras contas a pagar.

Segundo Gitman (2010), o objetivo da administração financeira de curto prazo é gerenciar cada elemento do ativo circulante e de seu passivo circulante para atingir um equilíbrio entre rentabilidade e risco que contribua positivamente para o valor da empresa.

Os ativos e passivos que serão realizados em dinheiro após 360 dias da data inicial do balanço são considerados de longo prazo (Não Circulante). O Ativo Não Circulante é composto pelo Realizável a Longo Prazo, Investimentos, Imobilizado e Intangível. O Passivo Não Circulante engloba o Exigível a Longo Prazo e o Patrimônio Líquido.

Os ativos que a empresa tem por intenção manter na empresa em caráter permanente, sejam para uso nas operações, sejam para obter lucros no futuro, são chamados de permanentes. Há três tipos de ativos permanentes: os investimentos, o imobilizado e o intangível. Os investimentos são aqueles ativos que a empresa pretende manter por longos períodos, mas que não fazem parte de sua própria operação, como as participações em outras empresas. O imobilizado é composto por ativos operacionais, como os imóveis, os veículos, as máquinas e equipamentos. O intangível está relacionado a bens incorpóreos como marcas, patentes, direitos de franquia, direitos autorais, gastos com desenvolvimentos de novos produtos.

O Quadro 1.1 apresenta um modelo simplificado de balanço patrimonial, com seus principais grupos de contas.

Quadro 1.1 – Balanço patrimonial simplificado

ATIVO	PASSIVO
ATIVO CIRCULANTE (AC)	PASSIVO CIRCULANTE (PC)
Disponível	Empréstimos CP
Aplicações Financeiras	Fornecedores
Contas a Receber	Salários a Pagar
Estoques	Encargos e Tributos a Pagar
ATIVO NÃO CIRCULANTE (ANC)	PASSIVO NÃO CIRCULANTE (PNC)
Realizável a Longo Prazo (RLP)	Passivo Exigível a Longo Prazo (ELP)
Investimentos	PATRIMÔNIO LÍQUIDO (PL)
Imobilizado	Capital
Intangível	Reservas
	Lucros ou Prejuízos Acumulados

1.3.1 Demonstração dos Fluxos de Caixa (DFC)

Outra demonstração contábil que contribui na gestão do capital de giro é a Demonstração dos Fluxos de Caixa (DFC). A DFC fornece informações sobre as origens e aplicações de recursos, ou seja, os pagamentos e recebimentos, em dinheiro, em determinado período de tempo.

Até 2007, com a publicação da Lei nº 11.638/07, não era obrigatória a DFC no Brasil. A partir dessa data, substituiu a Demonstração das Origens e Aplicações de Recursos (DOAR). Sua elaboração deve seguir as orientações do Pronunciamento Técnico CPC 3, emitido pelo Comitê de Pronunciamentos Contábeis e aprovado pela Comissão de Valores Mobiliários (CVM).

A DFC permite que seus usuários, como investidores, credores ou os próprios gestores da organização avaliem a capacidade da empresa em honrar seus compromissos com terceiros, sua liquidez e solvência, verificar a taxa de conversão do lucro em caixa e o grau de precisão de estimativas passadas de fluxos futuros de caixa.

De acordo com Iudícibus et al. (2010), para fins da DFC, o conceito de caixa é ampliado para contemplar também os investimentos qualificados como equivalentes de caixa: numerários em espécie, depósitos bancários disponíveis e aplicações financeiras de curto prazo e alta liquidez.

Segundo o Pronunciamento Técnico CPC 3, a demonstração de fluxos de caixa deve apresentar os fluxos de caixa durante o período classificados por atividades operacionais, de investimento e de financiamento, reproduzidos a seguir:

1) Atividades Operacionais: O montante dos fluxos de caixa decorrentes das atividades operacionais é o indicador-chave da extensão em que as operações da entidade têm gerado suficientes fluxos de caixa para amortizar empréstimos, manter a capacidade operacional da entidade, pagar dividendos (ou juros sobre o capital próprio, que no Brasil se assemelham a dividendos) e fazer novos investimentos sem recorrer a fontes externas de financiamento. As informações sobre os componentes específicos dos fluxos de caixa operacionais históricos são úteis, em conjunto com outras informações, na projeção de futuros fluxos de caixa operacionais.

2) Atividades de Investimento: A divulgação em separado dos fluxos de caixa decorrentes das atividades de investimento é

importante porque tais fluxos de caixa representam a extensão em que dispêndios de recursos são feitos pela entidade com a finalidade de gerar receitas e fluxos de caixa no futuro, como, por exemplo: desembolsos de caixa para aquisição de ativos imobilizados, intangíveis e outros ativos de longo prazo.

3) Atividades de Financiamento: A divulgação separada dos fluxos de caixa decorrentes das atividades de financiamento é importante por ser útil para prever as exigências sobre futuros fluxos de caixa pelos fornecedores de capital à entidade.

A DFC deve ser estruturada nestes três grupos, expressando as entradas e saídas de caixa com cada uma das atividades descritas acima.

De acordo com o Pronunciamento Técnico CPC 3, as empresas devem divulgar ao DFC usando:

a) O método direto, segundo o qual as principais classes de recebimentos brutos e desembolsos brutos são divulgadas; ou

b) O método indireto, segundo o qual o lucro líquido ou prejuízo é ajustado pelos efeitos:

(i) das transações que não envolvem caixa;

(ii) de quaisquer diferimentos ou outras apropriações por competência sobre recebimentos ou pagamentos operacionais passados ou futuros; e

(iii) de itens de receita ou despesa associados com fluxos de caixa das atividades de investimento ou de financiamento.

A DFC pelo método direto, segundo Iudícibus et al. (2010), apresenta as entradas e saídas de dinheiro dos principais componentes das atividades operacionais. O saldo final resume o volume líquido de caixa despendido pelas operações durante determinado período. Abaixo segue a estrutura desse método:

DFC pelo Método Direto

Fluxos de caixa das atividades operacionais
Recebimentos de clientes
Pagamentos a fornecedores e empregados
Caixa gerado pelas operações
Juros pagos
Imposto de renda e contribuição social pagos
Caixa líquido proveniente das atividades operacionais
Fluxos de caixa das atividades de investimento
Compra de ativo imobilizado
Recebido pela venda de imobilizado
Juros recebidos
Dividendos recebidos
Caixa líquido usado nas atividades de investimento
Fluxos de caixa das atividades de financiamento
Recebido pela emissão de ações
Recebido por empréstimo a longo prazo
Pagamento de *leasing*
Dividendos pagos
Caixa líquido usado nas atividades de financiamento
Aumento líquido ao caixa e equivalentes de caixa
Caixa e equivalentes de caixa no início do período
Caixa e equivalentes de caixa ao fim do período

O Método Indireto, de acordo com Iudícibus et al. (2010), faz a ligação entre o Lucro Líquido, constante na Demonstração de Resultados (DRE) e o caixa gerado nas operações, demonstrando as origens ou aplicações de caixa decorrentes das alterações temporárias de prazos no ciclo operacional da empresa.

Abaixo é apresentada a estrutura do Método Indireto:

DFC pelo Método Indireto

Fluxos de caixa das atividades operacionais
Lucro líquido antes do imposto de renda e contribuição social
Ajustes por:
Depreciação
Perda cambial
Renda de investimentos
Despesas de juros
Aumento nas contas a receber de clientes e outros
Diminuição nos estoques

Diminuição em contas a pagar – fornecedores

Juros pagos

Imposto de renda e contribuição social pagos

Caixa líquido proveniente das atividades operacionais

Fluxos de caixa das atividades de investimento

Compra de ativo imobilizado

Recebido pela venda de imobilizado

Juros recebidos

Dividendos recebidos

Caixa líquido usado nas atividades de investimento

Fluxos de caixa das atividades de financiamento

Recebido pela emissão de ações

Recebido por empréstimo a longo prazo

Pagamento de *leasing*

Dividendos pagos

Caixa líquido usado nas atividades de financiamento

Aumento líquido ao caixa e equivalentes de caixa

Caixa e equivalentes de caixa no início do período

Caixa e equivalentes de caixa ao fim do período

1.3.2 Gestão do capital de giro

A gestão do capital de giro diz respeito aos elementos de giro, que correspondem aos recursos correntes (de curto prazo) da empresa, presentes no ativo circulante e no passivo circulante, e da maneira que esses elementos estão inter-relacionados, como mostra a Ilustração 1.4.

Sua gestão refere-se à capacidade da empresa em saldar seus compromissos de curto prazo, abrangendo diversas atividades como as compras de matérias-primas, o pagamento de fornecedores, o processo produtivo, movimentação dos estoques, as vendas, a concessão de crédito, o recebimento, o pagamento de salários, impostos e outros encargos referentes à operação das empresas.

Ilustração 1.4 – Elementos de giro

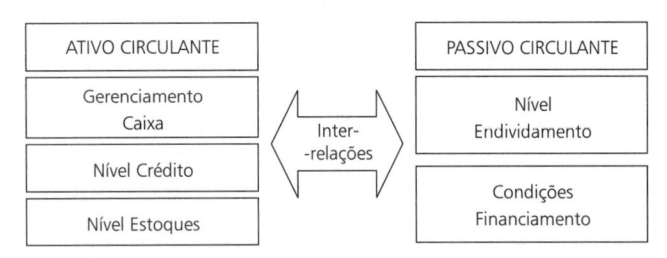

ATIVO CIRCULANTE		PASSIVO CIRCULANTE
Gerenciamento Caixa	Inter--relações	Nível Endividamento
Nível Crédito		Condições Financiamento
Nível Estoques		

No estudo do ativo circulante são naturais implicações com o gerenciamento de caixa, nível de crédito e nível de estoque, ou seja, de que maneira os recursos da empresa são aplicados no capital de giro.

A gestão do ativo circulante deve estabelecer a quantidade de caixa necessária para sustentar a atividade operacional da empresa e, também, para:

1. Atender a necessidades inesperadas de caixa. A empresa deve possuir caixa para atender a necessidades inesperadas de dinheiro, como campanha de marketing repentina, devido a mudanças na concorrência.

2. Obter crédito (reciprocidade). A liquidez das empresas é importante para enfrentar as necessidades financeiras e manter sua classificação de risco de crédito, junto às instituições financeiras. Além disso, os bancos costumam conceder descontos em tarifas bancárias, conforme o montante de recursos da empresa aplicados no banco (reciprocidade).

3. Obter descontos comerciais. A disponibilidade de caixa também é útil para aproveitar descontos comerciais, como aqueles obtidos pelo pagamento antecipado das contas ou obtidos ao se adquirir uma quantidade maior de produtos. Não havendo possibilidade de ganhos financeiros, o caixa deve tender a zero, a partir de um adequado planejamento.

A concessão de crédito também deve ser observada pelo administrador durante a gestão do ativo circulante. O nível de crédito depende do comportamento das vendas e da formulação de uma política de crédito que compreenda a avaliação do risco de crédito, prazos de concessão e política de cobrança.

Outro elemento importante na gestão do ativo circulante é o estoque. Para a determinação do nível adequado de estoques deve ser feita a comparação entre o custo que esse estoque representa para a empresa e o risco que a empresa incorrerá, caso venha a faltar estoque.

Já na gestão do passivo circulante são abordados o nível de endividamento e as alternativas e custos de financiamentos. O passivo circulante é constituído por fontes de recursos de curto prazo, como empréstimos bancários, descontos de duplicatas, fornecedores, salários e impostos a pagar.

1.4 Definições de capital de giro

Para ilustrar as várias definições do capital de giro, vamos utilizar o balanço patrimonial, referente a dois exercícios das Lojas Renner[1] (Figura 1.1):

BALANÇO PATRIMONIAL CONSOLIDADO

	31.12.X1	31.12.X2		31.12.X1	31.12.X2
Ativo	2.456.015	2.983.504	Passivo	2.456.015	2.983.504
Circulante	1.872.921	2.035.555	Circulante	977.575	1.065.575
Caixa e Equivalentes de Caixa	683.661	578.264	Empréstimos e Financiamentos	279.426	172.159
Contas a Receber de Clientes	863.493	1.006.315	Fornecedores	318.285	429.887
Estoques	275.950	402.748	Impostos e Contribuições a Recolher	162.427	231.508
Outras Contas a Receber	49.817	48.228	Salários e Férias a Pagar	56.355	46.766
			Outras Obrigações	161.082	185.255
Não Circulante	583.094	947.949	Não Circulante	457.132	762.931
Realizável a Longo Prazo	103.451	143.547	Empréstimos e Financiamentos	377.076	367.946
Investimentos	63	63	Debêntures	–	298.057
Imobilizado	412.603	599.481	Outras Obrigações	80.056	96.928
Intangível	66.977	204.858	Patrimônio Líquido	1.021.308	1.154.998

O capital de giro (CG), também chamado de capital circulante, é representado pelo ativo circulante, que, como visto, é formado, essencialmente, pelas disponibilidades, recebíveis e estoques. Constitui-se no investimento de capital em ativos de curto prazo, aplicados pela empresa em seu ciclo operacional e que ao longo de sua atividade operacional assume diversas formas, como mercadorias em estoques, e, ao serem vendidas a prazo, convertem-se em contas a receber. Esses valores, ao serem pagos pelos clientes, serão convertidos em caixa.

No caso das Lojas Renner, o CG em X1 era de R$ 1.872.921 e em X2 R$ 2.035.555, com aumento de 9% de um ano para outro. Verificamos que a empresa aumentou seus investimentos em estoques em 46% e em contas a receber, em 17%.

1.4.1 Capital de giro líquido

O capital de giro líquido[2] (CGL) é a diferença entre o ativo circulante e o passivo circulante da empresa, ou seja: CGL = AC – PC.

A empresa possui capital de giro líquido positivo quando o ativo circulante supera o passivo circulante, indicando excesso de ativos circulantes para honrar os passivos circulantes. Nessa situação, o capital de giro líquido representa a parcela do ativo circulante que está sendo financiada com recursos não correntes (exigível a longo prazo e/ou patrimônio líquido). Ou seja, com capital de giro líquido positivo recursos de longo prazo estão sendo utilizados para financiar ativos de curto prazo, como mostra a Ilustração 1.5.

---

[1] Dados extraídos do *site* da empresa (<www.lojasrenner.com.br>).

[2] Também conhecido como Capital Circulante Líquido (CCL).

Quando o ativo circulante é menor que o passivo circulante, a empresa possui capital de giro líquido negativo, indicando déficit de ativos circulantes para honrar os passivos circulantes. Nessa situação, o capital de giro líquido representa a parcela do ativo não circulante que está sendo financiada com recursos de curto prazo (passivo circulante). Ou seja, com capital de giro líquido negativo recursos de curto prazo estão sendo utilizados para financiar ativos de longo prazo, como mostra a Ilustração 1.5.

Ilustração 1.5 – Capital de giro líquido positivo e negativo

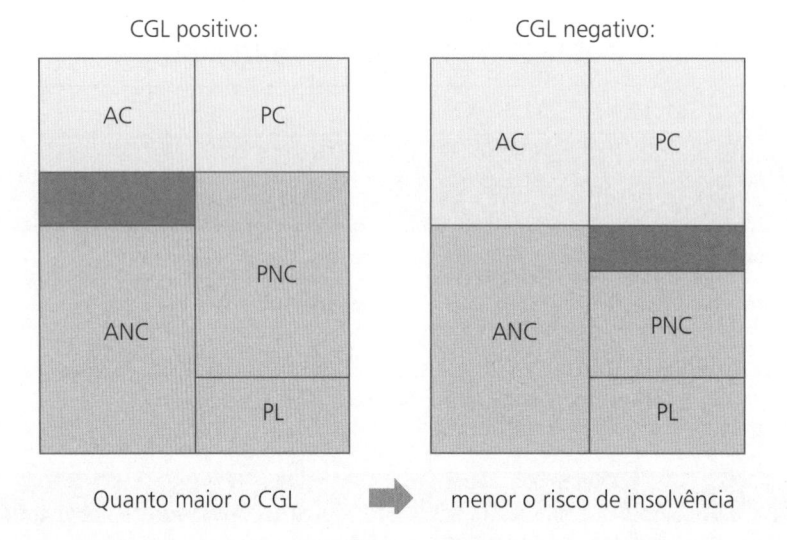

CGL positivo:

AC	PC
ANC	PNC
	PL

CGL negativo:

AC	PC
ANC	PNC
	PL

Quanto maior o CGL ➡ menor o risco de insolvência

Segundo levantamento do Inepad (2004), no caso das empresas brasileiras de capital aberto, o CGL representa 18% do passivo circulante, indicando um excesso de ativos circulantes relativamente aos passivos circulantes.

No caso das Lojas Renner, o capital de giro líquido é apresentado da seguinte maneira:

	31.12.X1	31.12.X2		31.12.X1	31.12.X2
Ativo	2.456.015	2.983.504	Passivo	2.456.015	2.983.504
Circulante	1.872.921	2.035.555	Circulante	977.575	1.065.575
Caixa e Equivalentes de Caixa	683.661	578.264	Empréstimos e Financiamentos	279.426	172.159
Contas a Receber de Clientes	863.493	1.006.315	Fornecedores	318.285	429.887
Estoques	275.950	402.748	Impostos e Contribuições a Recolher	162.427	231.508
Outras Contas a Receber	49.817	48.228	Salários e Férias a Pagar	56.355	46.766
			Outras Obrigações	161.082	185.255

	31.12.X1	31.12.X2
Ativo Circulante	R$ 1.872.921	R$ 2.035.555
(–) Passivo Circulante	R$ 977.575	R$ 1.065.575
(=) Capital de Giro Líquido (CGL)	R$ 895.346	R$ 969.980

Observe que do total de R$ 1.872.921 aplicados no ativo circulante em X1, R$ 977.575 têm origem de créditos de curto prazo (passivo circulante) e a diferença de R$ 895.346 refere-se aos recursos não correntes da empresa que estão financiando o capital de giro. Em X2, esse valor aumentou para R$ 969.980.

Nesse sentido, podemos afirmar que o CGL representa a parcela dos fundos de longo prazo que excede as aplicações de longo prazo, registradas no Ativo Não Circulante. Dessa maneira, o CGL também pode ser calculado por meio da seguinte equação: CGL = (Exígivel a Longo Prazo + Patrimônio Líquido) – Ativo Não Circulante.

No caso das Lojas Renner temos:

	31.12.X1	31.12.X2
Exigível a Longo Prazo	R$ 457.132	R$ 762.931
(+) Patrimônio Líquido	R$ 1.021.308	R$ 1.154.998
(–) Ativo Não Circulante	R$ 583.094	R$ 947.949
(=) Capital de Giro Líquido (CGL)	R$ 895.346	R$ 969.980

1.4.2 Capital de giro próprio

O capital de giro próprio (CGP) é a parcela de recursos próprios que está sendo utilizada no financiamento do capital de giro. O CGP é dado pela diferença entre o patrimônio líquido (PL) e o montante composto pelo Ativo Não Circulante (ANC) (realizável a longo prazo (RLP), investimentos, imobilizado e intangível), como mostra a seguinte equação:

$$CGP = PL - ANC$$

No caso das Lojas Renner, o capital de giro próprio é apresentado da seguinte maneira:

	31.12.X1	31.12.X2
Não Circulante	583.094	947.949
Realizável a Longo Prazo	103.451	143.547
Investimentos	63	63
Imobilizado	412.603	599.481
Intangível	66.977	204.858

	31.12.X1	31.12.X2
Patrimônio Líquido	1.021.308	1.154.998

	31.12.X1	31.12.X2
Patrimônio Líquido	R$ 1.021.308	R$ 1.154.998
(–) Ativo Não Circulante	R$ 583.094	R$ 947.949
(=) Capital de Giro Próprio (CGP)	R$ 438.214	R$ 207.049

Verificamos que o CGP das Lojas Renner em X1 foi de R$ 438.214 e em X2 R$ 207.049. Apesar de esse valor ter diminuído de um ano para outro, o patrimônio líquido ainda excedeu as aplicações de longo prazo e em recursos permanentes, caracterizando a participação de capital próprio financiando todo o capital de giro da empresa.

Segundo levantamento do Inepad (2004), no Brasil o capital de giro próprio das empresas de capital aberto, na mediana, é negativo em 25% relativamente ao patrimônio líquido, sendo que somente 9% das empresas apresentavam CGP positivo, indicando total dependência de recursos de terceiros para investimento no capital de giro, no caso das empresas brasileiras de capital aberto.

1.5 Ciclo operacional

Em uma manufatura, por exemplo, o ciclo operacional é o período que a empresa leva desde a compra de matéria-prima até o recebimento das vendas de seus produtos, como mostra a Ilustração 1.6. A entrada de recursos financeiros (recebimento das vendas) caracteriza o término do ciclo operacional. Quanto maior for o ciclo operacional, ou seja, quanto mais demorada for a entrada de recursos financeiros, maior será a necessidade de recursos para financiar o giro da empresa.

Ilustração 1.6 – Ciclo operacional de uma manufatura

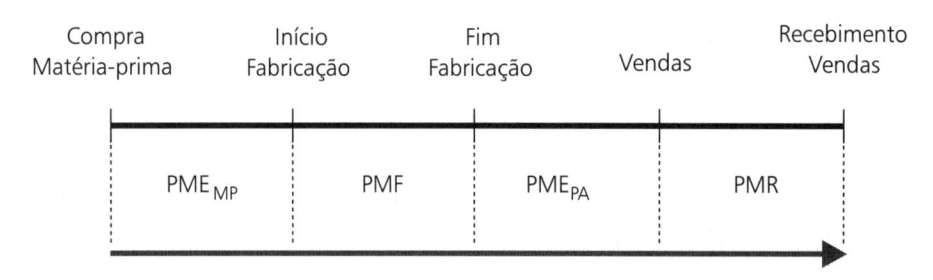

```
Compra            Início           Fim                              Recebimento
Matéria-prima   Fabricação     Fabricação      Vendas                 Vendas
    |---------------|---------------|---------------|-------------------|------>
        PME_MP           PMF            PME_PA              PMR
```

O período de duração do ciclo operacional é composto pelos prazos médios de cada uma das atividades operacionais citadas anteriormente. Dentre esses prazos, temos o prazo médio de estoques (PME), que, no caso de empresas industriais, pode ser dividido em:

a) prazo médio de estoques de matérias-primas (PME_{MP}), que é o prazo médio entre o faturamento da matéria-prima e o início da fabricação;

b) prazo médio de fabricação (PMF), que é o prazo médio entre o início e o fim da fabricação;

c) prazo médio de estoques de produtos acabados (PME_{PA}), que é o prazo médio entre o fim da fabricação e as vendas dos produtos.

Já o prazo médio de recebimento (PMR) é o prazo médio entre a venda de produtos e os recebimentos das vendas.

O ciclo operacional varia de acordo com o setor de atividade da empresa. Assim, algumas empresas têm ciclo operacional com prazo de duração inferior a um ano, o que indica que o ciclo operacional ocorre mais de uma vez no ano. Outras empresas, como estaleiros, possuem um ciclo operacional mais longo, superior a um ano, na produção de navios.

A empresa deve possuir um nível satisfatório de capital de giro para sustentar o ciclo operacional. Alguns fatores afetam e são afetados pelo ciclo operacional das empresas, como o volume de recursos envolvido nesse processo e o tempo ou prazo para conversão de um determinado ativo em outro ativo.

Em decorrência do volume de recursos aplicados no ciclo operacional da empresa e do prazo de conversão dos ativos da mesma, haverá múltiplas formas de financiar seu giro. O binômio volume-prazo, aliado a outros fatores particulares, determinará a forma de financiar o ciclo operacional. Esse financiamento poderá ocorrer por meio de componentes inclusos no próprio ciclo, que correspondem aos financiamentos operacionais (como fornecedores), ou fora dele, que correspondem aos financiamentos não operacionais (como empréstimos bancários). Cada forma de financiamento terá implicações e desdobramentos em relação ao custo de sua aquisição e ao risco da empresa não conseguir saldar seus compromissos.

O ciclo operacional pode ser representado pela expressão: Ciclo Operacional = PME_{MP} + PMF + PME_{PA} + PMR.

1.5.1 Ciclo econômico

O processo produtivo precisa gerar lucro e fluxo de caixa. O lucro trata da questão do valor adicionado, decorrente da transformação da matéria-prima em um novo produto, destinado à venda. Esse valor adicionado representa o lucro da empresa, indispensável para a continuidade do negócio, mas é possível uma empresa sobreviver, por um determinado período, sem lucros, mas não sem caixa (dinheiro). O lucro refere-se a fluxo econômico, sendo especificado na demonstração do resultado, e o caixa refere-se a fluxo financeiro, sendo especificado no fluxo de caixa.

O ciclo econômico considera apenas os acontecimentos de natureza econômica, envolvendo apenas a compra de matéria-prima até a venda de produtos, não incluindo o pagamento das compras ou o recebimento das vendas (movimentações de caixa), como mostra a Ilustração 1.7.

Ilustração 1.7 – Ciclo operacional, econômico e financeiro de uma manufatura

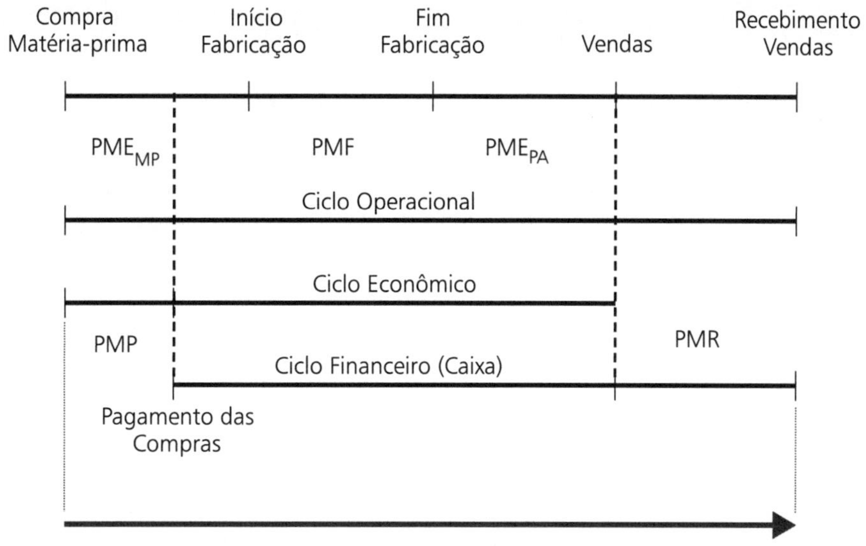

```
     Compra         Início       Fim                        Recebimento
  Matéria-prima   Fabricação  Fabricação      Vendas          Vendas

      |  PME_MP   |    PMF    |  PME_PA        |               |
      |_____|_____|_____|               |
      |                Ciclo Operacional                       |
      |_____|
      |  PMP  |                                                |
      |       |        Ciclo Econômico            |   PMR      |
      |_____|_____|_____|
      |        Ciclo Financeiro (Caixa)           |
      |_____|
    Pagamento das
     Compras
```

O ciclo econômico é representado pela expressão:
Ciclo Econômico = $PME_{MP} + PMF + PME_{PA}$

1.5.2 Ciclo financeiro

O ciclo financeiro, por outro lado, focaliza as movimentações de caixa, abrangendo o período entre o momento em que a empresa realiza os pagamentos e o momento em que recebe pelas vendas, como mostra a Ilustração 1.7.

O ciclo financeiro é representado pela expressão:
Ciclo Financeiro = ($PME_{MP} + PMF + PME_{PA} + PMR$) – PMP.

1.5.3 Cálculo dos Prazos Médios

Para o cálculo de cada um dos ciclos apresentados anteriormente, precisamos calcular os prazos médios das atividades operacionais da organização, de acordo com as seguintes equações:

- Prazo médio de estoques (PME) – constitui o tempo médio requerido entre o recebimento da matéria-prima e a venda do produto acabado, ou seja, receber a matéria-prima, estocá-la, convertê-la em produtos acabados e, então, vender esses produtos. O PME é calculado dividindo-se o estoque por vendas diárias a preço de custo, ou seja, pelo custo do produto ou da mercadoria vendida. Por exemplo, se os estoques médios de uma empresa são de R$ 200 mil em determinado período, e o custo do produto vendido (CPV) de R$ 1.044.000, então, o PME é igual a 69 dias, como mostra a seguinte equação:

$$PME = \frac{\text{Estoques Médios}}{\text{CPV/CMV}} \times 360$$

$$PME = \frac{200.000}{1.044.000} \times 360 = 69 \text{ dias}$$

Assim, decorrem, em média, 69 dias entre a recepção da matéria-prima e a venda do produto acabado.

- Prazo médio de recebimento (PMR) – constitui o tempo médio requerido para converter as contas a receber em caixa, isto é, receber os produtos vendidos aos clientes. O PMR é calculado dividindo as contas a receber pelas vendas anuais. Se as duplicatas a receber são de R$ 42.000 e as vendas médias diárias, R$ 720.000, então o PMR é de 21 dias, como mostra a seguinte equação:

$$PMR = \frac{\text{Duplicatas a Receber}}{\text{Vendas}} \times 360$$

$$PMR = \frac{42.000}{720.000} \times 360 = 21 \text{ dias}$$

Nesse caso, a empresa espera em média 21 dias para receber as vendas realizadas a prazo.

- Prazo médio de pagamento (PMP) – constitui o tempo médio entre a recepção da matéria-prima e seu pagamento ao fornecedor. O PMP é calculado dividindo as contas a pagar aos fornecedores pelas compras médias realizadas por dia. Por exemplo, se as contas a pagar aos fornecedores da empresa totalizam R$ 60.000 e as compras médias no ano foram de R$ 720.000 então, o PMP é de 30 dias, como mostra a seguinte equação:

$$PMP = \frac{Fornecedores}{Compras} \times 360$$

$$PMP = \frac{60.000}{720.000} \times 360 = 30 \text{ dias}$$

Assim, a empresa apresenta 30 dias, em média, para pagar seus débitos junto aos fornecedores.

Para obter o ciclo financeiro, soma-se o PME com o PMR e subtrai-se o PMP. No exemplo acima, esse ciclo é de 60 dias, como mostra a seguinte equação:

Ciclo Financeiro = (69 + 21) – 30 = 60 *dias*

Com isso, podemos verificar que o ciclo financeiro diminui quando o PME e o PMR diminuem e quando o PMP aumenta. Uma boa gestão do capital de giro exige uma maior rotação aos elementos do ativo circulante, buscando reduzir o ciclo financeiro, uma vez que para manutenção desse ciclo a empresa incorre em custos financeiros. As ações que vão permitir a redução do ciclo financeiro são: reduzir estoques, produzir e vender mais rapidamente, diminuir o prazo das vendas, incentivar vendas a vista, acelerar as cobranças de atrasados e negociar junto aos fornecedores maiores prazos para o pagamento das compras.

Algumas empresas não só conseguem financiar seu capital de giro por meio de suas operações, mas também podem utilizar esse financiamento, por exemplo, para realizar aplicações no mercado financeiro, maximizando o retorno desse capital. Uma loja de varejo, por exemplo, que tenha um prazo médio de estoques de 10 dias, um prazo médio de recebimento de 15 dias e um prazo de pagamento de 45 dias apresenta um ciclo financeiro de – 20 dias, ou seja, ela se autofinancia, e suas operações permitem trabalhar com capital livre durante 20 dias, permitindo a realização de aplicações financeiras.

1.6 Capital de giro operacional

A gestão do capital de giro pode ser dividida em gestão do capital de giro operacional, gestão do capital de giro financeiro e gestão integrada do capital de giro.

A gestão do capital de giro operacional aborda os elementos operacionais do ativo e do passivo circulante.

As origens e as aplicações de recursos operacionais para capital de giro podem ser:

1) Origens dos recursos operacionais:
   - fornecedores;
   - contas a pagar (salários, encargos sociais, impostos etc.);
2) Aplicação dos recursos operacionais:
   - contas a receber;
   - estoques.

1.6.1 Necessidade de capital de giro (NCG)

Dificilmente os pagamentos que a empresa efetua (saídas de caixa) são sincronizados com seus recebimentos (entradas de caixa). A falta de sincronização temporal entre pagamentos, produção, vendas e recebimentos pode fazer com que o ciclo operacional não gere recursos em montante e/ou prazo suficientes para sustentar a atividade operacional da empresa, o que acarreta a necessidade de capital de giro (NCG).

A NCG envolve as contas operacionais, do ativo e do passivo circulante, apresentadas de forma destacada pela Ilustração 1.8.

A necessidade de capital de giro[3] (NCG) representa a diferença entre o ativo circulante operacional e o passivo circulante operacional, como mostra a seguinte equação:

NCG = AC operacional – PC operacional

A NCG aumenta quando ocorre aumento nos estoques, nas contas a receber (elementos do ativo operacional), ou com a diminuição dos fornecedores, contas a pagar (elementos do passivo operacional). Por outro lado, ocorre diminuição na NCG quando as contas a receber e os estoques diminuem (elementos do ativo operacional) e quando os fornecedores e as contas a pagar aumentam (elementos do passivo operacional). Ter necessidade de capital de giro não representa nada negativo para a organização, desde que ela tenha como financiar essa necessidade e gere valor com ela.

---

[3] A NCG também é conhecida como investimento operacional em giro (IOG) e necessidade de investimento em giro (NIG).

Ilustração 1.8 – Grupos patrimoniais

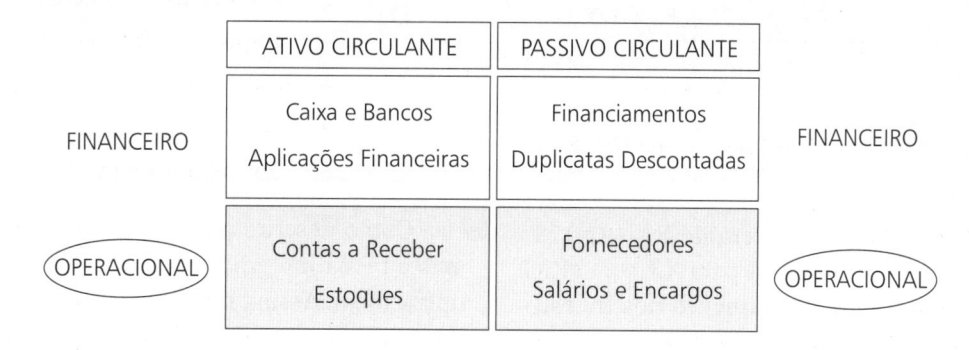

	ATIVO CIRCULANTE	PASSIVO CIRCULANTE	
FINANCEIRO	Caixa e Bancos Aplicações Financeiras	Financiamentos Duplicatas Descontadas	FINANCEIRO
OPERACIONAL	Contas a Receber Estoques	Fornecedores Salários e Encargos	OPERACIONAL

Se os recursos operacionais de giro, que correspondem ao passivo circulante operacional, não forem suficientes para financiar as aplicações operacionais de giro, que correspondem ao ativo circulante operacional, a empresa terá, então, que recorrer a recursos externos a suas atividades operacionais (a empresa terá NCG positiva). Os recursos para cobertura da NCG podem ser oriundos dos proprietários da empresa (capital de giro próprio) ou de terceiros (instituições financeiras), sendo que este último pode ser de curto ou de longo prazo. Como exemplos de recursos de terceiros de curto prazo podem ser citados os empréstimos bancários de curto prazo, contas garantidas e o desconto de recebíveis. Exemplos de recursos de terceiros de longo prazo são os financiamentos bancários de longo prazo. Empresas que são sociedades anônimas podem obter financiamentos de longo prazo por meio de lançamento de valores mobiliários, como ações e debêntures.

Os recursos próprios possuem custo de oportunidade, enquanto os empréstimos bancários possuem custo financeiro. Dessa maneira, o problema operacional desemboca no problema financeiro. Se uma empresa que utiliza capital de terceiros, por exemplo, não conseguir repassar aos clientes a taxa de juros cobrada nos empréstimos, poderá ter uma perda financeira, a não ser que esse custo seja incluído no preço da mercadoria.

Para se ter uma referência, a necessidade de capital de giro das empresas de capital aberto no Brasil é, na mediana, de 62% do ativo circulante operacional – isto significa que 62% do investimento em estoques e clientes, na essência, precisam ser financiados por recursos de bancos ou recursos próprios, não sendo supridos por fornecedores ou outras fontes operacionais.[4]

Para exemplificar, vamos reclassificar as contas do Ativo e Passivo Circulante das Lojas Renner e calcular a NCG dos exercícios X1 e X2:

	31.12.X1	31.12.X2		31.12.X1	31.12.X2
Ativo Circulante	1.872.921	2.035.555	Passivo Circulante	977.575	1.065.575
Financeiro	683.661	578.264	Financeiro	279.426	172.159
Caixa e Equivalentes de Caixa	683.661	578.264	Empréstimos e Financiamentos	279.426	172.159
Operacional	1.189.260	1.457.291	Operacional	698.149	893.416
Contas a Receber de Clientes	863.493	1.006.315	Fornecedores	318.285	429.887
Estoques	275.950	402.748	Impostos e Contribuições a Recolher	162.427	231.508
Outras Contas a Receber	49.817	48.228	Salários e Férias a Pagar	56.355	46.766
			Outras Obrigações	161.082	185.255

---

[4] Segundo levantamento realizado pelo Inepad para este livro.

	31.12.X1	31.12.X2
AC Operacional	R$ 1.189.260	R$ 1.457.291
(–) PC Operacional	R$ 698.149	R$ 893.416
(=) Necessidade de Capital de Giro (NCG)	R$ 491.111	R$ 563.875

Em X1, a NCG da empresa era de R$ 491.111, apresentando um aumento de 15% para X2, com NCG de R$ 563.875, em função do aumento dos investimentos em estoques e contas a receber de clientes, já comentado anteriormente.

1.7 Capital de giro financeiro

Conforme exposto na Ilustração 1.8, a gestão do capital de giro financeiro focaliza as origens e aplicações de recursos financeiros no capital de giro, que são apresentadas a seguir:

1) Origem dos recursos financeiros:
   - financiamentos bancários;
   - duplicatas descontadas.
2) Aplicações dos recursos financeiros:
   - caixa e bancos;
   - aplicações financeiras.

Como descrito anteriormente, normalmente não existe plena integração dos prazos do capital de giro operacional. Assim, raramente a necessidade de capital de giro é igual a zero. Dessa forma, ou existe necessidade de capital de giro, implicando na captação de recursos externos ao giro, ou sobra de recursos de giro que possam ser aplicados financeiramente.

Um conceito importante na gestão do capital de giro financeiro é o saldo de tesouraria, que integra a captação e a aplicação de recursos financeiros para o giro.

Ilustração 1.9 – Integração do capital de giro financeiro

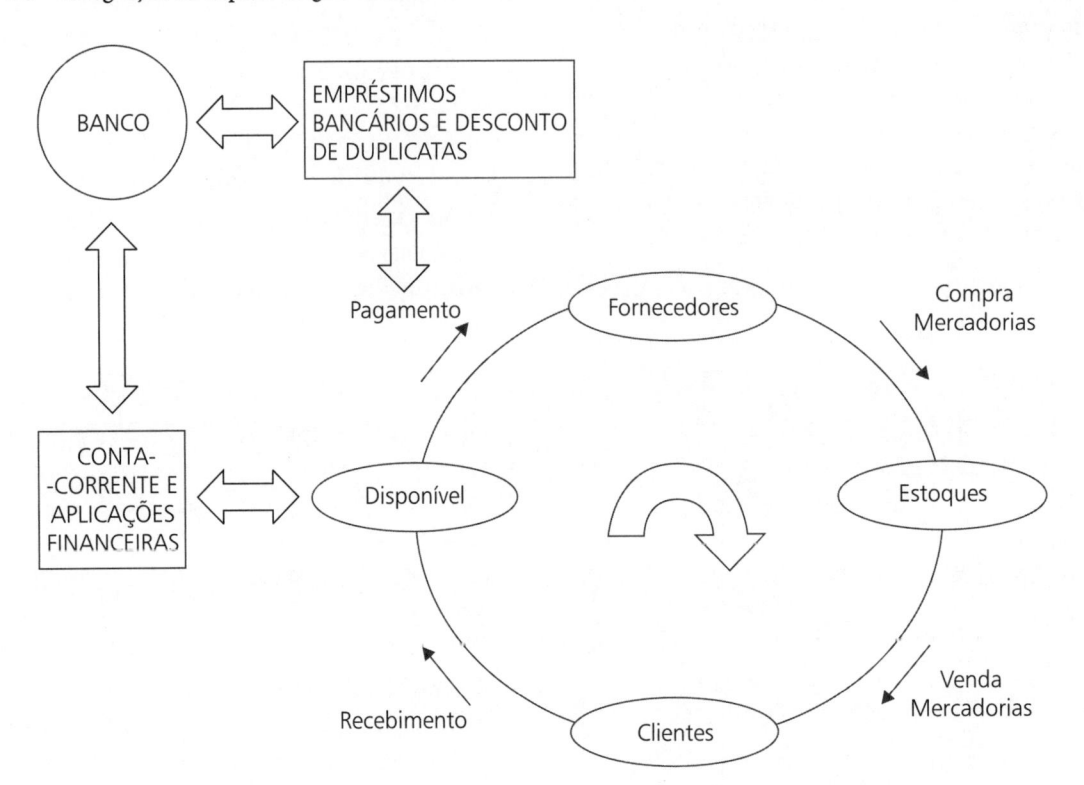

1.7.1 Saldo de tesouraria (T)

O saldo de tesouraria envolve as contas financeiras, do ativo e do passivo circulantes, apresentadas de forma destacada pela Ilustração 1.10.

Ilustração 1.10 – Grupos patrimoniais

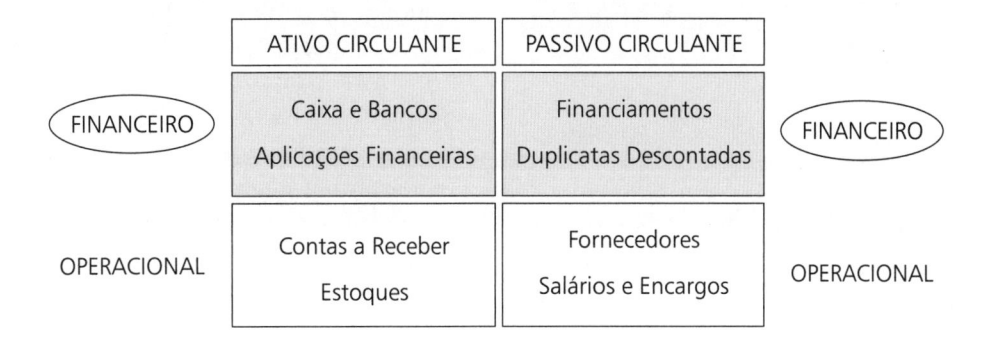

	ATIVO CIRCULANTE	PASSIVO CIRCULANTE	
FINANCEIRO	Caixa e Bancos Aplicações Financeiras	Financiamentos Duplicatas Descontadas	FINANCEIRO
OPERACIONAL	Contas a Receber Estoques	Fornecedores Salários e Encargos	OPERACIONAL

O saldo de tesouraria corresponde à diferença entre o ativo circulante financeiro e o passivo circulante financeiro:

Saldo de Tesouraria (T) = AC financeiro – PC financeiro

O aumento do passivo circulante financeiro, por exemplo, devido a sucessivos empréstimos bancários ou descontos de duplicatas, pode aumentar o risco financeiro de uma empresa, tornando-a insolvente. A gestão do capital de giro financeiro está intimamente ligada à liquidez da empresa, isto é, sua capacidade de pagamento. Normalmente, problemas na gestão do capital de giro operacional desembocam em deterioração do saldo de tesouraria.

O saldo de tesouraria das Lojas Renner em X1 era de R$ 404.235, passando para R$ 406.105 em X2. Em ambos os períodos o T é positivo, demonstrando que a empresa possui capital de giro suficiente para complementar o financiamento de sua NCG.

	31.12.X1	31.12.X2
AC Financeiro	R$ 683.661	R$ 578.264
(–) PC Financeiro	R$ 279.426	R$ 172.159
(=) Saldo de Tesouraria (T)	**R$ 404.235**	**R$ 406.105**

Se uma empresa utilizar recursos de curto prazo para financiar sua NCG, ou seja, não apresentar capital de giro suficiente para esse financiamento, seu saldo de tesouraria será negativo (capital de giro maior que a NCG).

1.8 Gestão integrada do capital de giro

A partir dos tópicos estudados sobre a gestão do capital de giro operacional e financeiro, podemos representar esquematicamente as relações entre o capital de giro líquido (CGL), a necessidade de capital de giro (NCG) e o saldo de tesouraria (T), da seguinte maneira:

Ilustração 1.11 – Formação do CGL

$$\begin{Bmatrix} \text{Ativo Circulante} \\ (-)\text{ Passivo Circulante} \\ (=)\text{ CGL} \end{Bmatrix} = \begin{Bmatrix} \text{A. C. Operacional} \\ (-)\text{ P. C. Operacional} \\ (=)\text{ NCG} \end{Bmatrix} + \begin{Bmatrix} \text{A. C. Financeiro} \\ (-)\text{ P. C. Financeiro} \\ (=)\text{ ST} \end{Bmatrix}$$

Observe-se que o capital de giro líquido corresponde à soma da necessidade de capital de giro com o saldo de tesouraria:

CGL = NCG + ST

A partir dessas relações, podem-se identificar dois tipos extremos de estruturas financeiras:

1) De baixo risco:

	Operacional	+	Financeiro
AC 100 =	75	+	25
PC 80 =	75	+	05
CGL 20 =	0 (NCG)	+	20 (ST)

Nessa estrutura o CGL é positivo, indicando que contas de longo prazo financiam os ativos de curto prazo; as próprias operações geram recursos para se financiar (NCG = 0); e há excedente financeiro (ST = 20).

De alto risco:

		Operacional	+	Financeiro
AC	70 =	50	+	20
PC	100 =	30	+	70
CGL	–30 =	–20 (NCG)	+	–50 (ST)

Nessa estrutura, o CGL é negativo, indicando que contas do ativo de longo prazo são financiadas por passivos de curto prazo. As operações não conseguem gerar recursos para se financiar (NCG = 20) e há necessidade de recursos de Instituições Financeiras para financiar o ativo operacional (ST = –50).

1.8.1 Efeito tesoura

Como visto na estrutura de alto risco, a necessidade de capital de giro pode conduzir ao aumento do saldo negativo de tesouraria, implicando na captação de recursos financeiros para bancar tal necessidade. O crescimento da necessidade de capital de giro (NCG) superior ao aumento do capital de giro líquido (CGL) faz com que ocorra o *efeito tesoura*, como mostra a Ilustração 1.12.

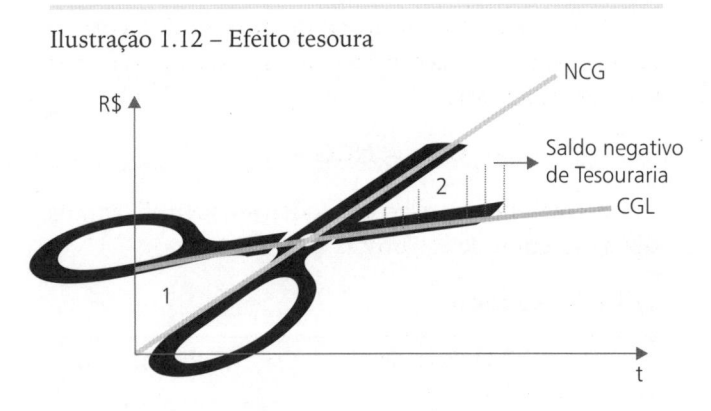

Ilustração 1.12 – Efeito tesoura

A área 1 na Ilustração 1.12 representa o período em que o capital de giro líquido foi superior à necessidade de capital de giro, indicando a existência de passivos de longo prazo financiando a necessidade de capital de giro, o que é saudável em termos de liquidez.

Já a área 2 na Ilustração 1.12 representa o período em que ocorreu um desequilíbrio na gestão do capital de giro da empresa: a necessidade de capital de giro cresceu muito mais do que o capital de giro líquido, implicando em saldos de tesouraria cada vez mais negativos (maiores empréstimos bancários), o que aumenta o risco de iliquidez da empresa.

Nem sempre o efeito tesoura é prejudicial aos negócios, principalmente em termos de rentabilidade. Por exemplo, se a empresa captar recursos (empréstimos) a 1,5% ao mês e com as vendas a prazo consegue obter 4% ao mês (contas a receber), o efeito será positivo. O efeito tesoura não é prejudicial para a condição econômica da empresa, apesar de prejudicial em termos de liquidez (capacidade de pagamento). A partir de agora, vamos nos acostumando com o dilema liquidez *versus* rentabilidade na gestão do capital de giro, que será melhor exposto durante a leitura do livro.

1.8.2 Overtrading

A palavra *overtrading* significa o ato de fazer negócios superiores à capacidade de financiamento da necessidade de capital de giro, decorrente desses negócios. Portanto, *overtrading* é a condição de impossibilidade de financiamento do efeito tesoura. Nessa condição, a organização não consegue obter recursos financeiros para bancar sua necessidade de capital de giro.

OVERTRADING = SALDO DE TESOURARIA NEGATIVO > LIMITES DE CRÉDITO

As razões pelas quais uma empresa busca a elevação de seus volumes de vendas podem ser várias. Algumas vezes, o fato de a empresa dispor de certo nível de ociosidade em sua capacidade instalada de produção pode levá-la a dinamizar suas vendas, admitindo inicialmente que a diluição dos custos fixos por maior volume de produção fará com que o custo unitário de seu produto seja reduzido, e que, portanto, aumente o seu lucro. Ou, ainda, o *overtrading* pode ser a situação na qual a empresa, normalmente iludida com o sucesso de venda de seus produtos e serviços, expande sua produção e venda acima de sua capacidade para cobrir a necessidade de capital de giro decorrente dessa expansão.

Entretanto, quando o aumento das vendas provoca maior volume de investimentos em duplicatas a receber, estoques e outros ativos circulantes operacionais, de modo que o crescimento dos passivos operacionais mais a geração adicional de recursos operacionais não é capaz de compensar os investimentos, dependendo da magnitude do crescimento da NCG frente ao crescimento do capital de giro líquido, temos uma tendência para o *overtrading* (SILVA, 1993).

Nessa situação, a necessidade de capital de giro cresce mais do que o capital de giro líquido, conforme demonstrado na ilustração do efeito tesoura, conduzindo a empresa a uma expansão da captação de recursos junto a terceiros, normalmente bancos, já que a geração de recursos financeiros é inferior a esse aumento de necessidade do capital de giro. O efeito tesoura é uma das principais causas da ocorrência do *overtrading*.

A situação de *overtrading* pode, ainda, ocorrer por razões alheias à vontade e à gestão da organização. Uma alteração na política econômica vigente no país pode conduzir a uma redução da liquidez da economia com consequente redução dos limites de crédito à disposição das organizações, obrigando-as à retração de sua atividade. É o que acontece quando o Banco Central aumenta o nível de depósitos compulsórios do sistema bancário.

A SITUAÇÃO DE *OVERTRADING* CONDUZ UMA ORGANIZAÇÃO À INSOLVÊNCIA. NESSA SITUAÇÃO É MELHOR RETRAIR AS VENDAS, DE FORMA VOLUNTÁRIA, MESMO QUE COM PREJUÍZO, DO QUE SER CONDUZIDA À INSOLVÊNCIA.

Para ilustrarmos o *overtrading* proveniente do *efeito tesoura* utilizaremos o caso da Nossa Loja. Digamos que a Nossa Loja, em um período inicial, possui um PME de 69 dias, um PMP de 30 dias e um PMR de 21 dias, o que resulta em um ciclo financeiro de 60 dias. Isso indica que entre o pagamento das mercadorias, no início do ciclo financeiro, e o recebimento das vendas, no final do ciclo financeiro, leva-se, em média, 60 dias. Há, portanto, uma necessidade de capital de giro para financiar 60 dias de atividades operacionais da empresa. O quadro a seguir ilustra a posição financeira inicial da Nossa Loja, para a qual a necessidade de capital de giro é de $ 9.000 (Contas a Receber + Estoques − Fornecedores). As vendas anuais nessa situação inicial são de $ 85.716.

Ativo		Passivo	
Ativo Circulante		**Passivo Circulante**	
Disponibilidades	$ 35.000	Fornecedores	$ 10.000
Contas a Receber	$ 5.000	**PATRIMÔNIO LÍQUIDO**	
Estoques	$ 14.000	Capital Social	$ 70.000
Ativo Permanente		Lucros Acumulados	$ 4.000
Imobilizado	$ 30.000		
TOTAL ATIVO	**$ 84.000**	**TOTAL PASSIVO**	**$ 84.000**

Suponha que as vendas anuais da Nossa Loja tenham crescido 50% no ano e sejam de $ 128.574, com uma margem de 3% sobre o valor acumulado das vendas no ano. O ritmo das vendas da Nossa Loja cresce cerca de 50% ao ano, enquanto a empresa gera, internamente (no seu próprio ciclo operacional), apenas 3% de recursos – que irão ser acrescidos ao capital de giro próprio – o que não é suficiente para financiar o giro do negócio. Mantidos todos os prazos constantes, ocorreu um aumento da necessidade de capital de giro (NCG) de 50%, ou $ 4.500 (50% de $ 9.000), enquanto o negócio gera $ 3.857 (3% de $ 128.574). Com isso, a Nossa Loja deve obter recursos externamente, pois as aplicações no ativo operacional são maiores que os recursos originados no passivo operacional. A Nossa Loja vai precisar obter $ 643 ($ 3.857 menos $ 4.500) junto a bancos, caso não consiga obter recursos junto aos sócios ou vender imobilizado ou investimentos. Caso os bancos neguem aumento dos limites de crédito, a Nossa Loja estará insolvente, pois não conseguirá honrar seus compromissos imediatos.

O caso da Nossa Loja mostra que é necessário um conhecimento integrado da evolução do negócio para dimensionar a necessidade de capital de giro e efetivar o seu controle. Se os recursos operacionais de giro, que são inerentes ao processo operacional da empresa, não forem suficientes para saldar os compromissos de curto prazo, a empresa terá que recorrer a recursos externos ao ciclo operacional.

Então, a Nossa Loja consegue um empréstimo bancário, com juros de 5% ao mês – sob ameaça de insolvência a organização paga qualquer taxa de juros para obter os recursos financeiros, tendendo a utilizar o mercado de agiotagem.[5] Contudo, essa taxa de juros

---

[5] Mercado paralelo de crédito normalmente suprido por atividades ilegais.

é superior ao ganho que a Nossa Loja pode obter, ao mês, em suas atividades operacionais. Essa discrepância entre o ganho que a Nossa Loja pode obter nas suas atividades operacionais (retorno) e o que ela tem que pagar pelo empréstimo bancário (despesas financeiras) pode fazer com que a Nossa Loja tenha graves problemas financeiros. A Nossa Loja terá aperto financeiro se realizar sucessivos empréstimos bancários, o que aumentará o risco de tornar-se insolvente. A não solução do problema apenas retardou o processo de insolvência.

Em pouco tempo a Nossa Loja precisou de um novo empréstimo bancário para pagar os fornecedores, o que provocou aumento no passivo circulante financeiro da empresa, sem que houvesse aumento no ativo circulante financeiro, fazendo com que a Nossa Loja apresentasse um saldo de tesouraria negativo. Lembra-se do *efeito tesoura*? Esta é uma das principais razões de insolvência de empresas: forte expansão da atividade, com forte expansão da necessidade de capital de giro, sem expansão do capital de giro próprio e, portanto, suprindo toda a NCG, ou grande parte dela, com recursos de terceiros a elevadas taxas de juros. Este é o típico fenômeno do *overtrading*. Muitas vezes esse quadro vem seguido de expansão do imobilizado – da fábrica, de equipamentos e demais instalações – para fazer frente ao aumento das vendas, deteriorando ainda mais o capital de giro próprio e, em consequência, a possibilidade de cobertura da necessidade de capital de giro.

Assim, a Nossa Loja encontra-se na seguinte situação: as vendas aumentaram, mas a Nossa Loja está endividada e sem dinheiro para saldar seus compromissos – lembra-se da pergunta ao início deste capítulo? O que ocorreu nós já sabemos, a empresa possui problemas na gestão do capital de giro. Então, qual caminho a Nossa Loja pode seguir? A Nossa Loja deve, na medida do possível, realizar os seguintes procedimentos:

- Procurar diminuir a NCG, diminuindo estoques (racionalizando a produção e a logística) ou contas a receber (reduzindo prazos ou transferindo o financiamento dos clientes para instituições financeiras) e aumentando fornecedores (negociando maiores prazos e limites).
- Utilizar capital de giro de terceiros, procurando financiamentos de curto prazo nas menores taxas de juros (com adequada negociação bancária) ou, se o custo destes for superior ao retorno que a Nossa Loja pode obter em suas atividades, buscar financiamentos de longo prazo, que, em geral, são menos onerosos que os financiamentos de curto prazo, mas normalmente atendem somente investimentos em imobilizados.
- Utilizar capital de giro próprio, desmobilizando (vendendo ativos imobilizados) ou capitalizando (com aporte de capital dos proprietários ou aumento do lucro através de medidas de redução de custos e despesas), que são formas da Nossa Loja obter os $ 643 que faltaram em razão de sua expansão.

As formas de cobertura da necessidade de capital de giro, do menor para o maior risco, são:

- A redução da própria necessidade de capital de giro: pelo dimensionamento adequado do próprio capital de giro, através da redução dos estoques, do contas a receber e de negociação de prazos com fornecedores.
- A utilização de recursos próprios, pela expansão do capital de giro próprio através de capitalização ou redução do ativo permanente e/ou do realizável a longo prazo.
- A utilização de recursos de terceiros de longo prazo. No entanto, são também de difícil obtenção para financiamento do capital de giro.
- A utilização de recursos financeiros de terceiros de curto prazo através de financiamentos junto a instituições financeiras e *factorings*.

1.8.3 Financiamento da necessidade de capital de giro com recursos próprios

A necessidade de capital de giro pode ser coberta pelo capital de giro próprio da empresa (CGP), isto é, com recursos próprios da empresa não imobilizados. O capital de giro próprio é o capital próprio (patrimônio líquido) não investido a longo prazo (em ativos permanentes ou realizáveis a longo prazo), ou seja, é o recurso próprio investido no giro, conforme visto no item 1.5.2.

Ilustração 1.13 – Integração do capital de giro próprio

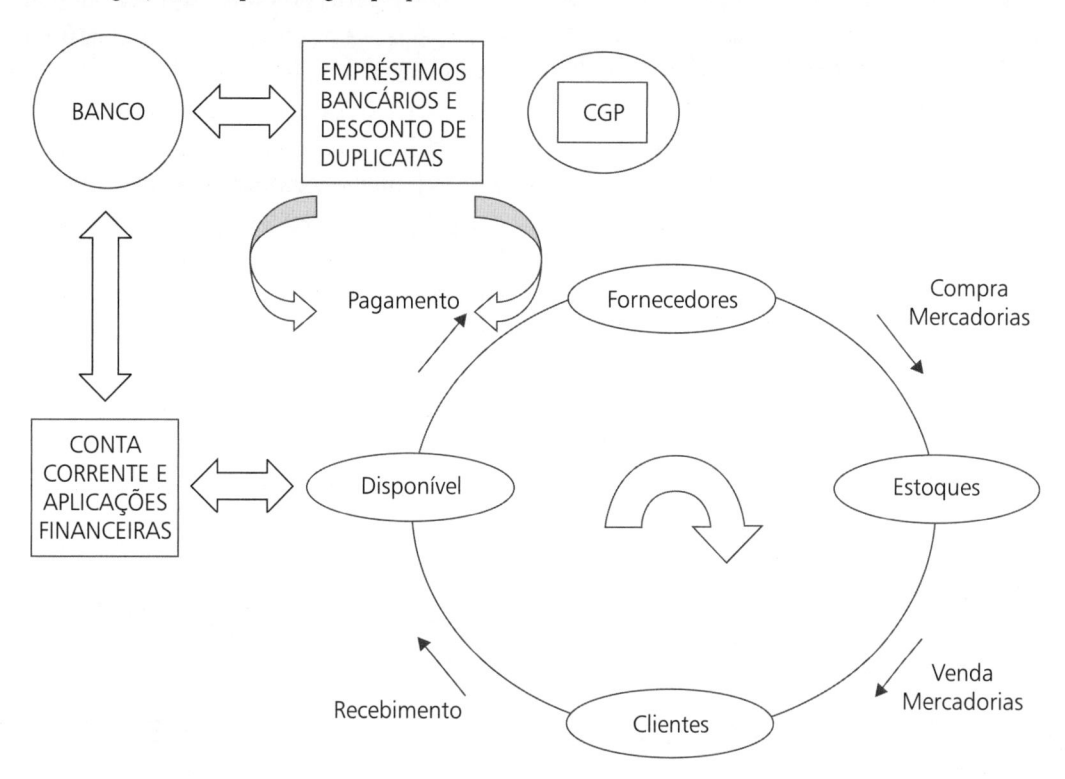

O capital de giro próprio é a forma de cobertura da necessidade de capital de giro com recursos próprios; a outra, como visto, é pela utilização de recursos de terceiros.

Basicamente, o capital de giro próprio pode ser aumentado com acréscimos do patrimônio líquido ou redução do ativo permanente. Dessa forma, aumentos de capital e lucros capitalizados constituem-se em fonte de financiamento da necessidade de capital de giro, bem como a venda de ativos permanentes (imobilizado, investimentos e diferido). Prejuízos e retirada de capital impactam negativamente no capital de giro próprio, assim como imobilizações, que reduzem o capital de giro próprio e comprometem a cobertura da necessidade de capital de giro. O capital de giro próprio constitui-se em uma folga financeira para a empresa, no sentido de que são recursos não exigíveis por terceiros.

1.8.4 Financiamento da necessidade de CG com recursos de terceiros de LP

A cobertura da necessidade de capital de giro com recursos de terceiros de longo prazo conduz a um menor risco financeiro para a empresa: ela estará captando recursos a longo prazo e aplicando-os a curto prazo. Isso significa que a possibilidade dela não honrar o compromisso assumido diminui: mas não podemos esquecer que estes recursos de longo prazo um dia transformam-se em recursos de curto prazo, pois irão vencer, sendo então transferidos do exigível a longo prazo para o passivo circulante.

Os recursos de terceiros a longo prazo podem vir do mercado de crédito (empréstimos e financiamentos a longo prazo em moeda nacional ou estrangeira) e do mercado de capitais (emissão de debêntures ou outros títulos de longo prazo lançados no mercado local ou internacional).

Na forma mais utilizada pelas empresas, a cobertura da necessidade de capital de giro também pode ser realizada, como visto, com a utilização de recursos de terceiros de curto prazo, que podem ser obtidos junto ao mercado de crédito (através de empréstimos de curto prazo junto a bancos, por exemplo) ou junto ao mercado de capitais (por meio de *commercial papers* ou notas promissórias emitidas pela empresa, por exemplo). Estas formas de captação de recursos de terceiros serão abordadas no Capítulo 4.

1.9 Avaliação da liquidez na gestão do capital de giro

A liquidez, ou capacidade de pagamento da empresa, está intimamente ligada à gestão do capital de giro, como visto até aqui. O risco financeiro, ou risco de insolvência, é a probabilidade da firma não conseguir saldar seus compromissos de curto prazo, ou seja, de tornar-se insolvente. Uma das maneiras de mensurar o risco de insolvência é por meio dos indicadores de liquidez, que aferem a relação entre os ativos realizáveis e os passivos exigíveis. Existem indicadores de liquidez estática e indicadores de liquidez dinâmica.

1.9.1 Indicadores de liquidez estática

Os indicadores de liquidez estática procuram evidenciar o grau de solvência (capacidade de pagamento) da empresa, em decorrência da existência ou não de solidez financeira, que garanta o pagamento dos compromissos da empresa, em uma determinada posição financeira. São indicadores estáticos porque representam a situação de liquidez em um determinado momento.

Os principais indicadores de liquidez estática são:

1.9.1.1 Liquidez corrente (LC)

O índice de liquidez corrente revela a capacidade financeira da empresa para cumprir seus compromissos de curto prazo (um ano). O índice de liquidez corrente é calculado dividindo-se o ativo circulante pelo passivo circulante:

$$Liquidez\ Corrente = \frac{Ativo\ Circulante}{Passivo\ Circulante}$$

O índice de liquidez corrente mostra quanto a empresa possui no ativo circulante, para cada unidade monetária ($ 1,00) do passivo circulante. Por exemplo, nos períodos de X1 e X2, as Lojas Renner apresentaram os seguintes índices de LC:

$$LC = \frac{\overset{X1}{1.872.921}}{977.575} = 1,92 \quad \frac{\overset{X2}{2.035.555}}{1.065.575} = 1,91$$

O índice de liquidez corrente de 1,92 e 1,91 indica que, para cada $ 1,00 de passivo circulante (obrigações de curto prazo), as Lojas Renner possuem $ 1,92 de ativo circulante (bens e direitos de curto prazo) em X1 e 1,92 em X2. Como o CGL é a diferença entre o ativo circulante e o passivo circulante, esse índice indica, também, que para cada $ 1,00 de passivo circulante, a empresa possui $ 0,92 e 0,91 em X1 e X2, respectivamente, de CGL positivo.

1.9.1.2 Liquidez seca (LS)

As obrigações do passivo circulante possuem datas conhecidas para serem liquidadas. Já os elementos do ativo circulante nem sempre apresentam conversibilidade garantida em dinheiro. O maior exemplo refere-se aos estoques, que podem sofrer deterioração ou tornarem-se obsoletos. Além disso, a conversão de estoques em dinheiro (disponibilidades), em geral, é mais difícil que a conversão de outros elementos do ativo circulante, como os recebíveis (ou seja, a liquidez dos estoques é menor). Dessa forma, para o cálculo do índice de liquidez seca, o valor dos estoques deve ser subtraído do ativo circulante, antes de dividi-lo pelo passivo circulante, como mostra a seguinte equação:

$$Liquidez\ Seca = \frac{Ativo\ Circulante - Estoques}{Passivo\ Circulante}$$

No caso das Lojas Renner, o índice de liquidez seca será de:

$$LS = \frac{\overset{X1}{1.872.921 - 275.950}}{977.575} = 1,63$$

$$\frac{\overset{X2}{2.035.555 - 402.748}}{1.065.575} = 1,53$$

O índice de liquidez seca de 1,63 em X1 e 1,53 em X2 indica que, para cada $ 1,00 do passivo circulante (obrigações de curto prazo), as Lojas Renner possuem R$ 1,63 e R$ 1,53 referentes aos elementos de maior liquidez do ativo circulante, ou seja, aqueles elementos que podem ser convertidos em dinheiro com maior facilidade.

1.9.1.3 Liquidez imediata (LI)

O índice de liquidez imediata indica qual a capacidade da empresa em saldar seus compromissos imediatamente, com seus disponíveis (caixa, bancos e aplicações financeiras de curtíssimo prazo), sem ter que aguardar nenhum prazo de conversibilidade dos elementos do ativo circulante em dinheiro. O índice de liquidez imediata é calculado dividindo-se as disponibilidades da empresa pelo passivo circulante, como mostra a seguinte equação:

$$Liquidez\ Imediata = \frac{Disponibilidades}{Passivo\ Circulante}$$

A seguir é demonstrado o calculo do LI das Lojas Renner:

$$LI = \frac{\overset{X1}{1.872.921 - 683.661}}{977.575} = 1,22$$

$$\frac{\overset{X2}{2.035.555 - 578.264}}{1.065.575} = 1,37$$

O índice de liquidez imediata de 1,22 em X1 e 1,37 em X2 indica que, para cada $ 1,00 de passivo circulante (obrigações de curto prazo), as Lojas Renner possuem $ 1,22 e 1,37 em disponibilidades.

1.9.2 Indicadores de liquidez dinâmica

Os indicadores de liquidez dinâmica indicam a evolução da capacidade de pagamento da empresa, notadamente pela avaliação da evolução do capital de giro líquido, da necessidade de capital de giro e do saldo de tesouraria.

1.9.2.1 Termômetro financeiro

Este indicador apresenta possíveis situações no que se refere à administração financeira de curto prazo. É calculado com a determinação da proporção entre o saldo de tesouraria (T) em relação à necessidade de capital de giro (NCG), por meio da seguinte expressão:

Termômetro Financeiro = ST/NCG

Vamos calcular o termômetro das Lojas Renner:

$$\text{Termômetro Financeiro} = \frac{\text{Saldo de Tesouraria}}{\text{NCG}}$$

$$\overset{X1}{\frac{404.235}{491.111} = 0,82} \qquad \overset{X2}{\frac{406.105}{563.875} = 0,72}$$

Segundo Olinquevitch e Filho (2004), alterações realizadas nos investimentos no giro dos negócios, medidos pela NCG ou qualquer situação que envolva a redução de fontes próprias ou de longo prazo para financiar a NCG, sensibilizam este indicador.

• **Coeficiente do efeito tesoura**

Este indicador avalia a tendência ao efeito tesoura da gestão do capital de giro da organização. Compara o saldo de tesouraria (ST) com as receitas da organização. Quando o resultado do cálculo for negativo, significa que a NCG suplantou o CGL, e que portanto está com saldo de tesouraria negativo. Quanto mais negativo o indicador, maior a tendência ao efeito tesoura. É calculado pela seguinte expressão:

Coeficiente do efeito tesoura = ST/Receitas

Vamos calcular o coeficiente das Lojas Renner:

$$\text{Coeficiente Efeito Tesoura} = \frac{\text{Saldo de Tesouraria}}{\text{Receitas}}$$

$$\overset{X1}{\frac{404.235}{2.751.338} = 0,15} \qquad \overset{X2}{\frac{406.105}{3.238.543} = 0,13}$$

O coeficiente apresenta a dimensão da exposição financeira em relação ao nível das vendas. O coeficiente positivo é devido ao saldo de tesouraria também positivo, indicando folga financeira nos dois períodos.

• **Coeficiente de equilíbrio financeiro**

Esse indicador avalia a gestão equilibrada do capital de giro, aferida pelo capital de giro líquido relativamente às receitas da organização. Como já comentado, a existência de CGL positivo representa a aplicação de recursos de longo prazo no capital de giro, ou seja, uma "folga financeira" na organização. Ou seja:

Coeficiente de Equilíbrio Financeiro = CGL/Receitas

Vamos calcular o coeficiente das Lojas Renner:

$$\text{Coeficiente Equilíbrio Financeiro} = \frac{\text{CGL}}{\text{Receitas}}$$

$$\overset{X1}{\frac{895.346}{2.751.338} = 0,33} \qquad \overset{X2}{\frac{969.980}{3.238.543} = 0,30}$$

Em X1, as Lojas Renner apresentavam para cada R$ 1,00 faturado, R$ 0,33 investidos no CGL e R$ 0,30 em X2.

1.9.3 Considerações sobre os indicadores de liquidez e insolvência

Há um mito na gestão financeira de que os índices de liquidez possam refletir o risco de uma empresa tornar-se insolvente, ou seja, deixar de pagar suas obrigações por falta de recursos. No entanto, na prática, não é o que se observa.

Segundo Matias (1992), "as empresas que se tornaram insolventes ou concordatárias possuíam índices de liquidez (geral, corrente e seca) adequados ao padrão de mercado nos três anos que antecederam o pedido de concordata". Desta feita, a opção de uma liquidez menor não necessariamente representa um risco maior para a empresa e para seus credores.

Ainda segundo Matias (1992), dois anos antes à insolvência, as empresas apresentaram elevadas taxas de crescimento real de vendas, acompanhado pelo crescimento do capital de giro. Aparentemente, o crescimento do capital de giro se deu pela evolução dos estoques, financiado pelos fornecedores, e pela evolução do crédito, bancada por financiamento de instituições financeiras. Um ano antes de se tornar insolvente, observa-se a retração real das vendas, não acompanhada pela redução do capital de giro, ficando-se com uma estrutura de capital de giro incompatível com um menor nível de vendas.

Portanto, outros fatores, talvez até mais relevantes que a liquidez, podem levar ou estar associados a uma situação de risco de insolvência. O mesmo autor desenvolve um modelo de avaliação de insolvência[6] que, por meio de técnicas estatísticas e índices financeiros, segrega empresas em situação de insolvência daquelas com boa saúde financeira, conforme exposto no Capítulo 2, Gestão de Crédito, deste livro.

Assim, na prática, em termos de gestão do capital de giro, uma elevada liquidez pode não significar baixo risco de insolvência, uma vez que é preciso conhecer o prazo de conversão dos elementos do ativo circulante. Por exemplo, se as contas a receber e os estoques de uma empresa apresentarem prazos de conversão em disponíveis muito dilatados e, em contraposição, o prazo médio das contas a pagar for relativamente baixo, então, a empresa pode ter dificuldades em saldar seus compromissos. Nesse caso, uma liquidez corrente elevada não significa que o risco de insolvência da mesma seja baixo.

Ilustração 1.14 – Liquidez × rentabilidade

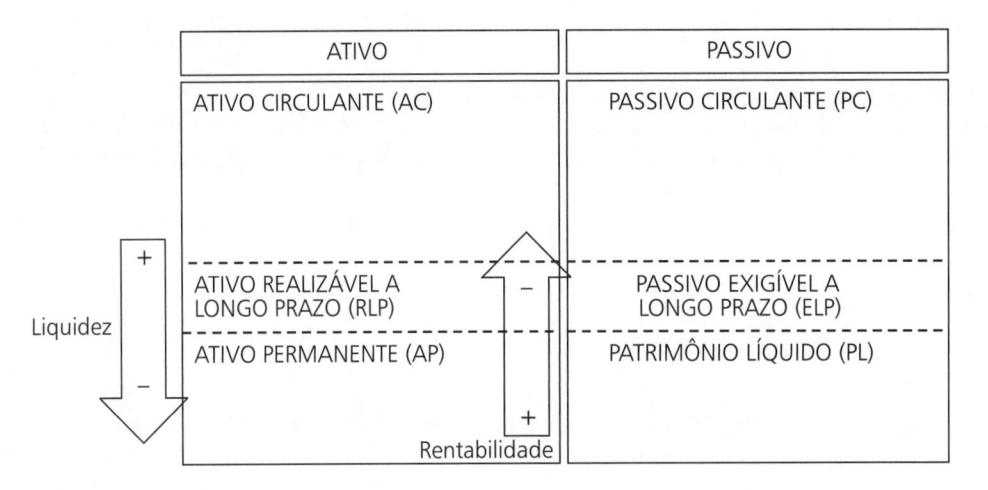

ATIVO	PASSIVO
ATIVO CIRCULANTE (AC)	PASSIVO CIRCULANTE (PC)
ATIVO REALIZÁVEL A LONGO PRAZO (RLP)	PASSIVO EXIGÍVEL A LONGO PRAZO (ELP)
ATIVO PERMANENTE (AP)	PATRIMÔNIO LÍQUIDO (PL)

Liquidez (+/−) | Rentabilidade (+)

No caso da liquidez corrente estamos medindo a capacidade de pagamento dentro de um ano. A liquidez corrente é, no fundo, o indicador do capital de giro líquido (CGL) sob a forma de índice. O CGL constitui uma medida de folga financeira que a empresa possui para liquidar seus compromissos de curto prazo. Dessa maneira, supõe-se que, quanto maior o CGL, ou seja, quanto maior a *liquidez corrente* da empresa, menor o risco de insolvência. Isso será verdade caso não haja a ocorrência de estoques deteriorados ou recebíveis problemáticos no ativo circulante.

A avaliação da capacidade de pagamento da empresa precisa considerar os indicadores de liquidez em conjunto com os prazos de conversão dos ativos circulantes.

1.10 Dinâmica do capital de giro

Nesse tópico estaremos abordando a dinâmica dos diversos componentes da gestão do capital de giro frente à atividade operacional das organizações.

1.10.1 Dinâmica do capital de giro total

Como exposto, o capital de giro total representa as aplicações totais de recursos em giro, ou seja, o ativo circulante. O volume do ativo circulante é dependente de:

- Volume de vendas. Quanto maior o faturamento de uma organização maior tenderá a

---

[6] Existem outros modelos de previsão de insolvência, produzidos por outros autores, que estão descritos no Capítulo 2 sobre gestão de recebíveis.

ser seu capital de giro total. Estudo realizado pelo Inepad (2004) indicou ser de 93% a correlação entre o valor do ativo circulante e o valor das receitas líquidas das empresas de capital aberto.

- Ciclo operacional. Quanto maior o ciclo operacional de uma organização maior tenderá a ser seu capital de giro total. Quanto maior o prazo de estocagem, maior o nível de estoques. Quanto maior o prazo de recebimento de clientes, maior o valor a receber.
- Setor de atividade econômica. Até em decorrência do ciclo operacional, empresas industriais apresentam maior volume de ativos circulantes relativamente às receitas do que empresas comerciais e de serviços;
- Capacidade de financiamento. Organizações com menor acesso a recursos externos, quer por situação financeira desfavorável, quer por porte, apresentam menor capital de giro total relativamente às vendas. Na verdade, o capital de giro total representa uma garantia perante os credores – assim, organizações com menor volume de garantia obtêm menos recursos.

1.10.2 Dinâmica do CGL, da NCG e do ST

Segundo levantamento do Inepad (2004):

- estruturas com CGL positivo, ou seja, nas quais o ativo circulante é maior que o passivo circulante, são as mais típicas para as empresas brasileiras – 56% das empresas de capital aberto apresentam CGL positivo;
- o CGL representa, na mediana das empresas de capital aberto, 7% das vendas, com um máximo de 59% e um mínimo de –45% – esses números indicam a extrema variabilidade na gestão do capital de giro líquido;
- no tocante à necessidade de capital, somente 8% das empresas apresentaram NCG negativa, tendo portanto a grande maioria das empresas analisadas, 92% delas, NCG positiva;
- das empresas analisadas, 79% apresentam saldo de tesouraria negativo – indicando a normal dependência de instituições financeiras para cobertura da necessidade de capital de giro – a correspondência entre o saldo de tesouraria negativo e a necessidade de capital de giro positiva é de 62%.

Reforça-se essa afirmação com o dado, já citado anteriormente, de que apenas 9% das empresas analisadas possuíam capital de giro próprio positivo.

Geralmente, o tipo de estrutura com CGL positivo, NCG positiva e ST negativo é observado em organizações de setores industriais que, para sustentar suas operações, necessitam de um maior nível de estocagem de matérias-primas, produtos em acabamento, produtos acabados e de financiamento a seus clientes.

Já os setores varejistas, como as redes de supermercados, tendem a ter um poder de negociação maior com os fornecedores quanto a prazos de pagamento e políticas de reposição de estoques. Geralmente conseguem negociar prazos maiores de pagamento junto aos fornecedores e vendem a vista aos seus clientes ou com prazos menores de recebimento. O giro dos estoques é alto, o que também contribui para que possam trabalhar com um CGL e NCG muito baixos ou até negativos – no estudo elaborado pelo Inepad (2004) somente empresas do comércio varejista de alimentos apresentaram CGL e NCG negativos.

Companhias prestadoras de serviços públicos, que possuem fluxos de recebimentos e pagamentos bastante previsíveis, também podem optar por uma estrutura com CGL baixo ou negativo, o que foi confirmado pelo estudo elaborado pelo Inepad (2004).

O nível adequado de CGL e NCG depende dos padrões de fluxo de caixa das empresas. Portanto, a liquidez e o risco associado vão variar de setor para setor e de empresa para empresa, de forma que os índices de liquidez e o nível de CGL e NCG devem ser analisados com critério e adequado entendimento da estratégia do negócio. Os índices de liquidez de empresas devem, também, ser comparados com padrões do setor onde ela atua. Também podem evidenciar a evolução de uma empresa durante determinado tempo, traduzindo mudanças nos padrões de fluxo de caixa e mudanças na gestão e nas políticas referentes aos componentes de giro.

1.10.3 Síndromes na gestão do capital de giro

Síndromes são conjuntos de sintomas que se repetem e denunciam a existência de doenças. Esse conceito pode ser bem aplicado à gestão do capital de giro, face a sua característica de repetição diária de ações. Essas síndromes são levantadas, geralmente, a partir de estudos de caso, normalmente quando de situações de insolvência. Nesse sentido, citamos:

1. **SÍNDROME DO DISTRIBUIDOR.** O distribuidor que opera em prejuízo e capital de giro negativo (baixos prazos médios de recebimento de vendas e de estocagem e alto prazo médio de pagamento), quanto mais cresce (via preço baixo, prejuízo), maior sobra de disponível tem. Conscientemente, ou não, ele continua nessa situação até o potencial de mercado se esgotar. Nesse dia, tendo se tornado um dos principais distribuidores, ele pede maior prazo ao fornecedor. Na verdade, trata-se de um erro do fornecedor, que fomentou (ou permitiu) a canibalização entre fornecedores, e acaba por pagar a conta final com a incorporação do distribuidor ou a insolvência desse.

2. **SÍNDROME DO SUPERMERCADO.** O supermercado que obtém financiamento dos fornecedores (prazo médio de recebimento de vendas curto, prazo médio de estocagem curto e prazo médio de pagamento de compras longo) e não mantém disponível (gasta, expande), quando de redução de vendas, acaba tendo dificuldade em financiar sua necessidade de capital, e, normalmente, visando aumentar as vendas, passa a oferecer maior prazo de pagamento a seus clientes, agravando sua situação.

1.10.4 Dimensionamento da necessidade de capital de giro

O dimensionamento do capital de giro das organizações pode ser realizado pelas seguintes formas:

- dimensionamento por dados contábeis. Esse processo foi o utilizado neste capítulo. Por ele a necessidade de capital de giro é calculada pelos saldos de balanço;
- dimensionamento pelo movimento financeiro. Esse processo constitui-se no cálculo do capital de giro e de seus componentes a partir do efetivo movimento financeiro, de pagamentos e recebimentos, da organização. Assim, a NCG é determinada como função do saldo diário médio do fluxo de caixa entre recebimentos e pagamentos e do desvio-padrão respectivo (MOURA e MATOS, 2003);
- dimensionamento por metas setoriais. Nesse processo deve-se calcular a NCG por dados setoriais de prazos médios de estocagem, prazos médios de recebimento de vendas e prazos médios de pagamento de compras;
- dimensionamento por limitação de capital. Nesse processo a cobertura por capital de terceiros e próprio é o limitador da necessidade de capital de giro;
- dimensionamento por geração de valor do capital investido no giro. Nesse processo, caso a organização consiga uma taxa de retorno nos ativos circulantes superior à do custo de captação respectivo, ela deverá ampliar a NCG até o limite financiável por recursos próprios ou de terceiros. Estaremos detalhando mais essa forma no Capítulo 8, Gestão do Valor no Capital de Giro.

1.10.5 Dilema liquidez versus rentabilidade na gestão do capital de giro

As decisões relacionadas à gestão do capital de giro das empresas apresentam uma relação entre risco e retorno. Sob condições econômicas normais, quanto maior a manutenção de liquidez, menor a rentabilidade desses recursos. Dessa forma, cria-se um dilema entre liquidez e rentabilidade na gestão do capital de giro. Uma maior segurança financeira, oriunda de uma liquidez elevada, implica um custo de oportunidade maior para a empresa. Sob condições econômicas normais de taxas de juros, um aumento na proporção de ativos circulantes, com relação aos ativos totais, provoca uma diminuição no retorno da empresa. Isso ocorre porque, teoricamente, os ativos de longo prazo possuem maior *rentabilidade* que os ativos de curto prazo.[7]

Assim, teoricamente, se a empresa desejar diminuir o risco de insolvência, aumentando a quantidade de ativos circulantes e diminuindo a quantidade de ativos de longo prazo, também estará diminuindo o retorno. Tal relação mostra que nenhuma mudança ocorre na rentabilidade sem que, em contrapartida, ocorram alterações na liquidez da empresa: liquidez e rentabilidade estão intimamente relacionadas e a busca desse equilíbrio constitui a essência da gestão do capital de giro.

A tentativa de otimização de todos os componentes da gestão do capital de giro muitas vezes é conflitante. As entradas e saídas não são sincronizadas, são incertas, demandando uma escolha de melhor relação entre liquidez e rentabilidade. Por exemplo, em um processo de crescimento de vendas é muito comum a necessi-

---

[7] Em economias clássicas é válida esta afirmação. No Brasil, há longos anos, temos taxas de juros de curto prazo muito elevadas.

dade de aumento dos níveis de estocagem e ampliação dos prazos de pagamento para os clientes, o que vai contra as abordagens mais simplistas, que recomendam sempre que possível reduzir o investimento em giro, ou seja, reduzir estoques e limitar o crédito a seus clientes, em clara visão de liquidez para redução de risco.

O dimensionamento do investimento em capital de giro tem profundo impacto no sucesso dos negócios, já que exerce grande influência na liquidez e rentabilidade das organizações. Se a liquidez for definida pelo nível de CGL, fica evidente uma relação de conflito entre liquidez e rentabilidade.

Geralmente, quando se aumenta o investimento em ativos circulantes, maior tende a ser o CGL e a liquidez da empresa. Porém, para realizar esse investimento, a empresa terá que captar recursos financeiros, quer próprios ou de terceiros, o que aumentará seus custos de capital e reduzirá consequentemente sua rentabilidade. Sob condições econômicas normais, a taxa de retorno dos ativos circulantes tende a ser baixa ou negativa, inferior ao custo de captação. Portanto, de modo geral, um aumento na liquidez implica em uma redução da rentabilidade e o contrário também é verdadeiro.

Para um melhor entendimento dos conceitos e da dinâmica envolvida, considere os exemplos a seguir. A Ilustração 1.15 mostra a situação inicial da Nossa Loja, que apresenta um CGL de $ 20. Admitindo-se que seu patrimônio líquido é de $ 20 e que suas operações geraram um lucro líquido de $ 5, pode-se afirmar que a sua rentabilidade sobre o patrimônio líquido é de 25% ($ 5/$ 20).

Ilustração 1.15 – Situação inicial

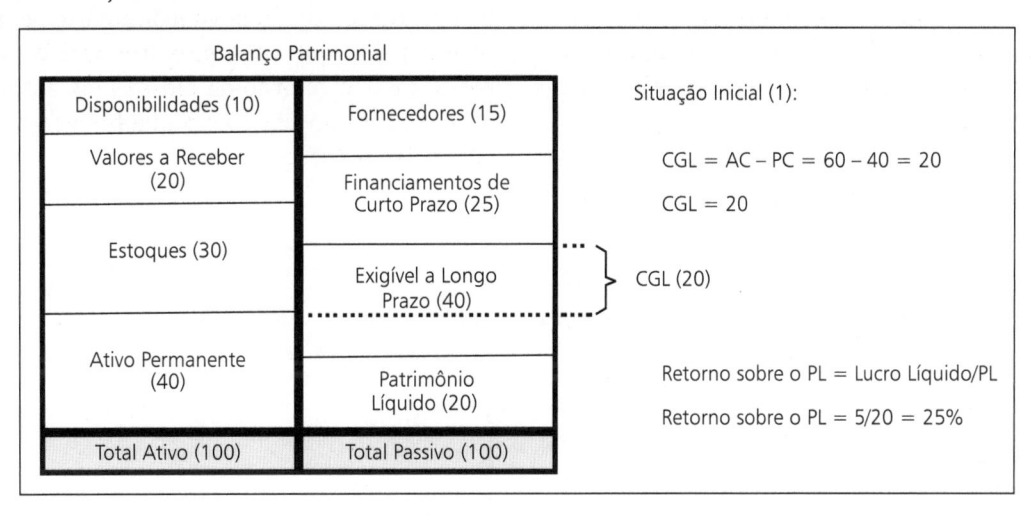

Balanço Patrimonial		Situação Inicial (1):
Disponibilidades (10)	Fornecedores (15)	CGL = AC – PC = 60 – 40 = 20
Valores a Receber (20)	Financiamentos de Curto Prazo (25)	CGL = 20
Estoques (30)	Exigível a Longo Prazo (40)	CGL (20)
Ativo Permanente (40)	Patrimônio Líquido (20)	Retorno sobre o PL = Lucro Líquido/PL
Total Ativo (100)	Total Passivo (100)	Retorno sobre o PL = 5/20 = 25%

Admite-se que a empresa conseguiu implementar uma melhor gestão de estoques, seja através de processos mais eficientes de controle, melhor previsão de vendas, estratégias de consignação, entre outras. Imagine que a melhor gestão do estoque conseguiu reduzi-lo em $ 10, sem que suas vendas fossem prejudicadas. O gestor financeiro deseja traduzir esse ganho em uma maior rentabilidade. Como fazê-lo?

O retorno, neste contexto, é o resultado das receitas menos custos e despesas. Ele pode ser aumentado de duas formas distintas: incremento de receitas ou redução de custos e despesas. Portanto, quando o gestor financeiro tenta aumentar a rentabilidade do negócio através da diminuição de seu investimento em ativos circulantes, uma das alternativas (Ilustração 1.16) seria a diminuição de seus empréstimos e financiamentos de longo prazo, o que reduziria seu custo financeiro.

Ilustração 1.16 – Redução de estoques e redução de ELP

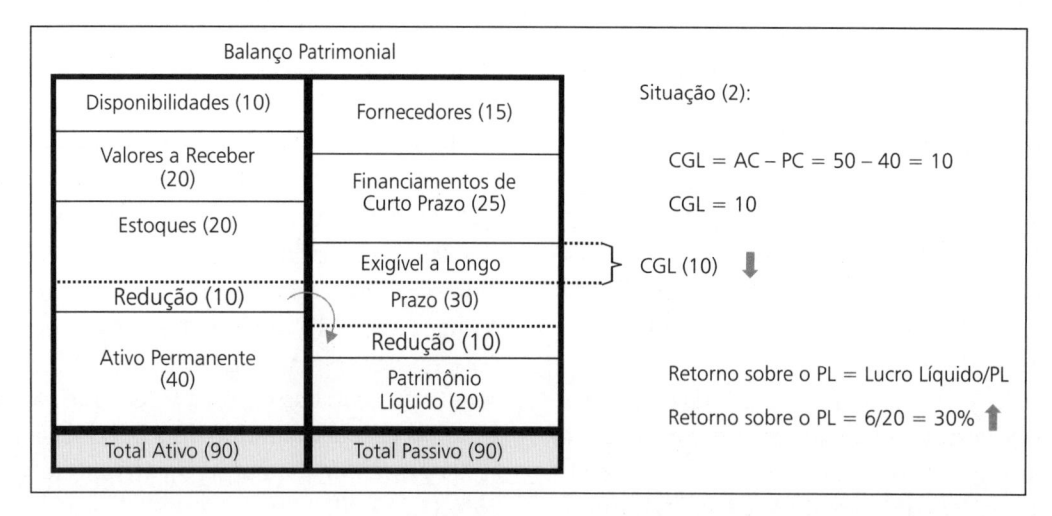

Balanço Patrimonial

Ativo	Passivo
Disponibilidades (10)	Fornecedores (15)
Valores a Receber (20)	Financiamentos de Curto Prazo (25)
Estoques (20)	Exigível a Longo Prazo (30)
Redução (10)	Redução (10)
Ativo Permanente (40)	Patrimônio Líquido (20)
Total Ativo (90)	Total Passivo (90)

Situação (2):

CGL = AC − PC = 50 − 40 = 10

CGL = 10

CGL (10) ↓

Retorno sobre o PL = Lucro Líquido/PL

Retorno sobre o PL = 6/20 = 30% ↑

Observa-se na Ilustração 1.16 que o CGL foi reduzido para $ 10, diminuindo a liquidez da empresa. No entanto, foram reduzidas despesas financeiras com o pagamento de juros de $ 1, o que aumentou o lucro líquido para $ 6. Consequentemente, o retorno sobre o PL aumentou para 30%.

Uma segunda alternativa (Ilustração 1.17) seria o investimento deste recurso em ativos permanentes, como máquinas, que poderiam gerar mais receita, aumentando também a lucratividade da empresa. Simplificando o exemplo, o novo maquinário gerará maiores receitas sem que os custos financeiros aumentem. Neste caso, o retorno da Nossa Loja aumentará para 30%, ao mesmo tempo em que houve queda do CGL para $ 10, reduzindo-se a liquidez.

Ilustração 1.17 – Redução de estoques e investimento em permanente

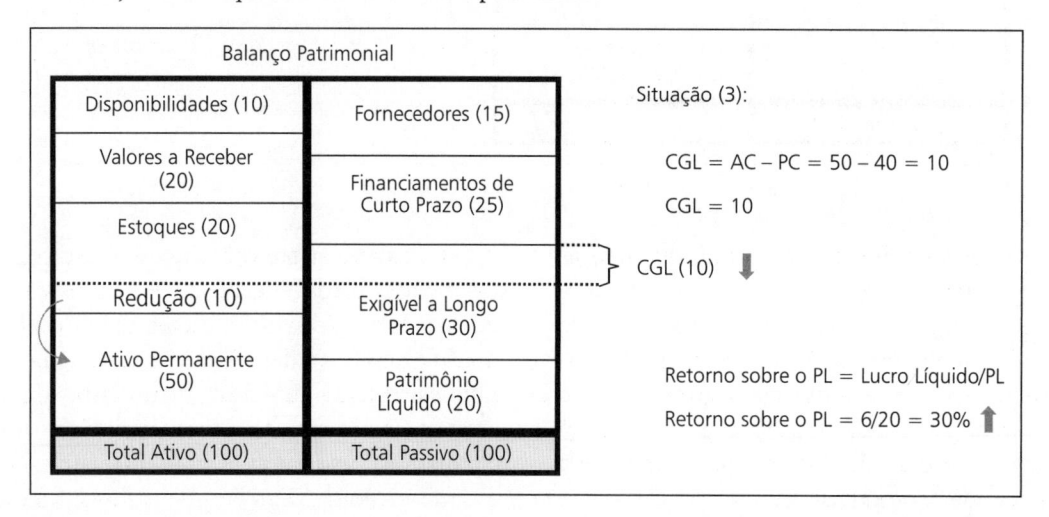

Balanço Patrimonial

Ativo	Passivo
Disponibilidades (10)	Fornecedores (15)
Valores a Receber (20)	Financiamentos de Curto Prazo (25)
Estoques (20)	
Redução (10)	Exigível a Longo Prazo (30)
Ativo Permanente (50)	Patrimônio Líquido (20)
Total Ativo (100)	Total Passivo (100)

Situação (3):

CGL = AC − PC = 50 − 40 = 10

CGL = 10

CGL (10) ↓

Retorno sobre o PL = Lucro Líquido/PL

Retorno sobre o PL = 6/20 = 30% ↑

Pode-se observar, em ambos os exemplos, que geralmente há uma relação entre liquidez e rentabilidade. No entanto, esta não é uma regra definitiva, como este tema é geralmente tratado nos livros de gestão de capital de giro. Na prática, o gestor tem à sua disposição alternativas que podem gerar resultados diversos.

A Ilustração 1.18 mostra a alternativa de se reduzirem os financiamentos de curto prazo, no caso de redução dos estoques. Neste caso, os juros das obrigações de curto prazo são reduzidos possibilitando um retorno maior, assim como na situação (1) da redução de ELP. No entanto, nesta nova alternativa, o CGL manteve-se constante em $ 20, sem o comprometimento da liquidez da empresa.

Ilustração 1.18 – Redução de estoques e redução de obrigações de curto prazo

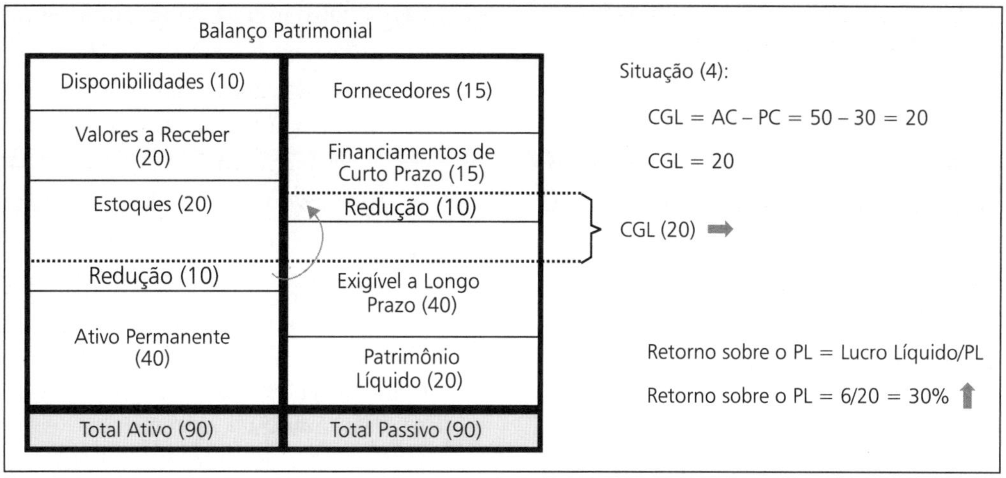

```
                    Balanço Patrimonial
    ┌─────────────────────────┬─────────────────────────┐
    │ Disponibilidades (10)   │ Fornecedores (15)       │
    ├─────────────────────────┼─────────────────────────┤
    │ Valores a Receber (20)  │ Financiamentos de       │
    │                         │ Curto Prazo (15)        │
    ├─────────────────────────┼─────────────────────────┤
    │ Estoques (20)           │ Redução (10)            │
    ├─────────────────────────┼─────────────────────────┤
    │ Redução (10)            │ Exigível a Longo        │
    │                         │ Prazo (40)              │
    ├─────────────────────────┼─────────────────────────┤
    │ Ativo Permanente (40)   │ Patrimônio Líquido (20) │
    ├─────────────────────────┼─────────────────────────┤
    │ Total Ativo (90)        │ Total Passivo (90)      │
    └─────────────────────────┴─────────────────────────┘
```

Situação (4):

CGL = AC – PC = 50 – 30 = 20

CGL = 20

CGL (20) ➡

Retorno sobre o PL = Lucro Líquido/PL

Retorno sobre o PL = 6/20 = 30% ⬆

Da mesma forma, alternativas poderiam ser criadas. A redução dos estoques poderia ser usada para aumentar o crédito aos clientes. O CGL se manteria inalterado e o retorno poderia ser incrementado, já que as vendas poderiam ser ampliadas com uma maior concessão de crédito para os clientes mais antigos, por exemplo.

O recurso poderia também ser alocado para as disponibilidades e ser investido em aplicações financeiras que proporcionassem receita financeira para a empresa. Novamente foi possível aumentar o retorno sem que se reduzisse a liquidez da empresa.

Mas qual das alternativas escolher?

E se o estoque não puder ser reduzido, como melhorar a rentabilidade da empresa e manter uma liquidez satisfatória?

A atividade operacional do gestor financeiro vai justamente neste sentido: buscar equilibrar liquidez e rentabilidade na gestão do capital de giro.

Resumo

O *capital de giro* refere-se aos recursos, próprios ou de terceiros, necessários para sustentar as atividades operacionais, no dia a dia das empresas.

A *gestão do capital de giro* diz respeito aos elementos de giro, que correspondem aos recursos correntes (de curto prazo) da empresa, como o ativo circulante e o passivo circulante, e de que maneira estes elementos estão inter-relacionados. O objetivo da gestão do capital de giro é *gerar valor* com os elementos de giro.

O *capital de giro líquido* é a diferença entre o ativo circulante e o passivo circulante. A empresa possui *capital de giro líquido positivo* quando o ativo circulante supera o passivo circulante. Quando o ativo circulante é menor que o passivo circulante, a empresa possui *capital de giro líquido negativo*.

O *capital de giro próprio* (CGP) é a parcela de recursos próprios que está sendo utilizada no financiamento do capital de giro (ativos de curto prazo).

O *ciclo operacional* é o período que a empresa leva desde a compra de matéria-prima até o recebimento das vendas de seus produtos. Quanto maior for o ciclo operacional, ou seja, quanto mais demorada for a entrada de recursos financeiros, maior será a necessidade de recursos para financiar o giro da empresa.

O *ciclo financeiro*, por outro lado, focaliza as movimentações de caixa, abrangendo o período entre o momento em que a empresa realiza os pagamentos e o momento em que recebe pelas vendas.

A *necessidade de capital de giro* (NCG) representa a diferença entre o ativo circulante operacional e o passivo circulante operacional.

O *saldo de tesouraria* corresponde à diferença entre o ativo circulante financeiro e o passivo circulante financeiro.

O crescimento da *necessidade de capital de giro* (NCG), que não é acompanhado por um aumento, nas mesmas proporções, no *capital de giro líquido* (CGL), faz com que ocorra o efeito tesoura. Normalmente o efeito tesoura surge do *overtrading*, crescimento da atividade da empresa não suportada pela situação financeira.

Finalmente, os *indicadores de liquidez* podem ser divididos em dois grupos. Os indicadores de *liquidez estática* procuram evidenciar a capacidade de pagamento da empresa, em decorrência da existência ou não de solidez financeira. Os indicadores de *liquidez dinâmica*, por sua vez, indicam a evolução da capacidade de pagamento da empresa, notadamente pela avaliação da evolução do capital de giro líquido, da necessidade de capital de giro e do saldo de tesouraria.

Questões

1. O que é capital de giro? Qual a sua importância na administração de uma empresa?
2. O que é necessidade de capital de giro (NCG)? O que a NCG evidencia?
3. O que é capital de giro líquido (CGL)? Como é calculado?
4. Comente a afirmativa a seguir: "O capital de giro circulante representa, quando positivo, um valor do ativo circulante superior ao passivo circulante, o que é entendido por muitos analistas como sendo uma folga financeira da empresa. Logo, toda empresa que tem ativo circulante maior que o passivo circulante é uma empresa financeiramente sólida e de boa liquidez."
5. O que é capital de giro próprio?
6. Qual a diferença entre ciclo operacional e ciclo financeiro?
7. Qual o impacto de uma venda a prazo no capital de giro?
8. Um supermercado trabalha com os seguintes indicadores:
    * prazo médio de estocagem: 30 dias;
    * prazo médio de recebimento de vendas: a vista;
    * prazo médio de pagamento a fornecedores: 56 dias.

    Faça a representação gráfica dos ciclos operacional, econômico e financeiro.
9. Trace uma relação entre o saldo de tesouraria, o efeito tesoura e o *overtrading*.
10. Possuir um alto índice de liquidez corrente garante que a empresa apresenta uma situação de baixo risco em relação à insolvência?

Exercícios

1. A análise dos índices financeiros tem por finalidade promover uma avaliação relativa da situação econômico-financeira das empresas. Um dos grupos diz respeito aos ciclos (operacional e de caixa). O que os índices de ciclos avaliam?

    a) a capacidade de a empresa satisfazer suas obrigações de curto prazo;
    b) a consistência de patrimônio líquido da empresa;
    c) a rapidez com que várias contas são convertidas em vendas ou caixa;
    d) os diversos tipos de retornos da empresa em relação às suas vendas, a seus ativos ou ao PL;
    e) o montante de dinheiro de terceiros que a empresa utiliza na tentativa de gerar lucro.

2. Nas demonstrações financeiras das empresas que são regidas pelo regime de competência existem itens que já foram desembolsados e outros que não tiveram qualquer desembolso. Assinale a opção que indica o referido desembolso:
    a) salários e benefícios a pagar;
    b) imposto de renda e tributos a pagar;
    c) provisão para 13º salário;
    d) amortizações e depreciação;
    e) juros e dividendos pagos.

3. Uma das áreas-chave da administração do capital de giro de uma empresa é a administração de caixa. O ciclo de caixa mantém relações diretamente (D) e inversamente (I) proporcionais com as seguintes variáveis: prazo médio de estoque (PME), prazo médio de pagamento a fornecedores (PMPF) e período médio de recebimento de clientes (PMRC). Indique a opção que apresenta a correta relação entre as respectivas variáveis e o ciclo de caixa.
    a) PME (D), PMPF (D) e PMRC (I);
    b) PME (D), PMPF (I) e PMRC (D);
    c) PME (I), PMPF (D) e PMRC (I);
    d) PME (I), PMPF (D) e PMRC (D);
    e) PME (I), PMPF (I) e PMRC (D).

4. A análise dos índices financeiros tem por finalidade promover uma avaliação relativa da situação econômico-financeira das empresas. Um dos grupos de índices diz respeito à liquidez da empresa e os respectivos índices de liquidez avaliam:
    a) a rapidez com que várias contas são convertidas em vendas ou caixa;
    b) a consistência de patrimônio líquido da empresa;
    c) a capacidade de a empresa satisfazer suas obrigações de curto prazo;
    d) os diversos tipos de retornos da empresa em relação às suas vendas, a seus ativos ou ao PL;
    e) o montante de dinheiro de terceiros que a empresa utiliza na tentativa de gerar lucro.

5. A Laticínios Brasileiros Ltda. tem um custo anual de mercadoria vendida de R$ 35.000, o estoque médio anual é de R$ 7.000 e o prazo médio de recebimento de clientes é de 30 dias.
   a) Qual o prazo médio de estocagem em dias?
   b) Qual o ciclo operacional em dias?

6. A Loja de Materiais Esportivos (LME) mantém uma média de $ 50.000 em caixa e títulos negociáveis, $ 300.000 em estoque e $ 100.000 em contas a receber. Além disso, as contas a pagar da LME de $ 250.000 são estáveis com o tempo. Qual é a necessidade de capital de giro da LME?
   a) $ 200.000;
   b) $ 400.000;
   c) $ 300.000;
   d) $ 150.000;
   e) $ 100.000.

7. Considere os dados abaixo, referentes ao balanço patrimonial resumido de uma empresa no final de um determinado ano, e responda às questões a seguir.

   Ativo permanente líquido R$ 550,00;
   Salários a pagar R$ 50,00;
   Exigível a longo prazo R$ 300,00;
   Estoques R$ 600,00;
   Contas a receber R$ 300,00;
   Contas a pagar R$ 150,00;
   Caixa R$ 250,00; e
   Patrimônio Líquido a ser determinado.

   a) Se há e de quanto é o capital de giro líquido?
   b) Qual é a necessidade de capital de giro?

8. Ao final do ano de 2XX2 a Companhia Cervejaria de Ribeirão Preto apurou os seguintes dados econômico-financeiros:

Demonstrativo de resultado do exercício		Fluxo de caixa	
Companhia Cervejaria de Ribeirão Preto	1º-1-2XX2 A 31-12-2XX2	Companhia Cervejaria de Ribeirão Preto	1º-1-2XX2 A 31-12-2XX2
Receita operacional	$ 1.650.000	Geração operacional de caixa (EBITDA)	$ 1.350.000
Custos e despesas operacionais	($ 220.000)	Dispêndio de capital (aquisição de imobilizado)	($ 1.150.000)
Despesas financeiras	($ 850.000)	Obtenção de empréstimos	$ 100.000
Imposto de Renda	($ 50.000)	Acréscimos ao capital de giro (estoques, contas a receber...)	($ 400.000)
Resultado do período	$ 530.000	**Geração de caixa total**	($ 100.000)

a) Por que ocorrem diferenças entre os valores de lucro líquido e os de fluxo de caixa?

Estudo de caso

A Distribuidora Bio-Petro atua no comércio varejista de combustíveis e conta com uma rede de postos distribuídos em diversos Municípios do Estado de São Paulo. No final de X5 o Sr. Augusto, gerente financeiro da empresa, encontrava-se deveras preocupado com a situação financeira da empresa, pois seus indicadores de liquidez vinham declinando e seu saldo de tesouraria vinha caindo gradativamente, já estando negativo nos últimos anos.

Lembrava-se nesse momento da conversa que mantinha com o presidente da empresa cinco anos atrás quando a rede possuía somente sete postos. Já alertava à administração da empresa os riscos de uma hiperexpansão. Infelizmente, ele pensava, não foram tomadas as devidas precauções que em sua opinião eram necessárias.

O Sr. Antônio, principal proprietário da empresa, viu na expansão um ótimo negócio para reverter a situação de prejuízo que pesava sobre a empresa. Diversos postos isolados vinham passando por dificuldades e acabavam fechando. Como existia uma certa dificuldade para a venda do patrimônio dos postos pelos proprietários, o arrendamento era uma proposta viável para ambas as partes, proporcionando à Bio-Petro melhores condições junto a fornecedores e a possibilidade de expandir sem grandes investimentos permanentes.

No entanto, a preocupação do Sr. Augusto vem aumentando porque para o ano X6 espera-se chegar a 22 postos e as projeções indicam piora no saldo de tesouraria e índices de liquidez que indicam uma tendência à insolvência. O Sr. Antônio diz estar com a situação sob controle, pois, apesar dos motivos que alimentam as preocupações do Sr. Augusto, deve-se levar em conta que a empresa vem aumentando as vendas a prazo com preços dos combustíveis 5% mais caros por causa do prazo.

Tendo por base as informações que seguem, demonstre a situação do capital de giro da Bio-Petro, através dos principais indicadores de giro, e esclareça o dilema entre a opção pela rentabilidade do Sr. Antônio e a preservação da liquidez do Sr. Augusto, demonstrando se a estratégia adotada pode estar correta ou não.

Balanço patrimonial (R$ × 1.000)						
Ativo						Projeção
Descrição da Conta	X1	X2	X3	X4	X5	X6
Disponibilidades	151	138	125	82	55	31
Clientes	150	200	250	400	680	770
Estoques	50	60	90	120	220	250
Ativo Circulante	**351**	**398**	**465**	**602**	**955**	**1.051**
Ativo Permanente	**5.770**	**6.070**	**6.397**	**6.817**	**7.283**	**7.991**
Ativo Total	**6.121**	**6.468**	**6.862**	**7.419**	**8.238**	**9.042**

Passivo						Projeção
Descrição da Conta	X1	X2	X3	X4	X5	X6
Fornecedores	25	32	45	69	98	115
Empréstimos e Financiamentos	109	227	255	349	405	555
Provisões e Outros	29	37	38	88	322	397
Passivo Circulante	**163**	**296**	**338**	**506**	**825**	**1.067**
Empréstimos e Financiamentos	700	1.066	919	1.056	1.172	1.190
Exigível a Longo Prazo	**700**	**1.066**	**919**	**1.056**	**1.172**	**1.190**
Capital Social	3.000	3.000	3.500	3.500	3.500	3.500
Lucros/Prejuízos Acumulados	988	836	788	830	1.161	1.517
Reservas e Outros	1.270	1.270	1.317	1.527	1.580	1.768
Patrimônio Líquido	**5.258**	**5.106**	**5.605**	**5.857**	**6.241**	**6.785**
Passivo Total	**6.121**	**6.468**	**6.862**	**7.419**	**8.238**	**9.042**

Demonstração do resultado do exercício (R$ × 1.000)						Projeção
Descrição da Conta	X1	X2	X3	X4	X5	X6
Receita Bruta	1.750	2.200	3.000	4.200	8.400	9.000
(–) Deduções	(88)	(110)	(150)	(210)	(420)	(450)
(=) Receita Líquida	1.663	2.090	2.850	3.990	7.980	8.550
(–) Custo das Vendas	(1.250)	(1.538)	(2.069)	(2.857)	(5.600)	(5.844)
(=) Lucro Bruto	413	552	781	1.133	2.380	2.706
(–) Despesas Com. e Adm.	(225)	(260)	(330)	(430)	(570)	(700)
(–) Depreciações	(289)	(304)	(320)	(341)	(364)	(400)
(–) Despesas Financeiras	(162)	(259)	(247)	(309)	(347)	(419)
(=) Resultado Operacional	(263)	(270)	(115)	53	1.099	1.188
(+/–) Provisão para IR e CS	0	0	0	(16)	(330)	(356)
(=) Resultado do Exercício	(263)	(270)	(115)	37	769	831

Prazos	X1	X2	X3	X4	X5	Projeção X6
Prazo M. Estoque	14 d	14 d	16 d	15 d	14 d	15 d
Prazo M. Recebimentos	31 d	33 d	30 d	34 d	29 d	31 d
Prazo M. Pagamentos	7 d	7 d	8 d	8 d	6 d	7 d

Referências

ABE, E. R.; FAMÁ, R. A utilização da duration como instrumento de análise financeira: um estudo exploratório do setor de eletrodomésticos. *Caderno de Pesquisas em Administração*, v. 1, nº 10, 1999.

ASSAF NETO, A.; SILVA, C. A. T. *Administração do capital de giro*. São Paulo: Atlas, 1997.

BRIGHAN, E.; WESTON, J. F. *Administração financeira das empresas*. Rio de Janeiro: Interamericana, 1979.

_____. *Essentials of managerial finance*. New York: Holt, Reinhart and Wiston, 1968.

FLEURIET, M.; KEHDY, R.; BLANC, G. *A dinâmica financeira das empresas brasileiras*: um novo método de análise, orçamento e planejamento financeiro. Belo Horizonte: Fundação Dom Cabral, 1978.

GITMAN, L. J. *Princípios de administração financeira*. São Paulo: Harbra, 1997.

INEPAD – Instituto de Ensino e Pesquisa em Administração. *Estudo sobre capital de giro nas empresas do Brasil*. Disponível em: <www.inepad.org.br>. Acesso em: jun. 2004.

IUDÍCIBUS, S. et al. *Manual de contabilidade societária*. FIPECAFI – Fundação Instituto de Pesquisas Contábeis, Atuariais e Financeiras, FEA/USP. São Paulo: Atlas, 2010.

MOURA, H. J.; MATOS, D. M. *Dimensionamento do capital de giro*: uma abordagem financeira. Anais do ENANPAD, 2003.

SCHRICKEL, W. K. *Análise de crédito*: concessão e gerência de empréstimos. São Paulo: Atlas, 1994.

SILVA, J. P. *Análise financeira das empresas*. São Paulo: Atlas, 1993.

SOUSA, A. F.; LUPORINI, C. E. M.; SOUZA, M. S. Gestão do capital de giro. *Caderno de Pesquisas em Administração*. São Paulo, v. 1, nº 3, 1996.

2

Gestão de Recebíveis, Crédito e Cobrança

Objetivos do capítulo

- Apresentar o conceito e o contexto do crédito.
- Explicar a importância da gestão do crédito.
- Apresentar noções fundamentais para a gestão do crédito.
- Expor ferramentas de apoio à gestão do crédito e cobrança.
- Discutir conceitos como insolvência e modelos de avaliação do risco de crédito.

2.1 Introdução

O crédito, um dos principais itens da Gestão do Capital de Giro, é de extrema importância na alavancagem de vendas e responsável por grande parte de recursos aplicados no ativo circulante.

Pode-se analisar a origem do crédito através de um enfoque de troca comercial: um sistema de troca simples pressupõe que uma parte vendedora entregará um produto ou serviço a uma outra parte compradora, que deverá fazer um pedido e pagar por isso em uma data determinada.

Não necessariamente os fluxos de troca de produtos e pagamentos ocorrerão na mesma data. Na verdade, na maioria das vezes, ou o comprador adianta o pagamento, quando se trata de compras por encomendas, ou o cliente recebe um prazo para pagamento, depois de ter recebido o produto. No primeiro caso existe a promessa de entrega de um bem para uma empresa, que pode ser chamado de *adiantamento a fornecedores*, e, no segundo, existe a promessa de pagamento por um bem recebido, que a empresa vendedora contabiliza como *contas a receber* ou *clientes*. Tanto uma conta como outra estão no ativo circulante, e ambas devem sofrer um processo de análise de risco de crédito.

No caso de adiantamento de fornecedores, trata-se de uma política de compras da empresa, que, dependendo do setor, pode ser tradicional, como bens de capital e móveis sob encomenda. No segundo caso, trata-se de uma estratégia mercadológica para facilitar o processo de troca e conseguir realizar a venda: é amplamente utilizada pelos setores varejistas, como lojas de eletrodomésticos (que chegam a ter 96% de vendas a prazo sobre o total de vendas), supermercados, butiques e mesmo indústrias. É também uma forma de garantir que o cliente veja e use o produto e depois pague por ele. Quanto mais uma empresa entende que prazo e crédito devem ser utilizados como estratégia de concorrência para conquistar clientes e torná-los fiéis, mais seus *recebíveis* (contas a receber) aumentarão.

Neste processo de troca, pode existir a figura do banco (um facilitador) para que a troca ocorra. Dessa forma, o banco passa a ser o cobrador no processo de troca e deve administrar os recebíveis e cobrar por isso em forma de tarifas e juros. A mesma função tem uma administradora de cartões de crédito, que também cobrará por conceder crédito.

As estratégias para a concessão de crédito, gestão de recebíveis e práticas para a cobrança constituem-se em uma política de crédito, sendo constituída especificamente para cada empresa, de acordo com diversos aspectos. Os principais pontos de uma política de crédito estão relacionados com o planejamento financeiro e posicionamento competitivo, com o risco da carteira de recebíveis, características do setor e histórico de inadimplência e insolvência de seus clientes.

Dessa forma, a política de crédito influencia o fluxo de caixa da empresa e os investimentos necessários em capital de giro, já que alterações de prazo e condições de pagamento alteram as vendas e muitas vezes o perfil da clientela e pressupõem um gasto maior em cobrança (funcionários, ligações, cartas, tempo administrativo, entre outras despesas) para receber dos inadimplentes, e, por fim, podem aumentar as perdas com devedores duvidosos. Existe também o impacto no aumento do investimento em estoques, porque um nível elevado de vendas geralmente pressupõe estoques maiores para acompanhar a demanda. Assim, um crescimento da venda a prazo implica, normalmente, um crescimento da necessidade de giro (contas a receber e estoques) da organização.

Os mecanismos de crédito são fundamentais como motivadores das trocas comerciais e, consequentemente, a gestão de recebíveis tem um papel importantíssimo no sucesso do negócio, por isso será discutida em detalhes neste capítulo.

2.2 Objetivos do crédito

Se uma empresa resolver conceder crédito a seus clientes, ela precisará primeiro estabelecer procedimentos para a concessão de crédito, posteriormente monitorar e controlar a carteira de recebíveis, para depois realizar os esforços de cobrança.

A política de crédito deve envolver as estratégias e regras de todo esse processo. A sua gestão deve considerar os preceitos contábeis, riscos de perdas envolvidos, monitoria e controle da carteira de crédito, mecanismos de cobrança e as alternativas de sistemas de informações e tecnologias disponíveis para facilitar e melhorar os resultados da política desenvolvida.

Dessa forma, o capítulo está organizado nos tópicos seguintes, conforme Ilustração 2.1.

Ilustração 2.1 – Processo de desenvolvimento da política de crédito

Provisionamento para devedores duvidosos – PDD

- **fundamentos do crédito**: onde os principais conceitos de crédito são mostrados, bem como a sua importância e a necessidade de financiamento de clientes;
- **políticas de crédito**: onde se procura explorar as implicações financeiras de diferentes políticas de crédito;
- **riscos de crédito**: onde se apresenta como mensurar e administrar o risco de crédito decorrente da política adotada;
- **provisão para devedores duvidosos:** onde se expõe a provisão para devedores duvidosos e seus impactos na lucratividade da empresa;
- **cobrança:** apresenta-se o processo de cobrança normal e de recuperação de recebíveis em atraso;
- **sistemas de informação:** expõe-se os principais sistemas utilizados para a concessão e análise de crédito e cobrança nas organizações.

2.3 Fundamentos de crédito

2.3.1 Definição de crédito

O crédito está associado à troca de bens e serviços oferecidos no presente, por uma promessa de recebimento no futuro das compensações financeiras relativas ao fornecimento de bens e serviços.

Em Assaf (1999, p. 99), há a definição de que *"crédito diz respeito à troca de bens presentes por bens futuros. De um lado, uma empresa que concede crédito troca produtos por uma promessa de pagamentos futuros. Já uma empresa que obtém crédito recebe produtos e assume o compromisso de efetuar o pagamento futuro".*

Encontra-se em Silva (1998, p. 67) o significado do crédito: *"Crédito (do lat. creditu). S.m. 1. Segurança de que alguma coisa é verdadeira; confiança: Suas afirmações merecem crédito. [...] A crédito. Recebendo o objeto comprado sem o pagar no ato de compra, ou entregando-o sem receber no ato o pagamento; fiado: comprar a crédito; vender a crédito. Levar a crédito. Creditar."*

Uma outra definição de crédito pode ser vista em Schrickel (apud PONGELUPE, 1997, p. 6): *"Crédito é todo ato de vontade ou disposição de alguém de destacar ou ceder, temporariamente, parte do seu patrimônio a um terceiro, com a expectativa de que esta parcela volte à sua posse integralmente, após decorrido o tempo estipulado."*

As aplicações em contas a receber podem ser classificadas como decisões de investimento no contexto da administração financeira (ASSAF, 1999, p. 129). A gestão do risco está associada à função financeira:

- todas as decisões relacionadas aos ativos trazem consigo um componente de risco;
- a remuneração pelo risco é fator de geração de valor.

A função crédito não é exclusiva do sistema bancário, o qual se constitui no principal objetivo do negócio. Na indústria, no comércio e em serviços assume o papel de alavancar (ou facilitar) as vendas. Um bom exemplo de investimento em recebíveis no Brasil é o das Lojas Renner. A empresa se tornou a segunda maior loja de departamentos do Brasil, faturou R$ 3,8 bilhões de reais em 2012, contas a receber R$ 1,31 bilhão, o que representa cerca de 34% das vendas do ano e 52% do Ativo Circulante.

Para desenvolver essa estratégia de financiar os clientes, a empresa adquiriu a carta patente de financiadora em 1981 com o objetivo de financiar as vendas a prazo, iniciando o Banco Renner. A estratégia foi promissora e em 1998 houve a cisão com as Lojas Renner e o Banco Renner expandiu nacionalmente a política de concessão de crédito após 2004.

O total de recebíveis pode ser definido como o estoque de crédito que a empresa concedente tem, como direitos a receber. Devem estar classificadas nesse grupo apenas as transações relacionadas à operação da empresa. Essa conta pode estar representada com a denominação de Clientes, Duplicatas a Receber ou Contas a Receber ou qualquer outra denominação que evidencie o estoque de crédito proveniente das transações/operações da empresa. Não devem constar como contas a receber de clientes transações de venda a crédito de itens não relacionados às operações, tais como venda de imobilizado e outros créditos a receber.

O Manual das Sociedades por Ações define: *"As contas a receber representam, normalmente, um dos mais importantes ativos das empresas em geral. São valores a receber decorrentes de vendas a prazo de mercadorias e serviços a clientes, ou oriundos de outras transações. Essas outras transações não representam o objeto principal da empresa, mas são normais e inerentes às suas atividades. Por esse motivo é importante a segregação dos valores a receber, relativos ao seu objeto principal (CLIENTES) das demais contas, que podemos denominar OUTROS CRÉDITOS"* (IUDÍCIBUS, 1990, p. 114).

Há em Kieso e Weygandt (1998, p. 336) uma definição de recebíveis como sendo um montante de exigibilidades dos clientes – por dinheiro, bens ou serviços – circulantes (curto prazo) e não circulantes (longo prazo) podendo ser classificadas como comerciais e não comerciais. Em comerciais são classificadas as transações de bens e serviços que fazem parte das operações normais da empresa. Em não comerciais são classificadas as transações que não fazem parte da operação normal, tais como: adiantamento a empregados, adiantamento a subsidiárias, depósitos para cobertura de perdas e acidentes, dividendos e juros a receber e outras.[1]

2.3.2 Importância do tema

Crédito e desenvolvimento econômico estão intimamente ligados. Quanto mais desenvolvida for a economia de um país, maior será a oferta de crédito na economia, impactando diretamente na expansão do consumo, no aumento de investimentos produtivos, na redução de custos e juros sobre o capital.

Certamente há uma profunda reflexão e discussão sobre a expansão da oferta de crédito, envolvendo diversos aspectos político-econômicos, mas claramente pode-se observar que o crédito no Brasil tem ainda muito espaço para ser desenvolvido.

Se forem relacionados os volumes de crédito bancário dos países desenvolvidos e em desenvolvimento com o PIB de cada país, observa-se que o Brasil está muito aquém dos países ditos desenvolvidos, tais como os pertencentes ao grupo G7 (Reino Unido, EUA, Japão, Itália, França, Alemanha e Canadá) com cerca de um quarto da média internacional do primeiro grupo de países, o que significa que o Brasil poderá ter uma considerável expansão na oferta de crédito, sem impac-

---

[1] Tradução livre dos autores.

tar necessariamente em riscos superiores aos demais países. Os números podem ser vistos na Ilustração 2.2a.

A oferta de crédito é dependente, dentre outros fatores, do custo de sua captação. Quanto menor o custo, maior tende a ser a oferta de dinheiro na economia, pois as instituições financeiras tendem a expandir o volume ofertado para manterem a mesma lucratividade.

Dessa maneira, a seleção de crédito e a taxa de juros são instrumentos consagrados na política econômica de praticamente todos os países. As alterações nas taxas de juros afetam a gestão das carteiras de recebíveis e a política de crédito das instituições financeiras e de todas as organizações, alterando o nível de perdas, investimentos e vendas/consumo da economia.

Embora as taxas de juros no Brasil caminhem para a aproximação da realidade dos países desenvolvidos, o receio do retorno do crescimento inflacionário incentiva o controle monetário da economia com taxas de juros reais ainda muito superiores aos outros países, contendo assim o volume de crédito ofertado, conforme elucidado nas Ilustrações 2.2b,[2] 2.3a e 2.3b.

Já no aspecto microeconômico, os volumes de recebíveis apresentam participações médias entre 15% e 25% do total dos ativos das empresas americanas, conforme descrito pelos principais autores no tema:

- **Gitman** (1997, p. 696): em empresas industriais americanas, os recebíveis representam 37% do ativo circulante e 16% do ativo total;
- **Weston e Brigham** (2000, p. 431): empresa típica tem 25% de seus ativos em recebíveis;
- **Ross** (1995, p. 574): 17% (1/6) dos Ativos é Contas a Receber.

Ilustração 2.2a – Oferta de crédito/PIB – 2010

Crédito doméstico ao setor privado (% PIB)
Inepad & Index Mundi

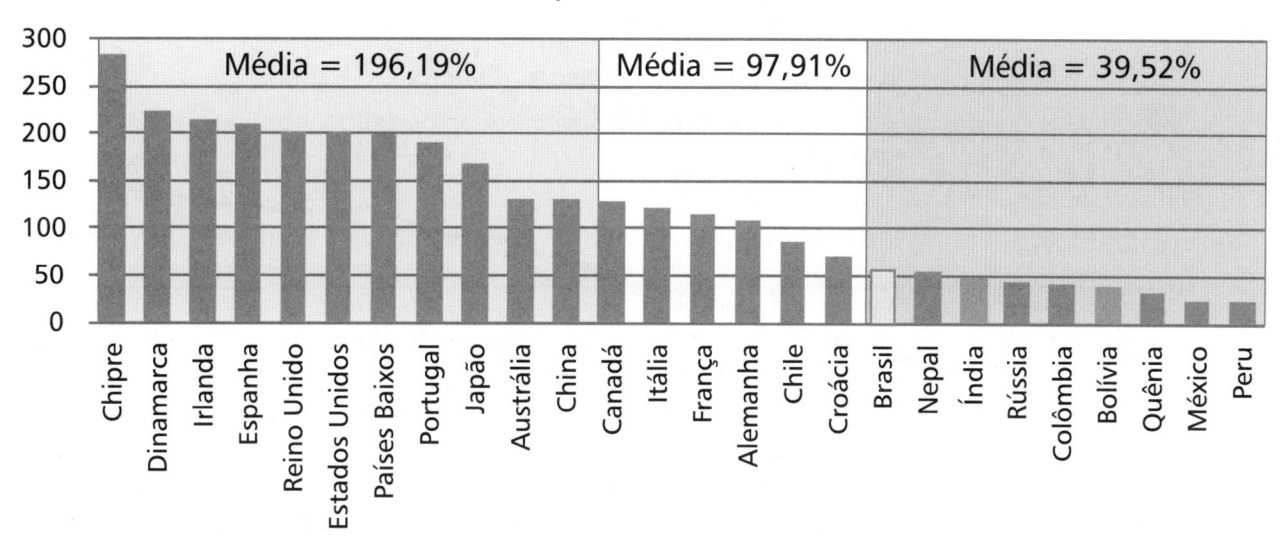

Fontes: Inepad e Index Mundi (2010).

---

[2] Em sua dissertação de mestrado no Departamento de Administração da FEA/USP, André Pires da Cruz analisa sete países e indica que a eficiência jurídica é também um fator de contenção econômica de crédito.

Ilustração 2.2b – Comparação da taxa de juro real entre países selecionados

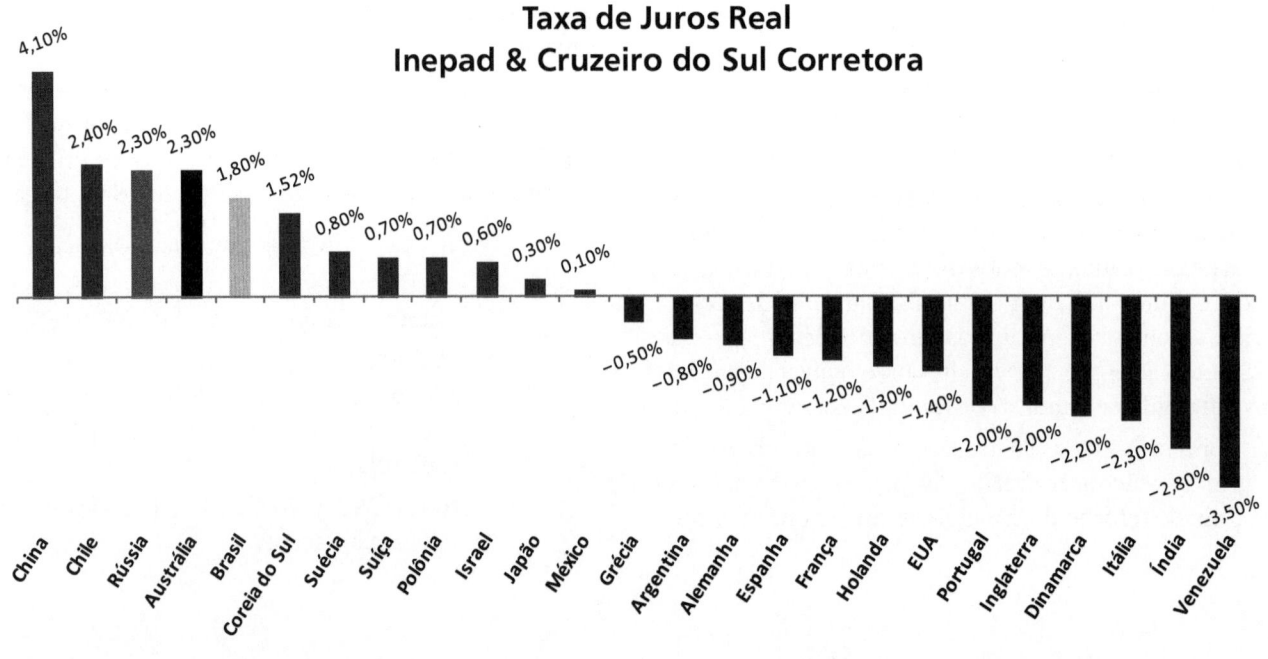

Taxa de Juros Real
Inepad & Cruzeiro do Sul Corretora

País	Taxa
China	4,10%
Chile	2,40%
Rússia	2,30%
Austrália	2,30%
Brasil	1,80%
Coreia do Sul	1,52%
Suécia	0,80%
Suíça	0,70%
Polônia	0,70%
Israel	0,60%
Japão	0,30%
México	0,10%
Grécia	-0,50%
Argentina	-0,80%
Alemanha	-0,90%
Espanha	-1,10%
França	-1,20%
Holanda	-1,30%
EUA	-1,40%
Portugal	-2,00%
Inglaterra	-2,00%
Dinamarca	-2,20%
Itália	-2,30%
Índia	-2,80%
Venezuela	-3,50%

Fontes: Inepad (2012) e Cruzeiro do Sul Corretora (2012).

Ilustração 2.3a – Evolução da participação do crédito para pessoas físicas sobre o PIB

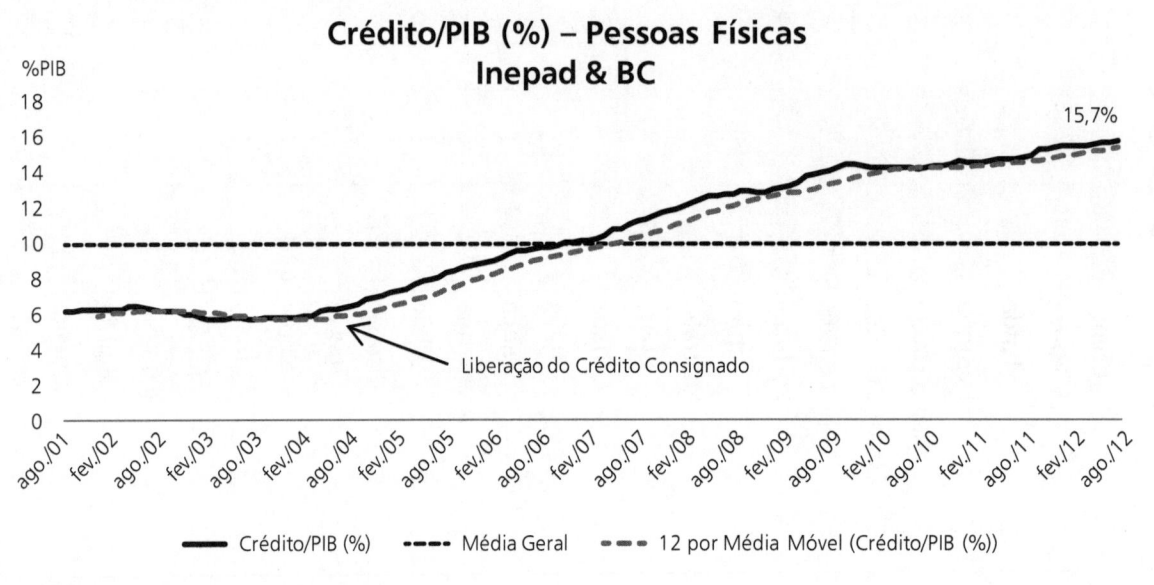

Crédito/PIB (%) – Pessoas Físicas
Inepad & BC

(Gráfico de linha de ago./01 a ago./12, atingindo 15,7%, com indicação de "Liberação do Crédito Consignado"; séries: Crédito/PIB (%), Média Geral, 12 por Média Móvel (Crédito/PIB (%)))

Fontes: Banco Central do Brasil (2012) e Inepad (2012).

Ilustração 2.3b – Evolução do crédito para pessoas jurídicas e taxas de juros média para as empresas

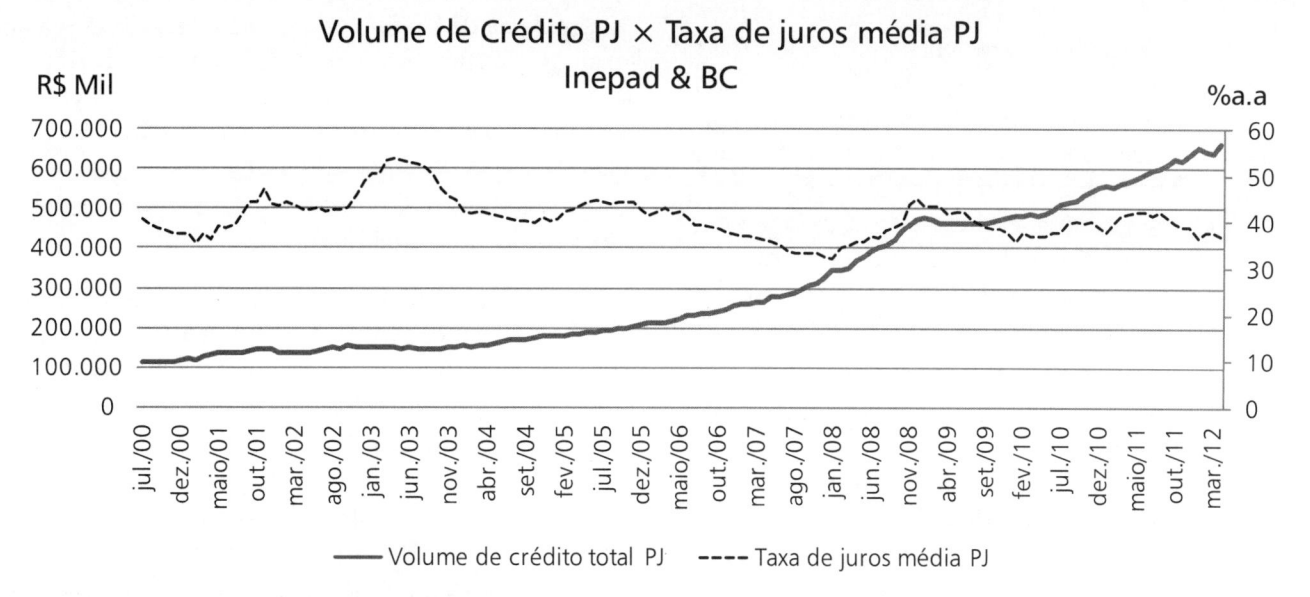

Volume de Crédito PJ × Taxa de juros média PJ
Inepad & BC

—— Volume de crédito total PJ   ---- Taxa de juros média PJ

Fontes: Banco Central do Brasil (2012) e Inepad (2012).

No Brasil, de acordo com levantamento do Inepad junto a empresas de capital aberto, em 2004, as contas a receber representavam 13% do ativo total, 18% da receita líquida, 26% do patrimônio líquido, 39% do ativo circulante e 178% do resultado líquido. No caso dos 20 maiores bancos do país, a conta operações de crédito representava 34% do ativo total, 167% da receita bruta de intermediação, 369% do patrimônio líquido e 2.041% do resultado líquido. Estes dados, de per si, indicam a importância da adequada gestão dos recebíveis nas empresas e bancos. Uma perda significativa nos valores a receber pode resultar na falência de uma empresa ou banco.

2.3.3 Origens de recebíveis no balanço patrimonial

Como identificado na Ilustração 2.4, os valores de recebíveis devem estar relacionados aos créditos concedidos em função da operação da organização.

Ilustração 2.4 – Recebíveis no balanço patrimonial

ATIVO CIRCULANTE Bens e direitos que se realizarão em curto prazo (1 ano ou Ciclo Operacional)	**PASSIVO CIRCULANTE** Obrigações exigíveis em curto prazo (1 ano ou Ciclo Operacional)
REALIZÁVEL A LONGO PRAZO Bens e direitos que se realizarão em longo prazo (mais de 1 ano)	**EXIGÍVEL DE LONGO PRAZO** Obrigações exigíveis em longo prazo (mais de 1 ano)
ATIVO PERMANENTE Bens e direitos de que a empresa tem a intenção de ter propriedade permanente	**PATRIMÔNIO LÍQUIDO** Obrigações não exigíveis (sócios)

RECEBÍVEIS DE CURTO PRAZO → Ativo Circulante
RECEBÍVEIS DE LONGO PRAZO → Realizável a Longo Prazo

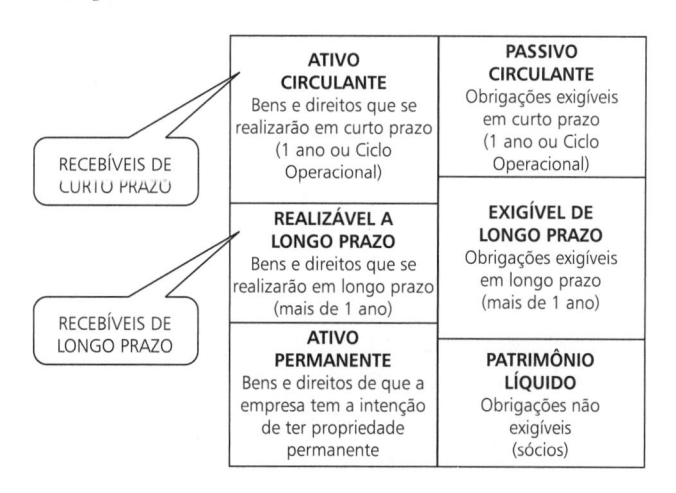

As origens da existência de recebíveis comerciais podem ser:

- **vendas a prazo** – na venda industrial, a empresa entrega o produto junto com uma nota fiscal e na data do recebimento apresenta uma duplicata ou boleto de cobrança; na venda comercial a empresa entrega a mercadoria ao cliente, recebendo um cheque pré-datado ou emitindo um carnê de cobrança ao cliente para pagamentos em datas futuras;
- **não recebimento de vendas a vista** – cheques sem fundos recebidos em vendas a vista, por exemplo;
- **adiantamentos a fornecedores** – valores adiantados a fornecedores para entrega futura de produtos ou serviços.

As origens de recebíveis não comerciais, por sua vez, podem ser:

- adiantamentos a funcionários;
- adiantamento a sócios;
- venda de imobilizado a prazo.

Tais valores são normalmente encontrados na contabilidade como:

- contas a receber de clientes ou simplesmente clientes;
- duplicatas a receber;
- carnês e boletos bancários;
- notas promissórias;
- cheques pré-datados;
- letras de câmbio.

2.3.4 Conflito entre as áreas de vendas e financeira na gestão do crédito

Existe na grande maioria das organizações um conflito natural entre vendas e concessão de crédito. A área de vendas necessita cumprir metas e cotas, buscando aumentar o retorno da organização; a área de crédito tem regras e políticas restritivas de concessão de crédito aos clientes que possam oferecer risco de inadimplência ou insolvência, buscando reduzir o risco da organização. É mais uma manifestação do eterno conflito entre risco e retorno. Normalmente uma está preocupada com o faturamento e a outra com o recebimento, sem a existência da visão conjunta: assim, a área de vendas quer vender, sem preocupação com o recebimento, que é função da área financeira, e a área de crédito não quer assumir nenhum risco na concessão do crédito, sem preocupação com as vendas, que é função da área de vendas. O problema de conflito emerge na tensão da busca do maior faturamento com o menor volume de perdas de crédito. Na gestão das diferenças entre as duas áreas fica o ponto de equilíbrio: o resultado da organização advém da conjugação entre risco e retorno.

Uma boa gestão de crédito pode permitir a redução do conflito entre crédito e vendas, com:

- **o combate à sazonalidade de vendas** – em épocas de menor demanda, a oferta de maior volume de crédito pode fazer com que os consumidores antecipem compras;
- **aumento de vendas** – a oferta de uma maior variedade de opções de crédito pode atrair clientes da concorrência e oferecer um diferencial de mercado;
- **estratégia de mercado** – em situações em que a margem operacional é baixa, a oferta de crédito pode gerar benefícios, com a obtenção dos juros do financiamento;
- **diferencial de taxas de juros** – em situações em que a organização domina o relacionamento com os clientes, é possível o oferecimento de taxas de juros diferenciadas para grupos de clientes especiais;
- **planejamento em conjunto** – com a formação de um comitê para a gestão do capital de giro é possível evitar decisões em busca de benefícios individuais, considerando as melhores ações entre as áreas em sinergia com o desenvolvimento da empresa;
- **mensuração de valor na gestão de crédito** – como o objetivo é criar valor na gestão do capital de giro, deve-se usar indicadores para avaliar o resultado conjunto das áreas, em busca de otimizar a relação entre aumento de vendas e perda de crédito.

2.4 Estrutura organizacional corporativa

Em sua dissertação de doutorado, Langkamp (2013), desenvolveu um profundo estudo das práticas de crédito e gestão de risco de contraparte na Europa e no Brasil, comparando inclusive as características, diferenças e melhores práticas entre as empresas pesquisadas.

Foi observado que, embora as análises de crédito sejam utilizadas em algum nível em praticamente todas as empresas, em geral, apenas as empresas que constam com elevados valores de contas a receber realmente possuem em sua estrutura organizacional áreas destinadas à análise de crédito e políticas bem elaboradas de crédito e cobrança.

Geralmente, as empresas com contas acima de R$ 1 bilhão de reais desenvolvem metodologias consistentes para a gestão desse risco de crédito de contraparte, sendo políticas bastante distintas, variando completamente com as características do setor e estratégia de crescimento da empresa.

Devido às singularidades do mercado brasileiro, tais como o baixo desenvolvimento do mercado de crédito, alto custo financeiro e sua tendência expansionista, como foram apresentados no início do capítulo, as empresas multinacionais desenvolvem metodologias específicas para o Brasil, cedendo autonomia para as decisões e estratégias regionais, diferentemente das multinacionais que atuam na Europa.

Constatou-se no estudo que a área de crédito nas empresas normalmente é subordinada à Diretoria Financeira. No entanto é comum ter a divisão entre as áreas de Crédito e Cobrança, sendo liderada por gestores diferentes.

Em alguns casos, a própria cobrança é terceirizada, com sistemas e gestão guiadas por políticas externas à organização.

Percebe-se que com o aumento da competitividade e redução das taxas de juros, as empresas no Brasil estão guiando as estratégias de crescimento na estruturação e reformulação das suas áreas de crédito.

A tendência prevista pelos gestores entrevistados em todos os setores é a expansão do crédito como ferramenta de aumento de competitividade. Para isso, traçam uma difícil batalha entre a necessidade de aumento do crédito sem a concomitante elevação das perdas.

Em algumas empresas, especialmente ligadas ao agronegócio, a cobrança está interligada à equipe de vendas, que monitora e busca prever a probabilidade de inadimplência dos clientes.

Essa interação busca minimizar a relação de interesse entre a área comercial e a de crédito nas empresas. Nesse tipo de organização, as ações de prevenção e reversão têm sido muito mais ágeis. Leia o caso da empresa Modelo S.A. No entanto, em geral a gestão comercial e de crédito são distintas, perseverando nesse embate.

Veja na Ilustração 2.5a os tipos comuns para a Organização da Área de Crédito, elaborado por Langkamp (2013).

Ilustração 2.5a – Tipos de organização de crédito.

	Strategic Credit Management	Corporate	Single Obligor Credit Analysis	Operative Credit Management	Supporting Task
Sales	None / Adhoc	Little Development Potentially Credit Guideline	Individual approaches Not harmonized across regions	Standard Approach intended by ERP functionality	ERP supported by Global IT Few Interfaces, more adhoc Data procurement
CRM in Business Unit / Legal Entity	Global Risk coordination via Corporate Controlling No formal global processes	BU / LE specific credit guidelines in larger units	Dedicated credit / finance analysts supporting limit decisions	Standard Approach intended by ERP functionality	ERP supported by Global IT Few Interfaces, large BUs purchase data regularly
Shared Service Center (SSC)	None	Harmonized Credit Guideline Some consulting by process specialists in SSC	Standardized approach, potentially use by credit bureau or insurance	Harmonized and efficient AR processes	Process Experts in SSC
Corporate Treasury	Close link to Finance management	Credit Guideline / Policy Specialist functions	Critical/Key Customer Rating and Monitoring	Decentral AR accounting	ERP supported by Global IT Excel Applications
Corporate Controlling / Accounting	Credit Risk Committee in Controlling community Working Capital Policy	Credit Guideline / Policy BI based portfolio reporting	Critical/Key Customer Rating and Monitoring	Decentral AR accounting	Master Data and IT Systems driven by Controlling BI
Corporate Credit Risk Organization	Credit Risk Committee Fin. Man. Integration	Credit Risk Policy Portfolio Reporting Specialist functions Governance + Consulting	Dedicated credit teams Monitoring incl. Visits Formal Rating Process	Decentral credit management OR central credit function	Master Data Management Dedicated Credit IT System Professional Data Procurement
Corporate Credit Risk Organization + SSC	Credit Risk Committee Fin. Man. Integration	Credit Risk Policy Portfolio Reporting Specialist functions Governance + Consulting	Dedicated credit teams Monitoring incl. Visits Formal Rating Process	AR Processes performed by SSC	Master Data Management Dedicated Credit IT System Professional Data Procurement
Financial Services Organization	Credit Risk Committee Fin. Man. Integration Portfolio Risk Management	Credit Risk Policy Portfolio Risk Reporting Specialist functions Governance + Consulting	Dedicated credit teams Monitoring incl. Visits Formal Rating Process	Dedicated operative credit organization	Master Data Management Dedicated Credit IT System Professional Data Procurement

Fonte: Langkamp (2013).

2.4.1 Gestão de processos de crédito

Não existe um padrão absoluto para a gestão dos processos e procedimentos para a gestão de Crédito. É possível observar grandes diferenças relacionadas à estratégia e características do setor.

No entanto, de maneira geral, o processo de análise em concessão de crédito normalmente é solicitado pela área comercial na primeira venda realizada para um cliente. Em alguns casos, principalmente em empresas com carteiras pulverizadas, há a liberação automática do crédito, de acordo com o perfil da empresa e até um valor predeterminado.

Na análise do risco de crédito, os clientes são classificados dentro das modelagens de *scoring* e *rating*, sendo classificados com uma nota (tais como os bancos que classificam de AA para o menor risco até H para o maior risco).

A classificação dada dita o volume de crédito e o prazo que será cedido ao cliente, mas com permanente monitoramento e reavaliação das notas concedidas.

Em casos de exceção, em que o departamento comercial busca concretizar uma venda acima do limite concedido, há a necessidade de submeter uma proposta especial para o departamento de crédito, que pode dar o seu parecer.

Em geral, em solicitações de concessão acima do permitido, o Gerente de Crédito e/ou Diretor Financeiro são responsáveis pela decisão de conceder ou não o crédito, partindo então para uma análise subjetiva complementar. Observe a Ilustração 2.5b com a descrição do ciclo de processo de crédito.

Em organizações mais centralizadoras esse tipo de decisão é da alçada do próprio presidente da empresa. Em outras mais desenvolvidas, há a formação de um comitê com representantes de diversas áreas, tais como a área de crédito, comercial, logística e produção, que irá apreciar a solicitação extraordinária e decidir em conjunto sobre a concessão ou não do crédito.

Praticamente todo esse processo é informatizado e *online*, dando agilidade às solicitações da equipe de vendas, conforme será apresentado em sistemas para áreas de crédito e cobrança.

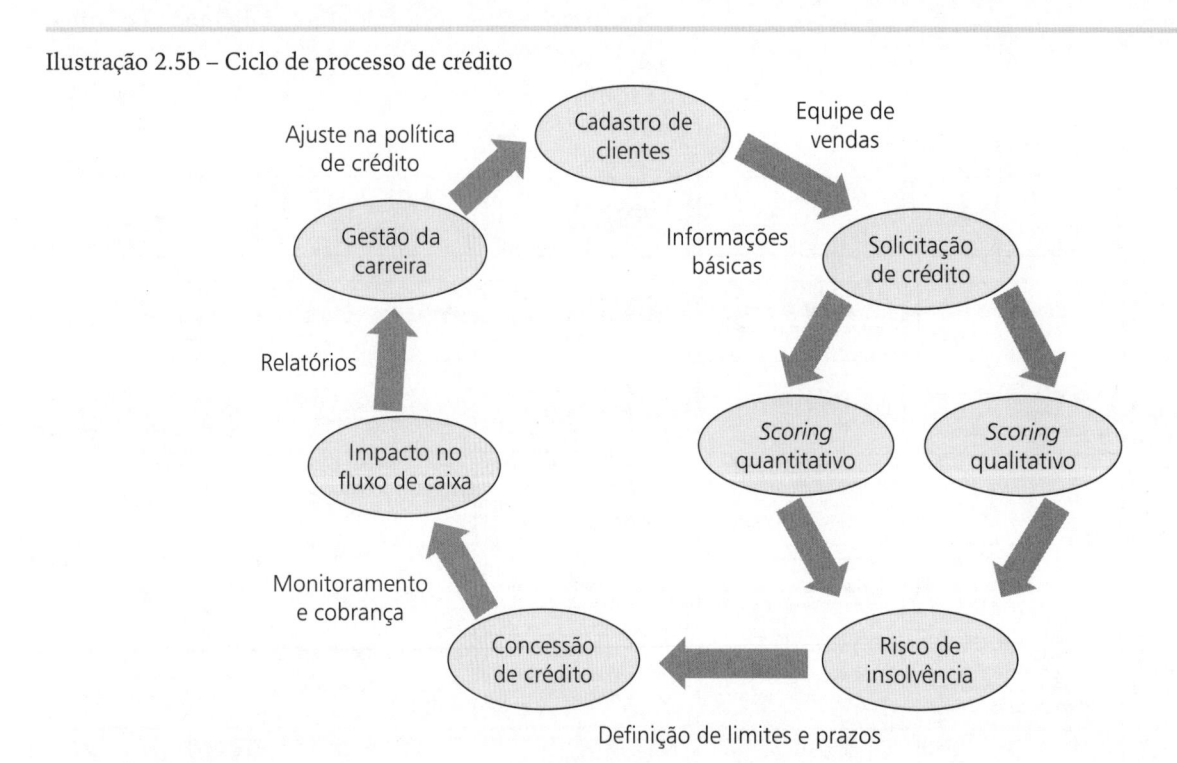

Ilustração 2.5b – Ciclo de processo de crédito

2.5 Políticas de crédito

Serão abordados a seguir os tópicos sobre ciclo de crédito, informação para crédito e segmentação do crédito.

2.5.1 Políticas e ciclo de crédito

As políticas de crédito devem fixar os parâmetros da organização em relação às vendas a prazo, baseando-os na segurança e garantias de retorno com a menor restrição à política de vendas. Devem fixar as metodologias, indicadores e diretrizes a serem seguidas para alcançar os objetivos estratégicos da organização.

Tanto as políticas estratégicas como as operacionais causam profundos impactos nos sistemas de informação e, particularmente, nas decisões de crédito. Ao mesmo tempo em que se pretende reduzir ao mínimo o risco de crédito (expectativa da Diretoria Financeira), espera-se um aumento no volume de vendas (expectativa da Diretoria Comercial).

Resumidamente, a política de crédito deve:

Quadro 2.1 – Política de crédito

Identificar e fixar padrões para:	Tendo como objetivos:
A solicitação de crédito	Aumentar receitas, aumentar fatia de mercado e reduzir perdas
A pré-análise	Agilizar o processo de concessão de crédito
A análise	Reduzir perdas em créditos
O cadastro positivo	Valorizar e fidelizar os bons clientes
Os elementos da política de crédito	Controlar investimentos em recebíveis e controlar despesas do processo de crédito e cobrança
Os padrões de crédito	Reduzir perdas sem reduzir receitas
Os requisitos mínimos para que seja concedido crédito a um cliente	Identificar e controlar perdas com insolvência
Ofertas de garantias	Estabelecer as garantias, documentos e processos válidos
Cobranças	Fixar metodologias, parâmetros e provisões

A política de crédito, de acordo com Assaf Neto e Tibúrcio (2002), é composta de quatro elementos: padrão, prazo, desconto e cobrança, conforme detalhado adiante:

- o padrão tem relação com os critérios mínimos para a liberação de crédito a um cliente. Estes critérios podem ser rígidos ou não – quanto mais rígidos, em tese, menores serão os riscos de inadimplência e insolvência, mas também menores os volumes de venda;
- o prazo tem relação quanto ao tempo médio de recebimento – quanto maior o prazo, maior também será a chance de não recebimento. Geralmente, uma empresa que tem maior poder em uma cadeia produtiva conseguirá pagar seus fornecedores com um prazo mais longo e receber dos seus clientes em um prazo mais curto;
- o terceiro elemento, desconto para a venda a vista ou antecipação de pagamento, pode motivar os clientes a escolherem esta forma de pagamento fazendo com que a empresa adiante recebimentos, diminuindo assim sua necessidade de capital de giro;
- e por fim a cobrança, que será tratada ao final deste capítulo com mais detalhes, em que se trata da estratégia de recebimento de créditos atrasados.

Além desses quatro aspectos, a política de crédito deve estabelecer as garantias que irão obter no financiamento de clientes. Certamente, dependendo do volume e tipo de operação, as garantias não serão exigidas para todas as vendas a prazo.

No entanto, é crescente a utilização de garantias para reduzir os riscos e recuperar o investimento nos clientes em caso de perdas. Como exemplo de sucesso na redução de perdas via utilização de garantias, a empresa Liquigás Distribuidora S.A. passou a utilizar a política de exigir garantias (basicamente hipotecárias) para as vendas a prazo de seus clientes (as próprias revendedoras), reduzindo drasticamente as perdas com clientes.

Dessa forma, a exigência de garantias para a concessão de crédito, em caso de não pagamento, permite a execução e o recebimento da garantia ofertada, reduzindo as provisões e o reconhecimento de perdas nas demonstrações financeiras.

O Quadro 2.2 sintetiza a relação entre os elementos da política de crédito com as medidas financeiras, sendo estas volume de vendas, despesas de crédito e investimentos em valores a receber.

Quadro 2.2 – Relação entre elementos da política de crédito e as medidas financeiras

	Padrões de crédito		Prazo de crédito		Descontos financeiros		Política de cobrança	
	Frouxo	Restrito	Amplo	Pequeno	Grande	Pequeno	Liberal	Rígida
Volume de vendas	+	–	+	–	+	–	+	–
Despesas de crédito	+	–	+	–	–	+	+	–
Investimentos em valores a receber	+	–	+	–	–	+	+	–

Fonte: Martins e Assaf Neto (1985).

2.5.2 Informações para análise do risco de crédito

A análise das informações dos clientes deve ter alguns componentes, como informações cadastrais, informações comerciais e bancárias, informações restritivas, informações positivas, informações financeiras, informações setoriais e informações econômicas.

- **Informações cadastrais**

As informações cadastrais de empresas devem prover, no mínimo:

- informações básicas: cadastro com informações pessoais de identificação, como: endereço comercial, documentação, atividade etc.;
- informações societárias: dados dos sócios contendo formação, idade, tempo de experiência na função, tempo de trabalho na empresa, objetivos alcançados nos trabalhos profissionais, investimentos em outras empresas;
- dados sobre os gestores: formação, idade, tempo de experiência na função, tempo de trabalho na empresa, objetivos alcançados nos trabalhos profissionais, investimentos em outras empresas;
- dados sobre produção e venda: capacidade produtiva, capacidade ociosa, evolução do volume de produção, evolução do faturamento e preços, comparação com os três maiores concorrentes.

- **Informações comerciais e bancárias**

São as informações coletadas junto a fornecedores e bancos sobre hábitos e capacidade de pagamento.

A consulta a sistemas de informações externos à organização pode também utilizar diversos serviços específicos orientados para essa função. Exemplos de serviços externos que podem ser consultados serão expostos com mais detalhes adiante, mas antecipam-se os principais a seguir:

- SPC – Serviço de Proteção ao Crédito (SPC-SP) (2013);
- Boa Vista (2013);
- Serasa Experian (2013);
- Órgãos do governo:
  - Cadin – cadastro informativo de créditos não quitados do setor público federal (2013);
  - Secretaria da Receita Federal (2013);
  - Banco Central.
- Grupos setoriais (Exemplos):
  - Abramaco (2013) – Associação Brasileira da Indústria e Comércio de Máquinas de Costuras Industriais, Acessórios, Componentes e Sistemas;
  - Abraves (2013) – Associação Brasileira do Vestuário;
  - Abiplast (2013) – Associação Brasileira da Indústria do Plástico.

- **Informações restritivas**

As informações restritivas, também denominadas negativas, estão relacionadas com dados que restringem a venda para determinados clientes:

- quantidade de protestos;
- cheques sem fundo já emitidos;
- negativações em função de inadimplência;
- ações executivas;
- participações dos sócios e gestores em falências e concordatas.

Essas informações podem ser obtidas junto à Serasa, SCI e SPC, conforme descrito nas bases de dados para a gestão de Crédito.

- **Informações positivas**

Essas informações são relacionadas aos indicadores positivos de hábitos de pagamento, número de compras efetuadas na empresa, pagamentos antecipados com outras empresas e histórico de pagamentos em dia.

Há o esforço de se utilizar um cadastro de informações positivas unificado com o sistema financeiro, a exemplo do que existe na Inglaterra. A intenção do cadastro é beneficiar os pagadores que possuem histórico positivo de quitação das dívidas, facilitando o acesso às taxas mais baratas e prazos maiores.

- **Informações de relacionamento**

Esse grupo contempla as informações oriundas do relacionamento histórico da organização com o cliente. Para tanto, poderá ser utilizado um sistema desenvolvido para marketing de relacionamento. O *Customer Relationship Management* (CRM) é um conceito vindo da área de marketing que tem como princípio a criação de inteligência a respeito da base de clientes de uma empresa para construção de relacionamento com os clientes. O CRM pressupõe o uso de ferramentas tecnológicas, como *softwares* de gestão de vendas, informações sobre clientes, integração de processos para consolidar um nível grande de informações e entender as necessidades dos seus clientes e poder satisfazê-los de forma eficaz (AMA, 2003). Logicamente, a base de dados gerada com o fim da segmentação de clientes e adaptação da oferta em termos de produtos e serviços a serem oferecidos, canais de distribuição e iniciativas promocionais (tarefas tradicionais da área de marketing) pode também ser utilizada como indicadora da necessidade e conveniência de concessão de crédito a estes clientes, incluindo a questão estratégica no direcionamento dos mercados-alvo a serem atingidos.

- **Informações financeiras**

As informações financeiras são aquelas contidas nas demonstrações financeiras das organizações. As demonstrações financeiras são:

- Balanço Patrimonial;
- Demonstração de Resultado do Exercício (DRE);
- Demonstração de Fluxo de Caixa (DFC);
- Demonstrativo de Mutações do Patrimônio Líquido (DMPL);
- Certificação Negativa de Débito (CND).

Às demonstrações financeiras somam-se o Relatório da Administração, as Notas Explicativas e o Parecer da Auditoria.

A partir das informações financeiras elabora-se uma análise financeira que procura avaliar a capacidade de pagamento da empresa através, principalmente, do cálculo de indicadores financeiros de estrutura de capitais, liquidez e rentabilidade.

As análises das demonstrações financeiras são essencialmente quantitativas e classificam a empresa credora conforme um sistema de pontuação (*ratings* e *scorings*). A classificação atribui uma nota ao cliente, relacionando o nível de risco, custo e prazo de pagamento a ser liberados.

Balanço perguntado: instrumento de coleta de dados para análise financeira de crédito

O "Balanço Perguntado" constitui-se em uma forma simplificada de coleta de informações sobre as empresas de pequeno porte, visando facilitar o processo de tomada de decisão.

O processo de crédito a empresas de pequeno porte sempre padeceu da falta de informações, notadamente quanto ao negócio, pelo que constantemente foi fundamentado na pessoa dos proprietários.

Esta falta de informações conduz, também, ao distanciamento de visão entre os profissionais que trabalham diretamente com os clientes e os profissionais que atuam na matriz (ou *back-office*), pela simples razão de que aqueles atuantes com o cliente não conseguem expressar sua visão do negócio, de forma objetiva.

Apesar de essas áreas estarem intimamente relacionadas, um pedido de venda necessita de uma aprovação de crédito para ser liberado, e essas áreas têm interesses distintos, como visto.

Dessa forma, a metodologia do Balanço Perguntado permite retirar informações financeiras que contribuam para a análise do risco de crédito pela contraparte. É costumeiramente usado para avaliações de pequenas empresas. O Anexo A deste capítulo apresenta o balanço perguntado em detalhes.

2.5.3 Base de dados para a gestão de crédito

A análise de crédito depende essencialmente das interpretações e análises de dados e informações que irão contribuir para a classificação de risco de determinado cliente e a exposição máxima que a política de crédito irá permitir.

Dessa forma, as informações precisam ser confiáveis, dinâmicas, atualizadas e com facilidade para integração e importação pelos diversos sistemas de informações, especialmente pelos ERPs.

Em vista dessa demanda, diversas associações no Brasil e no mundo existem com intuito exclusivo de fornecer ou compartilhar dados e informações, fornecendo dados essenciais e colaborando para melhorar a qualidade da gestão de crédito.

Nos tópicos seguintes serão apresentadas as maiores instituições brasileiras e estrangeiras que fornecem esse tipo de informações e, em alguns casos, até mesmo análises já prontas para auxiliar na decisão do gestor de crédito.

2.5.3.1 Serasa Experian

A Serasa Experian foi desenvolvida em 1968, denominada apenas Serasa, fruto da integração e compartilhamento das informações de crédito utilizadas pelos bancos brasileiros.

A união dos bancos tinha a intenção de reduzir os custos administrativos e ampliar a qualidade das análises de crédito, com mais informações e confiabilidade, reduzindo as perdas e contribuindo para a expansão do crédito.

Na década de 1990 a Serasa expandiu os seus serviços e passou a oferecer as informações para todos os setores e para todos os portes de empresas. Assim como os bancos, as empresas também precisavam de informações seguras e baratas para municiar as suas respectivas áreas de crédito, tanto para os relacionamentos com outras empresas como para o relacionamento com pessoas físicas.

Em 2007, a Serasa foi então adquirida pela Experian, empresa líder mundial no fornecimento de informações e serviços, marketing e gerenciamento de crédito para diversos tipos de organizações e consumidores.

Além de dados e informações financeiras, a Serasa Experian também oferece serviços e análises que facilitam a gestão de crédito das empresas e, assim como as outras associações de crédito, também oferece a possibilidade de integração *online* com os principais sistemas ERP.

Atualmente é a principal base de dados de crédito no Brasil, com mais de 5 milhões de consultas diárias, oriundas de mais de 500 mil clientes diretos e indiretos (SERASA, 2013).

2.5.3.2 Equifax Boa Vista

Inicialmente a Boa Vista Serviços fora fundada em 2010 para gerir as informações do Serviço Central de Proteção ao Crédito – SCPC. Sua fundação foi resultado da parceria entre algumas organizações comerciais, entre elas as Associações Comerciais de São Paulo e do Paraná e os Clubes de Lojistas de São Paulo e do Rio de Janeiro, passando a competir com a Serasa no fornecimento de informações e dados sobre crédito.

O SCPC é um serviço que tem como objetivo compartilhar informações de crédito entre pessoas físicas e jurídicas, informando capacidade e histórico de inadimplência, mediante consulta ao sistema e "negativando" o CPF do devedor.

Antes da fundação da Boa Vista Serviços, a Equifax já possuía atuação no Brasil desde 1988. Assim como a Experian, a Equifax está entre os 3 principais *bureaus* de crédito no mundo, com informações de mais de 400 milhões de empresas e pessoas de todo o mundo.

As operações da Equifax no Brasil passaram a ser administradas pela Boa Vista Serviços em 2011, compartilhando *know how* e aumentando o leque de serviços de ambas as empresas.

A Boa Vista oferece diversos serviços para empresas e pessoas físicas. Dentre eles oferece a possibilidade do consumidor consultar gratuitamente o seu próprio registro de inadimplência e entrar em contato com a Boa Vista ou com a empresa credora para a regularização de seu débito aberto.

2.5.3.3 Bases internacionais

Nos dois tópicos anteriores, foram apresentadas as principais fornecedoras de informações de crédito no Brasil. Conforme explicado, pode-se observar que duas das maiores multinacionais do setor estão atuando no Brasil em conjunto com a Serasa e Boa Vista. Os principais *bureaus* de crédito no mundo são:

- **EQUIFAX**

A Equifax é uma empresa com cerca de U$$ 2 bilhões de dólares de faturamento anual e de capital aberto, cujas ações estão listadas na bolsa americana (NYSE).

Fundada em 1899 sob o nome de *Retail Credit Company*, atua em 15 países com mais de 7 mil empregados, sendo a mais tradicional dentre as três maiores empresas desse segmento, apresentadas nos tópicos seguintes. Mais informações sobre os serviços e detalhes da empresa podem ser vistos no *site*: <http://www.equifax.com>.

- **EXPERIAN**

A Experian, por sua vez, é líder global nesse segmento. Possui ações negociadas na bolsa de Londres (EXPN) e sede em Dublin na Irlanda.

Com atuação em mais de 65 países, via escritórios e/ou parcerias, emprega mais de 15 mil pessoas nos 38 países que possui sedes. Seu faturamento é cerca de US$ 5 bilhões de dólares por ano e mais informações podem ser consultadas em sua página na Internet no endereço: <http://www.experian.com/>.

- **TRANSUNION**

A Transunion fecha a lista das três maiores do setor, com mais de 500 milhões de consumidores em todo o mundo.

No Brasil, após parceria firmada em 2012, atua com a empresa Crivo Sistemas em Informática e busca consolidar as suas operações na América Latina e competir com os seus principais concorrentes. Mais informações no *site*: <http://www.transunion.com/>.

- **DUN & BRADSTREET – DNB**

A D&B é uma das principais fontes de informações de crédito no mundo. Com mais de 171 anos de experiência, também possui ações listadas na bolsa americana e detém um banco de dados com mais de 200 milhões de registros de informações sobre empresas, sendo muito utilizada por empresas brasileiras que demandam informações de empresas internacionais.

A empresa oferece basicamente informações para mitigar risco de crédito e aprimorar os esforços de marketing, devido a sua extensa base de dados. As orientações para clientes e investidores estão disponíveis em seu *site*: <http://www.dnb.com>.

2.5.4 Informações setoriais e organizações de crédito

As informações setoriais trazem dados relevantes para compreender a participação da empresa no mercado. Essas informações, basicamente, são:

- Tamanho do mercado.
- Preço médio e prazo médio.
- Rentabilidade e projeções.
- Participações das exportações e importações.
- Barreiras de entrada e saída.
- Políticas, econômicas, sociais e tecnológicas sobre o setor.

Essas informações contribuem para as análises de concessão ou recusa do crédito, variando com os setores. Uma empresa irá apresentar riscos menores quanto mais estável for o setor. Dessa forma, uma empresa com bons fundamentos econômicos pode obter uma classificação e um limite de crédito diferente de uma empresa similar inserida em outro setor.

Em vista do beneficiamento das análises e desenvolvimento do mercado, algumas empresas formam associações para compartilhar informações sobre clientes, melhores práticas na gestão de crédito, tendências, entre outras informações relevantes.

Essas associações são verdadeiras Centrais de Informações sobre Crédito. Dentre elas, vale destacar a Central de Informações de São Paulo (CISP), fundada em 1972, que mantém um cadastro com mais de 800 mil pontos de vendas, atualizado mediante a troca de informações entre os associados.

A CISP está presente em diversos Estados brasileiros e possui empresas dos setores de Alimentos, Bebidas, Papel, Eletrodomésticos, Produtos de Limpeza etc.

A maior vantagem desse tipo de associação está na redução dos custos de análise de crédito, desenvolvimento conjunto e contínuo das políticas de crédito, confiabilidade das informações e atualização rápida.

2.5.5 Informações econômicas

Compreendem as informações sobre política monetária (política de juros, inflação, nível de crédito, expansão monetária), política de rendas (evolução de rendas e salários, evolução do PIB), política cambial (taxa de câmbio, perspectivas de exportações e de importações, nível de investimentos estrangeiros no país) e política fiscal (arrecadação de tributos e carga tributária, gastos dos governos, resultados fiscais) e seus impactos nos negócios da Organização (IPEADATA, 2012; BACEN, 2012; IBGE, 2012).

2.5.6 Segmentação de crédito

O crédito pode ser segmentado por tipo de tomador do recurso:

a) crédito à pessoa física varejo;
b) crédito a pessoas físicas de alta renda;
c) microcrédito;
d) crédito à micro, pequena e média empresas;

e) crédito a empresas de médio e grande porte;
f) crédito corporativo;
g) crédito rural;
h) crédito habitacional.

2.6 Sistemas de informação para análise e gestão de crédito e cobrança

Este livro possui um capítulo específico para apresentar os sistemas ERP utilizados na gestão do Capital de Giro.

No entanto, alguns sistemas possuem aplicação direta na gestão de crédito e cobrança. Essa aplicação deve-se à necessidade de análises específicas, *online* e integradas com as demais áreas da empresa.

O objetivo de um sistema de crédito é aprimorar o trabalho do analista, reduzindo a carga operacional com a alimentação de dados, com planilhas etc. Dessa forma, a equipe de análises consegue interagir melhor com as outras áreas e despender mais tempo interpretando, analisando e traçando estratégias para obter melhores resultados.

- **Sistema Gestor de Crédito da SERASA**

A plataforma Gestor de Crédito SERASA EXPERIAN é uma plataforma utilizada por muitas empresas que possuem a área de crédito estruturada. Esse sistema permite ao gestor avaliar, por meio de relatórios, o desempenho das estratégias e ações de crédito e cobrança.

Esse sistema possui interface com os principais sistemas ERPs no Brasil, como também pode ser adaptado a outros sistemas que possuam flexibilidade para interpretar os códigos com as estratégias de crédito predefinidas.

A plataforma permite a automatização dos processos de concessão e cobrança, aplicando as regras e política estabelecidas pela empresa. Além do próprio sistema, o cliente pode obter uma consultoria com a Serasa para auxiliar na implantação, utilização e definição de políticas e estratégias na concessão de crédito e cobrança.

Em geral, as empresas que possuem esse sistema também possuem outros sistemas destinados especificamente para análises financeiras e definição de limite de crédito.

Vale destacar que a oferta desse tipo de sistemas no Brasil ainda é restrita, pouco difundida e com baixa concorrência. No entanto, a qualidade das informações, análise e gestão de crédito no Brasil é destaque na comparação com outros países e está evoluindo com a tendência expansionista de crédito observada no país.

- **Sistemas ERP**

Os sistemas ERP serão apresentados com detalhes no Capítulo: Sistemas para a Gestão do Capital de Giro. No entanto, merecem uma apreciação especial já nesse capítulo, visto a sua importância e os esforços para a sua adaptação para a gestão de crédito.

Todos os sistemas ERP têm funcionalidades e aplicações para todas as áreas da empresa, com o intuito de integrar e atualizar as informações *online*. No entanto, pode-se constatar na pesquisa realizada por Langkamp (2013) que no Brasil as empresas brasileiras ainda não utilizam sistemas ERP para a gestão da política e da carteira de crédito.

De acordo com a pesquisa publicada pela FGV, Meirelles (2012) apresenta as empresas SAP, TOTVS e Oracle dominando o fornecimento de ERP com 93% do fornecimento para empresas de grande porte (com mais de 600 teclados). Todas elas oferecem aplicações específicas para a área financeira da empresa, com módulos para cobrança, gestão de recebíveis, fiscal, tesouraria etc.

Destaca-se nesse cenário a SAP, com 51% do fornecimento desse tipo de sistemas para grandes empresas. Dentre as funções que o seu ERP oferece estão:

- pagamento e emissão de boletos eletrônicos;
- gerenciamento de cobrança e contestações;
- gerenciamento de crédito;
- tesouraria, gestão de caixa e liquidez;
- gerenciamento de risco.

Embora as empresas de sistemas forneçam algumas soluções, pôde-se constatar que todas as empresas pesquisadas utilizavam outros sistemas para análise e concessão de crédito e cobrança, exportando os resultados para os sistemas ERP. Destaca-se inclusive que é comum a utilização de planilhas, tais como as do *software* Excel da Microsoft, o que acaba por demandar mais tempo da equipe de analista com a imputação de dados e outras pequenas atividades operacionais.

Dentre os principais fatores apontados pelas empresas que as levam a buscar os sistemas complementares são:

- dificuldade de adaptação e customização dos sistemas ERP;
- ERP antigo e desatualizado;

- dificuldade /inviabilidade de atualizar as versões do ERP;
- engessamento de processos;
- dificuldade em treinar e adaptar à equipe de análise de crédito;
- menores funcionalidades que os sistemas específicos de análise de crédito e cobrança.

- **ARIMA**

A Arima é uma empresa especializada em desenvolver *software* de gestão de cobrança para a recuperação de crédito. Embora ainda não tenha utilização difundida para o departamento de cobrança das empresas, é muito utilizado por empresas e escritórios especializados em cobranças.

Quando uma instituição financeira ou qualquer outra organização possui uma carteira de recebíveis inadimplente, pode-se optar por terceirizar a cobrança para escritórios/empresas especializadas. Essa estratégia é muito utilizada por bancos que vendem a carteira inadimplente em leilões ou simplesmente repassa o processo de cobrança.

As empresas que atuam no varejo majoritariamente optam também por terceirizar o processo de cobrança, assim como os bancos fazem. Já outros tipos de empresas possuem a gestão de cobrança interna.

Dessa forma, as empresas de cobrança possuem carteiras com grande quantidade de clientes e necessitam de um sistema especializado para a gestão do relacionamento e do processo de cobrança em todas as etapas.

Por isso, a empresa Arima é reconhecida pela excelência na formatação de processos, que permite o acompanhamento da cobrança desde a etapa amigável até a resolução jurídica.

- **Visionarium**

O sistema Visionarium foi desenvolvido pelo Instituto de Ensino e Pesquisa em Administração – Inepad. Possui informações e análises financeiras, macroeconômicas para análise de clientes, fornecedores, concorrentes e outras organizações, tais como de prefeituras, órgãos públicos, entre outros.

O sistema atua em conjunto com a equipe de vendas, que também pode inserir e consultar informações sobre o cliente. O processo de análise envolve métodos qualitativos e quantitativos, gerando notas para a classificação dos clientes.

Ilustração 2.6 – Imagem da tela do Programa Visionarium

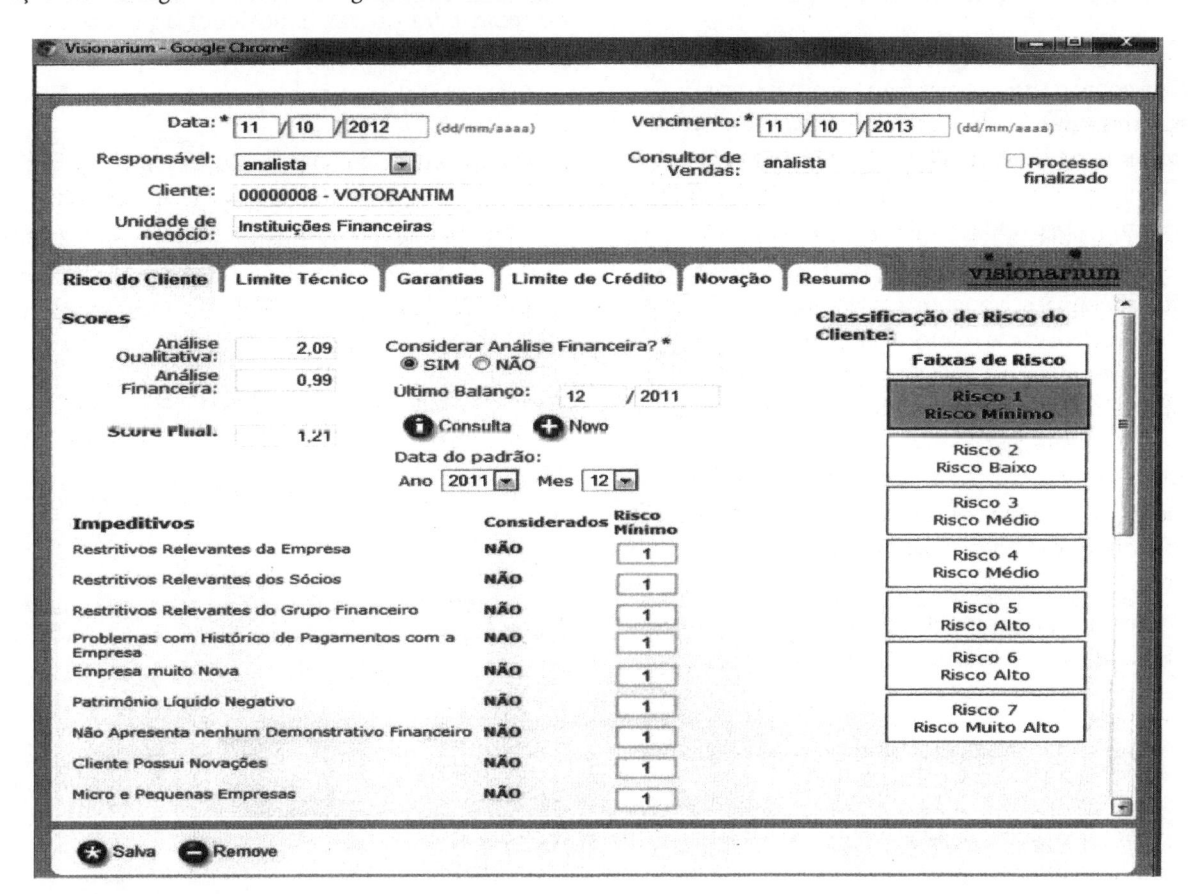

É um sistema utilizado por algumas empresas de renome. As vantagens desse tipo de sistema estão na facilidade de utilização; utilizado em uma plataforma *web*, pode ser moldado de acordo com a estrutura e política de crédito da empresa e possui análises quantitativas e qualitativas, cujas variáveis podem ser inseridas em todo o programa e ser customizado pela própria empresa.

2.7 Gestão de risco de crédito

2.7.1 Definição de risco de crédito

Risco financeiro pode ser entendido como uma probabilidade de perda financeira. São tipos de riscos financeiros:

- risco de crédito – perdas decorrentes de não recebimento de crédito concedido ou variabilidade na previsão do fluxo de caixa de recebíveis;
- risco de mercado – perdas decorrentes de variações de preço. Por exemplo, perdas decorrentes de variações do preço do café no mercado internacional;
- risco operacional – perdas decorrentes de fraudes e falhas de equipamentos, sistemas, pessoas, processos ou eventos externos.

No caso do Risco de Crédito, Perera (1998, p. 98) classifica como o *risco da contraparte deixar de cumprir suas obrigações relativas ao serviço da dívida; pode ser representado, também, pelo declínio no 'rating' da contraparte, o que indica que a probabilidade de 'default'*[3] *aumentou"*. A mesma abordagem é observada em Bessis (1998, p. 5-6).

Segundo Bessis (1998, p. 5), o risco de crédito possui duas dimensões: a quantidade do risco e a qualidade do risco. A quantidade refere-se ao montante que pode ser potencialmente perdido nas operações de crédito e a qualidade refere-se a qual seria a probabilidade ou os sinais de possíveis perdas. A qualidade do risco é quase sempre apresentada na forma de *ratings*,[4] internos ou externos, quando realizados por alguma outra empresa (por exemplo, empresas de *rating*), como veremos mais à frente.

Vamos aqui considerar que risco de crédito é a probabilidade de insolvência (não pagamento) da contraparte (devedor) junto ao credor, constituindo-se em deterioração do risco de crédito o aumento dessa probabilidade.

Um caso clássico de risco de recebíveis no Brasil foi o da Lojas Arapuã. Em 1996, com o crediário fácil e popular, a Lojas Arapuã registrou um lucro de US$ 120 milhões em razão de forte campanha de expansão de vendas, dentro de uma estratégia de ganho de participação de mercado. Posteriormente, pelo aumento da insolvência, a empresa acumulou dívidas calculadas em aproximadamente R$ 600 milhões, terminando em uma polêmica concordata (JORNAL DO COMMERCIO, 1999).[5] A forte expansão de vendas havia se realizado sem critérios adequados de concessão de crédito.

Como visto, empréstimos e financiamentos são as atividades principais das instituições financeiras e representam volumes significativos nas empresas industriais, comerciais e de serviços. O processo de concessão de crédito requer que se realizem julgamentos sobre as pessoas ou organizações às quais se pretende fornecer o crédito, porém, esses julgamentos nem sempre se fazem corretos, ou se tornam incorretos com o passar do tempo.

Consequentemente, um risco em que se incorre é o de insolvência de uma contraparte em cumprir algum acordo, ou contrato, segundo o que estaria previsto. Este risco não é apenas aplicado a empréstimos, mas também para outras exposições ao risco, tais como garantias, aceites e investimentos em títulos.

Grandes exposições a um mesmo tomador de empréstimo, ou a um grupo relacionado de tomadores, podem ser uma causa de problemas. Esse risco é designado como risco de concentração de crédito. Grandes concentrações de crédito podem surgir também de indústrias específicas, setores da economia ou mesmo regiões geográficas, exigindo da administração uma diversificação desses riscos.

2.7.2 Gestão da carteira de recebíveis

O gerenciamento dos recebíveis tem sido influenciado por novas variáveis advindas da nova economia – entre elas a tecnologia que revolucionou o prazo de tomada de decisões e enriqueceu a informação dos bancos de dados existentes. Quando se trata de gerenciamento de recebíveis pode-se falar no gerenciamento individual de um ativo ou da carteira. A gestão do risco individual de um ativo será descrita a seguir. Já o valor do risco de uma carteira está relacionado ao

---

[3] *Default*: inadimplemento, possibilidade de inadimplência, não pagamento.

[4] *Rating*: classificação do risco, que segue um critério específico de cada empresa para avaliar o risco da empresa ou de qualquer instituição, ou até mesmo do país.

[5] Arapuã tem problemas para levantar concordata.

gerenciamento do conjunto de ativos e será tratado ao final deste capítulo.

A gestão de recebíveis tem como um dos seus principais componentes a gestão do risco de crédito, que tem como principal objetivo a detecção antecipada do perfil do cliente causador da insolvência, podendo trazer benefícios mensuráveis tanto nos resultados, como no impacto nos ciclos operacionais e de caixa, pois os acionistas demandam informações sobre a situação econômico-financeira das empresas com o máximo de evidenciação possível.

Uma forma de se ter uma gestão do risco de crédito associada aos resultados é a gestão dos custos e despesas relacionados à insolvência, adotando-se as regras conforme o Quadro 2.3.

Quadro 2.3 – Regras para controle de custos

Regra	Efeito positivo	Efeito negativo
Prazos menores	Diminuição do risco	Clientes insatisfeitos. Podem procurar opções na concorrência
Aumento dos descontos a vista	Diminuição do risco	Diminuição da margem
Cobrança mais rígida	Diminuição das perdas	Insatisfação dos clientes
Padrões de crédito mais adequados	Atuação na concessão de crédito com prevenção de perdas	Insatisfação e falta de colaboração da equipe de vendas
Diminuição das vendas a prazo	Menor insolvência	Menor volume de vendas
Utilização de garantias	Redução do risco e da necessidade de provisionamento	Aumento da burocracia e dificuldade para execução.

Um componente fundamental da gestão do risco de crédito é a análise para a concessão do crédito. O objetivo é evitar a concessão do crédito aos "maus" pagadores. Nesse ponto, é importante definir de forma objetiva o que são "maus" pagadores, pois não se deve confundir clientes inadimplentes com insolventes. Clientes inadimplentes atrasam, mas pagam, e, geralmente, possibilitam maiores margens de lucro, ao pagarem juros, multas e outras taxas por atraso em seus pagamentos.

Já os "maus" clientes que se objetiva identificar são os clientes com perfil de insolvente, ou seja, clientes que não pagam e não pagarão, pois sua situação econômico-financeira não lhes permite.

No entanto, deve-se observar a situação dos inadimplentes, pois com um custo elevado do capital, a inadimplência pode levar a insolvência do devedor, especialmente em âmbito corporativo e em setores com baixas margens de lucro.

2.7.3 Análise comportamental

A análise comportamental de crédito é um processo que depende do julgamento pessoal de profissionais treinados. "*Como os juízes do baseball, os executivos de crédito estão autorizados a agir como lhes parecer melhor*" (CAOUETTE; ALTMAN; NARAYANAN, p. 93-94).

- **Pessoa física** – empiricamente, caso a caso – onde o gerente ou o analista de crédito avalia a concessão do crédito conforme sua análise pessoal. Muito utilizado no varejo, onde a filosofia de concessão de crédito é "vestir o produto no cliente" e "olho no olho".[6]
- **Pessoa jurídica**: – de pequeno porte (*small business*) – procedimento similar ao de pessoa física, onde, normalmente, quem é avaliada é a figura do sócio tomador do financiamento.

2.7.4 Análise qualitativa

O processo tradicional utiliza a análise dos Seis Cs de Crédito (Caráter, Capital, Condição, Capacidade,

---

[6] Aspecto relacionado a Finanças Comportamentais, em que o risco de não recebimento é avaliado pelos aspectos visuais e comportamentais apresentados pelo comprador. Algumas grandes redes de varejo têm treinado seus vendedores para identificar sinais de insolvência de seus clientes já no ato de compra, por análise de comportamento, conseguindo baixos níveis de perda de crédito.

Colateral & Covenants e Conglomerado), reunindo informações sobre cada um deles de forma a tornar a análise qualitativa mais efetiva, conforme descrição a seguir:

- **Caráter**: é uma inferência sobre se o tomador do financiamento tem ou não a intenção de pagar o financiamento, seus hábitos de pagamento, ou pontualidade, e a análise de informações de mercado e seu histórico sobre seu comportamento com outros financiadores.
  - **indicadores**: registros no SPC/SERASA/SCI; análise de referências comerciais e de outros fornecedores; referências com clientes, bancos e pessoais.
- **Capital**: identifica a situação patrimonial do tomador, de forma a dimensionar seu potencial de pagamento, através de informações financeiras e demonstrações contábeis, que fornecem informações relevantes para a análise da situação econômico-financeira do tomador, sua estrutura de capital, seu nível de endividamento, sua capacidade de geração de caixa (e consequente capacidade de honrar seus compromissos), seu nível de liquidez, seus prazos médios de estocagem, cobrança e pagamento a fornecedores, sua administração do capital de giro, sua administração de caixa, análise de patrimônio que forneça garantias de lastro para o cumprimento da obrigação, enfim, sua condição econômica e financeira.
  - **indicadores**: posse de ativos fixos e de outros bens; patrimônio líquido; endividamento, estrutura de capital, relação de bens e ativos passíveis de garantia, ocorrência de ações de penhora e hipoteca, alienações e processos judiciais.
- **Capacidade**: mede a habilidade dos administradores em gerir seu negócio, avaliando as decisões estratégicas e a estrutura organizacional da empresa; diz respeito ao desempenho econômico e à geração de recursos financeiros futuros.
  - **indicadores (pessoa jurídica)**: receitas, despesas, custos e resultados;
  - **indicadores (pessoa física)**: renda disponível, salário, gastos fixos e comprometimento da renda.
- **Condição**: que identifica a influência de fatores externos ao ambiente da empresa ou da pessoa física, tais como mudanças macroeconômicas, variações de câmbio, sazonalidade de mercados e de produtos.
  - **indicadores**: variáveis econômicas e variáveis setoriais.
- **Colateral & covenants**: diz respeito à qualidade das garantias oferecidas – reais, pessoais ou *covenants*.
  - **garantias reais**: são as constituídas por bens e direitos: hipoteca de imóveis, alienação de máquinas e veículos, penhor de estoques, caução de valores a receber;
  - **garantias pessoais ou fidejussórias**: constituem-se em avais e fianças, sendo que avais são garantias prestadas em títulos de crédito e fianças em contratos;
  - *covenants*: constituem-se em cláusulas condicionantes de gestão com o objetivo de garantir que o tomador de recursos preserve o fluxo de caixa para pagamento dos compromissos;
  - **indicadores**: probabilidade de realização das garantias em caso de necessidade de execução do contrato de crédito. Viabilidade de efetivação das condições de gestão, no caso dos *covenants*.
- **Conglomerado**: relaciona o tomador do financiamento a um grupo de empresas ou pessoas, e possibilita a avaliação mais homogênea para todo o grupo. É preciso avaliar se outras empresas ou pessoas correlacionadas podem interferir no risco da concessão de crédito.
  - **pessoa jurídica**: análise do grupo econômico, análise do balanço consolidado e análise dos acionistas ou sócios;
  - **pessoa física**: análise da família.

2.7.5 Análise quantitativa e modelos de previsão de risco

A análise quantitativa apoia-se no uso de modelos matemáticos. Um modelo é a forma matemática de se repetir uma experiência, e os modelos financeiros podem ser vistos como representação do trabalho mental e capital, reproduzindo métodos para solução de problemas. *Representam, via modelos estatísticos, a experiência e a evolução histórica da observação de determinados comportamentos e estrutura de funcionamentos.*

Segundo Caouette, Altman e Narayanan (1999, p. 117), são razões para o desenvolvimento dos modelos de crédito:

- desregulamentação, que estimulou a inovação financeira;
- ampliação dos mercados de crédito;
- passagem contínua de empréstimos de balanço para empréstimos de fluxo de caixa;
- aumento de riscos fora do balanço (contas que são possuem a correta evidenciação);
- redução das margens sobre empréstimos relativa ao aumento da competitividade e consequente necessidade de expansão de crédito;
- securitização,[7] induzindo à criação de novas ferramentas de risco de crédito;
- avanços na teoria de finanças;
- surgimento de novas operações estruturadas de concessão de crédito.

Com a crescente e rápida evolução, diversos tipos de modelos de avaliação de risco de crédito têm sido criados, cada um para fins específicos e cada vez mais completos, em termos de variáveis que explicam o comportamento do tomador do crédito. Para tanto, diversas técnicas estatísticas têm sido utilizadas, de acordo com as necessidades de cada organização fornecedora de crédito, sendo as principais descritas a seguir:

- *Credit score*

Credit score pode ser definido como o processo de atribuição de pontos às variáveis de decisão de crédito mediante a aplicação de técnicas estatísticas. Trata-se de processo que define a probabilidade de que um cliente com certas características pertença ou não a um grupo possuidor de outras determinadas características, consideradas desejáveis (hipótese em que se aprova um limite de crédito), ficando a critério da instituição dar alçada operacional ou não para o gestor atribuir o crédito. Esta técnica estabelece uma regra de discriminação de um determinado cliente solicitante de crédito.

Os grupos discriminantes são construídos a partir de combinação de diversas variáveis e são úteis para testar se existem diferenças significativas entre o padrão médio ponderado dos grupos, determinando quais são as informações dos clientes relevantes, possibilitando a discriminação, e classificando um novo cliente que solicita crédito com base no modelo previamente estabelecido.

Credit score é um sistema utilizado por quem fornece crédito para determinar se pode ser concedido um empréstimo ou um cartão de crédito. O analista examinará o histórico passado para avaliar o comportamento do cliente; como paga as contas, entre outros fatores, como o total da renda, se possui ou não imóvel, qual o tempo de fundação do negócio para empresas e qual o tempo de serviço na empresa atual para pessoas físicas. Os credores geralmente concedem crédito para consumidores que possuem a melhor pontuação, pois esses pontos ajudarão a prever quem possui mais condições de cumprir a promessa de pagamentos futuros.

Os sistemas de *credit score* são únicos porque são baseados em experiências individuais dos credores com seus consumidores. Para desenvolver um sistema, o credor deve escolher uma amostra aleatória de seus clientes e analisá-los estatisticamente para identificar quais características podem ser usadas para demonstrar credibilidade.

A validade do *credit score* depende da atualização dos dados, para que se faça valer estatisticamente a avaliação de devedores que possuem características diferentes entre si.

Instituições financeiras e as demais empresas, através da integração dos sistemas de informações com toda a cadeia, estão aumentando o uso de *credit score* como um método de decisão de concessão de crédito. A clara vantagem é que as decisões são feitas de forma consistente de acordo com um critério preestabelecido e a um baixo custo, porque são processadas por um computador e não através do julgamento humano.

Para o sucesso do desenvolvimento e implantação do projeto, deve-se atender a dois requisitos:

1. a disponibilidade e interligação de bases de dados que alimentarão o sistema; e
2. o comprometimento das diversas áreas de atuação com o projeto, a começar pelo mais alto escalão.

Principais pontos positivos do uso do *credit score*:

- redução do tempo de análise do cliente;
- padronização do processo de aprovação;
- flexibilidade para adaptações e alterações a qualquer tempo;

---

[7] Securitização: operações estruturadas de emissão de títulos com lastro em fluxos financeiros provenientes, normalmente, de valores a receber de vendas efetuadas e/ou futuras.

- redução de perdas por envolvimento com o cliente;
- aumento na margem de segurança;
- redução de critérios subjetivos e pessoais na concessão;
- capacidade de avaliação e monitoramento estatístico.

A toda mudança na economia faz-se necessário um acompanhamento do sistema de *credit score* para adaptá-lo às mudanças do cenário de cada época, pois, apesar de ser uma ferramenta fundamental para o gestor de crédito, não se constitui na própria decisão de crédito.

Tabela 2.1 – Exemplo de *score*

Item a analisar	Peso	Cliente 1		Cliente 2		Cliente 3	
		Nota	Peso × Nota	Nota	Peso × Nota	Nota	Peso × Nota
Atua em ONG?	4%	8	0,320	8	0,320	0	0,000
Categoria profissional	6%	7	0,420	4	0,240	6	0,360
Dados cadastrais básicos	5%	8	0,400	8	0,400	4	0,200
Histórico de relacionamento	9%	8	0,720	8	0,720	8	0,720
Idade	4%	7	0,280	4	0,160	4	0,160
Nível de formação	5%	5	0,250	5	0,250	5	0,250
Prazo do financiamento	3%	5	0,150	5	0,150	5	0,150
Quantidade de compras nos últimos 12 meses	8%	5	0,400	5	0,400	5	0,400
Referências comerciais	7%	9	0,630	9	0,630	9	0,630
Referências pessoais	7%	7	0,490	7	0,490	7	0,490
Renda familiar	5%	10	0,500	5	0,250	9	0,450
Renda pessoal	2%	9	0,180	9	0,180	8	0,160
Residência própria	8%	10	0,800	7	0,560	1	0,080
Restritivos (SPC, Serasa...)	6%	10	0,600	5	0,300	8	0,480
Tem dependentes?	2%	9	0,180	9	0,180	0	0,000
Tempo de residência	10%	10	1,000	10	1,000	1	0,100
Tempo na cidade	4%	10	0,400	5	0,200	1	0,040
Tempo na mesma empresa	5%	10	0,500	2	0,100	1	0,050
Score	100%		8,22		6,53		4,72

Peso: obtido por meio de estudo estatístico
Nota: de 1 a 10

A determinação das variáveis pode ser obtida pela análise dos seis Cs de crédito e por dados históricos. A atribuição de notas de desempenho para cada variável e grupo de variáveis pode ser implementada por:

- julgamentos pessoais;
- análises estatísticas descritivas;
- análises estatísticas multivariadas.

O resultado final, ou *score*, é obtido pela média ponderada das notas atribuídas ao cliente. A partir dos *scores* obtidos, pode-se então rejeitar ou conceder o crédito, com a consequente definição de limites e de prazos.

Para uma escala, nos mesmos moldes da Tabela 2.2, pode-se estruturar o seguinte modelo:

Tabela 2.2 – Modelo de pontuação

Faixa de *score*	Decisão
Score de 0 a 4,999	Venda somente a vista – operação com risco máximo
Score de 5 a 7,999	Prazos e limites pequenos/Exigência de garantias – taxa normal + adicional de risco
Score de 8 a 10	Prazos e limites maiores/Não exigência de garantias – taxa normal

Os modelos de pontuação devem estar associados ao cliente – em que se define o risco do cliente – e à operação – em que a instituição define o risco da operação, como cheque especial, empréstimo ou financiamento.

Modelos avançados de concessão de crédito são, em geral, variações dos modelos de pontuação, em que as variáveis relevantes e seus pesos são determinados por análises estatísticas avançadas utilizando-se regressão linear, regressão logística, análise discriminante e redes neurais.

O *credit score*, baseado em análise discriminante ou de regressão logística, tem sido utilizado por instituições financeiras principalmente para concessão de cartão de crédito, cheque especial e crédito direto ao consumidor e relaciona a classificação de pontuação obtida por um cliente com a probabilidade de perda. A pontuação é obtida através de acompanhamento estatístico por características do tomador do financiamento, que podem ser:

1. estado civil: menor pontuação para solteiros, média para casados e alta para viúvos, já que a tendência é a de solteiros apresentarem maior risco do que os casados e viúvos;
2. quantidade de parcelas do financiamento: quanto maior a quantidade de parcelas, menor a pontuação, já que quanto maior for o prazo maior será o risco;
3. comprometimento da renda: quanto menor o comprometimento, maior a pontuação; quanto maior o comprometimento, menor a pontuação;
4. outras características conforme as necessidades de cada produto/instituição.

Tabela 2.3 – *Credit score*

		Pontuação				
			1ª Faixa	2ª Faixa	3ª Faixa	4ª Faixa
		0-3	3-5	5-7	7-9	9-10
PROBABILIDADE DE PERDA	15%	X				
	10%		X			
	5%			X		
	3%				X	
	1%					X
	0%					

- **Pessoa jurídica**

Uma forma tradicional de avaliação do risco de crédito por cliente tem sido a utilização de modelos de insolvência, desenvolvidos na sua grande maioria com a análise discriminante. Dos principais modelos quantitativos utilizados para a previsão de insolvência de pessoas jurídicas, Silva (1998, p. 275-315) relaciona como mais relevantes:

- **Estudo de Fitz Patrick**

Neste estudo foram selecionadas aleatoriamente 19 empresas falidas comparadas a 19 empresas bem-sucedidas, no período de 1920 a 1929, e detectou-se que os indicadores de PL/Passivo e Lucro Líquido/PL das empresas bem-sucedidas eram superiores aos das empresas falidas. O principal objetivo era o de identificar a relação entre os índices das companhias, o que foi constatado, pois os índices das bem-sucedidas ultrapassaram os das malsucedidas. O modelo apenas separa os dois grupos de empresas, não permitindo, por exemplo, ponderar a participação dos índices na explicação da situação da empresa.

- **Estudo de Winakor e Smith**

Baseado na análise de 21 índices dos últimos 10 anos antes da falência de 183 empresas, no período de 1923 a 1931, Winakor e Smith identificaram que o índice de Capital de Giro/Ativo Total foi o que melhor previu a deterioração das empresas. Da mesma forma que o estudo de Fitz Patrick, não pondera a participação do índice na explicação da falência.

- **Estudo de Merwin**

Estudo desenvolvido com dados de empresas com ativos inferiores a US$ 250.000 concluiu que o índice de Capital de Giro/Ativo Total foi o melhor preditor das falências. Introduz dois tipos de abordagem: a primeira, em que trabalha com uma faixa mínima e máxima para os índices; a segunda, em que adota uma média para as empresas sobreviventes. As empresas em processo de falência apresentaram índices abaixo da média e fora da faixa de variação. Mesmo sendo uma evolução em relação aos estudos anteriores, faltava ainda o peso da participação dos índices na explicação da falência.

- **Estudo de Tamari**

Segundo Silva (1998, p. 277), Tamari é o primeiro a utilizar um composto ponderado de vários índices, em que para cada índice há um determinado valor que, multiplicado por um peso, atinge uma determinada escala. Em estudo desenvolvido entre 1956 e 1960, Tamari identifica faixas de valores para os índices e conclui com os resultados dos testes que os índices poderiam ser utilizados como indicadores, não necessariamente de falência, mas como classificador das empresas.

A grande contribuição de Tamari, no processo de análise de insolvência, é a identificação do peso dos índices e uma primeira tentativa de classificação, baseada em pontos, das empresas analisadas.

- **Estudo de Beaver**

Em estudo comparativo entre 79 empresas de boa saúde financeira e 79 empresas com problemas de pagamento/falência, desenvolvido em 1966, Beaver concluiu que os índices extraídos dos demonstrativos contábeis com maior significância foram Geração de Caixa sobre Exigível Total e Lucro Líquido sobre Ativo Total.

Baseado em um teste de classificação dicotômica, Beaver criou grupos de índices e adotou pontos de corte (ou índice limite crítico), sendo que as empresas abaixo do ponto eram classificadas como falidas. O mérito deste estudo está na adoção do ponto de corte crítico, similar aos modelos de insolvência baseados no modelo discriminante.

- **Estudo de Altman**

Um dos pioneiros no uso da análise discriminante múltipla, como previsão de falência de empresas, Altman tenta superar as deficiências das análises com base em um único índice e obtém a seguinte equação: Z = 0,012 × ((Ativo Circulante – Passivo Circulante)/Ativo Total) + 0,014 × (Lucros Retidos/Ativo Total) + 0,033 × (Lucros Antes dos Juros e Impostos/Ativo Total) + 0,006 × ((Valor de Mercado das Ações/Exigível Total) + 0,0999 × (Vendas/Ativo Total).

As médias obtidas proporcionam a separação das empresas em dois grupos distintos:

Grupo de empresas falidas:
média = – 0,29
Grupo de empresas não falidas:
média = 5,02

- **Estudo de Backer e Gosman**

Em suas pesquisas, Backer e Gosman consideram como principais parâmetros para a insolvência o declínio na capacidade de cumprimento das obrigações com debêntures, o declínio na avaliação de crédito da Dun e Bradstreet (SILVA, 1998, p. 279) e a dificuldade na obtenção de novos empréstimos bancários.

Fizeram uso dos testes estatísticos: Teste T, análise fatorial e análise discriminante, sendo considerados como principais parâmetros para a caracterização da insolvência o declínio do *rating* da S&P (Standard e Poor's), o declínio na avaliação do crédito da D&B (Dun e Bradstreet) e a dificuldade na obtenção de novos empréstimos bancários.

É uma abordagem que pode ser considerada moderna, pois utiliza uma "cesta" de conceitos para a avaliação do risco do cliente.

- **Estudo de Letícia E. Topa**

Trabalha com o conceito de probabilidade subjetiva (SILVA, 1998, p. 280), onde classifica os fatores para a análise em:

- análise do caráter, do conceito na praça, experiência no negócio e seguros, denominados determinantes;

- fatores complementares, que são estruturados como uma relação de peso por tipo de análise, chegando-se a uma avaliação de risco aceitável ou não.

Diferentemente do uso do modelo discriminante, em que os pesos são atribuídos objetivamente conforme o modelo estatístico, neste modelo os pesos são atribuídos conforme a experiência de relacionamento com o tomador do financiamento e são de responsabilidade dos dirigentes da empresa (SILVA, 1998, p. 275-315). Este modelo utiliza uma estrutura combinada de formas subjetivas e objetivas, sendo semelhante ao modelo de *rating*.

Tabela 2.4 – Estudo de Letícia E. Topa

Análise	(1)	Qualificação ponderada								(2)	Risco máximo aceitável		(3)
		Classe	Pontos	Classe	Pontos	Classe	Pontos	Classe	Pontos		Classe	Pontos	
Situação Financeira	6	C	−2	A	4	B	7	MB	10	60	A	4	24
Situação Econômica	8	D	−2	R	4	B	7	MB	10	60	R	4	32
Capital + Gar	10	I	−5	E	4	Ad	7	MS	10	100	A	7	70
Disclosure	3	P	−1	M	5	O	10			30	M	5	15
Conglomerado	4	EN	−2	NH	0	EP	10			40	NH	0	0
Capacidade	4	P	−1	M	5	S	10			40	M	5	20
Conceito	5	B	1	MB	10					50	B	1	5
Condições	6	Pe	−4	N	4	Di	7	Ex	10	60	N	4	24
Organização/Controle	4	D	−1	B	5	MB	10			40	B	5	20
Tempo (anos)	4	0/2	−2	2/5	3	5/10	7	10	10	40	2/5	3	12
										540			222

Legenda: (1) Valor Relativo, (2) Risco Ótimo e (3) Qualidade Ponderada.

Onde:

Classe	Conceito	Classe	Conceito
A	Aceitável	I	Insuficiente
Ad	Adequado	M	Média
B	Boa	MB	Muito boa
C	Comprometida	MS	Muito solvente
D	Deficiente	N	Normal
Di	Dinâmicas	NH	Não há
E	Escasso	O	Ótima
EN	Efeito negativo	P	Pobre
EP	Efeito positivo	Pe	Perigosas
Ex	Excepcional	R	Regular
		S	Sobressalente

- **Estudo de Stephen C. Kanitz**

Pioneiro no uso da análise discriminante no Brasil, o Professor Kanitz desenvolveu um modelo que tem como objetivo descobrir, através dos demonstrativos contábeis das empresas, sinais de insolvência. Kanitz obteve o seguinte modelo:

Fator de insolvência =
0,05 × (Lucro Líquido/Patrimônio Líquido) +
1,65 × ((Ativo Circulante + Realizável a LP)/(Passivo Circulante + Exigível LP)) +
3,55 × ((Ativo Circulante − Estoques)/Passivo Circulante) −
1,06 × (Ativo Circulante/Passivo Circulante) −
0,33 × (Exigível Total/Patrimônio Líquido)

Obtendo-se o fator de insolvência, aplica-se esse fator a uma escala, denominada por Kanitz (KASSAI; KASSAI, 1998) de "termômetro de insolvência", conforme descrito na Tabela 2.5.

Tabela 2.5 – Fatores de insolvência de Kanitz

Fator	Denominação	Significado
7		
6		
5	área de solvência	sempre que o fator de insolvência for maior que zero, a empresa estará classificada nesta área e, consequentemente, apresenta os menores riscos de quebra.
4		
3		
2		
1		
0		
−1	área de penumbra	empresas que apresentam fator de insolvência entre −3 e 0 denotam situação perigosa, merecendo cuidados especiais na concessão de financiamento.
−2		
−3		
−4		
−5	área de insolvência	as empresas com fator de insolvência menor que −3 são as que apresentam as maiores probabilidades de insolvência. Quanto menor o fator de insolvência, maior a probabilidade de quebra.
−6		
−7		

O modelo de Kanitz possibilita uma visão baseada na probabilidade de risco. Poderia ser implementado para oferecer o percentual de perda por fator de risco. Kassai e Kassai desenvolveram modelos complementares baseados no termômetro de Kanitz (KASSAI; KASSAI, 1998).

- **Trabalho do Professor Dr. Alberto Borges Matias**

Em trabalho apresentado à FEA/USP, o Prof. Alberto Borges Matias (MATIAS, 1978, p. 82-83), coordenador deste livro, desenvolve um modelo utilizando a análise discriminante com 100 empresas de vários setores. Dessas empresas, 50 eram solventes e 50 insolventes. Matias obteve a seguinte função:

$$Z = \begin{cases} 23{,}792 \times (\text{Patrimônio Líquido/Ativo Total}) \\ (-)\ 8{,}260 \times (\text{Financiamentos e Empréstimos/Ativo Circulante}) \\ (-)\ 8{,}868 \times (\text{Fornecedores/Ativo Total}) \\ (-)\ 0{,}764 \times (\text{Ativo Circulante/Passivo Circulante}) \\ (+)\ 1{,}535 \times (\text{Lucro Operacional/Lucro Bruto}) \\ (+)\ 9{,}912 \times (\text{Disponível/Ativo Total}) \\ (-)\ 3 \end{cases}$$

Neste modelo, a empresa é classificada como:

- insolvente: se Z for inferior a zero;
- indefinida: se Z estiver entre zero e 3;
- solvente: se Z for superior a 3.

Os valores médios de Z foram de 11,176 para as empresas solventes e 0,321 para as empresas insolventes, sendo de mais de 80% o acerto na aplicação do modelo. Neste modelo, há a preocupação de se separarem as empresas em dois grupos distintos: empresas solventes e insolventes. O modelo permite, ainda, o conhecimento do risco associado a cada cliente.

$$Z_{calc} = ((Z - 0{,}321)/3{,}328)$$

Após, procura-se Z_{calc} na tabela de distribuição normal, encontrando-se P.

Sendo Z_{calc} positivo: Probabilidade de Insolvência $(PI) = 0{,}50 - P$.

Sendo Z_{calc} negativo: $PI = 0{,}50 + P$.

- **Modelo Pereira**

Pereira desenvolveu sua dissertação de mestrado utilizando a técnica da análise discriminante (SILVA, 1998, p. 288) e desenvolveu um modelo em que os pesos decorrem da sua ordem de grandeza e de sua importância relativa no conjunto juntamente com os fatores de segmentação de empresas e de horizonte de tempo.

O modelo Pereira, similar aos de Altman, Kanitz e Matias, na utilização da análise discriminante, é uma evolução em relação aos modelos propostos, pois demonstra a preocupação em adotar modelos diferenciados (com variáveis e pesos específicos), conforme o tipo e segmento da empresa. A seguir encontram-se os modelos para empresas industriais e comerciais, com previsibilidade para o próximo exercício, desenvolvidos por Pereira.

Modelo Pereira para empresas industriais:

$$Zi = \begin{array}{l} 0{,}722 \\ (-)\ 5{,}124 \times (\text{Duplicatas Descontadas/Duplicatas a Receber}) \\ (+)\ 11{,}016 \times (\text{Estoques/Custo do Produto Vendido}) \\ (-)\ 0{,}342 \times (\text{Fornecedores/Vendas}) \\ (-)\ 0{,}048 \times (\text{Estoque Médio/Custo do Produto Vendido}) \\ (+)\ 8{,}605 \times (\text{Lucro Operacional} + \text{Despesas Financeiras})/(\text{Ativo Total Médio} - \text{Investimento Médio}) \\ (-)\ 0{,}004 \times (\text{Passivo Circulante} + \text{Exigível a Longo Prazo})/(\text{Lucro Líquido} + 0{,}1 \times \text{Imobilizado Médio}) \end{array}$$

Modelo Pereira para empresas comerciais:

$$Zc = \begin{array}{l} -1{,}327 \\ (+)\ 7{,}561 \times (\text{Reservas} + \text{Lucros Acumulados/Ativo Total}) \\ (+)\ 8{,}201 \times (\text{Disponível/Ativo Total}) \\ (-)\ 8{,}546 \times (\text{Ativo Circulante} - \text{Disponível} - \text{Passivo Circulante} + \text{Financiamentos Bancários} + \text{Duplicatas Descontadas})/\text{Vendas} \\ (+)\ 4{,}218 \times (\text{Lucro Operacional} + \text{Despesas Financeiras})/(\text{Ativo Total Médio} - \text{Investimento Médio}) \\ (+)\ 1{,}982 \times (\text{Lucro Operacional/Lucro Bruto}) \\ (+)\ 0{,}091 \times (\text{Patrimônio Líquido}/(\text{Passivo Circulante} + \text{Exigível a Longo Prazo}))/((\text{Lucro Bruto} * 100/\text{Vendas})/(\text{Prazo Médio de Rotação de Estoques} + \text{Prazo Médio de Recebimento de Vendas} - \text{Prazo Médio de Pagamento de Compras})) \end{array}$$

Em ambos os modelos o ponto de corte é zero. Assim, Zi ou Zc acima de zero indicam empresas solventes e abaixo de zero indicam empresas insolventes.

2.7.6 Modelo bancário de classificação de risco de crédito

É importante destacar a particularidade do setor bancário. Como os bancos têm no crédito a sua atividade central e movimentam volume significativo de capitais em créditos, existe a necessidade de provisionamento da carteira determinada pela Resolução 2.682/2000 do Banco Central.

A resolução dispõe sobre critérios de classificação das operações de crédito e regras para constituição de provisão para créditos de liquidação duvidosa.

As instituições financeiras e demais instituições autorizadas a funcionar pelo Banco Central do Brasil devem classificar as operações de crédito, em ordem crescente de risco, nos seguintes níveis:

Nível AA
Nível A
Nível B
Nível C
Nível D
Nível E
Nível F
Nível G
Nível H

Na resolução são apontados os critérios para classificação de acordo com o devedor e a operação.

- com relação ao devedor os itens são: situação econômico-financeira; grau de endividamento; capacidade de geração de resultados; fluxo de caixa; administração e qualidade de controles; pontualidade e atrasos nos pagamentos; contingências; setor de atividade econômica; e limite de crédito;
- com relação à operação: natureza e finalidade da transação; características das garantias, particularmente quanto à suficiência e liquidez; e valor.

A seguir é apresentada a carteira total de crédito do Banco do Brasil que ilustra como deve ser apresentada a carteira de crédito de um banco. Pode ser visto que é atribuído um nível de risco, indo de AA (risco muito baixo) até H (risco muito alto) e realizada as devidas provisões que os bancos devem reter, decorrente da análise de sua carteira de crédito, conforme a resolução dita.

Tabela 2.6 – Carteira total de crédito do Banco do Brasil (Apresentação de 2013)

R$ milhões	Dez./11			Set./12			Dez./12			
	Saldo	Provisão	Part.%	Saldo	Provisão	Part.%	Saldo	Provisão	Part.%	SFN
AA	118.935	–	28,1	140.584	–	29,2	168.535	–	32,1	23,5
A	102.694	513	24,3	129.186	646	26,9	125.622	628	23,9	42,0
B	142.910	1.429	33,8	147.272	1.473	30,6	167.407	1.674	31,8	17,4
C	32.611	978	7,7	34.671	1.040	7,2	35.295	1.059	6,7	9,6
D	8.299	830	2,0	9.177	918	1,9	8.709	871	1,7	2,3
E	3.724	1.117	0,9	3.655	1.096	0,8	3.918	1.175	0,7	0,9
F	1.763	881	0,4	1.975	987	0,4	1.788	894	0,3	0,7
G	1.812	1.268	0,4	2.278	1.594	0,5	2.149	1.505	0,4	0,6
H	10.241	10.241	2,4	11.947	11.947	2,5	12.248	12.248	2,3	3,1
Total	422.989	17.259	100,0	480.744	19.702	100,0	525.672	20.054	100,0	100,0
AA-C	397.149	2.921	93,9	451.713	3.159	94,0	496.859	3.361	94,5	92,4
D-H	25.839	14.338	6,1	29.032	16.543	6,0	28.813	16.693	5,5	7,6

Fonte: Banco do Brasil (2013).

2.7.7 Ratings

A análise do *rating*, fornecida por empresas que prestam serviços de informações de classificação, antecipa uma avaliação preliminar sobre determinado tomador de financiamento.

O *rating* pode ser visto como ferramenta adicional para avaliação de risco de crédito, sendo que cada empresa adota um sistema interno próprio para mensuração dos riscos de acordo com o perfil da empresa. Os *ratings* podem ser de títulos, de depósitos e da qualidade financeira da instituição que toma o crédito.

Como a avaliação esperada é sobre o tomador do empréstimo/financiamento, é necessário analisar-se o *rating* que considera a solidez financeira através da padronização por variáveis, sejam elas setores da economia, regiões geográficas ou tipo de cliente. Os resultados dessa avaliação podem ser utilizados para decisões de crédito referentes a valores concedidos, garantias solicitadas, valor das taxas, entre outras restrições.

Ao desenvolver um sistema interno de avaliação de risco através de *rating*, o objetivo será a atribuição de um perfil de risco (risco do credor, risco da carteira ou risco da operação) e como instrumento para a previsão das perdas potenciais.

A Standard & Poor's (2012, p. 5) define, entre outros tipos de *rating*, o do emissor, que *"é uma opinião prospectiva sobre a qualidade de crédito em geral de um devedor para honrar as suas obrigações financeiras, considerando a capacidade e disposição do devedor para honrar seus compromissos financeiros no vencimento"*.

Existem diversas agências internacionais de *rating*, dentre as principais, as três mais importantes são: Standard & Poor's, Fitch e Moody's. O Brasil também possui agências tais como RiskBank e Austin Rating, dentre outras, que apresentam escalas de níveis de risco diferenciadas. Para efeitos didáticos é apresentada a definição de *rating*, com o método de escala global (há também o método de escala nacional), adotado pela Standard & Poor's (2012).

Quadro 2.4 – Classificação de *rating*

Classe	Descrição	Considerações
AAA	A capacidade do emissor de honrar seus compromissos financeiros relativos à obrigação é **EXTREMAMENTE FORTE**.	Maior classificação possível.
AA	A capacidade do emissor de honrar seus compromissos financeiros relativos à obrigação é **MUITO FORTE**.	Difere pouco da maior classificação.
A	A capacidade do emissor de honrar seus compromissos financeiros relativos à obrigação é **FORTE**.	As obrigações são suscetíveis a mudanças das condições econômicas e conjunturais.
BBB	O emissor poderá sofrer uma redução na capacidade de honrar seus compromissos financeiros relativos à obrigação.	As obrigações exibem parâmetros de proteção adequados, mas podem ser afetadas por condições econômicas adversas.
BB	O emissor poderá sofrer uma redução na capacidade de honrar seus compromissos financeiros relativos à obrigação, sendo mais vulnerável do que a BBB.	As obrigações são menos vulneráveis que os níveis mais baixos. Porém, enfrenta grandes dificuldades criadas por condições financeiras, econômicas e comerciais adversas, que poderiam levar à inadimplência.
B	O emissor poderá sofrer uma redução na capacidade de honrar seus compromissos financeiros relativos à obrigação, sendo mais vulnerável do que a BB.	Idem BB.
CCC	O emissor depende de condições econômicas, financeiras e comerciais favoráveis para honrar seus compromissos.	Não haverá condições de honrar os compromissos em caso de condições adversas.
CC	O emissor depende de condições econômicas, financeiras e comerciais favoráveis para honrar seus compromissos e apresenta forte vulnerabilidade à inadimplência.	Próximo à insolvência.
C	O emissor apresenta-se, atualmente, **FORTEMENTE VULNERÁVEL** à inadimplência.	Muito próximo à insolvência.
D	Insolvência.	
+ ou –	Assinala posições relativas dentro das categorias.	É utilizado como complemento.

Fonte: Standard & Poor's (2012, p. 4).

2.7.8 Seguro de crédito

O seguro de crédito é um serviço oferecido por seguradoras especializadas nesse tipo de operação. Assim como os serviços oferecidos em outros setores, o seguro de crédito é um serviço contratado para garantir o recebimento de todas as faturas de uma empresa.

Em diversos outros países a contratação de seguros para evitar perdas com a carteira de recebíveis é muito comum, mas no Brasil ainda é pouco utilizado, limitando-se a grandes empresas ou a tipos específicos de operações.

Como exemplo desse tipo de serviço, o BNDES criou o Seguro de Crédito à Exportação para "indenizar os exportadores brasileiros que não receberem os créditos concedidos ao cliente no exterior, seja por motivo comercial (não pagamento por falência ou mora) ou político (moratórias, guerras, revoluções, entre outros)" (BNDES, 2012).

No caso do seguro para exportações, ele é oferecido pela Seguradora Brasileira de Crédito à Exportação (SBCE) que pode garantir o recebimento das operações de curto, médio e longo prazos de seus clientes.

Outras grandes empresas atuam nesse segmento também no Brasil, tais como a Coface e a CESCE Brasil e oferecem a possibilidade de seguros para créditos domésticos e internacionais, como a classificação de risco para países e empresas.

Embora seja uma importante ferramenta para reduzir o risco de perdas, por outro lado, o seguro de crédito também possui custos que ainda são elevados no Brasil, conforme constatado por Langkamp (2013) e por isso atualmente não é muito utilizado pelas empresas brasileiras, especialmente em setores com margens reduzidas.

Outro ponto é que a seguradora fica responsável pela análise e dita a exposição de crédito possível em cada cliente da empresa, o que pode gerar distorções entre a política de crédito da seguradora e a estratégia comercial das empresas.

Em momentos de crises, por exemplo, as seguradoras tendem a cortar e ser mais rigorosas na concessão do crédito, o que altera bruscamente o relacionamento comercial entre a empresa segurada e o cliente demandante de crédito.

2.8 Gestão de cobrança

2.8.1 Provisão para Crédito de Liquidação Duvidosa (PCLD)

Como reconhecer as perdas prováveis, obtidas por meio dos modelos qualitativos ou quantitativos, no volume de recebíveis? A contabilidade adota a Provisão para Crédito de Liquidação Duvidosa (PCLD) como forma mais adequada para esse reconhecimento.

As provisões devem ser apresentadas para refletir as perdas estimadas com o não recebimento das contas a receber, constituindo uma despesa com esse provisionamento, embora essas despesas não sejam dedutíveis do Imposto de Renda e Contribuição Social (FIPECAFI, 2009).

A constituição da PCLD indica, portanto, o nível de risco em que as organizações que oferecem crédito estão incorrendo. Ocorre, entretanto, que esse risco não está restrito apenas à área de crédito, mas à empresa como um todo. Seu uso deveria ser mais abrangente gerencialmente, não se resumindo apenas aos aspectos fiscais e tributários.

Com o objetivo de detalhar os impactos das perdas e as formas de constituição da PCLD, neste tópico serão abordados os impactos das perdas com crédito na evidenciação, os métodos de constituição da PCLD e as proposições para a melhoria da mensuração de recebíveis.

2.8.2 Impactos do provisionamento na evidenciação

A evidenciação, um dos capítulos especiais da contabilidade mais diretamente ligada aos seus objetivos, deve garantir informações diferenciadas aos mais diversos usuários da contabilidade.

Iudícibus (1993, p. 89) cita a forma como o *Accounting Research Study nº 1* se refere à evidenciação: *"Os demonstrativos contábeis deveriam evidenciar o que for necessário, a fim de não torná-los enganosos."* Não torná-los enganosos pode ser entendido como a adoção de procedimentos que não afetem a apresentação dos demonstrativos financeiros.

Nesse sentido, a correta constituição da PCLD tem relação direta com o valor esperado do montante de recebíveis das organizações.

É importante lembrar que existem várias formas de se evidenciarem as perdas prováveis. Diretamente nas demonstrações contábeis é a forma correta e mais adequada, mas as notas explicativas e o relatório da administração podem ser utilizados para evidenciar não só a perda esperada, mas também a perda não esperada, conforme abordagem feita por Bessis (1998, Figura 6.3, p. 71).

2.8.3 Formas de constituição das provisões

Existem diversas formas para a apuração das provisões, pois cada empresa possui histórico e características singulares em relação ao comportamento de liquidação de crédito de seus clientes, que podem estar relacionados a diferentes fatores, tais como a competitividade e tamanho do setor, estratégias de vendas e diversos aspectos da política de crédito adotada.

Assim, é importante que as empresas adotem um método que melhor reflita a perda esperada, pois nem sempre é possível acertar exatamente o valor da perda. Entretanto, independentemente de qual seja escolhido, o critério de determinação de risco de crédito e a movimentação analítica dessa conta, quando relevante em relação ao período contábil, devem ser evidenciados detalhadamente, conforme o parecer da CVM 21/90 (FIPECAFI, 2009).

Dessa forma, resumidamente, as provisões devem ser feitas, conforme descrito em FIPECAFI (2009, 82):

a) deve ser baseada na análise individual dos clientes, com base na posição analítica por duplicata dos clientes na data do balanço;

b) deve ser realizada com base no histórico da empresa, considerando a experiência de conhecimento dos clientes dos setores de vendas, crédito e cobrança;

c) considerando as condições de vendas. Deve-se observar a possibilidade de uso de garantias para reduzir ou eliminar o risco de perdas;

d) devem ser analisadas as contas atrasadas e clientes com a totalidade ou parcelas de seus títulos em atraso, agrupando as contas em função de seus vencimentos: mais de 1 ano, 180 dias, entre 90 dias e 180, até 90 dias etc.

Vale destacar que a CVM (1995), em seu Ofício – Circular PTE 578/85, já recomendava: *"que se proceda a rigorosa avaliação para constituição da provisão para devedores duvidosos: Provisão para créditos de liquidação duvidosa deverá sofrer criteriosa avaliação técnica, não se cingindo a critérios de legislação especial ou tributária ou a quaisquer outros que não se ajustem os direitos e créditos ao valor provável de realização"*.

A FIPECAFI (2009, p. 81) apresenta as mudanças na forma de provisionamento para liquidação duvidosa, observando que "a provisão deve ser feita para cobrir as perdas estimadas na cobrança de contas a receber".

Ressalta-se que um dos grandes desafios da contabilidade no Brasil é o poder que o legislador tem sobre a contabilidade. Esse poder obriga as instituições a trabalharem com diversas "contabilidades":

- a contabilidade gerencial, com orientação à gestão, é utilizada internamente para análise de desempenho operacional, financeiro e estratégico;
- a contabilidade societária, com orientação normativa, é utilizada para o atendimento à legislação sobre as sociedades anônimas, e, no caso das instituições financeiras, deve também atender ao Cosif (BACEN, 2000);
- a contabilidade fiscal, com orientação tributária, é utilizada para a apuração do imposto de renda e contribuição social a pagar, ou do lucro real, como denominado pela Secretaria da Receita Federal.

No caso da PCLD ocorre, na maioria das empresas, a mesma abordagem de se utilizarem os limites fiscais como os limites gerenciais. Esse expediente pode não evidenciar corretamente a perda real esperada.

Como poderá ser constatado a seguir, os autores de contabilidade e de finanças não se aprofundam sobre o tema Provisão para Crédito de Liquidação Duvidosa. As propostas, quando não são as mesmas, são por demais semelhantes, sendo que nenhum dos autores pesquisados propõe o uso de modelos de estimativa para a constituição da PCLD, com base no risco de não recebimento. São baseados exclusivamente nos títulos em atraso.

2.8.4 Método da baixa – Direct Write-off

Horngren, Sundem e Elliott (1996, p. 245), Van Horne e Wachowicz Jr. (1997, p. 250) e Kieso e Weygandt (1998, p. 340) citam a baixa das perdas diretamente na demonstração de resultados, sem provisionamento das perdas previstas, debitando-se perdas com clientes e creditando-se contas a receber.

As principais vantagens do modelo são sua simplicidade, pois a baixa é efetuada pós-facto, não necessitando de modelos mais complexos.

Após a confirmação da perda real, os valores são baixados conforme descrito na Tabela 2.7.

Tabela 2.7 – Método da baixa – *Direct Write-off*

	Transação	Ativo	=	PC	+	PL
1	Vendas ano 1	R$ 300.000	=		+	R$ 300.000
		Incremento no contas a receber				Incremento em vendas
2	Baixa ano 2	(R$ 6.000)	=		+	(R$ 6.000)
		Decréscimo no contas a receber				Decréscimo nas receitas

Principais desvantagens:

- não fornece informações para a gestão do fluxo de caixa;
- apresenta problemas de mensuração, pois diminui as receitas do ano seguinte e não expurga as do ano em que as perdas ocorreram;
- viola o princípio da competência.

É o método mais utilizado quando o enfoque é a contabilidade fiscal. Não oferece nenhuma informação relevante em termos gerenciais e "esconde" do usuário da informação contábil a real capacidade da empresa em transformar em caixa os valores a receber.

2.8.5 Método do provisionamento ou **allowance**

No Brasil, o termo *provisionamento* é utilizado tanto como reconhecimento de obrigações futuras (I.R., 13º Salário, Férias etc.) como para redução de direitos (provisão para crédito de liquidação duvidosa). O BIS refere-se ao uso das expressões provisões, reservas e *allowance*, como segue:

> *"Alguns contadores consideram o uso dos termos 'provisão' e 'reserva' como não apropriados, quando se referem a ajustes de valores acumulados de perdas dos ativos, e preferem outras definições, e. g., allowance. O International Accounting Standards Committee define*

provisão como um tipo de obrigação, enquanto reserva é definida como um componente do patrimônio líquido (IASC Framework for the Preparation and Presentation of Financial Statements)" (BIS, 1999, p. 12).

Será utilizado o termo *provisionamento* com o conceito de *allowance*.

Tabela 2.8 – Método do provisionamento

Transação	Ativo	=	PC	+	PL
1. Vendas ano 1	R$ 300.000	=		+	R$ 300.000
	Incremento no contas a receber				Incremento em vendas
2. PCLD ano 1	(R$ 6.000)	=		+	(R$ 6.000)
	Acréscimo na PCLD				Decréscimo nas receitas
3. Baixa na PCLD ano 1	R$ 6.000	=		+	Sem efeito
	Decréscimo na PCLD				Sem efeito
4. Baixa no CR ano 1	(R$ 6.000)	=		+	Sem efeito
	Decréscimo no contas a receber				Sem efeito

O método do provisionamento tem como principais pontos positivos levar em conta a experiência de relacionamento com os clientes, atender ao regime de competência, e é superior ao método *Direct Write-off*, pela melhor mensuração dos impactos da PCLD, pois é uma estimativa futura que utiliza a experiência do passado (KIESO; WYEGANT, 1998, p. 340-341).

Para sua constituição, pode ser utilizada uma das três formas relacionadas:

- percentual sobre as vendas;
- percentual sobre o contas a receber;
- idade do contas a receber.

• **Percentual sobre as vendas**

A PCLD é obtida diretamente aplicando-se um percentual sobre as vendas. No exemplo da Tabela 2.8, o valor de R$ 6.000 é obtido aplicando-se 2% sobre as receitas. Este método simplifica a experiência com o cliente e coloca todos os clientes com a mesma probabilidade de perda (BIS, 1999, p. 12; HORNGREN; SUNDEM; ELLIOTT, 1996, p. 250).

É um método extremamente simplista, pois iguala o risco de todos os clientes, como se todos os clientes tivessem comportamento homogêneo e riscos iguais. Não permite a correta evidenciação do valor do contas a receber.

• **Percentual sobre a carteira de contas a receber**

A PCLD é obtida diretamente aplicando-se um percentual sobre o saldo do contas a receber. Supondo-se uma carteira de contas a receber de R$ 600.000, no exemplo da Tabela 2.9, o valor de R$ 6.000 é obtido aplicando-se 1% sobre o valor total da carteira. Da mesma forma que o anterior, este método simplifica a experiência com o cliente e coloca todos os clientes com a mesma probabilidade de perda.

Método com a mesma característica do método de percentual sobre as vendas, pois não identifica o risco individual de cada cliente. Também não permite a evidenciação do real valor do contas a receber.

• **Avaliação da idade da carteira do contas a receber**

Baseado no montante de títulos em carteira – vencidos e a vencer, sendo que o termo *idade* reflete o tempo passado entre a data de vencimento e a data atual de análise –, este método é uma evolução em relação aos anteriores, pois possibilita a segmentação dos títulos – sendo que o ideal seria dos clientes – em faixas de risco. Essas faixas de risco são obtidas por meio da experiência com o recebimento dos títulos anteriores.

Assim, exemplificando, se historicamente os títulos vencidos há mais de 120 dias representaram em média uma perda de 27%, esse percentual será aplicado ao montante de títulos a receber, com esse período de atraso, para compor a PCLD.

Neste método há uma alta correlação entre a idade do contas a receber e a probabilidade de não recebimento desses valores. A Tabela 2.9 oferece um exemplo desse tipo de estimativa.

Tabela 2.9 – Carteira de duplicatas a receber

Cliente	Balanço em 31/jan./00	Títulos do contas a receber				
		A vencer	Vencidos			
			Abaixo de 60 dias	Entre 61 e 90 dias	Entre 91 e 120 dias	Acima de 120 dias
Cliente 1	**R$ 108.000,00**	R$ 12.000	R$ 68.000	R$ 28.000		
Cliente 2	**R$ 470.000,00**	R$ 125.000	R$ 345.000			
Cliente 3	**R$ 66.000,00**				R$ 66.000	
Cliente 4	**R$ 19.500,00**	R$ 19.500		R$ 125.000		
Cliente 5	**R$ 75.000,00**					R$ 75.000
Cliente 6	**R$ 62.000,00**	R$ 7.000	R$ 55.000		R$ 17.000	
TOTAL	**R$ 800.531,00**	**R$ 163.500**	**R$ 468.000**	**R$ 153.000**	**R$ 83.000**	**R$ 75.000**

Tabela 2.10 – Sumário da idade da carteira

Idade	Valor	% estimado de perda[8]	PCLD
60 dias	R$ 468.000	10%	R$ 46.800
61 e 90 dias	R$ 153.000	17%	R$ 26.010
91 e 120 dias	R$ 83.000	26%	R$ 21.580
120 dias	R$ 75.000	27%	R$ 20.250
PCLD a ser constituída			*R$ 114.640*

Em Willson et al. (1995, p. 769-772), há a mesma proposição de mensuração por idade da carteira do Contas a Receber, com resumo de perdas por região e tipo de atividade, mas utilizando sempre os títulos vencidos.

2.8.6 Reflexões sobre os métodos expostos

O método melhor avaliado pelos autores, idade da carteira, mesmo sendo o de melhor mensuração após a ocorrência do atraso, não mensura o risco de não recebimento dos valores a vencer, apenas dos valores já vencidos.

Todos os métodos avaliam a qualidade dos títulos, quando o que deveria ser avaliado é a qualidade do cliente. É importante relembrar que a qualidade dos títulos irá ter uma forte influência na qualidade do cliente, mas restringir a classificação do cliente apenas à idade do título é deixar de utilizar informações que possibilitam uma melhor predição sobre o comportamento dos clientes, e com alta correlação, sobre qual a quantia e quando serão pagos os títulos.

Com o objetivo de se conhecer o potencial de perda de um grupo de clientes, deveriam ser utilizados os modelos de insolvência de empresas avaliados anteriormente. Ocorre que os modelos não estão orientados a fornecer a probabilidade de perda, como também não oferecem a possibilidade de se calcular o valor do risco da carteira de contas a receber, sendo limitada sua utilização.

Como consequência das conclusões relacionadas aos modelos avaliados e dos métodos de constituição da PCLD, mostra-se necessário o desenvolvimento de uma abordagem baseada no risco para esse fim.

Uma primeira consideração poderia ser o desenvolvimento de um modelo utilizando a análise discriminante, seguindo o mesmo caminho da maioria dos

---

[8] Percentuais hipotéticos.

autores dos modelos avaliados. Ocorre que a análise discriminante, extremamente útil para separar (discriminar) grupos analisados (no caso, clientes), não atende aos requisitos de representar a probabilidade de não pagamento por parte de um cliente.

Para a correta mensuração da PCLD é necessário:

- utilizar a análise discriminante, para uma primeira seleção das variáveis relevantes na classificação dos clientes; e
- desenvolver um modelo utilizando-se a regressão logística para a obtenção da probabilidade de perda de cada cliente.

Utilizando-se como exemplo um modelo de regressão logística, desenvolvido por Vicente (2001), pode-se visualizar a aplicação da proposta. Para a obtenção da probabilidade de perda, aplica-se a formulação proposta por Hair e Black (1998, p. 278), em que a Prob. (evento)/Prob. (não evento) = e^y. O resultado dessa função, ou modelo de regressão logística, representa a probabilidade de ocorrência, ou $p(y = 1)$. O resultado, ou a probabilidade de o cliente ser insolvente, é obtido por y na função: $P_{(Y=1)} = 1 - \dfrac{1}{1+e^z}$, onde $Z = 7,8566 + (\text{Var2} \times 0,0690) + (\text{Var3} \times -0,4158) + (\text{Var5} \times 4,5462)$, utilizando-se as variáveis definidas na Tabela 2.11.

Tabela 2.11 – Variáveis do Modelo Logit

Variável	Descrição	Comentários
Var2	Faixa de saldo	Quanto maior o saldo, mais insolvente é o cliente.
Var3	Faixa de recursos próprios	Quanto maior a participação de recursos próprios, menor a probabilidade de insolvência.
Var5	Faixa de qtd. de parcelas	Quanto mais parcelas, mais insolvente é o cliente.

Tabela 2.12 – Conteúdo das variáveis selecionadas

Var2 – Faixa de valor do saldo	
Valor	Conteúdo
1	Até R$ 1.000
2	De R$ 1.001 a 5.000
3	De R$ 5.001 a 10.000
4	De R$ 10.001 a 20.000
5	De R$ 20.001 a 50.000
6	De R$ 50.001 a 100.000
7	Acima de R$ 100.000
Var3 – Faixa de valor de recursos próprios	
Valor	Conteúdo
0	Sem recurso
1	Até R$ 300
2	De R$ 301 a 500
3	De R$ 501 a 850
4	De R$ 851 a 1.200
5	De R$ 1.201 a 2.000
6	De R$ 2.001 a 10.000
7	Acima de R$ 10.000
Var5 – Quantidade de parcelas do empréstimo	
Valor	Conteúdo
1	Até 24 parcelas
2	De 25 a 48 parcelas
3	De 49 a 72 parcelas
4	Acima de 72 parcelas

Dessa forma, é possível a classificação dos clientes em níveis de risco e a constituição da PCLD de forma preventiva (títulos vencidos e a vencer).

Tabela 2.13 – Exemplo de PCLD[9]

Nível de risco	Número de empresas	% provisão	Valor da carteira	Valor da provisão
AA	0	0,00%		
A	74	0,02%	R$ 27.627.313,76	R$ 5.525,46
B	4	0,51%	R$ 115.198,56	R$ 587,51
C	1	1,01%		
D	7	3,01%	R$ 1.104.083,60	R$ 33.232,92
E	33	10,01%	R$ 9.288.891,33	R$ 929.818,02
F	8	30,01%	R$ 291.647,25	R$ 87.523,34
G	1	50,01%		
H	55	70,01%	R$ 3.033.218,38	R$ 2.123.556,18
	183		R$ 41.460.352,88	R$ 3.180.243,44

A adoção do modelo proposto para a constituição da PCLD tem como principais pontos positivos:

- identificar a probabilidade de o cliente ser insolvente;
- mensurar a experiência de relacionamento com os clientes;
- atender ao regime de competência;
- proporcionar uma estimativa futura utilizando a experiência do passado;
- atender às regulamentações do Bacen;
- ser um instrumento de gestão de risco financeiro.

2.8.7 Cobrança

Para o período pós-concessão do crédito, é necessário que as organizações definam políticas claras de cobrança, para que o processo seja eficiente e eficaz. Gitman (2001) coloca que para se medir a eficiência e eficácia deve se olhar o nível de despesas com dívidas incobráveis, que depende não somente da política de cobrança, mas também da política de crédito da empresa, como já discutido neste capítulo. De acordo com o autor, se o nível de dívidas incobráveis, que pode ser atribuído à política de crédito, for constante, pode-se esperar que um aumento nas despesas com cobrança aumente a taxa de recuperação e diminua as dívidas incobráveis. No entanto, a partir de um certo ponto o aumento dos gastos com cobrança não resultará em uma maior recuperação, não justificando aumentos nas despesas com cobrança.

Existem cinco tipos de comportamento de pagamento por parte dos clientes:

- pagamento antecipado: o cliente prefere honrar antecipadamente seu débito, quer para evitar perder o dia do pagamento, quer para tentar obter descontos;
- pagamento na data do vencimento: esta é a situação mais comum;
- pagamento com atraso: parte dos clientes atrasa o pagamento de seus compromissos, sendo alguns de forma eventual e outros de forma contínua. Os clientes que eventualmente atrasam o fazem, normalmente, em razão de problema temporário de fluxo de caixa. Os clientes que habitualmente atrasam o fazem em razão de descontrole contínuo do fluxo de caixa ou para aproveitamento de maior prazo com consequente menor necessidade de capital de giro. Consideramos, aqui, atrasos até 30 dias da data do vencimento da obrigação;
- pagamento com renegociação: constituem-se em clientes com maior dificuldade para pagamento, que acabam por renegociar seus débitos junto ao credor. Consideramos aqui atrasos entre 31 e 180 dias;
- não pagamento: constitui-se na perda de crédito. Consideramos aqui atrasos superiores a 180 dias e que passam a fazer parte de ações de recuperação de crédito.

Em decorrência, podemos classificar os clientes, por comportamento de pagamento, em três grupos:

- adimplentes: são clientes que pagam antecipadamente ou em dia;
- inadimplentes: são clientes que pagam com atraso de até 30 dias;
- insolventes: são clientes que estão em fase de renegociação ou não pagaram.

Dados de instituições financeiras do período de 2000 a 2004 indicam que, em média, os adimplentes representam cerca de 85% dos clientes, os inadimplentes cerca de 11% e os insolventes, aqui entendidos como os que não pagam há mais de 180 dias, cerca de 4%.

---

[9] Foram utilizados os limites inferiores dos critérios propostos pelo Banco Central do Brasil (Bacen), conforme Resolução nº 2.682/99, que dispõe sobre critérios de classificação das operações de crédito e regras para constituição de provisão para créditos de liquidação duvidosa (BACEN, 2000).

Trabalhos de consultoria[10] realizados em carteiras de crédito de empresas comerciais e industriais têm indicado que os perfis de clientes inadimplentes e insolventes são bastante diferentes, não devendo ser confundidos. Os clientes inadimplentes normalmente são consumistas, valendo tanto para pessoas físicas quanto jurídicas – no caso de pessoas físicas são clientes com valor médio de compra superior ao dos demais clientes, que na ânsia de comprar "estouram" seu fluxo de caixa, comprometendo a renda do mês seguinte; no caso de pessoas jurídicas, são clientes também consumistas que não resistem à tentação de um bom desconto, e acabam por comprometer o fluxo de caixa, existindo também as empresas que só pagam por atraso, normalmente grandes redes varejistas, que chegam a ter, em aberto, mais de 4.000 protestos na praça, e o fazem para reduzir sua necessidade de capital de giro a ser coberta junto a bancos.

> **INADIMPLENTE TAMBÉM É GENTE. INADIMPLENTE É SIMPLESMENTE AQUELE CLIENTE QUE DISCORDA DA DATA DE PAGAMENTO QUE O CREDOR UNILATERALMENTE FIXOU.**

Este reforço sobre o cliente inadimplente está assim colocado por ser comum a confusão entre o fenômeno da inadimplência e da insolvência, tratando-se os dois tipos de clientes da mesma forma. O cliente inadimplente é normalmente o cliente com maior valor médio de compra, sendo que ações inadequadas de cobrança sobre ele poderão implicar em retração de venda e de resultados, pois ele é também o de maior resultado, pois paga juros e multas além do valor principal da obrigação – dessa forma, ações específicas de cobrança devem ser realizadas para o segmento de inadimplentes.[11] Para tanto é necessário que, no cadastro, esteja registrado, para cada cliente, seu grupo de referência por comportamento de pagamento.

Em situações em que o crédito está vencido, os contatos com o cliente devem levar em consideração o histórico de relacionamento, e podem seguir um roteiro, como:

- telefonema: informando o cliente sobre o esquecimento do pagamento;
- carta e/ou *e-mail*: com informações sobre o vencimento da dívida e, posteriormente, propondo uma renegociação;
- terceirização: contratação de escritório de cobrança;
- negativação: envio do nome do cliente para os serviços de informações;
- cobrança judicial.

2.8.8 Renegociação de dívidas

A relação entre uma instituição financeira, empresas credoras e seus clientes constituiu uma relação de consumo como em outras situações comerciais convencionais. Em vista disso, o Instituto Brasileiro de Estudos e Defesa do Consumidor (IBEDEC) sugere algumas orientações para melhorar a relação entre a empresa credora e o cliente inadimplente.

O IBDEC (2009) estima que 10% de todos os brasileiros possuem uma ou mais parcelas de algum contrato atrasada. Para auxiliar esse tipo de consumidor, o instituto possui a Cartilha do Consumidor Endividado, fruto de uma edição especial, publicada em 2009, que alerta as obrigações e direitos do consumidor.

A Cartilha da Renegociação, publicada pela revista *Época* (2003), também ilustra bem a situação. Ambas as cartilhas, em sua essência, sugerem as seguintes ações:

- **Faça um planejamento financeiro:** O planejamento financeiro pessoal e familiar é dramático para evitar problemas com a inadimplência, tais como a restrição de crédito e o incômodo com as cobranças. No entanto, após a dívida, o devedor deve também realizar um planejamento para saldar seu débito.

  O planejamento inclui quitar as dívidas mais onerosas primeiro e a busca de alternativas de financiamentos mais baratos para reduzir o custo das dívidas. Tais como a utilização do Crédito Direto ao Consumidor – CDC para quitar saldos de Cheque Especial, por exemplo.

- **Avise o Credor:** Ao perceber a incapacidade de pagamento, o devedor deve avisar o credor o quanto antes para tentar negociar a dívida antes mesmo do vencimento. O devedor deve ser honesto e claro com o credor. Essa atitude demonstra a intenção em honrar o compromisso e facilita a negociação.

- **Evite Intermediários:** Os consultores e as empresas de cobrança são remuneradas com um percentual sobre a dívida e possuem menos autonomia para negociações.

---

[10] Trabalhos desenvolvidos pela equipe de professores do Inepad.

[11] Luiza Helena, superintendente do Magazine Luiza, costumava enviar uma carta pessoal a seus clientes inadimplentes.

Destacamos que o Código do Consumidor proíbe que as empresas de cobrança, contratadas pelo credor, repassem os custos.

- **Solicite os comprovantes das dívidas:** Solicite os contratos e extratos para compreender o valor contratado, os encargos e características das dívidas. Em caso de discordância, solicite a revisão contratual. No caso de discussão jurídica, há a inversão do ônus da prova, ou seja, a empresa credora é quem deve comprovar o valor e as condições contratadas.
- **Negocie a vista:** Em geral, é provável se obter um desconto maior se o pagamento for realizado em uma única parcela a vista. Dessa forma, busque sobra de recursos financeiros para propor a quitação imediata, mediante condições mais favoráveis.
- **Mude de credor:** Com a Livre Opção Bancária (LOB) o devedor pode buscar a mudança de instituição financeira para obter juros e descontos melhores.
- **Busque ajuda:** Em caso de dúvidas, incapacidade de pagamento com as ações anteriores ou insegurança para negociar sozinho, sugere-se ao devedor que busque o apoio para consumidores inadimplentes, oferecido gratuitamente pelo Serasa.
- **Exija os seus direitos:** Indica-se ao consumidor que se mantenha atento aos seus direitos e em caso de dúvida ou desrespeito por parte da instituição credora, deve buscar o Procon de sua cidade.

A renegociação é, portanto, o meio mais tranquilo e seguro para que credor e devedor, juntos, façam uma composição adequada, em que possam ser estabelecidos novos valores e prazos para pagamento, assim como garantias. É a medida mais saudável num contexto de inadimplência, quando ambas as partes acordam para a legítima liquidação da dívida.

A renegociação pode ocorrer na fase amigável ou judicial, sendo que, em ambos os casos, o objetivo é um só – extinguir a dívida e excluir dos sistemas de restrições o nome do(s) devedor(es) e avalista(s).

Para gerenciar o processo de cobrança, na fase de renegociação, há a necessidade de controle dos créditos a recuperar. A organização deve manter um histórico estatístico sobre o processo de cobrança, identificando os percentuais de recuperação e o perfil dos clientes recuperáveis e irrecuperáveis. O exemplo da empresa Modelo S.A. traz um arranjo interessante sobre o processo de cobrança.

> **Boxe 2.1**
> *Empresa Modelo S.A.: a força de vendas alinhada com o processo de cobrança.*
>
> A empresa Modelo S.A. é uma empresa multinacional e uma das maiores empresas de produção e comercialização de fosfatos e potássio, dois dos principais nutrientes utilizados na fertilização e produção de alimentos no mundo.
>
> No Brasil, atua na produção e comercialização de fertilizantes em todas as regiões brasileiras. Seus clientes são produtores rurais que fazem a compra para o plantio no início das safras e realizam os pagamentos após a colheita, constituindo uma venda a prazo, em geral superior a 90 dias.
>
> As suas ações de concessão de crédito e cobrança servem de referências para o setor e demais empresas. A concessão de crédito, por exemplo, é realizada mediante análise de *scoring* e *rating*. Cada cliente recebe uma nota que irá determinar o limite de crédito e o risco da operação. No entanto, o diferencial está na análise desse grupo de clientes.
>
> A análise de produtores possuem peculiaridades em relação às empresas, especialmente em relação às demonstrações financeiras. Nas análises da Modelo S.A., entram diversos aspectos não relacionados à condição financeira do cliente, tais como a qualidade do solo, tamanho da propriedade, clima da região e a oferta de garantias, além da própria produção.
>
> Nesse processo de análise, as informações dos vendedores da empresa contam muito para a liberação do limite, o que a princípio poderia configurar em conflito de interesses, pois a área de vendas tende a aumentar o crédito para bater as suas metas.
>
> No entanto, a área de vendas também é responsável pela cobrança e possui indicadores de desempenho relacionados com a inadimplência da carteira de clientes, sendo remunerados e cobrados pelo desempenho do crédito ofertado.
>
> O processo de cobrança é diferente da configuração tradicional. Antes mesmo do vencimento da dívida, o vendedor monitora o cliente e faz o planejamento do pagamento considerando os resultados estimados para a colheita. Ou seja, o vendedor torna-se também um consultor financeiro e acaba por estreitar a sua relação com o cliente, tendo assim a importante informação da capacidade de pagamento e da necessidade de novas compras e todos os detalhes dos pedidos.

> Dessa forma, antes mesmo da inadimplência, causada normalmente por problemas na safra, o cliente consegue informar e traçar um plano de recuperação. O vendedor, por sua vez, acompanha a safra e consegue monitorar a capacidade de compra e pagamento dos clientes.
>
> Esse modelo de concessão e cobrança foi responsável por reduzir as perdas com os seus clientes e aumentar as vendas, antecipando os pedidos de compra e facilitando planejamento da produção, criando dessa forma uma grande barreira de entrada para os seus concorrentes.

2.8.9 Recuperação de crédito

Veremos duas formas essenciais de recuperação de crédito – a cobrança amigável e a cobrança litigiosa ou judicial, ambas decorrentes de uma operação de crédito. A primeira visa identificar meios facilitadores para obter êxito no processo de recuperação de crédito sem fortes medidas de cobrança, já a segunda apresentará a forma de atuação do negociador, quando já se tentou uma negociação amigável, porém sem êxito.

- **Cobrança amigável**

Cobrar uma dívida é atividade corriqueira e legítima. O Código de Defesa do Consumidor não se opõe a tal. Sua objeção resume-se aos excessos cometidos no afã do recebimento daquilo de que se é credor. Partindo-se do princípio de que o objetivo de todo credor é receber o seu crédito da forma mais rápida possível, antes de procurar ajuizar uma ação, deve-se primeiramente procurar o devedor para tentar uma forma de acordo, lembrando que, por ser um acordo, ambos deverão abrir mão de alguma coisa, até se chegar a um resultado favorável a ambas as partes. É melhor um mau acordo do que uma boa ação judicial.

- **Cobrança judicial**

A cobrança judicial, via de regra, é posterior à fase de cobrança amigável, que tem como objetivo o exaurimento de meios que tornem factível o recebimento do crédito. É a fase de cobrança mais complexa, pois dela depende o êxito do recebimento, que poderá advir do pagamento direto ou da realização de bens penhorados através de leilão judicial. É provável o insucesso se da ação judicial não forem localizados bens que garantam a dívida, podendo resultar no arquivamento do processo, bem como em outras questões processuais que eliminem as chances de recebimento.

Esse tipo de cobrança gera grandes custos para o credor, além do fato que as discussões jurídicas são morosas, inviabilizam as futuras relações comerciais e nem sempre as garantias cedidas são válidas juridicamente e/ou capazes de ressarcir integralmente a perda com o crédito.

- **Medidas extrajudiciais**

As medidas extrajudiciais visam, primeiramente, informar o mercado sobre a inadimplência existente, ao mesmo tempo em que servem de mecanismo jurídico para constituir o devedor em mora, ratificando, assim, que o processo de cobrança está deixando de ser amigável para transformar-se em cobrança na esfera judicial. São medidas que, regra geral, possibilitam o recebimento, ainda na fase amigável:

- negativação nos órgãos de proteção ao crédito;
- protesto;
- notificação judicial.

- **Ação judicial**

Normalmente, a ação judicial só deverá ser proposta após se esgotarem todos os meios possíveis para recuperar o crédito. Contudo, não podemos afirmar que primeiramente o credor deveria tentar cobrar o devedor de forma amigável, para só depois provocar o Judiciário, porque existem alguns casos em que o credor deve agir rápido para tentar diminuir o seu prejuízo, como, por exemplo, quando existem bens dados em garantia – quanto mais tempo o devedor ficar em poder do objeto da garantia, este poderá desaparecer ou ter dificultada sua apreensão. O inciso XXXV do art. 5º da Constituição Federal assegura esse direito ao Estado, via juiz, quando dispõe que a lei não deixará de lado a apreciação do Poder Judiciário, qualquer lesão ou ameaça ao direito de qualquer cidadão brasileiro ou estrangeiro que aqui esteja ou resida, portanto, o credor, ao sentir-se ameaçado, deve procurar os seus direitos.

Ação corresponde a processo. Impõe-lhe a norma jurídica o concurso de condições para validade. Para propor ou contestar a ação é necessário ter interesse e legitimidade, conforme dispõe o art. 3º do Código de Processo Civil.

Odebrecht traz um exemplo muito interessante de recuperação, mostrado no Boxe 2.2.

> **Boxe 2.2**
> *Caso Odebrecht.*
>
> As empresas de Engenharia e Construção da Odebrecht atuam de forma integrada sob a liderança da Construtora Norberto Odebrecht S.A., tendo como foco a prestação de serviços EPCM (Engineering, Procurement, Construction and Management – Engenharia, Suprimento, Construção e Gerenciamento).
>
> Sua larga experiência abrange construção de edificações, usinas termelétricas e hidrelétricas, centrais nucleares, usinas siderúrgicas, centrais petroquímicas, rodovias, ferrovias, portos e aeroportos e projetos de mineração, plataformas de operação *offshore*, saneamento básico e irrigação.
>
> Presentes há mais de 25 anos no exterior, em países da América do Sul, América do Norte, África e Europa, as empresas de Engenharia e Construção da Odebrecht são responsáveis pela maior exportação brasileira de serviços.
>
> As décadas de 1980 e 1990 foram de grande crescimento para a Construtora Norberto Odebrecht S.A.; no entanto, nesse período acumulou uma grande massa de recebíveis. O gerenciamento desses recebíveis é feito de maneira descentralizada por meio da estrutura organizacional da construtora. No final da década de 1990, cada diretor superintendente, responsável pela sua carteira, foi incentivado a recuperar os créditos perdidos. A construtora lançou o PAP – Programa de Ajuste Patrimonial –, onde cada diretor deveria avaliar o risco da carteira de recebíveis e retirar do Balanço Patrimonial os créditos que não seriam recebidos nos próximos 15 anos.

2.9 Gestão da carteira de recebíveis

Até aqui avaliamos o risco de crédito individual, ou seja, de um cliente ou de um título a receber. Importante também é entender o conjunto de valores a receber, pois sua gestão exibe algumas características especiais, notadamente pela avaliação de compatibilidade entre o retorno auferido com o investimento em recebíveis e os custos e despesas incorridos para mantê-la.

2.9.1 Investimento em recebíveis

Devemos entender o saldo do Contas a Receber como um investimento de capital, que, portanto, deve dar retorno. A gestão de uma organização precisa obter retorno sobre todos os seus ativos. Assim, entendemos como investimento em recebíveis o saldo dos valores a receber em determinada data. Este valor deve constar dos orçamentos, pois precisará ser suprido por captação de recursos, nos mesmos moldes de um investimento de capital em imobilizado.

Sendo assim, como foi visto no Capítulo 1, o aumento do Contas a Receber implica também no aumento da Necessidade de Capital de Giro – NCG. Essa demanda de capital será suprida operacionalmente (geralmente pelo aumento da conta "Fornecedores") ou por recursos financeiros próprios ou de terceiros. A decisão de se aplicar os recursos no financiamento de clientes deve ser realizada com a intenção de obter retornos maiores, seja operacional ou financeiramente, como será visto a seguir.

2.9.2 Retorno financeiro com a carteira de recebíveis

O retorno financeiro sobre o investimento em recebíveis provém de ganhos com a aplicação de taxa de juros nas vendas a prazo, deduzido do custo de captação desses recursos.

$$RFC = (Jv_p - CMPCG) \times CR - P_c + G_i$$

Onde:

RFC = resultado financeiro com a carteira de recebíveis;

Jv_p = taxa de juros incluída nas vendas a prazo;

CMPCG = custo médio ponderado do capital de giro;[12]

P_c = perdas de crédito, ou seja, do percentual de insolvência;

G_i = percentual de ganhos com inadimplência;

CR = carteira de recebíveis.

2.9.3 Retorno operacional com a carteira de recebíveis

O retorno operacional sobre o investimento em recebíveis advém da margem da atividade econômica aplicada sobre a receita. Entende-se por margem da atividade econômica o resultado de receitas líquidas menos custos dos produtos ou mercadorias vendidas,

---

[12] O CMPCG – custo médio ponderado do capital de giro é calculado pela somatória da multiplicação do custo de cada item do passivo circulante, tanto operacional quanto financeiro, mais o custo do CGL, por sua participação no total do passivo circulante mais CGL. Maior detalhamento será exposto no capítulo de gestão do valor do capital de giro.

menos despesas operacionais, como despesas de vendas e despesas administrativas dividido pela receita líquida.

$$ROC = Ma \times CR$$

Onde:

ROC = retorno operacional com a carteira de recebíveis;

Ma = margem da atividade sobre vendas;[13]

CR = carteira de recebíveis.

Ao multiplicar o resultado da Margem da Atividade (MA) pelo montante total da Carteira de Recebíveis, obtém-se o Retorno Operacional com a carteira de recebíveis.

2.9.4 Perda líquida com a carteira de recebíveis

Considera-se perda líquida com a carteira de recebíveis a perda provável com insolventes deduzida do ganho com inadimplência (multas por atraso e outras tarifas). Lembramos que inadimplência é atraso de pagamento e insolvência é o não pagamento.

A perda provável com insolvência constitui-se no produto das probabilidades de perda de cada valor a receber pelo respectivo valor a receber, dividido pelo saldo dos recebíveis.

$$PLR = (Pc - Gi) \times CR$$

Onde:

PLR = perda líquida com a carteira de recebíveis;

Pc = perdas de crédito, ou seja, do percentual de insolvência;

Gi = percentual de ganhos com inadimplência;

CR = carteira de recebíveis.

2.9.5 Despesa operacional com a carteira de recebíveis

A despesa operacional para manutenção do investimento em recebíveis corresponde à despesa fixa da área de crédito (pessoal, encargos, depreciação de equipamentos, aluguel físico, aluguel de *software* etc.) e à despesa de cobrança (para clientes de curso normal, clientes inadimplentes e clientes insolventes).

$$DOC = (Cob \times CR) + DC$$

Onde:

DOC = despesa operacional com a carteira de recebíveis;

Cob = taxa do custo de cobrança;

CR = carteira de recebíveis;

DC = despesa fixa da área de crédito.

2.9.6 Retorno total do investimento em recebíveis

O retorno total do investimento em recebíveis corresponde ao resultado entre os ganhos e perdas sobre o montante da Carteira de Recebíveis. Ou seja, podemos obter o retorno total somando o Retorno Financeiro e Operacional, subtraindo a Perda Líquida e as Despesas Operacionais, dividindo pelo investimento (total da carteira de recebíveis), conforme a fórmula apresentada.

$$RTIC = \left(\frac{(RFC + ROC - PLR - DOC)}{CR} \right) * (1 - IRCS)$$

Onde:

RTIC = retorno total do investimento em crédito;

RFC = retorno financeiro com a carteira de recebíveis

ROC = retorno operacional com a carteira de recebíveis

PLR = perda líquida com a carteira de recebíveis

DOC = despesa operacional com a carteira de recebíveis

CR = carteira de recebíveis

IRCS = alíquota efetiva de Imposto de Renda e Contribuição Social da organização.

Vale lembrar que o retorno com a carteira de recebíveis compõe uma receita ou despesa financeira cujo resultado, na contabilidade brasileira, é considerado antes da tributação de Imposto de Renda (IR) e Contribuição Social Sobre Lucro Líquido (CSLL). Por isso, o resultado obtido é multiplicado pelo ganho fiscal (1-IRCS).

2.9.7 Carteira mínima de recebíveis

Existe uma carteira mínima de recebíveis que a organização precisa manter para poder suportar as despesas de sua área de crédito. Esta carteira mínima é encontrada comparando-se o resultado auferido com a carteira de crédito com as despesas incorridas para

---

[13] Margem da atividade = (receitas líquidas – custo do produto e/ou mercadoria vendida – despesas de vendas – despesas administrativas)/vendas brutas.

manter a respectiva área de crédito. Em decorrência, a carteira mínima será aquela na qual a soma dos resultados financeiro e operacional se igualará às despesas operacionais.

RFC + ROC = DOC
Ou (JV − CC) × CR + Ma × CR = (Cob × CR) + DC
Ou (JV − CC) × CR + Ma × CR − (Cob × CR) = DC
Ou (JV − CC + Ma − Cob) × CR = DC
Ou CR = DC / (JV − CC + Ma − Cob)

Considerando-se (JV − CC + Ma − Cob) como margem de crédito, temos que a carteira mínima é encontrada dividindo-se a despesa fixa da área de crédito pela margem de crédito.

Portanto:

$$\text{Carteira Mínima de Crédito} = DC/(MC \times (1 - IRCS))$$

Onde:
DC = despesa fixa da área de crédito;
MC = margem de crédito = (JV − CC + Ma − Cob);
IRCS = alíquota efetiva de Imposto de Renda e Contribuição Social da organização.

A carteira mínima de crédito representa o valor de contas a receber, saldo abaixo do qual a organização tem prejuízo com vendas a prazo.

2.9.8 Valor da carteira de recebíveis

O valor da carteira de recebíveis, para fins de negociação, constitui-se no valor presente do fluxo de recebíveis futuro trazido à taxa do custo de capital. Assim:

$$VPC = FC1 + FC2/(1 + i)^2 + FC3/(1 + i)^3 + \ldots + FCn/(1 + i)^n$$

Onde:
FCn é o fluxo de caixa do período n;
i = CMPCG.

2.9.9 Gestão de perdas inesperadas na carteira de recebíveis

Até aqui falamos da gestão da carteira de recebíveis considerando-se as perdas e ganhos sob condições normais, ou seja, na média histórica. No entanto, é prudente discutir-se as prováveis perdas, e sua gestão em condições adversas e de *stress*, ou seja, na pior situação. Para isso, existem algumas metodologias para estimar perdas que podem ser utilizadas no cálculo de risco da carteira de recebíveis, conforme poderá ser visto a seguir:

- **VaR** – *Value at Risk*

Jorion (1998) define VaR como a análise realizada para mensurar quanto uma carteira de investimentos poderá depreciar ao longo do tempo com certa probabilidade.

O conceito de VaR aplicado à carteira de recebíveis corresponde a uma medida estatística que representa a variação máxima possível dado determinado horizonte de tempo, sob o pior cenário possível.

Assim, toma-se historicamente a maior taxa de insolvência da organização. A diferença entre esta maior taxa de insolvência e a taxa da insolvência provável, como comentado anteriormente, gera o adicional de perda para a pior situação possível.

$$VaR = Pc - Max - Pc$$

Onde:
Pc − Max = percentual de insolvência máxima histórica da organização;
Pc = percentual de insolvência mais provável (conforme visto anteriormente).

- **CaR** – *Capital at Risk*

A aplicação do VaR à carteira de recebíveis gera o que podemos chamar de CaR – Capital ao Risco, indicando o valor possível das perdas inesperadas sobre a carteira.

$$CaR = VaR \times CR$$

- **RAROC** – *Risk Adjusted Return on Capital*

Constitui-se no retorno estimado do capital ao risco.

$$RAROC = MC / CaR$$

Onde:
MC = margem de crédito;
CaR = capital ao risco.

- *Duration*

A *Duration* constitui-se no prazo médio da carteira ponderada pelos saldos a receber. É uma medida de prazo médio da carteira que valoriza os maiores saldos.

$$\text{Duration} = \text{somatório (prazo} \times \text{participação do saldo na carteira)}$$

Resumo

Conceder crédito não é uma escolha da empresa, é uma necessidade do mercado. Todo crédito possui riscos, com oportunidades de ganhos (aumento das receitas) e com possibilidades de perdas (aumento de despesas e, principalmente, insolvência). Conceder o crédito de forma adequada é a chave para melhorar os resultados financeiros, pois a adoção de modelos de avaliação de risco de crédito pode apoiar a organização, permitindo-a a:

- identificar e separar os clientes adimplentes e inadimplentes dos clientes insolventes;
- mensurar o valor do contas a receber;
- gerenciar a qualidade do risco que ela corre.

A gestão de recebíveis, em resumo, pode ser considerada como:

- a gestão do retorno do crédito;
- a gestão do risco de crédito;
- a gestão da insolvência;
- a gestão da inadimplência;
- a gestão de cobrança.

A gestão do crédito deve estar centrada na clara definição de políticas de crédito que fixem os parâmetros em relação às vendas a prazo. Para a gestão do crédito, é necessário o levantamento e tratamento de inúmeras informações. Para isso existem empresas de serviços financeiros especializadas tanto no fornecimento de informações quanto em participar de parte da operação administrativa, como é o caso de empresas de cobrança. Dentre essas informações, um importante item é a análise financeira.

O risco de crédito constitui-se na avaliação da probabilidade de perda na gestão do crédito, existindo modelos quantitativos de apoio a esta avaliação. O capítulo apresentou, ainda, o processo de classificação de risco de crédito utilizado por bancos brasileiros, por ser o segmento de atividade com maior especialização na área. O risco de crédito pode, ainda, ser avaliado por *ratings*, que se constitui em classificações de risco apresentadas por agências específicas.

Contabilmente, o reflexo das perdas verificadas ocorrerá no provisionamento para créditos de liquidação duvidosa, na baixa das perdas realizadas, conforme pode ser obtido com alguns dos modelos para cálculo e alocação de perdas, conforme fora apresentado.

Na gestão do crédito, outro processo importante é o de cobrança dos valores a receber, notadamente quando tais valores se tornam inadimplentes e insolventes.

Questões

1. Comente sobre o conflito entre a área de vendas e de crédito. Como uma boa gestão de crédito pode reduzir este conflito?
2. Cite e explique os Cs do crédito.
3. Que fatores são levados em conta na definição de uma política de crédito?
4. Como obter informações restritivas ou positivas sobre uma pessoa física ou jurídica no momento da análise de viabilidade da concessão de crédito? Qual a importância dessas informações?
5. Quais são as principais organizações de informações sobre o crédito e como elas auxiliam o gestor financeiro?
6. Como analisar um pedido de crédito de um novo cliente? Quais as vantagens e desvantagens de se adotar uma política de crédito restritiva?
7. O que é risco de crédito e como administrá-lo?
8. O que é *credit score*?
9. O que são modelos de previsão de insolvência? Comente sobre os principais.
10. Como mensurar o real valor do contas a receber? Quais as variáveis que devem ser analisadas? Explique.
11. Por que uma empresa vende a prazo? Quais os objetivos e consequências para a empresa e para a economia?

Exercícios

1. A empresa X utiliza um sistema de pontuação para avaliar solicitações de crédito no varejo. A tabela seguinte apresenta as características financeiras e creditícias a serem consideradas, assim como os pesos que indicam a importância relativa de cada uma. Os padrões de crédito da empresa recomendam aceitar todos os solicitantes com 80 pontos ou mais, conceder crédito limitado numa base experimental a solicitantes com classificação entre 70 e 80 pontos e rejeitar os solicitantes com menos de 70 pontos.

Características financeiras e creditícias	Pesos determinados
Referências de crédito	25%
Nível de escolaridade	15%
Casa Própria	10%
Nível de Renda	10%
Histórico de pagamento	30%
Tempo de emprego	10%

A empresa precisa processar três solicitações que foram recebidas recentemente e avaliadas por um de seus analistas. O número de pontos de cada um dos solicitantes, de acordo com suas características financeiras e creditícias, é apresentado na tabela a seguir:

Características financeiras e creditícias	Solicitante		
	A	B	C
Referências de crédito	60	90	80
Nível de escolaridade	70	70	80
Casa própria	100	90	60
Nível de renda	75	80	80
Histórico de pagamento	60	85	70
Tempo de emprego	50	60	90

a) use os dados acima para encontrar a classificação de crédito de cada um dos solicitantes;
b) recomende as ações apropriadas para cada um dos solicitantes.

Estudo de caso

Boxe 2.3
Caso Comercial Cliente S.A.

Em agosto de X5 o Sr. Shapiro Mayer, novo Gerente de Crédito e Cobrança da Fundição Fornecedora S.A., estabelecida em São Paulo, defrontava-se com um grave problema: como explicar o requerimento de concordata formulado por sua maior cliente, a Comercial Cliente S.A., do Rio de Janeiro, após ter esta, em X4, duplicado o faturamento e o lucro em relação a X3, triplicado o patrimônio líquido e ainda ter quase quadruplicado sua distribuição de dividendos?

A Comercial Cliente S.A. passou nos últimos anos por uma fase de grande expansão, transformando-se de uma pequena empresa em X1 para uma média empresa em X3. Sua força no ramo devia-se, em grande parte, à exclusividade na venda de peças importadas produzidas com ligas especiais, visto ser a produção nacional insuficiente.

Durante o ano de X3 a empresa sentiu os efeitos de uma série de medidas de restrição às importações, ano também em que a produção nacional de peças expandiu-se muito. Apesar dessas medidas, a empresa continuava seu ritmo de desenvolvimento, substituindo as importações.

Assim, em novembro de X4, a Fundição Fornecedora S.A. fechava um contrato milionário de vendas de peças com a Comercial Cliente S.A., envolvendo a quantia de $ 4 milhões, ou o equivalente a cerca de 30% da sua produção. O contrato foi realizado graças ao bom relacionamento havido entre as duas empresas nos últimos quatro anos, quando nenhum traço de impontualidade foi notado. Desse modo, nenhuma análise financeira acurada foi elaborada – era desnecessário.

Em fevereiro de X5, estourava a notícia de requerimento de concordata preventiva da Comercial Cliente S.A. O golpe concordatário abalou em muito a estrutura da Fundição Fornecedora S.A., resultando na demissão de seu gerente de Crédito e Cobrança.

O Sr. Shapiro Mayer, recentemente contratado para ocupar essas funções, teve como primeira incumbência demonstrar, em uma reunião de Diretoria, como poderia ter-se previsto o golpe, através de uma acurada análise financeira.

Tendo por base os quadros a seguir e as informações aqui transcritas, como você realizaria o trabalho do Sr. Shapiro Mayer? Lembre-se de que este deverá ser exposto em uma reunião de diretoria. Exponha seu parecer sobre ter ou não sido um golpe concordatário.

CIA. COMERCIAL CLIENTE S.A.

Balanços encerrados em:	31/12/X1	31/12/X2	31/12/X3	31/12/X4
Disponível	47.935,50	271.588,50	273.372,00	156.120,00
Ativo Circulante	**1.515.904,50**	**1.690.932,00**	**2.713.449,00**	**6.841.554,00**
– Títulos a receber	1.198.864,50	1.298.989,50	2.194.882,50	2.784.565,50
– Estoques	92.889,00	172.176,00	328.662,00	3.976.926,00
– Contas correntes	224.151,00	219.571,50	133.152,00	47.916,00
– Outros créditos	–	195,00	56.752,50	32.146,50
Realizável a longo prazo	–	–	–	–
Ativo Permanente	**63.097,50**	**104.664,00**	**241.689,00**	**1.298.338,50**
– Imobilizado	54.385,50	86.859,00	228.889,50	1.277.499,00
– Investimentos	8.712,00	17.805,00	12.799,50	20.839,50
ATIVO TOTAL	**1.626.937,50**	**2.067.184,50**	**3.228.510,00**	**8.296.012,50**
Passivo Circulante	**1.220.491,50**	**1.640.649,00**	**2.580.805,50**	**6.004.192,50**
– Fornecedores	506.085,00	1.120.756,50	1.730.166,00	4.590.984,00
– Títulos descontados	630.553,50	358.818,00	797.419,50	270.355,50
– Empréstimos bancários	78.835,50	66.391,50	35.878,50	1.077.909,00
– Tributos e contribuições	5.017,50	94.683,00	17.341,50	64.944,00
Exigível a longo prazo	–	–	–	–
Patrimônio Líquido	**406.446,00**	**426.535,50**	**647.704,50**	**2.291.820,00**
– Capital	300.000,00	300.000,00	300.000,00	1.650.000,00
– Reservas	106.446,00	126.535,50	347.704,50	641.820,00
PASSIVO TOTAL	**1.626.937,50**	**2.067.184,50**	**3.228.510,00**	**8.296.012,50**

CIA. COMERCIAL CLIENTE S.A.

Demonstração de Resultados	X1	X2	X3	X4
Vendas	2.167.884,00	2.913.255,00	5.794.758,00	12.469.212,00
Custo da mercadoria vendida	(1.554.183,00)	(2.008.168,50)	(4.467.370,50)	(10.380.595,50)
Lucro bruto	**613.701,00**	**905.086,50**	**1.327.387,50**	**2.088.616,50**
Despesas Operacionais	**(507.630,00)**	**(826.974,00)**	**(1.034.806,50)**	**(1.723.840,50)**
– Administrativas	319.911,00	559.419,00	837.760,50	997.740,00
– Financeiras	11.314,50	14.356,50	29.683,50	322.089,00
– Tributárias	168.346,50	241.377,00	153.031,50	382.137,00
– Depreciação	8.058,00	11.821,50	14.331,00	21.874,50
Lucro Operacional	**106.071,00**	**78.112,50**	**292.581,00**	**364.776,00**
Receita não Operacional	77.595,00	29.962,50	364.497,00	591.406,50
Despesa não Operacional	(4.770,00)	(22.707,00)	(329.208,00)	(307.777,50)
Imposto de Renda	(30.355,50)	(14.313,00)	(64.968,00)	(102.211,50)
Lucro Líquido	**148.540,50**	**71.055,00**	**262.902,00**	**546.193,50**

CIA. COMERCIAL CLIENTE S.A.

Período	19X1	19X2	19X3	19X4
Correção monetária do Ativo Permanente	9.246,00	13.029,00	81.378,00	97.318,50
Dividendos pagos	11.775,00	15.715,00	20.367,00	71.221,50
Reserva para manutenção do capital de giro próprio	58.369,50	48.280,50	102.744,00	278.175,00
Inflação anual (final)	15%	29%	28%	41%

DADOS DO RAMO: MÉDIAS

Período	X1	X2	X3	X4
Endividamento (CT/PL)	102%	110%	118%	107%
Imobilização (AP/PL)	34%	35%	32%	36%
Rentabilidade (LL/PL)	15%	13%	18%	20%
Liquidez comum	1,24	1,32	1,30	1,31
Liquidez geral	1,12	1,13	1,12	1,14
Liquidez seca	0,94	0,93	0,97	0,95
PMRV	100	112	120	100
PMPC	85	89	87	84
PMRE	25	27	27	30
Giro (V/AT)	1,21	1,3	1,32	1,45
Margem (LL/V)	3,12%	2,14%	2,70%	3,2%

Notação:

CT – Capitais de terceiros

PL – Patrimônio líquido

AP – Ativo permanente

LL – Lucro líquido

V – Vendas

AT – Ativo total

PMPC – Prazo médio de pagamento de compras

PMRV – Prazo médio de recebimento de vendas

PMRE – Prazo médio de renovação de estoques

Anexo
O BALANÇO PERGUNTADO

A. BALANÇO PATRIMONIAL PERGUNTADO

As micro e pequenas empresas têm uma importante contribuição no crescimento e desenvolvimento do país (Veja a classificação no Quadro x1 das empresas). Segundo pesquisa do IBGE (2003), elas servem de "colchão" amortecedor do desemprego, já que constituem uma alternativa de ocupação para uma pequena parcela da população que tem condição de desenvolver seu próprio negócio, e em uma alternativa de emprego formal ou informal, para uma grande parcela da força de trabalho excedente, em geral com pouca qualificação, que não encontra emprego nas empresas de maior porte.

As micro e pequenas empresas representam 99% das empresas brasileiras e são responsáveis por cerca de 70% da ocupação de mão de obra e por 20% da Produção Interna Bruta – PIB. Em contraponto ao vigor da participação desse grupo na economia, há um descompasso entre a criação das empresas e o encerramento das atividades, sendo que 2/3 das empresas fracassam antes de completarem 5 anos, gerando prejuízos financeiros e sociais (SEBRAE, 2011).

Quadro x1 – Classificação da empresa quanto ao porte

Instituição	Microempresa		Pequena Empresa	
	Setor	Nº Funcionários	Setor	Nº Funcionários
SEBRAE	Indústria e Contrução Civil	Até 19 empregados	Indústria e Contrução Civil	De 20 a 99 empregados
	Comécio e Serviços	Até 9 empregados	Comércio e Serviços	De 10 a 49 empregados
Simples Nacional	Tipo Jurídico	Faturamento anual	Tipo Jurídico	Faturamento anual
	Microempresa (ME)	Até R$ 360 mil	Empresa de Pequeno Porte (EPP)	De R$ 360.000,01 Até R$ 3,6 milhões

Fontes: SEBRAE (2012) e Simples Nacional (Lei Complementar nº 139/2011).

Segundo o IBGE (2003), são características das micro e pequenas empresas:

- baixa intensidade de capital;
- altas taxas de natalidade e de mortalidade;
- forte presença de proprietários, sócios e membros da família como mão de obra ocupada nos negócios;
- poder decisório centralizado;
- estreito vínculo entre os proprietários e as empresas, não se distinguindo, principalmente em termos contábeis e financeiros, pessoa física de jurídica;
- registros contábeis pouco adequados;
- contratação direta de mão de obra;
- utilização de mão de obra não qualificada ou semiqualificada;
- baixo investimento em inovação tecnológica;
- maior dificuldade de acesso ao financiamento de capital de giro;
- relação de complementaridade e subordinação com as empresas de grande porte.

Como se pode perceber, há pouca profissionalização e qualificação gerencial nesse tipo de empresa, o que gera como uma de suas consequências a alta taxa de mortalidade de micro e pequenas empresas no Brasil.

De acordo com a revisão bibliográfica realizada por Albuquerque e Escrivão Filho (2012), os principais fatores de mortalidade desse grupo de empresas no Brasil relacionado à área financeira são:

- capital inicial limitado;
- falta de capital de giro;
- falta de controle e registros financeiros;

- flexibilização financeira limitada;
- imobilização excessiva;
- custos fixos altos;
- falta de planejamento financeiro.

Assim, uma das formas de diminuir a alta taxa de mortalidade dessas empresas, que possuem grande relevância no âmbito econômico e social nacional, seria a realização da análise e gestão financeira por parte das mesmas, que normalmente não é feita, como citam Sherman et al. (1979).

De acordo com Patrone e duBois (1981), na maioria dos casos de pequenas empresas, falta conhecimento da área financeira para os gestores. Além disso, eles possuem resistência neste aprendizado. Como citado por estes mesmos autores, é comum ouvir o seguinte comentário: "Eu não preciso saber sobre análise financeira de índices – Eu deixo isto para meu contador." Porém, este conhecimento poderia ser exatamente o que faria diferença no aumento da probabilidade de sucesso das micro e pequenas empresas.

Entretanto, segundo Matias e Lopes Júnior (2002), o pequeno empresário brasileiro está ainda começando a identificar a vital importância de ter uma administração financeira eficiente e profissional. Isso devido às mudanças na economia: aumento da concorrência, globalização, mudanças das estratégias governamentais, diminuição da inflação, dentre outras.

Segundo Kassai e Kassai (2001), a inexistência de uma contabilidade estruturada para elaborar relatórios contábeis adequados no Brasil tem sido uma dificuldade encontrada pelas pequenas empresas, tanto na obtenção de recursos para financiamento de seus investimentos como no processo de gestão econômica das atividades.

Portanto, o "balanço perguntado" trata-se de uma metodologia desenvolvida para o levantamento das informações por meio de um questionário previamente elaborado e que permite diagnosticar a situação econômica e financeira de uma determinada empresa.

A expressão *balanço perguntado* surgiu a partir de um projeto elaborado para a Caixa Econômica Federal por Matias e Vicente (1996) a respeito de uma modelagem de Risco de Crédito para, dentre outros setores, pequenas empresas. Esta é uma técnica que possibilita elaborar relatórios contábeis desse tipo de empresa. Trata-se de uma prática antiga e que consiste, basicamente, no interrogatório direto ao dono ou pessoa responsável pelo empreendimento e, com base em suas respostas, na experiência do perguntador e em alguns ajustes de consistência, obtêm-se as informações no formato básico das demonstrações contábeis.

E foi exatamente desta necessidade e da constatação de que os relatórios contábeis apresentados por uma micro ou pequena empresa pudessem não espelhar a sua realidade que surgiu o balanço perguntado. A suspeita inicial é de que essa divergência estivesse relacionada com os atos de sonegação fiscal ou dos meios ilícitos de não pagamento de impostos. Não é objetivo discutir neste trabalho os aspectos éticos dessa situação, mas tem-se a opinião, apresentada em diversos estudos, que é uma prática generalizada nas micro e pequenas empresas.

Não obstante essa fragilidade dos números apresentados nos relatórios contábeis quando eles existem, o balanço perguntado justifica-se por meio de outros argumentos, pois mesmo os relatórios contábeis elaborados dentro dos princípios éticos e também de acordo com as normas contábeis podem não expressar a realidade dos negócios.

Outra atribuição que pode ser dada ao balanço perguntado, pelo fato de ser levantado diretamente das transações e do testemunho do dono da empresa, é a de que se podem adotar critérios simples e objetivos, e os mais próximos possível da realidade econômica da empresa. É um processo de planejamento empresarial, em que tanto o respondente como o questionador estão fortemente envolvidos na elaboração desse diagnóstico empresarial.

Com vistas a obter os demonstrativos contábil-financeiros de uma micro ou pequena empresa através da técnica do Balanço Perguntado, deve-se entrevistar o proprietário do negócio ou a pessoa responsável pela gestão financeira.

Antes de iniciar qualquer atividade na empresa, é necessário desvincular as contas pessoais dos proprietários das da empresa, pois em micro e pequenas empresas é comum encontrar estes dados conjuntamente.

Ao entrevistar a pessoa, a utilização de um roteiro auxilia na posterior montagem dos demonstrativos. Primeiramente, é necessário conhecer as características gerais da empresa, para que se possa situá-la dentro de seu ambiente interno e externo. Em seguida, são feitas perguntas mais específicas em relação à própria administração financeira do negócio.

A seguir, encontram-se relacionados os principais itens que compõem o Balanço Patrimonial (ativo e passivo) e a Demonstração de Resultados do Exercício (DRE), os quais devem estar contemplados no questionário do balanço perguntado.

Ativo retrata as aplicações da empresa e é a somatória das contas listadas nesse item.

- Disponibilidades é a somatória das perguntas descritas dentro desse item:
    - caixa: qual o valor que a empresa tem em espécie em caixa;
    - bancos: qual o saldo das contas correntes bancárias, excluindo as aplicações financeiras. Caso apresente mais de um banco, detalhar o saldo nas contas por banco;
    - aplicações financeiras: qual o saldo das aplicações financeiras em instituições financeiras, não considerando os investimentos em ações de empresas ligadas. Caso apresente mais de uma instituição financeira, detalhar o saldo das aplicações por banco;
    - outros: caso tenha algum outro recurso financeiro de rápida liquidez que não foi apresentado nas contas acima.
- Contas a receber é a somatória das perguntas descritas dentro desse item:
    - duplicatas e carnês a vencer;
    - cheques pré-datados a receber;
    - duplicatas, carnês e cheques a receber vencidos até 30 dias;
    - duplicatas, carnês e cheques vencidos há mais de 30 dias;
    - outras contas a receber provenientes de vendas de produtos ou serviços.
- Estoques é a somatória dos valores de todos os produtos em estoque, sejam eles acabados ou em andamento:
    - matéria-prima;
    - produtos em processo;
    - produtos acabados;
    - produtos em trânsito;
    - materiais diversos.
- Outros valores realizáveis:
    - impostos a recuperar;
    - adiantamentos a fornecedores;
    - depósitos judiciais;
    - outros valores realizáveis.
- Imobilizado:
    - terrenos e edifícios (em nome da empresa, a valor de mercado);
    - máquinas e equipamentos (em nome da empresa, a valor de mercado);
    - veículos (em nome da empresa, a valor de mercado);
    - bens adquiridos por *leasing* (em nome da empresa, a valor de mercado);
    - outros imobilizados (em nome da empresa, a valor de mercado).
- Investimentos:
    - participações societárias da empresa em outras empresas (em nome da empresa, a valor de mercado).
- Diferido:
    - gastos pré-operacionais para abertura do negócio, imobilizações em andamento, gastos com pesquisa e desenvolvimento.

Passivos são as origens de recursos da empresa, obtidos pela somatória dos itens descritos a seguir.

- Fornecedores a pagar é a somatória das contas a pagar a fornecedores de matéria-prima, mercadorias e outros insumos que são vencíveis até um ano:
    - a vencer (saldo do valor a pagar);
    - vencidos até 30 dias (saldo do valor a pagar);
    - vencidos há mais de 60 dias (saldo do valor a pagar);
    - outros.
- Salários e encargos a pagar:
    - salários do mês a pagar;
    - salários e encargos atrasados a pagar;
    - encargos sociais do mês a pagar (INSS, FGTS etc.);
    - encargos sociais atrasados ou renegociados (a pagar até 360 dias);
    - décimo terceiro a pagar;
    - férias a pagar.
- Impostos a pagar:
    - municipais (ISS, IPTU, taxas etc.);
    - estaduais (ICMS, IPVA etc.);
    - federais (PIS, Cofins, IRPJ, IPI, Contribuição Social etc.);
    - impostos atrasados ou renegociados (saldo a pagar até 360 dias).
- Outros valores a pagar:
    - adiantamentos de clientes (saldo);
    - outros valores a pagar.
- Empréstimos e financiamentos a pagar:
    - duplicatas descontadas (saldo em aberto);
    - cheques pré-datados emitidos (saldo em aberto);

- empréstimos de curto prazo a vencer (saldo a pagar);
- financiamento de máquinas e equipamentos a vencer (saldo);
- *leasing* a vencer (saldo a pagar);
- empréstimos, financiamentos e *leasing* vencidos ou renegociados.

• Passivo exigível a longo prazo: somar os itens abaixo que apresentam vencimento superior a um ano:
- fornecedores (saldo a pagar);
- encargos sociais renegociados (saldo a pagar acima de um ano);
- impostos renegociados (saldo a pagar acima de um ano);
- duplicatas descontadas (saldo de descontos a vencer acima de um ano);
- cheques pré-datados emitidos (saldo em aberto a vencer acima de um ano);
- empréstimos de curto prazo renegociados (saldo a pagar acima de um ano);
- financiamento de máquinas e equipamentos a vencer (saldo a pagar acima de um ano);
- *leasing* a vencer (saldo a pagar acima de um ano);
- financiamentos e *leasing* vencidos ou renegociados para pagamento acima de um ano.

• Patrimônio líquido:
- é a diferença entre o ativo total da empresa e os passivos de curto e de longo prazo. Representa a soma dos investimentos feitos pelos sócios no passado e os lucros acumulados não distribuídos;
- capital social: anotar o capital social integralizado pelos proprietários ou o capital registrado nos documentos legais da organização;
- resultado do exercício: proveniente da demonstração do resultado exposta a seguir;
- reservas: esta conta é o resultado da seguinte conta: ativo menos passivo menos capital social menos resultado do exercício.

B. DEMONSTRAÇÃO DO RESULTADO

A demonstração do resultado retrata o movimento, em valores acumulados durante um período, seja ele mensal, bimestral, semestral ou anual. Desse modo, deve ser discriminado o período a que se refere.

Receitas
• Receita Líquida é a diferença entre a receita bruta e as deduções a seguir discriminadas:
- receita bruta;
- (–) devoluções e abatimentos;
- (–) impostos sobre as receitas.

Custo dos produtos vendidos ou das mercadorias vendidas
• São todos os custos que a empresa teve diretamente para obter a receita há pouco descrita.
• Estoques no início do período:
- (+) compras no período até esta data;
- (–) estoques nesta data;
- (+) gastos gerais de fabricação no período;
- ou margem bruta % (aplicada sobre receitas brutas).

Resultado Bruto
• É o resultado entre as receitas e o custo dos produtos vendidos.

Despesas Operacionais
• Despesas administrativas do período.
• Despesas comerciais:
- despesas comerciais do período;
- comissões de venda do período.
• Despesas operacionais:
- salários e encargos do período;
- retiradas e pró-labore do período;
- honorários contábeis do período;
- aluguéis do período;
- água, luz e telefone do período;
- prestações de *leasing* do período;
- manutenção de máquinas, equipamentos e instalações do período;
- seguros pagos no período;
- outros tributos e contribuições do período;
- outras despesas operacionais no período.

Resultado da atividade
• Encontrado subtraindo-se as despesas operacionais do resultado bruto.

Outros resultados operacionais
- receitas financeiras do período;
- (–) despesas financeiras do período;
- (+/–) resultado de empresas ligadas no período;

- (+/–) outros itens operacionais.

Resultado operacional
- Encontrado somando-se os outros resultados operacionais ao resultado da atividade.

Resultado não operacional
- Apresenta receitas e despesas não ligadas à atividade da organização.

Outros itens
- Imposto de Renda;
- contribuição social;
- participações dos diretores;
- participações dos funcionários.

Resultado líquido
- Encontrado somando-se o resultado não operacional ao resultado operacional e subtraindo-se os outros itens.

Referências

ABIPLAST. Disponível em: <http://www.abiplast.org.br>. Acesso em: jul. 2005.

ABRAMACO. Disponível em: <http://www.abramaco.com.br>. Acesso em: jul. 2005.

ABRAVEST. Disponível em: <http://www.abravest.org.br>. Acesso em: jul. 2005.

ALBUQUERQUE, F. A.; ESCRIVÃO, E. F. *Fatores de mortalidade de pequenas empresas*. ENCONTRO DE ESTUDOS SOBRE EMPREENDEDORISMO E GESTÃO DE PEQUENAS EMPRESAS. VII EGEPE, 2012.

ASSAF NETO, A.; TIBÚRCIO, S.; AUGUSTO, C. *Administração de capital de giro*. 2. ed. São Paulo: Atlas, 1999.

BACEN. Disponível em: <http://www.bc.gov.br/>. Acesso em: jul. 2005.

BANCO CENTRAL DO BRASIL-BACEN. Disponível em: <http://www.bacen.gov.br>.

BANCO NACIONAL DE DESENVOLVIMENTO ECONÔMICO E SOCIAL – BNDES. Seguro de Crédito. Disponível em: <http://www.bndes.gov.br/SiteBNDES/bndes/bndes_pt/Institucional/BNDES_Transparente/Fundos/Fge/seguro.html>. Acesso em: jan. 2013.

BESSIS, J. *Risk management in banking*. London: John Wiley, 1998.

BEST practices for credit risk disclosure. Consultative paper issued by the Basel Committee on Banking Supervision. Issued for comment by 30 November 1999. Basel. July 1999.

BIO, S. R. *Sistemas de informação*: um enfoque gerencial. São Paulo: Atlas, 1985.

BRADESCO. Disponível em: <www.bradesco.com.br>. Acesso em: 18 out. 2003.

CADIN. Disponível em: <http://www.stn.fazenda.gov.br/cadin/index.asp>.

_____. Disponível em: <http://www.stn.fazenda.gov.br/cadin>. Acesso em: jul. 2005.

CAOUETTE, J. B.; ALTMAN, E. I.; NARAYANAN, P. *Gestão do risco de crédito*: o próximo grande desafio financeiro. Tradução de Allan Hastings. Revisão técnica de João Carlos Douat. Rio de Janeiro: Qualitymark, 1999.

CRC. *Curso básico de auditoria 1*: normas e procedimentos. 2. ed. São Paulo: Atlas, 1999.

CVM-COMISSÃO DE VALORES MOBILIÁRIOS. Disponível em: <http://www.cvm.gov.br>.

_____. Ofício-circular PTE 578/85. Disponível em: <www.cvm.gov.br>.

FIPECAFI. *Manual de contabilidade das sociedades por ações*: aplicável também às demais sociedades. 7. ed. São Paulo: Atlas, 2009.

FITCH RATINGS. Disponível em: <www.fitchratings.com>. Acesso em: jul. 2005.

GITMAN, L. J. *Princípios de administração financeira*. Tradução de Jean Jacques Salim e João Carlos Douat. 7. ed. São Paulo: Harbra, 1997.

HAIR JR., J. F. et al. *Multivariate data analysis*. 5. ed. New Jersey: Prentice Hall, 1998.

HORNGREN, C. T.; SUNDEM, Gary L.; ELLIOTT, John A. *Introduction to financial accounting*. 6. ed. New Jersey: Prentice Hall, 1996.

IBEDEC, Cartilha do consumidor. Edição especial: endividados. Brasília, janeiro de 2009.

INEPAD. *Sistema Visionarium*. Disponível para assinantes em: <www.inepad.org.br>. Acesso em: jan. 2005.

IUDÍCIBUS, S. de. *Teoria da contabilidade*. 3. ed. São Paulo: Atlas, 1993.

JORION, Philippe. *Value at risk*. BM&F. São Paulo: 1998.

JORNAL DO COMMERCIO, 23/6/99. Disponível em: <http://www2.uol.com.br/JC/_1999/2306/ec2306i.htm>. Acesso em: 15 nov. 2003.

KASSAI, José Roberto; KASSAI, Silvia. *Desvendando o termômetro de insolvência de Kanitz*. São Paulo: FEA/USP. Disponível em: <http://www.eac.fea.usp.br/eac/publicacoes/artigo.asp>. Acesso em: jan. 1999.

KIESO, D. E.; WYEGANT, Jerry J. *Intermediate accounting*. New York: John Wiley, 1998.

LISBOA, N. P. *Uma contribuição ao estudo da harmonização de normas contábeis*. 1995. Dissertação (Mestrado) – Faculdade de Economia, Administração e Contabilidade da Universidade de São Paulo, São Paulo.

MATIAS, A. B. *Contribuição às técnicas de análise financeira*: um modelo de concessão de crédito. 1978. 100 p. Monografia (Trabalho de Formatura) – Departamento de Administração da Faculdade de Economia, Administração e Contabilidade da Universidade de São Paulo, São Paulo.

MEIRELLES, F. S. Pesquisa Anual CIA, FGV-EAESP, 23. ed., 2012

MENDONÇA, Ricardo; LUZ, Catia. Como sair do vermelho. *Revista Época*. 14 jul. 2003.

MOODYS. Disponível em: <www.moodys.com>. Acesso em: jul. 2005.

O ESTADO DE S. PAULO. Disponível para assinantes em: <http://www.estadao.com.br/economia/noticias/2003/out/31/75.htm>. Acesso em: 31 out. 2003.

PERERA, L. C. J. *Decisões de crédito para grandes corporações*. 1998. Tese (Doutorado) – Faculdade de Economia, Administração e Contabilidade da Universidade de São Paulo, São Paulo.

RECEITA FEDERAL. Disponível em: <http://www.receita.fazenda.gov.br>. Acesso em: jul. 2005.

RISKBANK. Disponível em: <www.riskbank.com.br>. Acesso em: jul. 2005.

ROSS, S. A.; WESTERFIELD, R. W.; JAFFE, J. F. *Administração financeira*. Tradução de Antonio Zorato Sanvicente. São Paulo: Atlas, 1995.

SCHRICKEL, W. K. Análise de crédito: concessão e gerência de empréstimos. Apud PONGELUPPE. P. C. *Modelo de análise de risco de crédito*: um estudo de caso de empresas varejistas. 1997. Monografia apresentada à Faculdade de Economia, Administração e Contabilidade de Ribeirão Preto da Universidade de São Paulo, São Paulo.

SCI. Disponível em: <http://www.sci.com.br>. Acesso em: jul. 2005.

SECRETARIA DA RECEITA FEDERAL. Disponível em: <http://www.receita.fazenda.gov.br/>.

SERASA. Disponível em: <http://www.serasa.com.br>. Acesso em: jul. 2005.

SILVA, José Pereira da. *Gestão e análise de risco de crédito*. São Paulo: Atlas, 1998.

SPC-Serviço Central de Proteção ao Crédito da Associação Comercial de São Paulo. Disponível em: <http://www.acsp.com.br/servicos/serv_pf_scpc.htm>. Acesso em: 2005.

STANDARD & POOR'S. *Brasil*: ratings e comentários. 2. ed. 2000.

_____. Disponível em: <www.standardandpoors.com>. Acesso em: jan. 2013.

TROSTER, R. L. *Overbanking no Brasil*. São Paulo: Makron Books, 1997.

VAN HORNE, J. C.; WACHOWICZ JR., John M. *Fundamentals of financial management*. New Jersey: Prentice Hall, 1997.

VAUGHAN, E. J. *Risk management*. New Baskerville: John Wiley, 1997.

VICENTE, E. F. R. *A estimativa do risco na constituição da PDD*. 2001. Dissertação (Mestrado) – Faculdade de Economia, Administração e Contabilidade da Universidade de São Paulo, São Paulo.

WESTON, J. F.; BRIGHAM, E. F. *Fundamentos da administração financeira*. 10. ed. São Paulo: Makron Books, 2000.

WILLSON, J. D.; ROEHL-ANDERSON, Janice; BRAGG, Steven M. *Controllership*: the work of the managerial accountant. New York: John Wiley, 1995.

3
Gestão Financeira de Estoques e Logística

Objetivos do capítulo

- Apresentar a importância da gestão de estoques para o capital de giro.
- Mostrar as principais questões envolvidas na gestão de estoques.
- Apresentar modelos que auxiliam na gestão de estoques.
- Mostrar como a logística e a gestão da cadeia de suprimentos podem contribuir para a gestão do capital de giro.

3.1 Introdução

Como visto, a gestão do capital de giro aborda os elementos de giro da empresa, que são representados pelo ativo e passivo circulantes. A gestão do ativo circulante compreende o gerenciamento de caixa, de crédito e de estoque. Estabelecer um nível adequado de estoque é importante para a gestão do capital de giro, uma vez que o estoque implica em custos e riscos para a empresa e, dessa forma, influencia a rentabilidade do negócio. Maior volume de estoque frequentemente implica em maior necessidade de capital de giro. Por outro lado, volume ínfimo de estoque pode prejudicar o atingimento de metas de vendas.

O volume de estoque está relacionado ao ciclo operacional da empresa, como mostra a Ilustração 3.1. As empresas mantêm estoques para que não ocorra ruptura no seu ciclo operacional. Como exemplo de ruptura no ciclo operacional, pode ser citada a interrupção do processo produtivo de uma manufatura, devido à falta de matéria-prima. Outro exemplo é a perda de venda em uma loja, devido ao fato de não haver mercadorias em estoque.

Ilustração 3.1 – Ciclo operacional, econômico e financeiro de uma manufatura.

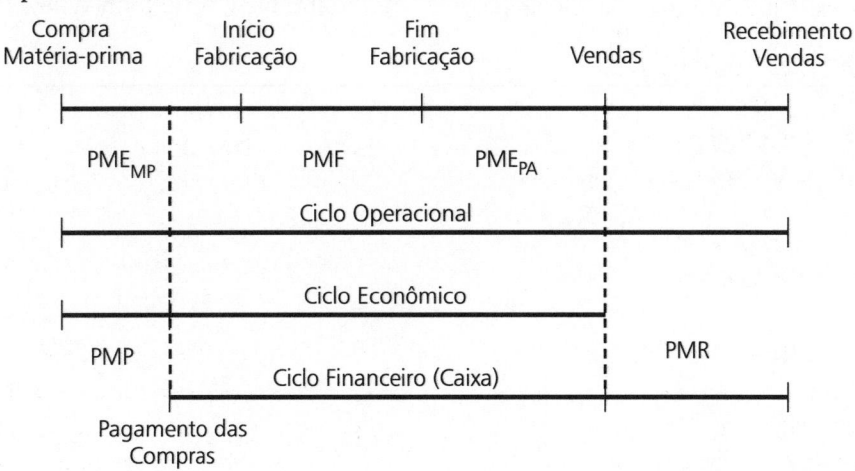

Onde:

PME – Prazo Médio de Estocagem

PME_{MP} – Prazo Médio de Estocagem de Matéria--prima

PME_{PA} – Prazo Médio de Estocagem de Produtos Acabados

PMF – Prazo Médio de Fabricação

PMR – Prazo Médio de Recebimento

O estoque influencia o ciclo financeiro da empresa: um dos componentes do ciclo financeiro é o PME (Prazo Médio de Estoque), como mostra a Ilustração 3.1. Naturalmente, aumentos no volume de estoques, sem um correspondente aumento no volume de vendas, provocam elevação do PME, o que aumenta o ciclo financeiro da empresa. Com um ciclo financeiro maior, mais recursos são necessários para financiar as atividades operacionais da empresa: aumenta a necessidade de capital de giro.

Se, por um lado, níveis baixos de estoque representam elevados riscos de ruptura do ciclo operacional, por outro lado níveis elevados de estoque representam custos maiores para a empresa. Dessa maneira, o estoque merece maior atenção por parte da área financeira e a gestão de estoques deve ser realizada de maneira conjunta, entre a área financeira e outras áreas da empresa, como compras, produção, marketing e vendas.

Além de evitar rupturas no ciclo operacional, as empresas mantêm estoques devido a:

- características particulares do setor em que a empresa atua (sazonalidade);
- expectativa de aumento nos preços das matérias-primas e mercadorias;
- proteção contra perdas inflacionárias;
- política de venda do fornecedor (descontos por comprar maior quantidade).

Há diversos tipos de estoque:

- estoque de matéria-prima: refere-se ao estoque de insumos para a produção;
- estoque de produtos em processo ou em elaboração: são os produtos semiacabados que estão na produção;
- estoque de produtos acabados: refere-se ao estoque de produtos prontos à disposição para vendas;
- estoque em trânsito: refere-se ao estoque em caminhões, navios e aviões em trânsito para a produção ou para comercialização;
- estoque em consignação: refere-se, normalmente, ao estoque de propriedade da indústria no comércio;
- estoque de mercadorias: refere-se ao estoque de propriedade do comércio.

3.2 Previsão de vendas

Correa e Correa (2012) têm um interessante capítulo sobre previsão de demanda. É importante ressaltar que a variável primária de qualquer organização é a previsão de sua demanda por produtos ou serviços. Muitos diretores e gerentes relegam a um segundo plano essa função. Assim fazendo eles se esquecem que todas as demais atividades da empresa serão meras e inconsequentes especulações sobre o futuro.

A Ilustração 3.2 mostra claramente as etapas a serem seguidas na previsão de demanda (CORREA e CORREA, 2012, p. 244).

Enquanto as contas a receber aumentam depois das vendas, os estoques devem ser adquiridos antes. Assim, é necessário prever as vendas, antes de estabelecer o melhor nível de estoque. Previsões inadequadas de vendas implicam em nível inadequado de estoques.

Praticamente todas as empresas, sejam de pequeno, médio ou grande porte, necessitam planejar seus recursos de produção, distribuição e aquisição de insumos ou serviços em face de condições futuras incertas.

O desenvolvimento de técnicas de previsão cada vez mais sofisticadas, paralelamente ao advento da Tecnologia da Informação, tem facilitado a implantação de processos mais adequados de previsão de vendas nas empresas.

As empresas podem implementar modelos de previsão de vendas em planilhas eletrônicas como subsídio para suas atividades, seja no campo operacional, tático ou estratégico. Os gerentes podem utilizar as estimativas de vendas, oriundas de técnicas quantitativas, como ponto de partida não apenas para posterior incorporação de seu julgamento e sensibilidade com relação às diversas variáveis de mercado, como, também, para fomentar discussões com outros departamentos da empresa, a respeito de questões como planejamento da capacidade produtiva, de níveis de estoques e de disponibilidade de recursos financeiros.

Ilustração 3.2 – Etapas na previsão de demanda

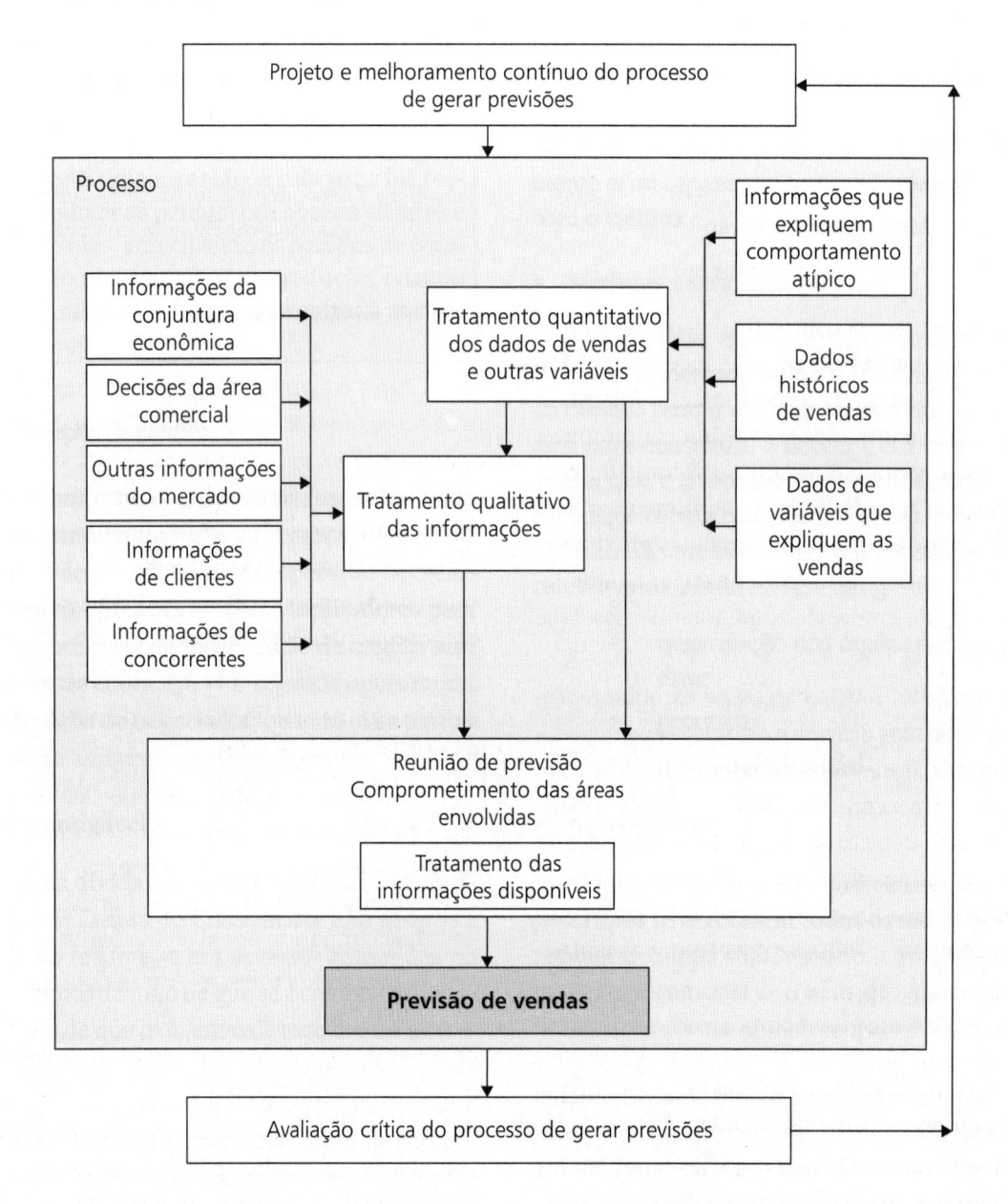

```
┌─────────────────────────────────────────────────┐
│ Projeto e melhoramento contínuo do processo     │
│              de gerar previsões                 │
└─────────────────────────────────────────────────┘

Processo
  ┌─────────────┐                              ┌──────────────┐
  │ Informações │                              │ Informações  │
  │     da      │                              │ que expliquem│
  │ conjuntura  │        ┌──────────────┐      │ comportamento│
  │  econômica  │───▶    │  Tratamento  │ ◀─── │   atípico    │
  └─────────────┘        │ quantitativo │      └──────────────┘
  ┌─────────────┐        │  dos dados   │      ┌──────────────┐
  │ Decisões da │───▶    │  de vendas   │ ◀─── │   Dados      │
  │    área     │        │ e outras     │      │  históricos  │
  │  comercial  │        │  variáveis   │      │  de vendas   │
  └─────────────┘        └──────┬───────┘      └──────────────┘
  ┌─────────────┐               ▼              ┌──────────────┐
  │    Outras   │        ┌──────────────┐      │   Dados de   │
  │ informações │───▶    │  Tratamento  │ ◀─── │  variáveis   │
  │  do mercado │        │ qualitativo  │      │ que expliquem│
  └─────────────┘        │ das          │      │  as vendas   │
  ┌─────────────┐        │ informações  │      └──────────────┘
  │ Informações │───▶    └──────┬───────┘
  │ de clientes │               │
  └─────────────┘               │
  ┌─────────────┐               │
  │ Informações │───▶           │
  │     de      │               │
  │ concorrentes│               │
  └─────────────┘               ▼
          ┌─────────────────────────────────┐
          │      Reunião de previsão        │
          │   Comprometimento das áreas     │
          │          envolvidas             │
          │   ┌─────────────────────────┐   │
          │   │    Tratamento das       │   │
          │   │ informações disponíveis │   │
          │   └─────────────────────────┘   │
          └───────────────┬─────────────────┘
                          ▼
                ┌──────────────────┐
                │ Previsão de vendas│
                └──────────────────┘

┌─────────────────────────────────────────────────┐
│ Avaliação crítica do processo de gerar previsões│
└─────────────────────────────────────────────────┘
```

A necessidade de prever vendas não é apenas comum a quase todo tipo de empresa, mas também às suas diversas áreas funcionais, as quais precisam de previsões de vendas como parte de seu processo de tomada de decisão. Por exemplo: o departamento de produção necessita de previsões de vendas para identificar possíveis necessidades de expansão da capacidade produtiva; o departamento de compras necessita de previsões de vendas desagregadas por produtos, para, por exemplo, planejar a aquisição de matéria-prima; o departamento de finanças precisa de previsões de vendas para estimar o investimento financeiro necessário em estoques.

Para melhorar o nível da precisão do processo de previsão de vendas é necessário entender a melhor maneira de organizar a previsão de vendas, de acordo com as necessidades dos diversos departamentos da empresa. A coordenação e a integração dessas necessidades dependem da estruturação de processos integrados de previsão de vendas.

O processo de previsão de vendas é suscetível a erros, mas estes erros podem ser minimizados com a implantação de processos integrados de previsão de vendas. Os processos integrados de previsão de vendas incorporam dados e informações de diversas fontes, não somente dos departamentos de marketing e vendas, mas também de outras áreas, como depósitos e varejistas – utilizam técnicas estatísticas e matemáticas; utilizam sistemas de apoio à decisão e gerenciam o impacto do esforço de vendas sobre as vendas reais.

A Ilustração 3.3 mostra que um processo de previsão de vendas eficaz deve integrar três componentes principais, que são as técnicas de previsão, os sistemas de apoio à decisão e o gerenciamento das previsões, utilizando uma base de dados ampla e direcionada a atender às necessidades dos usuários.

Ilustração 3.3 – Componentes do processo eficaz de previsão de vendas

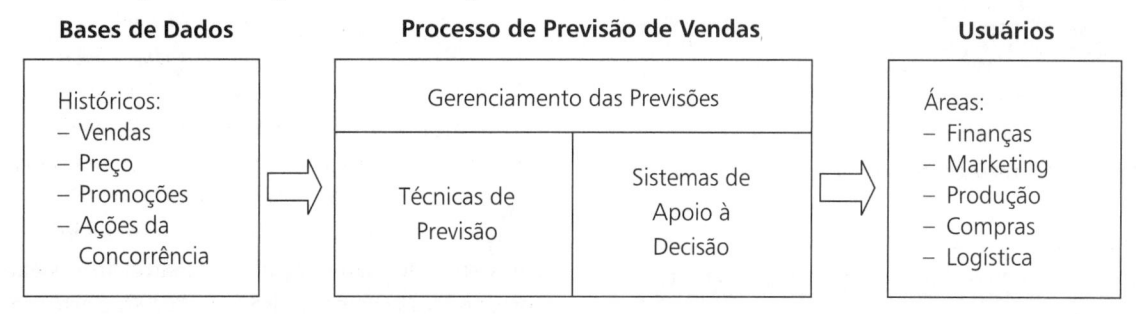

Bases de Dados	Processo de Previsão de Vendas	Usuários
Históricos: – Vendas – Preço – Promoções – Ações da Concorrência	Gerenciamento das Previsões Técnicas de Previsão | Sistemas de Apoio à Decisão	Áreas: – Finanças – Marketing – Produção – Compras – Logística

Fonte: Coppead (2004).

As informações geradas pelo processo de previsão de vendas devem ser conciliadas com novas informações de mercado, para que se possa realizar o monitoramento dos erros de previsão.

O contínuo monitoramento dos erros de previsão, tão logo novas informações sejam recebidas, justifica-se por três fatores. O primeiro fator está relacionado com a determinação do estoque de segurança.[1] O estoque de segurança tem o objetivo de diminuir o risco de que ocorra a falta de estoque de algum produto. Assim, o estoque de segurança está relacionado, também, com a magnitude dos erros de previsão de vendas.

O segundo fator está relacionado aos modelos utilizados na previsão de vendas, como, por exemplo, o modelo de regressão linear ou o modelo de média móvel, que necessitam de reavaliação periódica de seus parâmetros.

O terceiro fator refere-se ao monitoramento dos erros de previsão, que podem propiciar um importante *feedback* a respeito da sensibilidade do tomador de decisão. Com esse monitoramento é possível determinar se o tomador de decisão incorpora sistematicamente, nas previsões geradas pelo modelo estatístico, julgamentos tendenciosos, que podem levar a decisões errôneas.

A Tecnologia da Informação facilita a obtenção de novos dados, em tempo real. A automação dos pontos de venda (PDVs) permite que as empresas coletem informações sobre o comportamento de suas vendas, em tempo real, nas caixas registradoras. À medida que os produtos são vendidos, as informações contidas em seus códigos de barra são coletadas, como tipo de produto, preço, quantidade mantida em estoque (SKU – *stock keeping unit*), além de outras informações, como modo de pagamento, local, data e hora.

Geralmente, a utilização da automação dos pontos de venda (PDVs) está associada à adoção da tecnologia de intercâmbio eletrônico de dados (EDI – *Electronic Data Interchange*), que permite, por exemplo, a transmissão eletrônica, em tempo real, das vendas de cada produto do varejista para o fabricante. A adoção do intercâmbio eletrônico de dados (EDI) visa desencadear a rápida reposição do estoque consumido e constitui um dos fundamentos principais do movimento de resposta eficiente ao consumidor (ECR – *Efficient Consumer Response*).

O processo de previsão de vendas, em geral, está sujeito a várias pressões internas à empresa, como pressões de natureza gerencial ou político-cultural. Um exemplo de ocorrência de pressões gerenciais é a existência de um departamento com opinião dominante perante os demais departamentos da empresa.

As pressões internas podem fazer com que o julgamento humano, que deveria ser incorporado no processo em uma fase posterior à estimativa de vendas, gerado pelos modelos quantitativos, transforme-se em desejo com relação a determinado comportamento das vendas futuras.

---

[1] O estoque de segurança refere-se à parte do estoque existente para fazer frente a possíveis erros de previsão, a problemas na produção ou a problemas com a entrega pelos fornecedores.

O processo de previsão de vendas, devido à existência de pressões internas, pode distanciar-se de sua concepção ideal por dois motivos principais. Primeiramente, as técnicas quantitativas de previsão deixam de ser o ponto de partida para o processo de previsão, em detrimento do desejo humano. Além disso, os erros deixam de ser mensurados, não havendo gerenciamento das previsões, no que diz respeito à integração das previsões com as necessidades de planejamento dos departamentos, e não ocorrendo avaliação do desempenho do processo de previsão, para que erros possam ser corrigidos.

3.3 Gestão de estoques

Os principais aspectos relacionados com a gestão financeira de estoques são os *custos* e os *riscos* inerentes aos estoques.

Os riscos de estocagem podem ser riscos de mercado ou operacionais. Os riscos de mercado de estocagem referem-se à possibilidade de queda nos preços dos produtos estocados, quer por sazonalidade, quer por obsolescência, quer por queda de preços de mercado. Os riscos operacionais são os relativos a furtos, quebras, danos por transporte e deterioração. Além disso, há o risco de perdas de vendas, devido à falta de disponibilidade de estoque.

Dentre os custos inerentes ao estoque, temos:

1. *custo de estocagem*: custo do capital investido (custo de oportunidade); custos de armazenagem e manuseio; seguro; impostos; depreciação e obsolescência;
2. *custos de encomenda, embarque e recepção*: custos de pedidos; custos de embarque e manuseio (incluindo despesas alfandegárias e movimentação de estoques dentro da empresa);
3. *custos de insuficiência de estoque*: perda de vendas; insatisfação do cliente; ruptura do cronograma de produção;
4. *custos de qualidade*: falhas e inconformidades; trocas em garantia e assistência técnica; imagem e reputação da empresa; tempo ocioso.

As empresas procuram minimizar os custos totais de produção e distribuição. Os custos de estoques fazem parte desses custos totais. Dessa forma, os gerentes financeiros devem estar conscientes dos determinantes dos custos de estoque e de que maneira eles podem ser minimizados.

Uma medida para avaliar o desempenho da gestão dos estoques é o cálculo do giro ou rotação dos recursos investidos em estoque. O índice de giro dos estoques indica o número de vezes em que os itens estocados foram renovados, em determinado intervalo de tempo. Quanto maior o giro dos itens em estoque, maior deve ser a rentabilidade dos recursos investidos em estoque. A fórmula para calcular o giro dos estoques é dada pela seguinte equação:

$$Giro\,dos\,Estoques = \frac{Custo\,da\,Mercadoria\,Vendida}{Estoque\,Médio}$$

Vamos a uma aplicação deste conceito: a Nossa Loja, no início do ano 200X, apresentava na conta estoque o valor de R$ 2.000,00, e no final do mesmo ano o valor de R$ 3.000,00. O custo da mercadoria vendida, conforme demonstração do resultado do exercício, apresentava o valor de R$ 40.000,00, portanto, o giro do estoque neste período foi de:

$GIRO = R\$\,40.000/(R\$\,2.000 + R\$\,3.000) = 16\,dias$

Erros no estabelecimento dos níveis de estoque podem levar a perdas de vendas, caso ocorra falta de estoque, ou custos elevados de estoque, caso o volume de estoque esteja acima do necessário para a atividade da empresa. Assim, as vantagens de possuir estoques devem ser comparadas com seus custos.

O objetivo da gestão de estoques é *proporcionar um nível adequado de estoques que seja capaz de sustentar o nível de atividade da empresa ao menor custo*. Assim, as decisões de **quanto** e **quando** comprar estão entre as mais importantes a serem tomadas na gestão de estoques.

A gestão de estoques focaliza quatro questões básicas:

1. *Quantas* unidades deverão ser encomendadas em um determinado período?
2. *Quando* essas unidades de produto deverão ser encomendadas?
3. *Quais* itens do estoque merecem maior atenção?
4. Existe alguma forma de proteção contra variações indesejadas nos custos dos estoques (*hedge*)?

O controle efetivo do estoque geralmente não está sob controle direto do gerente financeiro. Embora a gestão de estoques seja uma importante etapa da gestão do capital de giro, muitas das decisões condizentes com os estoques são tomadas por outros departamentos, como produção e marketing, e não pelo financeiro. Isso se deve ao fato de os estoques possuírem características físicas, em vez de características financeiras, estando ligados mais à produção e vendas do que a finanças. Apesar disso, é aconselhável que a área financeira possa participar das decisões de fixação do nível de estocagem.

Cada área da empresa visualiza a composição e os níveis de estoque em função de seus próprios objetivos, como mostra a Ilustração 3.4.

Ilustração 3.4 – Áreas da empresa e suas preferências com relação aos estoques

Preferências \ Áreas	Compras	Vendas	Finanças
Sortimento	⇩	⇧	⇩
Estoques	⇧	⇧	⇩
Dispersão	⇩	⇧	⇩

Por exemplo, a área de compras prefere menor variabilidade dos itens em estoque, que o estoque seja grande e menos disperso. A área de vendas prefere que itens em estoque sejam o mais variados possível, em grande quantidade e que os estoques sejam dispersos. Já a área de finanças prefere que os itens em estoque tenham a menor variabilidade possível e que o estoque seja o menor possível e centralizado.

A delimitação funcional de áreas (financeira, de marketing, de vendas, de produção) vem perdendo o sentido. Há a necessidade de tomar decisões de maneira integrada, conjunta e não segregada. O estoque é um ativo físico, que necessita de investimentos e gera custos e benefícios. Assim, um inadequado controle do estoque prejudica a lucratividade da empresa.

Alguns fatores influenciam diretamente a gestão de estoques, como:

- **incerteza:** existem muitos fatores de incerteza na gestão de estoques devido à impossibilidade de antecipar perfeitamente a oferta e, principalmente, a demanda;
- **restrições:** limitações financeiras na capacidade de armazenamento e no fornecimento podem levar a decisões subótimas;
- **variações no produto:** variações nas características do produto ou na linha de produtos podem levar a variações na maneira como os estoques devem ser administrados.

A gestão eficaz de estoques resultará em níveis relativamente baixos de estoque, em pequenas baixas de estoques obsoletos ou deteriorados e em poucas interrupções do trabalho ou perda de venda em decorrência de escassez de estoque. Isso, por sua vez, contribuirá para uma alta rotação dos elementos do ativo circulante e para a elevação da margem de lucro operacional.

ABORDAGENS CLÁSSICAS PARA A GESTÃO DE ESTOQUES

Estoques surgem ao longo de toda cadeia de suprimentos. Os estoques seguramente consomem uma fatia importante do capital da empresa. Existem razões a favor e contra os estoques:

Razões a favor dos estoques	Razões contra os estoques
Melhorar o serviço ao cliente: disponibilidade e proximidade de produtos/serviços	Absorvem capital que poderia ser destinado à melhoria de produtividade e competitividade
Permite rodadas de produção mais amplas, longas e de maior nível	Podem mascarar problemas de qualidade
Economia na compra e transporte	Promove uma atitude insular sobre a gestão do canal logístico
Compra de quantidades adicionais a preços mais baixos	
Recurso de proteção em relação a tipos diversos de contingências	

É importante notar que muitos administradores acreditam que os estoques devem ser reduzidos sempre.

Atenção especial deve ser dada a esse assunto. Como vimos, existem razões importantes para se ter estoques. A melhor estratégia dever ser adequar os estoques aos resultados esperados pela empresa. Muitas empresas se valem de seus estoques para entregar mais rapidamente ao cliente e conquistar uma fatia maior do mercado.

- Outro ponto importante se refere à variedade de produtos ofertados. Se o processo de marketing não for bem conduzido, as empresas tendem a atender toda e qualquer solicitação dos clientes para a criação de novos produtos. O resultado é sempre um enorme estoque com produtos variados e de alto custo para a organização. Muitos produtos exigirão um aumento considerável do tempo não produtivo por conta de uma quantidade maior de *set-ups*. Lotes mínimos de fabricação ou compra poderão dar a dimensão financeira dessa questão. Ao se concentrar na utilidade do produto para o cliente e educar no melhor uso de cada produto podemos atacar essa prática muito comum no Brasil. O mercado automobilístico nesta década praticamente definiu as cores preta e prata como as principais escolhas para seus clientes. Outras opções são desestimuladas com argumentos como dilação do prazo de entrega e menor valor de revenda.

- Uma outra característica da produção é a flexibilidade. É a capacidade de mudar ou reagir com pouco impacto no tempo, custo ou na *performance*. Pode tanto ser entendida como produzir uma larga gama de produtos ou a capacidade de se adaptar a um novo produto periodicamente. Assim, cada tipo de flexibilidade necessitará de um conjunto diferente de capacidades operacionais.
- Características da Flexibilidade:
  - Dimensão: o que exatamente é necessário para se ter flexibilidade? O que deve ser mudado para termos flexibilidade?
  - Horizonte de tempo: qual é, em geral, o intervalo entre mudanças? Serão minutos, horas, dias, semanas ou anos?
  - Elementos: qual dos elementos da flexibilidade é o mais importante? Quais dos seguintes devemos administrar ou melhorar: raio de ação, uniformidade do raio de ação ou mobilidade?
    » Flexibilidade operacional: capacidade de mudar dia a dia ou dentro do próprio dia. Por exemplo, troca do produto em produção.
    » Flexibilidade tática: envolve esforço, compromisso e/ou investimento. Trocar o tipo de adoçante de uma bebida.
    » Flexibilidade estratégica: mudanças de grande vulto, grande comprometimento e baixa frequência.
    » Troca de um processo inteiro ou mudança de local.

Curva ABC

A curva ABC é um processo para monitorar os níveis de estoque. Sob esse processo a empresa estabelece uma hierarquia dos produtos em estoque. Em qualquer estoque que possua vários itens, alguns serão mais importantes que outros. A empresa pode analisar a importância de cada item do estoque com base em seu custo, frequência e importância de uso, risco de esgotamento do estoque, tempo de entrega de um novo pedido.

Por exemplo, a loja de CDs Toca Bem Ltda. apresentou o seguinte faturamento no ano de 200X:

Cód. Prod.	Faturamento	Cód. Prod.	Faturamento
CD100	13.000,00	CD101	295,00
CD200	9.000,00	CD201	285,00
CD300	8.000,00	CD301	275,00
CD400	2.700	CD401	265,00
CD500	2.700	CD501	255,00
CD600	2.600	CD601	245,00
CD700	2.600	CD701	235,00
CD800	2.400	CD801	225,00
CD900	2.300	CD901	215,00
CD950	2.200	CD980	205,00

Uma classificação ABC pode ser realizada da seguinte forma:

a) calcula-se o faturamento de cada produto;

b) colocam-se os itens em ordem decrescente de faturamento;

c) calculam-se as percentagens do faturamento de cada produto em relação ao faturamento total; e

d) classificam-se os itens nas classes A, B, C, estando na classe A, o grupo de CDs que representam 60% do faturamento; na classe B, 35% do faturamento, e na classe C o grupo de CDs que representam 5% do faturamento.

Nesse sentido, tem-se o seguinte resultado:

Tabela 3.1 – Curva ABC

Cód. Prod.	Faturamento	Faturamento acumulado	% Faturamento acumulado	Classes
CD100	13.000,00	13.000,00	26,00	A – 60%
CD200	9.000,00	22.000,00	44,00	
CD300	8.000,00	30.000,00	60,00	
CD400	2.700	32.700,00	65,40	B – 35%
CD500	2.700	35.400,00	70,80	
CD600	2.600	38.000,00	76,00	
CD700	2.600	40.600,00	81,20	
CD800	2.400	43.000,00	86,00	
CD900	2.300	45.300,00	90,60	
CD950	2.200	47.500,00	95,00	
CD101	295,00	47.795,00	95,59	C – 5%
CD201	285,00	48.080,00	96,16	
CD301	275,00	48.355,00	96,71	
CD401	265,00	48.620,00	97,24	
CD501	255,00	48.875,00	97,75	
CD601	245,00	49.120,00	98,24	
CD701	235,00	49.355,00	98,71	
CD801	225,00	49.580,00	99,16	
CD901	215,00	49.795,00	99,59	
CD980	205,00	50.000,00	100,00	

Os dados da Tabela 3.1 revelam que:

- A classe A representa apenas 15% dos diferentes tipos de CDs vendidos na loja, porém seu valor corresponde a 60% do faturamento total da loja.
- A classe B corresponde a 35% dos diferentes tipos de CDs vendidos na loja e também a 35% do total do faturamento da loja.
- A classe C é formada por 50% dos CDs e seu faturamento representa 5% do total.

Braga (1995) faz a seguinte observação: os itens A devem ser administrados de acordo com as suas características específicas, atentando-se para os seguintes aspectos: (a) consumo médio por período; (b) prazo de entrega dos fornecedores ou prazo de produção; (c) valor dos estoques mantidos, com vistas à sua redução sem prejuízo da continuidade do processo de produção ou das entregas dos produtos acabados aos clientes. Os itens C são formados por bens de pequeno valor unitário e geralmente de fácil obtenção. Podem ser tratados com menor rigor e controlados de forma mecânica. A classe B, composta de bens de valor unitário médio, devem ser calculados os respectivos lotes econômicos e pontos de pedidos.

Lote Econômico de Compra (LEC)

O LEC – Lote Econômico de Compra – é um método que busca auxiliar o administrador na gestão de estoques. O LEC foi constituído com a premissa básica de que os custos de estocagem (Ce) elevam-se com o aumento nos estoques, enquanto os custos de pedido (Cp) declinam, como mostra a Ilustração 3.5, e de que há um tamanho de pedido ótimo, que corresponde ao Lote Econômico de Compra.

Ilustração 3.5 – Custos de estoque e LEC

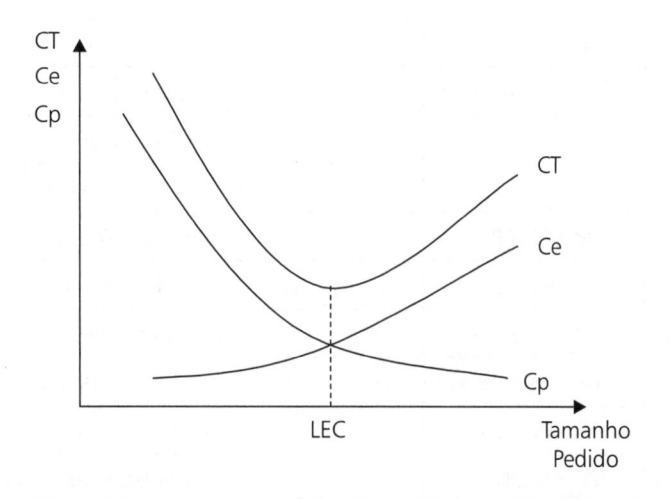

Os custos de estocagem (Ce) da empresa elevam-se conforme aumenta o tamanho do pedido. Esses pedidos maiores significam que a empresa terá um estoque médio maior, de forma que os custos de armazenagem, o custo do capital investido em estoque e os custos de seguro e obsolescência aumentarão.

Por outro lado, o custo de pedido (Cp) diminui conforme aumenta o tamanho do pedido. Os custos de fazer o pedido e os custos de manuseio e embarque da encomenda diminuem ao se efetuar uma quantidade menor de pedidos e, assim, se mantém um estoque médio maior.

O custo total de estoque (CTE) é representado pela soma do custo do pedido (Cp) e do custo de estocagem (Ce). O ponto em que o CTE é minimizado estabelece o LEC, que, por sua vez, determina o nível ótimo de estoque médio da empresa.

O custo de pedido é determinado pelo custo de cada pedido (Cp_u), multiplicado pelo número de pedidos realizados em certo período. O número de pedidos realizados em determinado período é obtido por meio da divisão das vendas ocorridas no período (V) pela quantidade de estoque (Q). Assim, o custo do pedido é dado pela seguinte equação:

$$Cp = Cp_u \times (V/Q)$$

O custo de estocagem é obtido por meio da multiplicação do custo de estocagem unitário (Ce_u) pelo estoque médio (Q/2). Assim, o custo de estocagem é dado pela seguinte equação:

$$Ce = Ce_u \times Q/2$$

E o cálculo do Custo Total de Estoque (CTE):

$$CTE = CP + CE = Cp_u\,(V/Q) + Ce_u\,(Q/2)$$

Para obter o Lote Econômico de Compra, que corresponde à quantidade ótima, de menor custo de estocagem para a empresa, deriva-se a equação do custo total de estoque (CTE) em relação à quantidade (Q). Assim, o LEC é dado pela seguinte equação:

$$LEC = \sqrt{\frac{2(Cp_u)(V)}{Ce_u}}$$

Por exemplo, se a Nossa Loja vende 500 camisetas por mês, se o custo de cada pedido for de $ 4,00 e o custo unitário de estoque de $ 0,064, então o LEC será de aproximadamente 250 camisetas, como mostra a seguinte equação:

$$LEC = \sqrt{\frac{2 \times 4 \times 500}{0,064}} = 250$$

Vamos comprovar através das seguintes alternativas:

		100	200	250	300	400
Quantidade por pedidos	Q =	100	200	250	300	400
Nº de pedidos	V/Q =	5	2,50	2	1,67	1,25
Estoque médio	Q/2 =	50	100	125	150	200
CTP	Cp_u =	20	10	8	6,68	5
CTE	Ce_u =	3,20	6,40	8	9,60	12,80
Custo total	CTP + CTE =	23,20	16,40	16	16,28	17,80

A Ilustração 3.6 apresenta o modelo do LEC, no qual Q corresponde ao estoque disponível (em unidades):

Ilustração 3.6 – Modelo do LEC

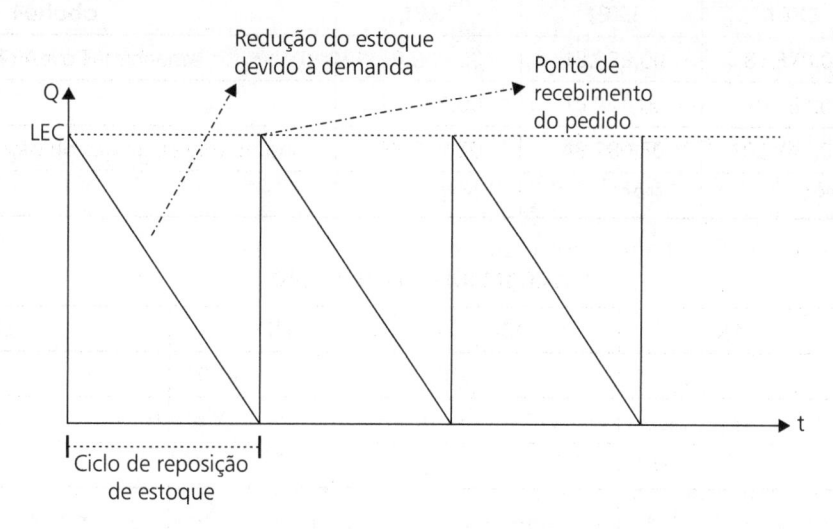

O LEC foi desenvolvido com base em algumas suposições restritivas como:

- as vendas são distribuídas igualmente durante todo o ano, ou seja, as vendas são constantes;
- as vendas podem ser previstas perfeitamente;
- as encomendas são recebidas quando esperadas (não há atraso).

Essas suposições podem ser flexibilizadas para fazer com que o modelo do LEC fique mais próximo da realidade e possa ter melhor aplicabilidade.

EXTENSÕES DO MODELO DO LOTE ECONÔMICO DE COMPRA

Estoque de Segurança

O LEC é um modelo determinístico considerando que a demanda seja conhecida. Contudo, a demanda pelos produtos da empresa é incerta e, devido a isso, a quantidade de recursos que a empresa precisa estocar também é incerta. Pode haver excesso ou falta de estoque. Além disso, pode haver atraso na entrega dos produtos encomendados, ou falhas no processo produtivo da empresa. Para fazer face aos imprevistos (evitar que ocorra falta de estoque), a empresa deve estabelecer um estoque de segurança, como mostra a Ilustração 3.7.

Para determinar o nível adequado do estoque de segurança a empresa deve considerar a variabilidade da demanda e a disponibilidade desejada de produto. Deve ser avaliado o nível de risco associado à manutenção de estoques de segurança, ou seja, quais as chances de a empresa investir em um determinado nível de estoque de segurança, visando garantir disponibilidade do produto, e a demanda real ficar acima do esperado.

A empresa deve considerar, também, os custos associados ao excesso e à falta de produtos em estoque. O custo do excesso envolve não apenas o custo

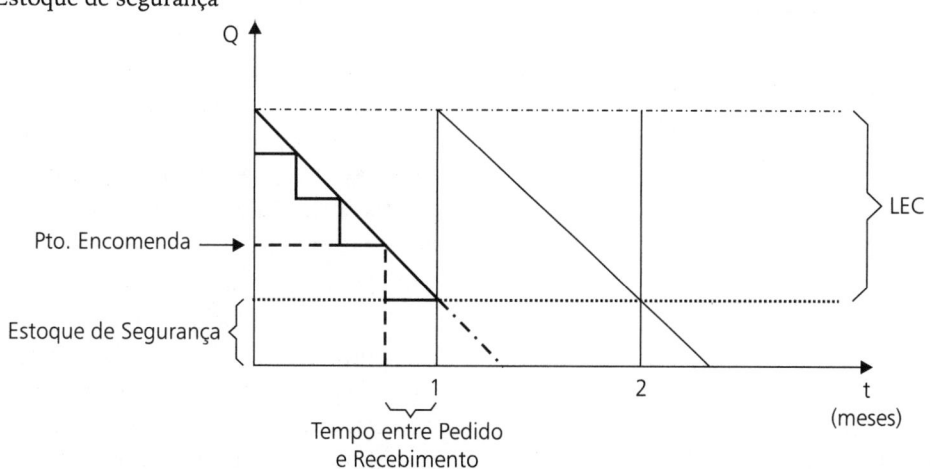

Ilustração 3.7 – Estoque de segurança

de oportunidade de manter estoques de segurança, como também eventuais perdas por obsolescência ou perecibilidade do produto. O custo da falta engloba não apenas a margem de contribuição perdida, em decorrência de não haver disponibilidade do produto, mas também eventuais prejuízos à imagem da empresa.

Para produtos de elevado valor agregado, com elevada taxa de obsolescência ou alto grau de perecibilidade, o risco associado à manutenção de estoques de segurança é considerável. Nesse caso, os estoques de segurança devem ser, sempre que possível, subdimensionados: é óbvio que, no caso de medicamentos de elevado valor estocados em um hospital, esta recomendação deve ser revista. Já os produtos que proporcionam elevadas margens de contribuição, ou cuja indisponibilidade momentânea afete substancialmente a fidelidade dos clientes, devem ter estoques de segurança dimensionados de maneira conservadora.

Para determinar o nível de estoque de segurança de um bem cuja demanda não apresente um padrão estatístico conhecido e que possua volume relativamente elevado considera-se que o comportamento da demanda segue uma distribuição estatística denominada de distribuição normal padronizada, com média igual a zero e desvio igual a um, representada como $N(0,1)$. A distribuição normal padronizada utiliza a variável aleatória desvio-padrão normalizado z. Através da distribuição normal padronizada, dado um valor para a média e para o desvio-padrão, torna-se possível a determinação da probabilidade da ocorrência de qualquer evento.

O estoque de segurança depende da variabilidade da demanda, medida pelo desvio-padrão da demanda (σ), e do risco em que a empresa pretende incorrer se não houver falta de estoque, que corresponde aos valores da variável z.

O estoque de segurança é obtido por meio da seguinte equação:

$$ES = z \cdot \sigma$$

A variável aleatória desvio-padrão normalizado (z) possui valores tabelados, como mostra a Tabela 3.2.

Tabela 3.2 – Variável aleatória z e riscos de falta de estoque.

Número de desvios (Z)	Probabilidade de não haver falta de estoque
1,65	95,00%
1,75	96,00%
1,88	97,00%
2,06	98,00%
2,33	99,00%
3,62	99,99%

Por exemplo, um estoque de segurança igual a 1,65 desvio-padrão, com relação à demanda média, corresponde à probabilidade de 95% de não haver falta de estoque, o que equivale a dizer que o risco de ocorrer falta de estoque é de 5%.

Para diminuir o risco de que ocorra falta de estoque é preciso aumentar o valor da variável z, o que aumenta o estoque de segurança e, por sua vez, os custos para a empresa. Assim, um estoque de segurança igual a 2,06 desvios, em relação à demanda média, corresponde à probabilidade de 98% de não haver falta de estoque. No limite, os estoques de segurança não podem garantir 100% de chances de não haver falta do produto em estoque.

Por exemplo, se a estimativa de vendas da Nossa Loja é de 500 camisetas por mês, em média, com desvio-padrão (σ) de 18,2%, o que equivale a 91 camisetas, e a Nossa Loja deseja que o estoque de segurança seja suficiente para atender à demanda em 95% das situações possíveis, então o estoque de segurança deve ser de aproximadamente 150 camisetas, como mostra a seguinte equação.

$$ES = z \cdot \sigma = 1,65 \cdot 91 = 150,15$$

O modelo do LEC, juntamente com o estoque de segurança, pode ser utilizado para estabelecer o nível apropriado de estoque.

Deve-se salientar que o uso mais adequado da Estatística como meio de se determinar o nível ótimo do estoque de segurança de um certo item baseia-se frequentemente em distribuições de probabilidade empíricas obtidas a partir de dados históricos da demanda do referido item.

Os estoques de segurança podem ser mais precisos se houver comunicação nos diversos elos da cadeia de suprimentos. O que se preconiza é uma imediata troca de informação com o fornecedor, o fornecedor de nosso fornecedor, o cliente e o cliente de nosso cliente. Tal prática se traduz com EAI (do inglês *Enterprise*

Application Integration) e surge como uma evolução dos Sistemas ERP (*Enterprise Resource Planning*). Salgado Junior (2004) traz uma importante contribuição nesse assunto, ao demonstrar uma significativa redução dos custos de estoque por meio dessa integração.

SISTEMAS DE INFORMAÇÃO E ESTOQUES

Muitas empresas estão usando modelos de controle de estoques computadorizados, para fazer com que os estoques se equiparem com os níveis previstos de vendas e sejam coordenados com fornecedores, a fim de reduzir os níveis médios de estoque.

Os sistemas de controle de estoques variam dos muito simples até os mais complexos. Um exemplo de controle simples é o método da linha vermelha, que é um procedimento de controle de estoque em que uma linha vermelha é traçada no local onde determinado produto é estocado para indicar o nível de estoque em que um novo pedido deve ser realizado.

Empresas maiores usam sistemas de controle de estoques computadorizados, nos quais o computador determina os pontos em que novas encomendas devem ser feitas e ajusta os saldos do estoque.

Os sistemas de controle de estoques possuem funções como:

- atualizar registros de estoques: toda vez que ocorre uma transação, como compra ou venda, o volume, a posição e o valor do estoque foram modificados. Essa informação precisa de registro, de modo que seja possível determinar o *status* do estoque a qualquer momento;
- gerar pedidos: as decisões de quanto e quando comprar podem ser realizadas por sistemas de informação de controle de estoque. Provavelmente, a decisão de quanto comprar seja tomada em intervalos menos frequentes, sendo comparada com a demanda e o *lead time*[2] dos pedidos. Já a decisão de quando comprar deve ser mais rotineira e os sistemas de informação a realizam de acordo com regras preestabelecidas.

Além disso, os sistemas de informação de estoques podem gerar automaticamente qualquer documentação requerida, ou transmitir informações de ressuprimento por meio de um sistema eletrônico de intercâmbio de dados (EDI – *Electronic Data Interchange*):

- gerar registros de estoques: os sistemas de informação de estoques podem gerar relatórios regulares de valor do estoque para diferentes itens armazenados, que podem ajudar na monitoração do desempenho do controle de estoque;
- ajudar na previsão de vendas: as decisões com respeito ao estoque devem ter como base a demanda futura dos produtos estocados. Os sistemas de informação de estoques podem comparar a demanda real com a demanda prevista e realizar ajustes na previsão de acordo com os níveis reais de demanda.

MODELOS DE GESTÃO OPERACIONAL DE ESTOQUE

Os modelos de gestão operacional de estoques, embora tenham enfoque nos processos de produção, podem auxiliar na gestão financeira dos estoques. São eles:

- MRP/MRP II;
- OPT;
- *just in time*.

3.4 MRP/MRP II

O MRP ou MRP I (*Material Requirements Planning*) permite que as empresas calculem quantos e que tipos de material serão necessários ao processo produtivo e em que momento. Para realizar isso, o MRP utiliza-se de informações como os pedidos realizados e, também, a previsão de pedidos futuros. O MRP verifica, então, todos os componentes necessários para que a linha de produção consiga atender aos pedidos, garantindo que os insumos sejam providenciados a tempo.

O MRP original foi desenvolvido na década de 1960. Durante os anos 1980 e 1990, o sistema e o conceito do planejamento das necessidades de materiais foram expandidos e integrados a outras áreas da empresa. Dessa forma, ao longo do tempo, o conceito de MRP desenvolveu-se de um foco na gestão de operações, que auxiliava o planejamento e o controle das necessidades de materiais, para tornar-se um sistema corporativo, de apoio ao planejamento de todas as necessidades de recursos do negócio, que é o MRP II (*Manufacturing Resource Planning*).

---

[2] Tempo para entrega.

Ilustração 3.8 – Evolução dos conceitos de MRP I para MRP II.

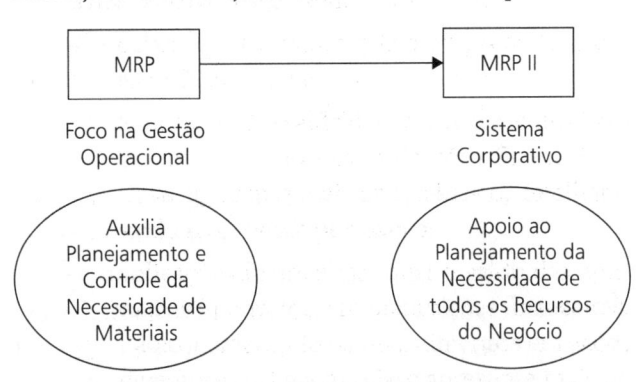

MRP → MRP II

Foco na Gestão Operacional

Auxilia Planejamento e Controle da Necessidade de Materiais

Sistema Corporativo

Apoio ao Planejamento da Necessidade de todos os Recursos do Negócio

O MRP II permite que as empresas avaliem as implicações da demanda futura nas áreas como marketing, finanças e engenharia, assim como analisem as implicações com relação à necessidade de materiais.

Segundo Padoveze (1997), o MRP apresenta os seguintes objetivos:

a) cálculo e planificação das necessidades de materiais comprados e fabricados;
b) liberação dos pedidos e reprogramação dos pedidos em aberto;
c) liberação das ordens de fabricação e reprogramação das ordens em aberto;
d) cálculo e planificação das necessidades de capacidade de produção;
e) planejamento e controle da produção e dos estoques.

3.5 OPT – *Optimized Production Technology*

A OPT é uma técnica computadorizada que auxilia a programação de sistemas produtivos de acordo com o ritmo dos recursos mais fortemente carregados, que são os chamados gargalos.

Se a atividade em qualquer parte do sistema produtivo exceder o ritmo do recurso gargalo, alguns itens estarão sendo produzidos sem que possam ser utilizados e, então, estoques desnecessários serão formados. Se a taxa de atividade estiver abaixo do ritmo do recurso gargalo, todo o sistema estará sendo subutilizado.

A OPT é uma técnica de planejamento da produção que leva em conta as restrições de capacidade, buscando não sobrecarregar parte do sistema produtivo. Ao identificar e localizar a restrição no processo produtivo e ao esforçar-se para removê-la, o planejamento da produção está sempre focalizando a parte do sistema produtivo que determina criticamente o ritmo da produção.

Os recursos gargalos não só determinam a maneira como os estoques são gerenciados, como também influenciam toda a gestão da empresa. Devido à importância desses recursos, é necessária uma atenção maior no que tange ao volume de insumos em estoque, utilizados nos gargalos, a fim de evitar sua paralisação pela falta de insumos e, então, a perda da capacidade produtiva da empresa.

Esta técnica aproveita-se da Teoria das Restrições, de Goldratt. Para Goldratt, cinco passos são necessários:

a) identificar a restrição do sistema, que é justamente o elo mais fraco;
b) explorar a restrição, ou seja, eliminar as perdas e aumentar o ganho;
c) subordinar tudo à decisão anterior;
d) ultrapassar a restrição;
e) voltar ao primeiro passo e identificar a nova restrição.

3.6 *Just in time*

Criado no Japão, o *just in time* (JIT) é uma filosofia de gestão empresarial que busca, através do conceito da produção puxada pela demanda, a eliminação total dos estoques. A empresa, assim, passa a produzir apenas aquilo para o qual existe uma demanda definida, sendo que, somente após a determinação desta, é que se dá início à produção. O JIT, com isso, torna-se uma ferramenta importante para o administrador, responsável pela gestão da empresa, na medida em que diagnostica as falhas existentes no processo produtivo.

A eliminação dos estoques implica em mudanças no processo de produção da empresa, tais como a redução no tempo de produção, a diminuição no nível de matéria-prima fornecida, a minimização das ocorrências de defeitos nos produtos, como também a simplificação da linha produtiva.

A Ilustração 3.9 demonstra de forma resumida o sistema *just in time*. Os fornecedores enviam materiais para a fábrica apenas no momento (hora) necessário para a produção.

Ilustração 3.9 – Forma resumida do sistema *just in time*.

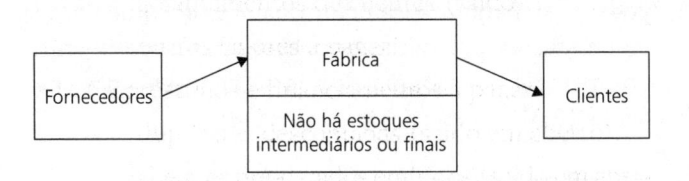

Fornecedores → Fábrica (Não há estoques intermediários ou finais) → Clientes

Fonte: Padoveze (1997).

> **Boxe 3.1   Just in time *na Fiat*.**
>
> Existem na Fiat dois tipos de *just in time*: um chamado JIT sincronizado ou sequenciado, caracterizado por estoque zero; e o outro, o JIT *working in progress*, caracterizado por estoques de poucas horas (aproximadamente 3 horas). Esses dois tipos de *just in time* foram implantados na Fiat e tinham como objetivo minimizar os impactos gerados na cadeia logística.
>
> A introdução e efetivo funcionamento do JIT requerem proximidade geográfica dos fornecedores para evitar atrasos no tempo de entrega e para reduzir o estoque, de forma que o espaço físico dentro da planta possa ser racionalizado, a necessidade de capital de giro reduzida e o espaço liberado para a construção de novas linhas de montagem, se necessário. Para trabalhar dessa maneira, o fornecedor teve que atender às seguintes exigências:
>
> 1. Estar localizado em distância não superior a 100 quilômetros da fábrica
> 2. A qualidade tem que ser assegurada
> 3. Sistema ou peças volumosos
> 4. Embalagens especiais
> 5. A localização deve permitir trânsito livre
> 6. O transporte deve ser padronizado
> 7. Pequeno *turnover* de pessoal especializado na operação do JIT tanto na Fiat quanto nos fornecedores.
>
> O requerimento de qualidade é um item básico, sendo que o cumprimento dos prazos de entrega é exigência rigorosa. A montadora tem como objetivo receber a peça ou o sistema com qualidade assegurada em determinada hora e para uma sequência programada semanalmente de determinados modelos de veículos, que entram em sua linha de montagem, mas que pode ser modificada com algumas horas de antecedência.
>
> No início, foram implantados 6 fornecedores com pouco mais de 600 desenhos. Dois anos depois, o número de fornecedores saltou para 27 com 1.650 desenhos. Três anos após, a quantidade de fornecedores abaixou, porém a quantidade de itens geridos aumentou para 5.500. Finalmente, existem 11 fornecedores em JIT entregando cerca de 5.900 itens à produção, sendo 98% deles em JIT sequenciado. Os benefícios adquiridos com a entrega de peças em JIT foram:
>
> a) redução dos níveis de estoques de 5 dias para 0,7 dias;
> b) eliminação de 18.000 m² de área utilizada para estoque;
> c) redução do capital circulante; e
> d) flexibilidade no processo produtivo.
>
> Há que se observar também que, dadas as exigências do sistema JIT, poucos fornecedores conseguem se adaptar, havendo uma seleção natural no fornecimento.

Fonte: BNDES (2001).

Cabe lembrar que a decisão de se usar MRP ou JIT não depende apenas da vontade da organização. As condições de mercado, a demanda e a repetitividade da produção irão condicionar as escolhas. O JIT depende de uma produção repetitiva, bem definida e com demanda conhecida e estável ao longo dos períodos de tempo. O MRP contorna melhor as mudanças na demanda e a não repetibilidade dos produtos. A adoção do JIT terá menores custos para a empresa, mas nem sempre sua execução é possível, pois o comprometimento da demanda, dos fornecedores e dos clientes podem inviabilizar os requisitos necessários.

3.7 Compras

Uma visão simplista da atividade de compras é o mero ato de comprar, ao se encontrar um fornecedor que esteja disposto a trocar bens ou serviços por determinada soma em dinheiro. Essa concepção de compras tornou-se conhecida como a visão transacional, baseada na ideia de que o ato de comprar diz respeito a simples trocas, com comprador e vendedor interagindo entre si, como mostra a Ilustração 3.10.

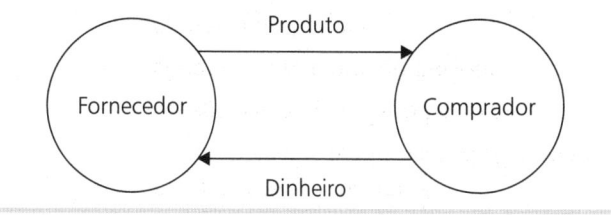

Ilustração 3.10 – Relacionamento transacional

A visão transacional ainda é utilizada no processo de aquisição de itens de baixo custo, que podem ser comprados de muitos fornecedores concorrentes. Contudo, não pode ser considerada base para a maioria das compras da empresa.

Uma atenção maior deve ser dedicada ao desenvolvimento de relacionamentos mútuos entre fornecedores e compradores, em que os benefícios da negociação decorrem de ideias de compartilhamento, não apenas de troca, como mostra a Ilustração 3.11.

Ilustração 3.11 – Relacionamento mútuo

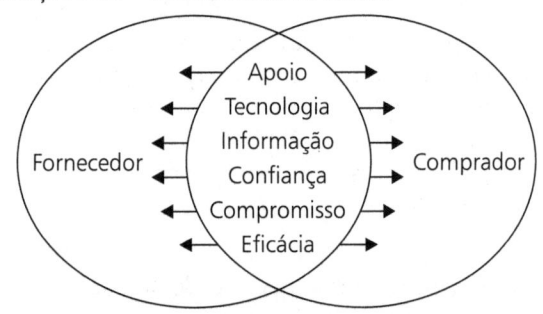

Fornecedor ↔ Apoio, Tecnologia, Informação, Confiança, Compromisso, Eficácia ↔ Comprador

Em um relacionamento mútuo, a ênfase está em construir um resultado satisfatório conjunto, como, por exemplo, na utilização de novas tecnologias. Os dois lados, comprador e vendedor, devem ter o propósito de identificar interesses comuns e de adicionar valor, o que não é possível em uma simples transação.

Embora seja razoável que uma empresa deva ter apenas a quantidade mínima de estoques necessária para sua produção ou distribuição, deve-se ter o devido cuidado para não se comprar pequenas quantidades por diversas vezes ou quantidades muito grandes em poucas vezes. Comprar pequenas quantidades frequentemente leva a um custo excessivo de reposição, e comprar quantidades maiores em menos pedidos de compra leva a custos majorados em estocagem. Dessa maneira, comprar quantidades necessárias com fornecedores liberando itens sob demanda pode ser uma alternativa econômica, quando possível. A busca pela quantidade adequada deve ser uma pesquisa permanente da empresa, confrontando custos e receitas *versus* seu impacto no capital de giro e no nível de serviço pretendido junto aos clientes.

O preço do produto ou serviço a ser adquirido é o fator mais frequentemente associado às responsabilidades de compras. A função de compras exerce papel importante no julgamento do preço correto de qualquer aquisição; contudo, deve ser dada maior atenção ao custo total de aquisição do que ao preço. O custo total de aquisição representa mais do que o preço. O custo total é o que a empresa realmente paga pelo bem ou serviço, incluindo estocagem, inspeção, conserto, retificação, defeitos, manutenção, impostos alfandegários e assim por diante.

O preço é o custo mais visível na maioria das aquisições e, em muitos casos, também será o maior componente do custo total de aquisição. Contudo, alguns produtos ou serviços, que possuem preço baixo, podem representar um custo total de aquisição elevado.

O custo total de materiais também é influenciado pelos níveis de estoques. A função compras tem um papel importante na estocagem. A área de compras deve julgar as condições de mercado de suprimentos para assegurar os níveis de materiais necessários ao atendimento das atividades da empresa. A área de compras também precisa considerar as mudanças de preços, a disponibilidade, a possível escassez ou o excesso de materiais, bem como as condições financeiras da empresa.

A área de compras não deve apenas adquirir determinado material para ser utilizado no processo produtivo, mas também, por exemplo, adquirir um produto de qualidade, que inclua serviços, materiais ou componentes que sejam econômicos. Isso, por sua vez, pressupõe que esse produto seja atraente para o fornecedor vender, a empresa processar e o cliente consumir.

Uma área de compras fraca, que, por exemplo, simplesmente adquire o que a produção solicita, perde a oportunidade de contribuir para a adição de valor ao processo produtivo. Isso não significa que a área de compras deve, por exemplo, usurpar a função de projeto do produto, mas deve informar às outras áreas da empresa as restrições e oportunidades relacionadas às especificações do produto.

Na empresa, a área de compras tem os objetivos de:

- suprir a organização com um fluxo seguro de materiais e serviços necessários para atender às atividades da empresa;
- adquirir materiais e serviços de maneira eficaz, obtendo, de maneira ética, a melhor relação custo-benefício;
- assegurar continuidade de suprimento para manter relacionamentos efetivos com fornecedores existentes e buscar outras fontes de suprimento para atender a necessidades planejadas ou emergenciais;
- manter relacionamentos cooperativos com outros departamentos da empresa, fornecendo e recebendo informações e aconselhamentos necessários para assegurar a operação eficaz de toda a organização.

Além disso, podem ser acrescentados alguns objetivos mais específicos, como:

- selecionar os melhores fornecedores do mercado;
- manter o equilíbrio correto entre qualidade e valor;
- monitorar as tendências do mercado de suprimentos;
- negociar eficazmente com fornecedores que buscam benefícios mútuos por meio de desempenho economicamente superior.

Dessa forma, a área de compras deve ser gerenciada como uma área que adiciona valor aos produtos ou serviços da empresa, não apenas como uma área de redução de custos.

Segundo Francisco Muniz Ventura, "a compra é mais importante que a venda", pois segundo ele só um bom começo pode trazer resultados compensatórios no final da linha. Na indústria, as compras representam 20% a 40% do preço de venda, enquanto no comércio a relação é de 50% a 70%; portanto, neste caso, uma compra errada terá peso muito maior.

Podemos estabelecer os passos para avaliar as alternativas para realização de uma boa compra, conforme a Tabela 3.3.

Tabela 3.3 – Os passos para a realização de uma boa compra

Coleta de preços realizada			
	Fornecedor A	Fornecedor B	Fornecedor C
Preço a prazo por unidade (sem IPI)	120,00	110,00	120,00
Prazo de pagamentos	28 dias	21 dias	35 dias
ICMS	18%	12%	18%
Frete por unidade	0,00	3,00	1,00
1º passo: acrescentar o valor do frete ao preço a prazo do produto			
Preço a prazo por unidade (sem IPI)	120,00	110,00	120,00
(+) Frete por unidade	0,00	3,00	1,00
(=) Custo total de aquisição	**120,00**	**113,00**	**121,00**
2º passo: descontar o valor do crédito de ICMS do custo total de aquisição			
Preço a prazo por unidade (sem IPI)	120,00	110,00	120,00
(+) Frete por unidade	0,00	3,00	1,00
(=) Custo total de aquisição	120,00	113,00	121,00
(–) Crédito de ICMS	21,60	13,56	21,78
(=) Custo líquido de aquisição	**98,48**	**99,44**	**99,22**
3º passo: identificar a melhor alternativa de compra			
Preço a prazo por unidade (sem IPI)	120,00	110,00	120,00
(+) Frete por unidade	0,00	3,00	1,00
(=) Custo total de aquisição	120,00	113,00	121,00
(–) Crédito de ICMS	21,60	13,56	21,78
(=) Custo líquido de aquisição	98,40	99,44	99,22
(–) Encargos financeiros (5% a.m.)	4,58	3,46	5,81
(=) Custo líquido a vista	**93,82**	**95,88**	**93,41**
4º passo: identificar a melhor opção			
Preço a prazo por unidade (sem IPI)	120,00	110,00	120,00
(+) Frete por unidade	0,00	3,00	1,00
(=) Custo total de aquisição	120,00	113,00	121,00
(–) Crédito de ICMS	21,60	13,56	21,78
(=) Custo líquido de aquisição	98,40	99,44	99,22
(–) Encargos financeiros (5% a.m.)	4,58	3,46	5,81
(=) Custo líquido a vista	93,82	95,88	93,41
Melhor Opção			X

Fonte: Ibañez (1996).

Modalidade Eletrônica de Compra

Com a evolução da Tecnologia da Informação e das comunicações, as empresas passam a dispor de novas modalidades de compras: catálogos eletrônicos (*e-procurement*); automação de solicitações de cotações e colocação de ordens de compras; e processos de leilões em portais (*marketplaces*) privados ou públicos.

As compras por catálogo eletrônico, também conhecidas como *e-procurement*, são um sistema que proporciona uma negociação com um número grande de fornecedores por meio de catálogos eletrônicos.

A automação de solicitações de cotações e colocação de ordens de compras processa-se, segundo Colangelo Filho (2001), da seguinte forma:

- o comprador prepara o processo de cotação, definindo os materiais que serão adquiridos, as quantidades, datas de entrega e outros dados relevantes;
- as cotações podem ser abertas, quando não há restrições quanto aos fornecedores participantes, ou fechadas, quando eles são pré-selecionados;
- os fornecedores respondem às solicitações, enviando as cotações ao portal público ou ao comprador por meio eletrônico;
- após receber as cotações, o comprador seleciona a mais conveniente e gera um pedido de compras, que será encaminhado ao fornecedor diretamente ou por meio do portal.

Com estes processos eletrônicos de compras, ganha força o leilão reverso. O objetivo principal do leilão reverso é a redução de custos. Enquanto no leilão tradicional é considerado vencedor o que dá o maior lance, no leilão reverso, como o próprio nome sugere, é considerado o vencedor o que der o menor lance.

Em linhas gerais, segundo Colangelo Filho (2001), funciona da seguinte forma:

- o comprador cria um processo de leilão, definindo quais são os materiais que necessita adquirir, as quantidades e as datas de entrega. Define também datas de início e fim do processo de ofertas. O leilão pode ser aberto a qualquer fornecedor ou dirigido a um grupo predefinido;
- os fornecedores são comunicados e o leilão é aberto para ofertas. Quando uma oferta é colocada, todos os participantes têm conhecimento dos preços oferecidos, porém não sabem qual foi o ofertante;
- ao final do processo de ofertas, o comprador pode firmar um contrato ou colocar seu pedido de compra com o fornecedor.

LOGÍSTICA E ESTOCAGEM

Na gestão dos estoques, um processo fundamental é a logística, que tanto avançou em conhecimentos e aplicação que passou a incorporar a própria gestão dos estoques. A logística não lida com detalhes de processo de produção, como o controle dos estoques de materiais em processamento e a qualidade das operações. A missão da logística é dispor a mercadoria ou o serviço determinado, no lugar determinado, no momento determinado e nas condições desejadas.

A logística diz respeito à agregação de valor. O valor em logística é expresso em termos de *tempo* e *lugar*. Produtos ou serviços não têm valor a menos que estejam sob a posse dos clientes quando (tempo) e onde (lugar) eles desejam consumi-los.

A importância da logística tem aumentado devido a algumas razões como:

- rápido crescimento dos custos, particularmente dos relativos aos serviços de transporte e armazenagem;
- desenvolvimento de técnicas matemáticas e do equipamento de computação capazes de tratar, de maneira eficaz, a massa de dados normalmente necessária para a análise de um problema logístico;
- complexidade crescente da gestão de materiais e da distribuição física, tornando necessário o desenvolvimento de sistemas mais complexos;
- tendência dos varejistas e atacadistas de transferir as responsabilidades de gestão de estoques para os fabricantes.

Os custos representam parte importante no processo de decisão na gestão logística. As empresas buscam balancear os custos básicos de transporte e de manutenção de estoques, de tal modo que deste processo resultem custos totais relativamente baixos. A importância dos custos logísticos varia de acordo com o setor em que a empresa atua, de acordo com as características físicas do produto e com a maneira como as políticas administrativas da empresa consideram a logística.

É grande o impacto da Tecnologia da Informação sobre o desenvolvimento dos processos logísticos. Um bom exemplo é a introdução do intercâmbio eletrônico de dados (EDI – *Electronic Data Interchange*). Outros exemplos de utilização da Tecnologia da Informação no gerenciamento logístico são:

- Sistemas de Informações Logísticas;
- Sistemas de Gerenciamento de Transportes;
- Sistemas de Gerenciamento de Armazéns;
- Sistemas de Planejamento Logístico;
- Sistemas de Processamento de Pedidos e Atendimento aos Clientes;
- Banco de Dados Logístico;
- Sistemas de Gerenciamento de Estoques;
- ERP (*Enterprise Resource Planning*).

3.8 Evolução dos conceitos: integração da cadeia de suprimentos

O conceito de logística sofreu grande evolução. A logística, em um primeiro estágio, estava muito associada à gestão do transporte e, posteriormente, à distribuição física, sendo tratada simplesmente como uma área de controle de custos. Em um segundo estágio, a logística passa a ser reconhecida como detentora de capacidade para aumentar as vendas e gerar impacto positivo nos resultados. Em um terceiro estágio, ela demonstra sua força, ao diferenciar produtos e serviços oferecidos pelos competidores e, dessa maneira, é chave para a segmentação de mercado. Essa evolução chega a um quarto estágio, em que os processos logísticos são fundamentais para o alcance de vantagens estratégicas de uma empresa. É a partir desse quarto estágio que passa a ser discutido o conceito de logística integrada, de seus principais processos e de seu envolvimento com a gestão da cadeia de suprimentos (SCM – *Supply Chain Management*).

A logística é uma extensão da gestão da distribuição física e, normalmente, refere-se à gestão do fluxo de bens e serviços. A Gestão da Cadeia de Suprimentos é um conceito desenvolvido com uma abrangência maior e com enfoque holístico, que gerencia além das fronteiras da empresa. Isso implica em coordenar os principais clientes e fornecedores no planejamento e reabastecimento de estoques.

Segundo o *Council of Supply Chain Management Professionals* (CSCMP),[3] logística é o processo da cadeia de suprimentos que planeja, implementa e controla o fluxo e o estoque de bens e serviços e suas informações, do ponto de origem até o ponto de consumo, de maneira eficiente e eficaz, buscando a satisfação do cliente. A definição formulada há pouco traz importantes contribuições para um melhor delineamento do conceito de logística integrada, exprimindo toda a amplitude da logística, destacando desde sua visão estratégica focada no atendimento ao cliente e no comprometimento com a extensão da cadeia de suprimentos até o nível mais operacional, por meio da preocupação com o controle das atividades que envolvem os fluxos físicos e de informações. É importante destacar, também, a visão de processos e de integração de um conjunto de atividades que passa por toda a organização e expande-se por outros elementos da cadeia de suprimentos, sempre com foco nas necessidades dos clientes.

Dessa forma, associar o termo *logística* exclusivamente ao gerenciamento de materiais ou à distribuição física faz com que a logística tenha escopo limitado. A gestão de materiais envolve a compra, o transporte e o armazenamento de matérias-primas necessárias ao processo produtivo, bem como o gerenciamento do trabalho em processo. Já a gestão da distribuição física aborda o gerenciamento das saídas de produção por meio dos canais de distribuição, como armazéns internos ou externos, centros de distribuição, atacadistas, varejo, até chegar ao consumidor.

A Ilustração 3.12 apresenta alguns termos utilizados para descrever a gestão de diferentes partes da cadeia de suprimentos.

Esforços voltados à integração do gerenciamento da cadeia de suprimentos têm possibilitado melhorias no desempenho das empresas, como redução de custos. São reconhecidos os benefícios significativos a serem ganhos ao tentar dirigir estrategicamente toda uma cadeia em direção à satisfação dos clientes finais.

Gerenciar a cadeia de suprimentos é um complexo desafio, uma vez que as empresas devem gerenciar além de suas fronteiras. Cada elemento do sistema logístico adiciona custos ao produto final e influencia as decisões tomadas por outros membros do mesmo, o que pode resultar em conflitos, uma vez que cada elemento busca minimizar seus próprios custos e reduzir seus próprios riscos, o que muitas vezes implica em custos maiores para os outros elementos do sistema e para o sistema como um todo.

Para cortar custos, os gerentes precisam saber exatamente o que a empresa gasta em armazenagem, transporte, recebimento, processamento de pedidos e outras funções essenciais de logística. No entanto, a maioria dos gerentes de logística frequentemente se depara com grandes obstáculos quando se tenta extrair informações de custo em sistemas de gestão tradicionais. Como resultado, muitos se voltaram para o custeio baseado em atividades (ABC).

---

[3] Veja. Disponível em: <www.cscmp.org>. Acesso em: 19 abr. 2013.

Ilustração 3.12 – Evolução dos conceitos relativos a redes de suprimentos

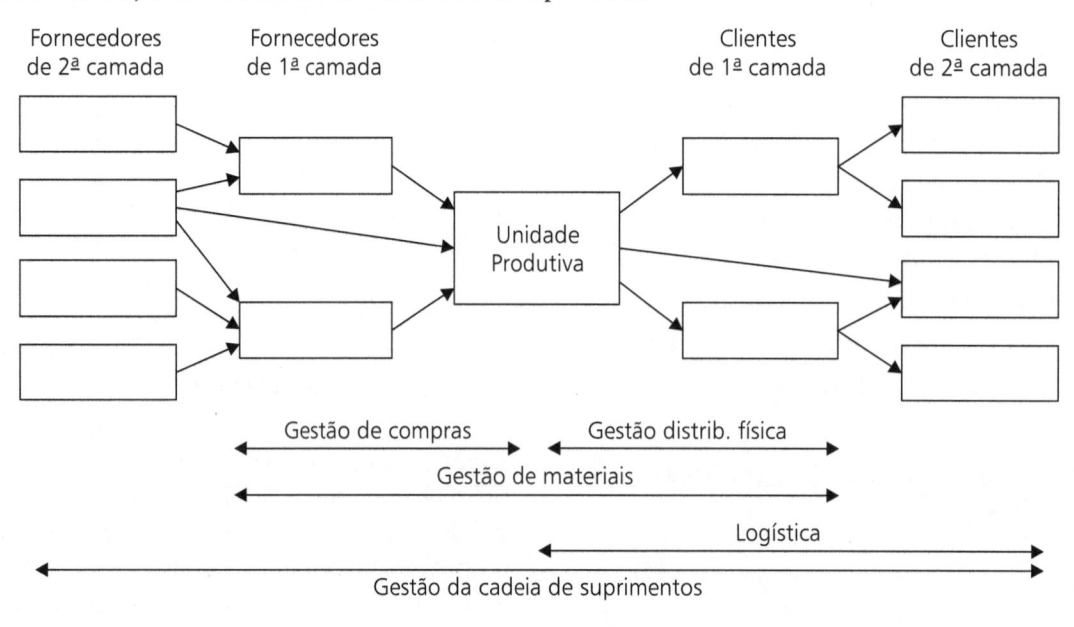

```
Fornecedores      Fornecedores                          Clientes         Clientes
de 2ª camada      de 1ª camada                          de 1ª camada     de 2ª camada

         [diagrama de rede de suprimentos com Unidade Produtiva ao centro]

                      |← Gestão de compras →|← Gestão distrib. física →|
                      |←        Gestão de materiais                   →|
                                              |←        Logística     →|
         |←                 Gestão da cadeia de suprimentos            →|
```

Fonte: Slack, Chambers e Johnston (2002).

Gerentes de logística que procuram controlar os custos podem se concentrar primeiro em renegociação de valores pagos em fretes, e simplificando as operações logísticas, frequentemente firmando parcerias sob contrato com fornecedores de materiais e serviços. Outra alternativa que se mostra frequentemente favorável implica em desenvolver sistemas de transporte regionalizados, fazendo uso de centros de distribuição estrategicamente posicionados em termos geográficos e a partir destes centros de distribuição realizar o transporte com veículos menores e mais flexíveis, ou então realizar transportes em cargas fechadas para um único cliente por vez. Ainda, uma boa coordenação entre a equipe de vendas e a logística da empresa permite grandes economias de escala e o perfeito cumprimento de prazos e acordos junto aos clientes, além de simplificar o envio e o recebimento das mercadorias por meio de racionalização de processos internos das empresas envolvidas.

Finalmente, atualmente está bem claro nos meios empresariais e acadêmicos que a Internet teve um impacto dramático sobre as operações logísticas. Da ordem em tempo real de rastreamento para a documentação automatizada de uma exportação, por exemplo, a Internet libera o pessoal de logística para realizar o trabalho mais intelectual e menos repetitivo, gerando grandes economias de recursos financeiros, por exemplo, via digitalização de documentos e assinaturas eletrônicas, uso de *chips* de identificação e código de barras.

Boxe 3.2 *A logística da Lagoa da Serra.*

A Lagoa da Serra, que iniciou suas atividades em 1971, está localizada na cidade de Sertãozinho no interior de São Paulo, atuando no segmento de sêmen animal. Esta tem como missão: "Satisfazer nossos clientes oferecendo excelência em qualidade genética, reprodutiva e sanitária."

Para a Lagoa da Serra o processo de logística não compreende apenas o transporte de produto, vai muito além disso: este começa com o controle de fornecimento de produtos para industrialização do sêmen até a entrega do produto acabado ao cliente ou representante. Neste intervalo, inclui-se o recebimento, armazenamento, processamento dos pedidos, preparação do produto, faturamento e por último a expedição. Todo este processo é realizado por equipes bem treinadas e com único objetivo, a satisfação dos clientes.

A Logística:

1. **Recebimento dos Pedidos:** os pedidos são recebidos eletronicamente através de um *software* de gerenciamento de vendas, In-

ternet ou via *fax*. Estes também podem ser realizados por meio da central.

2. **Despacho da Mercadoria:** logo após o recebimento dos pedidos, o banco de sêmen é contatado eletronicamente e em seguida à aprovação é acionado o despacho da mercadoria.

3. **Transporte da Mercadoria:** existem três tipos de botijões onde são realizados os transportes: pequenos, médios e de grande porte, este último com a capacidade de até 8.000 doses, sendo pouco utilizado. Os botijões mais utilizados são os de 600 doses. Num raio de 1.000 km da central de distribuição, a Lagoa da Serra faz as entregas através de veículos próprios com motoristas treinados para manuseio do sêmen. Para as demais localidades são utilizadas transportadoras devidamente homologadas, com instrução de manuseio dos botijões.

4. **Prazos de Entrega:** o prazo de entrega em média para todo o Brasil é de até 10 dias. Este prazo compreende desde a entrega do pedido na central até o recebimento do cliente.

Fluxo de Entrega:

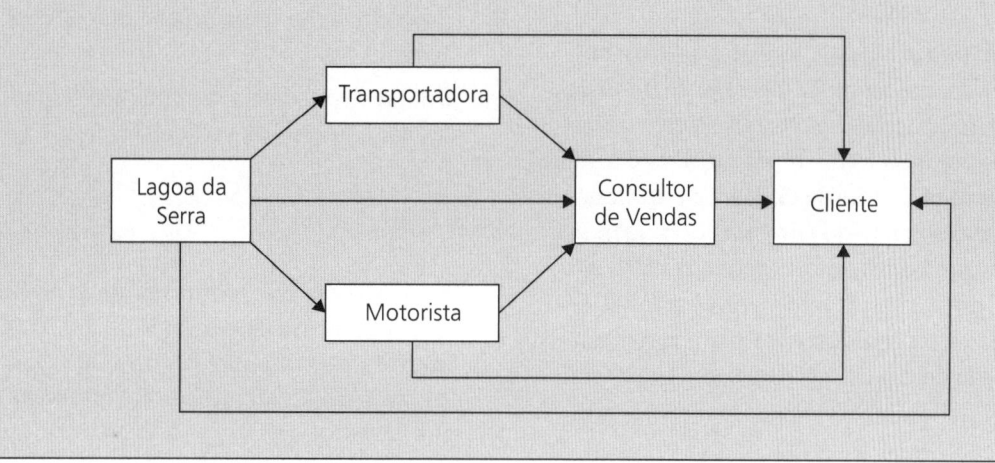

```
                    ┌──────────────┐
                    │ Transportadora│
                    └──────────────┘
                   ↗              ↘
┌──────────┐                        ┌──────────┐           ┌─────────┐
│ Lagoa da │ ─────────────────────→ │Consultor │ ────────→ │ Cliente │
│  Serra   │                        │de Vendas │           └─────────┘
└──────────┘                        └──────────┘
                   ↘              ↗
                    ┌──────────────┐
                    │  Motorista   │
                    └──────────────┘
```

Resumo

Estabelecer um nível adequado de estoque é importante para gestão do capital de giro, uma vez que o estoque implica em custos e riscos para a empresa e, dessa forma, influencia a rentabilidade do negócio. Para estabelecer o melhor nível de estoque é necessário que sejam realizadas previsões de vendas. O desenvolvimento de técnicas de previsão cada vez mais sofisticadas, paralelamente ao advento da Tecnologia da Informação, tem facilitado a implantação do processo de previsão de vendas nas empresas. Para melhorar o nível da precisão do processo de previsão de vendas é necessário entender a melhor maneira de organizar a previsão de vendas, de acordo com as necessidades dos diversos departamentos da empresa.

Os principais aspectos relacionados com a gestão financeira de estoques são os custos e os riscos inerentes aos estoques. Dentre os custos inerentes ao estoque temos o custo de estocar; o custo de encomendar, embarcar e receber; e o custo de insuficiência de estoque. Os riscos de estocagem são os relativos a furtos, deterioração, obsolescência, queda nos preços de mercado dos produtos estocados. Além disso, há o risco de perda de vendas, devido à falta de estoque.

O objetivo da gestão de estoques é proporcionar um nível adequado de estoques, que seja capaz de sustentar o nível de atividade da empresa e que tenha o menor custo possível.

As abordagens clássicas para a gestão de estoques são a curva ABC e o Lote Econômico de Compra (LEC). A curva ABC é um sistema para monitorar os níveis de estoque. O LEC é um método que busca auxiliar o administrador na gestão de estoques, tendo como base o estabelecimento de um tamanho ótimo de pedido de mercadorias.

O estoque de segurança é utilizado pelas empresas para fazer face aos imprevistos (evitar que ocorra falta de estoque). Para determinar o nível adequado do estoque de segurança a empresa deve considerar a variabilidade da demanda e a disponibilidade desejada de produto.

Muitas empresas estão usando modelos de controle de estoques computadorizados, para fazer com que os estoques se equiparem com os níveis previstos de vendas e sejam coordenados com fornecedores, a fim de reduzir os níveis médios de estoque. Os modelos de gestão operacional de estoques mais comuns são MRP/MRP II, OPT e *just in time*.

Uma visão simplista da atividade de compras é o mero ato de comprar. Entretanto, a área de compras é muito mais do que isso. A área de compras deve ser gerenciada como uma área que adiciona valor aos produtos ou serviços da empresa, não apenas como uma área de redução de custos.

A Logística é uma extensão da gestão da distribuição física e normalmente refere-se à gestão de fluxo de bens e serviços e informações relativas a estes, a partir de uma empresa, até os clientes finais, através de um canal de distribuição. A Gestão da Cadeia de Suprimentos é um conceito desenvolvido com uma abrangência maior e com enfoque holístico, que gerencia além das fronteiras da empresa. Isso implica em coordenar os principais clientes e fornecedores no planejamento e reabastecimento de estoques.

Questões

1. Apresente as diferenças, sob o ponto de vista do gerenciamento financeiro, dos ciclos operacional, econômico e financeiro, e comente os prós e contras de se utilizarem prazos médios na apuração dos mesmos.
2. Quais são as dificuldades inerentes em se realizarem previsões de vendas, e de que modo as mesmas podem ser contornadas/minimizadas?
3. Mostre quais seriam os passos na implementação de um sistema integrado de gestão de estoques entre um cliente e um fornecedor, indicando as funções-chave desempenhadas pelo mesmo nas duas empresas.
4. O *just in time* é um processo que se baseia no nível de estoque mínimo, tanto em matérias-primas quanto em estoques em processo e produtos acabados. Contraponha suas vantagens e desvantagens em relação a um sistema de gestão baseado em MRP.
5. Crie um sistema de compras eletrônico detalhado em que uma empresa cliente estabelece um sistema de leilão reverso para realizar seus pedidos. Esta modalidade de compra apresenta quais vantagens e quais desvantagens?
6. Quais os custos que estão relacionados com a estocagem?
7. Quais os fatores que influenciam diretamente na gestão de estoques?
8. Quais são os objetivos do MRP?
9. Comente sobre a utilização do OPT na gestão do estoque.
10. Qual a importância de uma boa logística no processo da gestão de estoque?

Exercícios

1. A Nossa Loja apresentou no início do ano de 200X na conta de estoque o valor de R$ 10.000,00 e no final do mesmo ano R$ 15.000,00. O custo da mercadoria vendida foi de R$ 60.000,00. Qual é o giro de estoque?
2. A Loja de calçados Calça Bem Ltda. vende uma média de 800 pares de sapato por mês. O custo unitário de cada pedido é de R$ 2,00 e o custo unitário de estoque é de R$ 0,50. Calcule o LEC.
3. A loja de calçados Calça Bem Ltda. vende em média 800 pares de sapato e apresenta um desvio-padrão de 15%. Se o diretor deseja uma probabilidade de não haver falta de produto de 96%, qual deverá ser o estoque de segurança?
4. Utilize os dados de controle de estoque abaixo para montar a curva ABC. Calcule também o faturamento acumulado e a porcentagem acumulada do faturamento, e faça um sistema de codificação para cada produto com o objetivo de inserir o mesmo em um sistema de informações.

Produto	Preço de venda	Volume de vendas
Calça *jeans*	180,00	215
Calça social	246,00	368
Camisa estampada	85,00	254
Camiseta regata	63,00	148
Cueca	15,00	256
Meia esportiva	5,00	985
Cinto social	35,00	874
Sapato social	335,00	254
Sapato esportivo	289,00	698
Terno	757,00	159
Carteira de couro	315,00	358
Carteira sintética	51,00	659

Produto	Preço de venda	Volume de vendas
Gravata	44,00	361
Meia social	15,00	789
Lenço	11,00	753
Cinto esportivo	25,00	456
Camisa social	92,00	251
Camisa polo	110,00	963
Bermuda social	64,00	147
Camiseta	22,00	854

5. Complete a tabela a seguir, relativa à cotação de compra de um determinado item, e defina qual a melhor alternativa disponível:

Coleta de preços realizada			
	Fornecedor A	Fornecedor B	Fornecedor C
Preço a prazo por unidade (sem IPI)	120,00	110,00	120,00
Prazo de pagamentos	28 dias	21 dias	35 dias
ICMS	18%	12%	18%
Frete por unidade	0,00	3,00	1,00
1º passo: acrescentar o valor do frete ao preço a prazo do produto			
Preço a prazo por unidade (sem IPI)			
(+) Frete por unidade			
(=) Custo total de aquisição			
2º passo: descontar o valor do crédito de ICMS do custo total de aquisição			
Preço a prazo por unidade (sem IPI)			
(+) Frete por unidade			
(=) Custo total de aquisição			
(–) Crédito de ICMS			
(=) Custo líquido de aquisição			
3º passo: identificar a melhor alternativa de compra			
Preço a prazo por unidade (sem IPI)			
(+) Frete por unidade			
(=) Custo total de aquisição			
(–) Crédito de ICMS			
(=) Custo líquido de aquisição			
(–) Encargos financeiros (3,5% a.m.)			
(=) Custo líquido a vista			

4º passo: identificar a melhor opção			
Preço a prazo por unidade (sem IPI)			
(+) Frete por unidade			
(=) Custo total de aquisição			
(–) Crédito de ICMS			
(=) Custo líquido de aquisição			
(–) Encargos financeiros (% a.m.)			
(=) Custo líquido a vista			
Melhor Opção			

Estudo de caso

A gestão eficiente de estoques corresponde a uma gama de atividades de prospecção e avaliação operacionais, que produzem uma série de subsídios ao tomador de decisão. As técnicas matemáticas utilizadas derivam da necessidade direta de se obter uma quantificação relativamente eficiente de inventário de cada item para que a empresa opere com um nível de eficiência financeira adequada à sua disponibilidade de capital de giro e às suas perspectivas de mercado.

Suponha uma situação em que você se encontre no papel de um consultor de empresas na área de Logística e Gestão de Materiais e seja convidado a propor soluções que diminuam os custos operacionais de uma grande rede supermercadista especializada em vendas a granel, a Brasil Varejo.

A empresa passa por um momento em que um rápido crescimento de sua rede de lojas não foi acompanhado por mudanças necessárias na gestão de estoques. Assim, não foram realizadas mudanças nas práticas costumeiramente empregadas de relacionamento com fornecedores. Constam nos quadros a seguir dados relativos aos ciclos operacional, econômico e financeiro da empresa (em dias) e previsões de vendas semanais para produtos selecionados.

Dados dos ciclos operacional, econômico e financeiro para produtos selecionados da Brasil Varejo

Item	PME	PMP	PMR	% do faturamento
Hortifrutigranjeiros	3	A vista	12	9
Frios	14	16	14	5
Carnes	6	4	19	27
Produtos de limpeza	22	7	11	6
Bebidas	9	A vista	8	11
Condimentos e temperos	29	13	6	3
Grãos e cereais	23	5	14	26

Previsões de vendas aproximadas para itens selecionados da Brasil Varejo (em toneladas)

Item	Semana X	% de desvio-padrão	Mês Y	% de desvio-padrão
Hortifrutigranjeiros	7 ton.	11,3	28,7 ton.	10
Frios	1,3 ton.	4,9	6,5 ton.	5,5
Carnes	4,7 ton.	8,9	14,7 ton.	9,4
Produtos de limpeza	0,6 ton.	14,8	2,6 ton.	12,9
Bebidas	16,4 hlt	17	66 hlt	13,6
Condimentos e temperos	0,26 ton.	25	0,9 ton.	19
Grãos e cereais	8,4 ton.	6,6	33,1 ton.	5,8

Em função do exposto:

- Proponha uma nova ordenação na área de compras e de recebimento a crédito que inverta a situação atual do ciclo de caixa da empresa, orientando-se através de cálculos matemáticos.
- Calcule o faturamento esperado para a semana X e o mês Y para itens A, B e C do estoque apresentado.
- Supondo que a distribuição probabilística associada aos produtos seja uma curva normal padronizada, determine o estoque de segurança para os mesmos a um nível de 95% de manutenção de vendas tanto para a semana X quanto para o mês Y.
- Proponha um sistema simples de gestão de estoques baseado em MRP.
- Sugira uma alternativa mais eficiente de relacionamento com seu fornecedor do produtos escolhidos, utilizando os conceitos de Logística e *Supply Chain Management*.

Referências

ALLEN, W. B. The logistics revolution and transportation. In: *Annals of the American Academy of Political and Social Science*. Newbury Park: Sage, p. 106-116, Sept. 1997.

ASSAF NETO, A.; SILVA, C. A. T. *Administração do capital de giro*. São Paulo: Atlas, 1997.

ATHIÉ, E. *Os novos desafios do consumo e como as empresas de classe mundial estão respondendo a estes desafios*. Disponível em: <http://www.aslog.org.br/Download/Accenture.zip>. Acesso em: 19 out. 2002.

BAILY, P.; FARMER, D.; JESSOP, D.; JONES, D. *Compras*: princípios e administração. São Paulo: Atlas, 2000.

BNDES. *Arranjos e sistemas produtivos locais e as novas políticas de desenvolvimento industrial e tecnológico*. Disponível em: <www.bndes.gov.br/conhecimento/notatec/ntecis.pdf>. Acesso em: jan. 2005.

_____. Banco Nacional de Desenvolvimento Econômico. *Arranjos e sistemas produtivos locais e as novas políticas de desenvolvimento industrial e tecnológico*. Disponível em: <www.bndes.gov.br/conhecimento/notatec/ntecis.pdf>. Acesso em: jul. 2005.

BORGES, A. *Logística colaborativa*. Disponível em: <http://www.aslog.org.br/Download/Logistica.zip>. Acesso em: 19 out. 2002.

BRAGA, R. *Fundamentos e técnicas de administração financeira*. São Paulo: Atlas, 1995.

BRIGHAM, E.; WESTON, J. F. *Administração financeira das empresas*. Rio de Janeiro: Interamericana, 1979.

_____; _____. *Essentials of managerial finance*. New York: Holt, Rinehart and Winston, 1968.

COLANGELO FILHO, L. *Implantação de Sistemas ERP (Enterprise Resources Planning)*: um enfoque de longo prazo. São Paulo: Atlas, 2001.

CORREA, Carlos A.; CORREA, Henrique L. *Administração de produção e operações*. 3. ed. São Paulo: Atlas, 2012.

DIAS, M. A. P. *Administração de materiais*: uma abordagem logística. São Paulo: Atlas, 1996.

DONATH, B.; MAZEL, J.; DUBIN, C.; PATTERSON, P. *The IOMA handbook of logistics and inventory management*. New York: John Wiley, 2002.

FLEURY, P. F.; WANKE, P.; FIGUEIREDO, F. F. *Logística empresarial*. São Paulo: Atlas, 2000.

FORTES, Rogério Rezende Sá. *Impacto do aumento da complexidade do veículo na cadeia logística*: no caso da Fiat Automóveis S. A. 2001. Dissertação (Engenharia da Produção) – Universidade Federal de Santa Catarina, Florianópolis.

GITMAN, L. J. *Princípios de administração financeira*. São Paulo: Harbra, 1997.

GOLDRATT, E. M.; COX, J. *The goal*. Great Barrington, MA: North River Press, 1986.

LANGLEY, C. J. The evolution of logistics concept. *Journal of Business Logistics*, v. 7, nº 2, p. 1-13.

MARIANO, S. *A tecnologia da informação aplicada no desenvolvimento dos processos logísticos*. Disponível em: <http://www.aslog.org.br/Download/ibmec.zip>. Acesso em: 19 out. 2002.

MULLER, M. *Essentials of inventory management*. New York: American Management Association, 2003.

MUSETTI, M. A. *A identificação da entidade gestora logística*: uma contribuição para seu processo de formação e educação. 2000. Tese (Doutorado) – Escola de Engenharia de São Carlos, Universidade de São Paulo, São Carlos.

ORLICKY, J. *Material requirements planning*. New York: McGraw-Hill, 1975.

PADOVEZE, C. L. *Contabilidade gerencial*. São Paulo: Atlas, 1997.

SALGADO JUNIOR, A. P. *Abordagem conceitual para adequação dos níveis de estoque ao longo da cadeia de su-

primentos: a filosofia ERP II. 2004. (Doutorado em Administração) – Universidade de São Paulo, USP, São Paulo. Orientador: Marcio Mattos Borges de Oliveira.

SLACK, N.; CHAMBERS, S.; JOHNSTON, R. *Administração da produção*. 2. ed. São Paulo: Atlas, 2002.

SOUSA, A. F.; LUPORINI, C. E. M.; SOUZA, M. S. *Gestão do capital de giro*. Caderno de Pesquisas em Administração. São Paulo, v. 1, nº 3, 1996.

WANKE, P. *O processo de previsão de vendas nas empresas*: aspectos organizacionais e tecnológicos. Disponível em: <www.coppead.ufrj.br/pesquisa/cel>. Acesso em: 2004.

WIGHT, O. *Manufacturing resources planning*: MRP II. New York: Oliver Wight, 1984.

4

Fontes de Financiamento e Modalidades de Seguro para Capital de Giro

Objetivos do capítulo

O objetivo deste capítulo é apresentar as possibilidades existentes para se financiar o capital de giro das empresas, além de identificar as modalidades de seguros responsáveis por auxiliar na sua gestão.

A apresentação das fontes de financiamento são apresentadas por meio:

- das atividades operacionais da empresa;
- da obtenção de recursos financeiros de terceiros de curto prazo;.
- de recursos de longo prazo.

Já as modalidades de seguro são apresentadas por meio:

- do seguro garantia;
- do seguro de crédito.

4.1 Introdução às fontes de financiamento para capital de giro

As fontes de financiamento de capital de giro são representadas no balanço patrimonial por todas as obrigações de curto prazo de uma empresa, mais uma parcela de recursos de longo prazo, de terceiros e próprios. Tais obrigações surgem:

- das atividades normais da empresa, quando são denominadas fontes operacionais;
- de empréstimos e financiamentos obtidos junto a instituições de crédito, aqui denominadas fontes financeiras de capital de giro;
- de recursos de longo prazo, aqui denominados de recursos de longo prazo em giro.

Quadro 4.1 – Balanço patrimonial

ATIVO CIRCULANTE	PASSIVO CIRCULANTE	
Caixa e Bancos Aplicações Financeiras	Fornecedores Salários e Encargos	FONTES OPERACIONAIS
Contas a Receber Estoques	Financiamentos Duplicatas Descontadas	FONTES FINANCEIRAS

4.2 Fontes operacionais de capital de giro

Os financiamentos operacionais surgem a partir das operações da empresa, geralmente em razão diretamente proporcional e representam, no Brasil, 25% de seu ativo circulante.[1] Para aumentar as vendas, compra-se mais, para produzir mais, e assim aumentam também as duplicatas a pagar para os fornecedores. Com o aumento da produção exigem-se mais horas de trabalho e com isso os valores de salário a pagar aumentam. Com o aumento das vendas aumentam também os impostos a pagar. Surge um ciclo: quanto mais se vende, maior é o valor a pagar a fornecedores, assim como os valores de impostos, obrigações sociais e salários. Pode até ser que alguns clientes também adiantem recursos contra entrega futura de mercadorias.

Ilustração 4.1 – Fontes operacionais

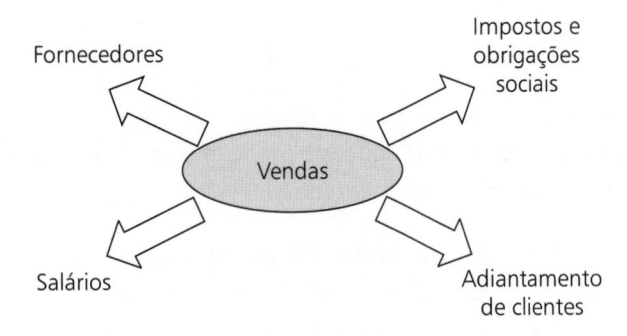

```
                    Impostos e
Fornecedores        obrigações
                    sociais
         \         /
          \       /
           Vendas
          /       \
         /         \
Salários            Adiantamento
                    de clientes
```

Os financiamentos gerados operacionalmente pela empresa podem ou não ter custos explícitos.

Assim, as principais fontes operacionais de capital de giro são:

- fornecedores;
- impostos e obrigações sociais;
- salários;
- adiantamento de clientes.

4.2.1 Fornecedores

No Capítulo 3, Gestão de Estoques, foi analisado o processo de compra sob a ótica dos materiais em estoque; neste item será analisado o processo de compras dentro do contexto do financiamento operacional. Os fornecedores podem financiar o capital de giro das empresas na concessão de prazos para pagamento das mercadorias. O crédito é concedido após análise prévia da empresa, como abordado no Capítulo 2, Gestão de Recebíveis.

Fornecedores estabelecem os termos de crédito, determinando:

- os prazos para pagamento: número de dias da entrega até o pagamento;
- as condições de pagamento: valores acrescidos decorrentes de atraso;
- os descontos oferecidos, caso a empresa pague antes do vencimento; e
- o período para sua obtenção.

Por exemplo: a Nossa Loja adquire R$ 5.000,00 em mercadorias para pagamento em 30 dias. Se ela pagar até 10 dias após a compra, obtém um desconto de 1,5%, ou seja, fará uma economia de R$ 75,00. Se a empresa pretende pagar com desconto, deve fazê-lo no último dia do período oferecido para desconto. Se desconsiderar pagar com desconto, deve então pagar na data do vencimento do título.

As empresas devem selecionar seus fornecedores para que não ocorram perdas, da mesma forma como analisam o risco dos clientes, pois neste caso também poderemos ter um risco de crédito, como por exemplo quando a empresa antecipa um pagamento. Podemos ainda ter um risco operacional: um fornecedor estratégico vai à falência, deixando a empresa sem condições de produção. As empresas públicas utilizam-se de processos de licitação e concorrência, atendendo à legislação, para ter certeza de obter fornecimento com qualidade e preço justos.

As empresas devem considerar seus fornecedores aliados na obtenção de bons resultados. O desenvolvimento de um bom relacionamento evita conflitos e situações tensas. O estabelecimento de parcerias tem sido um fator considerado de grande importância por empresas que têm obtido sucesso no mercado.

A confecção Jeans & Co. procura a Nossa Loja propondo uma parceria: fornecer a preços menores desde que exista exclusividade nas vendas. Dona Maria aceita a proposta desde que seja a única loja do *shopping* a vender aquela grife.

Outra estratégia utilizada entre empresas e fornecedores é a consignação. Consignação é o envio pelo fornecedor de mercadorias com aquisição futura por determinada empresa, vinculada a venda posterior por parte da empresa, isto é, o fornecedor envia a mercadoria à distribuidora, como uma rede de supermercados, que só paga por ela quando revendê-la, reduzindo as necessidades de capital de giro da em-

---

[1] Percentual obtido como a mediana de uma amostra de 411 empresas de capital aberto em estudo do Inepad.

presa distribuidora. Podem-se citar como exemplos de empresas que se utilizam da consignação o Carrefour e o Walmart, reduzindo a necessidade de capital de giro do supermercado sem prejuízo ao fornecedor, que teria de manter parado o estoque em suas instalações.

Considerando o custo de oportunidade do dinheiro em nível relevante na manutenção de estoques, além do fato de o prazo médio de pagamento exercer um importante papel no cálculo da necessidade de capital de giro da empresa, torna-se de extrema importância uma correta estratégia de negociação com fornecedores. Quatro situações podem ser vistas na formação das estratégias de compras da empresa, estando relacionadas diretamente com suas decisões de vendas:

- compra e venda a vista: nesta situação devem ser analisados com maior precisão os valores incidentes na forma de tributos por ocasião da venda da mercadoria e o prazo de estocagem do material. A negociação de preço junto ao fornecedor é feita a partir do cálculo do valor presente dos fluxos de entrada de caixa (recebimento da venda) e saídas de caixa (pagamento dos impostos e da mercadoria ao fornecedor);
- compra a vista e venda a prazo: neste caso deve-se definir uma data focal para comparação dos fluxos de entrada e saída, podendo esta ser definida no dia da compra da mercadoria ou na data de sua venda. Quando a empresa recebe a proposta de opção de desconto para pagamento a vista, ela pode optar por pagar o montante da fatura no final do período de crédito ou aceitar a proposta e pagar o valor da fatura no final do período de desconto para pagamento a vista, subtraindo o desconto. A diferença entre o valor a ser pago sem o desconto e o valor pago a vista pode ser considerada um pagamento de juros feito ao fornecedor; dessa forma, a empresa que necessita de fundos de curto prazo pode comparar a taxa de juros cobrada pelo fornecedor com as melhores taxas de mercado, escolhendo assim a opção de custo mais baixo;
- compra a prazo e venda a vista: o parcelamento pelo fornecedor, caso o prazo seja muito estendido, pode envolver um custo de financiamento como forma de compensação pelo risco de inadimplência. Portanto, deve-se buscar por meio de negociação um prazo máximo em que a mercadoria poderá ser adquirida por seu valor equivalente a vista, restando assim somente o custo financeiro de estocagem, que por sua vez pode ser reduzido pelo prazo concedido pelo fornecedor;
- compra e venda a prazo: considerando a possibilidade de repasse dos encargos financeiros gerados pelo fornecedor por ocasião da venda da mercadoria a prazo, o incremento no preço de compra a prazo deverá ser inferior ao custo financeiro da venda, limitado à formação do preço máximo definido pelo mercado.

Quadro 4.2 – Estratégias de compra e venda

	Compra	Venda
A vista	Analisar valor dos tributos incidentes quando da venda. Reduzir prazos de estocagem. Obter o máximo de descontos junto aos fornecedores. Comparar taxas de desconto com custo de aquisição a prazo.	Trazer a receita a valor presente na data da compra, para efeito comparativo.
A prazo	Obter prazo máximo possível sem que haja incidência de encargos financeiros. Encargos com fornecedores devem ser inferiores ao custo financeiro da venda.	Repassar custos de financiamento ao comprador. Analisar preço máximo definido pelo mercado.

4.2.2 Impostos e obrigações sociais

Os impostos e obrigações sociais têm datas específicas de recolhimento, sendo considerados fonte de capital de giro, sem ônus, se quitados até a data de vencimento e com ônus se incorrerem encargos decorrentes de atraso no pagamento. Os encargos gerados pelo pagamento em atraso são de alto custo e devem ser considerados inviáveis se não se justificarem. Por sua vez, há sempre a possibilidade de se negociar a inadimplência através de parcelamentos, como ocorreu no Refis da Crise.

Um dos maiores programas de parcelamentos de débitos fiscais criado nos últimos anos, o REFIS da Crise foi uma reedição do Programa de Recuperação Fiscal

(REFIS) lançado no ano 2000 pela Lei 9.964, de 10 de abril de 2000. Na edição de 2009, lançado através da Lei nº 11.941, de 27 de maio de 2009, foi regulamentado o parcelamento dos débitos administrados pela Secretaria da Receita Federal do Brasil e os débitos para com a Procuradoria-Geral da Fazenda Nacional, inclusive o saldo remanescente dos débitos consolidados em outros programas. Foram oferecidas condições como o parcelamento das dívidas em até 180 meses, com descontos de até 100% das multas de mora e de ofício nos casos de pagamento a vista, dentre outras formas de pagamentos, todas abrangendo os débitos vencidos até 30 de novembro de 2008.

A pontualidade nos pagamentos dos impostos é de grande importância para as empresas, pois para a obtenção de recursos de terceiros faz-se necessário apresentar certidões negativas de débito junto ao INSS, Secretaria da Receita Estadual e Federal, FGTS e outros órgãos.

4.2.3 Salários e encargos

Os salários referentes ao mês podem ser pagos até o quinto dia útil do mês seguinte, tornando-se uma fonte de financiamento de capital de giro. Da mesma forma, os encargos trabalhistas são pagos a posterior, ou seja, primeiramente é gerado o débito e em data futura a empresa deverá quitar essa obrigação, o que também os tornam fontes financeiras de capital de giro. A questão dos encargos trabalhistas será tratada no capítulo sobre Gestão Tributária.

Apesar de serem uma fonte de financiamento do capital de giro, atrasos no pagamento dos salários podem comprometer a produtividade, uma vez que poderão gerar desmotivação entre os trabalhadores.

4.2.4 Adiantamentos de clientes

A empresa tem um adiantamento de clientes quando recebe valores antecipadamente por uma entrega futura do produto. Isso ocorre normalmente quando o produto é feito por encomenda ou quando a demanda é maior que a oferta. A venda de turbina para uma hidroelétrica é um exemplo, pois a fornecedora necessita de recursos volumosos para construir o produto.

4.3 Fontes financeiras para capital de giro

As empresas nem sempre conseguem financiar seu capital de giro apenas por meio de suas atividades operacionais, recorrendo a fontes financeiras. Os recursos são obtidos pelas empresas junto às instituições financeiras, como bancos comerciais e múltiplos, financeiras, empresas de *factoring*, bancos de investimento, e representam, na mediana para o Brasil, 66% de seu ativo circulante, segundo estudo elaborado pelo Inepad, a partir dos dados de empresas de capital aberto, indicando que o relacionamento com as instituições financeiras deve ser realizado de forma planejada, sendo essencial para o sucesso dos negócios.

4.3.1 Relacionamento bancário

Para que uma empresa obtenha crédito junto a uma instituição financeira é necessário que seja feita uma análise de risco de crédito que inclua a análise das informações qualitativas, a análise das informações restritivas e a análise de suas informações financeiras, o que terá peso decisivo na concessão de crédito, uma vez que identificará a capacidade de gerar caixa e de pagamento da empresa, mostrando o seu comprometimento com terceiros e classificando-a quanto ao risco de crédito.

Até fevereiro de 2000, o risco das operações de crédito do SFN era estabelecido pela Resolução nº 1.748/90 do BACEN e baseado apenas no prazo de inadimplência, sem considerar o risco potencial do tomador de recursos. Existiam três níveis de risco: (i) Normal (até 60 parcelas em atraso); (ii) Em atraso (entre 61 e 180 parcelas em atraso); e (iii) Em liquidação (acima de 180 parcelas em atraso). A partir de março de 2000, adotou-se a Resolução nº 2.682, classificando o risco de crédito em nove níveis em ordem crescente de risco: AA, A, B, C, D, E, F, G e H, divididos por segmento de atividade econômica e respectivas provisões. Assim, a análise passou a considerar também a situação econômico-financeira, o grau de endividamento, o setor de atividade econômica, a natureza das garantias e operação creditícia, o limite e o montante de crédito. No caso das pessoas físicas, deve ser levado em conta a renda, patrimônio e informações do cadastro. Dessa forma, a instituição financeira fará uma análise de risco de crédito como comentado no Capítulo 2, Gestão de Recebíveis, classificando o risco da empresa, conforme o Quadro 4.3.

A análise de crédito e sua classificação se fazem necessárias para subsidiar os bancos que, de acordo com a legislação, têm que provisionar junto ao Banco Central um percentual em relação às operações de crédito concedidas considerando o risco, como no Quadro 4.3. Pelo que, quanto maior o risco apresentado pelo tomador, maior serão a taxa de juros e a exigência de garantias por parte da instituição financeira.

Quadro 4.3 – Classificação de risco de crédito

Dias de atraso	Classificação do nível de risco	Mínimo de provisionamento (%)
Nenhum	AA	–
<15	A	0,5
15 – 30	B	1,0
31 – 60	C	3,0
61 – 90	D	10,0
91 – 120	E	30,0
121 – 150	F	50,0
151 – 180	G	70,0
Superior a 180	H	100,0

Fonte: Cosif.

Os critérios de classificação das operações de crédito e as regras para constituição de provisão para créditos de liquidação duvidosa foram definidos pelo Conselho Monetário Nacional em 21 de dezembro de 1999 e encontram-se editados na Resolução nº 2.682 do Banco Central do Brasil, e foram comentados no Capítulo 2, Gestão de Recebíveis.

Cobrança do IOF

O IOF é cobrado tanto para pessoas físicas quanto para pessoas jurídicas e sua base de incidência depende do montante emprestado e do prazo de pagamento. Seu cálculo depende do tipo de operação realizada, incidindo sobre operações de crédito, câmbio, seguro e relativas a títulos e valores imobiliários. Para operações em bases mensais a alíquota é obtida dividindo-se a alíquota anual por 12 e acrescida da alíquota adicional, como ocorre em alguns casos, como nas operações de crédito, onde é cobrada uma tarifa adicional de 0,38% de IOF sobre o somatório dos acréscimos dos saldos devedores. Para operações em bases diárias a alíquota é obtida pela divisão da alíquota anual por 365, também acrescida da alíquota adicional. O imposto incide somente no primeiro ano, ou seja, para operações com prazos superiores a 12 meses paga-se o imposto relativo apenas ao primeiro ano, com algumas ressalvas em relação aos empréstimos em moeda estrangeira, onde as alíquotas e prazos de cobrança de IOF são alterados com mais frequência.

Em toda operação de empréstimo há incidência de IOF e seu pagamento pode dar-se de duas formas: por subtração do montante emprestado, ou seja, o cliente recebe o valor solicitado menos o valor referente ao IOF, ou ele recebe o valor desejado acrescido do IOF a ser pago. Dessa forma, o valor do empréstimo concedido pelo banco é maior do que o desejado pelo cliente e dizemos que o IOF é financiado.

4.3.2 Reciprocidade bancária

É a forma com que as instituições bancárias tentam elevar a rentabilidade de suas aplicações, refletindo por sua vez no custo para o cliente. Em épocas de escassez de recursos, dadas por políticas monetárias restritivas de crédito que levam a uma maior seletividade, essa modalidade indireta de encargo é mais adotada. As práticas mais comuns observadas nas instituições financeiras para conseguir reciprocidade de seus clientes são: a retenção em conta corrente, por um período de tempo, dos valores oriundos do crédito concedido, gerando dessa forma saldo médio, além da colocação de produtos como seguros, títulos de capitalização, abertura de contas-salário para os funcionários das empresas, dentre outros.

Outra prática também muito comum no mercado é o uso do *floating* como reciprocidade, que é a retenção pelo banco, por alguns dias, do dinheiro arrecadado nas duplicatas em cobrança antes de lançar o crédito na conta-corrente do cliente. Essa exigência normal de mercado altera o custo efetivo da operação.

4.3.3 Contratos e garantias

Contrato, de acordo com Diniz (2011), é o acordo de duas ou mais vontades, na conformidade da ordem jurídica, destinado a estabelecer uma regulamentação de interesses entre as partes com o escopo de adquirir, modificar ou extinguir relações jurídicas de natureza patrimonial. As operações de empréstimos caracterizam-se por firmar em contrato condições definidas em negociação entre o emprestador e o tomador. No contrato devem estar expressos:

- o valor da operação de crédito, expresso em moeda nacional, e o valor de caução, se for o caso;
- os custos da operação: juros, comissões, taxas e tarifas cobradas pela instituição financeira;
- os encargos tributários;
- os prazos da operação;
- a forma de cobrança; e
- as garantias.

As garantias são exigidas pelo emprestador de acordo com o risco da operação, podendo ser:

A) Garantias pessoais: incidem sobre o patrimônio do coobrigado. Há dois tipos:

- **aval**: garantia característica de título de crédito (notas promissórias, cheques, cédulas de crédito etc.), que permite que um terceiro, por sua aposição de assinatura, aceite ser coobrigado em relação às obrigações do avalizado. O avalista se compromete a pagar a dívida caso o devedor não o faça, tendo que assinar o contrato da operação juntamente com o título de crédito. Se o aval não identificar o avalizado, o avalista estará garantindo o último devedor do título. Não exige outorga uxória ou qualificação do avalista. O avalista não tem benefício de ordem, isto é, não há necessidade de se executarem primeiramente os bens do avalizado;
- **fiança**: garantia constituída por contrato autônomo, em que o fiador se compromete a cumprir as obrigações do afiançado perante o credor, devendo ser formalizado por instrumento escrito, público ou particular. Não aplicável a título de crédito, garante contratos de mútuo e abertura de crédito. O fiador responde com todo o seu patrimônio, podendo ter direito ao benefício de ordem, e só terá seus bens executados após a execução dos bens do afiançado.

B) Garantias reais: incidem sobre um bem ou coisa específica. São garantias com concessão de ativos reais:

- **hipoteca**: é a vinculação de um bem imóvel para garantir o pagamento de uma obrigação, assumida pelo proprietário ou terceiro, sem despojar de posse, através de escritura pública registrada em Cartório de Registro de Imóveis;
- **penhor**: é a vinculação de um bem móvel (máquinas e equipamentos, estoques) para garantir o pagamento de uma obrigação assumida pelo proprietário ou terceiro. Nas operações bancárias não se exige a entrega do bem, simplesmente a constituição de um fiel depositário. Formaliza-se através de contrato formal com registro no cartório de títulos e documentos;
- **caução**: é a vinculação de dinheiro, direitos ou títulos de crédito que ficam depositados na instituição financeira para garantir o pagamento de uma obrigação assumida;
- **alienação fiduciária**: incide sobre um bem móvel ou imóvel, transferindo sua propriedade enquanto durar a obrigação garantida. A propriedade é do credor, com restrição de venda, e a posse é do devedor. Formaliza-se através de contrato público ou particular.

C) Covenants: sistema de garantia indireta, própria de financiamento: representado por um conjunto de obrigações contratuais, objetivando o pagamento da dívida. Garante os direitos dos credores em contrato formal de dívidas, estabelecendo determinados atos, positivos ou proibitivos, que devem ser cumpridos. Preocupa-se com a boa administração e a integridade do patrimônio e não com o conforto que uma garantia real ou pessoal possa dar. Como exemplos, pode-se citar a limitação do grau de endividamento, limitação ou impedimento de contrair novas obrigações, manutenção de capital de giro. A definição das cláusulas deve ser a mais detalhada possível, podendo exigir acompanhamento de auditores independentes. A vantagem desse tipo de garantia é que ela convive com as garantias tradicionais e promove dinamismo ao sistema financeiro.

4.4 Introdução às modalidades de seguro para capital de giro

As modalidades de seguro para o capital de giro são representadas pelo seguro de garantia e seguro de crédito, contratados pelas empresas como garantia do cumprimento de contratos e obrigações de natureza financeira ou operacional. A seguir é apresentado como esses instrumentos financeiros devem ser utilizados, suas principais coberturas e sua influência na gestão de capital de giro das empresas

4.4.1 Seguro garantia

Instrumento que protege o Segurado (beneficiário da apólice) do risco do Tomador (responsável pelas obrigações e pelo pagamento da apólice) não cumprir o contrato firmado entre eles. Pode ser utilizado também para garantir o risco de inadimplência do Tomador em processos judiciais e administrativos.

Esse instrumento pode substituir a prestação de avais, fianças, garantias reais, e nos casos de disputas judiciais e administrativas, a necessidade de depósitos em juízo, e ser uma importante ferramenta na redução à necessidade de capital de giro, uma vez que as empresas podem obter maior liquidez ao substituir os recursos depositados em garantia por uma apólice de seguros.

Constitui um dos principais meios de garantir os contratos de grandes projetos de engenharia e infraestrutura realizados no país.

Possui praticamente as mesmas finalidades e aplicações da fiança bancária, porém com duas grandes vantagens: além de ser mais barato do que a fiança na grande maioria das situações, constitui um importante mecanismo para gestão do relacionamento bancário de uma empresa, uma vez que o Seguro Garantia não consome o limite de crédito que as organizações possuem com as instituições financeiras.

Antes da Seguradora aceitar emitir apólices para determinado Tomador, o mesmo passa por uma extensa avaliação de risco, que inclui a análise do risco de crédito definida pela Política de Crédito da Seguradora, seguido de minuciosa análise dos contratos a serem garantidos e dos méritos das disputas judiciais e administrativas. Após aceito, o Tomador passa a ter um limite máximo de garantia, que funciona como um limite de crédito.

Uma vez que o Tomador deixa de cumprir com suas obrigações e o sinistro é caracterizado, a Seguradora deverá garantir a substituição do Tomador por outra empresa contratada ou fazer o pagamento dos prejuízos, até o limite de garantia estabelecido na apólice. Nesse caso, o valor correspondente aos prejuízos indenizados passa a ser uma obrigação do Tomador para com a Seguradora, garantida por uma ferramenta chamada contrato de contragarantia. Em suma, o contrato de contragarantia garante à Seguradora o direito de recuperação da indenização paga ao Segurado.

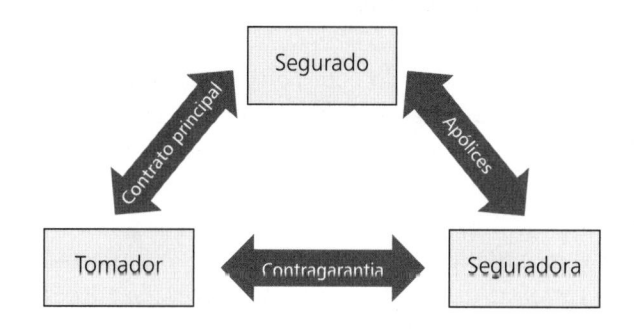

A seguir, são apresentadas as principais modalidades de Seguro Garantia, diferenciadas de acordo com o objeto do contrato segurado:

A) Executante (*Performance Bond*): garante que o Tomador cumpra as obrigações contratuais de construir, fornecer o produto ou prestar o serviço, firmadas com o Segurado, fazendo uso correto das fontes de financiamento de capital de giro, tanto financeiras quanto operacionais.

B) Licitante (*Bid Bond*): garante que a empresa vencedora de uma concorrência, pública ou privada, assinará o contrato principal contido no Edital ou Convite, mantendo as condições preestabelecidas no momento.

C) Adiantamento de pagamento (*Advanced Payment Bond*): trata exclusivamente de fontes operacionais de capital de giro. Essa modalidade garante que os valores pagos antecipadamente pelo Segurado ao Tomador, rubricado no passivo do Tomador como Adiantamento de Clientes, sejam integralmente utilizados na construção, fornecimento de produtos ou prestação de serviços contidos no contrato firmado entre as duas partes.

D) Concessões: garante ao poder concedente (Segurado), representados por entidades da administração pública, o cumprimento das obrigações contratuais assumidas pelo Concessionário (Tomador) na exploração econômica de um bem ou serviço público.

E) Judicial: modalidade utilizada para garantir o valor em disputa judicial, correspondente ao depósito em juízo. Trata-se de uma alternativa para gerar liquidez e diminuir a necessidade de capital de giro do Tomador, uma vez que os recursos que estariam indisponíveis no momento da disputa possam ser liberados para financiar as operações do Tomador.

F) Administrativo: garante que os valores referentes a créditos tributários são verdadeiros, em processos administrativos na esfera federal, estadual ou municipal. Essa modalidade também é uma forma de aumentar liquidez e consequentemente diminuir a necessidade de capital de giro, uma vez que pode ser utilizada para antecipar o recebimento de créditos de ICMS junto aos Estados.

G) Imobiliária: garante a entrega da unidade adquirida pelo Segurado, seja através da compra ou permuta imobiliária, verificada a não possibilidade de entrega da obra.

4.4.2 Seguro de crédito

Instrumento destinado a cobrir os prejuízos do Segurado (beneficiário e pagador da apólice) consequentes do inadimplemento do Tomador (responsáveis pelas obrigações) dos créditos concedidos pelo Segurado. A principal aplicação dessa ferramenta de gestão do risco de crédito se dá nas vendas a prazo, feitas a clientes nacionais ou estrangeiros.

Trata-se de uma importante ferramenta de gestão de capital de giro, uma vez que substitui a constituição de provisões para devedores duvidosos, liberando liquidez para a empresa contratante. Além disso, funciona como ferramenta de gestão de risco de crédito, uma vez que o seguro garante o recebimento de 50% a 95% do total de vendas a prazo em inadimplência. Associado aos serviços de cobrança geralmente oferecidos pelas seguradoras, a recuperação pode chegar a 100% do valor em inadimplência.

Para contratar uma apólice, o Segurado deverá fornecer informações de crédito de seus principais Tomadores, a fim de se mensurar corretamente o risco de crédito de sua carteira de clientes, e fazer a análise para aceitação do risco e definição da taxa do seguro. Os Tomadores aprovados terão um limite de crédito com o Segurado, estabelecido pela Seguradora, visando o excesso de exposição do Segurado ao Risco de Crédito.

Já quando é caracterizada a inadimplência, a Seguradora fará o pagamento da indenização ao Segurado e ficará sub-rogada dos direitos de recebimento desses valores junto aos Tomadores, ficando inclusive responsável pela cobrança e recuperação dos valores.

A seguir, são apresentadas as principais modalidades de seguro de crédito disponíveis no mercado brasileiro.

Seguro de crédito interno

Tem por definição indenizar o Segurado do não recebimento dos créditos concedidos ao Tomador domiciliado no país. Entre os principais tipos, estão o risco comercial, quebra de garantia e operações de arrendamento mercantil (*leasing*):

A) Risco Comercial: destinado a cobrir o não pagamento da totalidade das vendas a prazo da empresa, decorrente de mora, recuperação judicial ou falência. Esse tipo de Seguro de Crédito é o mais difundido no Brasil e pode ser contratado de três formas:

- Para cobrir o risco de crédito da totalidade das vendas de uma empresa.
- Para cobrir o risco de crédito de apenas uma transação entre duas empresas.
- Para cobrir o risco de crédito de todas as vendas a prazo da empresa segurada a um único Tomador, decorrente de mora, recuperação judicial ou falência.

B) Quebra de garantia: a diferença para o risco comercial é que os bens objeto de cada operação de crédito são colocados em garantia ao Segurado e à Seguradora.

C) Operações de Arrendamento Mercantil: nesse tipo de Seguro de Crédito Interno, a Seguradora indenizará o Segurado (agente de *leasing*) do não pagamento por parte do Tomador (arrendatário) das prestações contidas no contrato de arrendamento mercantil.

Seguro de crédito à exportação

Tem como principal objetivo mitigar os riscos provenientes do não recebimento de créditos de empresas brasileiras (Segurados) junto a seus clientes estrangeiros. Além de proteger o exportador, é uma importante ferramenta para prospectar novos mercados externos com reduzida exposição ao risco desses países.

Os principais riscos cobertos por estas apólices são os riscos comerciais e riscos políticos:

A) Risco Comercial: inadimplência por mora, recuperação judicial ou falência.

B) Risco Político: greves gerais, moratórias, aspectos regulatórios, golpes de estado etc.

4.5 Fontes financeiras para capital de giro junto a instituições financeiras

Bancos, de acordo com Fortuna (2008), são instituições financeiras que atuam como intermediários financeiros, captando recursos de quem tem e distribuindo através de crédito seletivo a quem deles necessita. As linhas de crédito para capital de giro são as mais utilizadas pelas empresas, apresentando destaque nas carteiras das instituições financeiras. Geralmente as empresas demandam esse tipo de crédito quando precisam de recursos para renovação de linhas para o giro da carteira, para suprir deficiências de caixa ou para aproveitar alguma oportunidade de negócio.

Modalidades de créditos bancários para capital de giro

Existem diversas opções de empréstimos e financiamentos para capital de giro disponíveis no mercado financeiro, diferenciando-se em prazos, taxas, formas de pagamento e garantias.

4.5.1 Hot money

Hot money é um financiamento de curtíssimo prazo, geralmente de um a dez dias, por meio de contrato, garantido por duplicatas ou nota promissória e taxa de juros em relação ao CDI (Certificado de Depósito Interbancário), mais um *spread* que varia de acordo com a instituição financeira. A transferência de recursos ao cliente pode efetuar-se através de uma comunicação telefônica ou eletrônica (Internet), desde que existam regras no contrato que a permitam.

4.5.2 Antecipação de recebíveis

Antecipação (ou desconto) de recebíveis é a operação onde uma empresa (cedente) emite título de crédito oriundo das vendas de seus produtos ou serviços a prazo contra o cliente (sacado), que pagará o título em data futura. A operação é realizada em conjunto com uma instituição financeira que faz a antecipação dos recursos referentes ao título de crédito, cobrando em troca determinada taxa e desconto do valor de face.

São considerados títulos de crédito as duplicatas, notas promissórias e cheques pré-datados. A antecipação de recebíveis é um adiantamento do recebimento dessas duplicatas, notas promissórias ou cheques pré-datados, sendo a cobrança dos juros feita no ato da concessão do empréstimo, assim como o IOF (Imposto sobre Operações Financeiras).[2] As instituições financeiras cobram adicionalmente, no caso de duplicatas, uma taxa de serviço bancário – despesas incorridas pelo banco na cobrança da duplicata – que incide também de forma linear sobre o valor de face do título.

Se a empresa necessita de capital de giro e possui em carteira duplicatas originadas por suas vendas a prazo, cujo valor só será recebido na data dos respectivos vencimentos, pode utilizar essa modalidade de crédito. É uma operação rápida, em função da garantia oferecida, e que facilita a análise de crédito, em que o principal cuidado tomado pelas instituições financeiras geralmente é sobre a concentração de sacados, ou seja, tentam coibir uma carteira de duplicatas que apresenta um maior número de títulos emitidos contra um único sacado, fato que aumenta o risco da operação em função da capacidade de solvência desse sacado. As instituições financeiras têm por hábito a checagem aleatória da qualidade e veracidade dos títulos apresentados para antecipação de recebimento, bem como de sua análise através de centrais de informações de crédito.

Caso o sacado não pague o título no vencimento, o cedente assume a responsabilidade do pagamento, inclusive com multa e juros de mora pelo atraso – este é o chamado direito de regresso. Como visto no Capítulo 2, Gestão de Recebíveis, é muito importante observar a qualidade dos clientes (sacados), evitando que o banco proceda à cobrança dos títulos do cedente.

Exemplo: A Nossa Loja possui um valor de R$ 150.000,00 em duplicatas a receber de clientes e, necessitando de capital, procura o banco para antecipar seu recebimento. A taxa de desconto praticada pelo banco para realizar a antecipação é de 2% ao mês. O prazo para resgate das duplicatas é de 30 dias.

Cabe observar que a taxa de desconto da operação, anunciada pela instituição financeira, não corresponde ao seu custo financeiro, pois o desconto bancário é feito pelo regime de desconto "por fora". Para que seja obtido o custo efetivo da operação deve-se utilizar a seguinte formulação:

Cálculo da taxa efetiva:

$$i = d / (1 - d)$$

onde d é a taxa de desconto contratada.

Custo efetivo $i = 0,02 / 0,98$

Então: $i = 0,020408$ ou $2,0408\%$ (desconsiderando o IOF)

Custo da operação:

R$ 150.000,00 × 2,0408% = R$ 3.061,20

R$ 150.000,00 × IOF (dia) = R$ 150.000,00 × 0,0041% × 30 = R$ 184,50

Valor creditado à Nossa Loja = R$ 150.000,00 – $ 3.061,20 – R$ 184,50 = R$ 146.754,30

Custo efetivo, considerando o IOF: (150.000,00 / 146.754,30) – 1 = 0,0221 ou 2,21%

Fonte: Ministério da Fazenda.

4.5.3 Cheque pré-datado

O cheque é uma ordem de pagamento a vista, também considerado como garantia de pagamento de dívida ou título de crédito se diretamente relacionado a uma nota fiscal de compra de mercadorias ou serviços. Dada a cultura brasileira do cheque pré-datado, em razão de sua simplicidade de uso, acabou por transformar-se em título de crédito até a data de depósito. O cheque pré-datado foi muito utilizado em razão da praticidade, não exigindo elaboração de contratos ou nota promissória, carnês ou boleto de compensação para pagamento.

---

[2] O IOF, bem como todos os demais impostos, taxas, tarifas e contribuições, será estudado de forma mais aprofundada no capítulo relativo a tributos.

No final da década de 1990, os bancos adotaram a postura de aceitar cheques pré-datados em operações de desconto motivados principalmente pela perda considerável que registravam nesse mercado para as empresas de *factoring* e outros segmentos concorrentes, como também pela ocorrência crescente desse tipo de prática por parte das empresas. Após a popularização dos cartões de crédito, o cheque passou a perder espaço no mercado, sendo rejeitado por muitas lojas, apesar de ainda responder por considerável parte das formas de pagamento.

Exemplo: Podemos comprar a vista por R$ 99,00 ou em 3 cheques de R$ 33,00, o primeiro no ato, o segundo para 30 dias e o terceiro para 60. Não havendo desconto para pagamento a vista, optamos por comprar a prazo com cheques pré-datados. A razão da não concessão pelo vendedor da mercadoria de desconto para pagamento a vista é porque ele deseja auferir o ganho financeiro da operação. Nesse caso, no valor do produto/serviço já está embutido um adicional com a intenção de remunerar o capital enquanto não ocorre o recebimento. Em muitas empresas, esse ganho financeiro é mais importante que o ganho comercial da operação, sendo mais interessante vender a prazo do que conceder descontos na venda a vista.

4.5.4 *Conta garantida*

A conta garantida representa um limite disponibilizado pelos bancos às empresas com a finalidade de dar cobertura a eventuais saldos devedores registrados nas contas correntes, possibilitando às empresas atenderem às necessidades urgentes de caixa. Os juros são cobrados uma vez ao mês, calculando-se o saldo devedor diário. A determinação dos encargos financeiros sobre os valores devedores é processada por capitalização simples pelo método denominado "método hamburguês". Há incidência de IOF sobre o saldo devedor.

4.5.5 *Crédito rotativo*

O crédito rotativo é uma operação de crédito simples, concedida mediante contrato, disponibilizando determinado limite destinado a atender às necessidades de caixa no dia a dia da empresa, mediante movimentação em conta corrente. A operação de crédito rotativo pode ser caucionada por cheques pré-datados, cheques eletrônicos, títulos ou aplicações financeiras, disponibilizando às empresas um percentual do valor caucionado, com aplicação de taxas de juros menores. Os juros e IOF são cobrados de acordo com a utilização dos recursos, mensalmente. Operacionalmente ela difere da conta garantida pelo fato de que a utilização de recursos e a amortização de eventual saldo devedor devem ser solicitadas formalmente pelo cliente ao banco por meio de documento assinado pelo responsável da empresa.

4.5.6 *Empréstimos para capital de giro*

Empréstimos para capital de giro são operações de crédito destinadas a atender às necessidades de capital de giro das empresas, mediante estabelecimento, em contrato, de prazos, taxas, valores e garantias. Existem *fundings* específicos destinados a desenvolver determinado segmento empresarial, como, por exemplo, os recursos do PIS destinados ao incentivo das micro e pequenas empresas.

Em função da garantia, as taxas de juros podem ser diferenciadas. Quando a garantia é representada por aval, hipoteca ou notas promissórias, a taxa de juros é mais elevada. Quando a garantia é representada por duplicatas, as taxas são mais baixas.

A operação de empréstimo para capital de giro oferece vantagens em relação a antecipação de recebível, quando as garantias são compostas de duplicatas, pois permite a substituição destas garantias, ou seja, caso o sacado solicite ao cedente uma alteração no prazo de vencimento da duplicata, por exemplo, a empresa poderá substituir este título por outro de igual valor e prazo junto ao banco – dessa forma, ela não perde a flexibilidade de negociação junto aos seus clientes, podendo administrar melhor sua carteira de duplicatas a receber.

4.5.7 *Financiamento de tributos e obrigações sociais*

É uma operação de crédito em que o banco proporciona à empresa a possibilidade de recolher pontualmente os valores referentes a impostos e obrigações sociais. Suponha que uma empresa industrial venda com prazo de 30 dias e seja obrigada a recolher os impostos relativos a mercadoria vendida antes de receber. Não havendo disponibilidade de caixa, recorre aos bancos para financiá-lo.

Se as empresas não fazem um provisionamento financeiro, durante o ano, dos valores a serem pagos no décimo terceiro salário, recorrem aos bancos para financiá-lo.

4.5.8 *Vendor*

Vendor é uma alternativa de financiamento para vendas a prazo, tendo como característica a cessão da atividade de crédito. A empresa vende seu produto a vista e transfere a função de crédito ao seu banco que, mediante uma taxa de juros, paga a vista à empresa vendedora e financia a empresa compradora. A empresa vendedora garante a empresa compradora, assumindo o risco do negócio junto ao banco. É uma forma de financiamento de vendas para empresas em que quem contrata o crédito é o vendedor do bem, mas quem paga o crédito é o comprador. Assim, as empresas vendedoras deixam de financiar os clientes e de comprometer o seu capital de giro. Esta operação reduz a necessidade de capital de giro da empresa vendedora em razão de as vendas serem realizadas a vista.

Ilustração 4.2 – Fluxo do vendor

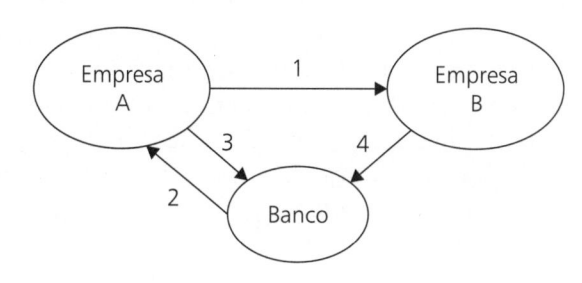

1. A empresa A vende à empresa B, entregando a mercadoria.
2. O banco paga à empresa A a vista.
3. A empresa A paga IOF sobre o valor recebido ao banco.
4. A empresa B assina um contrato de financiamento e depois liquida a dívida junto ao banco.

4.5.9 Compror

Através da operação de compror a empresa compradora financia sua compra a prazo através de crédito bancário e paga o fornecedor a vista. O banco dá crédito à empresa compradora mas com destinação específica – pagamento ao fornecedor.

Ilustração 4.3 – Fluxo do compror

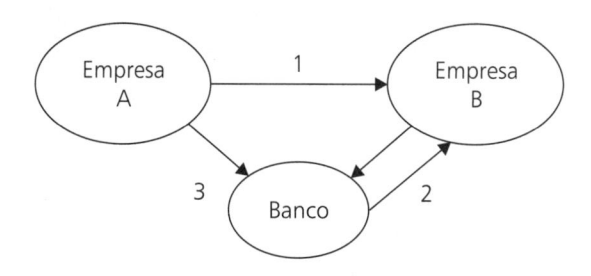

1. A empresa A fornece mercadorias à B.
2. O banco financia a compra da empresa B, através de um contrato, ao final do qual a empresa B paga ao banco.
3. O banco paga a vista à empresa A.

4.5.10 Cartão BNDES

O Banco Nacional de Desenvolvimento Econômico e Social (BNDES) é uma instituição pública federal que tem como objetivo oferecer financiamento de longo prazo a projetos e empreendimentos voltados para o desenvolvimento do país. O cartão BNDES, apesar de não se caracterizar como uma destas linhas de financiamento de longo prazo, é oferecido às Micro, Pequenas e Médias Empresas (MPME) com capital de controle nacional, para que possam adquirir produtos credenciados pela instituição, utilizando o volume de recursos pré-aprovado oferecido pelo cartão, como um cartão de crédito. Para serem credenciados, os produtos precisam obedecer a uma série de pré-requisitos, como nível mínimo de componentes nacionais, dentre outros documentos.

Tanto o limite, prazo de pagamento e as garantias exigidas para utilização do crédito pré-aprovado do cartão BNDES variam conforme a instituição financeira (banco emissor do cartão) que está fazendo os repasses dos recursos. O prazo padrão para amortização varia de 3 a 48 meses, em parcelas fixas e iguais.

4.5.11 Factoring

De acordo com a Circular Bacen nº 2.144, de 22 de fevereiro de 1995, a atividade de *factoring* envolve a prestação cumulativa e contínua de serviços de assessoria creditícia, mercadológica, gestão de crédito, seleção de riscos, administração de contas a pagar e a receber, compra de direitos creditórios resultantes de vendas mercantis a prazo ou de prestação de serviços. Segundo definição da ANFAC, as empresas de *factoring*, como uma sociedade de fomento mercantil, utilizam apenas de recursos próprios para realizarem suas operações, estando impedidas de realizar captações com recursos de terceiros, intermediar operações de empréstimos desses recursos, realizar financiamentos ou trabalharem com antecipação de recebíveis.

Nas operações em que as empresas transferem às empresas de *factoring* os créditos referentes a vendas a prazo, através da cessão dos direitos aos títulos de crédito, há repasse também do risco do crédito, o que as diferencia da operação de antecipação de recebíveis, já que as empresas de *factoring* assumem o risco de crédito da operação, sem o direito de regresso contra o cedente dos créditos.[3] As empresas de fomento mercantil caracterizam-se então pela realização de uma atividade comercial, onde ocorre a compra dos direitos de crédito e a prestação de serviços para uma determinada empresa.

Lemes Junior (2002) apresenta outras operações praticadas pela empresa de *factoring*:

- **maturity**: operação em que o valor só é creditado à empresa cedente do título na data fixada para o seu vencimento;
- **adiantamento sobre títulos a serem emitidos**: a empresa emitente compromete-se a pagar a operação com duplicatas a serem ainda emitidas;
- ***factoring* contra entrega de mercadorias**: a empresa de *factoring* paga ao fornecedor e recebe do comprador, após a venda das mercadorias;
- **trustee**: a empresa de *factoring* é responsável pela gestão do caixa da empresa cedente.

4.6 Fontes de crédito ao consumo

É uma modalidade de crédito que pode ser concedida a pessoas físicas ou jurídicas, voltada para aquisição de bens e/ou serviços. Dentre as instituições financeiras existem diversas linhas de crédito destinadas ao consumo, destacando-se as fornecidas pelos bancos, como o crédito pessoal, cheque especial, cartão de crédito, financiamentos, dentre outras.

As financeiras também destacam-se como instituições comerciais fornecedoras de empréstimos de curto prazo para aquisição de bens e serviços, com a diferença de não terem permissão para manter depósitos. Praticam taxas de juros, geralmente mais altas que os bancos devido a se relacionarem com tomadores de mais alto risco e por sua principal captação ser através do mercado interfinanceiro. As operações praticadas pelas instituições financeiras, relativas ao capital de giro, são descritas pelo Portal Brasil como:

4.6.1 CDC – Crédito direto ao consumidor

O CDC é uma operação de crédito destinada ao financiamento de bens e serviços ou empréstimo sem direcionamento, sendo muito utilizado para aquisição de veículos e eletrodomésticos que, normalmente, ficam vinculados à instituição financeira através de alienação fiduciária.

4.6.2 CDCI – CDC com interveniência

O CDCI é uma operação de CDC em que existe um intermediário, isto é, o estabelecimento comercial que assume o risco junto à instituição financeira. Um exemplo seria o financiamento de veículos por uma financeira, através de uma agência de automóveis.

4.6.3 Crédito consignado

Linha de empréstimo concedida às pessoas físicas como trabalhadores de todas as esferas (pública ou provada) e aposentados. Não há necessidade de avalista para a concessão do empréstimo, visto que o pagamento das prestações à instituição financeira é descontado diretamente da folha de pagamento ou benefício do tomador, o que exige que no momento da contratação seja entregue à instituição financeira (banco ou financeira) autorização por escrito permitindo a realização dos débitos mensais junto ao cliente.

No caso dos trabalhadores, caso ocorra rescisão contratual durante o tempo de vigência do empréstimo, o empregador irá realizar a retenção de 30% do valor da rescisão do contrato para o pagamento da dívida à instituição financeira. A principal vantagem dessa modalidade de crédito está na taxa de juros reduzida, devido ao baixo risco de crédito oferecido pelos tomadores às instituições financeiras.

4.6.4 Financiamento de veículos

Modalidade de crédito direto ao consumidor onde o bem financiado permanece alienado à instituição credora até a quitação do débito do financiamento. O veículo fica em posse do comprador enquanto as parcelas do financiamento são quitadas. Em caso de inadimplência, a instituição credora, que pode ser um banco comercial, financeira ou a própria vendedora do veículo, pode retomar o bem. Uma das vantagens desta modalidade está na possibilidade de poder vender o bem, mesmo antes de tê-lo quitado.

4.6.5 Consórcio

Operação destinada à aquisição de bens móveis, imóveis e serviços. O consórcio é destinado tanto às pessoas físicas como jurídicas, essas que são chamadas de cotistas e contribuem mensalmente com parcelas

---

[3] Algumas empresas de *factoring* exigem, de forma irregular, direito de regresso de seus clientes nas compras de títulos, o que as equipara a instituições financeiras no exercício ilegal da atividade.

destinadas à formação de uma poupança comum. As sociedades autorizadas a oferecer esse tipo de serviço são conhecidas como Administradoras de Consórcios e sua fiscalização é feita pelo Banco Central.

De tempos em tempos, conforme previsto pelo contrato firmado entre as partes, o montante arrecadado pelos depósitos é revertido a alguns dos cotistas, escolhidos por sorteio ou pelo maior lance. Quando contemplado, o cotista terá seu bem financiado pelo montante de poupança comum que foi criado pelos depósitos dos demais cotistas, em uma espécie de autofinanciamento, já que o próprio contemplado é um dos contribuintes. Os demais cotistas continuam pagando suas prestações até serem contemplados ou terem findado suas dívidas, sendo essas corrigidas por algum índice destacado no contrato, como o IGP-M, IPCA, taxa SELIC, dentre outros possíveis.

As principais vantagens dessa operação estão na não cobrança de juros – há a cobrança de uma taxa de administração, que varia conforme o valor do financiamento – possibilidade de utilizar os recursos do FGTS quando se tratar de imóveis, dentre outras. As principais desvantagens estão na demora em aquisição do bem e/ou serviço, dependendo de ser sorteado ou ter o lance escolhido, além do risco de inadimplência de outros associados ser compartilhada com todos os participantes, podendo afetar o fluxo de caixa do consórcio.

4.6.6 Arrendamento mercantil (Leasing)

Segundo o Banco Central do Brasil (BACEN) o arrendamento mercantil é uma operação com características legais próprias, onde ocorre a locação do bem, com o direito de compra ao final do contrato pelo arrendatário (quem paga pelo uso do bem). Nesse tipo de operação, quem compra o bem e cede seu direito de uso é chamado arrendador (instituição financeira ou sociedade de arrendamento mercantil), podendo-se adquirir nestes contratos bens móveis ou imóveis.

Sua principal diferença do financiamento é a possibilidade do arrendatário adquirir ou não o bem ao final do contrato. Essa cláusula deverá constar no contrato firmado entre as partes. Outra característica importante é o Valor Residual Garantido (VRG), saldo que deverá ser pago pelo arrendatário para ficar com o bem após o término do contrato. No contrato de arrendamento mercantil pode estar previsto que o valor do VGR será diluído durante as prestações ou pago no início.

A vantagem desse tipo de operação está nas menores taxas de juros praticadas pelo mercado, visto o bem arrendado servir de garantia, possuindo prazo mínimo de dois anos para bens com vida útil de até cinco anos ou três anos para os demais tipos.

4.6.7 Crédito para pequenas e médias empresas (microcrédito)

Segundo a Lei nº 10.735/03 os bancos públicos e privados são obrigados a aplicar no mínimo 2% dos saldos dos depósitos a vista que forem captados pela instituição em operações de microcrédito. Essas linhas são voltadas para grupos específicos de empresas ou microempreendedores de baixa renda. Como as exigências para concessão do crédito ficam a critério de cada instituição financeira, as garantias da operação podem admitir desde aval solidário em grupo (mínimo de três participantes), fiança ou alienação fiduciária. O programa Crescer é um exemplo dessa modalidade de crédito.

4.6.8 Programa Crescer – Microcrédito Produtivo Orientado (MPO)

Linha voltada tanto para pessoa jurídica como pessoa física, oferecendo recursos para capital de giro e financiamento, em valores condizentes com o faturamento bruto apresentado pela empresa – quando se tratar de empreendedores individuais ou microempreendedores – e prazo de pagamento pactuado entre a instituição financeira e o tomador, de acordo com o tipo do empreendimento, finalidade de utilização do recurso e capacidade de endividamento.

4.6.9 Cheque especial

Operação de crédito usualmente utilizada pelos brasileiros. É oferecido pelos bancos de forma vinculada à conta-corrente dos clientes, como linha de crédito para cobrir débitos que ultrapassem o saldo que seus correntistas possuem em conta. Os recursos são disponibilizados automaticamente, conforme a necessidade do cliente, e a incidência de juros e encargos ocorre sempre que os recursos são utilizados. O limite do cheque especial é negociado entre a instituição financeira e o cliente, levando-se em consideração critérios como renda.

Apesar de ocorrerem encargos e juros toda vez que os recursos do cheque especial são utilizados, na maioria dos bancos essa cobrança é feita mensalmente, em data predefinida.

4.6.10 Empréstimos

Nesse tipo de crédito os recursos liberados não possuem destinação específica, podendo ser utilizados para qualquer atividade pelo contratante da operação. A instituição financeira concede determinada quantia em dinheiro e o contratante se compromete a devolver os recursos no prazo firmado entre eles. O prazo desse tipo de operação varia conforme o montante solicitado e a negociação com a instituição financeira, sendo que essa é obrigada a informar no momento da contratação do empréstimo o Custo Efetivo Total (CET) da operação, o que inclui a taxa de juro, tarifas, tributos, seguros e qualquer outra despesa de responsabilidade do cliente.

4.6.11 Cartão de crédito

Modalidade de crédito de curto prazo no qual a administradora do cartão (empresa emissora) concede crédito ao portador do cartão, devendo esse realizar o pagamento na data prevista em contrato. No caso do consumidor não quitar a dívida na data estipulada, automaticamente estará contratando um empréstimo em instituição financeira parceira da administradora do cartão, sendo obrigado a pagar a dívida acrescida de juros, conforme cláusulas do contrato.

A avaliação do limite de crédito concedido ao portador irá variar conforme a análise do risco de crédito e da renda comprovada, variando de instituição para instituição. Em relação às demais tarifas e custos dos cartões de crédito, são autorizadas as seguintes cobranças: emissão de 2ª via da fatura; anuidade pela utilização do cartão; saque de dinheiro em espécie do cartão; tarifa pelo uso do cartão para pagamento de contas; e nos casos de pedido de avaliação emergencial do limite de crédito.

4.6.12 Crédito estudantil

Linha de crédito voltado para o financiamento do ensino de estudantes de Instituições de Ensino Superior (IES) e operada exclusivamente por alguns bancos públicos. É oferecido por bancos comerciais e outras instituições financeiras, por programas próprios das IES e pelo programa do Governo Federal, o Fies – Fundo de Financiamento Estudantil. Dentre as linhas de crédito estudantil existentes, o Fies é a mais representativa. O programa oferece carência de 18 meses após o término do curso para início do pagamento e prazo máximo de três vezes o período em que o estudante utilizou o financiamento durante o curso, acrescido de 1 ano.

Se o estudante utilizou o Fies em 3 dos 4 anos de duração do curso, terá o prazo de 10 anos para quitar o financiamento.

4.7 Fontes de crédito rural

Constitui-se no financiamento da atividade agrícola ou pecuária, custeando a produção, comercialização e/ou investimentos.

4.7.1 Custeio rural

Estas linhas têm como objetivo financiar as despesas do dia a dia durante o período de produção, oferecendo recursos a serem utilizados durante o período da atividade.

A) Custeio agrícola

Beneficiários: produtores rurais, pessoas físicas ou jurídicas, diretamente ou por meio de suas cooperativas.

Limite financiável: até 70% da receita prevista para a lavoura a ser financiada, limitado ao orçamento.

Prazo: os prazos variam conforme o tipo de produção e linha de financiamento contratada, podendo chegar a 2 anos nos casos de recursos livres e variando de 1 até 2 anos nos casos de recursos controlados.

B) Custeio pecuário

Beneficiários: produtores rurais, pessoas físicas ou jurídicas, diretamente ou por meio de suas cooperativas e empresas agroindustriais.

Limite financiável: financiamento de até 100% do orçamento das despesas de exploração pecuária durante o ciclo produtivo dos animais, limitado a 70% da receita prevista para o empreendimento.

Prazo: varia conforme o tipo de criação e a linha de financiamento contratada, podendo chegar a 2 anos nos casos de recursos livres e variando de 1 até 2 anos nos casos de recursos controlados.

C) Pronamp

Programa Nacional de Apoio ao Médio Produtor Rural (Pronamp) é voltado ao desenvolvimento dos médios produtores, financiando as despesas de custeio da produção agrícola e pecuária.

Beneficiários: proprietários rurais, posseiros, arrendatários ou parceiros que tenham, no mínimo, 80% de sua renda bruta anual originária da atividade agropecuária ou extrativa vegetal e renda bruta anual de até R$ 800 mil.

Limite financiável: financiamento de até 70% da receita prevista para o empreendimento a ser financiado, limitado ao orçamento.

Prazo: até 2 anos para custeio agrícola e 1 ano para custeio pecuário.

4.7.2 Financiamento à comercialização

Esta linha tem como objetivo financiar a comercialização da produção, auxiliando no controle do fluxo de caixa.

A) Desconto de nota promissória rural e duplicata rural

Produtores rurais e suas cooperativas de produção ou cooperativas centrais que vendem a produção agrícola própria, a prazo, e precisam antecipar o recebimento do valor de venda, podem solicitar um financiamento para desconto de Nota Promissória Rural (NPR) ou de Duplicata Rural (DR). Quem pode emitir NPR/DR para efeito de desconto:

I) Nota promissória rural (NPR): o comprador, nos seguintes casos:

- na compra a prazo de bens de natureza agrícola ou pecuária, quando efetuada diretamente de produtores rurais e/ou de suas cooperativas;
- no recebimento, pelas cooperativas, de produtos da mesma natureza entregues pelos seus cooperados;
- na entrega de bens de produção ou de consumo feita pelas cooperativas aos seus associados.

II) Duplicata rural (DR): o vendedor, nas vendas a prazo de bens de natureza agrícola ou pecuária, quando efetuadas diretamente por produtores rurais e/ou suas cooperativas.

Encargos financeiros:

- cobrança de taxa de juros prefixada na forma de desconto sobre o valor de face da NPR/DR;
- cobrança de IOF.

Prazo de títulos: pode chegar até 240 dias para alguns produtos específicos como a castanha de caju e leite. Para a maioria dos demais produtos o prazo pode chegar até 120 dias, contado a partir da data de vencimento do título.

Garantias:

- aval ou fiança prestados pelos participantes da empresa compradora dos produtos ou por outra pessoa jurídica;
- penhor de títulos ou de direitos creditórios;
- penhor de produtos ou de bens móveis;
- alienação fiduciária;
- hipoteca.

B) EGF – Empréstimos do governo federal

Financiamento para estocagem de produtos. Para produtores que colheram a safra de produtos agrícolas e querem esperar o melhor momento para venda.

Se o produto estiver na pauta da PGPM – Política de Garantia de Preços Mínimos –, é possível obter um adiantamento sobre o valor do preço mínimo de seu produto.

Quem pode contratar:

- Empresas e cooperativas que atuem na atividade de beneficiamento e industrialização.
- Cerealistas que atuem na limpeza, padronização, armazenamento e comercialização de produtos agropecuários.
- Suinocultores e avicultores de corte não integrados às agroindústrias de carne suína e avícola.

Valor do financiamento:

- Até 100% da capacidade de armazenamento.

Exigências básicas:

- É necessária a apresentação pelo beneficiário do financiamento de informações sobre o produtor e produto a ser adquirido com o financiamento.
- Comprovação, através da nota fiscal, da compra do produto.

Vantagens:

- Melhores condições de prazo para comercialização da produção, com ampliação dos prazos.
- Encargos financeiros mais atrativos e competitivos.

C) Política de garantia de preços mínimos (PGPM)

Os produtores rurais, cooperativas, beneficiadores, comerciantes ou indústrias que pretendem estocar, beneficiar ou industrializar, conforme o caso, sua produção própria, podem obter crédito rural para apoio financeiro às suas atividades rurais. O governo utiliza desde 1966 a Política de Garantia de Preços Mínimos (PGPM), onde através do cálculo do custo variável de diversas culturas é oferecido um preço mínimo, reduzindo a volatilidade de preços do mercado.

A cada safra são definidas as culturas que terão seu preço mínimo garantido pelo governo. Os principais mecanismos utilizados para balizar os preços do mercado são compra direta de excedentes, financiamento de estocagem, contratos de opção de compra e venda futura, dentre outros.

4.7.3 Financiamento ao investimento:

Os recursos dessa modalidade são destinados ao desenvolvimento e implantação de sistemas agrícolas voltados à melhoria de competitividade, além de outros que promovam o desenvolvimento sustentável no campo.

A) Agricultura de baixo carbono: O governo brasileiro, visando cumprir o compromisso assumido com a ONU na conferência sobre mudanças climáticas, criou o Programa de Redução da Emissão de Gases de Efeito Estufa (ABC). O programa tem o objetivo de incentivar a adoção de técnicas agrícolas sustentáveis, reduzindo, assim, emissão de gases do efeito estufa e incentivando a preservação dos recursos naturais.

Dentre os projetos financiáveis por essa linha estão: Implantação de viveiros de mudas florestais, Implantação de sistema de integração lavoura-pecuária-floresta, Agricultura orgânica e recuperação de pastagens, Implantação e manutenção de florestas de dendezeiro, Implantação e manutenção de florestas comerciais, Manutenção de área de preservação permanente ou de reserva legal.

Beneficiários: Produtores rurais (pessoas físicas ou jurídicas) e cooperativas.

Limite: Pode chegar a R$ 1 milhão por beneficiário, por ano safra.

Prazo: Varia conforme a finalidade do projeto, podendo chegar a 15 anos quando o objetivo for de manutenção de área de preservação permanente ou de reserva legal (com carência de 1 ano). Para as demais linhas os prazos são menores.

B) Moderagro: O Programa de Modernização da Agricultura e Conservação dos Recursos Naturais (Moderagro) tem como objetivos apoiar e fomentar ações voltadas ao beneficiamento, produção, industrialização, acondicionamento e armazenagem de produtos da agricultura e pecuária brasileira, atuando também no apoio de ações destinadas à recuperação de solos e melhoria do controle de algumas doenças animais.

Dentre os projetos financiáveis estão: construção, instalação e modernização de benfeitorias, aquisição de equipamentos de uso geral, investimentos para suprimento de água e tratamento de dejetos animais, implantação de frigorífico e unidade de tratamento, beneficiamento de pescado e produtos da aquicultura, aquisição de materiais utilizados na pesca e produção agrícola, reposição de matrizes bovinas e bubalinas e obras de adequação sanitária e/ou ambiental em linha com os objetivos do programa. As garantias variam conforme o tipo de projeto financiado. No caso de máquinas e equipamentos, os mesmos podem servir como garantia da operação (alienação fiduciária/penhor), já no financiamento de projetos, a instituição financeira credenciada definirá os critérios.

Beneficiários: Produtores rurais (pessoas físicas ou jurídicas), e cooperativas.

Limite: Varia conforme o tipo de empreendimento, individual ou coletivo, podendo chegar a R$ 600 mil para empreendimentos individuais e R$ 1,8 milhão para coletivos, observando-se o limite individual por participante.

Prazo: Pode chegar a 10 anos, com prazo de carência de 3 anos já incluso.

C) Moderinfra: Os recursos desse programa são destinados a financiar a manutenção e ampliação de áreas irrigadas e da capacidade de armazenamento nas propriedades rurais. Em casos especiais, onde a produção agropecuária é armazenada em área urbana, o financiamento das unidades armazenadoras é liberado em proporção à produção agropecuária.

Beneficiários: Produtores rurais (pessoas físicas ou jurídicas), e cooperativas.

Limite: Até 1,3 milhão para empreendimentos individuais e 4 milhões para empreendimentos coletivos. O valor para empreendimentos individuais pode ser elevado em até 100% caso os recursos extras sejam destinados à proteção de pomares contra incidência de granizo (apenas para regiões de clima temperado).

Prazo: Pode chegar a 12 anos, com prazo de carência de 3 anos já incluso.

D) Moderfrota: Programa destinado ao financiamento da aquisição de tratores, colheitadeiras, pulverizadores, plantadeiras, semeadoras e plataformas de corte. Também se pode financiar a aquisição de itens usados, desde que adquiridos em distribuidora autorizada cadastrada no BNDES, conforme regras da instituição.

Beneficiários: Produtores rurais (pessoas físicas ou jurídicas), e cooperativas.

Limite: Até 90% dos valores dos bens que se pretende financiar.

Prazo: Até quatro anos.

Procap-Agro: Linha destinada a fornecer capital de giro e financiar a reestruturação/recuperação patrimonial das cooperativas de produção agropecuária, agroindustrial, aquícola ou pesqueira.

Beneficiários: Produtores rurais (pessoas físicas ou jurídicas), e cooperativas singulares de produção.

Limite: Varia conforme a destinação dos recursos, podendo chegar a 40 mil para produtores cooperados – respeitado o limite de 100% de sua cota integralizada –, e R$ 50 milhões para Cooperativa Singular ou Central.

Prazo: Até 6 anos, com prazo de carência de 2 anos já incluso.

Prodecoop: O Programa de Desenvolvimento Cooperativo para Agregação de Valor à Produção Agropecuária tem o objetivo de melhorar a competitividade das cooperativas brasileiras, por meio do financiamento da modernização do complexo agroindustrial (produção e comercialização).

Beneficiários: Cooperativas singulares ou centrais de produção agropecuária, agroindustrial, aquícola ou pesqueira e seus produtores rurais associados (pessoa física ou jurídica).

Limite: Até 90% do valor do projeto, podendo chegar a R$ 75 milhões por cooperativa. Em alguns casos, o limite pode ser elevado, como em projetos realizados pelas cooperativas centrais voltados para industrialização de produtos prontos para o consumo.

Prazo: Até 12 anos, com prazo de carência de 3 anos já incluso.

4.8 Fontes de crédito habitacional

O crédito para habitação busca atender a três objetivos: reforma, compra ou construção de imóveis. Para isso, existe uma divisão institucional do sistema de crédito habitacional em dois subsistemas: SFH – Sistema Financeiro Habitacional – e SFI – Sistema de Financiamento Imobiliário –, diferenciando-se pelo perfil do nível de renda e risco de crédito do tomador. Os recursos do SFH são provenientes do saldo das cadernetas de poupança que compõem o SBPE – Sistema Brasileiro de Poupança e Empréstimo – enquanto os recursos do SFI – Sistema de Financiamento Imobiliário – são provenientes de recursos livres (com condições de financiamento pactuadas livremente entre credores e tomadores), financiados pelo setor bancário.

Para financiamento do capital de giro de construtoras existem alguns programas do governo federal, como o ConstruGiro, onde é oferecida a construtoras de médio e grande porte a opção de antecipação dos recebíveis, com prazo de até 60 meses, podendo selecionar até 100% da carteira de recebíveis. Para empresas de construção de menor porte, existe linha de capital de giro fornecida como limite de crédito pré-aprovado, onde os limites podem chegar até R$ 1 milhão quando são oferecidas garantias reais ou R$ 100 mil com a garantia de aval limite. Existem também opções de financiamento com recursos do FAT – Fundo de Amparo ao Trabalhador – e do FGTS – Fundo de Garantia do Tempo de Serviço. Há, ainda, o PROGER – Programa de Geração de Renda –, financiando capital de giro de empresas geradoras de emprego e renda.

4.9 Fontes de capital de giro empresarial

4.9.1 Commercial papers *ou nota promissória*

Commercial paper é um título de valor mobiliário emitido por empresas de sociedade anônima, destinado à oferta pública, para captação de recursos no mercado interno, para financiamento de capital de giro. As instituições financeiras, as corretoras e distribuidoras de valores mobiliários e as empresas de *leasing* não podem emitir *commercial paper*, estando restrito às empresas e sociedades anônimas. Os *commercial papers* podem ser emitidos com prazo máximo de 180 dias pelas sociedades anônimas de capital fechado e até 360 dias pelas de capital aberto, com a possibilidade de serem transferidos de titularidade mediante endosso em preto, não possuindo garantia, sendo o risco da aplicação de inteira responsabilidade do investidor. A companhia emissora deverá possuir registro atualizado junto à CVM para obter autorização de emissão. Essa modalidade de crédito é uma alternativa aos empréstimos bancários convencionais e permite uma redução da taxa de juros, pois elimina a intermediação bancária. Ela também oferece maior agilidade às captações das empresas porque possibilita aos tomadores de crédito negociar diretamente com os investidores de mercado.

4.9.2 *Securitização de recebíveis*

Recebíveis são títulos de crédito que representam um direito de crédito originário de uma venda a prazo de bens, serviços ou operações imobiliárias. A securitização de recebíveis tem como objeto contratos que ainda vão gerar vendas e faturamentos futuros, como por exemplo contratos de locação, faturas de cartão de crédito, mensalidades escolares etc. A determinação do crédito gerado pelos recebíveis depende da qualidade desses. A análise é feita tendo como base o grau de inadimplência, classificando a operação de acordo com o risco de crédito e determinando a taxa de juros a ser aplicada.

4.9.3 Operações de barter

Barter é a palavra em inglês para escambo ou troca de mercadorias, um contrato onde as partes podem negociar bens ou serviços, gerando um crédito, que não é transformado em moeda. Nos dias de hoje Barter representa a operação de antecipação da venda de insumos, através da emissão de uma Cédula de Produto Rural (CPR) emitida pelo produtor, onde esse se compromete a entregar determinado volume de produção conforme o valor dos produtos recebidos (sementes, defensivos, fertilizantes etc.) da revenda.

A evolução dessa transação comercial no mercado agrícola foi possível devido a três fatores: a prática do Contrato de Soja Verde, criação da Cédula de Produto Rural (instrumento de garantia) e a entrada das grandes *tradings* no mercado nacional, desenvolvendo a cultura de venda antecipada das safras agrícolas.

Os contratos de soja verde, durante a década de 1980, viabilizaram o acesso dos produtores de soja a preços de mercado futuro, através da comercialização antecipada de sua safra e a antecipação de recursos financeiros para o financiamento de sua produção.

Com a criação da CPR – Cédula de Produto Rural através da Lei nº 8.929 em 22 de agosto de 1994 foi possível criar um instrumento de garantia que permitiu a estruturação de operações em outros mercados, além da cultura da soja, assim como expandir os participantes nesse processo. A CPR permite aos produtores agrícolas e suas cooperativas comercializarem sua safra futura, não somente com as *tradings*, mas também com fornecedores de insumos e mercado financeiro, permitindo a captação de recursos.

Como funciona a operação: O Barter é realizado através da triangulação entre agricultor, fornecedor de insumos e uma *trading*. O fornecedor define os preços de seus produtos em quantidade de *commodity* agrícola, baseado em preços de mercado futuro com a negociação da venda de insumos formalizada através de uma CPR – Cédula de Produto Rural fornecendo em garantia o penhor de sua safra futura.

O fornecedor de insumos realiza a venda futura desta *commodity* para uma *trading* através de um Contrato de Compra e Venda, garantindo assim o preço futuro, utilizado na definição da paridade do preço de seus produtos.

No vencimento, o agricultor entrega no armazém determinado na CPR – Cédula de Produto Rural o volume de *commodity* para cumprir com a sua obrigação determinada no momento da compra dos insumos agrícolas. O fornecedor utiliza esse volume de *commodity* para liquidação do contrato de compra e venda negociado junto à *trading*, e em contrapartida recebe o valor em moeda para liquidação de sua venda.

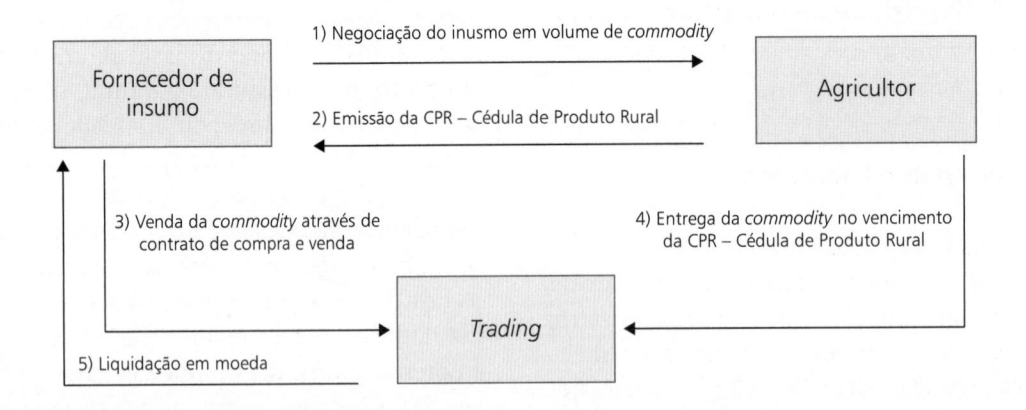

As primeiras operações de Barter foram realizadas no mercado de soja, baseadas no modelo de Contrato de Soja Verde, com o desenvolvimento da CPR – Cédula de Produto Rural e se estenderam a outros cultivos, como café, algodão e milho, por exemplo.

Em fevereiro de 2001 foi criada a CPR-F, Cédula de Produto Rural Financeira, que possibilita a liquidação da obrigação pelo produtor em moeda e não em *commodity* agrícola, sempre com o preço referenciado por uma informação pública, estabelecendo uma relação de paridade. Dessa forma, a operação foi estendida a outros mercados, através da utilização de instrumentos de mercado futuro.

A operação de Barter diferencia-se da tradicional operação de troca de insumos por produção. Apesar de serem parecidas, na troca de insumos pela produção existe a fixação do preço da produção pela *trading*, enquanto no Barter isso não ocorre, havendo apenas um preço mínimo que é oferecido pela revenda detentora da CPR.

Riscos e Benefícios: Comparando a atividade agrícola a uma indústria, pode-se considerar que o processo produtivo ocorre a céu aberto, exposto a toda e qualquer intempérie climática tendo ainda o seu produto final precificado pelo mercado seja ele financeiro e/ou por oferta e demanda.

Esses riscos podem afetar a receita do agricultor comprometendo o crescimento e continuidade de seu negócio.

Através das operações de Barter o agricultor tem a possibilidade de gerenciar de maneira mais eficiente o seu custo de produção definindo o volume de *commodities* (ex.: sacas de soja, pluma de algodão) necessário para aquisição de seus insumos, antes mesmo de iniciar seu cultivo reduzindo sua exposição à variação de preço de mercado.

Os benefícios da operação de Barter não se restringem somente ao agricultor, mas também ao fornecedor de insumos, que tem a segurança que seus clientes estão realizando a gestão de seus custos de forma antecipada e para as *tradings* o uso de tecnologia e melhores práticas nas áreas de produção.

4.9.4 Fundos de recebíveis

A) FIDCs – Fundos de Investimento em Direitos Creditórios – constituem-se em instrumento de aquisição de recebíveis, oferecidos por instituições financeiras. Os valores de aquisição de recebíveis dependerão da qualidade de tais recebíveis.

B) ACC/ACE: ACC – Adiantamento sobre contratos de câmbio; ACE – Adiantamento sobre cambiais entregues: o adiantamento de contrato de câmbio tem por objetivo financiar capital de giro às empresas exportadoras para que possam produzir e comercializar os produtos objetos de exportação. Um banco autorizado a operar com câmbio adianta a um exportador moeda nacional equivalente à quantia de moeda estrangeira que será gerada pela futura exportação, com base em contrato de fornecimento ou pedido de compra. A operação recebe o nome de ACC quando se refere ao financiamento da produção, sendo o adiantamento pelo banco em até 360 dias do embarque. A operação é chamada de ACE quando a mercadoria já está embarcada, e possui prazo máximo de 210 dias, conforme data de embarque da mercadoria ao exterior. Os tomadores de ACC que não conseguirem cumprir o prazo de embarque podem converter os valores como forma de empréstimo ou investimento, ou ainda retorná-los ao exterior, conforme regra tributária para recursos não destinados à exportação – pagam multa de até 25% do valor do ACC.

C) Export note: uma alternativa de financiamento de capital de giro exclusiva a exportadores. Constitui-se em um título emitido por uma empresa exportadora, lastreado obrigatoriamente num contrato de compra e venda, firmado entre o exportador nacional e empresas estrangeiras importadoras de seus produtos e serviços. Embora o valor da *export note* seja expresso em moeda estrangeira, de acordo com a origem da importadora, sua liquidação é feita em moeda nacional, convertendo-se de acordo com a taxa determinada em contrato. A vantagem sobre o ACC é não sofrer limitação de prazo.

D) Forfaiting: é uma alternativa de financiamento de capital de giro na qual ocorre a cessão de crédito de uma empresa exportadora brasileira a um banco. A empresa exportadora vende a prazo e recebe a vista, uma vez que vende seus contratos e títulos de crédito com vencimento futuro a uma instituição financeira. A vantagem da operação é a isenção de responsabilidade da empresa. O banco assume o risco. O *forfaiting* não é regulamentado pelo Banco Central do Brasil.

4.10 Fontes de recursos de longo prazo para capital de giro

Segundo levantamento do Inepad, na mediana as empresas de capital aberto aplicam 23% de seus recursos de longo prazo no capital de giro. Esses recursos são oriundos do Exigível a Longo Prazo (empréstimos, debêntures, por exemplo) e Patrimônio Líquido. Podem-se originar recursos, ainda, da venda de ativos permanentes destinados a reforço do capital de giro.

Sale leaseback: a operação de *sale leaseback* é caracterizada pela venda de um ativo imobilizado a uma empresa de *leasing*, contratando o arrendamento do mesmo bem. É muito utilizado como financiamento de capital de giro por empresas que queiram diminuir sua imobilização. A empresa viabiliza recursos de longo prazo, continua utilizando o bem e tem opção de recompra ao final do contrato.

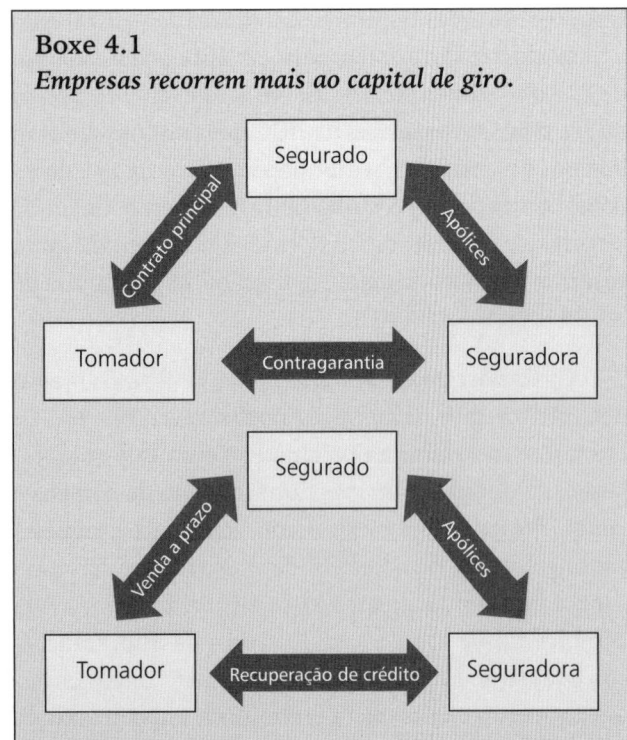

Boxe 4.1
Empresas recorrem mais ao capital de giro.

Segundo levantamento feito pela Febraban (Federação Brasileira de Bancos), o capital de giro é a linha de crédito mais solicitada pelos empresários brasileiros (pessoa jurídica). Em fevereiro de 2011, o saldo com recursos livres – com taxas de juros acordadas livremente entre a instituição financeira e o tomador – destinados à linha de capital de giro era de 47,9%. Em setembro de 2008 a taxa era de 34%, demonstrando grande expansão no período.

O maior volume de crédito destinado ao capital de giro é reflexo da maior procura pela modalidade. Dados divulgados pelo Ministério da Fazenda indicam que 92% da demanda dos micro e pequenos empresários por crédito nos bancos no primeiro trimestre de 2011 era por linhas de capital de giro. Outros 7% procuravam por linhas de crédito voltadas ao investimento e o 1% restante buscava ambas as linhas.

A grande procura por capital de giro por parte dos empresários brasileiros retrata a falta de planejamento na execução dos projetos ou no tocante ao próprio negócio em geral. Muitas vezes o empresário não possui controle da sua necessidade de capital de giro, considerando apenas os gastos para início de sua operação, sem atentar para as diferenças de prazo entre a compra, venda e recebimento de bens e/ou serviços. Em outros casos, a falta de organização pode ser apontada como principal causa do problema, já que muitas destas empresas ainda não possuem formalização, contribuindo para a mistura de gastos pessoais com os da empresa.

Resumo

As fontes de financiamento de capital de giro são representadas no balanço patrimonial por todas as obrigações de curto prazo de uma empresa, mais uma parcela de recursos de longo prazo, de terceiros e próprios.

Os financiamentos operacionais surgem a partir das operações da empresa. Para aumentar as vendas, compra-se mais, para produzir mais, e assim aumentam também as duplicatas a pagar para os fornecedores. Com o aumento da produção exigem-se mais horas de trabalho e com isso os valores de salários aumentam. Com o aumento das vendas aumentam os impostos a pagar. Surge um ciclo: quanto mais se vende, maior é o valor a pagar a fornecedores, assim como os valores de impostos, obrigações sociais e salários.

O adiantamento de clientes é também uma fonte operacional de financiamento (a empresa recebe valores antecipadamente por uma entrega futura do produto). Isso ocorre normalmente quando o produto é feito por encomenda ou quando a demanda é maior que a oferta.

As empresas nem sempre conseguem financiar seu capital de giro apenas por meio de suas atividades operacionais, recorrendo a fontes financeiras. Os recursos são obtidos pelas empresas junto às instituições financeiras como: bancos comerciais e múltiplos, financeiras, empresas de *factoring*, bancos de investimento.

Para que uma empresa obtenha crédito junto a uma instituição financeira é necessário que seja feita uma análise de risco de crédito que inclua a análise das informações qualitativas, a análise das informações restritivas e a análise de suas informações financeiras, o que terá peso decisivo na concessão de crédito, uma vez que identificará a capacidade de gerar caixa e de pagamento da empresa, mostrando o seu comprometimento com terceiros e classificando-a quanto ao risco de crédito.

Existem diversas opções de empréstimos e financiamentos para capital de giro disponíveis no mercado financeiro, diferenciando-se em prazos, taxas, formas de pagamento e garantias. Dentre elas podemos destacar: *hot money*, antecipação de recebíveis, cheque pré-datado, conta garantida, crédito rotativo, empréstimos para capital de giro, financiamento de tributos e obrigações sociais, vendor, compror e *factoring*.

Além disso, há também as fontes para capital de giro junto a financeiras, principalmente o CDC (Crédito Direto ao Consumidor) e o CDCI-CDC com interveniência, que normalmente são operações de maior risco e, portanto, com maiores taxas de juros.

Em relação à atividade agrícola ou pecuária, há as fontes financeiras para capital de giro junto ao Sistema de Crédito Rural, com taxas, prazos e condições diferenciadas.

As fontes financeiras para capital de giro junto ao Sistema de Crédito Habitacional constituem-se basicamente em dois subsistemas: SFH – Sistema Financeiro da Habitação – e SFI – Sistema Financeiro Imobiliário –, ambos voltados à reforma, construção e aquisição de imóveis.

Dentre os produtos e serviços especiais para financiamento do capital de giro, os mais importantes são: *commercial papers*, securitização de recebíveis, fundos de recebíveis, ACC/ACE, *export note* e *forfaiting*.

É uma prática relativamente comum entre as empresas utilizar fontes de recursos de longo prazo para capital de giro. As duas principais formas de captação são: *sale leaseback* (venda de um ativo imobilizado a uma empresa de *leasing*) e emissão de debêntures de três anos para captar recursos para aplicação no capital de giro, ou, ainda, emissão de ações com o mesmo propósito.

Questões

1. Cite quais fontes de financiamento para o capital de giro podem ser classificadas como financeiras e quais são as fontes operacionais.
2. Explique por que os fornecedores são citados como principal fonte de financiamento para o capital de giro e como se efetua uma boa administração desse item do passivo circulante.
3. Exemplifique as quatro situações componentes da formação das estratégias de compra da empresa.
4. A pontualidade no recolhimento dos impostos é vista como de grande importância para a empresa por diversos fatores citados. Explique como criar uma gestão tributária eficiente na empresa.
5. Sabendo que as instituições bancárias utilizam-se da prática de reciprocidade para aumentar a rentabilidade de suas aplicações, como você considera que deva ser o relacionamento com os bancos na tentativa de minimizar o custo financeiro de suas operações de financiamento?
6. Por que a taxa de desconto anunciada pelas instituições financeiras não representa o custo efetivo do financiamento?
7. Vendor é uma modalidade de financiamento para vendas a curto prazo que pode viabilizar negócios para os quais o comprador teria dificuldades de obtenção de crédito junto à instituição financeira. Quais mecanismos tornam possível essa operação?
8. O que difere o compror do vendor?
9. Um cliente deseja levantar um empréstimo no valor de R$ 10.000,00 para ser pago em uma única parcela no final de quatro meses. Sabendo que a taxa de juros cobrada pelo banco é de 5% ao mês e que o IOF é de 1,5% ao ano, determine quanto deverá ser pago no vencimento do contrato.
10. Uma duplicata para vencimento daqui a 45 dias foi descontada pelo banco a uma taxa de desconto de 4,5% ao mês. Quanto foi depositado na conta do cliente sabendo que o valor da duplicata é de R$ 15.000,00? Qual a taxa de juros efetiva da operação?

Exercícios

1. Supõe-se que a "Empresa A" comprou R$ 20.520,00 em produtos para pagamento em três parcelas iguais (30, 60 e 90 dias, respectivamente). Se ela pagar até 10 dias antes do vencimento da fatura, ela obtém um desconto de 2% em cada parcela. Calcule a economia que a empresa faria se optasse pelo pagamento antecipado das parcelas e identifique qual seria a estratégia financeira mais vantajosa para ela em termos de quando pagar cada uma das parcelas (sabendo que a empresa aplica uma taxa de juros de 1% a.m.).
2. A "Loja J" necessita de capital de giro e possui duplicatas a receber no valor de R$ 260.000,00. Dessa forma, ela procura um banco para descontá-las. A taxa de desconto praticada pelo banco é de 2,5% a.m. Sabendo que o prazo para resgate destas duplicatas é de 30 dias, calcule o valor recebido pela "Loja J" nesta operação.
3. Levando em consideração que a taxa de desconto da operação, anunciada pela instituição financeira, não corresponde ao seu custo financeiro, já que o desconto bancário é feito pelo regime de desconto "por fora", calcule o custo efetivo da operação do exercício 2, considerando o IOF.
4. A "Empresa P" deseja adquirir mercadorias do "Fornecedor F" no valor de R$ 10.000,00. Porém, não possui o valor integral a vista. Dessa forma, necessita de um prazo de 60 dias para pagamento. Por outro lado, o "Fornecedor F" não possui capital de giro suficiente para financiar seu cliente. Qual seria uma possível solução para este problema? Monte o fluxograma adequado.
5. Calcule o custo operacional real da "Companhia K" referente ao desconto de duplicatas, sabendo que a taxa de desconto praticada pelo banco é de 1,25% a.m., que o montante total de duplicatas é de R$ 25.000,00 e o prazo para resgate é de 30

dias para 45% das duplicatas e de 90 dias para o restante (inclua a incidência do IOF).

Estudo de caso

A Companhia Tupi é uma empresa do varejo e no final do mês de outubro sua direção resolve aproveitar as oportunidades de desconto que seus fornecedores lhe ofereciam para antecipar os pagamentos de suas duplicatas. Para tanto, foi levantado um balancete de verificação em 30/0/X0, de onde foram extraídos os saldos das contas de curto prazo da empresa (Quadro I), discriminadas as oportunidades de desconto para a antecipação do pagamento aos fornecedores (Quadro II) e levantadas as opções de crédito no mercado (Quadro III).

Tendo por base tais informações, demonstre se a empresa deve aproveitar os descontos oferecidos ou se os pagamentos deverão ocorrer nas datas de vencimento do crédito.

Quadro I – Posição das contas de curto prazo em 30/9/X0

Ativo circulante		Passivo circulante	
Disponibilidades	3.000,00	Fornecedores	3.500,00
Clientes	4.000,00	Salários a Pagar	1.000,00
Estoques	4.500,00	Impostos a Recolher	500,00
Outras Contas a Receber	500,00	Empréstimos	2.500,00
Total do Ativo Circulante	12.000,00	Total do Passivo Circulante	7.500,00

Quadro II – Fornecedores – desconto por antecipação de pagamento

Fornecedores	Valor	Vencimento	Desconto por antecipação do pagamento
Atacadista Alfa	1.500,00	31/11/X0	5% de desconto para pagamento até 1º/11/X0
Distribuidora Beta	800,00	15/12/X0	Não há cláusula de desconto
Companhia Gama	1.200,00	31/12/X0	6% de desconto para pagamento até 1º/11/X0

Quadro III – Opções de crédito de curto prazo no mercado

Opção	Custo
Desconto de Duplicatas	4,5% ao mês
Empréstimo	4,0% ao mês

Referências

ANDREZO, André Fernandes. *Mercado financeiro*: aspectos históricos e conceituais. São Paulo: Pioneira, 1999.

ASSAF NETO, Alexandre. *Finanças corporativas e valor*. São Paulo: Atlas, 2003.

_____. *Matemática financeira e suas aplicações*. 2. ed. São Paulo: Atlas, 2002.

BRIGHAM, Eugene F. *Administração financeira*: teoria e prática. São Paulo: Atlas, 2001.

CAVALCANTI, Melissa Franchini. *Contratos e covenants*. 2002. Trabalho apresentado na disciplina Teoria da Administração Financeira – FEA/USP, Ribeirão Preto.

DI AGUSTINI, Carlos Alberto. *Capital de giro*: análise das alternativas, fontes de financiamento. 2. ed. São Paulo: Atlas, 1999. v. 2.

FORTUNA, Eduardo. *Mercado financeiro*: produtos e serviços. 15. ed. Rio de Janeiro: Qualitymark, 2002. v. 15.

GITMAN, Lawrence J. *Princípios de administração financeira*: essencial. 2. ed. Porto Alegre: Bookman, 2001.

_____; MADURA, J. *Administração financeira*: uma abordagem gerencial. São Paulo: Addison Wesley, 2003.

GROPELLI, A. A. *Administração financeira*. 3. ed. São Paulo: Saraiva, 1998.

HOJI, Masakazu. *Administração financeira*: uma abordagem prática: matemática financeira aplicada, estratégias financeiras, análise, planejamento e controle financeiro. 3. ed. São Paulo: Atlas, 2001.

LEMES JUNIOR, Antônio Barbosa. *Administração financeira*: princípios, fundamentos e práticas brasileiras. Rio de Janeiro: Campus, 2002.

O ESTADO DE S. PAULO. Disponível em: <http://www.estadao.com.br/ext/economia/financas/investimentos/acoes.htm>. Acesso em: 7 dez. 2003.

RANGEL, Armênio de S.; SANTOS, José C. S.; BUENO, Rodrigo L. S. *Matemática dos mercados financeiros à vista e a termo*. São Paulo: Atlas, 2003.

SAMPAIO, Rogério M. de Castro. *Direito civil*: contratos. São Paulo: Atlas, 1999.

5

Gestão da Tesouraria

Objetivos do capítulo

- Definir a gestão de tesouraria e seu papel na gestão do capital de giro.
- Destacar as finalidades do disponível.
- Apresentar o instrumento do fluxo de caixa na gestão de tesouraria, assim como sua elaboração e acompanhamento para fins gerenciais.
- Analisar os modelos de gestão de caixa e seu uso na gestão financeira.
- Descrever os procedimentos utilizados nas aplicações financeiras de forma a minimizar a exposição ao risco das instituições bancárias.
- Traçar algumas estratégias genéricas quanto à gestão de tesouraria, tais como as operações de *hedge*, o instrumento da conta garantida e o adiantamento a fornecedores.
- Discutir o impacto do Sistema de Pagamentos Brasileiro no dia a dia da gestão de tesouraria e no *float* bancário.

5.1 Introdução

O conceito de tesouraria é mais amplo que o de gestão do disponível. Como será apresentado no decorrer deste capítulo, além da administração do caixa, das contas bancárias e das aplicações financeiras de curto prazo, o conceito de tesouraria agrega operações mais estruturadas, como as de *hedge*, e outros aspectos complementares, como a gestão de risco das instituições financeiras, reciprocidade bancária e estratégias operacionais na gestão de tesouraria.

Inicialmente, serão apresentadas duas abordagens diferentes quanto à gestão de tesouraria. A primeira considera que a gestão de tesouraria é irrelevante. A segunda considera que a gestão de tesouraria torna-se imprescindível para a manutenção do estado de solvência das organizações.

Após, serão apresentados, de forma crítica, os modelos de gestão de caixa, estáticos ou dinâmicos, os quais nem sempre são utilizados pela maioria das empresas. A ferramenta mais utilizada é o fluxo de caixa, que é um instrumento essencial na gestão da tesouraria.

O capítulo se encerra com a descrição de operações complementares da gestão de tesouraria, tais como: estruturação de operações de *hedge*, adiantamento de fornecedores, o instrumento da conta garantida, dentre outras.

5.1.1 Tesouraria dentro da gestão do capital de giro

A gestão de tesouraria integra os demais componentes do capital de giro na medida em que todas as movimentações financeiras passam pelo caixa, sejam de curto ou de longo prazo. O fluxo financeiro relativo ao capital de giro, desde o pagamento dos insumos até o recebimento das vendas, passa, necessariamente, pelo caixa da empresa e necessita de uma gestão precisa a fim de evitar uma situação de insolvência da empresa ou, por outro lado, de sobra de recursos. O fluxo de caixa não deve ser considerado apenas pela área financeira, visto que todos os setores devem estar comprometidos com a capacidade de solvência dos compromissos assumidos pela empresa.

Decisões de setores como produção, vendas, compras e cobrança também determinam alterações nas necessidades de caixa por envolverem dimensionamento de custos e ciclos de fabricação, volume de vendas e concessão de prazos aos clientes, negociações de preços e prazos com fornecedores e eficiência no recebimento das vendas.

Ilustração 5.1 – Sistema de controle do fluxo de caixa

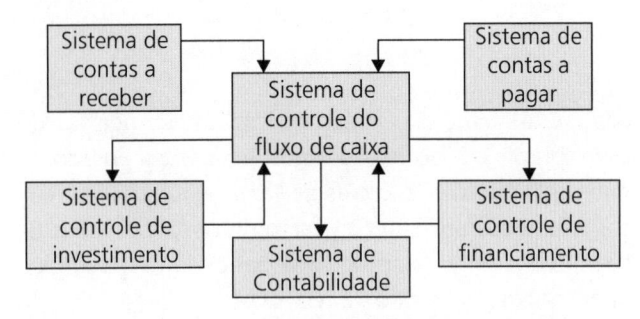

5.1.2 Questionamento da relevância do disponível

Seguindo as teorias que defendem a eficiência de mercado, a gestão do disponível seria irrelevante. Quando a empresa demandasse caixa, ela poderia captar no mercado a um custo equivalente ao seu custo de capital e sem restrições quanto à oferta de recursos.

No entanto, não é o que se observa na prática e as premissas que envolvem a teoria de mercado eficiente podem ser questionadas do ponto de vista da gestão de curto prazo, como será analisado a seguir.

5.1.3 Finalidades do disponível

Empiricamente, observa-se que as empresas têm a necessidade de manter recursos em disponibilidade, seja por motivos operacionais, seja para se proteger de eventuais desequilíbrios ou aproveitar oportunidades de investimento.

A primeira evidência de que o mercado é imperfeito é a diferença (*spread*) entre as taxas de captação e aplicação de curto prazo. Geralmente, as taxas de captação são maiores que as taxas de aplicação. Principalmente para empresas que possuem uma margem operacional[1] reduzida, a utilização constante de financiamento de curto prazo pode corroer parcela relevante de seus resultados.

A segunda evidência é a de que os custos de insolvência são elevados. O estado de insolvência implica em pagamento de multas, juros, perda de crédito, alienação de ativos operacionais, entre outros prejuízos. A manutenção de disponibilidades se faz necessária para evitar tais prejuízos.

Portanto, na prática há um custo associado à insolvência e os custos de captação são maiores que os custos de aplicação de curto prazo, o que sugere imperfeições de mercado.

Keynes (1965) e Weston e Copeland (1992) relacionam as finalidades do disponível:

- **transação:** não há uma sincronia perfeita entre os recebimentos e os pagamentos oriundos das operações das empresas. Neste caso, há a necessidade de manter recursos em caixa para honrar os compromissos assumidos. Por exemplo, geralmente o pagamento dos empregados ocorre em determinada data, enquanto os recebimentos dos clientes são distribuídos durante o mês;
- **precaução:** os pagamentos são certos e previsíveis, mas os recebimentos não. Para evitar o risco de insuficiência de caixa, as empresas mantêm uma reserva disponível para cobrir eventuais atrasos de recebimento ou eventuais pagamentos imprevistos;
- **especulação:** as empresas podem manter recursos em caixa, visando a uma oportunidade futura de investimento. Estes recursos podem ser mantidos em aplicações financeiras que, no Brasil, muitas vezes são mais rentáveis que investimentos operacionais. Nas últimas décadas, os juros pagos pelo tesouro brasileiro são elevados, se comparados com a rentabilidade de muitos setores de atividade da nossa economia.

O controle das disponibilidades pode ser entendido como um conjunto de medidas de responsabilidade e competência do caixa, mas que mantém estreita relação com as políticas mais amplas da empresa. No âmbito do caixa são adotadas medidas que não trazem reflexos

---

[1] Margem operacional = Resultado operacional sobre receita total.

nos demais elementos que compõem o capital de giro, podendo ser incluídas neste grupo uma maior eficiência do sistema de faturamento, melhor sincronização entre pagamentos e recebimentos, maior precisão na emissão e no controle da cobrança.

Por outro lado, decisões estratégicas da empresa que dizem respeito a outros elementos do ativo circulante, tais como redução de estoque de matéria-prima ou prazos de fabricação menores, obtidos com o emprego de processos mais eficientes, tais como a técnica de produção enxuta, o *just in time* entre outros, têm influência significativa no volume de recursos que deverá ser mantido em caixa.

Questões como a reciprocidade bancária[2] e contas garantidas, que serão discutidas mais adiante, também geram uma necessidade de manutenção de disponível ou caixa mínimo. Alguns modelos foram desenvolvidos para se determinar esse montante de forma a minimizar o investimento em disponibilidades. A seguir serão apresentados alguns destes modelos.

Dadas a imperfeição de mercado e a constatação da necessidade de manutenção de um caixa mínimo, estudaremos agora o fluxo de caixa e alguns modelos (estáticos e dinâmicos) de administração de caixa.

5.2 Fluxo de caixa

Fluxo de caixa é um instrumento que apura o resultado entre o fluxo de entradas e o de saídas de moeda corrente em determinado período de tempo, ou pode ser definido como o conjunto de procedimentos que permite, antecipadamente, avaliar as decisões pertinentes à administração de recursos financeiros.

É através do fluxo de caixa que o gestor financeiro pode administrar o grau de liquidez da empresa, administrando o crescimento a médio e longo prazo. O fluxo de caixa identifica excessos de recursos, que podem ser aplicados, ou escassez de recursos, que demandam captação.

A periodicidade das operações de caixa varia de empresa para empresa, no entanto, recomenda-se que seja feita tanto para o dia a dia, com maiores detalhes, como para prazos maiores, com nível de detalhamento menor. É importante considerar uma visão de longo prazo para a gestão do caixa. Investimentos futuros e crescimento operacional necessitarão dessa visão mais ampla.

Dessa forma, a gestão de tesouraria ocorre por meio da utilização dos Fluxos de Caixa. O fluxo de caixa consiste no método de captura e registro dos fatos e valores que provocam alterações no saldo de caixa, bem como sua apresentação em relatórios estruturados, de forma a permitir sua compreensão e análise (SÁ, 2008).

Assim, o fluxo de caixa pode ser representado pela contraposição entre as entradas e saídas de caixa, acrescida ao saldo de caixa no momento anterior.

Fluxo de Caixa
Saldo Inicial de Caixa (+) Entradas de Caixa (–) Saídas de Caixa
(=) Saldo Final de Caixa

Na prática, a utilização do fluxo de caixa pelas empresas acaba ganhando um caráter operacional, com seu controle diário ou semanal, e ainda com a utilização da Demonstração do Fluxo de Caixa (DFC) pelos métodos direto e indireto como forma de divulgação dos fluxos de caixa das atividades operacionais, de investimento e financiamento, conforme vimos anteriormente.

O controle do caixa pode ser feito utilizando-se modelos de gerenciamento do saldo de caixa, como veremos a seguir.

5.3 Modelos de administração de caixa

5.3.1 Modelo do caixa mínimo operacional

É o modelo menos sofisticado, mas que pode ser útil no estabelecimento de um padrão de investimento mínimo de caixa, dada a atividade da empresa. O Caixa Mínimo Operacional é encontrado pela divisão dos desembolsos totais de caixa previstos pelo giro de caixa.

O giro de caixa é simplesmente quantas vezes o ciclo de caixa[3] (ciclo financeiro) ocorre num determinado período (padrão = 360 dias). Por exemplo, uma empresa que possui um ciclo de caixa de 30 dias terá um giro de caixa de 12 vezes (360/30).

$$\text{Giro de caixa} = 360/30 = 12$$

---

[2] Depósitos a vista ou a prazo, mantidos em instituições financeiras, por força de acordos de reciprocidade.

[3] Ciclo de caixa corresponde ao período entre o pagamento dos insumos até o recebimento das vendas.

Se os desembolsos previstos de caixa forem de $ 3.000.000, por exemplo, o caixa mínimo esperado será de $ 100.000. Quanto maior o giro de caixa, menor o nível de caixa mínimo. Portanto, cada vez que a empresa consegue aumentar o prazo de pagamento a fornecedores e reduzir o prazo de recebimento dos seus clientes, ela estará reduzindo seu ciclo operacional, aumentando o giro de caixa e, consequentemente, reduzindo a necessidade de caixa mínimo.

Caixa mínimo operacional = desembolsos de caixa/giro de caixa

Caixa mínimo operacional = 3.000.000/12* = 100.000

* 360/ciclo.

Dadas algumas restrições do modelo apresentado, tais como a ausência do fator sazonalidade sobre o saldo apresentado, a desconsideração do lucro gerado no exercício ou os rendimentos provenientes de aplicações financeiras, além da necessidade de projetar os valores em moeda constante para situações de inflação, alguns ajustes podem amenizar essas limitações:

- trabalhar com os períodos mais curtos possíveis na elaboração do saldo mínimo;
- considerar os períodos de sazonalidade, projetando os saldos de forma agregada;
- trabalhar sempre que necessário em moeda constante.

5.3.2 Modelo de Baumol

O modelo de Baumol emprega o conceito de lote econômico de compras, muito utilizado na administração de estoques. Este modelo é aplicável em empresas que possuem fluxos financeiros com pouca variabilidade.

Como pode ser visto na Ilustração 5.2, em vez de manter todos os recursos em caixa para efetuar os pagamentos previstos em determinado período, o modelo indica que o recurso pode ser alocado em aplicações financeiras e sacado conforme as necessidades previstas. Dessa forma, a gestão de caixa estaria maximizando o retorno destes recursos.

Ilustração 5.2 – Modelo de Baumol.

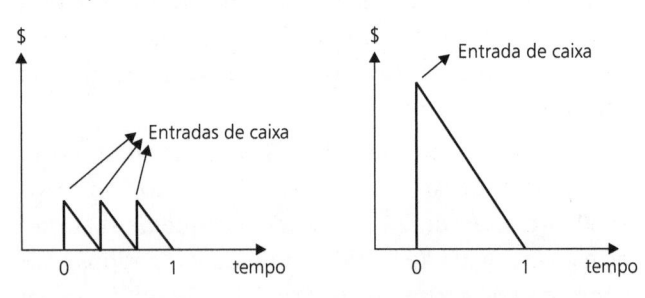

Na situação ilustrada, os vários pagamentos efetuados no período estão relacionados a um único ingresso de caixa. A proposta do modelo é transformar um único recebimento em vários, por meio da aplicação dos recursos recebidos num investimento de curto prazo. Esse investimento proporcionará uma receita financeira pelo recebimento de juros, porém cada operação também registrará um custo. Para resolver essa questão entre os rendimentos obtidos e os custos incorridos de forma que a empresa possa maximizar seus rendimentos, o modelo de Baumol oferece a seguinte equação:

$$N = \sqrt{\frac{0{,}5 \times i \times R}{b}}$$

Onde i é a taxa de juros da aplicação financeira; R, o montante recebido no período; e b, o custo de cada operação de resgate ou investimento. N será o número de operações a serem realizadas no período, considerando a aplicação inicial também como uma operação.

Exemplo prático de aplicação do modelo:

Recebimento (único no período): $ 15.000,00

Dias úteis no mês: 21

Taxa de juros de mercado: 1,96%

Custo de transferência: $ 3,00 (incluindo impostos e outros custos vinculados)

$$N = \sqrt{\frac{0{,}5 \times 0{,}0196 \times 15.000}{3}} = 7$$

Planilha de caixa:

Dia	Caixa inicial (A)	Saídas (B)	Entradas (C)	Caixa final (A − B + C)	Saldo em Investimentos
1	2.142,86	714,29	–	1.428,57	12.857,14
2	1.428,57	714,29	–	714,29	12.857,14
3	714,29	714,29	2.142,86	2.142,86	10.714,29
4	2.142,86	714,29	–	1.428,57	10.714,29
5	1.428,57	714,29	–	714,29	10.714,29
6	714,29	714,29	2.142,86	2.142,86	8.571,43
7	2.142,86	714,29	–	1.428,57	8.571,43
8	1.428,57	714,29	–	714,29	8.571,43
9	714,29	714,29	2.142,86	2.142,86	6.428,57
10	2.142,86	714,29	–	1.428,57	6.428,57
11	1.428,57	714,29	–	714,29	6.428,57
12	714,29	714,29	2.142,86	2.142,86	4.285,71
13	2.142,86	714,29	–	1.428,57	4.285,71
14	1.428,57	714,29	–	714,29	4.285,71
15	714,29	714,29	2.142,86	2.142,86	2.142,86
16	2.142,86	714,29	–	1.428,57	2.142,86
17	1.428,57	714,29	–	714,29	2.142,86
18	714,29	714,29	2.142,86	2.142,86	–
19	2.142,86	714,29	–	1.428,57	–
20	1.428,57	714,29	–	714,29	–
21	714,29	714,29	–	(0,00)	–

Caixa inicial = Recebimento/dias úteis

Investimento inicial = Recebimento − Caixa inicial

Saldo em investimentos = Saldo anterior − Entrada de caixa

5.3.3 Modelo de Miller e Orr

O modelo de Miller e Orr, diferentemente dos dois modelos anteriores, considera que o caixa se caracteriza pela imprevisibilidade. Não há relação do futuro com o passado e o comportamento da necessidade de caixa é aleatório, como pode ser visto na Ilustração 5.3.

Esse modelo, assim como o de Baumol, assume a existência de dois ativos: caixa e investimento, sendo este último de baixo risco e alta liquidez. Com base na aleatoriedade do fluxo, não há um momento predeterminado em que acontece a transferência de recursos para investimentos, na forma de aplicação e resgates para o caixa. Procura-se, então, definir dois limites para o nível de recursos em caixa: o mínimo e o máximo, de tal forma que atingindo-se um nível acima do máximo é feita a aplicação dos recursos (momento T_1), de forma a se estabelecer o nível de liquidez definido como ideal e, ao se atingir um nível abaixo do mínimo, é providenciado o resgate de recursos (momento T_2).

Ilustração 5.3 – Aleatoriedade do fluxo de caixa no tempo

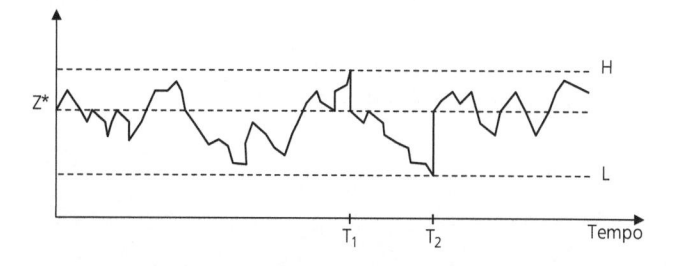

O montante de recursos transferidos, seja na forma de resgate seja em aplicação, é determinado pelo ponto de retorno z^*, para o qual a empresa deve retornar sempre que estiver abaixo ou acima dos pontos mínimo e máximo. Sua fórmula é demonstrada a seguir:

$$z^* = m + \sqrt[3]{\frac{(0,75b\delta^2)}{i}}$$

Sendo m o valor do caixa mínimo determinado pela empresa e que minimiza o risco, b o custo envolvido na transação de aplicação ou de resgate, δ^2 a variância diária do caixa e i a taxa de juros diária oferecida pelo investimento, determina-se seu ponto máximo h^*, obtido pela equação: $h^* = m + 3z^*$.

Assim, o modelo considera o investimento (retirada de dinheiro do caixa) e seu resgate (retorno do investimento para o caixa) como sendo imediatos.

Portanto, considerando, por exemplo, um período de 20 dias no mês e conhecendo-se a variância da última metade do período anterior, podem-se determinar o ponto de retorno e o limite máximo para a primeira metade do início do mês atual:

Mês anterior			
Dia	Fluxo de caixa	FC – Média	(FC – Média)²
11	–300	–318,6	101.506,0
12	484	465,4	216.597,2
13	300	281,4	79.186,0
14	–300	–318,6	101.506,0
15	100	81,4	6.626,0
16	–200	–218,6	47.786,0
17	99	80,4	6.464,0
18	–200	–218,6	47.786,0
19	–97	–115,6	13.363,4
20	300	281,4	79.186,0
Total	186		700.006,4
Média	18,6		
Variância			70.000,6

Taxa de investimento: 2,0%
Custo de transferência: $ 2,00

Caixa mínimo determinado pela empresa: $ 140,00
$z^* = \$ 313,80$
$h^* = \$ 1.081,40$

CAIXA PROJETADO

Dia	Caixa inicial	Fluxo previsto	Investimento/ Resgate	Caixa final previsto
1	500,00	300,00	0,00	800,00
2	800,00	–100,00	0,00	700,00
3	700,00	300,00	0,00	1.000,00
4	1.000,00	–100,00	0,00	900,00
5	900,00	200,00	–786,20	313,80
6	313,80	100,00	0,00	413,80
7	413,80	–200,00	0,00	213,80
8	213,80	–250,00	350,00	313,80
9	313,80	200,00	0,00	513,80
10	513,80	–100,00	0,00	413,80

Mais recentemente, surgiram outros modelos flexibilizando as limitações originais do modelo de Miller e Orr, dentre esses, destacamos o modelo computacional desenvolvido por Moraes e Nagano (2011) que emprega Algoritmos Genéticos para o desenvolvimento da política de gerenciamento de caixa, possibilitando uma política flexível e com menores custos do que o modelo original.

5.3.4 Modelo sazonal

Empresas que possuem certa sazonalidade de vendas dentro da semana ou do mês podem adotar este modelo para ajustar seu nível de caixa. Indústrias do entretenimento, restaurantes e lojas de *shopping* são exemplos de empresas que apresentam uma variável sazonal no seu fluxo financeiro durante a semana.

Nestes casos, devem-se identificar o fluxo de caixa de cada dia da semana e sua participação no total. A partir desta informação, os desvios são ajustados e incorpora-se a previsão de vendas do período para a determinação dos caixas mínimos, como no exemplo a seguir, que admite $ 30.000,00 como necessidade total de caixa para o período e as seguintes proporções:

SAZONALIDADE SEMANAL

Dia	Participação	Desvio-padrão	
Segunda	0,16	0,16 – 0,20 =	–0,04
Terça	0,15	0,15 – 0,20 =	–0,05
Quarta	0,21	0,21 – 0,20 =	0,01
Quinta	0,23	0,23 – 0,20 =	0,03
Sexta	0,25	0,25 – 0,20 =	0,05
Total	1,00		

Considerando que o primeiro dia do mês cairá numa quarta-feira:

SAZONALIDADE MENSAL

Dia	Participação	Desvios	Soma	FC diário
1	0,02	0,01	0,03	900,00
2	0,02	0,03	0,05	1.500,00
3	0,03	0,05	0,08	2.400,00
4	0,05	–0,04	0,01	300,00
5	0,06	–0,05	0,01	300,00
6	0,07	0,01	0,08	2.400,00
7	0,09	0,03	0,12	3.600,00
8	0,09	0,05	0,14	4.200,00
9	0,07	–0,04	0,03	900,00
10	0,07	–0,05	0,02	600,00
11	0,06	0,01	0,07	2.100,00
12	0,06	0,03	0,09	2.700,00
13	0,05	0,05	0,10	3.000,00
14	0,05	–0,04	0,01	300,00
15	0,06	–0,05	0,01	300,00
16	0,04	0,01	0,05	1.500,00
17	0,03	0,03	0,06	1.800,00
18	0,03	0,05	0,08	2.400,00
19	0,03	–0,04	–0,01	–300,00
20	0,02	–0,05	–0,03	–900,00
Total	1,00	0,00	1,00	30.000,00

Como se pode verificar, o primeiro dia do mês apresenta uma demanda de 2% dos recursos totais e, por se tratar de uma quarta-feira, sua demanda total é resultado da soma da necessidade mensal mais a necessidade prevista para o dia da semana, sendo portanto de 3% sua demanda total. Para um refinamento do modelo, deverá ser considerada também a sazonalidade anual, extremamente relevante para a maioria das empresas. Neste caso, o percentual atribuído poderá ser classificado por mês e então multiplicado pelo quadro mensal.

5.3.5 Serviço de Cash Management

As organizações podem, ainda, terceirizar sua atividade de gestão da tesouraria. Os bancos comerciais e de investimento têm oferecido o serviço de *Cash Management*, nos quais se inserem pagamentos, recebimentos, aplicação de recursos e empréstimos e financiamentos. Para a utilização destes serviços, as empresas precisam ter implantado uma versão de um sistema ERP, que será o elo da organização com a estrutura bancária.

Dessa forma, as instituições financeiras proporcionam um serviço adicional aos seus clientes assumindo a responsabilidade pelo gerenciamento dos recursos disponíveis e suas aplicações de curto prazo. A prática do serviço de *Cash Management* vem crescendo, principalmente para o atendimento de grandes clientes do segmento de bancos de atacado. Assim, por meio da integração do sistema de informações e do gerenciamento da carteira de investimentos, o banco busca a redução dos custos financeiros relativos à gestão do disponível.

5.4 Administração das aplicações financeiras de curto prazo

De acordo com Rangel, Santos e Bueno (2003), os mercados domésticos de títulos de renda fixa podem ser classificados segundo a natureza do emissor: governo, instituições financeiras e não financeiras privadas. Os mercados de títulos públicos são compostos por títulos emitidos pelo Tesouro Nacional: LTN, NTN; e os mercados de títulos privados por títulos emitidos por instituições financeiras e não financeiras: CDI, CDB, LC etc.

5.4.1 Mercados entre instituições financeiras e o público em geral

Para as instituições financeiras é permitida a compra de um volume de títulos acima do seu patrimônio líquido e, para financiar essa compra, elas captam recursos do público por meio de seu caixa, vendendo títulos próprios como o CDB ou vendendo cotas de fundos de investimentos lastreados em títulos públicos. Outra forma é obter recursos de outras instituições financeiras, pagando taxas de juros *overnight*.

Os bancos comerciais e múltiplos emitem Certificados de Depósitos Bancários e as sociedades de crédito, financiamento e investimento, as financeiras, captam recursos emitindo letras de câmbio.

5.4.2 Fundos de Investimento Financeiro (FIF)

Os FIFs englobam vários tipos de fundos de investimento, tais como renda fixa e DI. São aplicações em que o dinheiro é investido de diversas maneiras, de acordo com o regulamento do fundo e regras de enquadramento do Bacen, tais como títulos do governo, CDBs, mercados futuros, de opções, ações (limitado a 49% da carteira), dentre outros.

Algumas modalidades de fundos de investimentos que podem ser encontrados no mercado brasileiro são:

- Renda Fixa: fundos que aplicam predominantemente em títulos de renda fixa pré e pós-fixados.
- Renda Fixa – Curto Prazo: fundos que aplicam predominantemente em títulos com vencimento no curto prazo.
- Renda Fixa – Referenciado Cambial Dólar: fundos que aplicam predominantemente em títulos que buscam acompanhar a variação do dólar.
- Renda Fixa – Referenciado Cambial Euro: fundo que aplica predominantemente em títulos que buscam acompanhar a variação do euro.
- Renda Fixa – Referenciado DI: fundos que aplicam predominantemente em títulos que buscam acompanhar a variação do Certificado de Depósito Interfinanceiro (CDI).
- Renda Fixa – Investimento no Exterior: fundo que aplica, predominantemente, em títulos da dívida externa brasileira.
- Renda Fixa – Multiíndice: fundos que aplicam predominantemente em títulos públicos e privados, pré e pós-fixados, vinculados a índices de mercado.
- Renda Fixa – Balanceados: fundos que diversificam as aplicações em renda fixa, derivativos e ações.
- Renda Fixa – Multimercado: fundos que aplicam, predominantemente, em títulos públicos, títulos privados, ações e derivativos.

5.4.3 Certificado de depósito bancário (CDB)

São títulos escriturais registrados eletronicamente na Cetip. Existe incidência de imposto de renda para essa modalidade de aplicação sendo retido na fonte, no ato do resgate do título. O CDB pode ser prefixado ou pós-fixado:

- CDB prefixado: negociado por meio de uma taxa bruta efetiva anual divulgada no ato da contratação;
- CDB pós-fixado: negociado pelo prazo mínimo de 120 dias, sendo o valor aplicado atualizado pela taxa referencial de juros.

5.4.4 Mercado entre instituições não financeiras e o público em geral

As instituições não financeiras captam recursos no mercado nacional e internacional para financiar suas necessidades de recursos de longo prazo ou necessidades de capital de giro por meio do mercado de ações ou pelo mercado de títulos de renda fixa, com emissão de debêntures ou notas promissórias – *commercial papers*.

5.4.5 Estratégias de aplicações financeiras

Alguns fatores podem influenciar de forma significativa o tipo de investimento a ser escolhido e o primeiro passo é conhecer o próprio perfil de investidor, assim será mais fácil identificar as alternativas de investimento adequadas aos objetivos da empresa.

Nas seções seguintes, serão citados quatro fatores que ajudam no entendimento do perfil da empresa como investidora.

5.5 Situação financeira e patrimonial

Este é um dos elementos mais importantes para definir o perfil de investidor. Não é somente o quanto a empresa tem disponível para investir, mas também a composição de seu patrimônio. A forma mais simples é considerar todo o patrimônio como uma carteira de ativos. Analise o quanto há em ativos líquidos (dinheiro, conta corrente, aplicações de renda fixa de curto prazo etc.) ou em ativos imobilizados.

Se uma parte muito grande do patrimônio estiver em ativos líquidos, a empresa terá margem para investir em ativos de longo prazo, como ações, por exemplo.

Torna-se, portanto, fundamental definir o montante a ser investido e por quanto tempo. A definição dos objetivos evita a perda de referência e a prática de aplicações de forma errônea.

5.5.1 Prazo de investimento

A empresa deve separar seus objetivos por prazos. Objetivos de curto prazo são compostos por aplicações de curto prazo, compostos por fundos a serem utilizados no giro da empresa ou como fundos de emergência.

Objetivos de médio e longo prazo são aqueles que possuem foco de um a cinco anos para sua composição. Esses investimentos servirão, por exemplo, para aquisição de imobilizado ou expansão programada.

5.5.2 Risco

Risco é a possibilidade de a empresa não conseguir atingir seus objetivos de investimento. Todo ativo tem um valor pelo qual pode ser negociado no mercado. Quanto mais variar o valor desse ativo, maior o seu risco. Esta é uma das melhores definições de risco. No jargão do mercado, esta oscilação do retorno de cada ativo é chamada volatilidade.

O prazo de investimento é um item importante a ser considerado quando se está avaliando o risco da aplicação. Aplicações de maior risco tendem a dar uma rentabilidade mais atraente do que as aplicações conservadoras. Já opções muito conservadoras podem, no longo prazo, levar a empresa a deixar de ganhar dinheiro.

5.5.3 Objetivo de rentabilidade

O retorno ou rentabilidade do investimento é o resultado de lucro ou perda com determinada aplicação e essa variável não pode ser analisada isoladamente.

A diversificação é uma estratégia de investimento. A forma como o dinheiro está alocado nos diversos mercados impacta fortemente a rentabilidade de uma carteira. A diversificação torna possível suportar perdas em algumas aplicações porque se estará ganhando em outra, ou seja, reduz sua perda.

5.6 Risco de contraparte

A escolha das instituições financeiras que irão acolher os investimentos é fator que merece especial atenção, e um bom entendimento dos riscos envolvidos se faz necessário. Devem-se analisar, além da solidez e idoneidade da instituição, quais mecanismos poderão ser utilizados, caso haja problemas que envolvam essa instituição, e que estão relacionados com o tipo de investimento adotado. A administração dos fundos de investimento, por exemplo, é transferível a outra instituição, caso haja intervenção ou risco de insolvência da administradora atual. Já os CDBs carregam maior risco por não possuírem esse efeito de transferência e são garantidos somente pelo Fundo Garantidor de Crédito (FGC), um instrumento adotado para garantir a restituição de valores apenas dentro de um certo limite, caso haja problemas com a instituição. No entanto, apesar de os fundos de investimentos serem segregados das respectivas instituições administradoras, é normal que tais instituições, sob pressão de caixa, transfiram recursos dos fundos de investimento através de captação via CDB, pelo que, também aqui, torna-se importante analisar a solidez das instituições administradoras de recursos.

Os títulos de emissão de instituições financeiras têm sido avaliados por agências de *rating*, as quais emitem seu parecer acerca das condições gerais de risco da instituição. A análise de risco de instituições financeiras exige conhecimentos de contabilidade bancária – o plano de contas das instituições financeiras atuantes no país é padronizado pelo Banco Central do Brasil e é denominado de Cosif – Plano Contábil das Instituições do Sistema Financeiro Nacional – para avaliação da situação financeira dessas entidades.

Ilustração 5.4 – Tela de análise financeira do sistema Visionarium

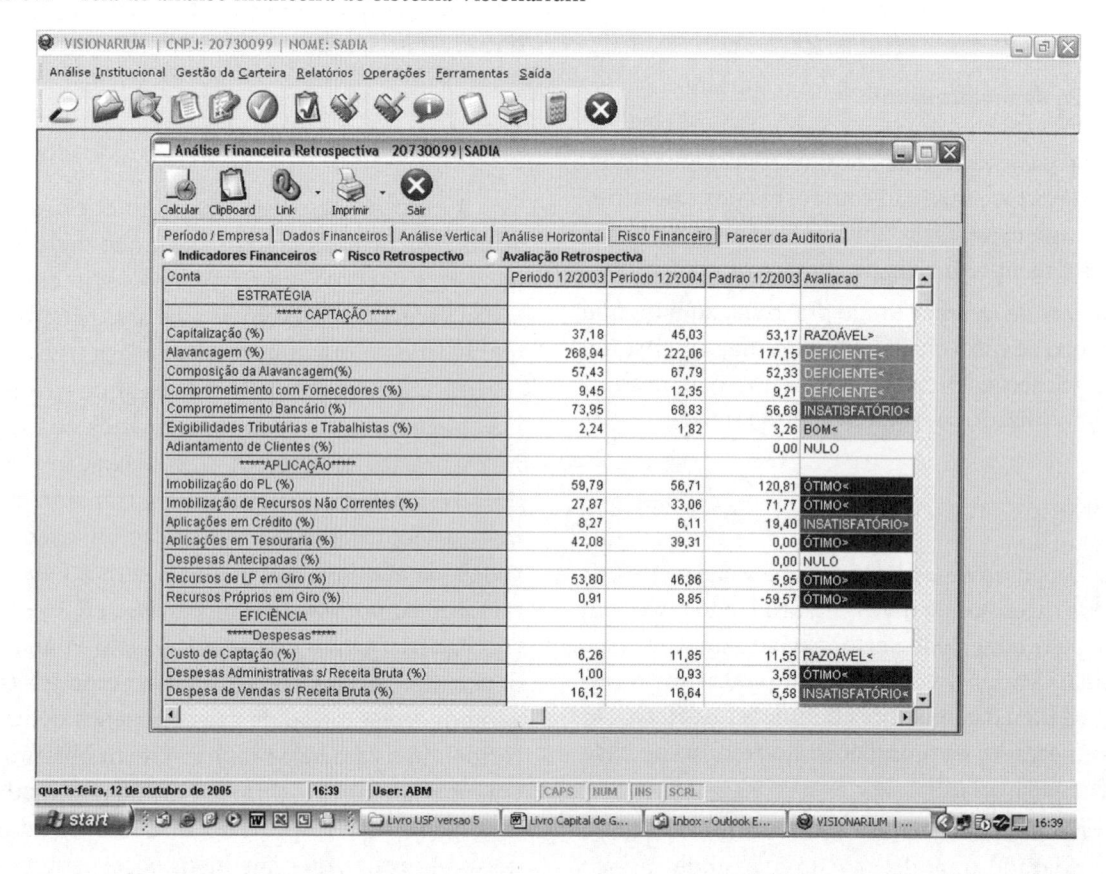

Ilustração 5.5 – Análise de risco de um banco do sistema Visionarium

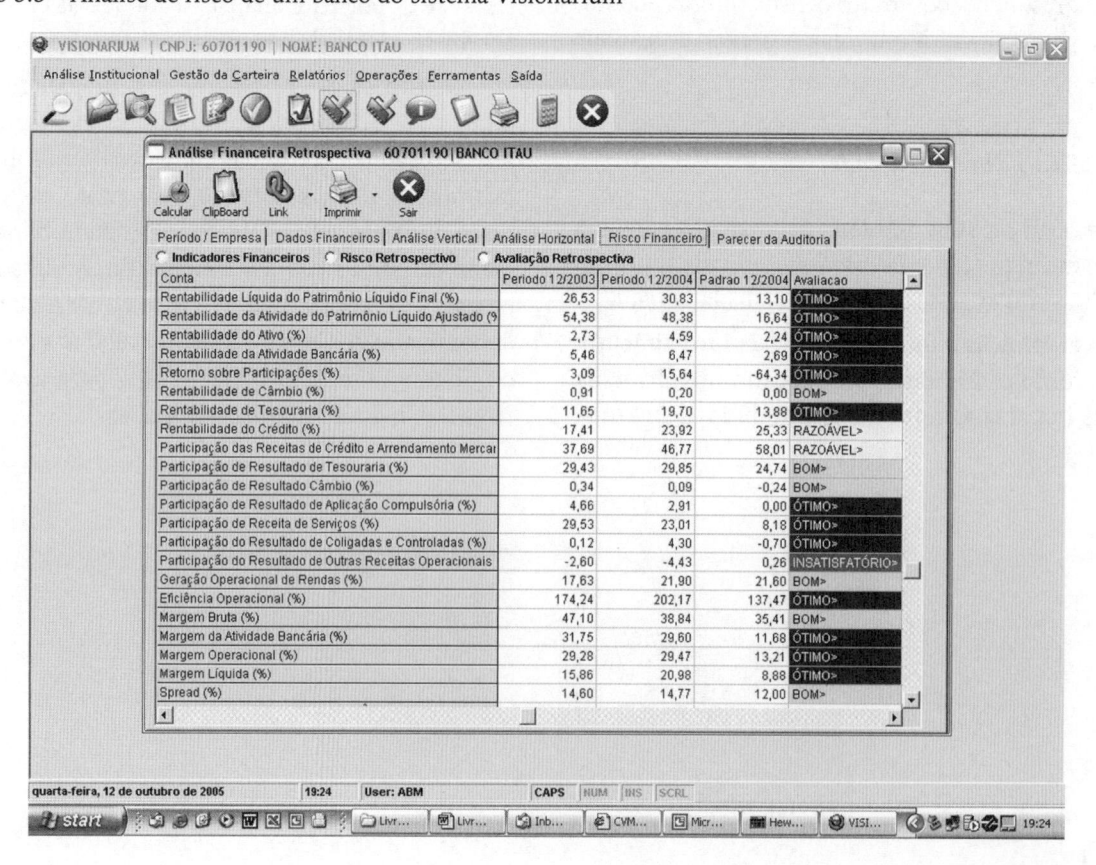

5.7 Nomenclaturas e conceitos

- Taxa Selic
    - Operações compromissadas diárias de compra e venda de títulos públicos.
    - Taxa cotada por dia útil: ano de 252 dias úteis, ou seja, 12 meses de 21 dias.
- Taxa Cetip
    - Operações de *overnight* entre os bancos.
    - Selic – garantia de títulos públicos.
    - ADM – garantia de títulos privados.
    - CDI – sem garantias.
    - Taxa cotada por dia útil.
- Títulos públicos e privados: prefixados, pós-fixados ou remunerados por taxa de juros flutuante (*floating rate*).
- LTN: título prefixado de curto prazo, negociado com desconto sobre o valor de face.
- LFT: título de curto prazo que paga taxa de juros Selic sobre o valor de face.
- NTN-C: título de longo prazo que paga juros anuais sobre o valor de face atualizado pelo IGP-M.
- NTN-H: título de curto prazo que paga juros anuais sobre o valor de face atualizado pela TR.
- NTN-S: título de curto prazo pré ou pós-fixado adquirido com deságio e que paga taxa de juros Selic.
- CDB: títulos emitidos pelos bancos comerciais e múltiplos.
- Debêntures: título de longo prazo emitido pelas sociedades anônimas não financeiras.
- Nota promissória: título de curto prazo emitido pelas sociedades anônimas não financeiras.
- *Eurobonds*: títulos em dólar emitidos por empresas brasileiras no exterior.
- *Global bonds*: títulos em dólar emitidos pelo governo brasileiro no exterior.
- *Bradie bonds*: títulos em dólar emitidos pelo governo brasileiro no exterior.

5.8 Sistema de pagamentos brasileiro (SPB)

É um conjunto de procedimentos, regras, instrumentos e sistemas operacionais integrados, utilizados para transferir recursos do pagador para o recebedor. Os clientes das instituições financeiras utilizam o sistema de pagamentos sempre que efetuam movimentações através de cheques, enviam DOC ou TED, utilizam cartão de débito etc. O sistema anterior era composto basicamente por câmaras que liquidavam as transferências de recursos, lançando os débitos e os créditos diretamente nas contas de reservas bancárias que as instituições financeiras possuem no Banco Central. Fora desse sistema, as transferências efetuadas pelos clientes por meio de cheques e DOC acontecem por meio do sistema de compensação, em que a disponibilização dos valores para os beneficiários ocorre somente a partir do primeiro dia útil seguinte (D + 1), ou no mesmo dia em operações como a TED.

O sistema implica em maior rigor na avaliação da necessidade de capital de giro, pois os débitos nas contas ocorrem em tempo real, não sendo mais possível, então, a administração da liquidez com a expectativa do resultado a ser fechado ao final do dia ou à noite. Implica também na precisão do gerenciamento do fluxo de caixa, principalmente no que diz respeito ao saldo da conta corrente, em vários momentos no dia, para fazer face aos pagamentos agendados que acontecem durante o dia.

As vantagens oferecidas são:

- maior agilidade nas transferências de recursos;
- maior segurança nas transações financeiras;
- redução de riscos decorrentes das transações que envolvem pagamentos e recebimentos de terceiros;
- garantia de recebimento dos recursos transferidos em seu favor no dia da respectiva transferência;
- possibilidade de aplicação dos recursos recebidos na data da respectiva transferência;
- acompanhamento em tempo real dos lançamentos em sua conta corrente;
- possibilidade de agendamento eletrônico de pagamentos.

Algumas nomenclaturas utilizadas:

- Transferência Eletrônica Disponível (TED).
- Transferência Eletrônica Agendada (TEA).

5.9 COAF e combate à lavagem de dinheiro

Segundo a própria conceituação da lei, lavagem de dinheiro constitui-se no "conjunto de operações comerciais ou financeiras que buscam a incorporação, na economia, de modo transitório ou permanente, de recursos, bens e valores de origem ilícita" (COAF, 2005). Entendem-se por origem ilícita recursos provenientes de terrorismo, tráfico de drogas, desvio de recursos públicos e operações fiscalmente ilegais. No combate à contravenção, notadamente atos terroristas, os países, principalmente os avançados, descobriram que a melhor forma de combatê-la é através do controle dos recursos financeiros necessários à sua execução. Em razão disso, estruturaram uma rede internacional de troca de informações sobre fluxos financeiros irregulares, implantando-se em cada país um Conselho de Controle de Atividades Financeiras (Coaf) (SECRETARIA DA RECEITA FEDERAL, 2005), com a "finalidade de disciplinar, aplicar penas administrativas, receber, examinar e identificar ocorrências suspeitas de atividades ilícitas relacionadas à lavagem de dinheiro" (COAF, 2005). As informações sobre fluxos irregulares de recursos financeiros e comerciais devem obrigatoriamente ser fornecidas por pessoas jurídicas que atuem com:

- a captação, intermediação e aplicação de recursos financeiros de terceiros, em moeda nacional ou estrangeira;
- a compra e venda de moeda estrangeira ou ouro como ativo financeiro ou instrumento cambial;
- a custódia, emissão, distribuição, liquidação, negociação, intermediação ou administração de títulos ou valores mobiliários.

Para tanto, as instituições financeiras, quer do mercado monetário e de crédito, quer do mercado de capitais atuantes nos países signatários, bem como todas as instituições acessórias, devem informar ao Coaf os fluxos de caixa irregulares que transitem pelas diversas contas existentes nelas. Isso exige que os regulamentos internos relativos à tesouraria contemplem a regulação de combate à lavagem de dinheiro.

Resumo

A Gestão da Tesouraria fecha a gestão operacional do capital de giro, por envolver, financeiramente, todas as questões a ela relacionadas. O planejamento da necessidade de caixa através de fluxos de caixa é essencial para a adequada gestão da tesouraria, tendo sido apresentados modelos de gestão financeira. Considerar o risco na gestão dos investimentos, bem como o risco de contraparte na escolha das instituições financeiras, é essencial. Foi ainda apresentada a discussão de lavagem de dinheiro e seu controle por entidade governamental, além do sistema de pagamentos.

Questões

1. Quais são as condições mínimas para implantação dos modelos de administração de caixa propostos?
2. Discorra sobre os motivos que justificam a presença de um valor mínimo de caixa nas empresas.
3. Explique por que o controle das disponibilidades deve manter estreita relação com as políticas macro da empresa.
4. Descreva a metodologia de cálculo do modelo sazonal e quais fatores justificam sua adoção pelas empresas.
5. Os itens seguintes são citados como fatores que possuem influência sobre o perfil da empresa como investidora: situação financeira e patrimonial, prazo de investimento, risco e objetivo de rentabilidade. Explique cada um deles com suas palavras.

Exercícios

1. O escritório Advogados S.A., que presta serviços exclusivamente para uma grande empresa do setor Siderúrgico, recebe honorários fixos todo dia 10 no valor de $ 19.000,00. Para administrar seu disponível, ele adota o modelo de Baumol, que é o mais recomendado para esta situação e aplica os recursos num fundo de renda fixa que paga uma taxa de 1,70%. Sendo o custo de transferência no valor de $ 3,30, indique qual o número de transações do período e qual será o montante inicial aplicado.
2. A empresa Caixa Certo S.A. administra suas disponibilidades por meio do modelo de Miller-Orr de administração do disponível e, dessa forma, estabeleceu que seu ponto de retorno é de $ 1.500,00, com um caixa mínimo igual a $ 300,00, para garantia de sua liquidez. Ela funciona nos sete dias da semana, sendo que na 2ª-feira ela abrirá com um saldo em caixa de $ 3.000,00, estando previstas as seguintes movimentações para esta semana:

	Caixa inicial	FC previsto	Invest./ resg.	Caixa final
Segunda	3.000,00	800,00		
Terça		1.200,00		
Quarta		(1.000,00)		
Quinta		(300,00)		
Sexta		1.300,00		
Sábado		2.700,00		
Domingo		(600,00)		

a) Informe o valor do limite máximo que o saldo de caixa não poderá ultrapassar sabendo que: $h^* = m + 3z^*$.

b) Preencha os valores das colunas: caixa inicial, Investimento/Resgate e caixa final para todos os dias.

3. Discorra sobre as diferenças demonstradas a seguir no tratamento dado às informações pela Contabilidade e pela Administração Financeira e quais seus reflexos na análise da empresa:

Demonstração do resultado em X3		Demonstração do fluxo de caixa em X3	
Receita de Vendas	$ 500.000	Entrada de caixa	$ 0
(–) Despesas	$ 350.000	(–) Saída de caixa	$ 350.000

Dados: A empresa realizou uma venda com prazo de recebimento de 60 dias no valor de $ 500.000 em dezembro de X3, cujo CPV de $ 350.000 foi pago a vista ao fornecedor.

Resolva as questões 4 e 5 com base nos demonstrativos financeiros seguintes:

Balanço patrimonial				
	31.12.X1		31.12.X0	
ATIVO				
Ativo Circulante				
Caixa	5.000,00		6.000,00	
Bancos	2.000,00		2.600,00	
Duplicatas a receber	12.000,00		8.400,00	
Estoques	8.000,00	27.000,00	6.400,00	23.400,00
Ativo Não Circulante				
Imobilizado	20.000,00		17.000,00	
Depreciação acumulada	(5.000,00)	15.000,00	(4.750,00)	12.250,00
TOTAL DO ATIVO		42.000,00		35.650,00
PASSIVO				
Passivo Circulante				
Fornecedores	11.130,00		8.344,00	
Empréstimos bancários	4.000,00		2.800,00	
IR a pagar	1.040,00	16.170,00	936,00	12.080,00
Passivo Não Circulante				
Financiamento	7.000,00	7.000,00	6.300,00	6.300,00
PATRIMÔNIO LÍQUIDO				
Capital	6.000,00		6.000,00	
Reserva de Lucros	12.830,00	18.830,00	11.270,00	17.270,00
TOTAL PASSIVO + PL		42.000,00		35.650,00

Demonstração de resultados do exercício de X1	
Receita de Vendas	15.000,00
(–) Custo dos Produtos Vendidos	(9.000,00)
Lucro bruto	**6.000,00**
Despesas com Vendas	(1.200,00)
Despesas Administrativas	(1.350,00)
Despesas de Depreciação	(250,00)
Lucro antes do resultado financeiro	**3.200,00**
Despesas Financeiras	(600,00)
Lucro antes do IR	**2.600,00**
Despesa com IR	(1.040,00)
Lucro líquido	**1.560,00**

4. Elabore o fluxo de caixa anual desta organização.

Estudo de caso

> **Box 5.1**
> *Contabilidade em regime de caixa e de competência.*
>
> "Foi um ano de sacrifícios e todos se empenharam bastante para que nossa empresa, em seu segundo ano de vida, pudesse continuar honrando seus compromissos com todos os parceiros e colaboradores. Nossa credibilidade junto aos investidores e ao mercado fez com que conseguíssemos um aporte de capital significativo na ordem de $ 30.000.000,00 e outro montante equivalente em empréstimos de longo prazo. Abrimos uma nova e atrativa linha de crédito de curto prazo junto a uma instituição financeira sólida, a qual nos creditou um valor de $ 20.000.000,00. Além dos números citados, os senhores podem observar em nossas demonstrações financeiras que a não distribuição de dividendos deu-se pelo fato de que ao lucro operacional foram debitadas despesas financeiras ocasionadas por investimentos que darão bons retornos futuros e, embora tenhamos encerrado o ano sem registrar lucro líquido, nossas disponibilidades imediatas foram acrescidas em $ 100.000.000,00."
>
> Assim foi o início do discurso do diretor financeiro da empresa Bom Caixa S.A., deixando apreensivos os demais diretores: "Como podemos admitir um diretor financeiro que em seu discurso de abertura erra as contas? Será que ele não percebeu que o pessoal da contabilidade deve ter manipulado o balanço para que ele batesse, somando $ 20.000.000,00 ao caixa? Como pode uma empresa que não obteve lucro e cujos ingressos de recursos somaram $ 80.000.000,00 ter um acréscimo de $ 100.000.000,00 em suas disponibilidades? Será que ele ficou louco?"
>
> Um clima de tensão instalou-se na sala, mas o diretor financeiro continuou falando: "Nossos estoques foram administrados com eficiência e sofreram uma boa redução de $ 25.000.000,00, diminuindo bastante seu custo sem colocar em risco nossas entregas. Estamos conseguindo dilatar mais os prazos junto aos nossos fornecedores, o que nos deu um fôlego adicional da ordem de $ 15.000.000,00. Iniciaremos o próximo ano com um incremento de $ 50.000.000,00 em nossa carteira de duplicatas a receber, a qual se encontra pulverizada e com excelentes clientes. As comissões geradas pelas vendas de dezembro, razão do aumento em salários a pagar, deverão ser pagas em sua totalidade – $ 20.000.000,00 – no início de janeiro. As primeiras despesas de depreciação da empresa, referentes ao maquinário adquirido, já foram lançadas pelo seu valor de $ 10.000.000,00." Foi quando então ele mostrou a todos o Fluxo de Caixa Indireto e, vejam só, lá estavam os $ 20.000.000,00, no fluxo proveniente das operações!

O fluxo de caixa indireto relativo a este caso é:

Fluxo Indireto

Lucro Líquido	0,00
(+) Variação de Valores a Receber	(50.000,00)
(+) Variação em Salários a pagar	20.000,00
(+) Variação em Estoques	25.000,00
(+) Variação em Fornecedores	15.000,00
(+) Depreciação	10.000,00
(=) Fluxo de Caixa Proveniente das Operações	**20.000,00**
(+) Aumento de capital	30.000,00
(+) Empréstimos de longo prazo	30.000,00
(+) Empréstimos de curto prazo	20.000,00
(=) Aumento nas disponibilidades	**100.000,00**

Referências

ASSAF NETO, A. *Finanças corporativas e valor*. São Paulo: Atlas, 2003.

_____. *Administração do capital de giro*. 3. ed. São Paulo: Atlas, 2002.

BRAGA, R. *Fundamentos e técnicas de administração financeira*. São Paulo: Atlas, 1989.

GITMAN, L.; MADURA, J. *Administração financeira*: uma abordagem gerencial. São Paulo: Addison Wesley, 2003.

KEYNES, J. M. *The general theory of employment, interest and money*. New York: Hartcourt, 1965.

MARION, J. C. *Contabilidade empresarial*. 6. ed. São Paulo: Atlas, 1997.

MORAES, M. B. C.; NAGANO, M. S. Otimização do saldo de caixa com algoritmos genéticos: um estudo relacionando cruzamento e mutação no modelo de Miller e Orr. *Revista Produção Online*, v. 11, nº 2, p. 399-417, 2011.

RANGEL, Armênio de Souza; SANTOS, José C. S.; BUENO, Rodrigo L. S. *Matemática dos mercados financeiros a vista e a termo*. São Paulo: Atlas, 2003.

ROSS, S. A. *Princípios de administração financeira*. 2. ed. São Paulo: Atlas, 2000.

WESTON, J. I.; COPELAND, Thomas E. *Managerial finance*. 9. ed. Texas: Dryden Press, 1992.

Parte II

Gestão Tática do Capital de Giro

6

Gestão do Valor no Capital de Giro

Objetivos do capítulo

- Definir o objetivo da gestão do capital de giro.
- Integrar a gestão dos elementos do capital de giro.
- Apresentar um modelo de gestão integrada, baseado no conceito de geração de valor, para a administração do capital de giro.
- Discutir a geração de valor na tesouraria.
- Discutir a geração de valor no giro.
- Apresentar os impactos inflacionários na gestão do capital de giro.

6.1 Introdução

Os capítulos anteriores apresentaram, de forma isolada, a gestão de todos os componentes do capital de giro. Foram descritos os aspectos mais relevantes na gestão financeira dos valores a receber e a pagar, dos estoques e da logística, da captação de curto prazo e da tesouraria. No entanto, é necessário que o gestor financeiro cuide de todos esses elementos de forma integrada, em um ambiente competitivo e dinâmico.

6.2 Objetivo da gestão do capital de giro

Nas Finanças Modernas, a principal função dos gestores é maximizar a riqueza dos proprietários pela maximização do valor da organização. Uma organização precisa, neste ano, valer mais do que valia no ano anterior, para que se possa avaliar sua gestão como eficiente, e para que, efetivamente, todos possam participar da geração de valor. Uma organização que não gere valor aos nela interessados está fadada ao fracasso, mesmo que seja pública ou social.

Isso pode significar também gerar valor para todos os seus *stakeholders*, que são os que financiam a organização (acionistas, credores e fornecedores) e os que estão inseridos nos seus ambientes interno e externo (empregados, governo e sociedade em geral). O resultado líquido de uma empresa representa, em média, 18,71%[1] da receita líquida, que, sob regime de competência, traduz a remuneração ao capital investido pelos proprietários. Portanto, cerca de 81% dos recursos arrecadados com as vendas, das empresas em geral, irão remunerar fornecedores de bens e serviços, funcionários, representantes comerciais e despesas gerais.

Como exemplo, o Quadro 6.1 apresenta as demonstrações de resultado de uma grande empresa brasileira, a Petrobras, para o período entre 2009 e 2011, onde se observa que o resultado líquido representa, no período de cinco anos do quadro, em média, 12,4% das receitas brutas da companhia, ou seja, 87,6% das receitas brutas destinam-se a outros interessados na companhia que não os acionistas ou proprietários: no item deduções, há essencialmente: impostos sobre

---

[1] Obtido através de dados do Inepad/Visionarium.

vendas pagos aos governos federais, estaduais e municipais; no item custo dos produtos: matéria-prima, mão de obra direta e gastos gerais de fabricação; no item despesas de vendas: comissões sobre vendas, salários de vendedores e de pessoal de suporte, gastos com publicidade e propaganda e gastos diretos com vendas; no item despesas administrativas: gastos com pessoal administrativo, insumos administrativos e gastos diretos administrativos; despesas financeiras são gastos com juros por recursos captados; impostos e contribuições são Imposto de Renda e Contribuição Social; e resultado líquido é o que sobra, sendo que uma parte vai ser reinvestida e outra parte, normalmente 25%, será distribuída. Ou seja, a distribuição aos proprietários será somente algo entre 3% e 4% da receita bruta.

Quadro 6.1 – Resultados da Petrobras no período 2009 a 2011

Demonstração do Resultado da Petrobras no período entre 2009 e 3º trimestre de 2012 (em R$ Mi)			
Demonstração do Resultado	2011	2010	2009
Vendas brutas	**306.234**	**297.600**	**230.687**
Encargos de vendas	–62.058	–60.412	–47.873
Vendas líquidas	**245.705**	**213.274**	**182.814**
Custo dos produtos vendidos	–167.593	–136.052	–108.919
Lucro bruto	**78.112**	**77.222**	**73.895**
Despesas operacionais	**–9.065**	**–7.791**	**–13.617**
Vendas	–9.065	–8.015	–7.190
Gerais e administrativas	–8.832	–4.584	–5.339
Custos exploratórios p/ extração de petróleo	–4.428	–3.919	–3.535
Perda na recuperação de ativos	1.823	–1.335	–762
Pesquisa e desenvolvimento	–2.443	–1.021	–1.216
Tributárias	–795	–1.446	–1.723
Plano de pensão e saúde	–1.555	–4.458	7.329
Outros	–19.889	–13.745	–16.532
Lucro Operacional antes do Resultado Financeiro	**44.657**	**45.703**	**33.742**
Resultado Financeiro Líquido	**2.196**	**2.563**	**–901**
Receitas	6.622	4.605	3.509
Despesas	–2.565	–3.733	–4.230
Variações cambiais e monetárias, líquidas	6.278	1.944	–180
Participação em investimentos	66	208	–88
Lucro operacional	**45.752**	**48.137**	**26.050**
Imposto renda/contribuição social	–11.388	–12.236	–8.836
Lucro Líquido	**33.106**	**35.901**	**33.161**
Lucro líquido / Vendas brutas	10,8%	12,1%	14,4%

Fonte: Petrobras – Balanços Interativos IFRS <http://fundamentos.mz-ir.com/Default.aspx?c=160&f=762&cc=1&u=1&idm=0>.

Ao buscar maximizar o lucro contínuo, normalmente através de expansão dos negócios, os gestores estarão gerando valor a todos os envolvidos com a organização. Neste texto, o importante não é discutir a repartição do valor agregado, e sim como a organização gera valor e qual a participação do gestor financeiro nesse processo, que é captar recursos e zelar para que seja investido em ativos, em volume não excessivo, que proporcionem retornos maiores que os custos de captação (taxas de juros ou taxas de remuneração do capital investido), que são, em parte, consequência do risco observado pelos financiadores em relação à organização – todas as decisões financeiras são norteadas pela relação entre o risco e o retorno.

A abordagem tradicional de finanças sobre dimensionamento e gerenciamento do capital de giro foi tratada até este ponto. Descreve-se agora, com maior profundidade, a relação risco-retorno do capital de giro e a dinâmica do CGL (Capital de Giro Líquido).

Sob a ótica da abordagem mais tradicional, a gestão do capital de giro resume-se em identificar o padrão de fluxos de caixa (ciclo de caixa) da organização e gerir todos os seus componentes (disponibilidades, contas a receber, estoques, fornecedores, contas operacionais a pagar), de forma que se encontre um nível adequado para cada um deles. E que tudo isso se traduza em um equilíbrio entre a liquidez e a rentabilidade da organização. Na prática, e na maioria das organizações, a administração integrada do capital de giro não tem nenhum responsável, preservando-se a noção de que sua gestão está mais voltada à liquidez.

Mas por que o conceito de geração de valor não tem sido aplicado na gestão do capital de giro das organizações? O principal motivo pode ser a aparente dificuldade operacional em se quantificar custos e retornos dos ativos e passivos correntes das organizações, além da excessiva noção operacional, em contraponto à visão estratégica, que é dada à gestão do capital de giro. A abordagem tradicional tem levado à dispersão da gestão dos seus diversos componentes do capital de giro e ao aumento do capital investido em estoques e em contas a receber.

A abordagem tradicional é válida, porém incompleta e parcial já que não engloba o conceito de geração de valor. Uma forma de se medir o valor gerado é através do método Valor Econômico Adicionado (VEA) (mais conhecido como EVA – Economic Value Added) e do método Geração Total de Valor – GTV. Esses conceitos têm sido aplicados na gestão das organizações e nosso intuito, neste capítulo, é especificá-los para a gestão do capital de giro.

A abordagem de geração de valor proporcionará ao gestor uma melhor tomada de decisão, deixando mais evidente quais são os direcionadores de valor na gestão do capital de giro.

6.3 Dinâmica da geração de valor no capital de giro

6.3.1 Método EVA × Método GTV

O método EVA, mais divulgado na literatura e conhecido no mercado, é representado por diversas fórmulas, sendo uma delas:

$$EVA = (R - CMPC) \times I$$

Onde,

R = Retorno Percentual sobre os Ativos

CMPC = Custo Médio Ponderado de Capital

I = Capital Investido

Através do método exposto, é possível analisar se todos os ativos investidos na organização (I), em conjunto, estão gerando valor, já que avalia se o retorno gerado (R) é maior que o custo de obtenção do capital investido (CMPC), independentemente de ser capital próprio ou de terceiros.

Porém, através do método EVA não é possível verificar quais atividades da empresa geram valor e quais não geram. Por exemplo, uma organização pode destruir valor ao manter estoques gigantescos sem necessidade e isso ser encoberto pelo valor gerado em sua atividade operacional.

Nesse sentido, é apresentado a seguir o modelo da Geração Total de Valor – GTV, que funciona como uma derivação do EVA, possibilitando que cada atividade da empresa seja avaliada individualmente no quesito de geração ou destruição de valor.

Graficamente, esse método pode ser representado na Ilustração 6.1:

Ilustração 6.1 – Representação gráfica do Modelo da Geração Total de Valor

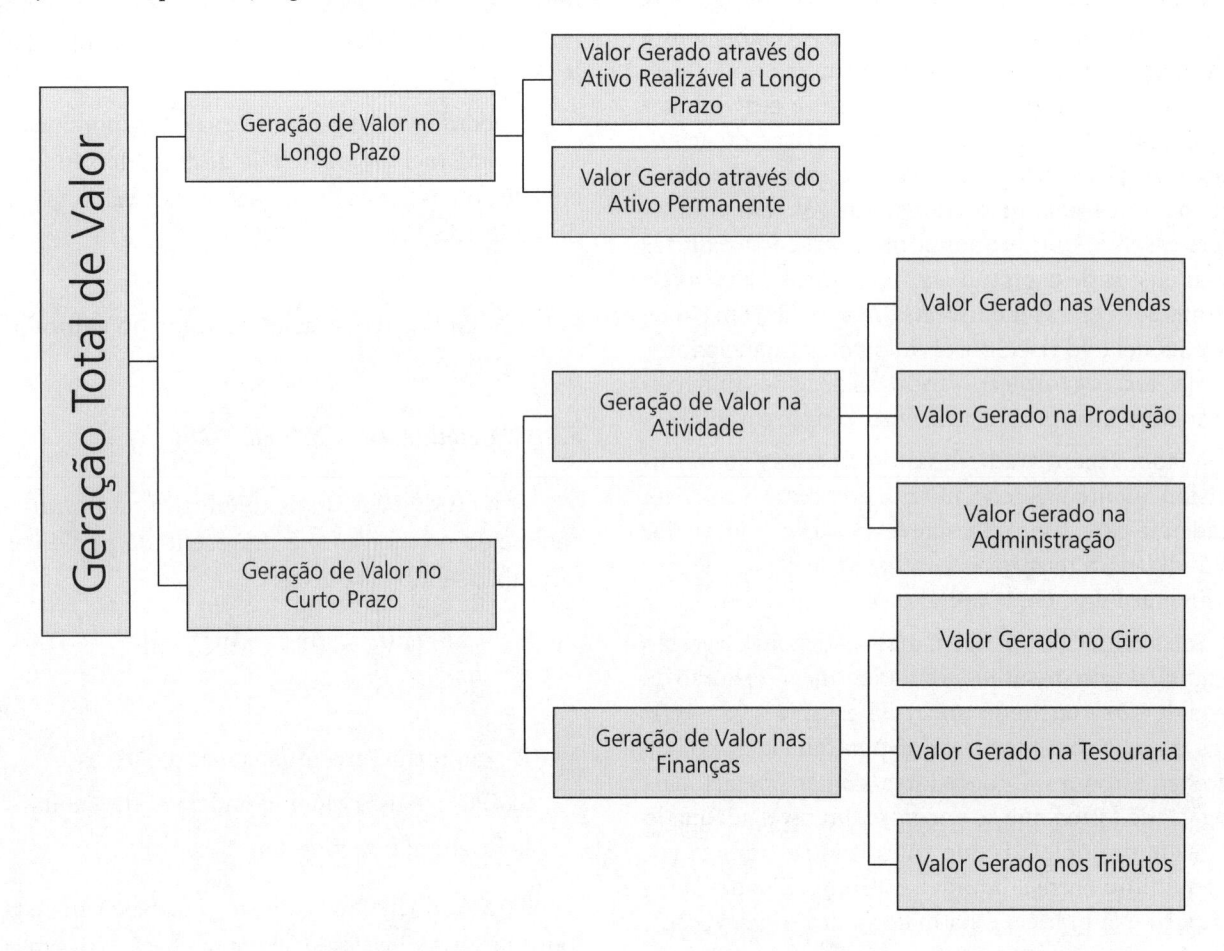

- Geração Total de Valor
  - Geração de Valor no Longo Prazo
    - Valor Gerado através do Ativo Realizável a Longo Prazo
    - Valor Gerado através do Ativo Permanente
  - Geração de Valor no Curto Prazo
    - Geração de Valor na Atividade
      - Valor Gerado nas Vendas
      - Valor Gerado na Produção
      - Valor Gerado na Administração
    - Geração de Valor nas Finanças
      - Valor Gerado no Giro
      - Valor Gerado na Tesouraria
      - Valor Gerado nos Tributos

A Geração Total de Valor (GTV) em uma organização é dividida em Geração de Valor no Longo Prazo e Geração de Valor no Curto Prazo. O primeiro caso é resultado dos investimentos em Ativos Permanentes e Ativos Realizáveis a Longo Prazo. Já no segundo, o Valor Gerado no Curto Prazo é formado pela Geração de Valor na Atividade (GVA) e pela Geração de Valor em Finanças (GVF). Ou seja, a Geração de Valor em uma Organização pode ocorrer em sua atividade operativa (produção, vendas e administração) e em sua atividade financeira (giro, tesouraria e impostos). Considera-se, aqui, o giro como uma atividade financeira, pois assim considerada pode ser gerida de forma a gerar valor.

Por este ser um livro que trata da administração do Capital de Giro, será abordada apenas a parte do modelo relativa à Geração de Valor no Curto Prazo (GVCP):

$$GVCP = GVA + GVF$$

Onde:
GVCP = Geração de Valor no Curto Prazo.
GVA = Geração de Valor na Atividade.
GVF = Geração de Valor em Finanças.

6.3.2 Geração de Valor na Atividade (GVA)

A Geração de Valor na Atividade (GVA) é formada pelo valor adicionado pelas atividades de vendas, produção e administração.

Analisando em partes:

- Valor Gerado na Venda (VGV) = Receitas Brutas – Devoluções – Abatimentos – Despesas Comerciais – Ganho Financeiro do Contas a Receber deduzido do respectivo custo de capital = Resultado Comercial.
- Valor Gerado na Produção (VGP) = Resultado Comercial – Custo de Produção ± Resultado Monetário de Estoques deduzido do respectivo CMPCG × Estoques (ou seja, do custo financeiro do investimento em estoque, que estará no VGG) = Resultado de Produção.
- Valor Gerado na Administração (VGA) = Resultado de Produção – Despesas Administrativas = Resultado da Atividade.

Sendo este um livro de finanças, a discussão sobre Geração de Valor na Atividade (GVA) é encerrada aqui e o aprofundamento é feito apenas na Geração de Valor em Finanças.

6.3.3 Geração de Valor em Finanças (GVF)

A Geração de Valor em Finanças (GVF) é formada pelo valor adicionado pelas atividades de gestão de impostos, gestão do giro e gestão da tesouraria. De forma bastante direta:

$$GVF = VGI + VGG + VGT$$

Onde:

VGI = Valor Gerado com Impostos.

VGG = Valor Gerado no Giro.

VGT = Valor Gerado na Tesouraria.

Sendo que:

VGI = Impostos sobre Receitas + IR + Contribuições.

VGG = (RIG − CMPCOG) × IG × (1 − IR).[2,3]

RIG = Retorno do Investimento em Giro.

CMPCOG = Custo Médio Ponderado do Capital Operacional em Giro.

IG = Investimento em Giro.

IR = Alíquota Efetiva de IR.

VGT = (RIF − CMPCT) × ACF × (1 − IR).

RIF = Retorno do Investimento Financeiro.

CMPCT = Custo Médio Ponderado do Capital em Tesouraria.

ACF = Ativo Circulante Financeiro.

IR = Alíquota Efetiva de IR.

Observação: Caso a organização não seja tributada através de seu lucro, deve-se excluir das fórmulas do VGG e VGT a multiplicação por (1 − R).

Neste capítulo são abordados o Valor Gerado no Giro (VGG) e o Valor Gerado na Tesouraria (VGT); o Valor Gerado com Impostos (VGI) e as estratégias de gestão tributária de curto prazo são abordados no capítulo Gestão Tributária do Capital de Giro.

6.4 Conceitos gerais

6.4.1 Investimento Total em Giro (ITG)

A Ilustração 6.2 elucida a situação mais comum do capital de giro em uma empresa, onde o montante do ativo circulante é maior que o montante do passivo circulante, resultando em um Capital de Giro Líquido (CGL) positivo ou Capital Circulante Líquido (CCL) positivo. Neste caso, os recursos do passivo circulante não são suficientes para financiar o investimento no ativo circulante, de forma que essa diferença é financiada por recursos de longo prazo, quer próprios (Patrimônio Líquido) quer de terceiros (Exigíveis a Longo Prazo). É chamado de Investimento Total em Giro (ITG) o próprio ativo circulante.

Ilustração 6.2 – Investimento Total em Giro (ITG) – (total do ativo circulante)

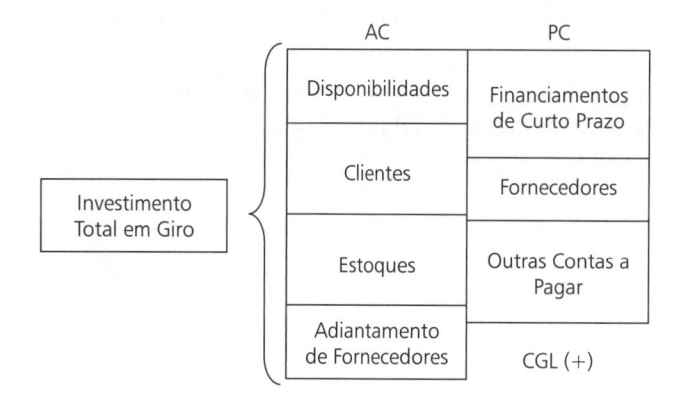

	AC	PC
	Disponibilidades	Financiamentos de Curto Prazo
Investimento Total em Giro	Clientes	Fornecedores
	Estoques	Outras Contas a Pagar
	Adiantamento de Fornecedores	CGL (+)

O Investimento Total em Giro (ITG) é composto pelo Investimento em Giro (IG) e pelo Investimento em Tesouraria (IT). Ou seja: ITG = IG + IT.

---

[2] No caso brasileiro o melhor seria (1 − (IR + CS)). Assim, sempre que se fala neste trabalho em desconto do IR, entenda-se IR e CS (Imposto de Renda e Contribuição Social sobre o Lucro).

[3] Considera-se a taxa efetiva de imposto de renda da empresa, calculada por IR sobre resultado antes de IR, e não a taxa teórica.

Ilustração 6.3 – Decomposição do Investimento Total em Giro (ITG)

		AC	PC
Investimento Total em Giro (ITG)	Investimento em Tesouraria (IT)	Disponibilidades	Financiamentos de Curto Prazo
	Investimento em Giro (IG)	Clientes	Fornecedores
		Estoques	Outras Contas a Pagar
		Adiantamento de Fornecedores	CGL (+)

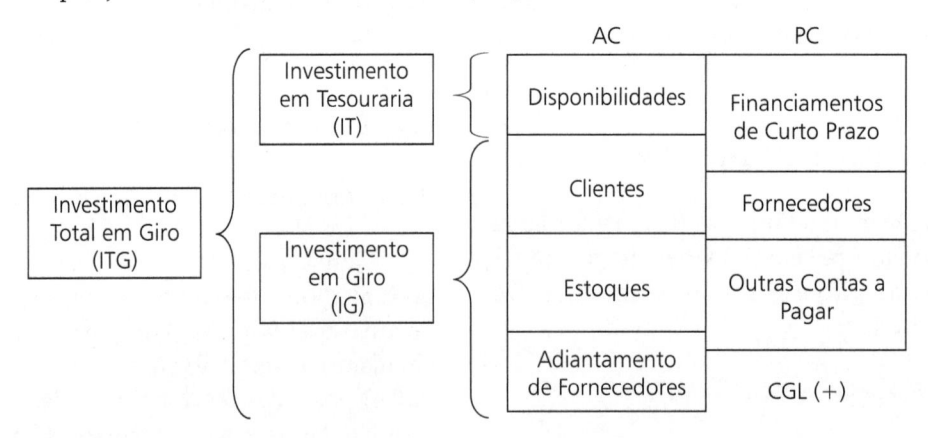

6.4.2 Geração de valor do investimento total em giro

Uma empresa decide fazer um investimento quando há uma expectativa de que este traga algum retorno. Os recursos investidos são recursos de terceiros operacionais (fornecedores ou outras contas a pagar), recursos de terceiros financeiros (financiamentos ou empréstimos) ou recursos dos proprietários (capital). Estes recursos têm um custo embutido, seja ele o custo financeiro embutido pelos fornecedores nas compras a prazo, seja a taxa de juros cobrada pelos credores nos empréstimos e financiamentos, ou o custo de oportunidade que o proprietário teria se aplicasse o recurso em um investimento de risco igual.

Portanto, como regra geral, todo investimento tem um custo e há a expectativa de que gere um retorno ao investidor. E isto não é diferente com o Investimento Total em Giro (ITG): recursos aplicados em disponibilidades, estoques e em contas a receber de clientes precisariam gerar retorno.[4] Quando os investimentos geram retornos maiores que os custos de captação, há o que chamamos de geração de valor, seja ela para os credores, que receberão o pagamento de seus juros, seja para os acionistas, que obterão lucro econômico no negócio. A Ilustração 6.4 apresenta esta análise para a gestão do capital de giro. Espera-se que os componentes do ativo circulante gerem algum retorno, já que os componentes do passivo circulante normalmente têm algum custo. Para gerar valor é necessário aumentar o retorno e/ou diminuir o custo.

Ilustração 6.4 – Geração de valor no capital de giro

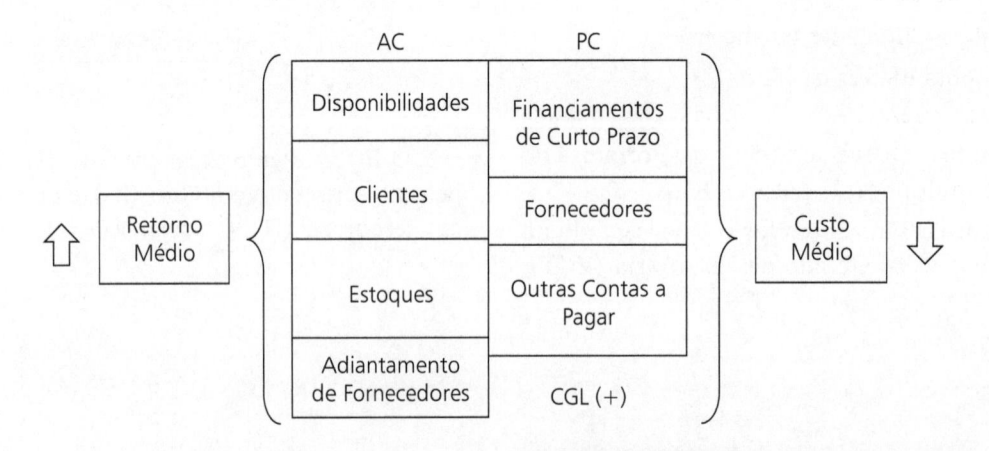

	AC	PC	
⇧ Retorno Médio	Disponibilidades	Financiamentos de Curto Prazo	Custo Médio ⇩
	Clientes	Fornecedores	
	Estoques	Outras Contas a Pagar	
	Adiantamento de Fornecedores	CGL (+)	

---

[4] Nem sempre estes investimentos geram retorno. Disponibilidades precisam ser mantidas para que a empresa tenha condições de liquidar seus pagamentos; estoques precisam ser mantidos para atender à demanda; contas a receber precisam existir para que se possa vender. Nos casos em que não há geração de valor nestes itens, o resultado da atividade precisará cobrir esta perda. Nossa exposição é no sentido de que haja a preocupação em gerar valor no Investimento Total em Giro (ITG).

Pode-se dizer que uma empresa gerou valor quando o retorno dos seus investimentos em giro é maior que o custo de captação dos recursos investidos. Portanto, o objetivo do gestor é maximizar essa relação entre retorno e custo. Como as setas indicam na Ilustração 6.4, sempre que o gestor estiver aumentando o retorno e reduzindo o custo, estará também adicionando valor econômico ao investimento.

O objetivo dos gestores envolvidos com a administração do capital de giro é, assim, maximizar o Valor Econômico Adicionado do Capital de Giro, o qual é composto pelo Valor Gerado no Giro (VGG) e pelo Valor Gerado na Tesouraria (VGT).

Ilustração 6.5 – Objetivo da gestão integrada do capital de giro

```
Objetivo da Gestão
Integrada do Capital de Giro
         ⇓
    Gerar Valor
         ⇓
Maximizar Valor Econômico
Adicionado do Capital de Giro
     (VGG + VGT)
```

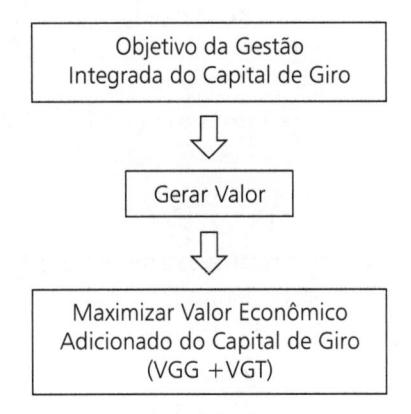

Naturalmente, muitas organizações destroem valor no capital de giro, ou seja, seu ativo circulante gera um retorno menor que o respectivo custo de capital. Isso pode ocorrer devido a uma má gestão da aplicação dos investimentos, aos custos financeiros excessivamente elevados ou às características específicas de um setor de atividade ou do próprio ciclo de caixa da organização. Assim, para uma organização ser lucrativa, sua margem de rentabilidade deve ser maior que a taxa de destruição de valor no capital de giro. Nesses casos, o objetivo do gestor é tentar minimizar a destruição de valor ou até fazer com que a organização passe a gerar valor a partir do capital de giro.

A destruição de valor na administração do capital de giro ocorre, na maioria das vezes, pelo custo elevado de captação de recursos. Captar recursos a custos baixos é o primeiro grande passo para a geração de valor em uma organização.

6.4.3 Custo Médio Ponderado do Capital Total em Giro (CMPCTG)

O Custo Médio Ponderado do Capital Total em Giro (CMPCTG) é a forma de se determinar o custo do Investimento Total em Giro, sendo composto pelo Custo Médio Ponderado do Capital em Tesouraria (CMPCT) e pelo Custo Médio Ponderado do Capital Operacional em Giro (CMPCOG).

Quando o Capital de Giro Líquido (CGL) é positivo, situação mais comum na prática, há a necessidade de se avaliar dois componentes: o custo médio ponderado do passivo circulante operacional (CMPPCO) e o custo do CGL, que é o Custo Médio Ponderado do Capital de Longo Prazo (CMPCLP), já que existe capital de longo prazo financiando parte do ativo circulante. A Ilustração 6.6 mostra esta análise.

Ilustração 6.6 – Composição do Custo Médio Ponderado do Capital Total em Giro (CMPCTG)

AC	PC			
Disponibilidades	Financiamentos de Curto Prazo	CMPCT		
Clientes	Fornecedores			
Estoques	Outras Contas a Pagar	CMPPCO	CMPCOG	CMPCTG
Adiantamento de Fornecedores	CGL (+)	CMPCLP		

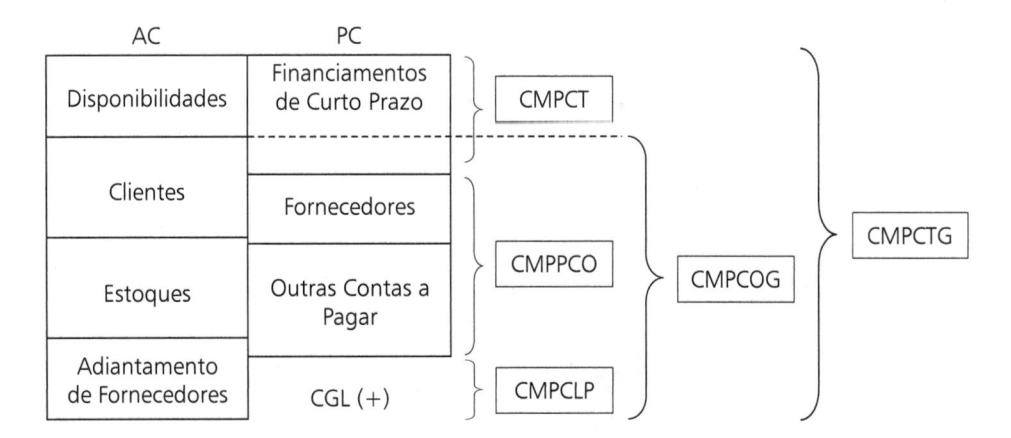

Caso o CGL seja nulo ou negativo, o cálculo do Custo Médio Ponderado do Capital Operacional em Giro (CMPCOG) se restringirá somente ao Custo Médio Ponderado do Passivo Circulante Operacional (CMPPCO). Nesses casos, o Investimento em Giro é totalmente financiado pelo passivo circulante.

6.4.4 Estratégias de redução de custo de capital

A estratégia financeira mais fundamental na geração de valor é a de custo de captação. Quanto menor o custo de captação de uma empresa maior a facilidade de geração de valor. Como visto, o Custo Médio Ponderado do Capital Total em Giro (CMPCTG) é formado por captações de curto e de longo prazo. Assim, quanto menor o custo de captação de recursos de curto e de longo prazos, menor o CMPCTG. Isso pode ser obtido através da troca de linhas de crédito de custo mais elevado por outras de custo menor. Em momentos de expectativa de valorização da moeda local, captações internacionais também podem conduzir à redução do CMPCTG devido a ganhos cambiais. A estratégia de exportar ou de agregar uma atividade agropecuária para ter acesso a linhas mais baratas de financiamento é uma outra opção para reduzir o custo de capital (ver o capítulo Fontes de Financiamento para Capital de Giro).

6.5 Geração de valor na tesouraria

A tesouraria constitui-se em um dos mais importantes componentes da Gestão Financeira de uma organização, como já exposto no Capítulo 5, Gestão da Tesouraria, sendo responsável pela gestão do caixa, envolvendo a captação e a aplicação de recursos financeiros de curto prazo. As organizações vão à falência na tesouraria, mesmo que as causas ocorram fora dela. Dessa forma, a tesouraria é responsável pela gestão da liquidez e pelo retorno financeiro da organização.

A Gestão do Ativo Circulante Financeiro envolve a Gestão de Caixa, Bancos e Aplicações Financeiras. A Gestão do Passivo Circulante Financeiro envolve, basicamente, a Gestão de Empréstimos de Curto Prazo, de Duplicatas Descontadas e de Títulos de Dívida de Curto Prazo. Sendo necessárias estratégias específicas de investimentos financeiros e de financiamentos de curto prazo, escolhendo-se as melhores opções dentre as que já foram abordadas no capítulo Gestão da Tesouraria.

A Geração de Valor na Tesouraria ocorre quando o Retorno do Investimento em Tesouraria (RIT) é superior ao Custo Médio Ponderado do Capital de Tesouraria (CMPCT).

$$\text{Valor Gerado na Tesouraria (VGT)} = ((RIF - CMPCT) \times ACF) \times (1 - IR)$$

Onde:

RIF = Retorno do Investimento no Financeiro (Ativo Circulante Financeiro).

CMPCT = Custo Médio Ponderado do Capital de Tesouraria.

ACF = Ativo Circulante Financeiro.

IR = Alíquota Efetiva de IR.

Gerar valor na tesouraria envolve aumentar o Retorno do Investimento no Financeiro (RIF) e reduzir o Custo Médio Ponderado do Capital de Tesouraria (CMPCT).

Ilustração 6.7 – Geração de valor na tesouraria

Exemplos práticos das organizações brasileiras podem ilustrar sua opção também pela geração de valor na tesouraria, além da geração de valor na atividade e no giro. Um exemplo simples é o caso das empresas brasileiras do setor de agronegócios. Devido à sua atuação, essas empresas têm acesso a créditos rurais de curto prazo subsidiados pelo Estado. Analisando suas demonstrações financeiras, pode-se observar que, muitas vezes, captam recursos através desses créditos rurais a baixas taxas de juros e, alternativamente ao investimento operacional no negócio, aplicam esses recursos em títulos públicos a taxas maiores ou mesmo em aplicações no mercado financeiro, como fundos de renda fixa e Fundos de Investimento em Direitos Creditórios (FIDCs).

Dessa forma, obtêm um ganho financeiro através da tesouraria. Apesar de não ser a melhor maneira de se aproveitar os recursos do Estado, essas operações geram valor para a empresa, e foram possíveis pela vantagem de acesso ao crédito barato que possuem.

6.5.1 Saldo de tesouraria

Como visto logo ao início deste livro, o saldo de tesouraria envolve as contas financeiras, do Ativo e do Passivo Circulantes, apresentadas de forma destacada na Ilustração 6.8

Ilustração 6.8 – Grupos patrimoniais

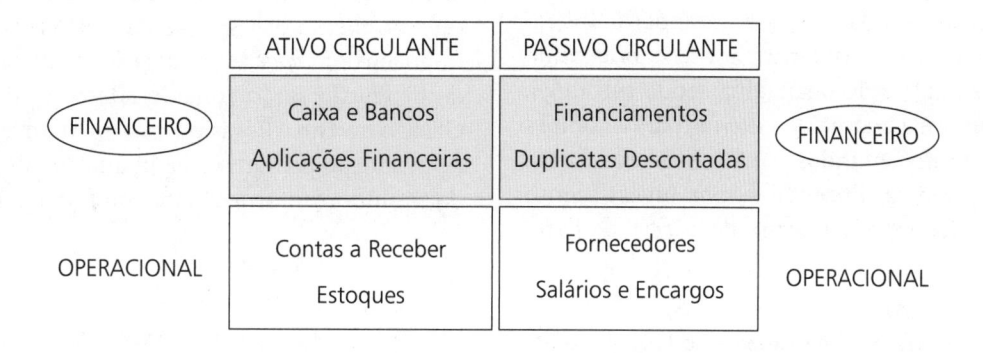

	ATIVO CIRCULANTE	PASSIVO CIRCULANTE	
FINANCEIRO	Caixa e Bancos Aplicações Financeiras	Financiamentos Duplicatas Descontadas	FINANCEIRO
OPERACIONAL	Contas a Receber Estoques	Fornecedores Salários e Encargos	OPERACIONAL

E corresponde à diferença entre o Ativo Circulante Financeiro (ACF) e o Passivo Circulante Financeiro (PCF):

> Saldo de Tesouraria =
> AC Financeiro – PC Financeiro

O Saldo de Tesouraria pode ser positivo ou negativo. A situação de superávit de tesouraria, menos comum, ocorre quando o ativo circulante financeiro é maior do que o volume captado no passivo circulante financeiro. Já a situação de déficit de tesouraria, mais comum, ocorre quando o volume captado em empréstimos bancários, desconto de duplicatas e outros passivos circulantes financeiros é maior do que o volume de recursos aplicados em caixa, bancos e aplicações financeiras, ou seja, a organização está aplicando recursos financeiros em suas operações.

O valor gerado pelo Saldo de Tesouraria deve ser avaliado juntamente com o Valor Gerado no Giro (VGG), razão pela qual a fórmula do VGT avalia o investimento no Ativo Circulante Financeiro (ACF) e não o Investimento em Tesouraria (IT) (IT = ACF + ST negativo).

6.5.2 Ativo Circulante Financeiro (ACF)

O Ativo Circulante Financeiro (ACF) de uma empresa é formado por:

- Caixa: constitui-se no numerário, dinheiro em espécie, existente na empresa. Em empresas comerciais, por exemplo, é comum o numerário existente nos caixas das lojas e na tesouraria da empresa.

- Bancos: constitui-se no saldo em contas correntes existentes nos bancos com os quais a empresa mantém relacionamento.

- Aplicações no Mercado Financeiro: normalmente formadas por aplicações em Títulos Públicos, CDB/RDB de Bancos e Cotas de Fundos de Investimento.

- Aplicações Financeiras na Cadeia de Produção: constituem-se em recursos financeiros excedentes (saldo de tesouraria negativo) aplicados, normalmente, em ativos de capital de giro.

- Clientes: pode-se entender a aplicação em financiamento a clientes como uma aplicação financeira, sendo estratégia comum com a criação de Bancos Sinérgicos, ou seja, Instituições Financeiras criadas por empresas normalmente para financiamento de seus clientes. Entende-se por Investimento Financeiro o valor aplicado em CDBs/RDBs de emissão da Instituição Financeira, ou em Fundos de Investimentos administrados pela Instituição Financeira. Deve-se considerar como Investimento em Tesouraria também a participação acionária na Instituição Financeira, e como retorno do investimento em tesouraria o resultado da equivalência patrimonial respectiva.
- Fornecedores: pode-se entender a aplicação em financiamento a fornecedores como uma aplicação financeira, sendo estratégia comum a criação de *factoring* para a compra de títulos emitidos por fornecedores contra a empresa. Entende-se por Investimento em Tesouraria, no caso de criação da *factoring*, o valor aplicado no capital da *factoring* e como retorno o resultado de equivalência patrimonial decorrente.
- Funcionários: pode-se entender o Empréstimo Consignado em Folha de Pagamento como uma aplicação financeira dos funcionários, a qual pode ser realizada pelo Banco Sinérgico.

6.5.3 Retorno do Investimento no Financeiro (RIF)

Como visto, o Investimento no Ativo Circulante Financeiro (ACF) é composto por recursos em caixa, bancos e aplicações no mercado financeiro. Os recursos em caixa e bancos não são remunerados, portanto, não apresentarão retorno, exceto como forma de reciprocidade bancária, cuja vantagem deve ser calculada. Dessa forma, o retorno do investimento em tesouraria é o retorno médio das aplicações financeiras no mercado financeiro, já que as operações financeiras na cadeia de produção serão consideradas no cálculo do Valor Gerado no Giro. Essas operações financeiras na cadeia de produção podem ser de financiamento aos clientes, distribuidores, fornecedores ou funcionários.

Ilustração 6.9 – Retorno do Investimento no Financeiro (RIF)

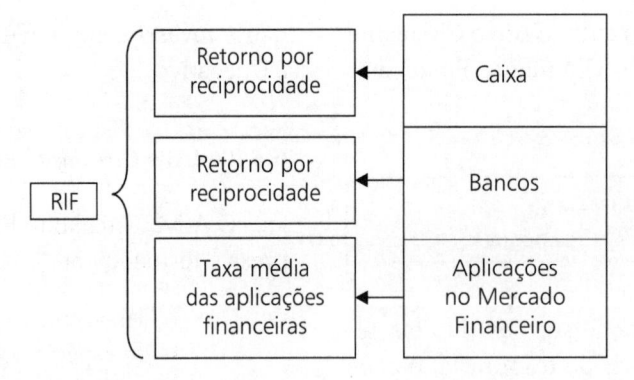

Assim, o Retorno do Investimento no Financeiro (RIF) será:

$$RIF = RC \times Caixa/ACF + RB \times Bancos/ACF + RAF \times ApF/ACF$$

Onde:

IT = Investimento em Tesouraria.

RC = Retorno do Caixa.

RB = Retorno de Bancos.

RAF = Retorno de Aplicações no Mercado Financeiro.

Caixa = Saldo da Conta Caixa.

Bancos = Saldo da Conta Bancos.

ApF = Saldo da Conta Aplicações no Mercado Financeiro.

6.5.4 Custo Médio Ponderado do Capital de Tesouraria (CMPCT)

O Custo Médio Ponderado do Capital de Tesouraria (CMPCT) corresponde ao custo de manter o Investimento em Tesouraria (IT).

Ilustração 6.10 – Custo Médio Ponderado do Capital de Tesouraria (CMPCT)

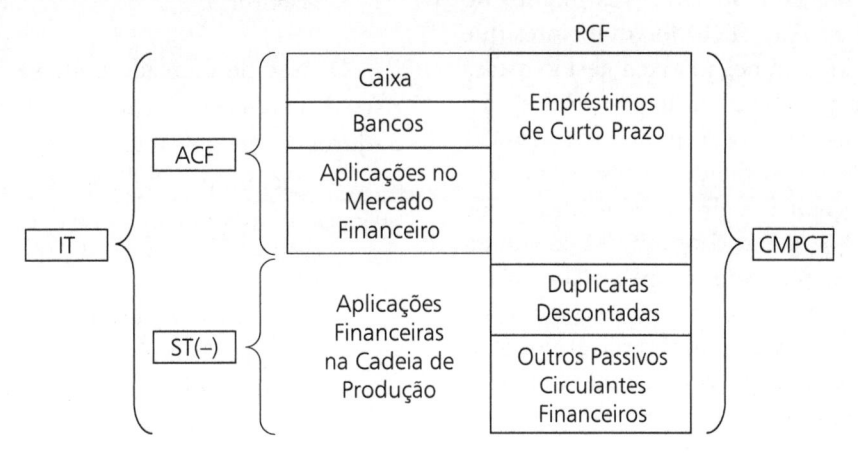

```
                                    PCF
           ⎧        ⎧  Caixa       ⎫
           ⎪        ⎪              ⎪  Empréstimos
           ⎪  ACF   ⎨  Bancos      ⎬  de Curto Prazo
           ⎪        ⎪  Aplicações  ⎪
           ⎪        ⎪  no Mercado  ⎪
     IT   ⎨         ⎩  Financeiro  ⎭                      ⎬ CMPCT
           ⎪                          Duplicatas
           ⎪        ⎧  Aplicações    Descontadas
           ⎪ ST(–)  ⎨  Financeiras
           ⎪        ⎪  na Cadeia de  Outros Passivos
           ⎩        ⎩  Produção      Circulantes
                                     Financeiros
```

O custo de cada um dos componentes do passivo circulante financeiro para cálculo do Custo Médio Ponderado do Capital de Tesouraria (CMPCT) é analisado a seguir:

- **Empréstimos Financeiros:** são normalmente empréstimos bancários de curto prazo (empréstimos para capital de giro, crédito rotativo etc.). Pode-se também aqui considerar operações financeiras de longo prazo para aplicação a curto prazo, como operações de securitização de recebíveis. Deve-se considerar como custo a taxa efetiva do empréstimo, envolvendo a própria taxa de juros, despesas bancárias (como cadastro e taxas de abertura de crédito) e reciprocidades porventura exigidas.
- **Duplicatas Descontadas:** trata-se, também, de uma fonte normalmente bancária. Deve-se considerar a taxa efetiva da operação.
- **Outros Passivos Circulantes Financeiros.**
- **Dividendos a Pagar:** custo zero, já que também é uma fonte natural de créditos a serem pagos na data determinada pela Assembleia Geral Extraordinária dos Acionistas (AGE).
- **Mútuos a Pagar:** constituem-se em recursos financeiros normalmente obtidos junto a empresas ligadas. Deve-se considerar o custo efetivo da contratação do recurso.

Algumas observações devem ser feitas para um cálculo mais seguro do Custo Médio Ponderado do Capital de Tesouraria (CMPCT):

- Prestações de *Leasing* a Pagar não devem ser consideradas, já que o *leasing* é uma operação de financiamento de imobilizado, como máquinas e equipamentos, não de capital de giro. Portanto, devem ser retiradas do cálculo do custo do passivo circulante.
- Operações de *Factoring* devem ser consideradas no Passivo Circulante Financeiro, em forma análoga à das duplicatas descontadas, para que se possa calcular adequadamente o custo financeiro da organização.
- No seu último ano de pagamento, os empréstimos e financiamento de longo prazo se transformam em dívidas de curto prazo. Esses valores devem ser excluídos da análise, como redução do passivo circulante, pois geralmente estão financiando ativos permanentes.

6.5.5 Spread *de tesouraria*

A diferença entre o Retorno do Investimento no Financeiro (RIF) e o respectivo Custo Médio Ponderado do Capital de Tesouraria (CMPCT) gera o *spread* de tesouraria, que na essência é a diferença entre a taxa de retorno e a taxa de custo do capital, deduzido do Imposto sobre a Renda (IR).

$$SPREAD \text{ DE TESOURARIA} = (RIF - CMPCT) \times (1 - IR)^5$$

Pode-se observar que se o RIF for maior que o CMPCT, a gestão da tesouraria estará gerando valor para a organização, já que o Valor Gerado na Tesoura-

---

[5] Considera-se a alíquota de imposto incidente sobre operações financeiras.

ria (VGT) será positivo. Por outro lado, se os custos relacionados ao financiamento do Investimento no Ativo Circulante Financeiro (RIF) forem maiores que o seu retorno, o VGT será negativo e a gestão estará destruindo valor na gestão da tesouraria. Esta é uma situação comum, pois apenas em situações específicas a taxa de retorno do investimento na tesouraria será superior ao custo do capital de giro. Isso significará que a organização terá que gerar valor através do capital permanente investido, por exemplo, pela elaboração e pela implantação de novos projetos. A empresa deve, no mínimo, controlar seu *spread* de tesouraria. O aumento do *spread* está ligado à redução do Custo de Captação e/ou ao aumento do Retorno sobre o Investimento em Tesouraria.

6.5.6 Valor Gerado na Tesouraria (VGT)

O objetivo da gestão da tesouraria é maximizar o Valor Gerado na Tesouraria (VGT), ou seja, maximizar o resultado do *spread* de tesouraria sobre o Investimento no Financeiro (ACF).

Objetivo: Max VGT

VGT = SPREAD * ACF

A geração de valor na tesouraria ocorre, assim, por *spread* e/ou por volume do Investimento no Financeiro (ACF). Só haverá geração de valor na tesouraria se o *spread* for positivo. Como a taxa média das aplicações financeiras é definida pelo mercado, a tesouraria precisará estruturar operações para aplicar seus recursos a taxas acima do custo médio ponderado do capital de tesouraria, por exemplo, no financiamento aos clientes, ou alternativamente buscar recursos a custo menor, para poder gerar valor.

Esta abordagem sobre a gestão da tesouraria auxilia o gestor financeiro nas decisões sobre o capital investido na tesouraria, de forma a maximizar o VGT. Integra, ainda, o conhecimento de gestão da tesouraria com a gestão do capital investido no giro e com a gestão financeira de longo prazo, na visão de geração de valor na organização.

Gerenciar o Valor Gerado na Tesouraria (VGT) significa, ainda, gerenciar o risco e a liquidez de aplicações e captações de recursos, o que, obviamente, está interligado com o próprio risco da organização – quanto maior o risco da organização, maior tenderá a ser sua taxa de captação de recursos, notadamente a curto prazo. As estratégias de Gestão dos Riscos e da Gestão da Liquidez Corrente da organização serão abordadas a seguir.

6.5.7 Estratégias na gestão dos riscos de mercado de tesouraria

O risco de mercado pode ser entendido como o risco de perdas em decorrência de oscilações em taxas de juros, taxas de câmbio, preços de ações e de *commodities*. Geram possibilidade de perda, na tesouraria, descasamentos entre captações e aplicações, como, por exemplo:

- com taxas de juros pré e pós-fixadas, como, por exemplo, captações por linhas de crédito pós-fixadas e aplicações em contas a receber prefixadas;
- com taxas de câmbio cruzadas, como, por exemplo, captações por linhas de crédito internacionais e aplicações em contas a receber em reais;
- com renda variável, ações e *commodities*, com captações em taxas de juros.

PRAZO MÉDIO, DURATION E MATURITY

Um importante risco na tesouraria é o decorrente do descasamento de prazos de captação e aplicação de recursos. Assim, é importante que a tesouraria acompanhe os prazos médios dessas operações: por exemplo, a organização pode obter recursos no mercado financeiro com vencimento para 30 dias, enquanto a aplicação no ativo circulante financeiro ou em aplicações na cadeia de produção são realizadas a 90 dias. O *Duration* é o prazo médio, considerando-se o valor do dinheiro no tempo – constitui-se no prazo médio das operações ponderado pelos fluxos de caixa a valor presente. *Maturity* é o prazo para vencimento das operações.

VALUE AT RISK

O *Value at Risk* avalia a perda máxima, dado determinado grau de confiança, em que a organização pode incorrer, em decorrência de riscos de mercado, em determinado período de tempo.

DERIVATIVOS

No capítulo Gestão de Tesouraria, estão descritas operações de *hedge* e *swap* de juros, com exemplos de operações estruturadas com instrumentos derivativos para garantir um fluxo de pagamentos e recebimentos com menor variabilidade ou objetivando algum tipo de ganho (especulação) financeiro, além da avaliação de risco bancário.

6.5.8 Estratégias na gestão da liquidez

A liquidez constitui-se na capacidade de pagamento das dívidas da organização. Em termos de gestão da tesouraria, esta liquidez pode ser abordada nos conceitos de liquidez imediata e de liquidez corrente.

6.5.8.1 Estratégias de liquidez imediata

No conceito de liquidez imediata temos a capacidade de pagamento das dívidas, por parte da organização, com seus recursos disponíveis. Quanto menores as disponibilidades, maior o risco de insolvência dos pagamentos, já que geralmente existe uma certeza nos pagamentos e incerteza nos recebimentos. Normalmente, quanto maior o risco financeiro de uma empresa, maior deverá ser a liquidez imediata – estudo realizado pelo Inepad[6] para este livro indicou significância na correlação entre o índice de capitalização e a liquidez imediata: quanto mais capitalizada a empresa, menor a necessidade de liquidez imediata. Também pode-se dizer que o mesmo ocorre em momentos de menor liquidez no mercado financeiro – quanto menor a disponibilidade de linhas de crédito no mercado, maior deve ser a liquidez imediata. O fluxo de caixa deve ser bem acompanhado e deve haver linhas de crédito disponíveis à empresa para fazer frente à incerteza nas previsões ou mesmo necessidades de curto prazo. Para melhor adequação do índice de liquidez imediata, podem-se somar às disponibilidades as linhas de crédito disponíveis, resultando no índice de liquidez imediata ajustada (LIAJ):

$$LIAJ = \frac{(Caixa + Bancos + Aplicações\ Financeiras + Linhas\ de\ Crédito\ Disponíveis)}{Passivo\ Circulante}$$

No Brasil, a mediana do índice de liquidez imediata tem ficado ao redor de 0,1, indicando que as empresas mantêm cerca de 10% do valor do passivo circulante em itens de disponibilidade imediata.[7]

6.5.8.2 Estratégias de liquidez corrente

Como visto no capítulo Fundamentos, a liquidez de uma organização no conceito corrente constitui-se em sua capacidade de solvência no período de um ano[8] pela relação entre o ativo circulante e o passivo circulante. A liquidez corrente é o CGL sob a forma de índice. No Brasil, a mediana do índice de liquidez corrente tem ficado ao redor de 1,1, indicando que as empresas mantêm $ 1,1 em ativos circulantes para cada $ 1 em passivos circulantes, ainda segundo levantamento do Inepad.

A forma de ampliação da liquidez corrente de uma empresa ou de seu CGL ocorre por:

- troca de recursos captados a curto prazo por recursos de longo prazo, pelo aumento de recursos exigíveis a longo prazo e/ou patrimônio líquido; ou
- por redução de aplicações a longo prazo, como realizáveis a longo prazo e ativos permanentes, aplicados a curto prazo.

6.5.8.3 Alongamento de prazos de dívidas de curto prazo

Uma forma de se ampliar a liquidez corrente de uma empresa é através da renegociação de dívidas com alongamento de seu prazo de vencimento, transformando dívidas de curto prazo em dívidas de longo prazo. Isso pode ser feito:

- de forma negociada, com alteração dos contratos de empréstimos consentida pela instituição financeira;
- obtendo-se linhas de crédito de longo prazo para o pagamento das linhas de curto prazo;
- fazendo-se lançamento de títulos de longo prazo, como debêntures, no mercado de capitais local ou internacional;
- ou de forma unilateral com o pedido de concordata.

6.5.8.4 Desmobilização de recursos

A imobilização de recursos na forma de Ativo Imobilizado pode acarretar problemas sérios de perda de liquidez, principalmente se o capital investido a longo prazo tiver origem em captações de curto prazo ou em reduções de ativos correntes. Para investimentos em imobilizado, o ideal seria a captação de recursos de longo prazo ou o uso de recursos próprios, ou disponibilidades nos casos em que as empresas possuam um efetivo caixa excedente.

---

[6] Para maior conhecimento sobre a Instituição, ver *site* <www.inepad.org.br>.

[7] Segundo levantamento do Inepad para este livro.

[8] Ou o período de seu ciclo operacional, para organizações com ciclo operacional superior a um ano.

A imobilização é uma característica de insolvência, conforme indicam inúmeros modelos apresentados anteriormente. Muitas empresas vão à falência no momento em que estão crescendo e investindo, pois, caso ocorra uma queda brusca no nível de vendas, tendem a apresentar desequilíbrios financeiros que ameaçam sua solvência.

A desmobilização dos recursos pode ser efetuada através de:

- venda simples de itens imobilizados ociosos, como máquinas e equipamentos e instalações, por exemplo. Esta é a situação na qual a organização possui imobilizados que não estão sendo utilizados;
- venda com locação de itens imobilizados. Por exemplo, bancos vendem regularmente suas agências a investidores com imediata elaboração de contrato de locação por um período garantido longo – a locação é realizada com uma taxa ao redor de 0,7% ao mês do valor do imóvel e o banco aplica o valor obtido em suas operações com taxas de até 8% ao mês. A venda com locação poderá ainda ser realizada com fundos imobiliários;
- operações de *sale and leaseback* junto às companhias de arrendamento mercantil (*leasing*), permitindo às empresas gerar recursos para aplicações a curto prazo, além de melhorar seus índices de imobilização. A empresa vende um imobilizado para a companhia de arrendamento mercantil e arrenda esse imobilizado de volta, pagando uma contraprestação periodicamente. É, normalmente, uma operação para gerar liquidez, mas não retorno, na gestão do capital de giro.

6.5.9 Estratégias na gestão do investimento em tesouraria

6.5.9.1 Montagem de factoring sinérgica

Esta estratégia está voltada principalmente para companhias que tenham recursos financeiros disponíveis, ou seja, possuam recursos em caixa que não serão investidos em nenhuma outra atividade ou ativo no curto e médio prazo, ou que tenham acesso a recursos financeiros a taxas de juros inferiores ao desconto obtido junto a fornecedores.

Nesta estratégia, por exemplo, a Companhia X compra matéria-prima de seus fornecedores e possui duas opções de pagamento: pagamento a prazo ou a vista com desconto. Suponha que os fornecedores deem um desconto de 2% ao mês nas vendas a vista e que descontem os títulos de seus clientes em instituições financeiras. Uma estratégia de tesouraria seria a Companhia X abrir uma *factoring* e descontar os títulos contra si mesma em mãos dos fornecedores a taxas de juros menores que as praticadas pelos bancos. Do ponto de vista do fornecedor é interessante, pois paga taxas de juros menores que as oferecidas pelas instituições financeiras. Do ponto de vista da Companhia X, também há oportunidade de ganhos, já que compra seus próprios títulos (risco de crédito próprio) por uma taxa acima do desconto oferecido a vista pelo fornecedor, pois consegue negociação dupla: na compra e no desconto, o que torna a estruturação da *factoring* melhor do que o pagamento antecipado pela própria empresa.

A montagem de uma *factoring* pode também ser feita para compra dos títulos da própria Companhia X contra seus clientes, desde que a *factoring* tenha um custo de captação inferior ao da Companhia X ou, ainda, dos fornecedores contra terceiros selecionados.

Um exemplo real é o da Graca Asfaltos,[9] empresa criada na década de 1960 e que é uma das maiores especialistas no ramo de pavimentação asfáltica. Em 2004, ela percebeu a necessidade que seus clientes possuíam de fontes de financiamento e criou a Atria Financeira S/A, um diferencial, pois é a única empresa no segmento que oferece os serviços de uma financeira própria. Segundo dados de 2013,[10] essa financeira é hoje uma das 500 maiores empresas do sul do país e em 2009 seu crescimento em volume de operações contratadas foi 23% maior do que nos anos anteriores.

Entre as estratégias adotadas, proporcionam aos clientes taxas competitivas e prazos direcionados à realidade do fluxo de caixa dos clientes, o que resulta em formas de pagamentos diferenciadas e agilidade na aprovação de crédito.

6.5.9.2 Criação de um banco sinérgico

Um problema comum no Brasil é a falta de crédito para as empresas e seus clientes. No Brasil, o volume de crédito relativamente ao PIB é um dos menores do mundo. Também, como foi visto anteriormente, a gestão do crescimento das empresas deve ser realizada de forma criteriosa, pois, normalmente, as empresas quebram no crescimento. Nesse sentido, muitas empresas

---

[9] Veja o *site* <http://www.grecaasfaltos.com.br/>.

[10] Veja o *site* <http://www.grecaasfaltos.com.br/atria-solucoes-financeiras>.

em expansão de seus negócios acabam esbarrando na falta de crédito para suas operações, ou acabam por se endividar além de seus limites junto ao setor bancário.

Uma das estratégias encontradas para solucionar esse entrave é a criação de um banco sinérgico para crédito, que atua integrado à estrutura financeira da empresa e que possui melhores mecanismos de captação de recursos. O caso a seguir ilustra esta estratégia.

Caso Grupo Martins – Tribanco

O Grupo Martins,[11] fundado em 1953, é o maior atacado-distribuidor da América Latina. A organização crescia a uma taxa média de 20% ao ano e captava recursos de bancos comerciais para financiar seus clientes, os varejistas. No entanto, devido a essas elevadas taxas de crescimento e em consequência da elevação contínua de sua necessidade de capital de giro para financiamento aos clientes, as instituições bancárias começavam a dificultar o acesso ao crédito pelo Grupo Martins, acreditando que seu risco financeiro estava elevando-se rapidamente – vale lembrar que o Banco Comercial considera a variável de endividamento como uma das maiores críticas na concessão do crédito. A solução encontrada pelo Grupo Martins foi a criação, em 1990, de um banco integrado à sua estrutura financeira, o Tribanco,[12] para financiamento dos clientes do Grupo Martins, em uma operação de vendor. Mas qual a vantagem da criação de um banco?

A estrutura financeira de um banco permite uma alavancagem maior,[13] ou seja, permite que se trabalhe mais endividado que uma indústria ou comércio sem que seu risco aumente, justamente o que estava acontecendo com o Grupo Martins. O Tribanco passou a captar recursos oferecendo Certificados de Depósitos Bancários (CDBs) como alternativa de investimento aos próprios fornecedores do Grupo Martins, em um primeiro momento, e aos próprios varejistas que possuíam recursos aplicados em bancos, em um segundo momento (Ilustração 6.11). Na outra ponta, passou a financiar diretamente as operações dos varejistas, através de várias modalidades de crédito e com taxas de juros mais atrativas, em um primeiro momento, e a financiar fornecedores, em um segundo momento.

Essa nova estrutura possibilitou que o Grupo Martins continuasse sua expansão de mercado sem que seu investimento em giro e seu risco financeiro fossem aumentados, passando a ficar com menor endividamento em razão da transferência de seu processo de financiamento de clientes para a instituição bancária.

Ilustração 6.11 – Banco sinérgico

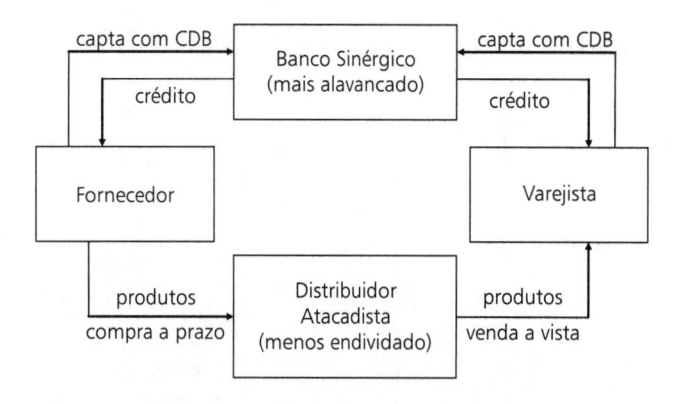

6.6 Geração de valor no giro

A Geração de Valor do Investimento em Giro ocorre quando o Retorno do Investimento em Giro (RIG) é maior do que o Custo Médio Ponderado do Capital Operacional em Giro (CMPCOG). Esta não é uma tarefa fácil, visto que existem itens do Investimento em Giro, necessários à atividade da organização, que dificilmente encontram retorno, como é o caso de estoques.

6.6.1 Investimento em Giro (IG)

O Investimento em Giro (IG) constitui-se no investimento realizado em itens do ativo circulante operacional, a saber:

Ilustração 6.12 – Investimento em Giro (IG)

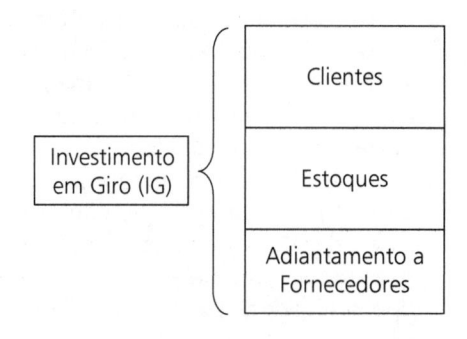

---

[11] Veja o *site* <www.martins.com.br>.

[12] Veja o *site* <www.tribanco.com.br>.

[13] Enquanto em uma empresa, industrial ou comercial, o endividamento médio é de 90% dos recursos próprios, o "endividamento" de um banco é, em média, de 1.000% relativamente a seus recursos próprios. Entre no *site* de um banco e veja sua estrutura de capital no passivo.

6.6.2 Retorno sobre o Investimento em Giro (RIG)

O Retorno sobre o Investimento em Giro (RIG) é calculado como o retorno médio ponderado de todos os itens do ativo circulante operacional. Como é possível observar na Ilustração 6.13, a tarefa é identificar o retorno de cada componente do ativo circulante operacional e calcular a média ponderada destes retornos pela participação de cada conta no total do ativo circulante operacional.

Ilustração 6.13 – Retorno sobre o Investimento em Giro (RIG)

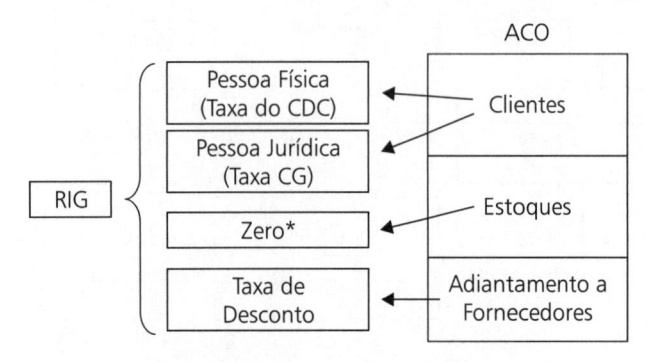

* Exceto em casos de especulação.

Analisando agora o retorno de cada um dos componentes do Investimento em Giro:

- **Retorno dos Créditos a Receber:** o crédito a clientes e suas modalidades estão descritos no capítulo Gestão de Recebíveis. De forma geral, deve-se utilizar como taxa de retorno a taxa implícita na venda a prazo, ou na sua falta, a taxa da respectiva operação de financiamento. Assim, no tocante ao crédito à Pessoa Física, utiliza-se a taxa do Crédito Direto ao Consumidor (CDC) da operação, e, quanto ao crédito à Pessoa Jurídica, a taxa utilizada será a de financiamento bancário de capital de giro.

- **Retorno dos Estoques:** na realidade, sob a ótica financeira, considera-se os estoques um "mal necessário". São recursos investidos em ativos esperando para serem trabalhados (matéria-prima e produtos em produção) ou ativos prontos (produtos acabados) esperando a sua venda. Normalmente não há retorno sobre esses ativos. Esta análise exclui a especulação financeira com estoques, assunto que será tratado no final deste capítulo. Considera-se também que a gestão de estoque mantenha um nível adequado de estoque que não prejudique as vendas da organização. Caso contrário, os estoques estarão gerando um custo de oportunidade de perda de vendas ou atraso de encomendas. Neste ponto o importante é encontrar o estoque mínimo de funcionamento, tentando custeá-lo à menor taxa possível.

- **Retorno dos Adiantamentos a Fornecedores:** geralmente, os fornecedores oferecem descontos no pagamento antecipado de compras que ainda não foram entregues e não constam nos estoques das empresas. Quando o objeto das compras é entregue, a contabilidade zera a conta Adiantamento a Fornecedores e a incorpora na conta Estoques. Este é o caso, por exemplo, da compra de uma turbina de geração de energia – os contratos preveem um adiantamento do cliente para início do projeto e pagamentos parcelados durante a conclusão de algumas etapas até a entrega do produto final. Nestes casos a taxa de retorno é zero, pois não estão sendo oferecidos descontos pelo pagamento adiantado. São apenas cláusulas contratuais normais neste tipo de venda, já que o fornecedor não pode ou não deseja arcar com todo o investimento na fabricação do produto. Assim, a taxa de retorno do adiantamento a fornecedores será a taxa de desconto obtida, ou zero.

Vale ressaltar que nesta análise do RIG foram desconsiderados os ativos imobilizados referentes à gestão do estoque (armazéns, maquinário de transporte etc.), clientes e tesouraria (escritórios, equipamentos etc.), pois a avaliação é somente sobre o valor gerado pelo capital investido no giro.

Assim, a fórmula final de cálculo do Retorno do Investimento em Giro (RIG) é:

$$RIG = TRC \times \frac{Cli}{ACO} + TRE \times \frac{Est}{ACO} + TRA \times \frac{AForn}{ACO} + TRO \times \frac{Oaco}{ACO}$$

Onde:

ACO = Ativo Circulante Operacional.

TRC = Taxa de Retorno da Carteira de Clientes.

TRE = Taxa de Retorno de Estoques.

TRA = Taxa de Retorno de Adiantamento a Fornecedores.

TRO = Taxa de Retorno de Outros Ativos Circulantes Operacionais.

Cli = Saldo da Carteira de Clientes.

Est = Saldo da Conta Estoques.

AForn = Saldo de Adiantamento a Fornecedores.

Oaco = Outros Ativos Circulantes Operacionais.

6.6.3 Custo Médio Ponderado do Capital Operacional em Giro (CMPCOG)

O Custo Médio Ponderado do Capital Operacional em Giro (CMPCOG) corresponde ao custo de manter o Investimento em Giro (IG), sendo formado por:

- Custo Médio Ponderado do Capital de Tesouraria (CMPCT).
- Custo Médio Ponderado do Passivo Circulante Operacional (CMPPCO).
- Custo Médio Ponderado do Capital de Longo Prazo (CMPCLP).

Onde, se ST for negativo e CGL positivo:

$$\boxed{CMPCOG = CMPCT\left(\frac{ST}{IG}\right) + CMPPCO\left(\frac{PCO}{IG}\right) + CMPCLP\left(\frac{CGL}{IG}\right)}$$

Se o ST for nulo ou positivo:

$$\boxed{CMPCT = ZERO}$$

Se o CGL for nulo ou negativo:

$$\boxed{CMPCLP = ZERO}$$

Ilustração 6.14 – Custo Médio Ponderado do Capital Operacional em Giro (CMPCOG)

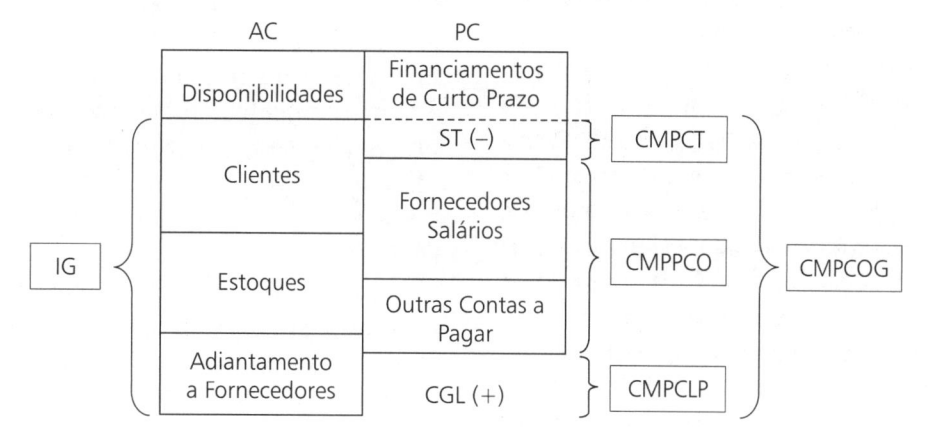

A análise do Custo Médio Ponderado do Capital de Tesouraria (CMPCT) foi detalhada na seção 6.5.4. A seguir, analisa-se o custo de cada um dos componentes do passivo circulante operacional e do CGL (caso seja positivo):

- **Fornecedores:** quando se compra a prazo de fornecedores, existe uma taxa de juros embutida nesta operação. Esta taxa de juros é o custo da conta Fornecedores, deduzido o IR (1 – IR), pois os juros que estão sendo pagos implicitamente entram como custo da mercadoria vendida e, portanto, diminuem o resultado tributável. Para cálculo do custo financeiro embutido pelos fornecedores na venda a prazo, basta comparar o preço a vista cobrado pelo fornecedor com o preço a prazo. Caso esta informação não esteja disponível, deve-se considerar o custo de fornecedores como o custo do financiamento bancário de capital de giro, já que o fornecedor provavelmente repassará esse custo.

- **Salários e Encargos Trabalhistas:** custo zero. Trata-se de uma fonte natural de financiamento. Não pode ser pago antecipadamente, descontando-se uma taxa de juros.

- **Imposto de Renda (IR) e Contribuição Social (CS) a Pagar:** se estes tributos não estiverem em atraso, o custo é zero. Caso estejam atrasados, o custo associado é referente às multas e ao acréscimo de juros. Observar que, assim como nas demais fontes naturais, o impacto da inflação pode gerar um custo "negativo" em termos reais.
- **Outros Tributos a Pagar:** se houver desconto no pagamento a vista, o custo é a taxa de desconto multiplicado por (1 – IR).
- **CGL:** o custo do Capital de Giro Líquido (CGL) é o mesmo que o Custo Médio Ponderado de Capital de Longo Prazo (CMPCLP).[14] Ele é igual à taxa média ponderada entre os custos do Exigível a Longo Prazo e do Patrimônio Líquido.

Algumas observações devem ser feitas para um cálculo mais seguro:

- os Impostos a Pagar alocados no Exigível a Longo Prazo (ELP), normalmente resultantes de processos de renegociação de dívidas com o Fisco, deverão ser mantidos como ELP. Dessa forma, entrarão no cálculo do custo de capital de longo prazo (CMPCLP), e não no cálculo do custo de capital de curto prazo (CMPCCP);
- o Financial Accounting Standards Board (FASB) estabelece como curto prazo (giro) o ciclo operacional da organização ou um ano, o que for maior. Isso significa que a General Motors dos EUA, por exemplo, quando financia seus automóveis por cinco anos, na realidade está constituindo operações de giro. Se este crédito estiver alocado contabilmente em Realizável a Longo Prazo (RLP), seria mais prudente considerá-lo como giro, já que o ciclo operacional da GM deve ser maior que cinco anos;
- algumas companhias, como as do setor de aviação, por exemplo, possuem um plano de milhagem para seus clientes. Essas promoções comerciais constituem uma obrigação das empresas, que podem ser exercidas pelos clientes no curto prazo. Geralmente estas obrigações não aparecem nas demonstrações financeiras, sendo denominadas Passivos de Giro Oculto, e devem ser contabilizadas nas avaliações da Geração de Valor no Giro.

6.6.4 Valor Gerado no Giro (VGG)

Resumindo a sistemática de cálculo do Valor Gerado no Giro (VGG):

$$VGG = (RIG - CMPCOG) \times IG \times (1 - IR)$$

Pode-se observar que se o Retorno sobre o Investimento em Giro (RIG) for maior que o Custo Médio Ponderado do Capital Operacional em Giro (CMPCOG), a gestão do capital de giro estará gerando valor para a organização, já que o Valor Gerado no Giro (VGG) será positivo.

Por outro lado, se os custos relacionados ao financiamento do Investimento em Giro (IG) forem maiores que o seu retorno, o Valor Gerado no Giro (VGG) será negativo e a gestão estará destruindo valor no capital de giro. Esta é uma situação comum, pois apenas em situações específicas a taxa de retorno do investimento em giro será superior ao custo do capital de giro, situação na qual o responsável pela gestão do capital de giro deverá reduzir ao máximo a destruição de valor. Entretanto, isso não impede que a organização gere valor aos *stakeholders* através do capital permanente investido, por exemplo, pela elaboração e implantação de novos projetos.

Esta abordagem sobre a gestão do capital de giro auxilia o gestor financeiro nas decisões sobre o capital de giro de forma a maximizar o valor gerado no giro ou minimizar o valor destruído no giro. Integra, ainda, o conhecimento de gestão do capital de giro com a gestão financeira de longo prazo.

6.6.5 Estratégias funcionais na gestão do capital de giro

O objetivo deste tópico é agrupar algumas estratégias mais específicas relacionadas aos componentes do ativo e passivo circulantes operacionais.

6.6.5.1 Estratégias na gestão de recebíveis

EXPANSÃO DO CRÉDITO

Caso a taxa de retorno de investimentos em contas a receber seja superior à taxa de captação de recursos,

---

[14] O Custo Médio Ponderado do Capital de Longo Prazo é o custo da captação de longo prazo. A taxa de captação do ELP – Exigível a Longo Prazo – é o custo dos empréstimos e financiamentos de longo prazo, ou de outras modalidades de financiamento, como debêntures, por exemplo. Quanto ao PL – Patrimônio Líquido –, é o custo de oportunidade dos acionistas, ou a taxa esperada de retorno, em ativos de risco igual ao risco do investimento na empresa.

gera valor o investimento em venda a prazo a clientes. Imagine uma empresa atuante no varejo de produtos eletroeletrônicos que consiga captar recursos junto ao mercado financeiro a 1% ao mês. Imagine que a taxa de financiamento ao consumidor seja de 4% ao mês. Haverá um *spread* financeiro, taxa de retorno menos custo de capital, de 3% ao mês. Se o faturamento mensal a prazo da empresa varejista for de R$ 1 milhão, ela terá um ganho financeiro mensal de R$ 30.000. A margem da atividade comercial dessas empresas situa-se ao redor de 3%, ou seja, o ganho financeiro é igual ao ganho da atividade comercial. Assim, quanto maior o faturamento a prazo nesta atividade, nestas condições, maior o valor gerado pela empresa, desde que a empresa tenha condições de captar os recursos na taxa citada.

GESTÃO DE RISCO DE MERCADO NO CONTAS A RECEBER

Companhias exportadoras geralmente possuem uma carteira de créditos a receber em moeda estrangeira de clientes internacionais. Imagine que o gestor financeiro acompanha as tendências da economia nacional e prevê uma futura desvalorização cambial, ou seja, acredita que a moeda nacional irá se desvalorizar frente à moeda estrangeira. No entanto, a maior parte da carteira de crédito conta com recebimentos previstos para uma data muito próxima, antes da data esperada para a desvalorização cambial (Situação A).

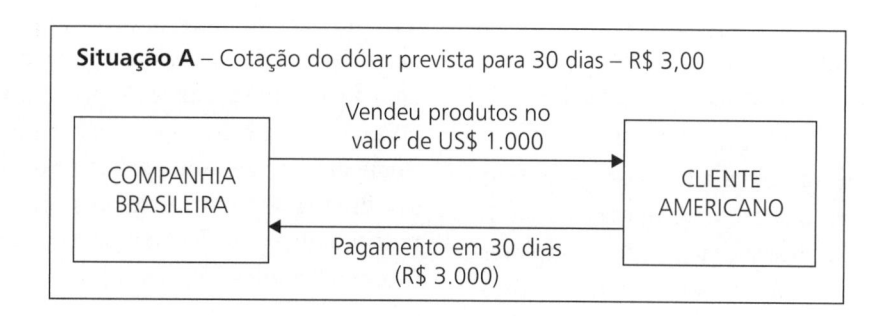

Situação A – Cotação do dólar prevista para 30 dias – R$ 3,00

COMPANHIA BRASILEIRA → Vendeu produtos no valor de US$ 1.000 → CLIENTE AMERICANO
CLIENTE AMERICANO → Pagamento em 30 dias (R$ 3.000) → COMPANHIA BRASILEIRA

Uma estratégia pertinente, visando a um ganho financeiro, seria dar a opção aos clientes de adiar seus prazos de pagamento para uma data posterior à data da futura desvalorização, sem custo algum (Situação B).

Do ponto de vista do cliente, esta oferta é atrativa, pois ele deixaria de pagar hoje para pagar no futuro sem custo algum. Para a companhia, essa operação pode resultar no recebimento de um montante maior no futuro devido à desvalorização da moeda.

Obviamente, existe o custo de carregamento financeiro. O ganho efetivo será a diferença entre o ganho cambial e o custo financeiro para carregar este crédito no período.

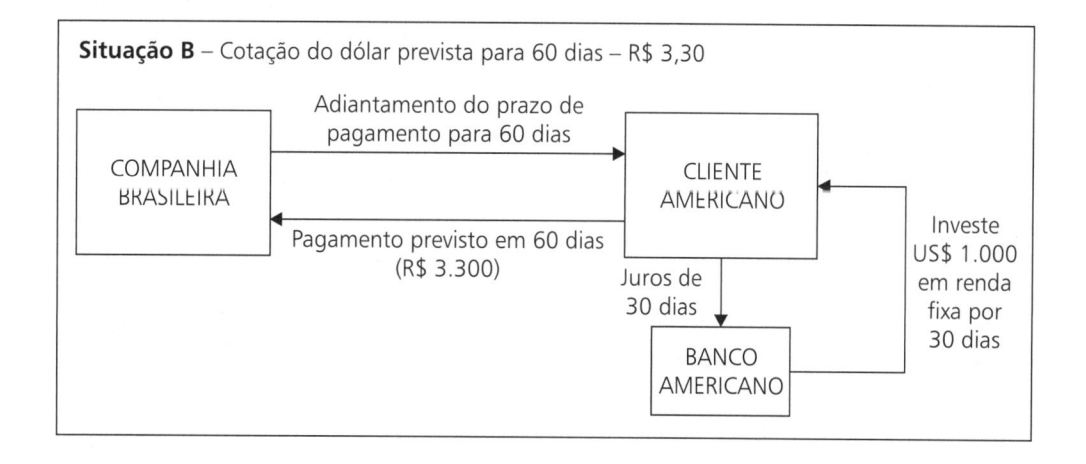

Situação B – Cotação do dólar prevista para 60 dias – R$ 3,30

COMPANHIA BRASILEIRA → Adiantamento do prazo de pagamento para 60 dias → CLIENTE AMERICANO
CLIENTE AMERICANO → Pagamento previsto em 60 dias (R$ 3.300) → COMPANHIA BRASILEIRA
CLIENTE AMERICANO → Juros de 30 dias → BANCO AMERICANO
BANCO AMERICANO → Investe US$ 1.000 em renda fixa por 30 dias → CLIENTE AMERICANO

O contrário também é verdadeiro. Se a previsão é de uma valorização cambial, a companhia pode oferecer um desconto no adiantamento do pagamento, mediante uma taxa menor do que a taxa prevista de valorização.

Mas a companhia não pode receber adiantado, comprar dólares e investir em renda fixa lá fora? Ou, no caso de valorização, não pode fazer um *swap* de moedas? Também pode, apenas avaliando o custo financeiro envolvido. O mercado futuro pode não acompanhar as expectativas do gestor, muitas vezes inviabilizando certas operações estruturadas.

6.6.5.2 Estratégias na gestão financeira de estoques

ESPECULAÇÃO COM ESTOQUES

Em determinadas circunstâncias, algumas companhias utilizam-se da especulação com estoques para obterem ganhos financeiros adicionais. Isso é possível quando há uma expectativa de elevação dos preços de algum ativo e a companhia possui capacidade de estocagem.

O exemplo clássico de especulação de estoques é o dos postos de combustível em época de reajuste de preços dos combustíveis. Geralmente, os postos não trabalharam com seus reservatórios cheios e aproveitam essa ociosidade para obter ganhos extras.

Na expectativa de aumento de preços, os postos podem fazer uma captação de recursos numa taxa prefixada e compram combustível suficiente para completar seus reservatórios, ainda a preços sem o reajuste. Após o reajuste, os postos passam a vender o combustível até que os reservatórios voltem ao nível normal de atividade.

Com a receita das vendas e o ganho obtido pela diferença entre o preço de compra e de venda do combustível, os postos fazem o pagamento do empréstimo e ficam com a diferença entre as taxas. Para que esta operação seja lucrativa, a taxa de reajuste do combustível deve ser maior que a taxa da captação prefixada no período em que o posto gasta para comercializar o estoque acima do nível normal.

Essa operação é semelhante aos negócios de mercado futuro de *commodities*, em que os produtores podem especular com as variações dos preços das *commodities* que produzem ou que possuem em estoque.

CONSIGNAÇÃO

A consignação é um tipo de acordo comercial, ou modalidade de venda, no qual o fornecedor entrega o produto ao cliente, mas continua sendo o proprietário do produto até que ele seja vendido. Essa modalidade de venda costuma ocorrer com frequência nas relações entre a indústria automobilística e as revendas autorizadas.

As fábricas enviam os veículos com nota fiscal de consignação para as concessionárias, mas continuam sendo proprietárias dos veículos. Quando as concessionárias efetuam as vendas, as fábricas enviam as notas fiscais de venda para as concessionárias para que estas possam concretizar a venda para o consumidor final. A partir desse momento, a concessionária fica obrigada a pagar a fábrica pelos veículos.

Do ponto de vista do cliente, quando ele migra de operações convencionais de compra e venda para um acordo de consignação, esse acordo pode resultar em diminuição do investimento em estoques, gerando valor. Em condições normais os investimentos em estoques não geram retorno e, de alguma maneira, possuem um custo de oportunidade.

Do ponto de vista do fornecedor, muitas vezes ele está com um excesso de estoque e pode repassá-lo para o cliente incentivando a sua venda. Há outros casos em que o fornecedor necessita reduzir custos de armazenagem de estoque e esta alternativa se torna interessante, pois o estoque fica alocado no cliente. Do ponto de vista financeiro, a desvantagem para o fornecedor é que o seu investimento em estoques começa a aumentar e o recebimento pelas vendas de seus produtos fica mais incerto. Grandes empresas como a Walmart, Carrefour e Coca-Cola utilizam-se regularmente desta estratégia para gerar valor nos seus negócios.

LOGÍSTICA INTEGRADA

O investimento em sistemas de logística que integram toda a cadeia produtiva até o consumidor final é uma alternativa eficiente para a redução de investimentos em estoques. Todos na cadeia produtiva podem obter ganhos com esse tipo de sistemas de logística.

Na Ilustração 6.15, observa-se uma estrutura tradicional do setor varejista. A loja do supermercado possui um dia de estoque em gôndolas e mais três dias de estoque de retaguarda, na própria loja. A rede de supermercados possui uma central de distribuição, que, por sua vez, possui mais cinco dias de estoques para abastecer as várias lojas de uma região. A central de distribuição consome um dia útil para avaliar os estoques das lojas e enviar uma ordem de compra para a matriz negociá-la com os fornecedores.

O departamento de compras da matriz envia um pedido ao fornecedor, que consulta seu estoque e envia a informação à matriz. A matriz confirma o pedido e este é processado. São mais dois dias nessa transição. A entrega é feita na central de distribuição em dez dias úteis. No total, são necessários 22 dias úteis de estocagem para manter a operação das lojas, ou seja, 30 dias corridos da compra até a venda da mercadoria.

Ilustração 6.15 – Estrutura tradicional

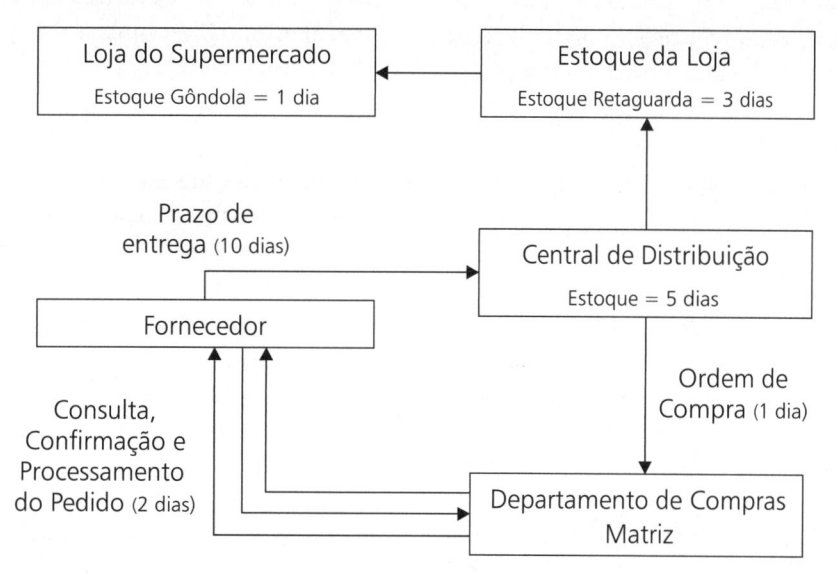

```
[Loja do Supermercado          ]  ←  [Estoque da Loja                 ]
[Estoque Gôndola = 1 dia       ]     [Estoque Retaguarda = 3 dias     ]
                                                    ↑
        Prazo de
        entrega (10 dias)            [Central de Distribuição          ]
                          →          [Estoque = 5 dias                 ]
        [Fornecedor]                                ↕
                                                Ordem de
        Consulta,                               Compra (1 dia)
        Confirmação e
        Processamento                [Departamento de Compras          ]
        do Pedido (2 dias)           [Matriz                           ]
```

Suponha que o preço de compra seja $ 100 e o prazo de pagamento concedido pelo fornecedor seja de 30 dias. E que a estrutura de armazenagem, transporte, reposição e o custo de oportunidade do investimento no estoque sejam de $ 5 por produto. O supermercado deseja trabalhar com uma margem de 5% sobre o preço de compra, o que equivale a mais $ 5. Nestas condições, o preço de venda do produto será de $ 110 (100 + 5 + 5).

A estratégia de integração logística praticada pelos varejistas modifica toda essa estrutura. Imagine que a rede de supermercados, fazendo-se valer seu poder econômico, consiga alterar a sua política de estoques com os fornecedores. Agora o fornecedor irá administrar os estoques da loja, controlando a reposição dos produtos, gerando automaticamente uma ordem de compra a preços preestabelecidos e absorvendo todo o estoque da estrutura. O estoque agora não é mais da loja, e sim do fornecedor. A Ilustração 6.16 mostra essa estrutura mais moderna. A rede de supermercados pôde vender à central de distribuição e eliminar seus estoques, gerando grande caixa. A rede se associou a uma administradora de cartões de crédito e lançou cartões para financiar seus clientes.

Ilustração 6.16 – Estrutura moderna na rede varejista

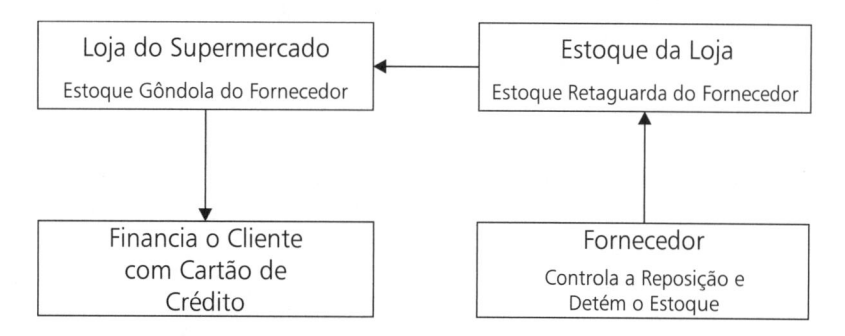

```
[Loja do Supermercado              ]  ←  [Estoque da Loja                    ]
[Estoque Gôndola do Fornecedor     ]     [Estoque Retaguarda do Fornecedor   ]
         ↓                                            ↑
[Financia o Cliente                ]     [Fornecedor                         ]
[com Cartão de                     ]     [Controla a Reposição e             ]
[Crédito                           ]     [Detém o Estoque                    ]
```

Na nova estrutura, o preço de compra do produto continua em $ 100 e agora não há mais os custos de se manter a estrutura de armazenagem e transporte, nem o custo de oportunidade de investimento em estoque. O supermercado agora financia seus clientes com o caixa gerado e obtém uma receita de 6% na operação com os cartões de crédito, ou seja, $ 6.

No entanto, para aumentar sua competitividade, a rede pretende manter sua margem de lucro de 5% sobre o preço de compra. O prazo de pagamento a fornecedores continua sendo de 30 dias.

Nas novas condições, o supermercado pode vender o produto por $ 99 (100 + 5 – 6) sem alterar sua margem de lucro. Ele compra por $ 100, vende por $

99 e ganha $ 6 no financiamento do cliente, resultando numa margem de $ 5 (99 + 6 – 100 = 5).

O exemplo descrito é simples, porém demonstra as alternativas que podem ser criadas a partir de mudanças nas estruturas dos negócios e da negociação com os integrantes da cadeia de suprimentos.

6.6.5.3 Estratégias na gestão de fontes operacionais de financiamento

ANTECIPAÇÃO DE PAGAMENTOS A FORNECEDORES

Em decorrência da necessidade de recursos financeiros por parte dos fornecedores, ou em razão da sua estratégia de redução de risco de crédito, podem-se aproveitar bons descontos para antecipação de pagamentos ou compras a vista. A decisão deve ser tomada comparando-se o CMPCG com o desconto concedido – sendo o desconto maior, a decisão irá gerar valor.

CONSTITUIÇÃO DE FUNDOS PARA PAGAMENTOS SAZONAIS

As organizações geralmente administram o dia a dia das suas operações e não fazem um bom planejamento de médio e longo prazo. Algumas saídas futuras de caixa não são provisionadas adequadamente e podem provocar certo aperto financeiro. É o caso do pagamento do décimo-terceiro salário e outras obrigações cujo pagamento se concentra em determinadas datas do ano.

Uma gestão eficiente deve constituir um fundo ou uma reserva de caixa para esses pagamentos sazonais. No caso do décimo-terceiro salário, por exemplo, a organização deve mensalmente separar o montante devido e manter estes recursos numa aplicação financeira de baixo risco enquanto o pagamento não é efetivado.

Quando os provisionamentos não são feitos, corre-se o risco de a organização investir estes recursos em outras atividades e de não se ter o recurso no momento do pagamento. Neste caso é inevitável que se recorra a financiamentos bancários com taxas de juros geralmente prejudiciais aos resultados da organização.

INCENTIVO FISCAL E FINANCIAMENTO POR IMPOSTOS A PAGAR

Na tentativa de atrair empresas e gerar empregos para suas regiões, Estados e municípios brasileiros travam atualmente uma verdadeira "guerra fiscal". São oferecidos vários incentivos para que empresas sejam abertas ou transferidas para determinada cidade ou Estado.

Os incentivos vão desde a concessão de terrenos até a isenção de impostos ou a postergação de seu pagamento por determinada data, os chamados incentivos fiscais. Muitas empresas se beneficiam destes incentivos e os transformam num mecanismo de financiamento de suas atividades.

Imagine uma empresa que pode operar por dez anos sem recolher o ICMS, acumulando-os para o pagamento no final do período. Esse recurso constitui verdadeira fonte de financiamento com custo próximo a zero ou bem abaixo dos custos normais de captação.

Um caso clássico, que demonstra a eficiência desta estratégia, é o das cervejarias Brahma e Antarctica, agora fundidas na Ambev. Enquanto a Antarctica era uma empresa altamente endividada e com margem operacional reduzida, a Brahma era uma organização que focou sua estratégia na busca de incentivos fiscais. Construía fábricas e mudava suas operações de local atrás de incentivos.

O resultado foi que a Brahma conseguiu investir e ampliar sua participação de mercado sem se endividar demasiadamente, aproveitando-se das obrigações fiscais a pagar e mantendo uma ótima margem operacional, o que ampliava cada vez mais sua capacidade de conquistar mercado. A criação da Ambev na realidade foi consequência da diferença de competitividade entre as cervejarias.

O atraso no pagamento de impostos e uma posterior renegociação com o Fisco também tem sido uma estratégia utilizada por algumas empresas. No entanto, essa opção pode trazer consequências negativas para as empresas. Multas e juros por atraso de pagamento são aplicáveis, e a empresa se torna inapta para a contratação de empréstimos e financiamentos públicos, já que fica sem a certidão negativa de débitos fiscais. Maior detalhamento da gestão dos tributos e seu impacto na gestão do capital de giro encontra-se no capítulo Gestão Tributária do Capital de Giro.

6.6.5.4 Estratégia de minimização do investimento em giro

Quando a empresa destrói valor no capital de giro, uma estratégia pertinente seria o controle mais rigoroso dos ativos circulantes de forma a manter o mínimo necessário investido. No entanto, a busca desta estratégia pode incorrer em alguns riscos operacionais e de situação de insolvência, tais como:

- *clientes a receber*: num mercado com concorrência acirrada, em geral, quanto menores os prazos concedidos aos clientes e, consequentemente, menor o investimento em Clientes a Receber, maior a dificuldade de se efetuar vendas, gerando reais perdas de vendas, dentro de preços competitivos;

- *estoques*: quanto menores os estoques, maiores as chances de se incorrer em perdas de vendas (falta de produtos para a venda), problemas de produção (ineficiência produtiva) e atrasos de entrega de mercadorias a clientes. São os chamados riscos operacionais.

Esta estratégia pode ser seguida, mas com o cuidado de não elevar substancialmente os riscos de insolvência e os riscos operacionais associados.

6.6.5.5 Estratégias de nível de atividade na gestão do capital de giro

A seguir são apresentadas algumas estratégias de gestão de capital de giro para condições ligadas ao nível de atividade do negócio, destacando-se: estratégia do capital de giro para o crescimento sustentado; estratégia do capital de giro na retração do negócio; estratégia do capital de giro na sazonalidade da atividade.

6.6.5.5.1 Estratégia do capital de giro para o crescimento sustentado

O objetivo de gerar valor para os proprietários e os *stakeholders* está intimamente ligado à questão de expansão de vendas e participação de mercado. Há ganhos reais de escala quando se aumenta a produção e as vendas de uma empresa, principalmente se houver capacidade ociosa. No entanto, o volume de investimento em giro (clientes e estoques), normalmente, também crescerá.

Há um limite financeiro capaz de suportar tais expansões. A superexpansão das vendas, também denominada *overtrading*, ultrapassa esse limite financeiro. Neste caso, o CGL existente deixa de ser suficiente para suportar os novos investimentos em giro e a empresa passa a ter a necessidade de se financiar com recursos onerosos de curto prazo, criando certa dependência destes passivos e podendo diminuir a rentabilidade do negócio.

A função do gestor financeiro é administrar o crescimento de forma sustentada. No entanto, antes de se aprofundar nas estratégias, é necessário rever os conceitos de Necessidade de Capital de Giro (NCG) e do efeito tesoura, ambos abordados no Capítulo 1, Fundamentos da Gestão do Capital de Giro. O ativo circulante e passivo circulante podem ser divididos em operacionais e financeiros, como na Ilustração 6.17. O investimento no Ativo Circulante Operacional (ACO) decorre das atividades de compra, produção, estocagem e vendas, sendo representado pelos estoques e valores a receber. O Passivo Circulante Operacional (PCO) é o financiamento natural que decorre destas atividades, como Fornecedores, Salários e Encargos.

Ilustração 6.17 – Classificação dos ativos e passivos circulantes

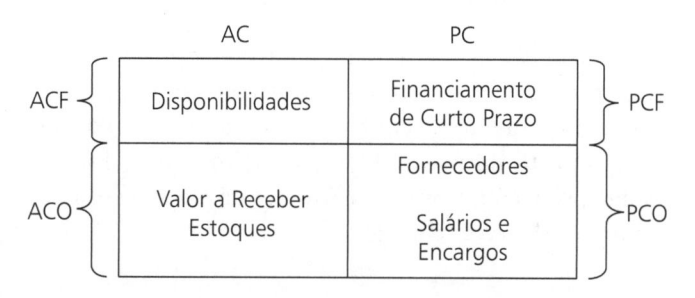

A NCG é a diferença entre o ACO e o PCO, constituindo o capital necessário para financiar o giro. A NCG pode ser financiada através de Empréstimos Bancários de Curto Prazo, Desconto de Duplicatas, Capital de Giro Próprio ou Recursos de Longo Prazo (ELP).

Em um processo de expansão de vendas, os estoques e os valores a receber também podem aumentar. No entanto, geralmente, as fontes de financiamento operacionais (fornecedores, salários e encargos) não acompanham tal crescimento, causando o que se denomina de efeito tesoura.[15]

Ilustração 6.18 – Efeito tesoura

---

[15] Um exemplo prático está detalhado no capítulo Fundamentos da Gestão do Capital de Giro.

Portanto, o efeito tesoura pode resultar de um crescimento do ACO maior que o PCO e que de alguma forma deve ser financiado. São três as preocupações básicas para o crescimento de forma sustentada:

- controlar a expansão do ACO, evitando aumentar prazos de recebimento, limites de crédito e níveis de estocagem;
- expandir proporcionalmente o PCO, negociando, quando possível, maiores prazos de pagamento com fornecedores;
- financiar o ACO com recursos de longo prazo.

Caso não seja possível o controle do investimento em ACO e o aumento do PCO, o gestor deve fazer um planejamento de crescimento e captar recursos de longo prazo para sustentar o crescimento de forma sólida, sem comprometer a liquidez da empresa e suas margens de rentabilidade.

6.6.5.5.2 Estratégia de capital de giro na retração do negócio

Casos de extrema inadimplência e altas taxas de captação de giro no mercado podem levar a empresa a preferir reduzir sua exposição ao risco e retrair para sobreviver.

6.6.5.5.3 Estratégia de capital de giro na sazonalidade da atividade

O crescimento de uma empresa pode não ser constante e muitas vezes os gestores se defrontam com mercados que apresentam sazonalidades de vendas e de produção. Indústrias de sorvete, por exemplo, têm picos de vendas no verão e voltam a um patamar normal no outono e primavera. No inverno, as vendas costumam cair drasticamente. Portanto, a sazonalidade não se trata de um crescimento constante ou superexpansão de vendas, mas de uma oscilação, positiva ou negativa, durante determinado período.

Quando há sazonalidade nas vendas, existe uma porção do capital de giro que também flutua de forma sazonal. Antes do verão, as indústrias de sorvete estão produzindo a todo vapor e têm seus estoques no maior nível do ano. Durante o verão, esse estoque é desovado e o volume de créditos a receber cresce consideravelmente devido às vendas a prazo. Ao mesmo tempo, é no verão que as compras para a produção, feitas anteriormente, estão vencendo. Durante o inverno, o investimento em giro cai, pois os créditos foram recebidos, os estoques são mantidos mínimos e as compras de matéria-prima ainda não começaram.

Dependendo do grau de risco que pretende correr, o gestor financeiro pode optar por três políticas básicas de estrutura para financiar a sazonalidade do capital de giro.

A estrutura de menor risco é aquela que financia todo o ativo circulante e o capital de giro sazonal com recursos de longo prazo. Na prática, é uma estrutura pouco usada, pois deixa de aproveitar o financiamento natural (PCO) das operações da empresa e, por outro lado, há um excesso de recursos no período em que a necessidade de capital de giro diminui.

Ilustração 6.19 – Estrutura conservadora de gestão da sazonalidade do capital de giro

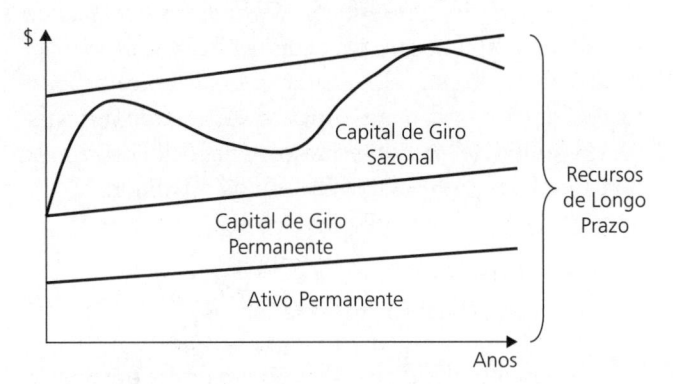

Uma estrutura intermediária é a observada na Ilustração 6.20, onde os recursos de longo prazo financiam o capital de giro permanente e parte do sazonal. O CGL nesta opção é representativo e os recursos de curto prazo são utilizados somente nos períodos de pico, em que a NCG aumenta consideravelmente.

Ilustração 6.20 – Estrutura intermediária de gestão da sazonalidade do capital de giro

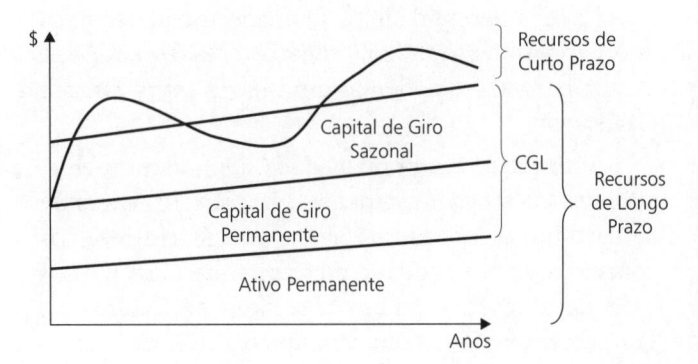

A Ilustração 6.21, apresenta a estrutura de maior risco. Neste caso, os recursos de curto prazo, além de financiarem o capital de giro permanente, financiam toda a necessidade sazonal. O CGL é menor neste caso, mas é uma opção para as empresas que têm dificuldade de captação de longo prazo.

Ilustração 6.21 – Estrutura arriscada de gestão da sazonalidade do capital de giro

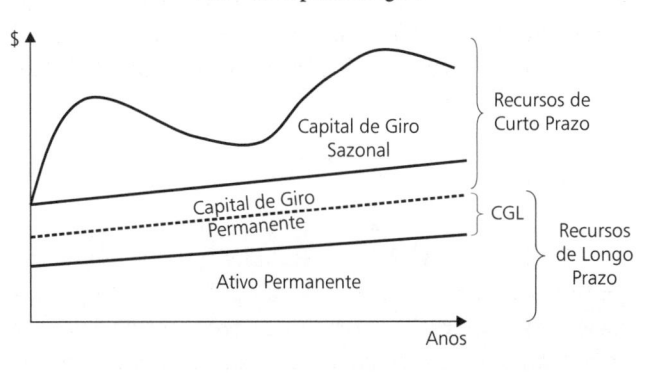

Diversas outras estruturas intermediárias podem ser implementadas. A sua definição vai depender muito do padrão dos fluxos de caixa, da sazonalidade do mercado e da disponibilidade e acesso ao crédito.

6.7 Impactos inflacionários na gestão do capital de giro

A inflação pode provocar perdas e ganhos na Gestão do Capital de Giro. Quando a fonte de recursos para o Capital de Giro é de terceiros, estes têm seu capital exposto à inflação e, normalmente, já incluem a previsão da taxa inflacionária do período na taxa de juros que cobram do cliente. Assim, um fornecedor de mercadorias que venda com 60 dias de prazo, incluirá nesse preço a previsão de inflação para os próximos 60 dias. Da mesma forma, a empresa, ao vender a prazo, também deverá incluir no preço a previsão inflacionária, sob pena de não conseguir repor a mercadoria no próximo ciclo do capital de giro:

- suponha que a empresa vendeu uma mercadoria a prazo por $ 100 e não incluiu nenhuma expectativa de inflação no preço; que o prazo de venda foi de 60 dias; que a margem bruta é de 30% (a mercadoria custou $ 70 e foi vendida por $ 100); e que as despesas operacionais (administrativas e comerciais) representam $ 25: dessa forma, o lucro da empresa será de $ 5 (vendas de $ 100 menos custo de $ 70 menos despesas de $ 25);
- suponha que a inflação desse período de 60 dias foi de 10%;
- ao final de 60 dias a empresa irá receber $ 100 e a mercadoria para ser reposta custará $ 77 ($ 70 mais 10% de inflação); subtraindo-se dos $ 100 o custo de $ 77 e os $ 25 de despesas, ocorre uma perda na capacidade de reposição das mercadorias de $ 2;
- esse prejuízo efetivo ocorreu por causa de uma perda inflacionária de $ 7 (10% de inflação sobre o custo da mercadoria); caso contrário, ainda haveria o lucro de $ 5.

Esta perda inflacionária, também chamada perda monetária por causa da perda do valor da moeda, precisa ser administrada de forma a ser, no mínimo, anulada, de forma que a Necessidade de Capital de Giro não aumente conforme ocorra inflação. Recursos em disponibilidade precisam render à taxa de inflação prevista; valores a receber precisam considerar, também, a taxa de inflação prevista; estoques, normalmente, valorizam-se à taxa de inflação.

A perda ou o ganho inflacionário constitui-se no efeito da inflação sobre o capital próprio investido no giro, ou seja, sobre o capital de giro próprio. Externamente à empresa, pode-se calcular essa perda ou ganho aplicando a inflação do período sobre o capital de giro próprio inicial. Caso a empresa tenha recursos próprios aplicados no giro, ou seja, tenha capital de giro próprio positivo, ela apresentará uma perda monetária; caso a empresa tenha capital de giro próprio negativo (os recursos próprios estão completamente imobilizados, por exemplo), ela apresentará um ganho monetário, pois o capital de giro está sendo financiado por terceiros, e se alguém está perdendo, são estes terceiros.

Esta perda ou ganho inflacionário precisa ser contabilizada, mas, normalmente, os contadores não a consideram em seus demonstrativos, mesmo gerenciais, podendo-se apresentar lucros que na realidade não existem e, em decorrência, incentivar a distribuição de lucros inexistentes. Uma sugestão é que tais perdas inflacionárias sejam contabilizadas em uma conta de perdas e ganhos monetários na demonstração do resultado, e que seja constituída uma Reserva para Manutenção do Capital de Giro Próprio.[16]

---

[16] Antes da Lei nº 6.404, que instituiu a Correção Monetária, existia uma conta com este nome. A partir de 1994 o Governo Federal excluiu a possibilidade de consideração de resultados monetários na declaração de imposto de renda, o que muitos contadores passaram também a considerar na contabilidade gerencial.

Resumo

Neste capítulo foi tratada a gestão estratégica do capital de giro, sendo apresentado um modelo de análise da geração de valor pela organização em suas diversas atividades de curto e de longo prazos, aprofundando-se em estratégias para que a Tesouraria e a Gestão do Capital Investido no Giro foquem a geração de valor ou, pelo menos, a diminuição da destruição de valor. Ao final, abordou-se o impacto da inflação sobre a gestão do capital de giro.

Questões

1. Qual é o objetivo da gestão do capital de giro em uma organização? Explique.
2. Ter por objetivo gerar valor aos acionistas de uma empresa incentiva a concentração de renda?
3. O que é Geração Total de Valor e como se compõe?
4. O que é Geração de Valor no Curto Prazo e como se compõe?
5. O que é Geração de Valor na Tesouraria e como se compõe?
6. O que é *spread* de tesouraria?
7. Quais são as estratégias para geração de valor na tesouraria?
8. O que é Geração de Valor no Giro e como se compõe?
9. Quais são as estratégias para geração de valor no giro?
10. Quais são os impactos da inflação na gestão do capital de giro?

Exercícios

- Utilizando os demonstrativos financeiros de uma empresa que você obtenha, por exemplo, no *site* da CVM, calcule a Geração de Valor na Atividade (GVA) da empresa.
- Em complemento ao exercício anterior, calcule a Geração de Valor em Finanças (GVF) e a Geração de Valor no Curto Prazo da empresa.
- Qual é o Retorno do Investimento em Tesouraria da Empresa? O que isso significa para a empresa?
- Calcule o valor do *spread* de tesouraria para o mesmo caso em estudo e identifique seu impacto na gestão financeira do negócio.
- Qual é o índice de liquidez imediata ajustada (LIAJ) da empresa? Explique seu significado e indique formas de melhoria de tal indicador.

Estudo de caso

A CIA. DE VAREJO DE ALIMENTOS é um supermercado com lojas em cerca de dez cidades no interior do Estado do Paraná. Fundada em período de crescimento da economia local, conseguiu acompanhar essa evolução e consolidar-se. Neste momento, seu proprietário, interessado em consolidar o negócio, está contratando você para avaliar sua gestão do capital de giro e propor alterações que venham a consolidá-lo ainda mais. Seus demonstrativos financeiros – balanços e demonstrações de resultado – encontram-se a seguir expostos, lembrando que os dados dos períodos são anuais. Algumas informações adicionais são relevantes:

1. cerca de 80% das disponibilidades constitui-se em aplicações financeiras em fundos de investimento;

2. o valor de recebíveis corresponde às vendas a prazo, nas quais a empresa cobra uma taxa de juros correspondente à taxa do crédito pessoal;

3. considere as demais taxas de juros como as vigentes no mercado financeiro.

Em seu relatório de análise, avalie a gestão do capital de giro e a gestão da tesouraria, fazendo sugestões para implantação e estimando valores possíveis de ganho.

CIA. DE VAREJO DE ALIMENTOS

Conta	Período 1	Período 2	Período 3
ATIVO CIRCULANTE	6.942.470	5.998.118	5.438.808
Disponibilidades	2.221.788	1.929.316	1.519.156
Recebíveis	2.937.756	2.346.054	2.265.944
Estoques	1.737.454	1.686.634	1.620.488
Outros	45.472	36.114	33.220
ATIVO REALIZÁVEL A LONGO PRAZO	1.652.896	1.844.370	2.120.950
Créditos Diversos	336.942	556.398	855.292
Créditos Com Pessoas Ligadas	1.315.954	1.287.972	1.265.658
ATIVO IMOBILIZADO	9.588.978	9.907.456	10.474.636
Investimentos	1.319.804	1.460.576	2.036.264
Imobilizado	6.748.286	7.149.940	7.441.258
Diferido	1.520.888	1.296.940	997.114
ATIVO TOTAL	**18.184.344**	**17.749.944**	**18.034.394**
PASSIVO CIRCULANTE	6.431.022	5.794.720	4.834.882
Empréstimos e Financiamentos	2.964.526	2.652.820	1.417.092
Dívidas com Terceiros	159.982	122.048	119.792
Fornecedores	2.671.852	2.229.010	2.478.232
Impostos, Taxas e Contribuições	60.550	93.696	87.086
Retiradas a Pagar	118.882	109.584	178.118
Provisões	178.036	203.676	104.454
Dívidas com Pessoas Ligadas	4.746	90.716	73.792
Outros	272.448	293.170	376.316
PASSIVO EXIGÍVEL A LONGO PRAZO	4.569.242	4.418.380	5.097.532
Empréstimos e Financiamentos	1.746.832	1.279.318	1.684.404
Dívidas com Terceiros	952.516	882.826	802.980
Outros	1.869.894	2.256.236	2.610.148
PATRIMÔNIO LÍQUIDO	7.184.080	7.536.844	8.101.980
Capital Social Realizado	5.499.548	6.314.356	7.018.842
Reservas de Capital	688.484	344.244	0
RESERVAS DE LUCRO	996.048	878.244	1.083.138
PASSIVO TOTAL	**18.184.344**	**17.749.944**	**18.034.394**
RECEITA BRUTA	18.878.526	21.739.240	21.752.320
(–) Impostos e Devoluções	2.916.592	3.401.408	4.047.246
RECEITA LÍQUIDA	15.961.934	18.337.832	17.705.074
(–) Custo de Produtos e/ou Serviços	11.641.006	13.203.958	12.545.198
RESULTADO BRUTO	4.320.928	5.133.874	5.159.876
DESPESAS DA ATIVIDADE	2.984.840	3.528.568	3.464.012
(–) Com Vendas	2.392.272	2.716.352	2.822.368
(–) Gerais e Administrativas	592.568	812.216	641.644
RESULTADO DA ATIVIDADE	1.336.088	1.605.306	1.695.864
(–) Outras Despesas Operacionais	876.168	890.498	869.738
RESULTADO ANTES DE JUROS E TRIBUTOS	459.920	714.808	826.126
RESULTADO FINANCEIRO	–586.304	–412.992	–410.144
(+) Receitas Financeiras	656.754	947.350	559.974
(–) Despesas Financeiras	1.243.058	1.360.342	970.118
(±) Resultado da Equivalência Patrimonial	703.576	156.018	88.992
RESULTADO OPERACIONAL	577.192	457.834	504.974
RESULTADO NÃO OPERACIONAL	9.304	9.462	198.032

CIA. DE VAREJO DE ALIMENTOS

Conta	Período 1	Período 2	Período 3
(+) Receitas não Operacionais	10.002	9.860	198.678
(–) Despesas não Operacionais	698	398	646
RESULTADO ANTES DE IR E CONTRIBUIÇÕES	586.496	467.296	703.006
(–) Provisão para IR e Contribuição Social	68.918	–26.302	65.466
(–) Participações	0	0	21.626
RESULTADO ANTES DE AJUSTES	517.578	493.598	615.914
(–) IR Diferido	27.334	42.508	–123.746
RESULTADO DO EXERCÍCIO	**490.244**	**451.090**	**739.660**

Referências

ARZAC, E. R. *Valuation for mergers*: buyouts and restructuring. New Jersey: Wiley Finance, 2004.

ASSAF NETO, A. *Finanças corporativas e valor*. São Paulo: Atlas, 2005.

COPELAND, Thomas E. *Financial theory and corporate policy*. 3. ed. Cambridge: Addison-Wesley, 1992.

DAMODARAN, A. *A face oculta da avaliação*. São Paulo: Makron, 2001.

_____. *Avaliação de investimentos*. São Paulo: Qualitymark, 1999.

_____. *Damodaran on valuation*: security analysis for investment and corporate finance. New York: John Wiley, 1994.

_____. *Corporate finance*: theory and practice. 2. ed. New York: John Wiley, 2001.

EHRBAR, Al. *EVA*: valor econômico agregado. São Paulo: Qualitymark, 1999.

FERNANDEZ, P. *Creación de valor para los accionistas*. Madrid: Gestion 2000, 2002.

FREZATTI, Fábio. *Gestão de valor na empresa*. São Paulo: Atlas, 2003.

GRANT, J. *Foundations of economic value-added*. 2. ed. New York: John Wiley, 2002.

HERRERO FILHO, Emílio. *Balanced scorecard e a gestão estratégica*. São Paulo: Campus, 2005.

KOLLER, T.; MURRIN, J.; COPELAND, T. *Avaliação de empresas*: valuation. São Paulo: Makron Books, 2001.

MARTELANC, R.; PASIN, R.; CAVALCANTE, F. *Avaliação de empresas*: um guia para fusões & aquisições e gestão de valor. São Paulo: Prentice Hall, 2005.

MARTIN, J. D.; PETTY, J. W. *Gestão baseada em valor*: a resposta das empresas à revolução dos acionistas. Rio de Janeiro: Qualitymark, 2004.

MARTINS, E. *Avaliação de empresas*. São Paulo: Atlas, 2001.

McKINSEY & CIA. *Valuation*: measuring and managing the value of companies. 4. ed. New Jersey: John Wiley, 2005.

MORIN, R.; JARREL, S. *Driving shareholder value*: value-building techniques for creating shareholder wealth. New York: McGraw-Hill, 2001.

RAPPAPORT, A. *Gerando valor para o acionista*. São Paulo: Atlas, 2001.

SANTOS, A. *Demonstração do valor adicionado*. São Paulo: Atlas, 2003.

SCHMIDT, P.; SANTOS, J. L. *Fundamentos de avaliação de empresas*. São Paulo: Atlas, 2005.

STEWART III, G. Bennett. *Em busca do valor*. Porto Alegre: Bookman, 2005.

VIEIRA, Marcos Villela. *Administração estratégica do capital de giro*. São Paulo: Atlas, 2005.

YOUNG, S. D.; O'BYRN, S. F. *EVA e gestão baseada em valor*. Porto Alegre: Bookman, 2003.

7

Gestão Tributária do Capital de Giro

Objetivos do capítulo

Permitir ao leitor compreender:

- Como funcionam atualmente os tributos e encargos no Brasil.
- Como os montantes de tributos impactam o capital de giro.
- Como o planejamento tributário pode afetar o capital de giro.

7.1 Introdução

Vamos tratar neste capítulo a questão dos tributos e encargos, como eles funcionam atualmente no Brasil e como impactam o capital de giro das empresas.

É uma questão de fundamental importância na gestão do capital de giro, uma vez que os tributos representam grande parcela dos custos das empresas. Segundo os levantamentos anuais da revista *Exame Melhores e Maiores*, por volta de 50% do valor adicionado[1] das empresas é destinado ao governo. Do ponto de vista da economia como um todo, a carga tributária do Brasil tem ficado em torno de 32% do Produto Interno Bruto.

Como se pode ver, o aspecto tributário não pode deixar de ser considerado nas decisões relativas ao capital de giro e ao planejamento financeiro como um todo.

Como veremos adiante, os montantes de tributos a pagar e a recuperar que compõem o capital de giro possuem características peculiares, que dependem da forma como são apurados. Cada conjunto de tributos possui regras particulares, que fazem com que haja diferenças no momento do reconhecimento de ativos e passivos e na mensuração de seus montantes, afetando a gestão do capital de giro.

Primeiramente, vamos tratar dos principais tributos cobrados das empresas no Brasil, de acordo com as regras vigentes em 2013, nas seguintes categorias:

- tributos sobre receitas;
- tributos sobre o valor agregado;
- tributos sobre o trabalho;
- tributos sobre o lucro;
- tributos sobre investimentos.

Entretanto, é importante salientar que a legislação tributária brasileira é alterada com muita frequência e por causa disso as regras aqui apresentadas devem ser entendidas como meramente ilustrativas, uma vez que é possível que a legislação já tenha se alterado no momento em que o leitor esteja estudando. Além disso, apresentamos aqui apenas as regras mais relevantes, mas é importante que o leitor perceba que a legisla-

---

[1] Valor Adicionado é o quanto a empresa adicionou de valor dentro de sua cadeia produtiva – é calculado pela diferença entre as receitas obtidas com os clientes e os gastos realizados com fornecedores.

ção tributária brasileira é extremamente complexa e detalhada.

Há também outras categorias de tributos que não estão sendo tratadas aqui, como os tributos sobre patrimônio (por exemplo: IPTU, IPVA, ITR) e sobre intervenção no domínio econômico (CIDE) e sobre comércio exterior (Imposto sobre Importação e Exportação), mas que podem ser relevantes para determinados segmentos de atividades. Também não é o objetivo deste capítulo tratar dos vários aspectos que cercam a tributação, como guerra fiscal, obrigações acessórias, custos de conformidade etc., pois o foco é a discussão sobre o impacto dos tributos no capital de giro.

Também estamos considerando as regras de contabilização dos tributos de acordo com as normas do Comitê de Pronunciamentos Contábeis (CPC), baseadas nas normas internacionais de contabilidade (*International Financial Reporting Standards* – IFRS). As normas IFRS são voltadas para a divulgação financeira a investidores e credores e possuem padrões diferentes das regras tributárias, já que os mecanismos contábeis de proteção dos interesses dos investidores e credores são diferentes dos mecanismos de proteção do fisco. Por exemplo, as normas IFRS preveem o mecanismo de *impairment*, que é o reconhecimento de perdas por desvalorização de ativos em relação ao custo amortizado em função de algum evento adverso, para que o lucro divulgado não seja superestimado, levando o investidor ao erro. Como essa perda demanda estimativas, o fisco não pode aceitar a sua dedução do imposto de renda até que ela efetivamente seja realizada, para evitar manipulação da informação e prejuízo à arrecadação tributária.

Posteriormente, vamos analisar os impactos desses tributos sobre a gestão do capital de giro.

7.2 Regimes de tributação

O Governo Federal brasileiro prevê em sua legislação diferentes modalidades de tributação das empresas. Elas foram criadas para atender a diferentes tamanhos e atividades das empresas – empresas menores possuem tratamento mais simplificado de tributação (não necessariamente são menos tributadas, dependendo da situação). Para micro e pequenas empresas existe a opção do Simples, que agrega diversos tributos em sua composição. Além do Simples, existe também a opção do Lucro Presumido. Para aquelas que não podem fazer a opção por essas duas modalidades, como empresas maiores, há a opção do Lucro Real.

A opção pelo Simples pode ser feita apenas por micro e pequenas empresas, o que é definido como um faturamento anual de até R$ 3.600.000. Entretanto, não são todas as atividades econômicas que podem fazer essa opção. Nesse regime de tributação, a empresa paga um conjunto de tributos, incluindo ICMS (estadual) e ISS (municipal) dependendo da atividade. São definidas alíquotas diferentes de acordo com a atividade e o nível de faturamento, que incidem sobre o faturamento da empresa.

A opção pelo Lucro Presumido pode ser feita por empresas com receita até R$ 48 milhões por ano, inclusive pelas micro e pequenas empresas. Nessa modalidade, os tributos federais são calculados com base na receita de vendas em sua maior parte, mas existe um conjunto de regras específico para cada tributo. Os tributos estaduais e municipais são apurados de acordo com regras próprias.

A opção pelo Lucro Real pode ser feita por qualquer empresa, de qualquer tamanho e atividade. Nesse regime de tributação, os tributos federais (que têm os mesmos nomes dos tributos incidentes no Lucro Presumido) são geralmente calculados com base no valor agregado e no lucro das empresas. Os tributos estaduais e municipais são apurados de acordo com as regras de cada Estado e Município.

Perceba que, dependendo da atividade e do tamanho da empresa, é possível fazer uma escolha entre os diferentes regimes de tributação. Isso faz parte das estratégias de planejamento tributário. Pode ser mais econômico para uma pequena empresa, por exemplo, optar pelo Lucro Real, pois ela não precisa ficar presa ao regime do Simples.

A seguir, tratamos dos tributos dentro de uma classificação econômica e que também serve para compreender melhor o impacto da sua forma de incidência sobre o capital de giro.

7.3 Tributos sobre a receita

Alguns tributos têm como base de cálculo a receita das empresas. São eles: Imposto de Renda (IR), Contribuição Social (CSL), Contribuição Social para Financiamento da Seguridade (COFINS) e Contribuição ao Programa de Integração Social (PIS) sobre Lucro Presumido e Arbitrado, Imposto sobre Serviços (ISS) e Sistema Integrado de Pagamento de Impostos e Contribuições de Microempresas e Empresas de Pequeno Porte (SIMPLES). Perceba que essa classificação segue a base econômica de tributação, pois a princípio o Imposto de Renda, por exemplo, incide sobre a renda e não sobre a receita de acordo com a legislação geral, mas como o lucro presumido é um percentual da receita, há uma relação direta entre o valor do tributo e o montante da receita.

O principal problema desse tipo de tributo é a sua característica de cumulatividade: incidindo sobre a receita, os tributos vão se acumulando dentro da cadeia produtiva, incorporando-se ao preço do produto, pois a empresa que compra de seu fornecedor não pode aproveitar o que já foi pago de imposto e sobre o preço que vai vender haverá nova incidência do mesmo tributo.

Como esses tributos incidem apenas sobre a receita, sem a possibilidade de aproveitamento de créditos sobre as compras, há apenas o reconhecimento de passivos tributários dentro do capital de giro. Com isso, sua gestão é mais simplificada, atendo-se a montantes e prazos.

A seguir, apresentamos os detalhes da apuração dos principais tributos incidentes sobre a Receita.

7.3.1 Imposto de Renda e Contribuição Social sobre o Lucro Presumido

O IR e a CSL são tributos federais e incidem sobre o lucro gerado pelas empresas. IR e a CSL podem ser considerados tributos sobre a receita apenas quando calculados pelo lucro presumido. Neste, o fisco estabelece percentuais sobre o faturamento, cujo valor resultante se presume ser o que podemos considerar "lucro operacional", que são os seguintes:

- 8% sobre a receita de vendas de mercadorias e produtos;
- 1,6% sobre a receita de revenda de combustíveis;
- 32% sobre a receita de serviços em geral;
- 16% sobre a receita de prestação de serviços de transporte (exceto cargas) e prestadoras de serviços com receita bruta anual não superior a R$ 120.000.

Além desses percentuais, a base de cálculo do imposto inclui outras receitas e ganhos:

- ganhos de capital, demais receitas e resultados positivos;
- rendimentos de operações de mútuo;
- ganhos em operações de *hedge*;
- receita de locação de imóvel;
- variações monetárias ativas;
- receita financeira, quando não tributada na fonte.

Sobre essa base de cálculo é aplicada a alíquota de 15% de IR. Sobre a parcela da base de cálculo que exceder o valor de R$ 60.000,00 no trimestre é aplicada a alíquota de 10% de adicional de IR.

No caso da Contribuição Social sobre o Lucro Presumido, a sistemática é a mesma do IR, à exceção dos percentuais de presunção do lucro e da alíquota. O percentual sobre as receitas de vendas é de 12% e sobre o seu valor resultante são somados os mesmos valores que no IR para compor a base de cálculo. Para prestadores de serviços em geral, o percentual de presunção é de 32%. Sobre essa base é aplicada a alíquota de 9%.

Assim, supondo uma empresa comercial com um faturamento em um determinado trimestre de R$ 1.000.000, seu lucro presumido para fins de IR será de R$ 80.000 ($ 1.000.000 × 8% de presunção), devendo pagar R$ 12.000 ($ 80.000 × alíquota de 15%) de IR mais R$ 2.000 de Adicional de IR ((([$ 80.000] − [$ 60.000]) × alíquota de 10% = $ 2.000). Sobre o mesmo faturamento, a base de cálculo da CSL será de R$ 120.000 ($ 1.000.000 × presunção de 12%), com uma CSL devida de R$ 10.800 ($ 120.000 × alíquota de 9%).

7.3.2 PIS e COFINS

O PIS e a COFINS para empresas que optaram pela tributação do IR pelo Lucro Presumido são tributos federais e ambos incidem sobre a mesma base de cálculo, que é a receita bruta. A legislação define que a receita bruta de vendas e serviços compreende o produto da venda de bens nas operações de conta própria, o preço do serviço prestado e o resultado auferido nas operações de conta alheia. Para empresas que optaram pela tributação pelo Lucro Real, a incidência ocorre sobre o valor agregado.

A alíquota do PIS é de 0,65% e a da COFINS é de 3% sobre a receita bruta, como regra geral, mas há exceções para alguns ramos de atividade. A apuração e pagamento desses tributos é mensal.

Assim, supondo uma empresa com um faturamento de $ 300.000 em um determinado mês, ela deve recolher PIS de R$ 1.950 ($ 300.000 × alíquota de 0,65%) e COFINS de R$ 9.000 ($ 300.000 × alíquota de 3%).

7.3.3 ISS

O ISS é de competência dos Municípios e do Distrito Federal e incide sobre o valor de determinadas prestações de serviços, listadas na Lei Complementar nº 116/2003. Regra geral, o ISS é devido no local do estabelecimento prestador, mas há uma série de serviços em que o imposto é devido no local da realização do serviço. Cada Município estabelece as alíquotas para cada serviço e as regras de cobrança. A alíquota mínima é de 2% e a máxima é de 5% sobre o preço do serviço. A apuração e pagamento do ISS é mensal.

Se uma determinada empresa presta serviços de manutenção, por exemplo, que são tributados a 5% de ISS, e faturou R$ 50.000 em um mês, ela deve ao município em que está localizada o montante de R$ 2.500 ($ 50.000 × alíquota de 5%), além dos tributos federais a que estiver sujeita.

7.3.4 SIMPLES

O SIMPLES é um tributo voltado para as micro e pequenas empresas, que devem ter tratamento tributário favorecido segundo a Constituição Federal. O SIMPLES substitui o IR, a CSL, o PIS, a COFINS, a contribuição patronal previdenciária e o IPI, além do ICMS estadual e o ISS municipal.

Microempresa (ME) é considerada aquela que fatura até R$ 360.000 por ano. A Empresa de Pequeno Porte (EPP) é aquela que fatura mais de R$ 360.000 e menos de R$ 3.600.000. Além disso, a empresa deve atender às diversas restrições existentes para se enquadrar como ME ou EPP.

As alíquotas variam de 4% a 11,61% para empresas comerciais, dependendo da faixa de receita bruta acumulada nos últimos 12 meses. Outras atividades possuem alíquotas e formas de cálculo diferentes, que podem ser consultadas em: <http://www8.receita.fazenda.gov.br/SIMPLESNACIONAL/Default.aspx>.

Digamos que uma ME do ramo de comércio tenha faturado um total de R$ 200.000 nos últimos 12 meses e neste mês tenha faturado R$ 20.000. De acordo com a tabela, a alíquota aplicável é de 5,47%. Com isso, o valor devido de SIMPLES para este mês é de R$ 1.094.

7.4 Tributos sobre valor agregado

Os tributos sobre valor agregado incidem sobre o que foi adicionado de valor pela empresa dentro de sua cadeia produtiva. Uma empresa industrial, por exemplo, que adquire insumos e matéria-prima de seus fornecedores está agregando valor a esses materiais com o seu processo produtivo, vendendo-os por um valor maior que o adquirido. É sobre esse valor a maior que incidem estes tributos, como no exemplo a seguir.

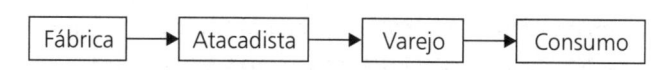

Fábrica → Atacadista → Varejo → Consumo

	Comprou por	Vendeu por	Agregou	Tributo 18%
Fábrica	0	100	100	18
Atacadista	100	250	150	27
Varejo	250	450	200	36
Total do tributo arrecadado = 18% de 450 =				81

Como incidem sobre o valor agregado em cada etapa da cadeia produtiva, esses tributos são considerados não cumulativos, uma vez que o comprador pode aproveitar os tributos pagos por quem lhe vendeu. Por outro lado, eles são considerados tributos regressivos, uma vez que consumidores com maior renda pagam relativamente menos imposto (em relação à sua renda) que consumidores de menor renda, pelo fato de o tributo representar um percentual do preço final do produto, e não da renda do consumidor.

O tributo é calculado sobre o valor dos produtos vendidos pela empresa, mas, ao contrário dos tributos sobre a receita, é possível creditar do imposto pago pelos fornecedores nos produtos adquiridos pela empresa. Assim, se um fornecedor vende uma matéria-prima por $ 100, ele terá um débito de imposto de $ 18, supondo uma alíquota de 18%. A empresa que adquire essa matéria-prima terá o crédito dos $ 18, que poderá ser aproveitado quando for pagar o tributo incidente sobre a venda. Supondo que ela venda o seu produto por $ 150, terá um débito de imposto de $ 27 (18% de $ 150). Aproveitando o crédito de $ 18, ela terá que recolher aos cofres públicos $ 9, que é a diferença entre débitos e créditos. Isso também corresponde a 18% de $ 50, que é o valor agregado pela empresa nessa cadeia produtiva.

Em geral, a empresa possui o direito ao crédito de impostos no momento em que adquire a mercadoria. Isso lhe gera um ativo. O débito sobre a mercadoria vendida ou colocada em circulação gera um passivo. O ativo e o passivo do tributo sobre o valor agregado podem ser compensados entre si, gerando normalmente um passivo líquido referente ao tributo a ser recolhido. Entretanto, é possível que a empresa tenha temporariamente (ou até sistematicamente, dependendo das operações) mais créditos de imposto do que débitos, por exemplo, quando adquire mercadorias para estocar para as vendas de Natal. Nessa situação, a empresa poderá apresentar um ativo decorrente desses créditos líquidos ao final de um período.

Essa sistemática de tributação traz impactos para a administração do capital de giro. Os níveis de liquidez são influenciados pelos movimentos de compra e venda da empresa, que nem sempre são estáveis ou perfeitamente correlacionados ao longo do tempo. É preciso gerenciar os níveis de créditos de tributos, que demandam fonte de financiamento, e os níveis de passivos tributários.

Os tributos sobre valor agregado são: Imposto sobre Circulação de Mercadorias e Serviços (ICMS) e Imposto sobre Produtos Industrializados (IPI) para optantes do Lucro Presumido e do Lucro Real, e Contribuição Social para Financiamento da Seguridade (COFINS) e Contribuição ao Programa de Integração Social (PIS) sobre empresas optantes do Lucro Real.

7.4.1 ICMS

O ICMS é um imposto que incide sobre o valor agregado de mercadorias e de determinados serviços (telecomunicações, por exemplo, que não são tributados pelo ISS) e é de competência dos Estados da Federação e Distrito Federal. Cada Estado tem poder de estabelecer as regras de cobrança do tributo, mas obedece a certas regras contidas no Código Tributário Nacional e outras normas federativas, que valem para todos os Estados.

No Estado de São Paulo, a alíquota genérica é de 18%, incidindo sobre a maioria dos produtos, de 7% para gêneros alimentícios essenciais e 25% sobre serviços de comunicação, mas outros Estados podem ter alíquotas diferentes.

Em geral, o ICMS está embutido no preço do produto. Se a empresa adquire um produto por $ 100, há $ 18 (supondo alíquota de 18%) do tributo nesse preço, a ser aproveitado como crédito de ICMS, e $ 82 a ser contabilizado como estoque. Se revendê-lo por $ 150, haverá $ 27 de débito de ICMS e $ 123 a serem reconhecidos como receita da empresa.

O período de apuração do ICMS é mensal.

7.4.2 IPI

O IPI é de competência da União e também é um tributo sobre valor agregado. Incide sobre produtos saídos de estabelecimento industrial ou equiparado a industrial, além de produtos importados. Ele tem alíquotas seletivas, com menor tributação sobre produtos mais essenciais.

A sistemática de cálculo é a mesma do ICMS, com débitos e créditos, mas apenas estabelecimentos industriais e equiparados têm direito a crédito de IPI e o dever do débito de IPI sobre produtos industrializados. Se uma empresa comercial adquirir produtos de uma indústria, ela não pode se creditar de IPI, pois também não terá débitos de IPI na revenda do produto.

O IPI incide sobre o preço do produto, mas o valor do débito do imposto é acrescido ao valor do produto, ao contrário do ICMS. Por exemplo, se o preço de um produto é $ 100 e a alíquota de IPI é de 10%, o cliente irá pagar $ 110 pelo produto. No mesmo exemplo, o ICMS de 18% incidirá sobre os $ 100, sobre o qual se destacarão então $ 18, já estando nele embutidos. No final das contas, os dois são sobre o valor agregado; o que muda é apenas a forma de cálculo.

O período de apuração do IPI é quinzenal.

7.4.3 PIS e COFINS

O PIS e a COFINS, para as empresas que optam pela tributação do IR pelo Lucro Real, incidem também sobre o valor agregado, embora em bases ligeiramente diferentes das de IPI e ICMS.

PIS e COFINS possuem bases de incidência idênticas entre si. O débito dos tributos é calculado sobre o total das receitas mensais, seja decorrente de venda de produto ou de serviço. No crédito do tributo, o cálculo é efetuado sobre bens e serviços adquiridos, energia elétrica, aluguéis, despesas financeiras e despesa de depreciação.

O PIS tem alíquota de 1,65% e a COFINS, de 7,6% para optantes do Lucro Real.

7.5 Tributos sobre o lucro

Para as empresas, os tributos incidentes sobre o lucro são o Imposto de Renda Pessoa Jurídica (IR) e a Contribuição Social sobre o Lucro (CSL) para as empresas optantes pela tributação na modalidade Lucro Real.

Na tributaçao do lucro das empresas, entende-se que são onerados os seus proprietários, já que são eles os beneficiários do lucro. Entretanto, é importante destacar que o Lucro Real é o lucro tributável, definido de acordo com regras contábeis para fins de proteção do interesse do governo, e que pode ser diferente do lucro medido de acordo com critérios contábeis para fins de divulgação aos acionistas e de distribuição de dividendos. Por exemplo, digamos que a empresa tenha cometido um dano ambiental e que considera provável que tenha que pagar multas e indenizações no futuro. Para fins de divulgação, é importante que os acionistas saibam do incidente e que já vejam que o seu lucro fica menor em função disso. Assim, é reconhecida uma despesa, reduzindo o lucro que pode ser distribuído aos acionistas, e uma provisão no passivo. Entretanto, não é interessante para o fisco que essa despesa seja reconhecida também para fins de cálculo do lucro tributável neste momento, pois ainda existem incertezas relacionadas à medida utilizada e ao julgamento das outras partes envolvidas e que poderiam reduzir indevidamente o lucro tributável. Com isso, a regra tributária posterga o reconhecimento da despesa para o momento em que ela é paga. Essas diferenças de critérios contábeis podem provocar diferenças na mensuração dos lucros para investidores e para o fisco.

Para fins de gestão do capital de giro, os tributos sobre o lucro possuem algumas peculiaridades. Dependendo da forma de apuração, além dos passivos de curto prazo reconhecidos em função dos tributos devidos, é possível que haja o reconhecimento de ativos em função de adiantamentos de tributos ao longo do ano e créditos por retenções de imposto na fonte pagadora. De acordo com as normas internacionais de contabilidade, adotadas pelo Brasil, os tributos diferidos (postergados) em função das diferenças entre critérios contábeis para fins de divulgação e de tributação são classificados no ativo e no passivo de longo prazo, mas é possível que eles possam ser recuperados ou pagos no curto prazo.

7.5.1 IR e CSL

Na opção pelo Lucro Real, a tributação incide sobre o lucro apurado contabilmente ajustado pelas adições, exclusões ou compensações prescritas ou autorizadas pela legislação tributária. As adições são ajustes de despesas que o fisco considera como indedutíveis, além de outros itens que reduziram o lucro contábil, mas que a legislação não permite que sejam deduzidos. Assim, essas despesas devem ser adicionadas ao lucro tributável. As exclusões são itens que não foram considerados no lucro contábil, mas que devem ser reduzidos do lucro real, basicamente por incentivos fiscais. As compensações são ajustes em função de prejuízos anteriores. A legislação atual só permite a compensação de prejuízos até o limite de 30% do lucro real do período. Há ainda os chamados ajustes de reversão, que consistem em ajustes decorrentes da conciliação entre os resultados obtidos pela adoção das normas contábeis internacionais por parte do Brasil e as regras contábeis definidas pela legislação tributária brasileira.

Existem duas formas de apuração do Imposto de Renda pelo lucro real: a apuração trimestral e a anual. Pela apuração trimestral, o imposto é calculado sobre o lucro tributável do trimestre, apurado contabilmente e pago em quota única no mês seguinte ao trimestre ou em três cotas mensais, com acréscimos. Pela apuração anual, a empresa deve calcular o lucro tributável ocorrido durante o ano. Porém, mensalmente a empresa deve fazer adiantamentos desse imposto, por meio do cálculo de uma estimativa de lucro, cuja base de cálculo é a mesma do lucro presumido. Entretanto, para que não se pague mais imposto que o devido, a empresa pode suspender o pagamento durante o ano caso o valor já pago seja maior que o devido. Isso é feito por meio do levantamento de balancetes mensais. Se a estimativa for menor que o lucro apurado contabilmente, a diferença a maior é devida. Na prática, poucas empresas optam pelo lucro real trimestral, uma vez que só se podem compensar 30% do lucro do trimestre com prejuízos anteriores, ao passo que pelo anual essa compensação toma por base o lucro de todo o ano. Assim, prejuízos intermediários durante o ano acabam podendo ser compensados em sua totalidade.

As alíquotas são: IR de 15%, mais adicional de 10% sobre o que ultrapassar R$ 20.000 por mês (ou $ 60.000 no trimestre) e 9% de contribuição social. A base de cálculo da CSL é praticamente a mesma do IR.

7.6 Tributos sobre investimentos e passivos financeiros

Os investimentos em aplicações financeiras também são taxados, reduzindo o retorno da aplicação.

A receita financeira, tanto pelo lucro real como pelo presumido, é somada à base de cálculo do IR e da CSL, sendo tributados, portanto, à mesma alíquota. As aplicações em títulos de renda fixa ou variável (com exceção dos fundos e clubes de investimentos em ações, dos títulos de capitalização e dos ganhos líquidos auferidos em operações realizadas em bolsas de valores, de mercadorias e de futuros) têm Imposto de Renda Retido na Fonte pagadora dos rendimentos (IRRF), a alíquotas que vão de 15% a 22,5%, dependendo do prazo de aplicação. As exceções a esta regra são tributadas a 15% ou 20%, dependendo da operação. Nesse caso, o IRRF é apenas um adiantamento, podendo ser descontado do IR a pagar. Como o IRRF representa um adiantamento de imposto ao governo, esses créditos permanecem no ativo circulante até que sejam deduzidos do cálculo do IR devido, sem atualização monetária ou juros, e devendo ser financiado por alguma fonte de recursos.

O Imposto sobre Operações Financeiras (IOF) incide sobre o rendimento de título de renda fixa à alíquota máxima de 1,5% ao dia e penaliza aplicações de curtíssimo prazo. A alíquota pode ser zero, dependendo do tipo de título. Para operações até 30 dias aplica-se a seguinte tabela, com a incidência do imposto sobre um percentual decrescente do rendimento de acordo com o número de dias aplicados:

Parcela do rendimento que incide IOF em 30 dias

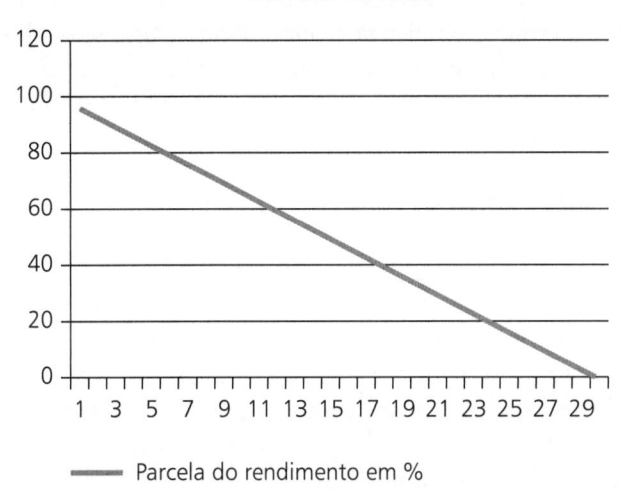

[Gráfico: Parcela do rendimento em %, decrescendo de aproximadamente 95% no dia 1 até 0% no dia 30, eixo x de 1 a 29 dias, eixo y de 0 a 120]

Sobre os passivos financeiros, há também a incidência de IOF sobre o saldo devedor de 0,0041% ao dia corrido ou 0,00137% ao dia corrido para Pessoas Jurídicas optantes pelo Simples Nacional, em operações iguais ou inferiores a R$ 30.000,00. Para empréstimos acima de 12 meses, a alíquota é de 15%. Há também a alíquota adicional, que incide no pagamento da dívida independentemente do prazo da operação contratada, à alíquota de 0,38%.

7.7 Tributos sobre o trabalho e encargos

No Brasil, a legislação trabalhista e tributária estabelece uma série de direitos aos empregados e regras a serem cumpridas pelos empregadores. Esses tributos e encargos acabam por afetar os custos e o capital de giro das empresas. Vamos tratar da Contribuição ao INSS, do IRRF, do Fundo de Garantia do Tempo de Serviço (FGTS) e dos encargos trabalhistas.

7.7.1 INSS

A Contribuição ao INSS pode ser separada em duas partes: a do empregado e a do empregador.

O empregado deve contribuir ao INSS de acordo com uma tabela progressiva com alíquotas que vão de 8 a 11%, dependendo da faixa de remuneração.

Esses percentuais são descontados dos salários pelos empregadores, que têm de repassá-los ao INSS. Essa contribuição serve para o financiamento da seguridade dos empregados. Além disso, também é descontado o IRRF, de acordo com uma tabela progressiva, com uma faixa de renda isenta e outras tributadas com alíquotas que vão de 7,5% a 27,5%.

A parte do empregador do INSS é constituída pelos seguintes itens:

- FPAS (Fundo de Previdência e Assistência Social) sobre remuneração paga, devida ou creditada – de acordo com a tabela de códigos FPAS:
    - empresas em geral = 20%;
    - instituições financeiras = 22,5%;
    - transportador rodoviário autônomo = 15%;
    - produtor rural pessoa física = 2%;
    - etc.
- RAT – Riscos Ambientais do Trabalho – decorre dos riscos do trabalho: exposição do trabalhador a agentes nocivos à saúde e/ou à integridade física. Tem alíquota variável de função do grau de risco de trabalho: varia de 1% a 3%, ajustada pelo Fator Acidentário de Prevenção (FAP), que podem reduzir as alíquotas do RAT em até 50% ou majoradas em até 100% em razão do desempenho da empresa em relação à sua respectiva atividade;
- Contribuições aos Sistemas: contribuições variáveis de acordo com a tabela auxiliar do INSS. Dependendo da atividade da empresa, os percentuais aplicáveis são:
    - SEBRAE (Serviço Brasileiro de Apoio às Micro e Pequenas Empresas) – 0,6%;
    - SENAC/SENAI (Serviço Nacional de Aprendizagem Comercial/Industrial) – 1,0%;
    - SESC/SESI (Serviço Social do Comércio e Indústria) – 1,5%;
    - INCRA (Instituto Nacional de Colonização e Reforma Agrária) – 0,2% ou 2,7%;
    - Salário-Educação – 2,5%.

7.8 FGTS

O FGTS é um fundo que serve como uma espécie de reserva para o empregado em situações como quando é demitido sem justa causa, para aquisição de casa própria ou quando se aposenta. Esse encargo (que não pode ser considerado tributo) é uma despesa para o empregador e é calculado sobre o valor dos salários à alíquota de 8%, que é depositado em uma conta do empregado no Fundo, administrado pela Caixa Econômica Federal.

7.9 Outros encargos

Além de uma série de outros benefícios menores estabelecidos em lei, como as horas extras com acréscimos e os adicionais noturnos e de insalubridade, a lei estabelece que devem ser pagos aos empregados o 13º salário e as férias remuneradas.

O 13º salário é o equivalente a um salário mensal adicional pago normalmente em novembro e dezembro.

Todo empregado tem direito a um mês de férias remuneradas, com adicional de 1/3 do salário, pagas de acordo com o gozo das férias de cada empregado.

7.10 Impacto dos tributos no capital de giro líquido

De maneira geral, o impacto sobre o Capital de Giro Líquido (CGL) é semelhante ao de outros custos e despesas operacionais, mas há certas peculiaridades, de acordo com o funcionamento de cada tributo. Primeiramente, é necessário entender como os custos e despesas impactam o CGL.

Custos e despesas são aplicações de recursos do capital de giro líquido, uma vez que reduzem o lucro, que é uma origem de recursos, das próprias operações. O que isso significa? Imagine que a empresa da Dona Maria realizou uma venda a vista. Houve uma entrada de dinheiro, aumentando o Ativo Circulante sem redução no Passivo Circulante. Por outro lado, houve uma redução no estoque, que representa um custo, provocando uma redução no CGL. Os tributos referentes a essa venda também são custos, que irão aumentar o Passivo Circulante e depois reduzir o Ativo Circulante quando forem pagos, reduzindo de qualquer maneira o CGL.

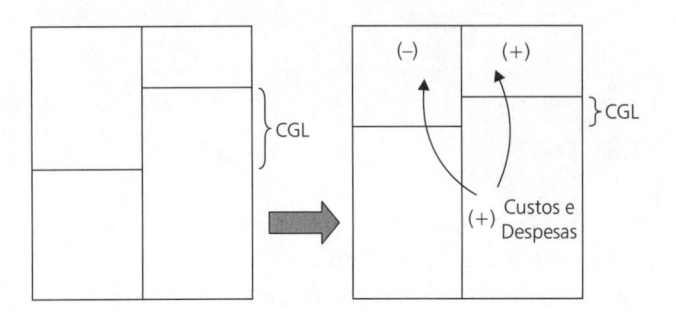

7.10.1 Impacto no passivo circulante

Tributos a Pagar

Enquanto a empresa mantém operações, há tributos a pagar. De modo geral, o valor dos tributos acompanha o volume de operações, devido às características dos tributos que incidem sobre as operações das empresas: receitas, valor agregado e lucro. À medida que as operações vão se realizando, os tributos devidos vão se acumulando no Passivo Circulante.

Classificação dos Passivos Tributários

Os passivos tributários são operacionais (cíclicos), desde que pagos até a data do vencimento, uma vez que se renovam com o andamento das operações.

O tributo em atraso deixa de ser operacional (cíclico), porque não se renova com a continuidade das operações. Ele passa a ser um passivo financeiro, com a incidência de multas e juros.

Custo do Passivo Tributário

Uma das características mais interessantes dos passivos tributários é que eles têm custo financeiro zero, pois o governo não cobra juros sobre o passivo. É diferente dos passivos onerosos, como os empréstimos bancários ou mesmo de outros passivos de funcionamento, como fornecedores, que têm juros embutidos em seus valores em função do prazo de pagamento.

Impacto dos Volumes

No caso de tributos sobre a receita, há um alto grau de correlação entre o volume de operações e o valor desses tributos a pagar, no passivo operacional. Isso significa que empresas que têm alto giro e baixa margem tendem a "sofrer" mais com o impacto desses tributos do que as que têm altas margens, uma vez que o capital de giro líquido tende a ser mais reduzido em função das menores origens de recursos das próprias operações afetando o CGL.

Já as empresas que têm alta margem e menor giro tendem a "sofrer" mais com os tributos sobre valor agregado.

Tendo margem ou giro, mas obtendo lucros, naturalmente haverá a incidência de tributos sobre a venda. Porém, como há a possibilidade de compensação de prejuízos, o volume de passivos depende dos lucros obtidos e dos prejuízos fiscais acumulados.

No caso do lucro real trimestral, pode haver um ciclo trimestral de pagamentos ou dividos em pagamentos mensais. A empresa deve decidir se paga trimestralmente ou não, dependendo do seu próprio custo de captação, uma vez que os acréscimos são os seguintes, atualmente: no primeiro mês após o trimestre, não há acréscimos; no segundo mês, 1% de juros e no terceiro há mais taxa Selic.

No lucro real anual, durante o ano há um ciclo mensal de pagamentos, que depende basicamente do volume de faturamento. Ao longo do ano, acumula-se IR a pagar da diferença a maior em relação ao pago mensalmente. Esse passivo tem custo zero.

Em situações de prejuízo, não há imposto devido: reduz-se o custo, mas também o passivo operacional, aumentando a NCG. Nesse momento, pode ser reconhecido um ativo de longo prazo referente a impostos a serem compensados com o devido por lucros futuros, chamado de IR Diferido.

No caso dos tributos sobre o trabalho, vão se acumulando passivos referentes ao tributo e encargos por parte do empregador dia após dia de trabalho dos empregados, uma vez que o empregado adquire tais direitos à medida que vai trabalhando.

O Problema dos Passivos de Ciclo Anual

O impacto de INSS, FGTS e de tudo o que compõe os salários, sobre o CGL, é semelhante ao de outros tributos, mas com 13º salário e com as férias é um pouco diferente, em função do prazo de pagamento. O empregado adquire o direito de receber o 13º salário à medida que vai trabalhando, mas só o recebe no final do ano. Com isso, vão se acumulando passivos operacionais ao longo do ano, que precisam ser pagos no final. Aí está o problema para algumas empresas: elas não constituem fundos de reserva para esse pagamento futuro e acaba faltando dinheiro no final do ano. Isso acontece porque a empresa acaba investindo o dinheiro que deveria estar voltado a essa finalidade em outros ativos, não apenas em imobilizado, mas também em contas a receber (por meio de aumento nos prazos de recebimento) e estoques, ou no pagamento de outros passivos.

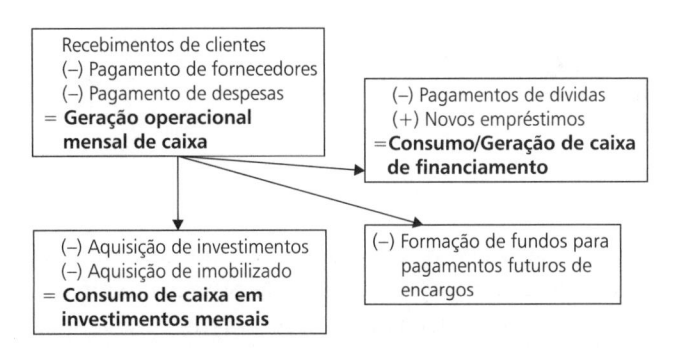

Ao investir nesses ativos, imobilizados e cíclicos, fica mais difícil transformá-los em dinheiro quando necessário. Muitas vezes por falta de planejamento, as empresas acabam se esquecendo de computar esse custo mensalmente e acabam investindo além do que são capazes ou amortizando outros passivos.

O ideal é que a empresa tenha um controle dos lucros mensais, considerando as despesas com esses encargos, e das gerações operacionais de caixa, para que possa balancear os investimentos em ativos que têm caráter cíclico ou permanente a partir dos lucros, com os pagamentos de financiamentos e a formação de fundos para o pagamento futuro de encargos.

7.10.2 Impacto no ativo circulante

Tributos a Recuperar

As contas de tributos a recuperar surgem quando o tributo possui mecanismo de créditos, como é o caso dos tributos sobre o valor agregado. Além disso, essas contas só aparecem nas demonstrações contábeis quando os créditos no final do período são maiores que os débitos.

Isso acontece em situações de sazonalidade, em função de atividades incentivadas fiscalmente, como exportações, e de prejuízos. No caso de sazonalidade, é importante estar atento a esses ativos, já que eles são financiados por alguma fonte de recursos, mas não são remunerados por nenhuma taxa de juros ou atualizados monetariamente.

Retenção na Fonte

Um mecanismo utilizado pelo governo para antecipar o recebimento dos tributos e reduzir a evasão fiscal é a retenção na fonte pagadora dos rendimentos. Ela é uma outra forma de tributos a recuperar. Determinados tributos, como os sobre o lucro e alguns sobre o valor agregado, possuem esse mecanismo, que nada mais é do que um adiantamento do que é devido por quem recebe a receita ou rendimento. Esse adiantamento é recolhido aos cofres públicos por quem está comprando o produto ou serviço, ao invés de quem está obtendo a receita. Como esse adiantamento é descontado do valor a ser pago à empresa, diz-se que houve uma retenção na fonte pagadora. Se é um adiantamento, o valor retido na fonte pode ser aproveitado para se descontar do tributo devido pelo beneficiário da receita.

No caso do IR, a retenção ocorre para rendimentos de determinados serviços profissionais prestados por pessoa jurídica a outra pessoa jurídica, mediação de negócios, propaganda e publicidade, pagamentos a cooperativas de trabalho e associações profissionais ou assemelhadas e pagamentos efetuados por órgãos públicos federais. As alíquotas variam de acordo com a atividade.

No caso de PIS, COFINS e CSL, há retenção de 4,65% nos pagamentos efetuados pela prestação de serviços de limpeza, conservação, manutenção, segurança, vigilância, transporte de valores e locação de mão de obra, pela prestação de serviços de assessoria creditícia, mercadológica, gestão de crédito, seleção e riscos, administração de contas a pagar e a receber, bem como pela remuneração de serviços profissionais.

Enquanto não são aproveitados, esses valores permanecem no ativo, sem render juros ou sofrer atualização monetária. Entretanto, como a retenção ocorre no momento da venda, a empresa é tributada ao mesmo tempo, gerando um passivo. Na maioria das situações, a retenção na fonte é uma parte do tributo devido. Sendo assim, o ativo da retenção na fonte é normalmente financiado pelo próprio tributo a pagar. Por outro lado, com a retenção na fonte, a empresa acaba perdendo a oportunidade de se financiar integralmente pelos impostos a pagar.

Demais Contas do Ativo Circulante

Em função de as vendas conterem no seu valor os tributos sobre receita e sobre valor agregado, o montante de Contas a Receber, decorrente das vendas a prazo, contém em si os referidos tributos. Disso decorre que há uma necessidade de investimento em Contas a Receber apenas em função dos tributos incidentes e que eles serão recebidos dos clientes juntamente com os pagamentos dos produtos vendidos. Por outro lado, o valor dos tributos incidentes compõe o passivo, que acaba financiando naturalmente essa parcela do Contas a Receber. O que é preciso destacar é que normalmente há um descasamento de prazo entre o contas a receber e os tributos a pagar.

7.11 Tributos diferidos

Os tributos sobre o lucro diferidos podem estar no Passivo ou no Ativo de Longo Prazo. Eles surgem em função de diferenças entre o lucro contabilizado de acordo com as normas contábeis para divulgação e o lucro mensurado para fins de tributação (diferenças temporárias) e em função de prejuízos fiscais. Há despesas e receitas que não são admitidas pela legislação no período em que são contabilizadas, mas o serão no momento em que se realizarem na forma de caixa ou que se demonstrar que efetivamente se realizaram. Exemplo: uma provisão para garantia de produtos é indedutível no momento em que é contabilizada, mas esses valores serão descontados da base de cálculo do IR no momento em que efetivamente se realizarem os consertos ou trocas aos clientes e esses gastos forem pagos.

Apesar de comporem ativos e passivos de longo prazo, é importante notar que isso decorre do que estabelece a norma contábil para divulgação dos tributos sobre o lucro diferidos, em função da dificuldade de se definir com segurança o momento em que devem se realizar os prejuízos fiscais ou as diferenças temporárias. Entretanto, é possível que a administração da empresa tenha condições para estimar com razoável segurança um prazo para essa realização e, com isso, verificar que esses ativos ou passivos irão se realizar no curto prazo, fazendo parte do capital de giro líquido de fato (e não conforme as regras contábeis).

7.11.1 Impacto no tempo

Data de Vencimento

Os tributos sempre têm uma data de vencimento. Isso faz com que, enquanto não chega a fatídica data, os custos com tributos vão se acumulando no Passivo.

Assim, os tributos a pagar têm uma característica peculiar. Como todo tributo tem data de vencimento, há o que podemos chamar de passivo "sanfona". À medida que os dias vão se passando e as operações vão se realizando, há o acúmulo dos tributos a pagar no Passivo, até a data do vencimento. Em geral, o vencimento ocorre em uma data após o período de ocorrência do fato gerador dos tributos, o que faz com que o valor acumulado entre o último dia desse período e a data do vencimento seja o valor mínimo desse passivo. O valor máximo é o acumulado desde o primeiro dia do período até a data do vencimento. Daí vem o efeito "sanfona". Ainda assim, os tributos a pagar não perdem a característica de cíclicos, uma vez que essa "sanfona" só poderá ser mais "esticada" ou mais "apertada" se houver mudanças no volume de operações ou nas datas de vencimento.

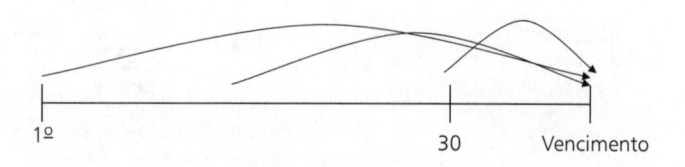

No caso dos tributos sobre a receita, o impacto temporal desses tributos depende principalmente do momento da ocorrência do faturamento. As vendas realizadas no início do mês têm seus respectivos prazos de pagamento de impostos mais alongados, uma vez que os tributos incidentes sobre essas vendas só serão pagos no vencimento. No caso de COFINS, PIS e ISS, os vencimentos irão ocorrer no mês seguinte ao da ocorrência do fato gerador. Assim, o passivo tributário irá acumulando-se do início do mês até a data de vencimento no mês seguinte. No caso de IR e CSL sobre o lucro presumido, o vencimento é no último dia do mês seguinte ao trimestre de ocorrência do fato gerador, que também pode ser pago em três parcelas mensais, com acréscimos.

Por incidirem basicamente sobre o faturamento das empresas em base competência e por terem datas de vencimento definidas, pode haver descompasso entre as datas de recebimento das vendas e do pagamento dos tributos, ou seja, é possível ter que pagar o tributo sem que ainda se tenha recebido a venda. Isso provoca um problema para efeito de capital de giro e de fluxo de caixa, em função do descasamento dos prazos.

Já no caso de tributos sobre o valor agregado, as compras efetuadas no início do período de apuração têm impostos que demoram mais para serem recuperados. Esses créditos são ativos que precisam ser financiados por algum passivo. Assim, compras mais próximas ao final do período reduzem o custo de captação, por causa do menor volume de passivos.

Do outro lado, faturamentos no início do período de apuração têm prazos de pagamento de impostos mais alongados, o que significa que vendas no final do período acabam tendo seus impostos com prazos menores, podendo até acontecer de se ter que pagar o imposto sem ainda ter recebido a venda a prazo.

Vencimentos como o do IR e da CSL, mais alongados, trazem uma folga temporária ao caixa, uma vez que durante o período de ocorrência do fato gerador não há desembolsos com esses tributos. Porém, há um risco maior de ver os fundos que seriam necessários para o pagamento desses tributos no futuro serem aplicados em outros ativos ou no pagamento de outros passivos. É necessária uma boa gestão dos passivos tributários, para que não ocorram problemas de falta de dinheiro na data do vencimento dos tributos.

Atraso no Pagamento

Como visto, o tributo em atraso deixa de ser operacional (cíclico), porque não se renova com a continuidade das operações. Ele passa a ser um passivo financeiro, incidindo multas e juros.

As multas podem até ser excluídas caso haja denúncia espontânea e decisão do Judiciário, mas isso não costuma ser muito usual. De tempos em tempos, o governo abre parcelamentos e anistias, o que pode até reduzir o valor das multas ou até mesmo dos próprios tributos.

De qualquer maneira, não é recomendável que a empresa fique esperando tais acontecimentos. Há outros custos além das multas e dos juros. O débito tributário impede a emissão de certidão negativa de débito, o que dificulta a tomada de crédito e impede a participação em licitações e alterações societárias. Além disso, pode haver penhora do faturamento pela Procuradoria da Fazenda.

Os tributos federais têm multa de 0,33% ao dia até o limite de 20%. No mês seguinte ao vencimento, é acrescido 1% de juros. Do terceiro mês em diante, é acrescida a taxa SELIC.

O ICMS em São Paulo tem a seguinte regra para o imposto em atraso:

- No dia seguinte ao vencimento
  - 5% de multa e 1% de juros
- Até o 15º dia
  - 7% de multa e 1% de juros
- Após o 16º dia
  - 10% de multa
  - 1% de juros dentro do mês
  - 2% de juros no 2º mês
- Após isso, mais taxa SELIC.

Ainda em relação a atraso no pagamento, o governo federal instituiu o bônus de adimplência fiscal, correspondente a 1% da base de cálculo da contribuição social (lucro presumido ou real), para as empresas que não estiverem com lançamento de ofício, débitos com exigibilidade suspensa, inscrição em dívida ativa, recolhimentos ou pagamentos em atraso ou falta ou atraso no cumprimento de obrigação acessória.

Cabe à empresa analisar se compensa atrasar o pagamento dos tributos, de acordo com o seu custo de oportunidade na captação de outras fontes de financiamento. O custo do passivo tributário só é zero enquanto ele está dentro do vencimento.

Assim, a inadimplência fiscal constitui-se no não pagamento das obrigações fiscais nas datas devidas. Inadimplência fiscal não se constitui em crime. No entanto, constitui-se em crime de apropriação indébita o não repasse aos órgãos públicos de valores retidos ou descontados.

7.12 Planejamento tributário

O planejamento tributário é uma prática que visa reduzir o custo com impostos, dentro da lei, por meio do estudo e da adoção de medidas que possam postergar ou mesmo reduzir o pagamento dos tributos.

Sobre o CGL, o impacto do planejamento tributário (também conhecido como elisão fiscal) ocorre com a redução do Passivo Operacional, aumentando a NCG. Porém, aumenta a capacidade de financiamento da NCG com capital próprio, uma vez que aumenta o lucro. Se o planejamento tributário levar a uma postergação do pagamento, haverá um consequente aumento do Passivo.

Há diversas formas conhecidas de planejamento tributário. A intenção aqui não é servir como referência de planejamento tributário, mas apenas citar alguns exemplos relacionados à gestão do capital de giro.

A consignação mercantil, por exemplo, é uma forma de postergação do fato gerador, uma vez que o estoque permanece em nome do fornecedor, enquanto ele não é vendido ao consumidor pela empresa revendedora. O fato gerador ocorre apenas na venda do produto ao cliente, e não na venda do fornecedor ao revendedor.

Operações de *vendor* também podem reduzir a receita bruta tributável, que é uma das principais bases de cálculo de tributos, uma vez que nessas operações a parcela de juros da venda a prazo não é faturada, ficando por conta do intermediador financeiro. Nessa mesma linha, oferecer descontos comerciais em vendas subsequentes, ao invés de descontos financeiros, também reduz a receita bruta tributável.

Há também as opções previstas em lei que podem levar a uma economia de tributos se houver planejamento prévio. É o caso da opção pelo Lucro Real e pelo Presumido. Dependendo da margem de lucro e das possibilidades de enquadramento, é possível optar pela forma mais compensadora. Outra análise que pode ser feita é em relação à distribuição de lucros – é possível analisar a melhor alternativa entre pagar pró-labore, juros sobre capital próprio ou a distribuição do lucro líquido, que tem mecanismos diferentes.

Além de tudo isso, é possível também alterar a estrutura das operações, de forma a reduzir a incidência dos impostos. É o caso da industrialização por encomenda, que pode ser na forma de serviço, e não industrialização que está sujeita ao IPI. A separação de filiais em empresas menores e a reversão de terceirização de atividades também são alternativas que podem levar a economias tributárias.

Assim, é possível ver, por meio desses poucos exemplos, que há diversas formas de planejamento tributário, perfeitamente legais. Porém, em todos os casos, o planejamento tributário não pode estar desatrelado do planejamento estratégico da empresa.

7.13 Elisão fiscal, evasão fiscal e sonegação

Esta atuação, de planejamento tributário, é denominada de elisão fiscal, que se constitui na adoção de práticas lícitas, pelo contribuinte, com o objetivo de reduzir o montante devido de imposto ou adiar o cumprimento dessa obrigação.

A sonegação, ou evasão fiscal, também tem efeito semelhante ao planejamento tributário sobre o CGL. Porém, há o risco de autuação, podendo aumentar o custo do tributo. Essa probabilidade tem sido alta nos últimos tempos, com a intensificação da fiscalização e melhor preparo técnico. A Lei nº 8.137/90 apresenta os crimes contra a ordem tributária, denominados de crimes de sonegação fiscal, a saber:

> "Art. 1º *Constitui crime contra a ordem tributária suprimir ou reduzir tributo, ou contribuição social e qualquer acessório, mediante as seguintes condutas:*
>
> *I – omitir informação, ou prestar declaração falsa às autoridades fazendárias;*
>
> *II – fraudar a fiscalização tributária, inserindo elementos inexatos, ou omitindo operação de qualquer natureza, em documento ou livro exigido pela lei fiscal;*
>
> *III – falsificar ou alterar nota fiscal, fatura, duplicata, nota de venda, ou qualquer outro documento relativo à operação tributável;*
>
> *IV – elaborar, distribuir, fornecer, emitir ou utilizar documento que saiba ou deva saber falso ou inexato;*
>
> *V – negar ou deixar de fornecer, quando obrigatório, nota fiscal ou documento equivalente, relativa a venda de mercadoria ou prestação de serviço, efetivamente realizada, ou fornecê-la em desacordo com a legislação.*
>
> *Pena – reclusão de 2 (dois) a 5 (cinco) anos, e multa.*
>
> *Parágrafo único. A falta de atendimento da exigência da autoridade, no prazo de 10 (dez) dias, que poderá ser convertido em horas em razão da maior ou menor complexidade da matéria ou da dificuldade quanto ao atendimento da exigência, caracteriza a infração prevista no inciso V.*
>
> *Art. 2º Constitui crime da mesma natureza:*
>
> *I – fazer declaração falsa ou omitir declaração sobre rendas, bens ou fatos, ou empregar outra fraude, para eximir-se, total ou parcialmente, de pagamento de tributo;*

II – deixar de recolher, no prazo legal, valor de tributo ou de contribuição social, descontado ou cobrado, na qualidade de sujeito passivo de obrigação e que deveria recolher aos cofres públicos;

III – exigir, pagar ou receber, para si ou para o contribuinte beneficiário, qualquer percentagem sobre a parcela dedutível ou deduzida de imposto ou de contribuição como incentivo fiscal;

IV – deixar de aplicar, ou aplicar em desacordo com o estatuído, incentivo fiscal ou parcelas de imposto liberadas por órgão ou entidade de desenvolvimento;

V – utilizar ou divulgar programa de processamento de dados que permita ao sujeito passivo da obrigação tributária possuir informação contábil diversa daquela que é, por lei, fornecida à Fazenda Pública.

Pena – detenção, de 6 (seis) meses a 2 (dois) anos, e multa."

Declaração falsa corresponde à prestação de informações inverídicas à autoridade fiscal, que podem ser decorrentes de deficiências no sistema de informações contábeis da organização. Fraude à fiscalização tributária constitui-se na adulteração ou falsificação de informações em documentos de ordem fiscal.

7.14 Geração de valor na tributação

Em aditamento ao discutido no capítulo sobre geração de valor na gestão do capital de giro, podemos afirmar que o objetivo da gestão tributária envolvendo o capital de giro é gerar valor ou reduzir a destruição de valor com ativos e passivos tributários.

Assim:

$$GVI = ((RAT - CMPCG) * ATR) * (1 - IR)$$

Onde:

GVI = Geração de Valor com Impostos

RAT = Retorno sobre o Ativo Tributário

CMPCG = Custo Médio Ponderado do Capital em Giro, incluindo Passivos Tributários

ATR = Ativos Tributários

IR = alíquota efetiva de IR da organização

Dessa forma, a Geração de Valor com Impostos (GVI) poderá ocorrer por:

- aumento do retorno sobre o ativo tributário. No caso de depósitos judiciais, o retorno já está estabelecido em lei. No caso de créditos tributários, o aumento do retorno está ligado ao nível de aproveitamento de tais créditos;
- redução do custo médio ponderado do capital. No caso do custo do passivo tributário, normalmente a redução poderá ocorrer pela redução de atrasos nos pagamentos ou por meio de disputas judiciais com o fisco por questionamento de encargos. No caso do custo médio ponderado de capital, a redução poderá ocorrer nas formas discutidas no capítulo de Gestão do Valor do Capital de Giro;
- caso haja *spread* tributário positivo (RAT – CMPCG), por aumento do ativo tributário.

Ilustração 7.1 – Geração de valor na tributação.

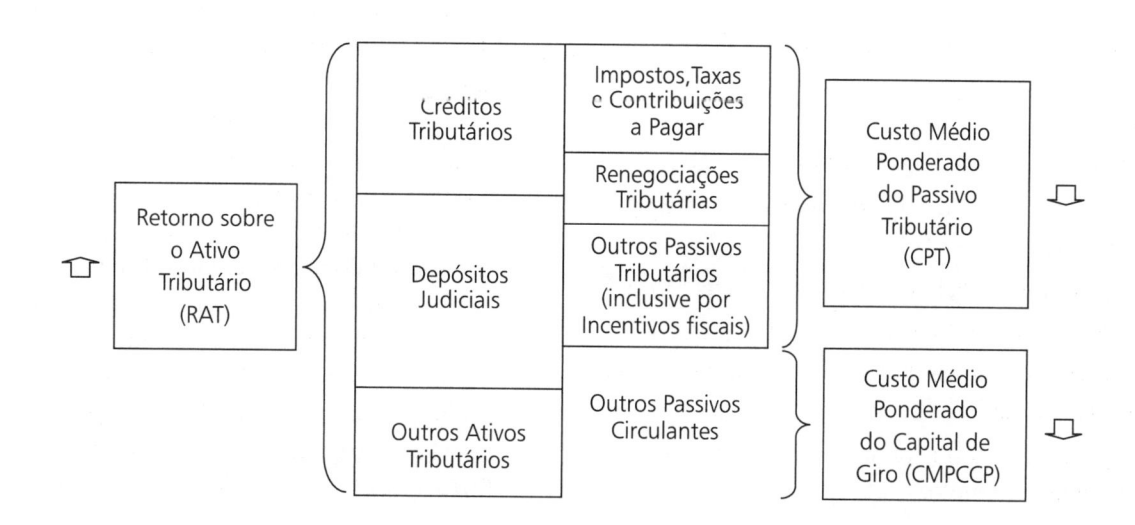

Resumo

Os tributos representam atualmente um dos principais custos das empresas e impactam diretamente o seu capital de giro.

Para analisar o impacto sobre o capital de giro líquido, os tributos foram classificados em tributos sobre receitas, sobre o valor agregado, sobre o trabalho, sobre o lucro e sobre investimentos.

De maneira geral, os tributos impactam o CGL como qualquer custo ou despesa, reduzindo-o. Porém, há características peculiares em relação aos tributos. Uma das principais é que todo tributo tem vencimento, gerando um passivo "sanfona". Além disso, os passivos tributários são operacionais e têm custo zero, enquanto estão dentro do prazo de vencimento.

Cada tipo de tributo tem um impacto diferente sobre o capital de giro, uma vez que isso depende das características de incidência de cada um, como nos tributos sobre o valor agregado, em que há a possibilidade de reconhecimento de ativos com o acúmulo de créditos tributários sobre as compras realizadas.

Questões

1. Explique por que há o efeito "sanfona" nos tributos a pagar.
2. Por que os tributos têm custo financeiro diferente dos demais passivos?
3. Caracterize os tributos sobre o faturamento e seus impactos sobre o capital de giro.
4. Demonstre que os tributos sobre o faturamento são cumulativos e discuta o seu efeito sobre os preços ao consumidor.
5. Demonstre como se fez a apuração do ICMS e do IPI, por meio de um exemplo.
6. O que acontece com o capital de giro caso a empresa apresente crédito de ICMS?
7. Como é calculado o Imposto de Renda na opção do lucro real?
8. Explique como funcionam a sistemática da estimativa de IR e o seu impacto sobre capital de giro.
9. O que são os passivos de 13º salário e férias e como impactam o capital de giro?
10. Por que o tributo em atraso deixa de ser operacional? Dê um exemplo.

Exercícios

1. A Levado Ltda. é uma empresa paulista que revende peças e presta serviços de manutenção. No primeiro trimestre do ano, ela apresentou os seguintes números:

	Janeiro	Fevereiro	Março
Venda de Mercadorias	30.000	25.000	32.000
Venda de Serviços	10.000	12.000	14.000
Compra de Mercadorias	21.000	17.500	22.400

   i. De acordo com as regras atuais de tributação, calcule o valor devido dos tributos federais, estaduais e municipais incidentes, considerando que a empresa fez a opção de tributação pelo lucro presumido e seus serviços têm alíquota de ISS de 2%.

   ii. Na data de vencimento do IR e da CSL, a Levado Ltda. foi surpreendida com a necessidade de dinheiro para pagamento de fornecedores e, por coincidência, no mesmo valor dos referidos tributos. Analise os prós e contras de a empresa atrasar o pagamento dos tributos, ao invés de tomar empréstimo à taxa de 3% a.m.

2. A Maroto Ltda. vende, com notável constância, uma média de $ 1.200 por dia, e concede 40 dias de prazo aos seus clientes. Isso faz com que ela tenha mensalmente um lucro de $ 2.500. Como acumulou até o final do mês de agosto investimentos em aplicações financeiras no valor de $ 35.000, ela está analisando a possibilidade de aumentar o prazo de recebimento para 60 dias, o que provocaria, segundo suas estimativas, um aumento das vendas diárias para $ 1.300, alavancando seus lucros para $ 4.000 por mês. O único problema é que a empresa tem contabilizado em seu passivo, até o momento, um encargo de 13º salário de $ 36.800, o que corresponde a $ 4.600 de despesa mensal. Considerando que na composição do lucro não há itens que não afetam o caixa, faça uma análise do retorno do investimento em contas a receber e do custo financeiro gerado pela necessidade de caixa no final do ano, em função do pagamento do 13º salário, a partir das taxas de 3% a.m. de aplicação financeira e 10% a.m. de captação.

Estudo de caso

O Sr. Tiradentes da Silva (36) graduou-se em Odontologia e há mais de 12 anos exerce sua profissão, já tendo formado até o momento uma clientela muito boa, graças à sua personalidade extrovertida, simpática e atenção que dispensa aos pacientes.

Há cinco anos conseguiu com muito esforço montar seu próprio consultório e assim obter melhor retorno financeiro sobre seu trabalho, já que não mais teria que "alugar" uma cadeira em clínicas de terceiros ou atender grande parte do tempo em consultórios da rede pública de saúde, onde a remuneração por tratamento tem um valor irrisório.

Mas a vida de empreendedor não é fácil. Constituir um negócio próprio significa incorrer em custos e despesas antes não imaginados. Em seu consultório há apenas uma cadeira, mas já está pensando em ampliar e transformá-lo em uma clínica dentária. Porém, antes quer estruturar melhor o orçamento financeiro e verificar até que ponto compensa.

Inesperadamente, durante um passeio com a família por um *shopping* da cidade, reencontrou um velho colega da época do colegial (ensino médio) e numa conversa rápida ambos recordaram alguns momentos felizes da adolescência e trataram de se apresentar enquanto profissionais. O colega é contador e tem um escritório que faz contabilidade fiscal para várias pequenas e microempresas. O Sr. Tiradentes também se apresentou como dentista e, ao trocarem cartões, o colega disse: "Olha, eu acabei de finalizar meu MBA em Planejamento Tributário, faça-me uma visita em meu escritório, que eu estudo algumas alternativas para você pagar menos imposto em seu consultório."

Passaram algumas semanas, o Sr. Tiradentes, interessado em reduzir custos, fez uma visita ao seu colega contador, mesmo achando impossível pagar menos impostos de forma legal.

Ao iniciar a conversa sobre a suposta economia em impostos, o Sr. Tiradentes disse que atuava como profissional liberal e a cada serviço prestado emitia recibos sobre os quais pagava uma série de tributos ao fisco federal e municipal. Os dois em alguns minutos elaboraram tabela que sintetizava o valor a pagar em tributos como pessoa física, para um faturamento hipotético anual de R$ 84.000,00:

PESSOA FÍSICA		
Nome:	Dr. Tiradentes da Silva	
Faturamento anual:	R$ 84.000,00	(a)
Imposto de Renda:		
alíquota de 27,5%:	R$ 23.100,00	
parcela a deduzir:	R$ (9.486,91)	
total do IR anual:	**R$ 13.613,09**	(b)
ISS – Imposto sobre Serviços (5%):	R$ 4.200,00	(c)
INSS (11% sobre teto da tabela):	R$ 5.489,88	(d)
Total de Tributos:	R$ 23.302,97	(e) = (b + c + d)
Faturamento (menos) tributos:	R$ 60.697,03	(f) = (a – e)
Carga tributária:	27,74%	

Então, o colega contador disse que havia pesquisado um pouco sobre a regulamentação da profissão de odontólogo e lhe lançou um desafio:

SE O DENTISTA APRESENTASSE UM PLANEJAMENTO TRIBUTÁRIO DE FORMA QUE HOUVESSE ECONOMIA EM IMPOSTOS, A PARTIR DAÍ ELE SERIA O CONTADOR DE SEU CONSULTÓRIO.

E o Sr. Tiradentes aceitou no ato. O colega contador lhe pediu uma semana para pesquisar e definiram a data da nova reunião.

A proposta apresentada foi a seguinte:

- teria que haver uma mudança de pessoa física para pessoa jurídica;
- teria que constituir uma empresa.

A economia proposta está disposta na tabela e nos itens a seguir:

PESSOA JURÍDICA		
Nome:	Clínica Tiradentes	
Faturamento anual:	R$ 84.000,00	(a)
IR Pessoa Jurídica (4,8%):	R$ 4.032,00	(b)
PIS (0,65%):	R$ 546,00	(c)
COFINS (3%):	R$ 2.520,00	(d)
Contribuição Social (2,88%):	R$ 2.419,20	(e)
ISS – Imposto sobre Serviços (5%):	R$ 4.200,00	(f)
INSS (11% sobre teto da tabela):	R$ 5.489,88	(g)
Total de Tributos..:	R$ 19.207,08	(h) = (b + c + d + e + f + g)
Faturamento (–) Tributos:	R$ 64.792,92	(i) = (a – h)
Carga tributária:	22,87%	(j) = (h/a)
Economia Proposta......:	R$ 4.095,89	
Redução na carga tributária....:	17,58%	

No dia da reunião previamente marcada, o colega contador apresentou ao Sr. Tiradentes o estudo realizado e a redução na carga tributária oriunda da mudança de sua forma de exercer a atividade comercial: de pessoa física para jurídica. Ele explicou que considerou o mesmo valor de contribuição ao INSS sobre o teto, para não prejudicá-lo em sua aposentadoria, mas explicou também que poderia ser menor, dependendo do valor de pró-labore que iria retirar, ficando o restante como distribuição de lucros (que é isenta). Por outro lado, ele explicou que toda ação de planejamento tributário traz consequências que não apenas a redução do tributo. Ele fez considerações a respeito da forma jurídica de constituição da empresa, pois seria melhor ter um sócio na clínica para que possa ser uma sociedade limitada, reduzindo os riscos. O odontólogo considerou o colega como o vencedor do desafio e a partir daí começou a tomar as providências necessárias para abertura da Clínica Tiradentes Ltda.

Em razão do caso exposto, pedimos sua opinião sobre a proposta apresentada. Avalie a situação exposta, bem como as alterações e os ganhos apresentados por tipo de imposto ou contribuição. Houve esquecimento de algo?

Referências

IUDÍCIBUS, Sérgio de et al. *Manual de contabilidade societária*. São Paulo: Atlas, 2010.

MACHADO, Hugo de Brito. *Curso de direito tributário*. 33. ed. São Paulo: Malheiros, 2012.

OLIVEIRA, Luis M. de et al. *Manual de contabilidade tributária*. 11. ed. São Paulo: Atlas, 2012.

OLIVEIRA, Gustavo P. *Contabilidade tributária*. 3. ed. São Paulo: Saraiva, 2009.

PÊGAS, Paulo H. *Manual de contabilidade tributária*. 7. ed. Rio de Janeiro, 2011.

REZENDE, Amaury et al. *Contabilidade tributária*. São Paulo: Atlas, 2010.

8

Gestão do Capital de Giro Internacional

Objetivos do capítulo

- Integrar a gestão financeira à gestão operacional de câmbio e comércio exterior.
- Introduzir os conceitos do cenário e ambiente da administração do capital de giro internacional através dos fluxos básicos.
- Apresentar o fluxo de mercadorias, o fluxo da documentação e o fluxo das moedas (divisas).
- Apresentar uma proposta de modelo de organização para a gestão do capital de giro internacional nas empresas brasileiras.
- Conceituar a gestão financeira internacional, apresentando: as funções da administração de caixa internacional, o fluxo de recebimento de contas a receber internacional, o fluxo dos pagamentos no exterior.
- Apresentar a gestão do inventário de itens importados.
- Apresentar a concessão de crédito internacional.
- Apresentar as alternativas de financiamentos internacionais de curto prazo.
- Discutir a aplicabilidade das "Empresas *Off-Shore*" na gestão do capital de giro internacional.

8.1 Introdução

A gestão do capital de giro internacional compreende a gestão do contas a receber internacional, a gestão dos estoques e compras internacionais e a gestão financeira internacional, incluindo a captação e a aplicação de recursos internacionais de curto prazo.

Neste capítulo, apresentaremos as questões e os fundamentos que afluem na gestão do capital de giro internacional, integrando aspectos operacionais a aspectos financeiros da gestão de comércio exterior das organizações. A introdução dos temas começa pela apresentação dos fluxos de mercadorias, da documentação de embarque e de moedas, do mercado de câmbio e dos sistemas de pagamentos. Propomos, em seguida, um modelo de organização para a gestão do capital de giro internacional, inclusive expondo os requisitos do departamento financeiro e da administração de caixa internacional, chegando até a criação de "empresa *off-shore*" para a gestão de caixa das empresas que operam no comércio exterior. Para a administração dos recebíveis, detalhamos a cobrança documentária e o crédito documentário (cartas de crédito). Ressalta-se que a maioria dos conhecimentos aqui apresentados é válida para qualquer tamanho de organização.

8.2 Ambiente da gestão do capital de giro internacional

A gestão do capital de giro internacional envolve, na essência, três fluxos para os escopos das transações do comércio internacional e operações do mercado de câmbio, respectivamente:

- transações do comércio internacional:
  - um fluxo de mercadorias, envolvendo a movimentação física dos produtos;
- para as operações do mercado de câmbio:
  - um fluxo da documentação, envolvendo a documentação de embarque da mercadoria;
  - um fluxo de moedas, envolvendo o mercado de câmbio e os sistemas de pagamentos.

Uma visão geral do ambiente da gestão do capital de giro internacional é apresentada na Ilustração 8.1, a seguir, onde são integrados os processos de administração do caixa, contas a receber e estoques/contas a pagar, através dos fluxos citados. Para melhor entendimento, foi integrado o ciclo de importação com o processo estoques de itens importados/contas a pagar e o registro da ocorrência dos dois fluxos, o de divisas e o da documentação. Nessa ilustração, o papel do sistema bancário internacional é apresentado sob a forma dos círculos, onde se destacam o banco do exportador e o banco do importador que processam a cobrança da documentação de embarque necessária à liberação da mercadoria junto às autoridades alfandegárias do país receptor da mercadoria.

Ilustração 8.1 – Visão do ambiente da gestão do capital de giro no comércio internacional

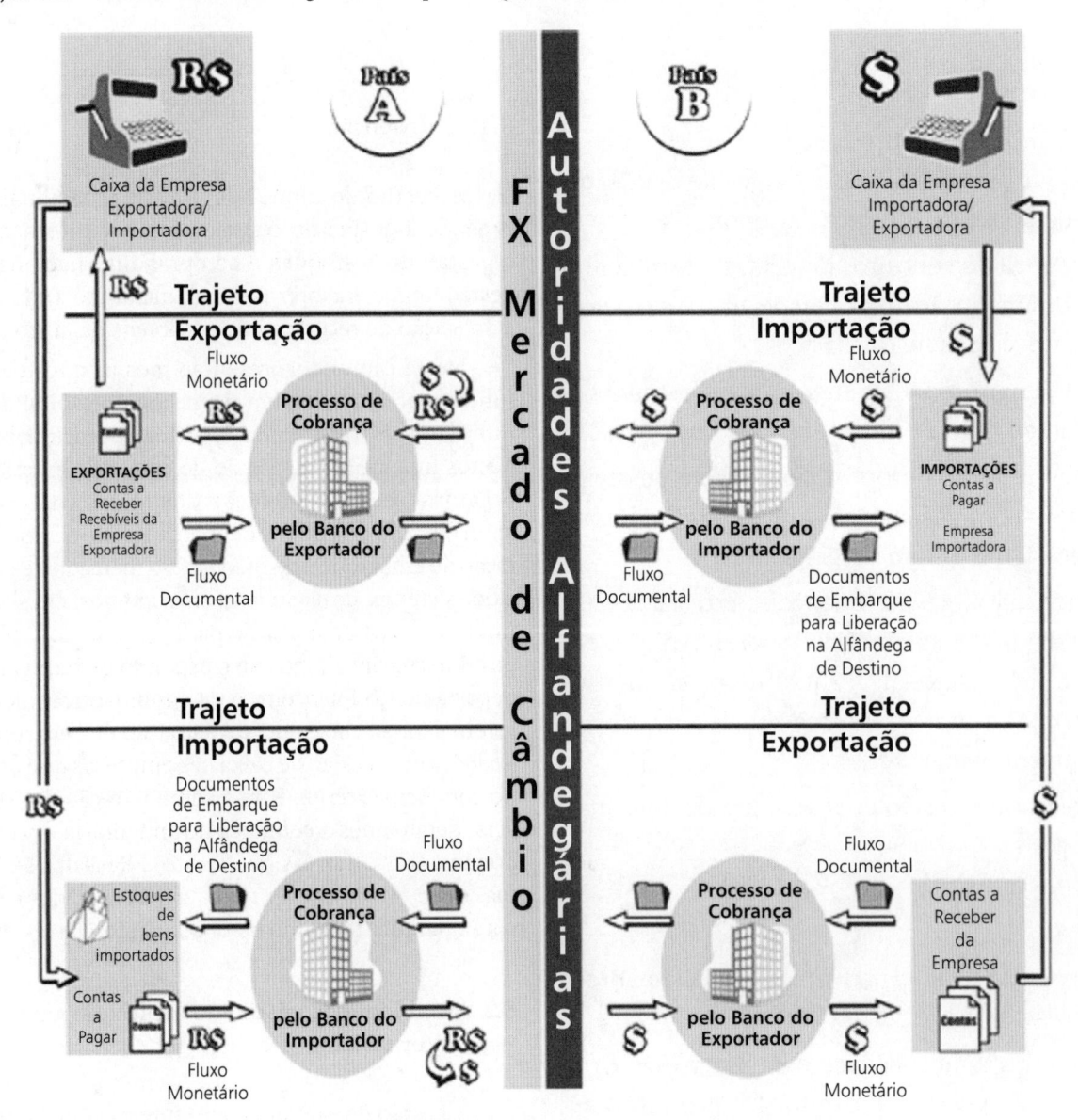

Fonte: Carvalho Filho (2005).

Os dois eixos verticais da Ilustração 8.1 representam as fronteiras do mercado de câmbio e das autoridades fiscais/alfandegárias, dos países exportador e importador. Destaque-se que estas duas "fronteiras" regulam as operações internacionais de capital de giro:

- a fronteira do mercado de câmbio: em que os bancos internacionais, sejam do exportador e/ou do importador, acionam os mecanismos de envio e/ou recepção da documentação das operações de venda (exportação) e compra (importação) de mercadorias e serviços do comércio internacional pela prestação dos serviços de cobrança bancária. Os bancos internacionais são a grande câmara de compensação e liquidações do comércio internacional;
- a fronteira das autoridades fiscais/alfandegárias dos países exportadores e importadores: que aplicam os acordos de tarifas regulados pela Organização Mundial do Comércio e Blocos Regionais, a exemplo do Mercosul e União Europeia.

8.3 Fluxos básicos da gestão do capital de giro internacional

É importante destacar que, na gestão do capital de giro internacional, a empresa deve monitorar cuidadosamente os três fluxos citados: o fluxo de mercadorias, o fluxo da documentação de embarque e o fluxo de moedas. Vejamos a seguir a conceituação de cada fluxo separadamente.

8.3.1 Fluxo de mercadorias

O fluxo de mercadorias pode referir-se a processos de exportação ou a processos de importação. A Ilustração 8.1 apresenta os dois processos junto com os fluxos de documentação e de moedas, destacando-se os círculos dos bancos do importador e do exportador, que processam os pagamentos e os recebimentos.

No processo de exportação, o fluxo de mercadorias consiste na movimentação física de cargas, desde os armazéns da empresa exportadora até o local designado pelo importador. No processo de importação, o fluxo de mercadorias consiste na movimentação física de cargas, desde o local disponibilizado pelo exportador até os armazéns da empresa importadora.

Nos processos de exportação e importação, a movimentação de mercadorias pode ser feita por diversos modais: rodoviário, ferroviário, aéreo ou marítimo – existem empresas de logística especializadas nesses transportes. As mercadorias podem ser disponibilizadas para comercialização em 11 modalidades (INCOTERMS 2010 – Resolução Camex nº 21, de 7/4/2011) diferentes de venda, sendo mais utilizados preço FOB, CFR e CIF. O preço FOB – *Free On Board* – indica que a mercadoria é entregue livre e desembaraçada no navio, sendo que somente o preço da mercadoria consta da fatura. O preço CFR – *Cost and Freight* – indica que nele estão inclusos os custos da mercadoria e a despesa de frete até o porto de destino indicado, que são de responsabilidade do vendedor. O preço CIF – *Cost, Insurance and Freight* – indica que nele já estão inseridos os custos da mercadoria, as despesas de seguro e as despesas do frete para transportar a mercadoria até o porto de destino, que são de responsabilidade do vendedor. No corpo da fatura também devem ser indicados os portos de origem e de destino envolvidos na operação.

Torna-se importante, neste ponto, ressaltar as operações de *drawback*, que se constituem na importação de insumos sem pagamento de impostos – Imposto de Importação, IPI, ICMS e adicional de frete para a Marinha Mercante – desde que utilizados na produção de bens destinados à exportação. Existem três modalidades de *drawback*:

- suspensão: vinculada ao compromisso de futura exportação em um ano, prorrogável por mais um ano;
- isenção: constitui-se na reposição de estoque de insumos já utilizados na exportação;
- restituição: constitui-se em requerer o crédito do valor recolhido a título de Imposto de Importação e IPI, de produtos utilizados no processo de industrialização e exportação.

Há ainda o chamado *drawback* interno (Verde/Amarelo), regulamentado pelo Decreto nº 541/92, no qual é concedido regime especial de suspensão de IPI na compra de insumos no mercado interno para a industrialização de produtos destinados à exportação.

8.3.2 Fluxo da documentação de embarque

Na administração do capital de giro internacional, tão importante como os serviços de logística do frete internacional, a documentação de embarque apoia e ampara as ações do departamento financeiro da empresa e as negociações bancárias. O evento que mobiliza o comércio internacional de mercadorias é o embarque. O fundamento deste fato gerador é a sua documentação.

Normalmente, a preparação desta documentação é realizada pela área comercial, responsável pelas exportações da empresa. No caso das importações, a responsabilidade é da área de suprimentos. Existem também empresas que possuem departamentos de comércio exterior que realizam estas tarefas especificamente. Estas áreas enviam a documentação comercial para o departamento financeiro da empresa aplicar os procedimentos cambiais do país exportador/importador.

A documentação de embarque reflete a origem do Princípio de Napoleão que definia que "de nenhum comerciante francês deva ser exigido esperar a liquidação de pagamento dos fundos pelo comprador, desde que as condições de venda sejam obedecidas e celebradas pelo comprador". Napoleão criou, dessa maneira, o sistema de "recebíveis autoliquidáveis", observado hoje em todos os Códigos Comerciais da Europa e no Comércio Internacional.

No comércio internacional, a cobrança bancária se efetiva ou pelo pagamento do importador ou, no caso de venda a prazo, pelo "aceite" do reconhecimento da compra, pelo importador, no instrumento financeiro da venda conhecido como "saque" (*Draft*). Esta prática ampara todo financiamento bancário do comércio internacional.

A documentação de embarque reconhecida e praticada no comércio internacional é estruturada após o embarque da mercadoria. Após o embarque, o exportador entrega ao seu banco ou ao banco negociador o contrato junto dos seguintes documentos que podem constituir a documentação básica:

- o conhecimento de embarque (*Bill of Lading*, se marítimo): que é um documento emitido pela empresa transportadora informando da posse da mercadoria, constituindo-se em um título de crédito;
- a fatura comercial (*Commercial Invoice*): que é um documento emitido pelo exportador, que em âmbito internacional equivale à nota fiscal;
- o romaneio (*Packing List*): que é um documento emitido pelo exportador contendo a relação dos volumes embarcados;
- o saque (*Draft*): que é um documento que instrui o banco do importador quanto à forma de recebimento. É um instrumento financeiro que especifica as condições de pagamento, se a vista ou a prazo, conforme as instruções de cobrança que refletem as condições da venda.

Podem ser anexadas à documentação básica: o certificado de origem, para a regulamentação da tarifa a ser aplicada no destino da mercadoria; a certificação de qualidade e a especificação técnica da mercadoria; e a apólice de seguro; e ainda outros documentos exigidos pelo país importador.

8.3.3 Fluxo de moedas

Para entender o fluxo de moedas, é necessário um entendimento do mercado de câmbio e do sistema de pagamentos (CARVALHO FILHO, 2005). A administração de caixa do capital de giro internacional e das contas a receber e das contas a pagar deve observar a negociação de câmbio entre a moeda local e a moeda do país importador, bem como a utilização do sistema de pagamentos do país importador.

Os sistemas de pagamentos são regulados pelos bancos centrais dos diversos países e observam os procedimentos do BIS (2005). O Brasil tem um regime de câmbio flutuante centralizado pelo Banco Central, com obrigatoriedade de utilização de bancos autorizados a operar em câmbio, e uma legislação cambial excessivamente burocrática, porém com um sistema de pagamentos moderno e ágil, atuando integrado à grande malha do sistema bancário internacional, através dos bancos comerciais autorizados a operar em câmbio.

Para as empresas brasileiras que atuam no comércio exterior, as operações de câmbio são acessadas via rede bancária, com intermediação ou não de corretores, e para o mercado interbancário via Câmara de Câmbio da BM&F – Bolsa de Mercadorias e Futuros (SPB, 2005).

Quando os países exportador e importador têm moedas conversíveis, a operação é imediatamente liquidada através do mercado internacional de câmbio, considerando que a conversibilidade torna os regimes de câmbio livres.

8.3.4 Mercado internacional de câmbio

O mercado internacional de câmbio constitui o maior mercado financeiro do mundo, através dos segmentos do mercado manual de câmbio e do mercado interbancário de câmbio. O mercado manual de câmbio tem como principal cliente a indústria do turismo. O mercado interbancário de câmbio, cujas operações envolvem saques sobre haveres junto a banqueiro no exterior, é o principal fornecedor de divisas conversíveis para as empresas que atuam no comércio internacional, sejam elas empresas importadoras, sejam empresas exportadoras, sejam tomadores de empréstimos, sejam investidores internacionais, através dos bancos e corretores de câmbio. O mercado interbancário de câmbio é o maior mercado financeiro do mundo, com um giro diário de cerca de US$ 4 bilhões em 2010. Este volume inclui as transações a vista, a termo, as operações de *swaps*, e os erros e correções, segundo a pesquisa trienal realizada pelo BIS. As moedas mais negociadas no mercado interbancário de câmbio são apresentadas na Tabela 8.1 (observar que, devido ao fato de duas moedas estarem envolvidas na transação, a base é 200%).

Tabela 8.1 – Mercado internacional de câmbio

Moeda	2001	2004	2007	2010
Dólar norte-americano	89,9%	88,0%	85,6%	84,9%
Euro	37,9%	37,4%	37,0%	39,1%
Iene japonês	23,5%	20,8%	17,2%	19,1%
Libra esterlina	13,0%	16,5%	14,9%	12,9%
Franco suíço	6,0%	6,0%	6,8%	6,4%
Todas as moedas	200%	200%	200%	200%

Fonte: BIS (2010) (<http://www.bis.org/publ/rpfxf10t.htm>).

Como se observa, o dólar norte-americano mantém sua hegemonia como a moeda mais transacionada no mercado sacado, seguida imediatamente pelo € (euro).

A distribuição geográfica das atividades do mercado sacado de câmbio está concentrada em oito praças bancárias, que são apresentadas na Tabela 8.2 a seguir com o percentual de cada país/praça bancária no movimento total.

Tabela 8.2 – Distribuição geográfica das operações de câmbio

País	Praça	Participação
Reino Unido	Londres	37%
Estados Unidos	New York	18%
Japão	Tóquio	6%
Cingapura	Cingapura	5%
Hong Kong SAR	Hong Kong	5%
Austrália	Sidney	4%
Suíça	Zurich	5%

Fonte: BIS (2010) (<http://www.bis.org/publ/rpfxf10t.htm>).

8.3.4.1 Operações de liquidação de câmbio no fluxo de moedas e sistemas de pagamento

No fluxo de moedas, ou internacionalmente falando, fluxo de divisas, a operação de liquidação da operação de câmbio no Brasil, seja "entrada de divisa pela exportação, seja saída de divisa pela importação"; é importante a integração do sistema de pagamentos do Brasil ao sistema de pagamentos da rede bancária internacional, ou, melhor dizendo, da grande malha internacional da comunicação do sistema bancário.

Esta função é apoiada pelo sistema bancário internacional através da sua rede de agências e bancos correspondentes. Esta "rede bancária" inclui um sistema de comunicação que incorpora os sistemas de pagamentos. Com a globalização das economias, passou-se a ter várias redes bancárias, e vários sistemas de pagamentos, que se constituem em uma grande malha, operadas pelas câmaras de compensação e liquidação (*clearing houses*).

As compensações internacionais de cheques, direitos e obrigações das nações em geral são efetuadas pelo BIS (2005), do qual fazem parte 55 bancos centrais e autoridades monetárias.

Todos os sistemas de pagamento estão regulados pelos bancos centrais do G-10 (grupo dos dez maiores países), e mais recentemente um segundo grupo de mais dez países veio somar-se ao G-10, criando o G-20 junto ao comitê de sistemas de pagamentos do BIS. A importância destes sistemas está concentrada no prazo de liquidação do pagamento da transação e na segurança da liquidação do pagamento, que é operada por empresas de pagamento conhecidas como câmaras de compensação, ou *clearing houses*. No Brasil, o prazo normal de liquidação é $D + 2$ (dois dias úteis após o fechamento da operação de câmbio), podendo ocorrer antecipações, dependendo do padrão de crédito da empresa.

Como o pagamento pode ser um crédito ou um débito, a palavra *settlement* incorpora na tradução o termo *liquidação*, para o pagamento e/ou recebimento. Quando a operação de liquidação envolve duas instituições, a liquidação é definida como bilateral. Quando ocorrem várias liquidações, a débito e/ou a crédito, a liquidação se consolida pelo valor líquido, ou pela diferença, sendo esta operação conhecida como *bilateral netting settlement* (Ilustração 8.2).

Ilustração 8.2 – *Bilateral netting settlement*

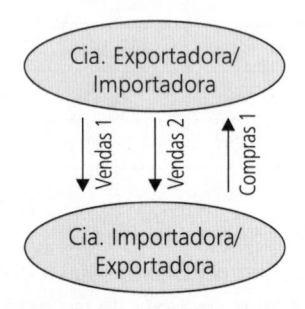

Quando a liquidação envolve mais de duas instituições, temos uma transação definida *multilateral netting settlement*, como demonstra a Ilustração 8.3.

Ilustração 8.3 – *Multilateral netting settlement*

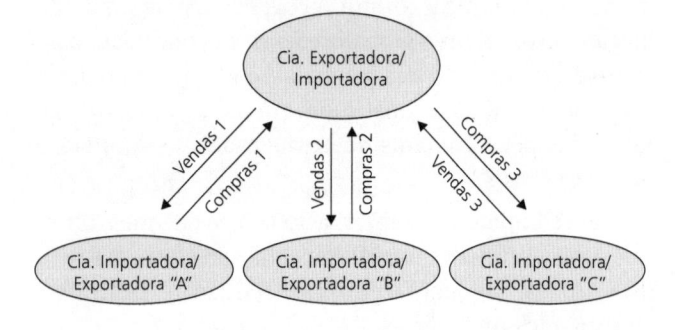

Nas remessas bancárias, os bancos pagador e recebedor utilizam-se de sistemas internacionais de pagamentos, que apresentamos a seguir:

- FEDWIRE: criado em 1913, tornou-se mais moderno e ativo na década de 1980. É o sistema de pagamento que integra os "bancos da reserva federal" dos EUA. O sistema bancário norte-americano tem dois tipos de bancos de reserva: o banco da reserva estadual e o banco da reserva federal. O sistema *Fedwire* também integra as instituições depositárias, o departamento do tesouro americano, e outras agências governamentais;
- CHIPS: Clearing House Interbank Payment Systems. É uma câmara de compensação fundada em 1970 que reúne aproximadamente 150 bancos. Na sua criação, o objetivo foi substituir os cheques em papel-moeda das liquidações internacionais pela imagem do cheque. É operado pela New York Clearing Association, e suas "operações de compensação" englobam:
    - liquidações de operações do mercado interbancário de câmbio;
    - liquidação das operações do Euromercado;
    - liquidações das operações de exportação/importação do comércio internacional.
- CHAPS: Clearing House Automated Payment Systems. Fundada em 1984, é uma câmara de compensação formada por um consórcio de bancos ingleses;
- FX NET: é uma empresa sediada em Londres, que compensa liquidações bilaterais pelo valor líquido. É muito focada em operações de câmbio;
- SWIFT: The Society for Worldwide Interbank Financial Telecommunications. É uma cooperativa privada que transmite mensagens/pagamentos de liquidações ao redor do mundo. Fundada em 1973, hoje a SWIFT é a maior *network* de liquidações do sistema bancário, reunindo 10.000 bancos e instituições financeiras associadas. Em volume, pode ser considerada a mais importante câmara e sociedade de liquidação do mundo: "em 31/03/2005 seu volume médio de transações diárias foi de 19,7 milhões de transações. O volume acumulado do ano atingiu 370,4 milhões de transações".

Veremos a seguir a gestão do capital de giro internacional do ponto de vista da administração financeira da empresa multinacional, adaptada à realidade das empresas brasileiras que atuam no comércio internacional.

8.3.4.2 Organização para a gestão do capital de giro internacional

A gestão do capital de giro internacional é um campo de atividade em que a globalização financeira (câmbio, sistema de pagamentos e comércio internacional) se incorpora à gestão da empresa multinacional (gestão de caixa, contas a receber, estoques e contas a pagar) com a contribuição do "canal" dos bancos internacionais através de suas subsidiárias e seus bancos correspondentes, bancos centrais e câmaras de compensação e liquidação, pelo sistema de pagamentos.

Os fundamentos microeconômicos mais focados na gestão, atendidos os requisitos da visão geral exposta no item anterior, conduzem ao modelo de administração financeira praticado pelas empresas transnacionais (ETNs). Essas empresas eram conhecidas, na era da pré-globalização, como empresas multinacionais, sendo conhecidas como transnacionais por estarem acima de muitos países: "o total das vendas da General Motors é maior que o PIB da Dinamarca, e a Exxon Móbil é maior que o Chile e um pouco abaixo do Paquistão".[1]

O desafio dos profissionais brasileiros é compatibilizar o tamanho e a realidade das empresas brasileiras com os conceitos do modelo das ETNs. As ETNs brasileiras, incluídas na relação das 25 empresas classificadas pela UNCTAD pelos ativos no exterior, são "CVRD, Petrobras e Grupo Gerdau".[2] Somos o país da América Latina com a maior presença nas ETNs, quarto no *ranking*, ultrapassado por Hong Kong, Cingapura e África do Sul. O crescimento do comércio exterior do Brasil conduz à constituição de mais empresas brasileiras no exterior, pressionando as firmas que atuam no cenário internacional a modelar a gerência de suas operações de capital de giro internacional.

Pesquisas empíricas indicam a necessidade de alocação de um valor de no mínimo $ 200.000,00 (duzentos mil dólares norte-americanos) anuais para início, treinamento e operação da equipe-piloto da unidade de comércio exterior. A equipe-piloto mínima pode iniciar sua implantação com um *trader* e dois assistentes. O comércio exterior exige ainda comunicações e viagens que são os itens mais caros das operações internacionais. Esta projeção de orçamento requer um nível de giro mínimo anual de exportações mais importações ao redor de $ 10.000.000,00 (dez milhões de dólares norte-americanos). A empresa que não atender a este nível de operações deve avaliar o custo-benefício de terceirizar as atividades de comércio exterior através de uma *trading company* – o Brasil dispõe de *tradings* experientes e especializadas que são filiadas à Associação Brasileira de Empresas *Trading*.[3]

Normalmente, na etapa de familiarização com as operações de comércio exterior, as *tradings* permitem um treinamento inicial da equipe de comércio exterior da empresa. Os custos operacionais da unidade de comércio exterior são elevados e as margens das operações de exportação, principal fonte de receita, são baixas.

O benefício indireto da inserção da empresa na globalização é o acesso ao mercado internacional pelo contato e acesso a tecnologias novas via participação em feiras internacionais, e mais ainda pela presença e atitude de pensar em custos e preços em dólares ou euro praticados no comércio exterior, o que se traduz em busca de competitividade e em uma revolução gerencial. O comércio internacional incorpora um *"software cultural"* de grande sinergia. Esta sinergia da operação comercial vai se estender à Administração Financeira que vai integrar a tesouraria da empresa, envolver um profissional para atender à demanda dos procedimentos exigidos pelo sistema bancário, notadamente procedimentos dos bancos internacionais e longa burocracia do centralizado regime cambial do Brasil.

Atendidos estes requisitos, a ETN brasileira pode considerar a aplicabilidade do modelo de gestão que incorpore as funções discutidas e apresentadas a seguir.

8.4 Gestão dos estoques internacionais

Nesta seção são abordados aspectos da gestão dos estoques internacionais na exportação e na importação.

8.4.1 Gestão dos estoques na exportação

Administrar os estoques de produtos acabados destinados à exportação envolve a adoção de estratégia que vise a uma coordenação interna e externa. A coordenação interna demanda planejamento desde o pedido do cliente, a produção até o cumprimento da data de entrega prevista em contratos, e a externa demanda a disponibilização da mercadoria nos locais designados, de acordo com o *Incoterm* adotado.

Em seção anterior, foi abordado o fluxo de mercadorias, as quais podem ser disponibilizadas em 11 modalidades[4] diferentes de venda, focando-se as obriga-

---

[1] WOLF, Martin. *Why globalization works*. New Haven: Yale University Press, 2004. p. 122.

[2] UNCTAD – United Nations Conference on Trade and Development – 2204 – The Shift Towards Services – Overview. p. 8.

[3] Associação Brasileira de Empresas Trading. Disponível em: <abecetrading@osite.com.br>.

[4] Disponível em: <www.iccwbo.org>. Termos Internacionais de Comércio (Incoterms), versão 2010.

ções do vendedor para entregar os bens, estabelecendo em que ponto o risco de dano ou perda da mercadoria passa do vendedor para o comprador e em que ponto a responsabilidade do transporte e gastos relacionados ao desembaraço aduaneiro passam do vendedor para o comprador.

As regras estabelecidas internacionalmente são uniformes e imparciais e servem de base para a negociação no comércio entre países, obedecendo a uma classificação crescente nas obrigações do vendedor especificadas nos grupos E, F, C ou D na partida e na chegada. As vendas na partida, caso dos grupos E, F e C, deixam os riscos do transporte a cargo do comprador. No caso de vendas na chegada, os riscos serão de responsabilidade do vendedor; no caso dos termos do grupo D, o vendedor assume os riscos até o local citado no contrato e o comprador, a partir dele.

Os termos do grupo C merecem atenção para evitar confusões. Por exemplo, se o contrato de transporte internacional ou o seguro for contratado pelo vendedor, isso não implica que os riscos totais do transporte principal caibam a ele.

O Quadro 8.1 demonstra os locais de entrega da mercadoria nas modalidades previstas pela Câmara de Comércio Internacional.

Quadro 8.1 – Resumo de *Incoterms*

Grupo	Incoterms	Descrição
E de Ex (PARTIDA – Mínima obrigação para o exportador)	EXW – Ex Works	Mercadoria entregue ao comprador no estabelecimento do vendedor.
F de *Free* (TRANSPORTE PRINCIPAL NÃO PAGO PELO EXPORTADOR)	FCA – Free Carrier FAS – Free Alongside Ship FOB – Free on Board	Mercadoria entregue a um transportador internacional indicado pelo comprador.
C de *Cost* ou *Carriage* (TRANSPORTE PRINCIPAL PAGO PELO EXPORTADOR)	CFR – Cost and Freight CIF – Cost, Insurance and Freight CPT – Carriage Paid To CIP – Carriage and Insurance Paid to	O vendedor contrata o transporte, sem assumir riscos por perdas ou danos às mercadorias ou custos adicionais decorrentes de eventos ocorridos após o embarque e despacho.
D de *Delivery* (CHEGADA – Máxima obrigação para o exportador)	DAT – Delivered at terminal DAP – Delivered at place DDP – Delivered Duty Paid	O vendedor se responsabiliza por todos os custos e riscos para colocar a mercadoria no local de destino.

Fonte: Ministério do Desenvolvimento, Indústria e Comércio Exterior – Resolução Camex nº 21, de 7/4/2011.

Como já abordado, os termos mais utilizados são o FOB, o CFR e o CIF. Importância deve ser dada ao adotar uma estratégia de venda.

Ao optar pela modalidade FOB, a ETN tem sua responsabilidade limitada a entregar a mercadoria no local designado pelo comprador, que contrata o transporte internacional. Nesta situação, devem-se aguardar as instruções de embarque para que a mercadoria já pronta seja entregue no local designado. Nas modalidades de transporte rodoviário, ferroviário e aéreo utiliza-se o termo FCA.

Na modalidade CFR está a cargo do exportador a colocação da mercadoria a bordo e o frete até o destino determinado, sendo que os riscos por perdas e danos à mercadoria correm por conta do importador. Este termo é usado essencialmente para transporte marítimo, sendo a forma CPT nos transportes rodoviário, ferroviário ou aéreo.

A modalidade CIF implica para o exportador a responsabilidade de contratar o transporte internacional e o seguro. Este procedimento, do ponto de vista operacional, pode representar mais responsabilidade, porém a ETN não depende da iniciativa do comprador em cumprir os trâmites de embarque. Este termo é usado no transporte marítimo, sendo usado o termo CIP nos demais modais.

Em alguns casos, a adoção de uma estratégia de venda pode onerar demasiadamente o capital de giro da empresa, como pode ser visto no fluxo da Ilustração 8.4.

Ilustração 8.4 – Ambiente de comercialização na exportação

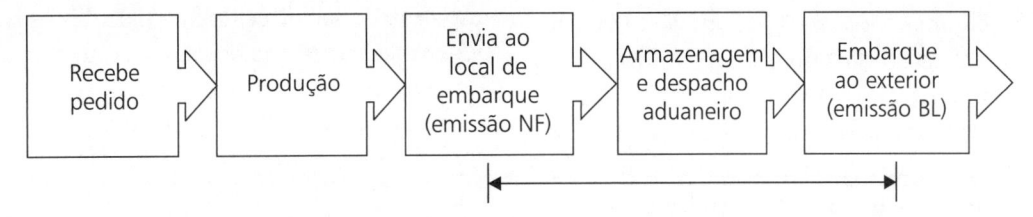

```
┌─────────┐   ┌─────────┐   ┌──────────┐   ┌──────────────┐   ┌──────────────┐
│ Recebe  │→  │Produção │→  │ Envia ao │→  │ Armazenagem  │→  │  Embarque    │
│ pedido  │   │         │   │ local de │   │ e despacho   │   │ ao exterior  │
│         │   │         │   │ embarque │   │ aduaneiro    │   │ (emissão BL) │
│         │   │         │   │(emissão NF)│  │              │   │              │
└─────────┘   └─────────┘   └──────────┘   └──────────────┘   └──────────────┘
                              ←─────────────────────────────────→
```

Ao enviar a mercadoria ao local de embarque, a ETN emite a Nota Fiscal, gerando um lançamento contábil. O prazo de recebimento da exportação começa a contar a partir da data do embarque ao exterior, que é especificado no conhecimento de embarque (*Bill of Lading* – se marítimo).

As empresas que utilizam mecanismos de financiamento, como no caso do ACC, devem comprovar junto à instituição financeira o embarque da mercadoria. Nestes casos, o ACC – Adiantamento de Contrato de Câmbio – pode se "transformar" em ACE – Adiantamento sobre Cambiais Entregues –, sendo que, normalmente, as taxas de ACE praticadas são inferiores às de ACC. Dessa forma, quanto mais cedo ocorrer o embarque, menor será o impacto dos encargos e a liberação dos limites para utilização em outras operações. No caso do ACC, o risco perante o banco financiador é o exportador e, no caso do ACE, o risco é o importador.

8.4.2 Gestão dos estoques na importação

A gestão dos estoques de itens importados incorpora a administração de matérias-primas, produtos em processo e produtos acabados. Estes estoques são mantidos:

- para integrar o processo de produção no processo de manufatura e/ou montagem da produção industrial;
- para atender à logística das cadeias de suprimento dos itens importados, com relação ao prazo de entrega do fornecedor, disponibilidade de fretes, e tempo de distância despendido entre o transporte e a chegada do material importado ao destino final.

Sempre que for possível, deve ser analisado o custo-benefício que indique o custo de estocar *versus* a disponibilidade de entrega. Para o custo de estocar, devem-se quantificar:

- o custo do capital investido;
- o custo das tarifas aduaneiras aplicáveis à "internação" das mercadorias;
- o custo de estocagem e manuseio;
- o custo dos seguros dos estoques;
- o custo dos impostos locais (estaduais e federais);
- o custo da depreciação (se for o caso).

A estes custos deve ser adicionado, ainda, o custo de empréstimos (se for o caso) que financiaram os itens importados, bem como os efeitos do risco de uma valorização cambial (impacto negativo na valoração do estoque) ou desvalorização cambial (impacto negativo no financiamento do estoque). A empresa nunca perde ao mesmo tempo nos dois fluxos, ou perde pela valorização cambial no fluxo comercial na formação de estoques de itens importados, ou perde pela desvalorização cambial no fluxo financeiro do custo do financiamento destes estoques.

No gerenciamento dos estoques dos itens importados, devem ser avaliadas as seguintes políticas:

- utilização de Zonas Francas em regiões próximas aos seus centros de produção no país receptor. O Brasil tem duas zonas francas importantes nos Estados de Manaus e Espírito Santo. Um exemplo na América do Sul é a zona franca de Iquique, no norte do Chile;
- utilização de mecanismos disponíveis para a importação em regime de entreposto aduaneiro, que permite ao importador gerenciar a internalização parcial da mercadoria, que pode ser feita de acordo com a necessidade no decorrer de um ano, podendo ser prorrogado. Este mecanismo permite gerenciar o fluxo financeiro (envolve o desembolso de caixa para pagamento dos tributos, cuja base de cálculo pode variar de acordo com a cotação do dólar dos Estados Unidos) e a permanência dos estoques em recintos alfandegados, cujas taxas podem representar uma economia para a empresa

que não tem de espaço físico suficiente para armazenagem;[5]

- em alguns casos, a ETN pode viabilizar a centralização de seus estoques em armazéns no exterior (*Warehouses*), escolhendo a melhor data para o envio da mercadoria ao Brasil. Este mecanismo, a exemplo do Entreposto Aduaneiro, permite diminuir custos com armazenagem e o fluxo financeiro, que reflete a variação cambial;

- operar os instrumentos financeiros "derivativos", disponíveis na Bolsa de Mercadorias e Futuros, quando os itens importados forem *commodities* (metais e grãos), criados como contratos de *hedging*, em equilíbrio com os prazos de vencimento e "internação" de suas obrigações referentes à importação;

- procurar o equilíbrio do *hedging* das operações, ou seja, nivelar adequadamente o seu volume de importações com o volume das exportações, sempre que possível. Por exemplo, se exportar $ 20 milhões, tentar não importar além de $ 20 milhões, para os mesmos prazos de recebimento e pagamento, de forma a viabilizar um *hedge* natural, a baixo custo, em economias com taxa baixa de juros.

A globalização trouxe para as ETNs esta opção de equilibrar os estoques dos itens importados com as exportações pelo fato de eliminar as operações industriais de "plantas horizontais". Ou seja, plantas que dependiam de fornecedores locais que não permitiam a fabricação de um "produto acabado" que pudesse ser exportado foram fechadas ou transformadas em "plantas verticais".

Atualmente, as ETNs operam normalmente "plantas verticais", ou seja, o produto final é sempre um "produto acabado", e implantaram o *outsourcing*.[6] O *outsourcing* é a política que integrou verticalmente e racionalizou as plantas industriais das ETNs, de maneira que os componentes produzidos em um país possam ser montados e agregados às plantas de outros países e, eventualmente, exportados através da economia mundial, inclusive entre as afiliadas e aliadas.

---

[5] Ver Legislação Aduaneira. Disponível em: <www.receita.fazenda.gov.br>.

[6] GILPIN, Robert. *The challenge of global capitalism*. New Jersey: Princeton, 2000. p. 165.

Esta estratégia da globalização das ETNs reduziu os riscos de itens importados dos estoques, pois as importações são direcionadas para "itens isolados" que podem ser transformados após montagem em produtos acabados para posterior exportação. Um bom exemplo da aplicação do *outsourcing* é a indústria automobilística: por exemplo, a Toyota da Argentina monta a Hilux, um SUS-Sport Utility Station com itens importados do Brasil para posterior exportação para a América Latina, inclusive para o Brasil.

8.4.3 Gestão da logística e dos transportes

A gestão da logística e dos transportes deve caminhar em sinergia com a gestão dos estoques. Como visto na seção anterior, a gestão dos estoques não se limita ao ambiente da empresa; eles podem ser transferidos para os depósitos alfandegados no local de embarque. Assim como na importação, a logística de exportação deve quantificar:

- o custo do capital investido;
- o custo da aquisição e/ou manutenção de frota própria *versus* terceirizada;
- o custo de estocagem e manuseio no local de embarque;
- o período despendido entre a saída da mercadoria da empresa até a data do efetivo embarque.

O gerenciamento logístico pode implicar na decisão de adotar ou não frota própria de transporte. Enfatizamos que considerar apenas os custos operacionais não será suficiente, visto que poderá acobertar um reflexo negativo no capital de giro da empresa.

Logística – Conceitos gerais

De acordo com o *Council of Logistics Management*, a logística compreende "a parte da cadeia de oferta que planeja, implementa e controla a eficiência do fluxo efetivo e do armazenamento de bens, serviços e de toda informação relacionada desde a origem até o ponto de consumo de forma a cumprir com os requerimentos do consumidor".

A Logística Comercial Internacional (LCI) pode ser definida como o conjunto de atividades que integram o processo de produção de um bem ou serviço e sua disponibilização ao consumidor, em um esquema de comercialização internacional. O principal objetivo da LCI é alcançar um adequado nível de serviço ao cliente, com o menor custo total; nesse sentido, a "regra de ouro" da LCI é dispor do produto adequado, na quantidade requerida, no lugar combinado, e ao menor custo total, para satisfazer às necessidades do consumidor no mercado internacional, no momento certo (*just in time*) e com qualidade total.

A logística integra uma série de componentes/atividades, tais como: aquisição de insumos, gestão de inventário, embalagem (*packaging*), manipulação e armazenamento, transporte e distribuição, tudo de forma dinâmica, através do manejo de informação e planificação integrada do processo. A logística tem um dos custos mais elevados no mundo dos negócios, sendo somente superada pelo custo dos insumos materiais, o qual a converte em uma peça vital para o êxito das atividades empresariais. Para expressar o desempenho logístico, o Banco Mundial calcula e publica, para 155 países, o *Logistic Performance Index* (LPI), que considera o custo, o tempo, a confiabilidade e a previsibilidade das cadeias de suprimentos em um *score* de 1 a 5, por meio de seis componentes: eficiência alfandegária, qualidade da infraestrutura de transporte, facilidade e custo de embarques, competência e qualidade da indústria logística local, capacidade de rastrear carregamentos, pontualidade. A seguir, o Quadro 8.2 apresenta o LPI dos primeiros 50 países classificados em 2012, no qual o Brasil ocupou a 45ª colocação, com *score* de 3,13.

Quadro 8.2 – *Logistic Performance Index (LPI) ranking* e *scores* – 2012

Economy	2012 LPI Rank	2012 LPI Score	2012 LPI % of highest performer	Economy	2012 LPI Rank	2012 LPI Score	2012 LPI % of highest performer
Singapore	1	4,13	100,0	China	26	3,52	80,5
Hong Kong SAR, China	2	4,12	99,9	Turkey	27	3,51	80,3
Finland	3	4,05	97,6	Portugal	28	3,50	80,1
Germany	4	4,03	97,0	Malaysia	29	3,49	79,8
Netherlands	5	4,02	96,7	Poland	30	3,43	77,8
Denmark	6	4,02	96,6	New Zealand	31	3,42	77,4
Belgium	7	3,98	95,3	Iceland	32	3,39	76,6
Japan	8	3,93	93,8	Qatar	33	3,32	74,3
United States	9	3,93	93,7	Slovenia	34	3,29	73,1
United Kingdom	10	3,90	92,7	Cyprus	35	3,24	71,8
Austria	11	3,89	92,5	Bulgaria	36	3,21	70,7
France	12	3,85	91,2	Saudi Arabia	37	3,18	69,7
Sweden	13	3,85	91,2	Thailand	38	3,18	69,6
Canada	14	3,85	91,1	Chile	39	3,17	69,5
Luxembourg	15	3,82	90,3	Hungary	40	3,17	69,5
Switzerland	16	3,80	89,7	Tunisia	41	3,17	69,4
United Arab Emirates	17	3,78	88,9	Croatia	42	3,16	69,2
Australia	18	3,73	87,2	Malta	43	3,16	69,0
Taiwan, China	19	3,71	86,6	Czech Republic	44	3,14	68,5
Spain	20	3,70	86,4	Brazil	45	3,13	68,2
Korea, Rep.	21	3,70	86,2	India	46	3,08	66,4
Norway	22	3,68	85,9	Mexico	47	3,06	66,0
South Africa	23	3,67	85,5	Bahrain	48	3,05	65,7
Italy	24	3,67	85,4	Argentina	49	3,05	65,5
Ireland	25	3,52	80,6	Morocco	50	3,03	65,0

Fonte: *Logistic Performance Index* – World Bank. Disponível em: <http://siteresources.worldbank.org/TRADE/Resources/239070-1336654966193/LPI_2012_rankings.pdf>. Acesso em: 25 mar. 2013.

Operações em um processo logístico integrado

O paradigma fundamental da logística comercial consiste no desempenho integrado das distintas operações e atividades, no sentido de lograr resultados ótimos. Nesse sentido, a execução das atividades deve concentrar-se em um esquema operacional coordenado, incluindo-se as distintas áreas de competência logística, dentre outras: suporte de manufatura, inventário e armazenagem, desenho de redes, transporte e distribuição física. As distintas atividades básicas de um sistema logístico são detalhadas como:

- aquisição de insumos (suporte de manufatura a produtores e provedores);
- inventário e armazenagem (pré e pós-distribuição);
- embalagem (incluindo fracionamento de cargas, quando necessário);
- transporte e distribuição física (nas distintas fases: origem, trânsito e destino);
- inventário e armazenagem pré-entrega;
- entrega ao consumidor.

As atividades básicas previamente identificadas são complementadas por outras atividades físicas, tais como as de manipulação e armazenagem intermediárias. Ademais, para fechar o processo integrador, devem-se realizar outras atividades de apoio intelectual ou técnico que permitam lograr tal objetivo; são elas: desenho e operação de um sistema de informações e serviços ao cliente e de um sistema de planificação integrada do sistema logístico na cadeia de abastecimento. As mesmas são apresentadas na Ilustração 8.5.

Ilustração 8.5 – Esquema de logística em operações internacionais

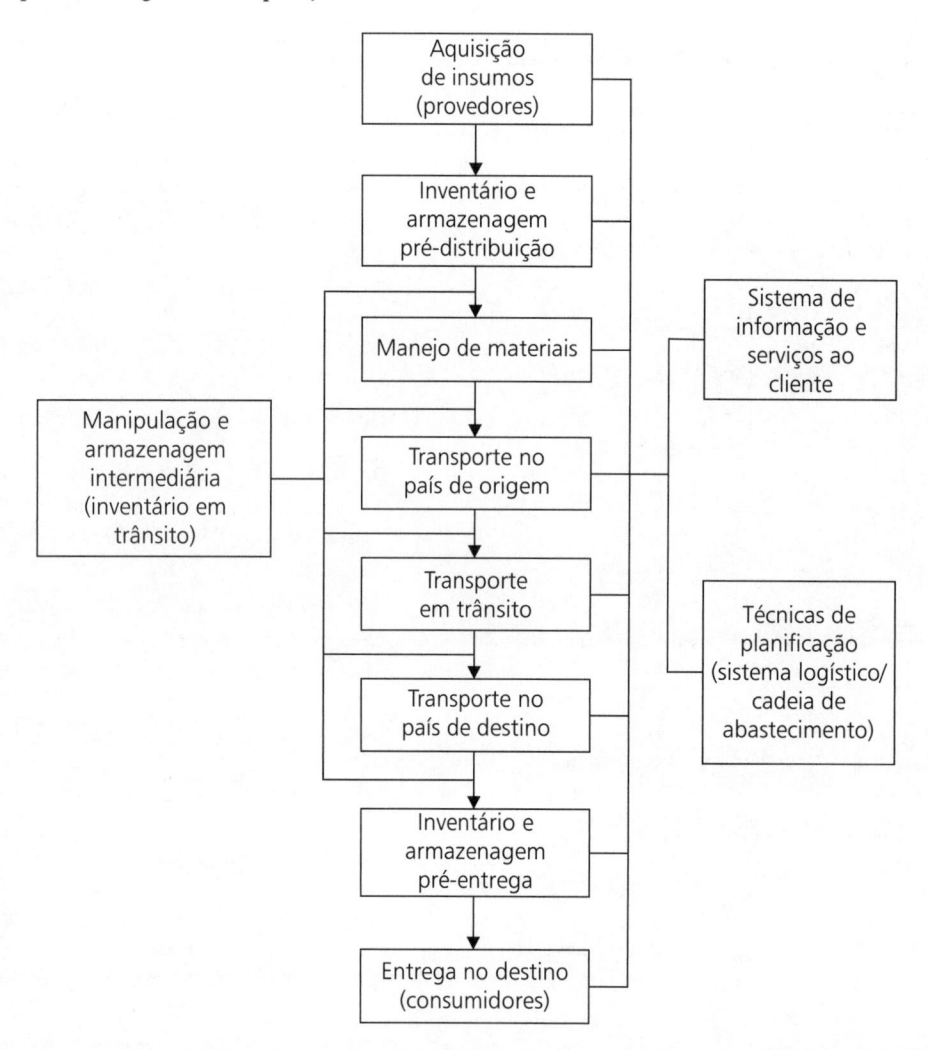

```
                    ┌─────────────────┐
                    │   Aquisição     │
                    │   de insumos    │
                    │   (provedores)  │
                    └────────┬────────┘
                             │
                    ┌────────▼────────┐
                    │  Inventário e   │
                    │  armazenagem    │
                    │ pré-distribuição│
                    └────────┬────────┘
                             │
                    ┌────────▼────────┐         ┌─────────────┐
                    │ Manejo de       │─────────│ Sistema de  │
                    │ materiais       │         │ informação e│
                    └────────┬────────┘         │ serviços ao │
                             │                  │   cliente   │
  ┌──────────────┐  ┌────────▼────────┐         └─────────────┘
  │ Manipulação e│  │  Transporte no  │
  │ armazenagem  │──│  país de origem │
  │ intermediária│  └────────┬────────┘
  │ (inventário  │           │
  │ em trânsito) │  ┌────────▼────────┐         ┌─────────────┐
  └──────────────┘  │   Transporte    │         │ Técnicas de │
                    │   em trânsito   │─────────│planificação │
                    └────────┬────────┘         │  (sistema   │
                             │                  │ logístico/  │
                    ┌────────▼────────┐         │  cadeia de  │
                    │  Transporte no  │         │abastecimento)│
                    │ país de destino │         └─────────────┘
                    └────────┬────────┘
                             │
                    ┌────────▼────────┐
                    │  Inventário e   │
                    │  armazenagem    │
                    │  pré-entrega    │
                    └────────┬────────┘
                             │
                    ┌────────▼────────┐
                    │ Entrega no      │
                    │ destino         │
                    │ (consumidores)  │
                    └─────────────────┘
```

Estas atividades compreendem a aquisição e o transporte dos materiais (insumos básicos e/ou componentes), das plantas dos provedores às plantas de manufatura ou montagem de artigos terminados. O ciclo de provisionamento inclui um conjunto de atividades que asseguram o fluxo ordenado de materiais a uma determinada planta ou centro de distribuição intermediária. Estas atividades são:

- identificação de provedores;
- colocação de pedidos e expedição;
- transporte;
- recepção.

A isso chamamos de logística de entrada (de insumos à planta). Os futuros trâmites de armazenagem, manipulação e transporte correspondem a outras etapas do processo logístico integrado, que faremos referência mais adiante.

Inventário

Faz referência ao componente do processo logístico que se ocupa do manejo (fornecimento/armazenagem) de mercadorias destinadas a cobrir determinadas demandas. O termo *stock* faz referência à quantidade de mercadorias armazenadas em distintas etapas da LCI, para seu posterior uso. A função de inventário conta com o *stock* de mercadoria (insumos e produtos acabados) necessário para satisfazer a correspondente demanda.

Destacam-se três etapas que se apresentam no processo logístico, abrangendo requerimentos de inventário: inventário pré-distribuição, inventários circunstanciais em trânsito e inventário pré-entrega. A primeira e a terceira são inerentes ao processo básico de oferta-demanda. A segunda está estreitamente ligada à etapa de transporte e à correspondente avaliação de espaço e tempo de armazenagem juntamente com o custo de imobilização, e deve ser realizada em função das características transitórias específicas de cada caso.

Manejo de Materiais

Armazenagem

Deve ser considerada como uma facilidade destinada ao intercâmbio. Devemos visualizar o armazém não somente como um lugar de depósito de mercadorias, mas também como um elemento auxiliar valioso do processo integral de intercâmbio comercial. Esta ampliação dos usos tradicionais dos armazéns gera efeitos de adaptação aos requerimentos de serviços de facilitação do fluxo de mercadorias e de redução de custos.

Quanto à armazenagem, apresentam-se dois tipos: planejada e estendida. A armazenagem para o reprovisionamento básico (em operação normal) de inventário é o que chamamos armazenagem planejada. A armazenagem estendida se refere ao inventário que excede ao planejado para a operação normal do armazém.

Manipulação e traslado

As funções de manipulação podem-se agrupar em duas, a saber: movimentação ou manipulação e armazenagem. Dentro destas duas categorias principais, a manipulação se subdivide em três atividades e a armazenagem em duas, citadas anteriormente. As três atividades de movimentação são recepção, traslados dentro do depósito e despacho.

Como complemento, podemos agregar que os sistemas de manipulação se classificam em: mecânicos, semiautomáticos e automáticos. Os sistemas mecanizados empregam uma ampla gama de equipamentos de manipulação, tais como: autoelevadores, tratores de pressão, elevadores de *pallets*, esteiras transportadoras etc. O sistema semiautomático supre o sistema mecânico, automatizando requerimentos de manipulação específicos; os elementos tipicamente utilizados em armazéns semiautomatizados são sistemas de veículos teleguiados, robôs, separadores computadorizados e diversos tipos de plataformas móveis.

Embalagem

A embalagem tem um impacto significativo no custo e na produtividade do sistema logístico. A embalagem pode ser de dois tipos: embalagem de consumo, que tem uma orientação comercial, e embalagem industrial, que tem um propósito essencialmente logístico. Na embalagem industrial, os produtos individuais ou as partes se agrupam em caixas, bolsas ou barris para se alcançar maior eficiência em sua manipulação. Estes envases, usados para agrupar produtos individuais, são chamados caixas básicas. Quando as caixas básicas se agrupam em unidades maiores para sua manipulação, a combinação resultante se chama unitarização. As caixas básicas e a carga unitarizada são as unidades básicas de manipulação na cadeia logística.

Transporte

O transporte é a área operacional da logística que posiciona geograficamente o inventário. Como já vimos, é a atividade mais importante enquanto participação nos gastos totais de logística (aproximadamente, 60% dos gastos). Partindo do conceito de divisão da economia em setores, o transporte é o que provê mobilidade a todos os demais. De fato, a demanda de transporte é derivada da necessidade de mobilizar bens, serviços e pessoas.

O transporte deve ser visualizado como um sistema que opera nos distintos meios físicos (terrestre, aquático, aéreo) e segundo diferentes modos ou modalidades (rodoviário, ferroviário, fluvial-marítimo, aéreo, e outros, tais como dutos e esteiras transportadoras).

Atualmente, o transporte é um elo fundamental na cadeia logística da distribuição física internacional. Sob este ponto de vista, três fatores são fundamentais para avaliar a incidência do mesmo no processo: custo, velocidade e qualidade de serviço. A este respeito, cabe destacar que deve-se incluir não somente o componente de custo na operação de transporte, mas também o componente de inventário em trânsito.

Na qualidade de serviço, representa um papel fundamental a regularidade na disponibilidade (já que, se não há regularidade, os requerimentos de inventários serão maiores, o que encarecerá o custo total do processo).

Infraestrutura e meios de transporte

A organização da atividade supõe a seleção do modo mais adequado e uma ótima utilização das alternativas possíveis. Para isso, é necessário ter um adequado conhecimento das características e do estado das distintas rotas e facilidades disponíveis em matéria de infraestrutura (estradas, vias férreas, aeroportos, portos, terminais de transferência e outros) e dos serviços prestados pelos operadores correspondentes a cada um dos modos (empresas de transporte viário e ferroviário, linhas aéreas e marítimas, e operadores de transporte multimodal).

Transporte combinado e multimodal

No item anterior se tratou do caso do transporte nos quatro modos clássicos, o que se denomina transporte unimodal. Existem outras formas ou associações de modos, destacando-se: (i) transporte combinado: o caso em que se utilizam veículos de vários modos e distintos tipos de disposição (embalagem) de carga; (ii) transporte superposto: quando no todo ou em parte do percorrido um veículo é transportado sobre outro (sistemas *Roll-On/Roll-Off*; *Piggy-Back*); (iii) transporte intermodal: até a institucionalização do transporte multimodal estava inequivocamente relacionado com o tipo de transporte combinado que operava com unidades de carga (basicamente contêineres), utilizando veículos de vários modais, com possibilidade de consolidação e fracionamento de cargas e eventual atuação de distintos operadores (nesta concepção prima-se pelo aspecto operacional); (iv) transporte multimodal: a operação integrada em matéria operacional e técnico-jurídica.

A multimodalidade se dá exclusivamente em envios unitários, com a participação de um Operador de Transporte Multimodal (OTM) e com a consequente aplicação de regimes de responsabilidade consagrados em convenções internacionais relacionadas. O Quadro 8.3 apresenta os transportes modais existentes, bem como um breve comparativo entre suas principais vantagens e desvantagens.

Quadro 8.3 – Características dos modos de transporte – função logística

Meio de transporte	Principais vantagens	Principais desvantagens
Marítimo-fluvial	Maior capacidade (cascos porta-contêineres de até 5.000 TEUs) Competitividade (tarifas mais baixas, economias de escala) Flexibilidade (todo tipo de carga)	Acessibilidade (requer transporte complementar, pré e pós-embarque) Maiores custos de embalagem (em geral, mais resistente) Maior tempo de viagem Menores frequências (maior armazenagem/inventário)
Rodoviário	Acessibilidade (porta a porta) Versatilidade (unidades de transporte de tamanhos diversos) Maior segurança (*versus* trem) Menor complexidade de embalagem (*versus* marítimo) Maior flexibilidade para atender datas de carregamento e quantidades de equipamentos necessários	Menor capacidade por unidade de transporte (*versus* marítimo, trem) Limitação de distâncias a percorrer (*versus* todos os outros) Congestionamentos de tráfego em acessos a cidades/terminais Maior risco de fatores externos causarem atrasos no cumprimento da programação de carregamento
Ferroviário	Maior capacidade (trens de carga) Flexibilidade para transporte combinado (*Ro-Ro, Piggy-Back*) Velocidade uniforme	Falta flexibilidade em itinerários (transporte porta a porta) Falta flexibilidade em infraestrutura Insegurança (maior possibilidade de roubos)
Aéreo	Velocidade (produtos perecíveis e valiosos) Menor tempo de armazenagem Menores custos de embalagem (manipulação cuidadosa) Documentação simples	Menor capacidade Não apto a cargas a granel Não apto a produtos de baixo valor Não apto a produtos perigosos Custos elevados
Multimodal	Maior eficiência (índice de ocupação e concentração de modos) Redução substancial de tempos (operações) e custos (seguros, salários) Coordenação e eficiência de controles (aduaneiros, sanitários) Maior segurança	Não apto para certos tipos de cargas (a granel e cargas especiais) Desbalanceamento de circulação (retornos vazios) Requer maiores investimentos em equipamento, manipulação

De todos os meios identificados, os mais importantes para a LCI são o intermodal e o multimodal (TM), tal como os definimos anteriormente. O elemento básico neste caso é o contêiner, que consiste em uma caixa rígida de grandes dimensões e material indeformável, que se adapta aos distintos modos de transporte e está devidamente normatizado; a esse respeito, seu módulo básico é o ISO de 8' × 8' × 20' (que no jargão logístico se denomina TEU, por *Twenty-feet Equivalent Unit* ou Unidade Equivalente de 20 pés). No caso do modal aéreo, temos os módulos (contêineres) normalizados pela IATA.

Um elemento fundamental do sistema de transporte intermodal e multimodal é constituído pelos terminais integrais de carga (TIC), que facilitam o processo de consolidação, desconsolidação e transferência de cargas entre distintos modos de transporte (os quais as converte essencialmente, ainda que não exclusivamente, em interfaces intermodais). Os TIC contam usualmente com recintos independentes para controles aduaneiros e fitossanitários (TIC – Porto Seco) e prestam uma série de serviços adicionais (agências de transporte, bancos, oficinas, alojamento e outros).

8.5 Administração e operação de serviços de transporte

8.5.1 Participantes ou atores diretos na operação de transporte

As transações em transporte envolvem as seis partes interessadas: o remetente (parte originária), o destinatário (parte receptora), o transportador, a seguradora, o governo e o público. Em determinadas situações, alguns estão ligados por uma relação de propriedade, como quando veículos pertencentes a uma empresa são usados para transportar produtos entre duas sucursais da mesma. Em muitos casos, contudo, as partes são possuídas e operadas independentemente. Para entender a complexidade do sistema de transporte, é necessário revisar o papel e a perspectiva de cada parte.

O remetente e o receptor têm o objetivo comum de mover produtos de um lugar de origem para um de destino dentro de um lapso de tempo determinado e ao menor custo possível. O transportador, como intermediário, tem uma perspectiva diferente; busca maximizar o benefício associado à operação e minimizar seus custos operacionais. A seguradora, com o papel de mitigar riscos. Ao governo interessa a transação, devido ao impacto do transporte na economia. O quinto participante, o público, se interessa pela acessibilidade, custo e pela efetividade do transporte, assim também como pelos padrões de segurança e ambientais; em última instância, o público determina a necessidade de transporte ao demandar produtos em lugares situados em distintas regiões do mundo, a preços razoáveis.

Devemos realizar ainda algumas considerações adicionais sobre os provedores de transporte ou transportadores. O tipo de empresa transportadora mais elementar é o unimodal, ou seja, a que oferece serviços utilizando apenas uma classe de transporte. Este grau de especialização permite ao transportador tornar-se muito eficiente, competente e especializado. Sem dúvida, este esquema cria dificuldades importantes no caso de se requerer uma operação intermodal que combina dois ou mais modos, porque requer uma negociação e transação com cada transportador individual. Aparece assim a figura dos operadores intermodais e multimodais, que operam múltiplos meios de transporte para obter vantagem das economias inerentes a cada um, e assim prover um serviço integrado ao menor custo total.

8.5.2 Outros participantes nas operações de transporte e distribuição física

No que se refere à cadeia de distribuição física, da qual o transporte é um elo fundamental, intervém uma série de atores cuja atividade pode estar consolidada em uma frota própria, ou ocorrer através de operadores independentes. Estes são intermediários ou agentes transitórios, corretores (*brokers*) de carga, companhias ou agentes seguradores, despachantes aduaneiros etc. Em todos os casos deve haver uma documentação que reflita essa relação.

Os intermediários e os agentes usualmente não possuem nem operam equipamento próprio, mas se apoiam nos serviços de outras firmas. Um intermediário típico começa por agrupar uma quantidade de pequenos carregamentos de vários embarcadores e logo contrata o transporte sobre uma base de preço em função do volume. Cabe destacar que, nos últimos anos e devido ao auge da logística, em distintas regiões do mundo – incluída a América Latina – têm surgido empresas de logística que contemplam todos ou vários dos serviços relativos ao processo de LCI.

Em matéria de documentação, praticamente cada relação envolvida na cadeia é formalizada em determinados documentos, sendo os principais apresentados no Quadro 8.4.

Quadro 8.4 – Relação documental entre agentes envolvidos em operação logística internacional

Relação	Documento
Vendedor – comprador	Contrato/fatura de compra – venda
Agentes transitórios	Contrato de transporte
Tramitação aduaneira	Declaração aduaneira, fatura de origem
Seguro	Contrato/apólice de seguro
Operação bancária	Ordem de pagamento, carta de crédito

Geralmente os documentos que merecem maior atenção do ponto de vista operacional-logístico são os relativos ao transporte em si. Na operação clássica, cada meio tem seu próprio contrato e a correspondente carta de porte. Assim, no transporte rodoviário, temos o conhecimento rodoviário de transporte (CRT), os países europeus operam segundo o convênio TIR e a carta de porte CMR. No Cone Sul da América Latina, temos o Convênio ATIT e a carta de porte MIC/DTA; no transporte marítimo, temos o conhecimento de embarque (B/L) e o contrato/apólice de fretamento (C/P); no aéreo, o documento multifuncional conhecido como *Airway Bill* (AWB). Sem prejuízo do anteriormente citado, atualmente se tende a unificar a operação baseando-se no transporte multimodal (TM), surgindo assim o Documento de Transporte Multimodal (DTM) proposto em Convênio das Nações Unidas.

8.5.3 *Regulação dos modais de transporte e do transporte multimodal*

A regulação dos modais de transporte tem antecedentes históricos que remontam ao desenvolvimento do transporte marítimo (para citar um fato importante, a Conferência de Calcutá de 1875) e ferroviário (Convênio de Berna de 1890). No que se refere ao desenvolvimento imediato, destaca-se que o desenvolvimento dos processos de integração econômica (dos quais o melhor exemplo é a União Europeia) tem trazido como consequência a geração e a aplicação de normas relativas ao transporte, que estão explicitadas em Acordos e Convênios de validade internacional e regional.

8.5.4 *Canais de distribuição*

The American Marketing Society define um canal de distribuição como "a estrutura das unidades organizacionais das companhias intervenientes, seus agentes externos e os comerciantes atacadistas e varejistas, através dos quais se comercializam determinadas mercadorias ou serviços".

Os três tipos de canais básicos são: largo, curto e direto. O *canal largo* corresponde a um esquema com operadores independentes em todos os elos da cadeia. No *canal direto*, temos a situação contrária, em que uma empresa ou grupo empresarial realiza a operação total da origem ao destino final. O *canal curto* é o caso intermediário; certas atividades se concentram em um operador e alguma (ou algumas) são executadas por operadores independentes. Atualmente, tem destacada aplicação um tipo de canal curto, em que as atividades de armazenamento, manipulação intermediária, transporte e entrega ao atacadista ou varejista se terceiriza em função de um operador logístico.

Por função, desde a perspectiva do canal, se entende o conjunto de tarefas consideradas universais para a comercialização e a logística de produtos e serviços. Uma função específica pode ser realizada alternativamente por diferentes membros do canal, e será repetida todas as vezes que seja necessário.

O esquema precedente reflete o enfoque tradicional, ainda válido, segundo o qual os elementos funcionais da distribuição se agrupam nos três aspectos indicados: intercâmbio, distribuição física e facilitação. As funções de intercâmbio incluem atividades relacionadas com a compra e venda. A função de distribuição física, que é o verdadeiro motivador da atividade logística, consiste em levar o produto correto, ao lugar correto, no momento correto. As funções de facilitação são pouco desenvolvidas. As funções de facilitação incluem os itens relativos a financiamento, padronização, controle de riscos, informação de mercado e atividades de pesquisa.

Outro critério básico relacionado é o de especialização, no qual há referência ao fato de que algumas empresas podem introduzir economias no processo logístico, porque são capazes de realizar certas funções de forma mais eficiente que outras. A lógica da especialização está baseada em economias de escala e diversificação de tipos de produtos.

8.6 Gestão do crédito internacional

Conceitualmente, o risco de crédito do importador é definido como Risco Comercial, que traduz a capacidade de pagamento do importador.[7] A análise de crédito dos importadores é, na maioria das vezes, também realizada pela malha do sistema bancário. Quando o sistema bancário não dispõe de informações, existem empresas que disponibilizam a venda de serviços de informações cadastrais, a exemplo de Dun & Bradstreet.[8] Os bancos normalmente trocam informações "codificadas" a respeito dos seus clientes informando, por exemplo, que "o cliente é bom para baixos seis dígitos, ou seja, ao redor de $ 100.000/130.000". Dun & Bradstreet (D&B) disponibiliza demonstrações financeiras, relatórios de crédito em inglês e português a pedido e solicitação da empresa exportadora que paga pela assinatura dos seus serviços. D&B também fornece informações para as áreas de marketing e compras.

Um item importante na análise do crédito internacional é o risco país, universalmente conhecido como *country risk*. A questão do *country risk* pode ser mais bem conceituada pelo fato de o país do importador poder suspender as remessas ao exterior por uma crise cambial momentânea, cíclica ou estrutural, como já ocorrido no Brasil. Diversas agências de *rating* realizam a classificação de riscos de países: Moody's,[9] Standard and Poors[10] e Fitch,[11] dentre outras.

Por isso, a questão do sistema de pagamentos é muito importante, e esta é a missão do Comitê de Sistema de Pagamentos do BIS. Os bancos comerciais que operam em câmbio são os melhores analistas do risco país, fornecendo informações relevantes para as empresas que operam no comércio internacional, além de terem, nas taxas de juros aplicadas a cada país, a sinalização do risco desse país: quanto maior o risco, maior a taxa de juros aplicada.

Quando o sistema bancário não tiver acesso ao mercado de destino das exportações, cuidado com o risco comercial e o risco país. Esta situação ainda ocorre em alguns mercados da África, alguns países do Leste Europeu e países do Oriente Médio, que são conhecidos como mercados exóticos. A sugestão é operar com Cartas de Crédito (L/C) "confirmadas" por um banco de primeira linha na praça do "antigo-colonizador" (Londres, Paris) e efetuar a contratação de um seguro de crédito à exportação.

8.7 Financiamentos internacionais para capital de giro

Os financiamentos para o capital de giro internacional também podem ser conceituados pela abordagem de crédito ao exportador (*Supplier's Credit*) – financiamento concedido por um banco ao exportador – e crédito ao importador (*Buyer's Credit*) – financiamento concedido diretamente ao importador estrangeiro. Vejamos cada uma destas abordagens separadamente.

8.7.1 Financiamento ao exportador de produtos brasileiros (supplier's credit)

Os recebíveis internacionais ou Saques (*Drafts*) são o primeiro instrumento que pode alavancar financiamento de curto prazo, normalmente até 360 dias, apesar de o maior volume ter um prazo médio de 180 dias. Tais financiamentos podem ser:

8.7.1.1 Financiamento pré-embarque

O financiamento pré-embarque financia a produção. Quando o exportador necessita de recursos para a produção de suas exportações, os bancos podem financiar operações de até 360 dias,[12] com taxas que variam de acordo com o padrão de crédito do exportador (*credit rating*) e credibilidade do importador, ou seja, não ter ou ser parte relacionada com o exportador. O exportador deve apresentar ao banco financiador documentos que evidenciem o pedido firme do importador. Dependendo do perfil de crédito, o exportador paga, ao banco financiador, uma taxa de juros superior ao financiamento pós-embarque, tendo em vista as incertezas da produção da mercadoria e seu embarque futuro. O prazo desta operação não ultrapassa, na média, 360 dias.

Os bancos brasileiros praticam esta modalidade de financiamento sob a forma de adiantamentos de contrato de câmbio (ACC), letras a entregar, refinanciando estas operações junto às suas linhas de crédito no exterior. O BNDES, nas atividades passíveis de apoio pelo banco, disponibiliza linhas de crédito na modalidade pré-embarque, a saber: pré-embarque, exim pré-embarque, exim pré-embarque especial.[13]

---

[7] CARVALHO FILHO, Genésio. Os mercados emergentes e o risco país. Capítulo VI: Fundamentos de Finanças Internacionais. Apostila.

[8] Disponível em: <www.dnb.com>.

[9] Disponível em: <www.moodys.com>.

[10] Disponível em: <www.standardandpoors.com>.

[11] Disponível em: <www.fitchratings.com>.

[12] Carta-Circular Bacen nº 2.919 de 18-8-99. Disponível em: <www.bacen.gov.br>.

[13] Disponível em <www.bndes.gov.br>.

8.7.1.2 Financiamento pós-embarque

O financiamento pós-embarque financia a comercialização dos produtos. Constituem-se, normalmente, em financiamentos com lastro da cobrança em recebíveis performados. A prática comum é o banco financiador adiantar fundos equivalentes a um percentual da cobrança, "lastro" como "colateral" do financiamento concedido. O termo *colateral* diz respeito a um direito sobre uma propriedade ou ativo que pode ser vendido em caso de evento de inadimplência de qualquer recebível a ser cobrado; em síntese, uma garantia. Normalmente, os bancos financiam até 70% do valor do lastro da "cobrança". Os bancos brasileiros praticam, às vezes, até 100% em operações individuais de adiantamento da cobrança, na modalidade conhecida como Adiantamento sobre Cambiais Entregues (ACE), com prazo de até 210 dias.

Quando o importador "aceita" o saque, normalmente o banco financiador redesconta o saque no mercado de *bankers acceptances*, que é um grande mercado secundário dos títulos do comércio internacional operado na praça de New York. As taxas praticadas giram ao redor de pequeno *spread over Libor*, para riscos de primeira linha (bons importadores, e destino EUA, União Europeia e Reino Unido), sendo o risco país o grande referencial na aplicabilidade da taxa de desconto.

Também podem ocorrer operações de venda dos saques sob a forma de *factoring*, sem direito de regresso contra o exportador. Estas operações são conhecidas e operadas no mercado *à forfait*.

Outras operações complementam esta modalidade de financiamento para as empresas brasileiras exportadoras, que são:

- Proex: em que recursos do Tesouro Nacional financiam o importador dos produtos brasileiros, equalizando as taxas de juros.
- Pré-Pagamento à Exportação: em que o exportador recebe os recursos diretamente do importador sem assumir endividamento com uma instituição financeira, ou por qualquer pessoa jurídica no exterior, inclusive instituições financeiras.
- *Export Notes*: em que o exportador cede a um tomador, através de um título, os direitos creditícios de uma operação a ser realizada.

8.7.2 Financiamento ao importador (buyer's credit)

Esta modalidade de financiamento é praticada para fortalecimento das vendas de produtos brasileiros no exterior e, geralmente, são fomentadas por programas de apoio e financiamento às exportações operadas pelas Export Credit Agencies (ECAs) dos países exportadores, que no caso brasileiro é o BNDES.

Estes financiamentos são sempre pós-embarque para o importador, e pode ocorrer financiamento pré-embarque para o exportador brasileiro (no caso dos fabricantes de bens de capital) como linha de crédito pré-embarque que, após o término da montagem, transforma-se em financiamento ao importador pós-embarque.

O programa de apoio às exportações brasileiras é conhecido como BNDES-Exim. As empresas Embraer e Maxion são exemplos de empresas que viabilizaram suas exportações, financiando sua produção com linhas pré-embarque que se transformaram, após a produção, em financiamento ao importador.

8.7.3 Financiamento à importação de produtos estrangeiros (buyer's credit)

Na importação de produtos estrangeiros por instituições instaladas no Brasil, podem-se utilizar as linhas disponíveis nos países de origem. Como o comércio internacional é uma via de duas mãos, os importadores brasileiros também podem tomar financiamentos para capital de giro das Export Credit Agencies (ECAs) Internacionais: normalmente, os itens assistidos são componentes e *commodities* que se inserem no capital de giro. O maior foco das ECAs Internacionais são serviços de engenharia e bens de capital. As taxas de juros das ECAs estão um ponto abaixo das taxas do mercado, porque são subsidiadas pelos programas oficiais dos governos, e estão reguladas pela OECD, pela regra do *Consensus*.

A maioria dos países filiados à OECD – Organization for Economic Cooperation and Development[14] opera programas de apoio às exportações, sendo os mais conhecidos os do G-7:

- Alemanha: Kreditanstalt für Wiederaufbau (KfW);
- Canadá: Export Development Canadá;
- Japão: Japanese Bank for International Cooperation (JBIC);
- EUA: U. S. Export Import Bank;
- França – Compagnie Francaise d'Assurance pour le Commerce Extériéur (COFACE);
- Itália: Instituto per i Servizi Assicurative Del Commercio Estero (SACE);

---

[14] DELPHOS, William A. *Inside the world's export credit agencies.* Carnwall: Thomson, 2004.

- Reino Unido: Exports Credits Guarantee Department (ECGD).

8.8 Gestão da tesouraria internacional

A gestão da tesouraria internacional é uma atividade estratégica que, para ser acionada, requer definições da alta administração e acionistas da organização. Estas ações incorporam o estreito acompanhamento dos riscos a serem envolvidos, da operação comercial, pela adequada concessão do crédito no risco definido como Risco Comercial, à escolha do banco que vai operar as liquidações de pagamento e cobrança da empresa em suas operações de comércio exterior. A definição das responsabilidades e a escolha da equipe que vai operar a tesouraria internacional são os temas mais importantes da gestão da tesouraria internacional. Na hipótese de terceirização via *trading*, sua escolha deve ser cuidadosa e levar em conta a especialização da *trading* no mercado dos produtos da empresa e sua credibilidade junto ao mercado internacional.

Como o Brasil está inserido na geopolítica do dólar norte-americano, a referência de moeda conversível é o dólar norte-americano, aliado ao fato de os Estados Unidos serem o maior mercado para os produtos brasileiros. Esta dependência exige das empresas um acompanhamento das flutuações e volatilidade do dólar nos mercados internacionais, bem como da flutuação da moeda brasileira frente ao dólar norte-americano.

A administração de caixa internacional "deve minorar as pressões financeiras que surgem em uma ou outra fase da operação da empresa de tempos em tempos. A administração de caixa internacional pode reduzir a necessidade de financiamento externo. Este deve ser o enfoque central do objetivo da Gestão da Tesouraria Internacional".[15]

No Brasil, este princípio deve ser avaliado com uma análise adicional: o custo-benefício da diferença dos custos dos juros internacionais frente aos juros praticados no mercado interno. Dependendo da rentabilidade e da produtividade das exportações, ainda é mais barato tomar emprestados fundos do exterior do que tomar empréstimos em moeda local.

Para ser eficaz, a administração de caixa internacional deve atender a requisitos essenciais.

Primeiro, um bom sistema de informações gerenciais contém: demonstração do fluxo de caixa em moeda forte, geralmente em US$ ou euros, comparando-se orçado e realizado; e relatório sobre a exposição da empresa a riscos cambiais e riscos comerciais por país de destino das exportações.

Segundo, o sistema deve ser operado por uma equipe que conheça os principais problemas dos cenários das finanças internacionais. Estes problemas envolvem conhecimento das práticas do comércio exterior, do mercado de câmbio, sistemas de pagamento, liquidação e compensações internacionais, o mercado em que a empresa opera, línguas estrangeiras, treinamento dos executivos e práticas contábeis que se integrem à contabilidade da casa-matriz.

Terceiro, o caixa gerado pela operação de comércio exterior deve ser convertido na moeda da casa-matriz quando as divisas originadas pelas operações internacionais forem repatriadas.

A gestão de caixa é um dos temas do capital de giro internacional mais importantes, pelo baixo rendimento das aplicações financeiras internacionais comparado com os juros praticados no Brasil. Esta situação impõe à administração de caixa uma motivação de velocidade na liquidação, seja dos pagamentos seja dos recebimentos.

Outro fato importante é a precisão na revisão da documentação comercial e a elaboração da documentação financeira exigida nos procedimentos de cobrança internacional, com foco nas instruções de liquidações, seja dos pagamentos seja dos recebimentos.

O grande problema da administração do caixa internacional são os erros de documentação que são enviados aos bancos que, às vezes, não os detectam e os exportam aos seus correspondentes que os identificam após dias ou semanas retardando a liquidação dos pagamentos ao exportador brasileiro.

A alta administração e os acionistas da empresa devem procurar responder às seguintes questões na implementação da política da gestão do caixa internacional:

- liquidez × rentabilidade: se o volume do caixa puder ser isolado (na hipótese de a empresa ter uma conta *off-shore*), a definição de manter um nível mínimo de caixa deve ser avaliada. Se as divisas forem "internadas", a política de liquidez e rentabilidade deve ser integrada à política da "casa-matriz";
- implementação: na implementação da administração internacional do caixa, devem estar definidas as responsabilidades da gerência: nível de alçadas e riscos que podem ser assumidos;

---

[15] BAKER, James C. *International finance*: management, markets and institutions. Englewood Cliffs: Prentice Hall, 1998. International cash management, chapter 15.

- sistema contábil: o sistema contábil das operações internacionais deve ser estruturado de maneira que possa ser integrado à contabilidade da casa-matriz;
- sistema de orçamento: um sistema de orçamento integrado ao sistema da casa-matriz deve ser observado;
- relacionamento bancário: a definição da instituição financeira que prestará os serviços de câmbio, cobrança e pagamentos no exterior deve ser determinada pela alta administração da empresa;
- política de captação de fundos: a empresa deve definir uma política de captação de recursos em termos de prazo, custos financeiros e riscos a serem assumidos;
- plano de contingenciamento: deve ser definida, no caso de grandes volumes de caixa, uma política que envolva um plano de contingenciamento para enfrentar crises de pagamentos, seja do mercado interno da casa-matriz, seja dos mercados internacionais dos países de destino/origem de suas exportações/importações.

Outro ponto importante é a definição de centralização, ou não, dos pagamentos e recebimentos no exterior através de uma única instituição bancária. Nos primeiros anos, levando em consideração os custos das transações no exterior, além da facilidade de gerenciamento financeiro das transações pela centralização, é recomendável centralizar as liquidações financeiras em uma única instituição bancária.

As ETNs europeias aplicam uma política de *house banks*, que são os "bancos da casa", ou seja, bancos que centralizam suas operações, divulgando seus nomes até nos papéis corporativos, a exemplo das ETNs alemãs que identificam os três maiores bancos: DeutschBank, Commerzbank e Dresdner Bank no rodapé de seus papéis timbrados. Estes bancos são os parceiros das operações internacionais, principalmente se as ETNs têm volume substancial de exportações e importações.

8.8.1 Administração da cobrança internacional

A cobrança internacional, mais exatamente a cobrança dos recebíveis do capital de giro internacional, tem como veículo a malha do sistema bancário internacional que, através de sua rede de filiais, subsidiárias e bancos correspondentes, cobra e liquida os fundos da cobrança internacional através do sistema de pagamentos.

O processo de cobrança internacional inicia-se com a análise e a concessão do crédito dos importadores, que são os clientes internacionais. Segue-se a observação de estruturação da documentação de cobrança e instruções à instituição financeira que presta os serviços de tesouraria internacional.

A documentação de embarque que a empresa exportadora prepara e envia ao banco que vai "processar" a cobrança deve observar a legislação da cobrança documentária estabelecida pela ICC 522 – International Chamber of Commerce – Uniform Rules for Collection – Definições Básicas itens B e C.[16] A cobrança documentária significa documentos financeiros acompanhados de documentos comerciais. Esta cobrança incluiu no mínimo:

- conhecimento de embarque (*Bill of Lading*);
- fatura comercial (*Commercial Invoice*);
- saque (*Draft*);
- carta com instruções de cobrança especificando as condições de pagamento, se o saque é a vista (*Sight Draft*) ou a prazo (*Term Draft*).

Quando a documentação de cobrança não acompanha documentos comerciais, os bancos aplicam os procedimentos da cobrança simples (*Clean Collection*), incluindo somente saque (*Draft*) e carta com instruções de cobrança.

No caso das empresas brasileiras, se o banco que vai processar a cobrança adiantar as divisas, poderá ocorrer uma operação de câmbio na modalidade Adiantamento sobre Cambiais Entregues (ACE), ou seja, um financiamento pós-embarque, sendo aplicada a legislação cambial de exigência de contrato de câmbio.

O crédito documentário,[17] mais conhecido como carta de crédito (L/C), estabelecida pela UPC-600, é o mais forte instrumento de cobrança do comércio exterior e, por sua vez, é o mais caro, porque, como o banco instituidor é o responsável pelo risco de crédito,[18] normalmente exige uma "rede de instituições" financeiras para a sua cobrança e liquidação, e ainda demanda uma completa checagem da documentação de embarque e documentos exigidos pelas cláusulas adicionais.

---

[16] ICC 522 – International Chamber of Commerce – Uniform Rules for Collection. Revisão 1995.

[17] ICC Publication 600 – Uniform Customs and Pratice for Documentary Credits. Revisão 2007.

[18] Quando a L/C é confirmada, o confirmador é o responsável pelo crédito ou pagamento ao beneficiário, incondicionalmente.

Apresentamos, a seguir, um "espectro" completo das instituições envolvidas no processo de cartas de crédito, partes e atuação das instituições envolvidas com relação a sua abertura ou instituição, negociação e confirmação:

- Parte interessada (*Applicant*): a empresa que solicita a emissão ou abertura de carta de crédito.
- Beneficiário (S) (*Beneficiary* – "IES"): empresa ou empresas a favor das quais o crédito documentário é instituído. Esta empresa é a beneficiária recebedora dos fundos.
- Banco abridor ou banco instituidor (*Opening or Issuing Bank*): o banco da parte interessada que abre, institui, ou estabelece a carta de crédito.
- Banco pagador (*Paying Bank*): o banco especificado nos termos e nas condições da Carta de Crédito pelo qual o seu pagamento será efetuado.
- Banco avisador (*Advising Bank*): o banco que avisa o estabelecimento da Carta de Crédito ao beneficiário.
- Banco negociador (*Negotiating Bank*): normalmente, um banco não especificado no crédito que, a seu critério, adianta fundos ao beneficiário, contra promessa ou entrega de documentos.
- Banco confirmador (*Confirming Bank*): o banco, normalmente do país do beneficiário, que adiciona seu compromisso de irrevogabilidade ao banco abridor da carta de crédito. O banco confirmador deve estar autorizado pelo banco "abridor" ou instituidor para atuar na confirmação. Na prática, o banco abridor estabelece linhas de crédito para bancos estrangeiros correspondentes atuarem como bancos confirmadores.

Os tipos de crédito documentário existentes são:

- Direto/firme (*Direct/Straight*): estabelece obrigação exclusiva do banco abridor com o beneficiário. Modalidade bastante utilizada no comércio de mercadorias estratégicas, pela atuação de bancos governamentais dos países envolvidos.
- Avisada através de Correspondente (*Advised Trough*): carta de crédito firme enviada a um banco correspondente para expedir instrumento de crédito ao beneficiário. O banco avisador expede a carta de crédito ao beneficiário sem engajamento de sua parte.
- Aberta com (*Open With*): o banco instituidor ou banco "abridor" designa sua filial ou subsidiária, ou banco correspondente nos países do beneficiário, para agir como banco pagador ou encarregado de colher aceites nos saques. O banco pagador não se obriga por nenhum pagamento antecipado ao beneficiário. O banco instituidor deve incluir a descrição do método de reembolso para o banco pagador ou banco aceitador.
- Crédito negociável (*Negociation Credit*): o banco instituidor assegura a qualquer parte que passa a ser eleito para adiantar fundos e que a documentação, estando em estrita conformidade com os termos da carta de crédito, será honrada. A parte negociada torna-se uma entidade legalmente reconhecida com direito sobre a cambial.
- Crédito confirmado (*Confirmed Credit*): o banco instituidor autoriza uma filial ou um banco correspondente a adicionar sua confirmação à carta de crédito. O banco confirmador agrega seu padrão de crédito ao padrão de crédito do banco instituidor, comprometendo-se dessa maneira a honrar os termos da carta de crédito confirmada. O risco comercial e o risco político de soberania são transferidos para o país do banco confirmador. O maior benefício da carta de crédito confirmada é, quando a empresa operar com mercados exóticos, poder transferir o risco país do importador para o risco país do banco confirmador. Exemplo: a empresa Mangels exporta para a Nigéria seus botijões de gás; se conseguir negociar uma L/C aberta na Nigéria, confirmada em Londres, estará transferindo o risco país da Nigéria para o risco Reino Unido. Por essa razão, normalmente os custos de confirmação são elevados, no mínimo 100 bp,[19] ou 1%.
- Standby Letter of Credit: esta é uma carta de crédito solicitada pelo importador e oferecida como garantia pelo banco instituidor ao exportador. É um documento que garante um empréstimo ou financiamento. Caso o tomador não honre o compromisso, o

---

[19] *Based point*. Cem *based points* equivalem a 1%.

beneficiário poderá executar a carta de crédito. Possui regras definidas pela CCI-590.
- *Back to Back*: envolve duas cartas de crédito, permitindo ao exportador, que não é o fabricante da mercadoria, um ganho financeiro específico. O importador solicita a um banco (primeiro banco) a emissão da carta de crédito (primeira carta) em favor de um exportador que, por sua vez, solicita a um banco local (segundo banco) a emissão de uma carta de crédito local (segunda carta) em favor do fornecedor. A segunda carta de crédito em valor inferior tem como garantia a primeira, e o seu valor é automaticamente transferido ao emissor da segunda carta. Após a efetivação da exportação, o banco paga ao exportador a diferença de valor.

8.8.2 Administração de pagamentos internacionais

A administração dos pagamentos deve observar, analogamente, a origem e a autenticidade da documentação para suporte à contabilidade da empresa, às autoridades tributárias brasileiras e ao Banco Central. Cumprido este procedimento, o departamento financeiro internacional deve observar, no caso das importações:

- condições de compra (*Commercial Invoice*);
- condições de pagamento (*Draft/vencimento*);
- legislação brasileira aplicável à importação;
- contrato de câmbio.

O pagamento de comissões para agentes deve observar a prática do comércio internacional, e os empréstimos devem estar, quando for o caso, amparados pela legislação brasileira, com o adequado contrato de fechamento do câmbio que oficializou a saída de divisas. Observados estes procedimentos, a empresa deve instruir a instituição financeira prestadora dos serviços de tesouraria internacional para o pagamento no exterior com o fechamento do câmbio.

8.8.3 Administração de riscos financeiros internacionais

Na gestão financeira do capital de giro internacional, podem ocorrer diversos riscos financeiros que precisam ser administrados pelo departamento financeiro, a saber:

- risco de crédito: já abordado neste capítulo, refere-se à gestão do crédito concedido a compradores no exterior;
- risco de contraparte: refere-se à possibilidade de prejuízos causados por inadimplemento de obrigações assumidas por instituições financeiras intervenientes, quer nacionais quer internacionais, tornando-se necessário analisar a situação operacional e financeira dessas instituições financeiras, ou obter seu relatório de *rating*;
- riscos de mercado: referem-se essencialmente a perdas possíveis com variações cambiais e taxas de juros, utilizando-se, em sua gestão, instrumentos de *hedge*, como *swaps*, arbitragem de juros e mercados futuros;
- riscos operacionais: referem-se a perdas possíveis com: inadequação de pessoas que atuem na gestão do capital de giro internacional; inadequação de processos; inadequação de tecnologia, tanto em sistemas quanto em equipamentos, utilizada na área. Assim, torna-se importante que, periodicamente, seja realizada uma avaliação das pessoas, dos processos e da tecnologia empregados pela área.

8.8.4 Constituição de empresa off-shore

Com o crescimento das operações, a administração do capital de giro internacional, mais especificamente a tesouraria internacional, vai exigir uma gestão dos fundos internacionais de forma ágil e veloz. As ETNs abordam este assunto sob a temática de remanejamento de caixa ou *Reposition of Funds*.[20] Esta operacionalização no cenário brasileiro pode ser lenta devido ao sistema centralizado de câmbio. Assim, quando ocorre a constituição de subsidiárias no exterior, ou quando o volume do giro internacional ultrapassar $ 20 milhões, a constituição de uma empresa *off-shore* passa a ser considerada.

Não existe nenhum problema de empresa brasileira que atue no comércio exterior constituir uma empresa *off-shore*, desde que esta empresa seja declarada junto à Receita Federal e/ou ao Banco Central. Esta transparência e oficialização da empresa *off-shore* também apoiarão a integração da sua contabilidade à contabilidade da casa-matriz no Brasil.

---

[20] EITMAN, Stonehill Moffett. *Repositioning funds*: multinational business finance. Cambridge: Addison-Wesley, 2001. Cap. 18.

Espera-se, para o Brasil, a liberação técnica do mercado de câmbio pela autorização de que empresas exportadoras e importadoras possam ter contas em moedas conversíveis junto aos bancos brasileiros e estrangeiros que operam em câmbio no Brasil: sejam dólares norte-americanos, € (euros) ou outras moedas. Enquanto esta liberação não ocorre, é recomendável a constituição de empresa *off-shore*.

Além dos entraves burocráticos para a rápida gestão do caixa internacional, aspectos fiscais, seja no Brasil seja nos países de destino/origem das operações comerciais, assim como aspectos políticos, velocidade do mercado de câmbio e estratégia de liquidez do caixa internacional fundamentam e apoiam a constituição de empresa *off-shore*.

A expressão *off-shore*, traduzida literalmente, quer dizer "fora da praia". Esta tradução incorpora que na jurisdição *off-shore* não existe nem autoridade monetária, nem autoridade fiscal. O regime contábil das empresas *off-shore* é o regime de caixa, porém muitas ETNs mantêm na empresa *off-shore* o regime de provisionamento *accrual basis* da contabilidade da casa-matriz. O melhor exemplo da legitimidade *off-shore* é o Euromercado que é o maior mercado financeiro do mundo, em que ainda se praticam operações com títulos "ao portador".

Especula-se que o Reino Unido pode não ter aderido à União Monetária do € (euro) para não esvaziar e contaminar o Euromercado, cuja sede é o Distrito Financeiro da *City* em Londres.

A localização das empresas *off-shore* são os paraísos fiscais (*tax heavens*). Estes paraísos fiscais estão localizados, normalmente, na zona do Caribe: Cayman Islands, BVI-British Virgin Islands e Bermudas são os mais conhecidos. Mas países da União Europeia são centros *off-shore*, a exemplo da Ilha da Madeira, que pertence a Portugal, e Luxemburgo, que é um dos centros *off-shore* mais corporativos do sistema financeiro. O Principado de Mônaco é o paraíso fiscal mais escolhido por pessoas físicas milionárias, banqueiros, grandes investidores e, notadamente, agentes e corredores da Fórmula 1, bem como esportistas famosos e artistas.

A prática recomenda que, se possível, a localização da empresa *off-shore* seja em um paraíso fiscal que pratique a *Common Law* do Reino Unido, como, por exemplo, Cayman Islands, Bahamas e BVI-British Virgin Islands. A *Common Law*, ou Lei das Práticas Comerciais Inglesas, padronizou os contratos e instrumentos financeiros do Reino Unido, facilitando o processamento da documentação de embarque, e dos contratos de empréstimo e investimento, acordos de acionistas, e demais práticas junto ao sistema financeiro internacional. Em resumo, a lei inglesa é o padrão mais adequado para a prática dos contratos internacionais, e as ex-colônias que praticam esta legislação são admitidas na *Commonwealth*. Os paraísos fiscais do Caribe são ex-colônias britânicas, e Cayman Islands é um protetorado britânico cujo governador é nomeado pela Rainha.[21] Luxemburgo também pode ser uma indicação se a empresa *off-shore* também operar como *holding*, pelo fato de as empresas de Luxemburgo não terem taxação sobre os dividendos, o que cria uma vantagem comparativa para o pagamento de dividendos a sócios e diretores.

Constituída a empresa *off-shore*, pode ser aberta uma conta bancária em qualquer banco internacional, permitindo ao departamento financeiro internacional realizar com velocidade, sem entraves, sua gestão de caixa internacional em moeda conversível, através das seguintes operações:

- rápido desmembramento e transferência dos saldos de caixa para subsidiárias e casa-matriz de acordo com as necessidades de caixa destas empresas;
- livre movimentação de divisas para as operações do mercado internacional de câmbio;
- refaturamento da documentação de embarque via transferência de preços para as subsidiárias;
- absorção de custos administrativos da alta administração;
- pagamento de dividendos a acionistas e diretores;
- manutenção de liquidez, onde se fizer necessário, no espectro das operações internacionais da empresa;
- outras operações de caixa que exigem a velocidade dos sistemas de pagamento. A globalização e a transferência *online* de fundos via sistemas de pagamentos demandam uma gestão internacional de caixa ágil e veloz.

8.8.5 Contratos de hedge

As transações comerciais internacionais apresentam uma grande exposição aos riscos econômicos e uma das formas de proteção contra essas oscilações são as operações de contrato de *hedge*. Esses contratos possuem o papel de proteger as operações contra uma crise cambial, onde a moeda local está sujeita a desvalorizações e também podem servir como um instrumento

---

[21] CARVALHO FILHO, Genésio. *Mercados off-shore*. Apostila.

que possibilite fixar o preço dos produtos que podem passar por uma grande queda no futuro, como é o caso das *commodities*.

As oscilações cambiais podem ser tanto positivas quanto negativas o que na prática nomeamos como perda ou ganho cambial. Quando a empresa decide por "hedgiar" suas operações, esse risco ainda está presente na operação, porém de forma consciente e que não deva gerar grandes impactos negativos para a empresa, pois o valor fixado na contratação do *hedge* foi considerado pela empresa como uma taxa cambial ideal para aquela operação e a mesma será honrada no momento da execução do contrato.

A estratégia de "hedgiar" parcial ou integralmente as operações cambiais é facilmente encontrada em médias e grandes empresas exportadoras, que possuem em seu departamento financeiro especialistas em analisar e acompanhar diariamente o mercado econômico. Esses profissionais ao identificarem oscilações nos mercados podem adotar uma postura protecionista ou menos arriscada e indicar a contratação do *hedge*, a fim de minimizar riscos futuros para a empresa.

Atualmente no Brasil, aproximadamente 90% dos contratos de *hedge*[22] possuem o prazo de um ano, pois as taxas dos contratos de curto prazo são mais baixas. No entanto, os prazos também podem ser de longa duração ou estendidos, mas implicam diretamente na aplicação de taxas de juros mais altas. Os contratos de longa duração também podem ser entendidos como uma estratégia adotada pelas empresas que possuem uma baixa margem de rentabilidade em seus produtos, pois com essa operação é possível garantir que o lucro mínimo será preservado em suas vendas independentemente das oscilações cambiais

Um exemplo de prática de *hedge* está no mercado de grãos, onde o produtor possui uma estimativa da data em que será realizada a colheita, mas não consegue prever qual será o preço de venda que será praticado no mercado. Para garantir o preço da sua safra ele realiza um contrato de venda futura, onde é fixado no momento do contrato o preço que será pago pelo seu produto. O mesmo acontece nas operações de importação e exportação negociadas em moedas estrangeiras, onde é fechado o contrato com uma taxa predefinida que será aplicada no momento em que ocorrer a compra ou venda dos produtos amparados pelo contrato.

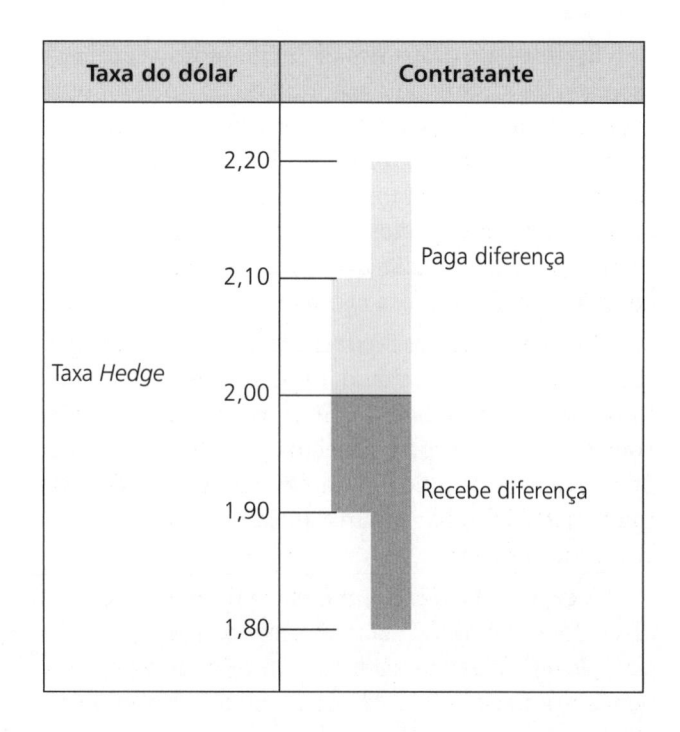

Taxa do dólar	Contratante
2,20	
2,10	Paga diferença
Taxa Hedge 2,00	
1,90	Recebe diferença
1,80	

Resumo

Neste capítulo, foram abordados os principais aspectos da gestão do capital de giro internacional. O ambiente da gestão envolve três fluxos: fluxo de mercadorias, documentação e moedas através de empresas e instituições domésticas e internacionais.

A organização para a administração envolve o atendimento de requisitos para atuar neste mercado globalizado que será operacionalizado na aplicabilidade de um modelo de gestão da empresa multinacional (gestão de caixa, contas a receber, estoques e contas a pagar). Neste modelo, devem ser quantificados os custos das transações: capital investido, tarifas internacionais, estocagem e manuseio, impostos, financiamentos, e até prazos praticados pela empresa entre o recebimento do pedido e o recebimento das cambiais.

Neste contexto, foram introduzidos os conceitos de logística, com ênfase especial no papel dos transportes na sua operação. Os custos logísticos e os modais de transporte disponíveis para distribuição local, regional, nacional e internacional foram brevemente descritos. Também se encontram discutidas algumas formas de administrar inventários, bem como seu manejo e o papel dos canais de distribuição na eficiência das operações.

A seguir, foram apresentados aspectos da gestão do crédito internacional, considerando o risco país, cujas informações são disponibilizadas por diversas agências de classificação de risco. A gestão do departamento financeiro internacional, como atividade estratégica,

---

[22] Disponível em: <http://economia.terra.com.br/acima-de-um-ano-operacao-de-hedge-cambial-no-pais-encarece,da48885ca376b310VgnCLD200000bbcceb0aRCRD.html>.

reflete ações, que, apoiadas por um sistema de informações gerenciais, refletirão na concessão do crédito ao exterior.

Finalmente, foram abordados os financiamentos disponíveis ao exportador, e a constituição de empresa *off-shore* para uma gestão de fundos internacionais através de operações que permitam ao departamento financeiro-internacional mais rapidez em suas operações.

Questões

a) Como você define o capital de giro internacional?
b) Como podem ser estabelecidos os principais fluxos do capital de giro internacional?
c) Quais os principais riscos associados ao investimento internacional?
d) Como podem ser minimizados os custos associados a gestão dos estoques internacionais?
e) Como podem ser diferenciadas a gestão dos estoques na exportação e na importação?
f) Considerando as principais questões da gestão do caixa internacional, estabeleça um fluxograma que permita a implementação desta política em uma empresa. Fundamente sua resposta.
g) Dentre as possibilidades de utilização de mecanismos de cobrança internacional, do seu ponto de vista, como podem ser minimizados os riscos dos recebíveis internacionais?
h) Quais os reflexos dos financiamentos internacionais no capital de giro da empresa?
i) Estabeleça os principais fatores, que, do seu ponto de vista, podem dificultar a gestão do caixa internacional.
j) Discuta os principais benefícios de constituir uma empresa *off-shore*.

Estudo de caso

Existem muitas opções na administração financeira de empresas atuantes no mercado internacional, pois esta opção pode representar eficiência para as empresas e absorção do potencial de produção. Quando se fala em atuar no mercado internacional, a ideia que imediatamente nos ocorre é de que se trata de relacionamento entre países. As empresas exportam e importam, mas neste contexto é o país que está envolvido, tornando-se fundamental saber se o país tem ou não condições de caracterizar uma estabilidade que garanta a remessa de recursos ao exterior. As empresas podem até funcionar bem, sem dificuldades econômicas e financeiras, porém a soberania de um país e o risco de moratória podem afetar sobremaneira os negócios internacionais.

Considere-se o diretor financeiro da Moratorium, uma empresa brasileira de alto gabarito, que decidiu diversificar a sua carteira de vendas. Até o ano passado, 85% de suas receitas eram provenientes do mercado local e o restante do exterior, bem diversificado geograficamente.

Todavia, a partir deste ano, a situação mudou. Por causa das crises internas no país, a sua empresa chegou à conclusão estratégica de que é melhor que a nova unidade fabril, que entrará em funcionamento já no segundo semestre do ano, exporte o máximo possível. Em função desta decisão, suas receitas locais cairão para apenas 30% das faturas totais. Os 70% dominantes serão auferidos no exterior. Por um lado, há um grave problema: o seu produto, máquinas e equipamentos pesados, por ora só encontrou uma nova fábrica, um único cliente num único país comprador. Ademais, os equipamentos são feitos sob encomenda, montados segundo a necessidade de cada cliente. Logo, não há viabilidade na devolução desses bens de capital, que devem ser remetidos de uma vez ao seu cliente.

Para produzir as máquinas, foi levantado um empréstimo a juros de mercado. Durante cinco anos, será preciso fazer créditos rotativos. Isso significa que a estrutura de capital da sua empresa será alterada de tal sorte que, se no ano passado havia R$ 7,00 de capital próprio para cada R$ 3,00 de capital de terceiros, até o ano que vem esta proporção mudará para a razão de R$ 4,00 de capitais próprios e o restante, capital de terceiros. Portanto, se o seu cliente não pagar, a situação da Moratorium ficará seriamente abalada.

Enquanto novos negócios não aparecem, e este pode ser um bom começo, o Diretor Presidente solicita-lhe a realização de uma análise do caso. Ele quer saber se vale a pena sacrificar os talentos, o capital e o tempo da Moratorium neste empreendimento.

Surgirá então a sua decisão, de fazer ou não esta fantástica operação. Analise detalhadamente os dados apresentados usando uma interpretação na seguinte linha: "De que forma esta operação pode afetar os negócios?"

Sugerimos:

i – Estabelecer um fluxograma das operações envolvidas na operação proposta (financeiro, documental e monetário).

ii – Identificar os principais problemas que podem surgir na gestão logística.

iii – Utilizando seus conhecimentos, propor ao Diretor Presidente alternativas para implementar uma gestão de caixa internacional, incluindo as opções de financiamentos que podem ser utilizadas na operação.

iv – elaborar um parecer final a ser apresentado na próxima reunião com os acionistas.

Referências

BAKER, James C. *International finance*: management, markets and institutions. Englewood Cliffs: Prentice Hall, 1998.

BIS – Bank for International Settlements-Forum of Central Banks. *Committee on Payment and Systems*. Disponível em: <www.bis.org>. Acesso em: jul. 2005.

BIS – *Padrões do Relatório Lamfalussy para credenciamento dos sistemas de liquidação privada, seja a liquidação via pagamento em tempo real (RTGS – Real Time Gross Settlements) ou pelo valor líquido (DNS – Differ Netting System)*. Disponível em: <www.bis.org>. Acesso em: jul. 2005.

BIS – Trienial Central Bank Survey and report on global foreign exchange market activity in 2010. Disponível em: <www.bis.org>. Acesso em: fev. 2013.

CARVALHO FILHO, Genésio. *O mercado internacional de câmbio*. Apostila, 2005.

_____. *Os mercados emergentes e o risco país*: fundamentos de finanças internacionais. Apostila, 2005.

_____. *Mercados off-shore-paper*. Não publicado.

_____. *Uma visão do ambiente da gestão do capital de giro no comércio internacional*. Apostila Trade Finance, 2005.

CIA – Central Intelligence Agency – Publications – The world factbook. Disponível em: <www.cia.gov>.

DELPHOS, William A. *Inside the world's credit agencies*. Carnwall: Thomson, 2004.

EITMAN, Stonehill M. *Multinational business finance*. 9. ed. Reading: Addison Wesley, 2001.

FMI – Fundo Monetário Internacional. International Financial Statistics. Publicado no *World Development Report 2000-2001*. Washington: Banco Mundial.

GILPIN, Robert. *The challenge of global capitalism*. New Jersey: Princeton, 2000.

<http://economia.uol.com.br/glossario/index-h.jhtm>.

<http://economia.terra.com.br/acima-de-um-ano-operacao-de-hedge-cambial-no-pais-encarece,da48885ca376b310VgnCLD200000bbcceb0aRCRD.html>.

ICC – International Chamber of Commerce. *Uniform rules for collection*.

ICCBWO. *Termos internacionais de comércio (incoterms)*. Disponível em: <www.iccwbo.org>.

INCOTERMS 2010 – Resolução Camex nº 21, de 7/4/2011. Disponível em: <www.mdic.gov.br>.

MINISTÉRIO DO DESENVOLVIMENTO, INDÚSTRIA E COMÉRCIO EXTERIOR. Disponível em: <www.mdic.gov.br>.

PORTAL DO EXPORTADOR. Disponível em: <http://www.portaldoexportador.gov.br>. Acesso em: jul. 2005.

SPB – Sistema de Pagamentos do Brasil. Disponível em: <www.bcb.gov.br>. Acesso em: jul. 2005.

SWIFT – The global provider of secure financial messaging services – Swift in figures – FIN traffic – Dec. 2012. Disponível em: <www.swift.com>.

UNITED NATIONS CONFERENCE ON TRADE AND DEVELOPMENT – WORLD INVESTMENT REPORT. *The Shift Toward Services-Overview*. Washington: Unctad, 2004.

WOLF, Martin. *Why globalization works*. New Haven: Yale University Press, 2004.

9

Os Sistemas de Informação na Gestão Integrada do Capital de Giro

Objetivos do capítulo

Este capítulo tem por objetivos:

- Apresentar o conceito de ERP e sua evolução.
- Demonstrar as vantagens e desvantagens da adoção de um sistema ERP.
- Auxiliar o gestor na escolha de um sistema ERP.
- Demonstrar como os sistemas ERP auxiliam na gestão do capital de giro, identificando como os processos envolvidos nesta gestão são automatizados.

9.1 Introdução

Como visto nos capítulos anteriores, os elementos de *giro* da empresa são identificados no ativo e passivo circulantes, ou seja, no curto prazo. Assim, num sentido amplo, o capital de giro representa os recursos demandados por uma empresa para financiar suas necessidades operacionais, identificadas desde a aquisição de matérias-primas ou mercadorias prontas para revenda, até o recebimento pela venda do produto acabado. Entretanto, os elementos que compõem o giro não costumam apresentar sincronização temporal equilibrada em seus níveis de atividade. Evidentemente, se as atividades de seus vários elementos ocorressem de forma perfeitamente sincronizada, não haveria necessidade de se manterem recursos aplicados em giro.

Dessa forma, pelo fato de as atividades de produção, venda e cobrança não serem sincronizadas entre si, faz-se necessário o conhecimento **integrado** de suas evoluções como forma de se dimensionar mais adequadamente o investimento necessário em capital de giro e efetivar seu controle. Além disso, o enfoque da área financeira para realização desta tarefa centra-se, basicamente, na procura da eficiência na gestão de recursos, o que é feito por meio da otimização de seus retornos e minimização de seus custos e, consequentemente, da geração de valor.

Nesse sentido, um sistema integrado de gestão deve ser capaz de auxiliar o gestor na determinação e controle do nível adequado de estoques que a organização deve manter seus investimentos em crédito a clientes, gerenciamento do caixa e a estrutura dos passivos correntes, de forma consistente com os objetivos enunciados pela empresa. Mais especificamente, um sistema integrado de gestão deve auxiliar a gestão do capital de giro em tarefas específicas como administração do caixa, do contas a receber e do contas a pagar, na avaliação de necessidade de empréstimos e financiamentos, no controle de estoques e, principalmente, na administração e controle do fluxo de caixa, com possibilidades de projeções de caixa, análise de fluxo real e orçado, proporcionando acompanhamento diário da situação de giro da empresa.

9.2 Enterprise resources planning (ERP) – conceito e evolução

Frente às grandes mudanças ambientais, que influenciaram o acirramento da concorrência e com ela a necessidade de obtenção de vantagem competitiva pelas empresas, alguns sistemas de informação e automação foram desenvolvidos e implementados nas empresas com o objetivo de dar agilidade, confiabilidade e redução de custos às informações e aos processos. Dentre esses sistemas de informação e automação, os mais conhecidos são os sistemas ERP (*Enterprise Resource Planning*).

Ainda que não exista uma definição precisa e inquestionável do que seja um sistema ERP (COLANGELO FILHO, 2001), o mesmo pode ser entendido como um termo genérico para designar o conjunto de atividades executadas por um *software*, modular, com o objetivo de auxiliar o gestor de uma empresa nas importantes fases do seu negócio, incluindo desenvolvimento de produto, compra de itens, manutenção de inventários, interação com fornecedores, serviços a clientes e acompanhamento de ordens de produção. Pode ainda ser definido como uma arquitetura de *software* que facilita o fluxo de informações entre todas as atividades da empresa, como fabricação, logística, finanças e recursos humanos. Constitui-se de um sistema amplo de soluções e informações. Um banco de dados único, operando em uma plataforma comum, que interage com um conjunto integrado de aplicações, consolidando todas as operações do negócio em um simples ambiente computacional (FEDELI et al., 2003). Assim, o ERP é a espinha dorsal do empreendimento. Possibilita que a empresa padronize seu sistema de informações. Dependendo das aplicações, o ERP pode gerenciar um conjunto de atividades que permitam o acompanhamento dos níveis de fabricação em balanceamento com a carteira de pedidos ou previsão de vendas. O resultado é uma organização com um fluxo de dados consistente, que flui entre as diferentes interfaces do negócio. Na essência, o ERP propicia a informação correta, para a pessoa correta, no momento correto (FEDELI et al., 2003).

Em resumo, soluções ERP podem ser definidas como *"sistemas de gestão empresarial caracterizados pela integração e compartilhamento de um banco de dados, organizados em módulos funcionais (financeiro, suprimentos, recursos humanos, entre outros)"*.

Dessa forma, o sistema ERP representa uma revolução na gestão das empresas. Ele é capaz de fornecer, em tempo real, um grande conjunto de informações, busca suprir todas as necessidades de informação da administração, atendendo aos requisitos de quantidade, qualidade e tempestividade. O ERP baseia-se na premissa de que uma empresa pode maximizar seus retornos pela maximização do uso dos seus recursos, e que essa maximização só é possível pela utilização dos recursos da tecnologia de informação e da habilidade para correlacionar informações, possibilitando aos gerentes da organização, em qualquer nível, tomar as melhores decisões.

A noção-chave decorrente da definição de um sistema ERP é o conceito de **integração**. A integração presume o uso comum dos dados e uma consistência de conceitos e processos de negócios. Os cadastros são únicos e compartilhados por todas as aplicações e, portanto, por todas as áreas da empresa. Dessa forma, um evento real é registrado uma só vez e produz efeitos em todos os processos que estão envolvidos. Na **gestão do capital de giro**, a noção de integração pode ser visualizada da seguinte forma: quando o pedido de um cliente é registrado com o uso da função *Vendas*, seu crédito é verificado em *Contas a Receber*, os produtos correspondentes são reservados na função *Controle de Estoques*. O *Faturamento* é gerado com os dados do pedido, promovendo automaticamente a baixa dos produtos no *Controle de Estoques*. Os dados correspondentes de *Contabilidade* e *Contas a Receber* são alimentados automaticamente (COLANGELO FILHO, 2001).

O sistema ERP foi precedido em criação pelos sistemas MRP e MRP II. Durante a década de 1970, com o avanço dos computadores, surgiram os primeiros sistemas *Materials Requirements Planning* (MRP) voltados para aplicações em empresas manufatureiras. Esses sistemas, basicamente, efetuavam o controle dos estoques e davam apoio a funções de planejamento de produção e compras. De maneira geral, esses sistemas não davam suporte a planejamento de capacidade e de custos e não se integravam com outras aplicações utilizadas pelas organizações (COLANGELO FILHO, 2001).

Os sistemas *Manufacturing Resources Planning* (MRP II) surgiram na década de 1980. O MRP II ampliou o sistema MRP para compartilhar informações com uma série de outros departamentos funcionais fora da área de produção, incluindo os setores de engenharia, compras, registro de pedidos – clientes, manutenção da planta e contabilidade de custos. Portanto, um dos componentes-chave do MRP II é armazenar centralmente informações operacionais e proporcionar acesso aos departamentos que as necessitam. Antes da existência dos sistemas MRP II não era incomum que cada departamento funcional tivesse o seu próprio sistema computadorizado. Com esses sistemas independentes, a mesma informação era armazenada em vários bancos de dados diferentes dentro de uma organização. Um dos problemas com essa abordagem é que é difícil atualizar constantemente uma informação quando esta é armazenada em vários lugares. Na verdade, frequentemente não se sabia quantos bancos de dados diferentes continham uma mesma informação. Portanto, era comum a mesma informação ter conteúdos diferentes em cada banco de dados. Por exemplo, o custo de fabricar determinado item muitas vezes tinha valores diferentes nos bancos de dados dos setores de engenharia, produção, vendas e contabilidade (MEREDITH, 2002).

No início da década de 1990, o advento da globalização tornou o ambiente de negócios extremamente competitivo. A ampliação da área de cobertura dos sistemas MRP II para o domínio das finanças e dos recursos humanos prometia agilidade e redução de custos, tornando-os mais atraentes. A expressão ERP – *Enterprise Resources Planning* (Planejamento de Recursos do Empreendimento) derivou-se de uma grande amplitude funcional (COLANGELO FILHO, 2001). Assim, esses sistemas ganharam vulto ao passo que passaram a proporcionar respostas precisas, rápidas e agregadas para a tomada de decisão empresarial. A implantação desses sistemas provocou e continua provocando profundas mudanças nos processos empresariais, possibilitando grande avanço nos procedimentos contábeis e facilitando ainda mais a gestão financeira que até então dependia dos fechamentos mensais e depois do ERP passa a ser controlada diariamente.

A Ilustração 9.1 demonstra a evolução histórica dos sistemas ERP.

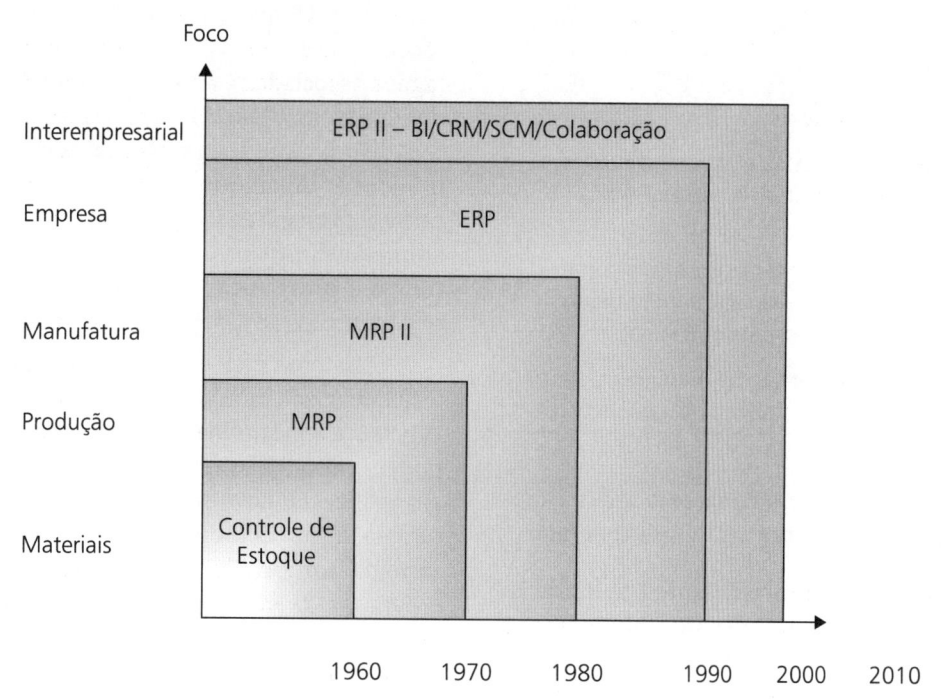

Ilustração 9.1 – Evolução do sistema de gestão (ERP)

9.3 Vantagens e desvantagens da adoção de um sistema ERP

Como em qualquer outro aspecto da gestão empresarial, os sistemas ERP encontram no meio acadêmico e empresarial seus defensores e opositores. Entre os benefícios proporcionados pela adoção de um sistema integrado de gestão os mais comumente citados são:

a) a integração dos processos, que possibilita compartilhamento de informações e agilidade no processo decisório;

b) a redução dos índices de retrabalho e de redundância nas informações, pois com departamentos utilizando aplicativos integrados e compartilhando a mesma base de dados, não existe a necessidade de repetição de atividades, tais como reentrada de dados de um aplicativo para outro, já que os dados são inseridos uma única vez no sistema; e

c) a redução dos erros, pois um sistema integrado oferece a possibilidade de melhorias nos relatórios, fidelidade, consistência e comparação de dados, devido à utilização de um critério único em todas as atividades da empresa.

As vantagens da adoção de um sistema integrado de gestão já apontadas acima, bem como outros benefícios que podem ser obtidos da utilização de um ERP, estão descritas no Quadro 9.1.

Quadro 9.1 – Benefícios obtidos da adoção de um sistema ERP

Construção de um modelo único de processos para toda a organização
Disponibilidade de informações em tempo real em uma única base de dados, o que viabiliza um gerenciamento melhor
Simplificação do relacionamento comercial
Visibilidade em todas as operações realizadas pela empresa
Padronização de procedimentos
Agilização do processo decisório
Integração de informações – os usuários acessam os mesmos dados e informações do sistema, dentro de um mesmo nível de acesso
Automatização de processos – tarefas isoladas de setores tornam-se uma cadeia, um processo automatizado desde o momento do lançamento no sistema
Atualização de dados – as informações disponibilizadas no sistema são atualizadas no momento em que ocorrem

Entre as principais desvantagens associadas à adoção de um sistema ERP são normalmente apontados:

a) os custos de aquisição e de implantação elevados, fator esse mais comum entre as empresas de menor porte, cujas operações não apresentam vulto necessário para suportar a aquisição e implantação de um sistema integrado de gestão;

b) a inflexibilidade desses sistemas, característica mais notada após a implantação do sistema, quando é necessário promover alguma alteração na forma como ele suporta os processos de negócio; e

c) o tempo longo de implantação, visto que projetos com duração de dois ou três anos são comuns. A implantação tende a tornar-se mais complexa e mais longa quanto maior for o grau de substituição dos sistemas atuais pelos novos. Muitas vezes, as empresas preferem implantações mais rápidas ou mais graduais. Nesse caso, é importante considerar a possibilidade de conviver com interfaces entre os sistemas.

9.4 Seleção de um sistema ERP

Normalmente, a opção pela adoção de um sistema ERP ocorre em algumas situações típicas: determinada área não pode mais fornecer as informações requeridas pela corporação; novas unidades de negócio foram adquiridas e os sistemas não podem suportar a consolidação; os custos de manutenção e ampliação do velho sistema cresceram significativamente e isso justifica a sua troca; o sistema de informação atual não pode prover os gerentes de informações oportunas para responder às mudanças ambientais, entre tantas outras.

Ao lado de histórias de sucesso, existem muitos casos de fracasso nos processos de implementação de sistemas ERP. Muitos projetos estouram seus prazos e são até cancelados, conforme foi apontado nas desvantagens associadas à adoção de um ERP. Uma pesquisa divulgada nos Estados Unidos no ano de 2003 pelo Standish Group, feita em empresas com mais de 500 milhões de dólares de faturamento anual e que investiram em projetos de ERP, mostrou resultados não muito animadores. Apenas 10% dos projetos terminaram no tempo e prazo estimados, 55% estouraram prazos e orçamentos e 35% foram cancelados.

O sistema ERP é um produto complexo e sua seleção deve ser baseada em critérios múltiplos. A relevância e a aplicabilidade de cada critério naturalmente podem variar de empresa para empresa, de forma que sua utilização deve ser precedida de uma análise criteriosa. É importante destacar que a seleção de um sistema apropriado pode contribuir em muito para o sucesso da implantação. Um produto inadequado pode implicar custos elevados e não gerar os retornos esperados. O Quadro 9.2 elenca uma série de critérios a utilizar na seleção de um sistema ERP.

É importante saber que um sistema ERP afeta toda a empresa, como dito anteriormente, pois se propõe a integrar todos os processos de negócio, da manufatura às finanças, além de recursos humanos, vendas e assim por diante. Assim, a implantação de um sistema desse porte exerce um impacto significativo na operação. Muitas decisões a serem tomadas no processo de seleção e implementação de um ERP têm alcance estratégico e, consequentemente, não podem ser deixadas apenas aos técnicos, dado que podem comprometer o modelo de negócio da organização. Por isso, o gestor de cada área a ser automatizada deve conhecer e lidar plenamente com o sistema no intuito de fazer dele uma ferramenta de apoio no processo decisório.

Quadro 9.2 – Critério para seleção de um sistema ERP

Critério	Definição	Importância
Escopo funcional e aderência	Suporte aos processos de negócio da empresa.	O sistema deve atender às necessidades básicas dos principais processos de negócios, caso contrário será necessário realizar desenvolvimentos próprios. Ambas as alternativas têm custos elevados e adicionam complexidade ao processo de implantação e ao ambiente operacional.
Cobertura do escopo geográfico	Adequação às exigências legais e condições locais dos países em que será implantado; cobertura de diversos idiomas, moedas etc.	Problemas de localização ou flexibilidade com idiomas ou moedas podem inviabilizar o uso do sistema em todas as regiões em que ele é necessário. Empresas envolvidas em comércio internacional, mesmo operando em um só país, devem emitir documentos como ordens de compra e certificados de qualidade em diversos idiomas.
Flexibilidade	Capacidade de adaptar-se a mudanças com agilidade e custos reduzidos.	O sistema deve ser suficientemente flexível para atender às necessidades da organização em termos de mudanças em processos de negócios, expansão geográfica, introdução de novos produtos etc.
Conectividade	Possibilidade de acesso ao sistema por redes públicas e de interconexão a sistemas de outras empresas parceiras.	A Internet tem modificado a forma pela qual os sistemas ERP operam e interagem com outros sistemas similares. Um sistema ERP que não permita acesso a conexões via Internet não é mais aceito pela maioria das empresas.
Facilidades para integração	Simplicidade para implementar mecanismos de intercâmbio de dados ou mensagens com outros sistemas.	O sistema ERP, na maioria das vezes, deverá ser integrado com algum sistema já existente na empresa ou complementar. Quanto mais simples a integração, menores serão os custos e riscos do projeto.
Maturidade	Estabilidade do sistema (na versão que será instalada), resultado de submissão a testes de campo e ajustes por longos períodos e muitos usuários.	Quanto mais testado e estável o sistema, menores os riscos da implantação e de mudanças por motivos fúteis.
Facilidade de implantação e manutenção	Disponibilidade de ambientes "pré-configurados" e ferramentas de configuração que simplifiquem a implantação e manutenção.	Reduz os riscos e custos da implantação e posterior manutenção do sistema.
Tecnologia	Arquitetura, ferramentas de desenvolvimento e filosofia adotadas no desenvolvimento do sistema.	A arquitetura do sistema é fator fundamental para atributos como flexibilidade, por exemplo.
Custos	Montante de gastos com aquisição e operação do sistema, o que inclui licenças, manutenção, suporte etc.	Os custos a longo prazo são fundamentais para a competitividade da empresa.
Estabilidade econômico-financeira do fornecedor	Capacidade de sobrevivência do fornecedor a longo prazo.	Incapacidade econômica do fornecedor por ter impactos como: perda do suporte do produto, necessidade de substituição prematura do sistema ERP, redução do ritmo de evolução do sistema etc.
Suporte local do fornecedor	Existência de escritórios do fornecedor nas regiões em que o sistema será implantado ou utilizado, capacitado a treinar usuários e resolver problemas técnicos.	Agiliza o atendimento e reduz custos de serviços.

Fonte: Colangelo Filho (2001).

Apesar de o ERP ser normalmente um pacote pronto, salvo os desenvolvidos internamente à empresa, muitos desses pacotes necessitam de uma parametrização[1] inicial liderada pela empresa compradora. Esta parametrização é de suma importância e envolve, na gestão de capital de giro, desde a elaboração do plano de contas, até o desenho de processos, como, por exemplo, a emissão de um pedido de compra. Não raras vezes, o sistema acaba por moldar os processos da empresa. Por isso na implantação de um ERP muitas vezes processos eficientes acabam remodelados e novos dão lugar àqueles para atender às necessidades do sistema. Assim, é muito importante que se tenha cuidado em relação a este fator quando da aquisição do sistema.

Finalmente, destaca-se que a gestão do capital de giro com o auxílio de um sistema ERP depende tanto de processos operacionais básicos, como, por exemplo, a baixa correta de uma duplicata, quanto da elaboração de um fluxo de caixa projetado, que consiste num demonstrativo estratégico para a empresa. A falta de funcionalidade de um sistema conduz a erros no processo decisório, que dependendo da gravidade podem se tornar fatais para a saúde da empresa. Dessa forma, a escolha de um ERP deve ser baseada tanto no custo de implantação do mesmo, quanto no benefício que este vai propiciar para o dia a dia das operações da empresa.

9.5 Áreas de aplicação dos sistemas ERP nas empresas

Conforme discutido anteriormente, um sistema ERP integra todas as áreas da empresa. Embora não exista uma estrutura padronizada para esses sistemas, um conjunto de áreas de aplicação dos ERPs pode ser visto em grande parte das soluções oferecidas no mercado. As principais áreas de aplicação dos sistemas ERP estão descritas no Quadro 9.3.

Quadro 9.3 – Áreas de aplicação dos sistemas ERP

Finanças e controles	Operações/logística	Recursos humanos
Contabilidade financeira	Suprimentos	Recrutamento e seleção de pessoal
Contas a pagar	Administração de materiais	Treinamento
Contas a receber	Gestão da qualidade	Benefícios
Tesouraria	Planejamento e controle da produção	Desenvolvimento de pessoal
Ativo imobilizado	Custos de produção	Medicina e segurança do trabalho
Orçamentos	Previsão de vendas	Remuneração
Contabilidade gerencial	Entrada de pedidos	Folha de pagamentos
Custos	Faturamento	
Análise de rentabilidade	Fiscal	
	Gestão de projetos	

Fonte: Colangelo Filho (2001).

Grande parte dos sistemas ERP oferecidos comercialmente cobre ao menos parcialmente as três áreas básicas das funções de suporte das organizações, também chamadas de *back-office*: Finanças, Operações/Logística e Recursos Humanos. Entretanto, a cada dia é mais difícil definir quais são os limites funcionais de um sistema ERP, uma vez que os fornecedores estão continuamente expandindo as funcionalidades de seus produtos, seja por meio de desenvolvimentos adicionais ou por fusão ou aquisição de fornecedores de *software* complementar e integração dos produtos (COLANGELO FILHO, 2001). Com essa estrutura de controle, o ERP passa a ser a espinha dorsal da empresa, com todas as atividades sendo controladas e integradas pelo sistema. Não é difícil perceber pelo Quadro 9.3 que a implantação de um sistema integrado consiste num fator crítico de sucesso para o gerenciamento efetivo do giro da empresa. Na Ilustração 9.2 podem ser observadas algumas telas de um sistema ERP.

---

[1] Parametrizar um sistema significa inserir parâmetros de processos da organização.

Ilustração 9.2 – Algumas telas de um sistema ERP

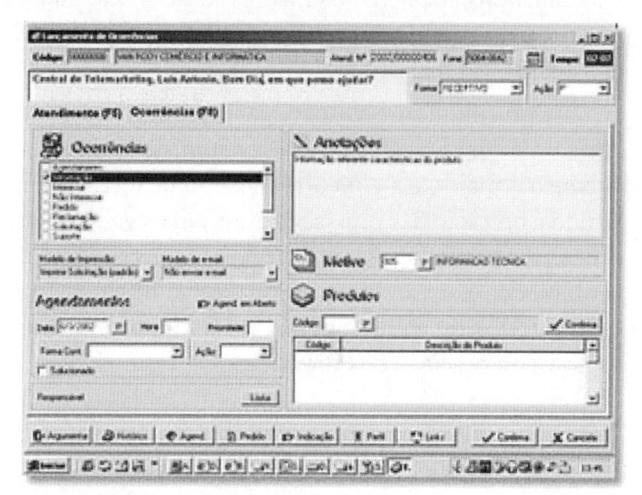

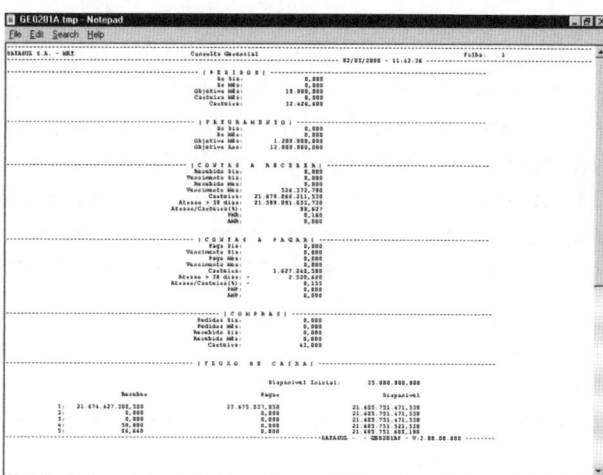

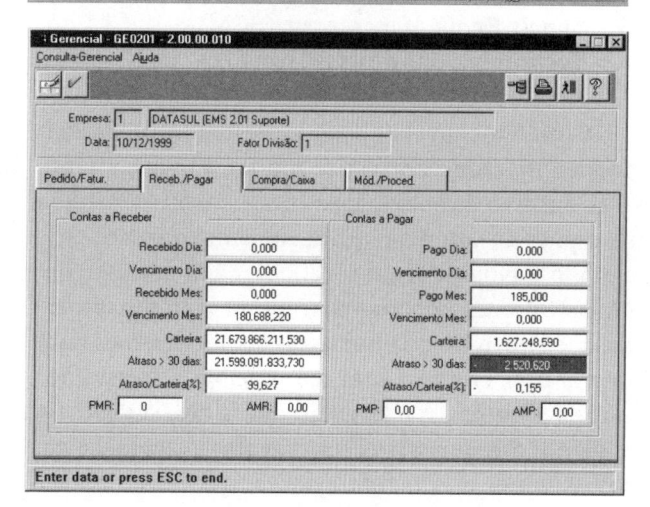

9.6 ERP e e-SCM

Segundo O'Brien (2004), com o desenvolvimento dos sistemas de informação surgiram os sistemas *Enterprise Resource Planning* (ERP), prometendo a gestão sistêmica das empresas. No entanto, mesmo possibilitando um ajuste nos estoques, levado principalmente pela otimização dos processos internos e pela redução do *lead time*, esse sistema não proporcionou contribuição significativa para que o *Supply Chain Management* (SCM) atingisse o nível almejado pelas empresas mais competitivas. Isso se deve ao fato do ERP, que se originou da evolução dos sistemas *Material Requirement Planning* (MRP) e *Manufacturing Resource Planning* (MRPII), se restringir à análise interna da empresa. Para se atingir o nível de serviço almejado pelas empresas mais competitivas, é fundamental o estudo da oferta e demanda de mercado, fato esse limitante para o sistema de integração ERP (FERNANDES, 2001; CORRÊA; GIANESI; CAON, 2001; SOUZA; SACCOL, 2003).

Dessa forma, a partir dos anos 1990, o foco passou a ser o das relações externas à empresa. Naquele momento todos os esforços foram direcionados ao estudo das relações da empresa com seus *stakeholders*, em especial, com os atores da cadeia produtiva (SOROOR; TAROKH; SHEMSHADI, 2009).

Sendo assim, a implementação de sistemas para a integração da informação, em tempo real, ao longo da cadeia vem crescendo em função da necessidade do próprio mercado. Comercialmente, esse sistema é conhecido, por exemplo, como *e-SCM*, *e-business* ou ERPII.

O *e-SCM* pode ajudar os atores da cadeia de suprimentos na solução de problemas relacionados à logística, às vendas ou ao estudo dos hábitos dos clientes, como é o caso do *Customer Relationship Management* (CRM) (SALAMA et al., 2009). Uma solução que merece destaque, e que será tratada neste capítulo, é a relação do *e-SCM* com o ajuste da previsão de demanda, fundamental para a compreensão dos ciclos financeiros.

O estudo da previsão da demanda não é algo novo. Ele tem sido realizado por vários setores e baseia-se em métodos qualitativos, como os relacionados à experiência dos vendedores, e quantitativos, como os baseados em análises estatísticas em séries temporais (CHEN; XIAO, 2009). No entanto, com o aumento do número de produtos, fornecedores e pontos de venda, os modelos tradicionais de previsão da demanda tornaram-se ineficientes para as empresas mais competitivas. Isso se deve ao *gap* entre as previsões. Com um mercado turbulento e em constante mudança é necessário um ajuste, em tempo real, desta previsão para reduzir as incertezas e, consequentemente, a falta e o excesso de produtos. Todos esses fatores têm impacto direto na melhoria do nível de serviço prestado ao consumidor final.

9.7 Supply Chain Management (SCM) e Tecnologia da Informação (TI)

A gestão do nível de serviço prestado ao consumidor final da cadeia tornou-se um fator determinante para o sucesso de qualquer empreendimento à medida que o grau de competitividade aumenta globalmente. Segundo Kaynak e Hartley (2008), SCM consiste em práticas internas, contidas na empresa, e práticas externas, que atravessam as fronteiras organizacionais para integrar uma empresa com seus clientes e fornecedores. Sendo assim, é necessário que a cadeia gerencie da melhor forma possível seus recursos, sua logística, seus estoques e suas informações, que deveriam ser disponibilizadas pelos sistemas em tempo real (GUNASEKARAN; NGAI, 2009).

O estoque existe como forma de se compensar as possíveis incapacidades de se gerenciar os elos da cadeia produtiva. Todavia, somente faz-se necessário quando há uma incerteza entre fornecimento e demanda, visto que, existindo uma sincronia entre os elos da cadeia produtiva, segundo Ballou (2001), a manutenção dos estoques torna-se desnecessária.

A gestão da demanda engloba o gerenciamento da carteira de pedidos e da previsão de vendas. A carteira de pedidos envolve a previsão da demanda mais simplificada, uma vez que é composta por pedidos confirmados de clientes. Já no sistema de produção para estoque, de maior complexidade, o planejador tem que recorrer às metodologias clássicas de previsão. A combinação de pedidos colocados e pedidos previstos é utilizada para representar a demanda em muitas empresas (SLACK et al., 2002).

No *e-SCM*, o problema está relacionado à parcela da demanda total, denominada previsão, que deve ser reestruturada de forma a melhorar o nível de serviços prestados ao consumidor final. Ou seja, é necessária uma melhor sincronização dos elos da cadeia produtiva e a realização de previsões mais precisas – que poderá ser atingido em função da disponibilidade da informação em tempo real por meio da TI.

Conforme Yan e Ghose (2010), para mercados mais voláteis, a avaliação do consumidor quanto ao produto é maior, e a concorrência é mais intensa, tornando a precisão das previsões muito mais valiosa para o varejo tradicional. Assim, a partir da perspectiva de rentabilidade, o varejo tradicional deve utilizar ativamente todos os meios operacionais disponíveis para melhorar a precisão das previsões.

O *e-SCM* destaca-se como uma ferramenta no auxílio à tomada de decisão ao longo da cadeia produtiva. De acordo com Souza e Saccol (2003), uma limitação significativa do sistema ERP é que ele se restringe à gestão da informação dentro da empresa. Já o *e-SCM* permite que a empresa acompanhe os negócios em toda a cadeia produtiva, desde os fornecedores iniciais até os clientes finais, todos interligados por meio da TI, adequando os níveis de serviço. Essa tecnologia está auxiliando as cadeias na adequação dos níveis de serviço (HENDRICKS; SINGHAL; STRATMAN, 2007).

Isso ocorre porque a informação da venda para o consumidor final está disponibilizada, em tempo real, para todos os elos da cadeia. Para Bose, Raktim e Alex (2008), a integração permite que a empresa se adapte às mudanças do ambiente mais rapidamente. Dessa forma, os fornecedores podem alterar seu ritmo de produção para acompanhar qualquer comportamento inesperado da demanda evitando o estoque e a ruptura. Segundo Soroor et al. (2009), os processos de coordenação nos quais os membros das cadeias estão envolvidos, têm aumentado em complexidade nos anos recentes e têm se tornado mais intensivos em informação.

Dado que os mercados estão sempre expostos à incerteza da demanda resultante da evolução econômica e de mudanças contínuas nas preferências dos consumidores, a informação é cada vez mais importante para os varejistas. Assim, a partilha de informação entre participantes da cadeia ajuda na troca de informações de previsão e alocação mais eficiente dos recursos financeiros, contribuindo para que os atores da cadeia considerem a melhoria dos sistemas de informação de mercado (YAN, 2010).

Conforme Koh e Gunasekaran (2008, p. 253), "no e-SCM os recursos são mais bem controlados e a tomada de decisão e o planejamento são realçados não somente por causa das vantagens intrínsecas do ERP, mas também porque os recursos da cadeia inteira estão agora disponíveis".

O mesmo acontece com todos os níveis de fornecimento. De acordo com Chang et al. (2008, p. 1809), "ao aplicar *e-SCM*, os pedidos podem ser previstos eficiente e corretamente, os custos em estoque, para os membros da cadeia de suprimentos, podem ser reduzidos, e a programação da produção pode ser ajustada para otimizar o tempo".

9.8 Previsão da demanda

As previsões da demanda são a base para o processo de planejamento, sendo uma das atividades mais importantes dentro de um sistema de produção. Todo o início de estudo de estoques está baseado em previsões de consumo de material. Esse processo estabelece estimativas futuras dos produtos acabados comercializados pelas empresas. Ainda definem quais, quantos e quando determinados produtos serão comprados pelos clientes. Para Christopher (1997, p. 173), "previsão é um processo metodológico para a determinação de dados futuros baseado em modelos estatísticos, matemáticos ou econométricos ou ainda em modelos subjetivos apoiados em uma metodologia de trabalho clara e previamente definida".

A previsão de venda é utilizada por vários setores da empresa. Porém, ela é difícil de ser mensurada, porque é baseada na incerteza. Se for menor que a demanda, pode ocorrer falta de produtos e, se for maior, podem surgir estoques excessivos. Segundo Bayraktar et al. (2008, p. 195), "previsões de demanda, na prática, raramente são precisas e ficam ainda piores em níveis mais complexos da cadeia de suprimentos". Segundo Arnold (1999, p. 235), "as previsões são mais precisas para períodos curtos. O futuro próximo impõe menos incertezas que o futuro distante".

Vastos são as técnicas e modelos (estatísticos, operacionais e estratégicos) descritos em literatura, como, por exemplo, aqueles baseados em séries temporais, que analisam minuciosamente formas para se prever a demanda. Apesar da evolução desses métodos, a previsão de demanda não é uma ciência puramente exata. Ela envolve experiência e julgamento pessoal do planejador, opinião dos gerentes, vendedores e compradores, além das pesquisas de mercado (SALGADO JUNIOR et al., 2011). No entanto, mesmo com todos os recursos disponíveis para se realizar uma boa previsão, se comparada com a carteira de pedidos, esse percentual de vendas é muito mais difícil de ser gerenciado, sendo ele responsável pela existência da maior parcela dos estoques. Para Corrêa e Gianesi (1996, p. 234), "as incertezas de previsões e os erros correspondentes provêm de duas formas distintas: a primeira delas corresponde ao próprio mercado, de baixa previsibilidade; a segunda corresponde ao sistema de previsão". Outro problema é que o constante crescimento da oscilação da demanda de um número cada vez maior de produtos aumenta, na mesma proporção, a necessidade por reprogramação da produção.

Dessa forma, um dos mecanismos para adequação dos estoques seria aquele que conseguisse melhorar as previsões ou transformá-las em carteira de pedidos, proporcionando, assim, uma maior sincronização entre a oferta e a demanda. Muitas empresas têm buscado transformar grande parte de sua previsão em carteira de pedidos, por meio do aumento do número de visitas técnicas ou oferecendo descontos para aqueles clientes que comprarem antecipadamente. Entretanto, existem segmentos nos quais esse procedimento não é possível. Sendo assim, essas empresas lançam mão de previsões para antecipar a demanda e planejar o quê, quanto e quando produzir (CHING, 1999).

Há várias técnicas para se trabalhar a previsão. De acordo com Shingo (1996), essas técnicas podem ser classificadas em três grupos:

- projeção: admitem que o futuro será repetição do passado ou as vendas evoluirão no tempo. Técnica de natureza essencialmente quantitativa;
- explicação: procura relacionar vendas do passado com outras variáveis, cuja evolução é conhecida ou previsível. Basicamente, aplicações de técnicas de regressão e correlação;
- predileção: funcionários experientes e conhecedores de fatores influentes nas vendas e no mercado estabelecem a evolução das vendas futuras.

Na prática, podem ocorrer combinações dos diversos modelos de evolução de consumo. Segundo Arnold (1999), estão previstas duas maneiras de se estimar o consumo:

- após a entrada do pedido. Somente possível nos casos de prazo de fornecimento suficientemente longo;
- através de métodos estatísticos. É o método mais utilizado. Calculam-se as previsões através de valores históricos. Dentre estes modelos destacam-se: método do último período, método da média móvel, método da média móvel ponderada, método da média com ponderação exponencial e método dos mínimos quadrados.

Vale ainda lembrar que depende de cada cadeia utilizar adequadamente o modelo que melhor se enquadra no seu segmento, produto e demanda.

Sendo assim, estudos sobre a integração da cadeia de suprimentos, objetivando-se reduzir o grau de incerteza sobre a mesma, podem melhorar as previsões de venda, a confiabilidade da entrega dos fornecedores e a gestão do *lead time* dos processos de fabricação. Isso é de fundamental importância para que as empresas possam diminuir as incertezas em relação aos ambientes interno e externo e, consequentemente, adequar seu nível de estoque, melhorar seu nível de serviço e reduzir a ruptura. Dessa forma, novas soluções têm sido desenvolvidas e aplicadas nos mais diversos segmentos, buscando-se melhorar ainda mais os níveis de serviço prestados ao consumidor final.

9.9 Utilização dos sistemas ERP na gestão do capital de giro

Os sistemas ERP possuem várias funções que auxiliam o administrador financeiro na gestão do capital de giro.

Quadro 9.4 – Os sistemas ERP e o auxílio à gestão do capital de giro

Componentes da gestão do capital de giro	Funções automatizadas/ integradas pelo ERP	Fator crítico de sucesso da implantação de um ERP
Gestão de recebíveis	Previsão de vendas Cadastro de clientes Emissão de pedido de venda Estatísticas de vendas Recebimento de vendas Controle da situação creditícia de clientes Controle de recebimentos Emissão de faturas/duplicatas	Aumentar a previsibilidade dos fluxos de entrada
Gestão financeira de estoques	Requisição de materiais Dispensação de materiais Controle de estoque Evolução de estoques Saldos de estoques Custos de estoques	Estabelecer um nível ótimo de estoques Alinhar as movimentações de materiais às movimentações contábeis
Gestão de tesouraria	Movimentação bancária – extratos e saldos Transferência de numerário entre bancos e filiais Integração com cobrança bancária Elaboração de fluxo de caixa real Elaboração de fluxo de caixa projetado	Permitir a gestão integrada dos fluxos de entrada e saída Avaliar, antecipadamente, os impactos da administração dos recursos da empresa sobre sua situação de solvência
Gestão de fornecedores	Cadastro de fornecedores Cotação Pedido de compra Acompanhamento de pedidos de compra (em aberto/atendidos) Pagamentos de fornecedores Controle de pagamentos	Aumentar a previsibilidade dos fluxos de saída

Pelo Quadro 9.4 é possível visualizar as áreas da empresa mais comumente integradas/automatizadas pela adoção de um sistema ERP em relação à gestão do capital de giro e, ainda, o fator crítico de sucesso esperado de tal adoção. A integração das funções com as demais áreas da empresa, especialmente com a contabilidade, é de vital importância para o sucesso do processo, visto que várias projeções estratégicas para a empresa dependem de informações contábeis, dentre as quais podem-se citar o balanço patrimonial e a demonstração de resultados projetados. Além disso, vale destacar que grande parte destas informações é derivada dos ciclos da empresa, entre eles o operacional e o financeiro, detalhados em capítulos anteriores deste livro. Assim, o ERP, além de viabilizar a integração de funções, torna o processo mais rápido, menos redundante e muito mais confiável.

A Ilustração 9.3 mostra os componentes envolvidos na gestão financeira de curto prazo da empresa. Todos os componentes demonstrados são importantes e influenciam diretamente a gestão do capital de giro. Portanto, o gerenciamento de cada função deste processo será contemplado de alguma forma nesta gestão. Vale ressaltar novamente que a interação de cada função com a contabilidade facilita o processo gerencial, pois é a contabilidade que integra todas as informações dando uma visão ampla ao processo decisório.

Ilustração 9.3 – Integração dos componentes envolvidos na gestão do capital de giro

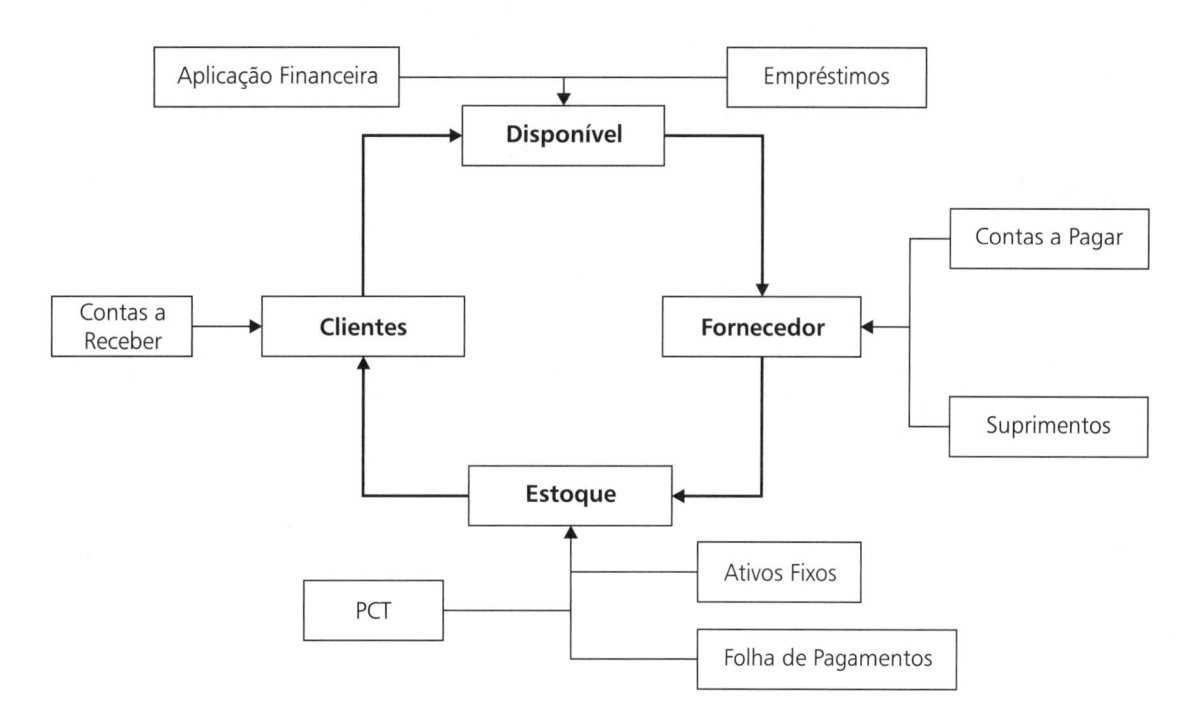

O papel do sistema ERP na integração de cada um dos componentes da gestão do capital de giro é detalhado a seguir.

9.10 Compras ou ciclos de gastos

O ciclo de gastos compreende as compras efetuadas pela empresa. Essas compras podem ser de matéria-prima para produção, de mercadorias para revenda, de materiais para consumo, contratação de serviços e compra de ativo imobilizado. O ciclo de gastos exerce impacto diretamente nas contas do circulante, a saber: **caixa e bancos**, na medida em que, frente à efetuação do pedido de compra automaticamente implica uma reserva futura de caixa, ou ainda o pagamento de compras resulta numa saída de caixa; **estoques**, ao passo que as matérias-primas, mercadorias para revenda, materiais para consumo etc. comprados darão entrada no estoque; e **fornecedores**, visto que a compra realizada, desde que o pagamento não seja efetuado a vista, implica o surgimento ou aumento da conta fornecedores, no passivo circulante da empresa.

O processo de compra inicia-se com o pedido de compra, que normalmente é desencadeado automaticamente em decorrência da identificação de uma baixa no nível de estoques. O pedido de compra consiste na primeira informação financeira deste ciclo, sinalizando quando deverá ocorrer o desembolso e iniciando o processo de controle de saídas de caixa. Num sistema integrado de gestão, neste momento, o gestor financeiro, monitorando o fluxo de caixa projetado, pode fazer interferências sinalizando ao departamento de compras a falta de recursos para honrar determinada obrigação, e este por sua vez poderá renegociar com o fornecedor antes de a operação ser concretizada, evitando problemas de falta de caixa. Vale ressaltar que muitos sistemas de informação não possuem a integração entre o pedido de compra e o departamento financeiro. Com isso, o fluxo de caixa será sempre monitorado pelo realizado, o que pode atrapalhar a antecipação de problemas de caixa.

Quando há o acompanhamento do pedido de compras do começo ao fim do processo, o pagamento torna-se uma função basicamente operacional de emissão de cheque, por exemplo, e qualquer problema de caixa já foi previsto e solucionado com um empréstimo de curto prazo, desconto de duplicatas, uma promoção de compra a vista pelos clientes, o que mostra que a integração de funções é vital para antecipação e solução de problemas futuros. Assim, o principal objetivo do ciclo de gastos sob a ótica da gestão do capital de giro deve ser o aumento da previsibilidade dos fluxos de saída, e o papel principal do sistema de informação é proporcionar informações tanto financeiras como contábeis para que tal objetivo possa ser atendido.

Apesar do módulo financeiro ser alimentado pelas informações do ciclo de desembolso, este necessita do apoio do módulo contábil para ter uma visão do envolvimento das contas do capital de giro em cada nova operação. Dessa forma, a falta de integração contábil destes fluxos de informação pode levar ao insucesso da gestão, dado que os componentes do capital de giro estão interligados e qualquer alteração em um deles pode trazer repercussões nos demais. A Ilustração 9.4 apresenta o processo de compras.

Ilustração 9.4 – Processo de compras

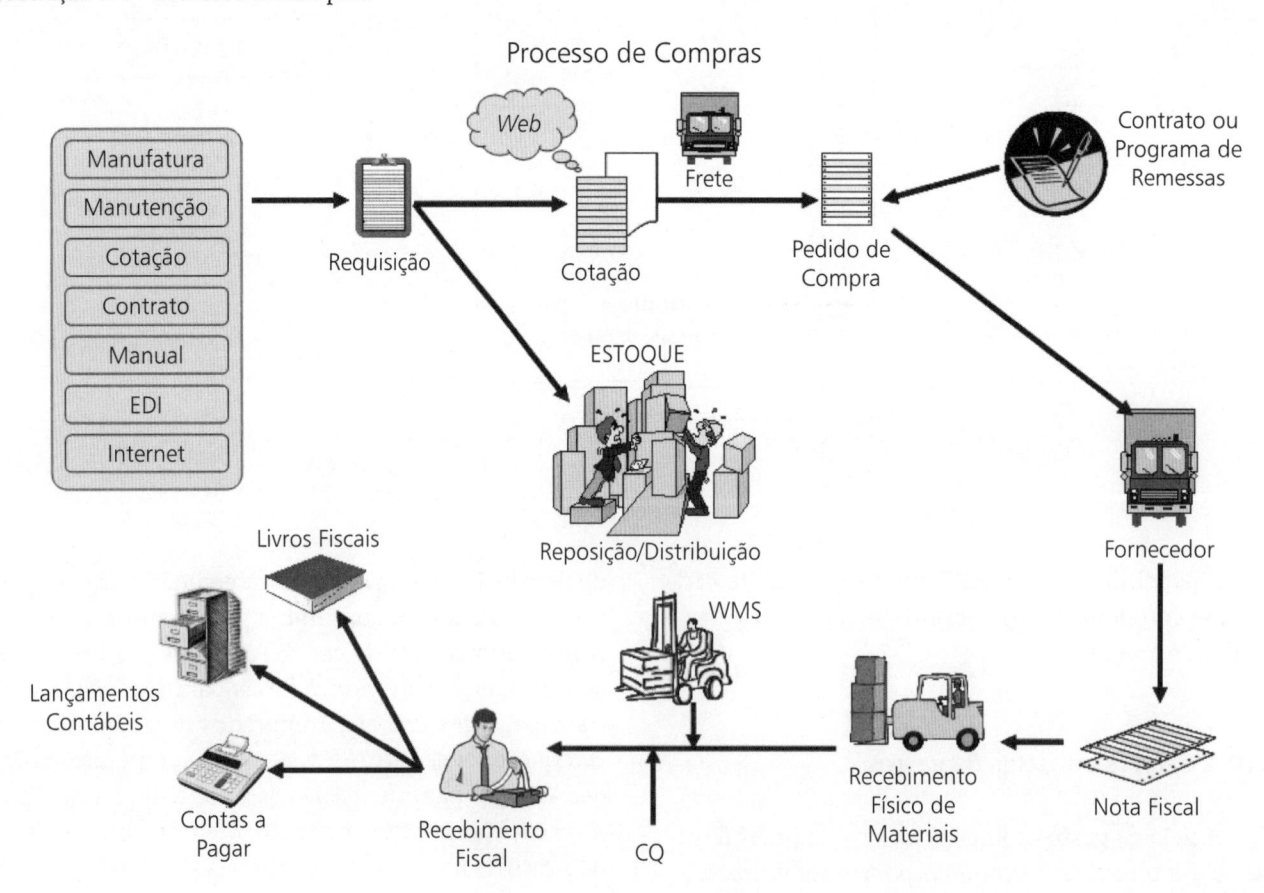

Fonte: Adaptada de Datasul (2003).

9.11 Faturamento ou ciclo de receitas

O ciclo de receitas envolve as receitas adquiridas pela empresa com a venda de mercadorias, prestação de serviços, receitas financeiras etc. O ciclo de receitas é responsável pela ocorrência de ações na maioria das áreas da empresa: no **estoque** ocorre a baixa de itens e geração de nova necessidade de compra; no **almoxarifado**, necessidade de separação do produto; na **expedição**, necessidade de entrega do produto; no **departamento fiscal**, com a geração dos impostos a pagar; no **contas a receber**, previsão de recebimento; ou, ainda, no **caixa**, uma entrada de reservas, se a venda for realizada a vista. Num sistema integrado as transações que envolvem fatos contábeis serão registradas pela contabilidade. Com isso tem-se mais uma forma de monitoramento dos componentes do capital de giro.

O processo de venda inicia-se com o pedido de venda que em alguns sistemas já alimenta o fluxo de caixa com a previsibilidade de recebimento. Essa é a primeira informação financeira desse ciclo, que sinaliza quando haverá a entrada de caixa e dá início ao processo de controle de recebimentos do caixa. O sistema integrado mais uma vez sinaliza ao gestor a capacidade de recebimento. Quando existe o acompanhamento do pedido de vendas, o recebimento torna-se uma função basicamente operacional de transferência de arquivos ou baixa. Conforme a forma de recebimento, a empresa pode com isso fazer negociações com desconto de duplicatas, promover pagamentos antecipados buscando melhores preços e condições de pagamento, realizando uma gestão mais efetiva dos recursos de giro.

O processo operacional, apesar de simples, deve ser acompanhado diariamente para que nenhuma informação se perca, pois um título não recebido pode levar a uma obrigação não paga, trazendo problemas de fluxo de caixa futuro para a empresa. Assim, o principal objetivo do ciclo de receitas sob a ótica da gestão do capital de giro deve ser o aumento da previsibilidade dos fluxos de entrada. A Ilustração 9.5 apresenta o processo de vendas.

Ilustração 9.5 – Processo de vendas

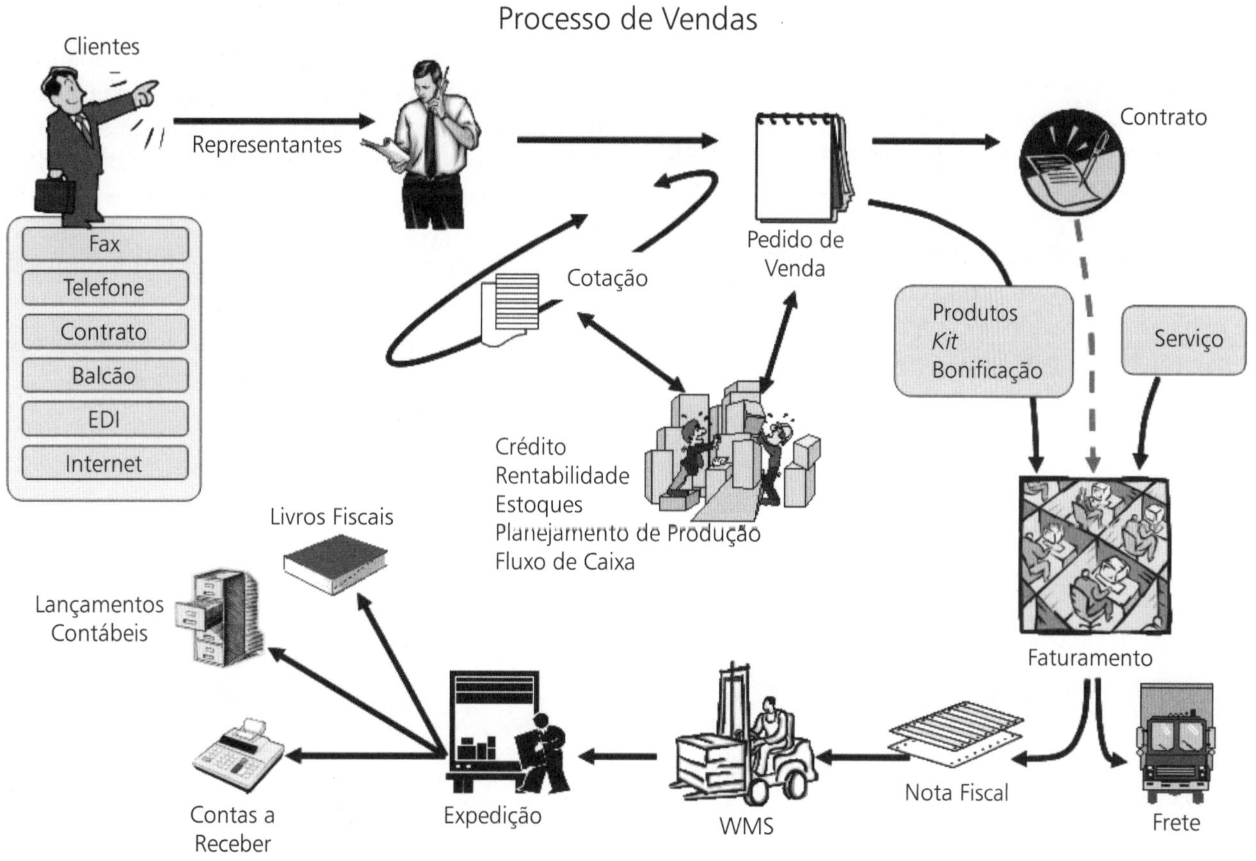

Fonte: Adaptada de Datasul (2003).

9.12 Financeiro

Para a maioria das empresas, o gerenciamento eficiente do fluxo de pagamentos e dos correspondentes riscos é fundamental para obtenção de vantagem competitiva. Tarefas como o monitoramento e agregação dos extratos de vários bancos, planejamento e previsão de recebimentos e pagamentos, por exemplo, sublinham a importância de integrar as informações das várias divisões da empresa.

Caixas e Bancos – A administração do caixa e bancos está ligada intimamente aos ciclos de gastos e receitas, conforme descrito anteriormente. É no ciclo de receitas, normalmente, que são originados os recursos disponíveis nessa conta, e no ciclo de gastos que as reservas disponíveis em caixa ou em bancos são debitadas. Assim, a sobra ou falta de recurso financeiro ocasiona novas atitudes como a busca de um empréstimo ou financiamento ou de uma aplicação financeira. Outra origem ou aplicação, desta vez não operacional, pode ser a integralização de capital ou ainda a compra ou venda de ativo imobilizado.

Como visto anteriormente, um sistema integrado proporciona um monitoramento constante destas contas, possibilitando que o gestor adote uma postura proativa. Dentro das rotinas operacionais existem algumas funções importantes que merecem ser destacadas: são as conciliações bancárias automatizadas e as transferências de arquivos eletrônicos. Quanto ao fluxo de caixa projetado, estas contas farão parte do somatório de contas controladas pelo relatório ou aplicativo. É importante o cuidado com aplicativos que não geram controles que autenticam o resultado destas contas, como a conciliação bancária com um controle básico que evita erros de saldos e comprometimento de valores não existentes para estas contas.

Contas a Receber – Esta conta representa as entradas contempladas pelo ciclo de receitas. Normalmente, trata o título desde sua inclusão na carteira de títulos até a baixa definitiva. Os processos operacionais mais frequentes nos sistemas integrados são: controle de vencimentos e baixa dos títulos quando recebidos, manutenção da carteira de cobrança para evitar atrasos e falta de recebimento, controle de descontos, abatimentos. O *contas a receber* também é parte integrante do fluxo de caixa projetado e responsável pela geração de informações contábeis como baixa de recebimento de títulos e valores a receber em aberto.

9.13 Gestão de caixa

Conforme visto até agora, a gestão do caixa está intimamente ligada à administração das outras contas do giro, visto que a gestão do disponível ou de tesouraria, como também pode ser denominado, integra os demais componentes do capital de giro na medida em que todas as movimentações financeiras passam pelo caixa, sejam de curto ou de longo prazo. O pagamento de insumos, o recebimento das vendas e outras movimentações passam, necessariamente, pelo caixa da empresa, necessitando de uma gestão precisa a fim de evitar uma situação de insolvência futura.

É recomendável analisar as transações financeiras em períodos fechados. Ao lado do papel financeiro tradicional e análises estatísticas, os métodos de análise dinâmica, tais como análise de fluxo de caixa e análise de fluxo de fundos, estão crescentemente ganhando importância. A análise de fluxo de fundos, em particular, é crescentemente usada para adquirir informações sobre a origem e o uso de recursos.

Todas as transações envolvendo a gestão de caixa na empresa são apresentadas na Ilustração 9.6.

Ilustração 9.6 – Diagrama geral do fluxo de caixa

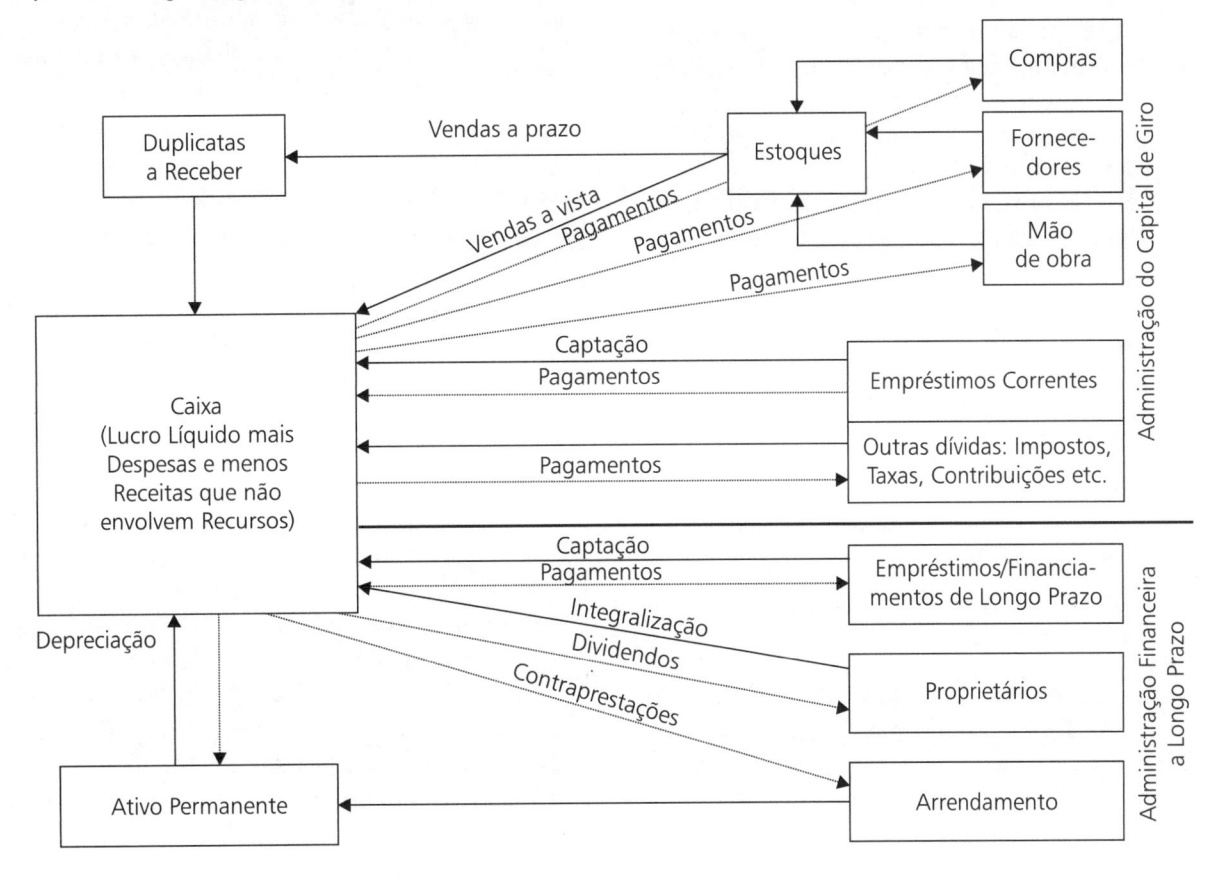

Fonte: Assaf Neto e Silva (1997).

9.14 Gestão de estoques

A gestão de estoques normalmente envolve estoques de matérias-primas, produtos em processo, materiais para revenda e produtos acabados. A gestão de estoques na empresa está intimamente ligada aos setores de compra, venda e produção. Quando uma nova ordem de produção foi gerada, ou quando os níveis mínimos de estoque foram atingidos, automaticamente o setor de compras deve ser avisado da necessidade de emissao de um pedido de compra. Além disso, as vendas devem refletir os estoques e a capacidade de produção da empresa.

Um sistema integrado de gestão permite acompanhar os saldos de estoque a cada momento na empresa, trançando históricos de consumo e, especialmente, emitindo ordens automáticas de compra quando detectado que os níveis mínimos de estocagem foram atingidos. Ainda, a integração das funções ligadas ao controle de estoques permite o alinhamento entre as movimentações de materiais e contábeis na organização, o que, por sua vez, possibilita a geração de informações e relatórios que reflitam a situação real da empresa.

9.15 Contabilidade

O plano de contas é de fundamental importância para o sistema de informações contábeis (SIC), o qual está contido no ERP. Sua ligação acontece sempre que existe uma entrada ou saída de informações que são refletidas no SIC. O plano de contas deve ser flexível o bastante para permitir o agrupamento ou rastreamento (*drill-down*) de informações que auxiliem os tomadores de decisão na empresa.

O plano de contas consiste em um conjunto de normas que visa regulamentar tudo o que diz respeito às contas a serem adotadas nos registros contábeis de uma empresa. Trata-se do ordenamento de todas as contas que são utilizadas pela contabilidade dentro de determinada organização. Esse plano serve para padronizar os registros contábeis, sendo numerado ou codificado de forma racional para facilitar a contabilização, que pode ser mecânica ou eletrônica, no caso da utilização de sistemas de informação.

Destaca-se que a elaboração do plano de contas está ligada intimamente à empresa à qual se destina, ou seja, o plano de contas é um elemento adaptável, que varia de acordo com as necessidades da empresa. Um plano de contas adequado é aquele que além de ser elaborado de forma rigorosa dentro das normas técnicas e dos preceitos da contabilidade, está perfeitamente alinhado às necessidades de informação da empresa e ao seu modelo de gestão. Dessa forma, é essencial que o plano de contas seja:

a) adaptável às necessidades da empresa;
b) claro e de fácil acesso;
c) flexível;
d) preciso, dentro dos princípios e conceitos da contabilidade;
e) único, em termos de nomenclatura e de funcionamento.

Finalmente, é importante destacar que a adoção de um sistema ERP possibilita ao gestor, por meio do SIC, ter suas necessidades informativas atendidas eficientemente, de forma que as melhores decisões para a empresa possam ser tomadas. Além disso, o ERP permite o agrupamento dos dados por centros de custos, o que, em última instância, possibilita a gestão financeira individualizada por projetos.

Boxe 1
ERP e BI formam dupla imbatível para os negócios.

Compesa, Ferragens Negrão, Leroy Merlin, Petrobras e Smart.Net renovaram a gestão unindo ERP e BI. A química tecnológica proporcionou vantagens estratégicas, facilitando o atingimento de metas e o bom posicionamento diante da concorrência.

Algumas empresas vão além da parceria com o cobiçado *Business Intelligence* e exploram o máximo do poder da integração com o sistema de gestão empresarial. É o caso da Smart.Net, marca de soluções de prestação de serviços em tecnologia do Grupo VR. A plataforma tecnológica da companhia funciona orquestrada, unindo ERP, CRM [ambos da Oracle], BI [da MicroStrategy], sistema de *billing*, e SN Core, solução desenvolvida internamente que cuida das transações de pagamento que somam mais de 700 milhões ao ano.

A inovação tem uma responsabilidade importante: ganhar eficiência para controlar os cerca de 5 milhões de cartões (refeição, alimentação e transporte) em mais de 1,4 mil cidades em todos os Estados do país, de 125 mil estabelecimentos credenciados.

Andreia Tavares, gerente de BI do Grupo VR, explica como essa cadeia tecnológica funciona. "O CRM é a porta de entrada de contratos, atendimento ao cliente, abertura de ordens de serviço de máquinas etc. Essas informações alimentam o SN Core e partem para o *billing*, onde é feito o faturamento. Do *billing*, os dados vão para o ERP e lá são geradas notas fiscais, contas a pagar e a receber etc."

O ERP é parte da operação da companhia há mais de dez anos e é atualizado de acordo com o cronograma de novas versões da fabricante. Segundo Andreia, com a chegada do BI, modificou-se a forma de tomar decisões de negócios e foi possível criar uma cultura analítica. Diversos *dashboards* e relatórios permitem que os cerca de 60 usuários diretos do BI e os mais de 100 que têm acesso às informações monitorem e controlem o andamento dos negócios, podendo agir de forma preventiva e corretiva.

O resultado dessa arquitetura, prossegue, traduz-se em inúmeros benefícios, entre eles maior eficácia da força de trabalho, melhoria nos processos de negócios, acompanhamento e monitoramento dos níveis de serviços a clientes internos e externos, aumento da produtividade e melhor acompanhamento dos resultados financeiros e operacionais. "O projeto trouxe transparência e credibilidade para a relação com o cliente e permite identificar pontos críticos na operação. Não se pode fazer gestão em cima do operacional", pontua Andreia.

A gerente de BI do Grupo VR cita que algumas vezes o BI se comportou como "dedo duro" da operação e permitiu melhorias. Como exemplo, ela destaca a área de atendimento aos clientes interno e externo. "Antes, o caso mais importante para ser resolvido era o primeiro que aparecesse na mesa. Agora, com um painel, é possível priorizar casos críticos e a ferramenta ajuda emitindo alertas preventivos", detalha.

De olho nos ganhos obtidos, Andreia afirma que faz parte dos planos da companhia outros caminhos como análises preditivas, disponibilização de informações em tempo real e uso da versão móvel do BI.

Máxima integração ao ERP [da SAP] também é o mote do novo desenho do ambiente de TI da Petrobras Distribuidora (BR). Há um ano, ao sistema de gestão empresarial somam-se as funcionalidades da ferramenta de BI e de *Supply Chain*, ambas também da SAP, e a de CRM da Oracle. De acordo com Nelson Costa Cardoso, CIO da BR, mais uma solução fará parte desse quadro, a de gestão de transporte, que ainda estão escolhendo.

Cardoso diz preferir trabalhar com variados fornecedores e assim extrair o máximo de cada uma das soluções. "Integrar essas tecnologias não é um complicador, visto que toda a nossa plataforma é baseada em Java. Esse recurso faz o *link* com todas as aplicações, dessa forma a integração torna-se tarefa simples de ser realizada", afirma.

O ERP da companhia é altamente estratégico na avaliação do executivo, visto que opera desde o chão de fábrica à sede e é base para visualização de cenários críticos. "Trabalhar com recursos analíticos integrados ao ERP facilita em muito o trabalho de gestores que precisam tomar rápidas decisões. É possível ter uma visão muito mais ampla."

Não diferente, o BI dá o tom ao ERP da distribuidora de materiais de construção Ferragens Negrão. O sistema de gestão empresarial, da Informata, coleta e disponibiliza informações gerenciais detalhadas, de forma unificada, para auxiliar no planejamento estratégico. Utilizado nas áreas de Compras, Vendas e Logística, substituiu uma tecnologia desenvolvida internamente. O BI da Ahead Tools extrai do ERP as informações necessárias para os negócios.

Mauro Saling, diretor Comercial da Ferragens Negrão, conta que o alto potencial de cruzamento de dados e a fácil interpretação dos relatórios do *Business Intelligence* possibilitaram um raio X em tempo real da situação comercial da companhia e tornaram-se essenciais para o desenvolvimento de planos e ações com base nos históricos apresentados.

No setor de Vendas, 830 representantes lidam diretamente com a ferramenta de BI e agora eles têm acesso a dados diários sobre estatísticas de venda por cliente, por região e acompanhamento de metas da área. O departamento de Compras, por exemplo, controla por meio dos relatórios a não conformidade de produtos, ajustes de margem, faturamento, entre outros. A equipe pode se munir de dados necessários para executar as tarefas do dia a dia. Pontos de melhoria foram identificados e colocados em prática, segundo a empresa.

Para Saling, a vantagem de integrar as duas plataformas é que as mudanças, se necessárias, são realizadas de forma rápida, facilitando o alinhamento com os negócios. "Como vivemos evoluções constantes, ajustes sempre têm de ser feitos e podemos incrementar o ERP e turbinar o BI", assinala.

Outro papel importante do BI para o ERP, afirma o executivo, é que a solução de inteligência passa a assumir um papel de auditor do sistema de gestão. "Informações contábeis, de cobrança e de estoque, tudo isso pode ser verificado. Fazemos conferência de todo o processo, avaliamos se há pontos de divergência e atuamos para resolver", detalha.

Além disso, as plataformas vão ajudar na expansão da Ferragens Aragão. "Como ganhamos capacidade de avaliar quais regiões mais demandam nossos mais de 25 mil itens, incluindo ferramentas e produtos elétricos, podemos instalar unidades nessas localidades e ampliar o alcance da companhia", observa.

Na mesma trilha pelas vantagens analíticas, a Leroy Merlin, que atua no mercado de material de construção, decidiu que o ERP terá de apresentar essa capacidade embutida. "A empresa apoia-se na filosofia de descentralização e queremos partilhar indicadores de todos os processos de negócios possíveis com o maior número de profissionais", conta Anderson Cunha, CIO da Leroy Merlin no Brasil.

Fonte: *Computerworld*, abr. 2012.

Boxe 2
Implantação de sistemas ERP e o impacto sobre o ciclo financeiro.

Conforme visto anteriormente, o ciclo financeiro representa o intervalo de tempo em que não ocorrem ingressos de recursos na empresa, demandando-se capital para financiá-lo. Dessa maneira, sua redução é de fundamental importância para as organizações que buscam diminuir seu tempo de autofinanciamento e consequentemente reduzir seus custos. Na busca da melhoria de seu desempenho financeiro e de suas operações, uma empresa pode optar pela adoção de inúmeras técnicas e ferramentas, dentre elas o *Enterprise Resource Planning*.

Entretanto, os benefícios da adoção desta ferramenta nem sempre podem ser quantitativamente mensurados, em especial aqueles relacionados à gestão financeira. Assim, um estudo conduzido por pesquisadores da FEARP/USP – Faculdade de Economia, Administração e Contabilidade de Ribeirão Preto, da Universidade de São Paulo,[2] buscou avaliar a possível existência de uma relação entre a adoção dos sistemas integrados de gestão e o comportamento do ciclo financeiro da organização, por meio de um estudo de campo em empresas do tipo Sociedade Anônima de Capital Aberto. Buscou considerar não somente o grau de adoção da ferramenta, mas também o momento em que ela se deu e se, de alguma forma, exerceu algum impacto sobre o ciclo financeiro.

Das 54 companhias que participaram da pesquisa em todo o Brasil, 32 adotam o ERP, sendo que a implantação do sistema ocorreu predominantemente após o ano de 1996. O comportamento do ciclo financeiro, antes e após a adoção do ERP, foi investigado, bem como o comportamento de cada um dos componentes do ciclo – a saber: os prazos médios de recebimento de vendas, de pagamento de compras e de renovação de estoques –, foi investigado.

Contrariando as expectativas, já que seria esperada, ao menos, uma redução dos prazos de estocagem, e consequentemente do ciclo financeiro, devido ao maior controle sobre os estoques proporcionado pela adoção de um sistema integrado de gestão, as análises estatísticas realizadas não conduziram a resultados conclusivos sobre o impacto da adoção de um ERP sobre o ciclo financeiro da empresa, ou seja, não ocorreram redução do ciclo nem do prazo de estocagem após a implementação do sistema. Assim, concluiu-se que os impactos de variáveis macroambientais, como as políticas monetárias, fiscais e cambiais, parecem ser preponderantes na gestão do capital de giro.

Boxe 3
Seis lições de implementações de ERP bem-sucedidas.

Aqui está algo que você não ouve todos os dias: "nossa implementação do ERP da SAP terminou antes do previsto". Isso quer dizer que ouvir sobre uma implementação SAP que terminou antes do previsto é como ouvir que alguém capturou o monstro do Lago Ness e o transformou em atração de passeio infantil. É tão provável quanto solicitar suporte técnico e a voz do outro lado da linha não insistir para que você reinicie o PC.

Implementações SAP não terminam antes do previsto. Não conseguir terminar é muito mais provável. Mas a Daiwa House Industry não só completou a implementação do ERP antes do previsto, como o fez apesar da interrupção forçada pelo terremoto Tohuku – aquele de 9º na escala Richter e obrigou o fechamento de várias usinas de energia nuclear no Japão.

Intrigado, resolvi conversar com os responsáveis pelo projeto de implementação SAP da Daiwa House, Kyoji Kato, diretor-executivo e gerente-geral da divisão de Sistemas de Informação da companhia, Ryuzo Matsuyama, líder de projeto e Isao Nakae, diretor da divisão SAP da Fujitsu Kansai Systems, parceira da Daiwa House na execução do projeto.

O que ouvi? Seis lições valiosas de quem soube transformar grandes desafios em sucesso estrondoso.

Lição nº 1: ter equipe esperando trabalho é melhor do que ter trabalho esperando quem possa executá-lo

Todos os três entrevistados enfatizaram que mudanças nas técnicas tradicionais de gerenciamento de projeto teve um enorme impacto, resultando em reduções de 25% no tempo de duração de cada fase do projeto.

Este não é o lugar para um tutorial sobre o assunto (entre outros motivos, eu não sou qualificado para isso), mas um dos pontos mais críticos é evitar a todo o custo que etapas do projeto sejam adiadas porque o pessoal não estará disponível para trabalhar na próxima tarefa. Sem trocadilhos, tal atraso desencadeia reação em cadeia nas tarefas seguintes.

Em outras palavras, o caos se instala, e cada início tardio faz com que as linhas de tempo de

---

[2] Os resultados parciais do trabalho encontram-se disponíveis em Machado e Oliveira (2002).

toda a cadeia dependente de tarefas passem a ser imprevisíveis.

Lição nº 2: multitarefa é mais prevalente e mais prejudicial do que imaginamos

As empresas que não compreendem a importância da Lição nº 1 inevitavelmente tentam maximizar a utilização de pessoal. Parece fazer sentido. Afinal de contas, qualquer hora paga a um empregado para não fazer nada soa como desperdício. O problema é que a maioria das tentativas de maximizar a utilização pessoal faz mais mal do que bem.

Apesar de as pessoas terem a sensação de que conseguem executar várias tarefas ao mesmo tempo com a mesma eficácia, na prática isso não funciona. A cada 50 profissionais, apenas um tem condições de efetivamente focar em várias atividades ao mesmo tempo. O restante altera a atenção, o que compromete eficiência e produtividade.

Já mencionamos um problema: o caos do projeto em cascata. Além disso, manter os funcionários ocupados significa insistir na multitarefa. O que a palavra realmente significa é ter de mudar de uma tarefa para outra, muitas vezes de forma imprevisível. Pergunte a qualquer pessoa cujo trabalho requer esforço concentrado que impacto isso tem. A resposta será uma só: ruim. Cada opção significa voltar a atenção para a tarefa e tempo para se reorientar. Esse processo não é nem fácil nem instantâneo.

A lição é clara: permitir que os funcionários terminem o que começaram, mesmo que isso signifique que eles fiquem, ocasionalmente, sem nada para fazer. Eles serão muito mais eficazes e produtivos.

Lição nº 3: elimine "polimento da maçã"

É importante que todos saibam quando atingiram *status* "bom o suficiente".

A equipe de liderança de projetos da Daiwa House reconhece essa questão – que eles chamam de "polimento da maçã". Antes de cada tarefa, o time da companhia fornece os critérios para avaliação do resultado. E comunica a importância de evitar polir maçãs com frequência. Ao longo da execução, compartilha com os funcionários suas impressões, constantemente, com o objetivo de levá-los a se esforçarem para encontrar maneiras de fazer o que estão fazendo de forma ainda melhor.

Matsuyama riu quando perguntei como os membros de sua equipe aceitaram prontamente a necessidade de parar de polir maçãs. A resposta?

"Embora seja vital para o sucesso do projeto, é preciso gestão constante e ativa."

Lição nº 4: não defina tarefas em excesso

"Definição de detalhes não ajuda a compreensão. Aumenta o mal-entendido", reforçaram os líderes de projeto da Daiwa House. É correto deixar que membros da equipe usem experiência e bom-senso para fazer o trabalho.

Nesse sentido, eles também mencionaram o uso extensivo de prototipagem como maneira de determinar detalhes de implementação. "Prototipagem" não é palavra comumente usada em conjunto com "implementação SAP". É quase tão incomum como a frase "antes do previsto". Com a equipe certa, porém, acaba por ser totalmente viável e vale a pena o esforço.

Lição nº 5: seja agressivo sobre os objetivos para melhoria dos negócios

Um princípio fundamental da próxima geração de TI é o de que não existem mais projetos de TI. O foco real não é implantação SAP.

No caso da Daiwa House, o objetivo primário da implementação era o de sempre: apoio à gestão, particularmente na contabilidade, recursos humanos, e área de conformidade, fornecendo uma visão mais coerente de informações da empresa. Os principais benefícios comerciais esperados eram fechar os livros mais rapidamente, melhorar a gestão de RH, e suportar requisitos de conformidade internacional.

Ao longo do tempo, porém, a equipe do projeto tornou-se mais agressiva na definição de melhorias de negócios. Desenhos de processos diferentes e melhores práticas, habilitados pelo novo *software*, tornaram-se parte formal do esforço. O foco mudou da implementação SAP tradicional para a descoberta de como tirar proveito dos recursos adicionais do sistema para melhorar a implementação de processos de negócios e práticas de entrega.

A experiência da Daiwa House valida o princípio. Apesar do nome, esse projeto não foi uma implementação SAP. Foi uma iniciativa de melhoria de negócios que dependiam, em parte, da implementação SAP.

Lição nº 6: forneça uma visão holística para todos os membros da equipe

Em qualquer projeto, é fácil para os participantes desenvolver a "visão de túnel", com foco estreito sobre suas próprias tarefas e responsabilidades. Isso pode resultar em uma coleção de

> peças – excelentes quando considerado apenas seus próprios méritos – que não se encaixam no todo. O pessoal da Daiwa House foi claro sobre a importância de manter todos os membros da equipe com sentimento do todo nas avaliações às suas responsabilidades individuais.
>
> Implementações de ERP ganharam uma má reputação, em que o antes tarde do que nunca é considerado muito bom, e o fora de controle é considerado comum. Há sempre mais maneiras de fazer algo errado do que fazer algo certo. Além disso, o ato de definir uma implementação de ERP contribui para a probabilidade de resultados decepcionantes.
>
> A experiência da Daiwa House demonstra que, apesar dos desafios serem comuns nesses tipos de implementações, eles estão longe de serem inevitáveis. Ainda melhor, demonstra que o sucesso não é um acidente estatístico. É o resultado de uma boa liderança, gestão e técnica.

Fonte: *Computerworld*, nov. 2011.

Resumo

Um sistema integrado de gestão deve ser capaz de auxiliar o gestor na determinação e controle do nível adequado de estoques que a organização deve manter, seus investimentos em crédito a clientes, gerenciamento do caixa e a estrutura dos passivos correntes, de forma consistente com os objetivos enunciados pela empresa. Mais especificamente, um sistema integrado de gestão deve auxiliar a gestão do capital de giro em tarefas específicas como administração do caixa, do contas a receber e do contas a pagar, na avaliação de necessidade de empréstimos e financiamentos, no controle de estoques e, principalmente, na administração e controle do fluxo de caixa, com possibilidades de projeções de caixa, análise de fluxo real e orçado, proporcionando acompanhamento diário da situação de giro da empresa.

Soluções ERP (*Enterprise Resource Planning* – Planejamento dos Recursos do Empreendimento) podem ser definidas como "sistemas de gestão empresarial caracterizados pela integração e compartilhamento de um banco de dados, organizados em módulos funcionais (financeiro, suprimentos, recursos humanos, entre outros)".

A gestão da cadeia de suprimentos é um problema que sempre instigou gestores por todo o mundo. Com o desenvolvimento da TI surgiram os sistemas ERPs prometendo a gestão sistêmica das empresas. No entanto, mesmo possibilitando um ajuste nos estoques, levado principalmente pela otimização dos processos internos e pela redução do *lead time*, esse sistema não proporcionou contribuição significativa para que o *Supply Chain Management* (SCM) atingisse o nível almejado pelas empresas mais competitivas. Ademais os modelos de previsão da demanda tradicionais não mais satisfazem os novos desafios da gestão dos estoques e da ruptura. Sendo assim, novas soluções foram desenvolvidas, buscando-se melhorar os níveis de serviço prestados ao consumidor final. Dentre elas, destaca-se a utilização dos sistemas ERPs integrados ao SCM que, por disponibilizarem a informação em tempo real, pode contribuir para o ajuste dos modelos tradicionais de previsão da demanda.

O ERP é capaz de fornecer, em tempo real, um grande conjunto de informações, busca suprir todas as necessidades de informação da administração, atendendo aos requisitos de quantidade, qualidade e tempestividade. Baseia-se na premissa de que uma empresa pode maximizar seus retornos pela maximização do uso dos seus recursos, e que essa maximização só é possível pela utilização dos recursos da tecnologia de informação e da habilidade para correlacionar informações, possibilitando aos gerentes da organização, em qualquer nível, tomar as melhores decisões.

A noção-chave decorrente da definição de um sistema ERP é o conceito de integração. A integração presume o uso comum dos dados e consistência de conceitos e processos de negócios. O sistema ERP foi precedido em criação pelos sistemas MRP (*Materials Requirements Planning*) e MRP II (*Manufacturing Resources Planning*).

Normalmente, a opção pela adoção de um sistema ERP ocorre em algumas situações típicas – determinada área não pode mais fornecer as informações requeridas pela corporação; novas unidades de negócio foram adquiridas e os sistemas não podem suportar a consolidação; os custos de manutenção e ampliação do velho sistema cresceram significativamente e isso justifica a sua troca; o sistema de informação atual não pode prover os gerentes de informações oportunas para responder às mudanças ambientais, entre tantas outras.

O sistema ERP é um produto complexo e sua seleção deve ser baseada em critérios múltiplos. A relevância e a aplicabilidade de cada critério naturalmente podem variar de empresa para empresa, de forma que sua utilização deve ser precedida de uma análise criteriosa. Dentre os critérios a serem observados, destacam-se: escopo funcional e aderência, cobertura do escopo geográfico, flexibilidade, conectividade, facilidades para integração, maturidade, facilidade de implantação e manutenção, tecnologia, custos, estabilidade econômico-financeira do fornecedor e suporte local do fornecedor.

O ERP lida com os diversos componentes da gestão do capital de giro: gestão de recebíveis, gestão financeira de estoques, gestão de tesouraria e gestão de fornecedores. A integração dessas funções com as demais áreas da empresa, especialmente com a contabilidade, é de vital importância para o sucesso do processo, visto que várias projeções estratégicas para a empresa dependem de informações contábeis, dentre as quais podem-se citar o balanço patrimonial e a demonstração de resultados projetados. Assim, o ERP, além de viabilizar a integração de funções, torna o processo mais rápido, menos redundante e muito mais confiável.

Questões

1. O que é um sistema ERP? Explique por que o ERP pode ser considerado "a espinha dorsal do empreendimento".
2. Busque na prática três exemplos que demonstrem a "noção de integração" proporcionada pela adoção de um sistema ERP na gestão do capital de giro.
3. Descreva a evolução que os sistemas MRP II sofreram até chegarem aos ERPs de hoje. Faça um paralelo desta evolução com a evolução da tecnologia de informática.
4. Descreva as vantagens e desvantagens da adoção de um sistema ERP.
5. Quais critérios podem ser utilizados na seleção de um sistema ERP? Explique cada um deles.
6. Quais são as principais áreas de aplicação dos sistemas ERP nas empresas? Detalhe cada uma delas.
7. Quais são os componentes envolvidos na gestão financeira de curto prazo? Como esses componentes são integrados ou interligados pelos sistemas ERP?
8. Explique por que a gestão de tesouraria ou de disponibilidades é central na administração do capital de giro e como o gestor de tesouraria pode se beneficiar por meio da adoção de um sistema integrado de gestão.
9. Explique a relação existente entre um sistema ERP e o plano de contas da empresa.
10. Qual a importância do ERP na gestão estratégica do negócio?

Referências

ARNOLD, J. R. T. *Administração de materiais*. São Paulo: Atlas, 1999.

ASSAF NETO, A.; SILVA, C. A. T. *Administração do capital de giro*. São Paulo: Atlas, 1997.

BALLOU, R. H. *Gerenciamento da cadeia de suprimentos*: planejamento, organização e logística empresarial. 4. ed. Porto Alegre: Bookman, 2001.

BAYRAKTAR, E.; KOH, S. C. L.; SARI, K.; TATOGLU, E. The role of forecasting on bullwhip effect for E-BUSINESS applications. *International Journal of Production Economics*, v. 113, p. 193-204, 2008.

BOSE, I.; RAKTIM, P.; ALEX, Y. ERP and SCM systems integration: the case of a valve manufacturer in China. *Information & Management*, v. 45, p. 233-241, Jun. 2008.

CHANG, I-C.; HWANG, Hsin-G.; LIAW, Hsueh-C.; CHEN, Sing-L.; YEN, D. C. A neural network evaluation model for ERP performance from SCM perspective to enhance enterprise competitive advantage. *Expert Systems with Applications*, v. 35, p. 1809-1816, 2008.

CHEN, K.; XIAO, T. Demand disruption and coordination of the supply chain with a dominant retailer. *European Journal of Operational Research*, v. 197, p. 225-234, Aug. 2009.

CHING, H. Y. *Gestão de estoques na cadeia de logística integrada*: supply chain. São Paulo: Atlas, 1999.

CHRISTOPHER, M. *Logística e gerenciamento da cadeia de abastecimento*: estratégias para a redução de custos e melhoria dos serviços. São Paulo: Pioneira, 1997.

COLANGELO FILHO, L. *Implantação de sistemas ERP – Enterprise resources planning*: um enfoque de longo prazo. São Paulo: Atlas, 2001.

CORRÊA, H. L.; GIANESI, I. G. N. *Just in time, MRP II e OPT*: um enfoque estratégico. São Paulo: Atlas, 1996.

_____; _____; _____. *Planejamento, programação e controle da produção*. MRP II/ERP: conceitos, uso e implantação. São Paulo: Atlas, 1999.

_____; _____; _____. *Planejamento, programação e controle da produção MRPII e ERP*: conceitos, uso e implantação. São Paulo: Atlas, 2001.

FEDELI, R. D.; POLLONI, E. G. F.; PERES, F. E. *Introdução à ciência da computação*. São Paulo: Pioneira-Thomson Learning, 2003.

FERNANDES, A. *Tecnologia*: aquisição, desenvolvimento, proteção, transferência e comercialização. Rio de Janeiro: Quadratim, 2001.

GUNASEKARAN, A.; NGAI, E. W. T. Modeling and analysis of build-to-order supply chains. *European Journal of Operational Research*, v. 195, p. 319-334, Jun. 2009.

HENDRICKS, K. B.; SINGHAL, V. R.; STRATMAN, J. K. The impact of enterprise systems on corporate performance: a study of ERP, SCM, and CRM system implementations. *Journal of Operations Management*, v. 25, p. 65-82, Jan. 2007.

KAYNAK, H.; HARTLEY, J. A replication and extension of quality management into the supply chain. *Journal of Operations Management*, v. 26, nº 4, p. 468-489, July 2008.

KOH, A.; GUNASEKARAN, D. R. ERP II: The involvement, benefits and impediments of collaborative information sharing. *International Journal of Production Economics*, v. 113, p. 245-268, May 2008.

LIEBER, R. B. Here comes SAP. *Fortune*, p. 122-124, Oct. 1995.

MACHADO, R. O.; OLIVEIRA, M. M. B. Análise sobre o uso de técnicas de administração e sua influência no ciclo financeiro da empresa. In: CLADEA – CONSELHO LATINO-AMERICANO DE ESCOLAS DE ADMINISTRAÇÃO, 27., 2002, Porto Alegre. *Anais...* Conselho Latino-Americano de Escolas de Administração, 2002.

MEREDITH, J. R.; SHAFER, S. M. *Administração da produção para MBAs*. Porto Alegre: Bookman, 2002.

O'BRIEN, J. A. *Sistemas de informação e as decisões gerenciais na era da Internet*. 2. ed. São Paulo: Saraiva, 2004.

SALAMA, K. F.; LUZZATTO, D.; SIANESI, A.; TOWILL, D. R. The value of auditing supply chains. *International Journal of Production Economics*, v. 128, Jan. 2009.

SALGADO JUNIOR, Alexandre Pereira; NOVI, Juliana Chiaretti; OLIVEIRA, Marcio Mattos Borges de; PACAGNELLA JUNIOR, Antonio Carlos. E-SCM and inventory management: a study of multiple cases in a segment of the department store chain. *Journal of Information Systems and Technology Management*, v. 8, nº 2, 2011, p. 367-388.

SHINGO, S. *Sistema Toyota de produção*: do ponto de vista de engenharia de produção. Porto Alegre: Bookman, 1996.

SLACK, N.; CHAMBERS; S.; JOHNSTON; R. *Administração da produção*. 2. ed. São Paulo: Atlas, 2002.

SOROOR, J.; TAROKH, M. J.; SHEMSHADI, A. Initiating a state of the art system for real-time SCM coordination. *European Journal of Operational Research*, v. 196, p. 635-650, Jul. 2009.

SOUZA, C. A.; SACCOL, A. Z. (Org.). *Sistemas ERP no Brasil*: teoria e casos. São Paulo: Atlas, 2003.

YAN, R. Demand forecast information sharing in the competitive online and traditional retailers. *Journal of Retailing and Consumer Services*, v. 17, nº 5, p. 386-394, Sept. 2010.

_____; GHOSE, S. Forecast information and traditional retailer performance in a dual-channel competitive market. *Journal of Business Research*, v. 63, nº 1, Jan. 2010, p. 77-83.

10

Aspectos Comportamentais na Gestão do Capital de Giro

Objetivos

Este capítulo tem como objetivos:

- Apresentar as diferenças entre a Teoria de Racionalidade e Finanças Comportamentais.
- Apresentar conceitos de finanças comportamentais.
- Apresentar a dimensão humana da Administração do Capital de Giro em confronto à gestão técnica.
- Apresentar a aplicação de conceitos de psicologia aplicados à gestão do capital de giro.
- Apresentar a importância da dimensão humana na gestão do capital de giro.

Nos capítulos anteriores foram transmitidos os aspectos técnicos da gestão do Capital de Giro, seguindo a lógica dos processos, o princípio da racionalidade e das melhores decisões na gestão financeira. Entretanto, mesmo conhecendo todos os aspectos e a teoria, nem sempre os resultados são satisfatórios ou alinhados à estratégia da empresa.

Isso ocorre, pois a gestão financeira, assim como todo processo administrativo, é realizada por pessoas e constantemente influenciada pelo comportamento humano.

Com isso, ao se admitir a influência da subjetividade do comportamento humano nas decisões financeiras, abre-se a porta para um vasto campo da psicologia atrelada às finanças. Dessa forma, torna-se essencial compreender como as heurísticas da teoria de finanças comportamentais afetam as decisões e a gestão do capital de giro.

10.1 Visões sobre o comportamento humano

Nas sociedades humanas, há grande variedade de culturas e comportamentos, uma resultante de fatores genéticos, ambientais e de experiências de aprendizados anteriores.

Diversas teorias tentam explicar a tendência geral do comportamento. Uma das mais notáveis foi a desenvolvida por Sigmund Freud, segundo o qual todas as atividades humanas eram regidas pelo princípio do prazer (teoria hedonista), na qual se buscava a satisfação imediata ou postergada de um desejo consciente ou inconsciente. Das irrealizações destes desejos nasciam as doenças psicossomáticas (neuroses e psicoses) e também os desejos (pulsões) de morte (tânatos), que levavam o indivíduo a um desbalanço de sua saúde psíquica e a possíveis transtornos em sua vida de relação.

No final do século XX, grandes avanços da biologia molecular e da neurociência levaram a uma ambiciosa abordagem investigativa acerca do comportamento, utilizando as modernas ferramentas dos estudos de ecologia de populações, descrições antropológicas mais fidedignas e estudos de seleção genética. Esta nova concepção reforçou conceitos evolucionários para a interpretação do comportamento, algo que tinha começado pelo próprio fundador da teoria da evolução, o naturalista inglês Charles Darwin.

Algumas obras publicadas nas décadas de 1960 e 1970 do século XX trouxeram novamente à tona conceitos evolucionistas como o da seleção natural, o que também foi chamado de "neodarwinismo". Uma importante obra publicada nessa época que sintetiza este pensamento é *O gene egoísta*, de Richard Dawkins. Autor de concepções neodarwinistas, Dawkins afirma basicamente a diretriz de que todo comportamento humano e animal observado nas espécies (e as tendências universais observadas nos seres humanos) tem como objetivo último a perpetuação e a manutenção da informação genética, admitindo-se neste ciclo as pequenas variações adaptativas.

Assim, atos como se alimentar, vestir, copular, cuidar dos filhos, escolher um bom parceiro, ou pertencer a um grupo confiável com coesão social, passaram a ser vistos como estratégias evolutivas fixadas ao longo de milhares de anos, que resultaram em informações com grande perpetuidade nos genes, e que nos condicionam naturalmente a lutar pelo sucesso reprodutivo e a prezar, em geral, pela autopreservação de nosso organismo.

É interessante ressaltar que estes conceitos entraram em choque com algumas tradições psicanalíticas freudianas como as pulsões de morte (que não teriam sentido num contexto evolutivo), e que de certa forma apoiaram, ao menos circunstancialmente, a explicação do comportamento pelo princípio do prazer, desde que este prazer tenha sido cunhado pela evolução para garantir a perpetuidade genética.

Freud, portanto, não ficou completamente derrubado. Hoje a ciência comprova alguns de seus conceitos, e continua entrando em choque com outros. Há também associações de neurocientistas voltados especialmente para o desenvolvimento de metodologias que têm como objetivo a comprovação de preceitos freudianos da análise comportamental.

No entanto, de um modo geral, as teorias de abordagem biológica do comportamento têm hoje maior respaldo científico do que qualquer outra. A chamada "Psicologia Evolucionista" tem ganhado adeptos de diferentes áreas como a ecologia, neurologia, antropologia e sociologia, e, em compartilhamento com a Neurociência e suas modernas técnicas de pesquisas de bioquímica e imagens cerebrais, tem a ambição de explicar como nunca dantes os detalhes mais íntimos do funcionamento da mente e do comportamento humano como um todo.

O cérebro humano pode ser didaticamente dividido em três partes principais: o córtex e estruturas subcorticais, envolvido principalmente com planejamento, percepção de estímulos externos, decisão e movimentos voluntários; o cérebro "límbico", formado principalmente pelo sistema límbico e tálamo, envolvido com as sensações de prazer, aversão e recompensa, assim como com a formação de memórias; e finalmente o "cérebro reptiliano" – formado por mesencéfalo, ponte e bulbo –, assim chamado por se apresentar mais desenvolvido em peixes, répteis e anfíbios, que seria mormente responsável pela regulação de estados internos do organismo, e pelo automatismo funcional de alguns órgãos. Pode-se dizer que existe uma "hierarquização" de comando entre a camada do córtex em relação ao cérebro "límbico" e ao "reptiliano", assim como entre estes dois últimos, sendo o cérebro límbico também "regulador" em algumas funções do cérebro reptiliano.

De acordo com as visões mais modernas, acredita-se que, em nossa espécie, a parte do cérebro que mais se desenvolveu foi aquela responsável pelo planejamento, os córtices frontal e pré-frontal. Dentre as funções executadas pelo planejamento, destaca-se a tendência humana para perceber e fazer uso de fenômenos de covariação e ao se atribuir à maioria deles relações de causa e efeito. Um outro aspecto deste mecanismo mental é que ele é bastante ligado a sensações de incômodo e de prazer, a um condicionamento de recompensa e punição para cada tipo de interação com o ambiente.

O condicionamento pode ser realizado por meio de associação de um estímulo (prazeroso ou doloroso) que busca a obtenção de respostas fisiológicas (condicionamento pavloviano), ou que busca a elicitação de determinados comportamentos (condicionamento operante). É possível a um indivíduo, nesse sentido, "condicionar a si próprio", através de treinamento e aprendizado.

O sistema límbico, uma parte do cérebro mais antiga do ponto de vista evolutivo, está diretamente ligado a esse aprendizado condicionado. O sistema límbico é a parte do cérebro diretamente envolvida com o processamento de memória e a deflagração de estados emocionais. Finalmente, o chamado "cérebro reptiliano", composto pelo mesencéfalo e mielencéfalo (tronco cerebral), é o responsável pela autorregulação de funções fisiológicas vitais e de respostas autonômicas. Também passam por ele as vias efetoras das respostas conscientes processadas pelo córtex e pelo cérebro límbico.

Alguns conceitos como estes, envolvendo neurologia e comportamento, serão importantes para que possamos compreender, neste capítulo, por que tantas decisões do nosso dia a dia tendem a fugir dos direcionamentos da racionalidade apresentados nos capítulos anteriores, e que podem contribuir para explicar suas possíveis causas, e, por fim, indicar o delineamento de estratégias para evitá-las.

10.1.1 Teoria da racionalidade versus finanças comportamentais

Até a década de 1970 o pensamento dominante era o da Teoria dos Mercados Eficientes, da racionalidade dos mercados e de seus *players*. Muitos trabalhos contribuíram para a disseminação e fortalecimento dessa corrente, dentre eles destacam-se os estudos seminais realizados pelos autores (MARKOWITIZ, 1952, MODIGLIANI e MILLER, 1958; SHARPE, 1964; FAMA, 1970) todos dignos do reconhecimento de suas contribuições com a premiação Nobel em economia.

De maneira geral, a Teoria de Mercados Eficientes até abordava diferenças entre níveis de eficiência (classificadas em fraca, semiforte e forte). No entanto, essa teoria e a do *homo economicus* têm a sua essência pautada na premissa que os gestores financeiros tomam decisões com base em raciocínios lógicos, guias estatísticos e ferramentas que projetam o resultado futuro das escolhas presentes e de todo o mercado financeiro, em busca de melhores resultados com o menor risco possível (AGUIAR; SALES; SOUZA, 2008).

Por outro lado, essa abordagem via-se incapaz de explicar as anomalias de mercado e de gestão. Mas somente com os trabalhos publicados por Kahnemann (2002) e Smith (2002) emergiu a Teoria de Finanças Comportamentais, apresentando as violações da racionalidade, passando a considerar fatores psicológicos, subjetivos, comportamentais nos processos decisórios.

Os trabalhos de Kahnemann (2002) e Smith (2002) contestam a versão da racionalidade do gestor, expondo as falhas dessa teoria e contribuindo para a inserção das heurísticas nas decisões. Observa-se, portanto, que as finanças comportamentais formam uma teoria ainda muito recente, com poucos estudos práticos publicados no Brasil, porém com crescente destaque na ciência e na administração financeira moderna.

Essa teoria considera, portanto, que as decisões são influenciadas pelo comportamento humano. Assim, a gestão financeira, inclusa a gestão do capital de giro, também é afetada por aspectos psicológicos que distorcem a capacidade de interpretação e análise dos fatos (KIMIURA; BASTOS; KRAUTER, 2006).

Portanto, há um embate entre a racionalidade e a influência que o comportamento humano exerce nas finanças. Santos e Santos (2005, p. 109) concluem que:

> De um lado, o pensamento racional, que torna técnica e padronizada a ação dos agentes de mercado, que coloca a análise de dados acima das limitações ou idiossincrasias humanas. [...] De outro lado, há correntes de pensamento que se caracterizam por pressupor que a realidade não pode ser tão racionalmente determinada, pois o nível de complexidade das relações internas aos mercados não permite que os investidores analisem todo o conjunto de variáveis existentes para tornar exclusivamente racional sua decisão de investir.

Obviamente este capítulo será apresentado sob enfoque da segunda teoria, a qual incorpora diversas heurísticas que serão esclarecidas nos tópicos seguintes.

10.1.2 Heurísticas das finanças comportamentais

A palavra heurística é de origem grega que está relacionada ao "descubro" e/ou "acho". É uma maneira de simplificar decisões em vista de situações complexas ou problemas corriqueiros. É um processo ou uma técnica desenvolvida pelas pessoas diante de algumas decisões e situações cotidianas, que pode ser um processo automático, uma técnica deliberada, ou um procedimento intuitivo, involuntário, inconsciente ou simplesmente relacionado às experiências e conhecimentos tácitos individuais.

Como as finanças comportamentais tentam relacionar a subjetividade nas decisões, diversas heurísticas tentam apresentar alguma consistência ou padrão no comportamento dos gestores financeiros. Nesse caso, a teoria comprova algumas situações em que a decisão não é pautada em deduções racionais.

As heurísticas são a contraposição da racionalidade dos *players* de mercado. Importantes estudos contemporâneos baseiam-se nas premissas ou comprovam que as decisões financeiras são guiadas por heurísticas e raciocínios práticos, distantes das regras estatísticas e modelos complexos propostos pela hipótese de mercados eficientes e da racionalidade dos *players* de mercado.

Ao longo deste capítulo, serão apresentadas as principais heurísticas relacionadas à gestão do capital de giro, mas, em geral, sob uma visão ampla, as heurísticas (também chamadas de vieses cognitivos) presentes nas decisões financeiras são as seguintes:

- **Ancoragem:** Essa heurística é baseada na repetição de decisões futuras com base em resultados passados, na expectativa que decisões acertadas no passado serão decisões corretas no futuro e decisões errôneas em seu histórico serão decisões erradas no futuro.

   Nessa situação o gestor financeiro tende ao excesso de conservadorismo, avesso às mudanças, tendo dificuldades para adequar-se aos novos cenários, pois ele está condicionado a manter o mesmo comportamento. Sob esse viés, como exemplo: um gestor que tenha concedido crédito para determinado tipo de empresa que tenha gerado uma perda significativa. Com base em sua experiência, tenderá a restringir o crédito ou analisar subjetivamente as empresas similares.

- **Disponibilidade:** Nesse viés o gestor toma a decisão com base no conhecimento e informações imediatamente disponíveis, sem considerar as demais possibilidades e dados. Dessa forma, o gestor recorre à memória para embasar a sua decisão. No entanto, as informações prontamente disponíveis na memória são aquelas de curto prazo, pois acontecimentos passados tendem a ser mais esquecidos ou menos valorizados nessa heurística.

- **Excesso de Confiança:** Em geral, as pessoas tendem a superestimar as suas capacidades e se considerar com desempenho acima da média. Dessa forma, a decisão é tomada considerando uma margem de erro inferior à realidade.

   Nesse caso, por exemplo, o analista financeiro julga as suas capacidades de prever riscos maiores do que a realidade, considerando o risco da carteira menor do que poderia ser apurado estatisticamente.

- **Intuição:** Nesse viés a decisão é tomada de acordo com a percepção subjetiva do avaliador, partindo de preconcepções e informações incapazes de ser mensuráveis. É muito comum esse tipo de decisão no mercado financeiro, quando o gestor toma uma decisão sem nenhum tipo de análise e validação quantitativa ou qualitativa.

- **Otimismo e Pessimismo:** Nessa heurística ocorre a incapacidade de avaliação adequada no processo de decisões devido à interferência da superestimação ou subestimação de resultados futuros, pelo menosprezo ao risco e sensação de controle de eventos vindouros ou pela demasiada carga negativa sobre a realizada.

   Esse viés pode ser facilmente observado em períodos de crises ou na formação de bolhas financeiras, nas quais as expectativas são carregadas de emoções e ações exageradas.

- **Perseverança e Autopersuasão:** O ser humano é relutante em reconhecer erros, admitir falhar e contabilizar prejuízos. Por essa dificuldade, o tomador de decisão tende a buscar argumentos favoráveis para justificar a sua escolha e manter-se nela, mesmo que a situação indique o erro na decisão.

   É comum, por exemplo, um investidor buscar argumentos para manter-se em uma posição perdedora e persistir no erro. É mais fácil manter a posição do que admitir o fracasso e a culpa.

   Influenciados por esse viés, os analistas financeiros buscam constantemente argumentos que comprovem as suas previsões, mesmo que essas estejam longe da realidade. Por isso, deixam de rever criteriosamente as suas análises e projeções, pois estão influenciados pela perseverança na posição e pela busca de matérias, dados e opiniões que comprovem indicações.

- **Reação Exagerada:** Em face às mudanças no cenário econômico e/ou nos resultados corporativos, as pessoas envolvidas necessitam tomar decisões rápidas. No entanto, diante da incapacidade de avaliar corretamente a situação em tempo hábil, ocorrem normalmente decisões exageradas, sejam com excesso de otimismo ou pessimismo.

   Acrescenta-se a esse viés o fato de que as decisões financeiras, especialmente no mercado acionário, são carregadas de emoções e de interferência de grandes *players*. Dessa forma, uma pequena alteração no cenário esperado pode vir a gerar um impacto muito maior do que racionalmente seria possível, ainda que posteriormente essas distorções possam ser corrigidas.

- **Representatividade:** Esse viés está vinculado com a preferência das pessoas em optar por uma escolha que tenha elementos descritivos, ainda que menos provável probabilisticamente. Como exemplo, um gestor de crédito tende a valorizar mais as notícias recentes do que a própria análise financeira realizada. Supondo que algumas empresas de determinado setor tenham sido bem classificadas em seu modelo de análise de crédito, mas notícias recentes apontem problemas ou pessimismo para o mesmo setor, o analista tende a considerar maior peso na notícia e nos fatos descritivos.

Um famoso exemplo apresentado por Peter (2003, apud AGUIAR, SALES e SOUZA, 2007) esclarece bem esse viés. No estudo, pedia-se para que os participantes da pesquisa apontassem a profissão de uma dentre 10 pessoas enfileiradas, sabendo que 8 delas seriam motoristas de caminhão e apenas 2 eram corretores.

Em um primeiro momento, quando todos os trabalhadores vestiam a mesma roupa, todos os participantes pautaram-se pela probabilidade e optaram por apontar um motorista. Em um segundo momento, quando um deles estava vestido de terno, óculos e uma pasta, todos os participantes ignoraram as probabilidades e julgaram ser ele o corretor.

O exemplo ilustra bem as preconcepções, os erros com base nas informações mais recentes e opção das pessoas em utilizar informações descritivas e recentes em seu processo decisório.

- **Comportamento de Manada:** Embora não seja exatamente um viés cognitivo, esse é um dos fenômenos mais recorrentes no mercado financeiro. Consiste em agir seguindo as ações dos demais do grupo ao julgar que os outros possuem informações melhores para agirem de tal forma.

Esse comportamento não possui embasamento racional, porém é muito mais fácil justificar uma ação quando todos os pares estão agindo da mesma forma. Da mesma maneira, é mais confortável reconhecer um erro quando todos erraram juntos.

O gestor de crédito, por exemplo, tenderia a fazer uma avaliação parecida com a realizada pelo mercado. Ou seja, se uma empresa pode não conseguir crédito no mercado, embora seus fundamentos permitam a concessão ou vice-versa.

10.2 Comportamento e administração financeira

Até aqui foi mencionado um breve histórico acerca da fundamentação do comportamento e dos principais vieses cognitivos, enfatizando sua natureza genética, de influência constante do ambiente e de aprendizado pregresso. Entretanto, retornando ao foco deste capítulo, poderíamos nos ater a algumas perguntas. Qual a ligação, por exemplo, destes conceitos comportamentais com um melhor ou pior desempenho na administração do capital de giro (ACG) de uma empresa? Em que este conhecimento pode influenciar o modo como são concebidas as operações financeiras em diferentes instâncias, e, em se tratando de finanças de uma disciplina com forte fundamentação matemática, qual poderia ser a influência de motivações comportamentais na rota de cálculos financeiros de uma empresa, como, por exemplo, de seu fluxo de caixa ou de seu nivelamento de estoques?

Nos capítulos anteriores, examinamos a teoria racional para a gestão de recursos financeiros. Compreendemos as bases de um bom plano de gestão e agora iremos verificar a composição da psicologia individual para entender a sua interferência nesse processo.

No entanto, a princípio, façamos uma recordação sobre os objetivos do plano de gestão do dinheiro no sistema capitalista. O objetivo número um deve ser a sobrevivência da empresa a longo prazo; em seguida, o crescimento constante de seu valor; e, por último, a meta de maximização de lucros. Ocorre que, na maioria dos casos, as empresas vão à falência por colocar o terceiro objetivo, que é o de gerar altos lucros, em primeiro lugar. O que parece ocorrer no Brasil, segundo inúmeros estudos, é que em geral as empresas entram em concordata por superestimar sua capacidade de crescimento e de aferição de lucros. Pode-se dizer: por "querer dar um passo maior do que a perna", resultando no crescimento acima da sua capacidade de financiamento (*overtrading*) resultando no efeito tesoura.

Isso tem direta relação com tendências evolutivas de comportamento. A evolução da estrutura cerebral (e mental) humana o condicionou a usar de suas habilidades cognitivas para encontrar fontes renováveis de recursos alimentares, de preservação e reprodutivos, além de ferramentas para a obtenção de outros recursos. Toda esta busca por recursos é centrada em estruturas e processos de aprendizado, dos quais são de relevância a habituação e o aprendizado associativo. A habituação ocorre quando um organismo "se acostuma" com alguma situação ambiental, percebendo que ela não é nem danosa nem benéfica. Já o aprendizado associativo envolve a associação de *performance* de certos comportamentos com probabilidades de recompensas ou punições ligadas a eles. Esta última forma de aprendizado por associações envolve a participação crucial do córtex de planejamento e do sistema límbico, associado às sensações de prazer e punição. Sabe-se, pois, que o aprendizado associativo é bastante intensificado quando está ligado a dois estados emocionais antagônicos: a grandes prazeres (os chamados reforços positivos) e a grandes dores e decepções (os reforços negativos). As grandes dores, porém, exercem uma modificação mais intensa no comportamento, de tal modo que o condicionamento negativo geralmente gera uma associação mais intensa do que os reforços positivos, sendo por isso bem mais difícil retroceder um indivíduo seriamente traumatizado às suas concepções e comportamentos anteriores, do que mudar seu comportamento por troca/melhoria dos estímulos positivos.

Desse modo, as perdas financeiras podem mudar mais o comportamento do que os ganhos. Assim, um dos mais importantes conceitos das Finanças Comportamentais é o de que as pessoas sentem muito mais a dor da perda que o prazer obtido com um ganho equivalente. Por exemplo, há uma tendência em pessoas que operam no mercado financeiro de que após uma perda de um valor X só recupere sua satisfação inicial após a recuperação do dobro daquele valor ($2X$). É possível, no entanto, que fatores como a expectativa de ganho, quando do investimento do capital, seja importante para a causalidade deste fenômeno, se se considera que a perda (prejuízo) é um resultado oposto ao da expectativa inicial (lucro). Assim, o ganho de $2X$ após um prejuízo de X representaria o retorno à expectativa inicial.

Na gestão do capital de giro, esta é a situação, por exemplo, do gerente de crédito que assistiu à insolvência de um grande cliente, o qual apresentava elevado saldo devedor em sua carteira. Para compensar esse "trauma", precisaria assistir a um ganho no mínimo duas vezes superior. Daí a importância de o gerente de crédito ter conhecimento do retorno sobre a carteira de recebíveis que administra, e não somente do risco.

10.2.1 Condicionamento operante e ganhos financeiros

Entender como se processam os mecanismos de condicionamento é fundamental para entendermos as relações entre psicologia e finanças. Todas as análises de perspectivas futuras, de risco, de ganhos são baseadas no aprendizado a partir de outras pessoas (do condicionamento alheio) e do aprendizado ou condicionamento próprio. O condicionamento leva-nos a comparar situações presentes com situações passadas, e a ponderar, em face desta comparação, perspectivas de ganhos ou perdas no futuro.

O condicionamento operante, aquele que envolve, de um lado, a execução de comportamentos e, de outro, possíveis perspectivas de recompensas ou punições, é o que representa maior relevância nos estudos das finanças. Podemos dizer que, na evolução, a estruturação do sistema de aprendizado via condicionamento representou um grande avanço na adaptabilidade do homem e dos animais ao seu meio. Fez com que o homem passasse a evitar certos comportamentos que evitassem punições e resultados indesejáveis, e desenvolvesse comportamentos que favorecessem respostas adaptativas e, principalmente, que trouxessem recursos aprazíveis para si e para o seu grupo.

O condicionamento operante (CO) obedece a perspectivas lógicas de obtenção de ganhos. Como exemplo, uma possível cogitação de um trabalhador: "Se eu trabalhar bem (cumprir minhas metas), receberei meu salário no final do mês." Também obedece a perspectivas lógicas de evitação de perdas e maximização de ganho segundo cálculo de probabilidades, como por exemplo "Se eu trabalhar bem, cumprindo minhas metas, não serei demitido no final do mês", ou também: "A empresa está crescendo; logo vão precisar de um novo gerente no meu setor; se eu trabalhar melhor ainda, acima do esperado pelos demais, pode ser que eu seja promovido."

Este é um exemplo de autocondicionamento, induzido por interpretação das realidades ambientais. Com efeito, nós podemos "ser condicionados" pelo meio ambiente, por outras pessoas, como nossos mestres, professores ou gerentes, mas grande parte do nosso condicionamento operante é feita por nós mesmos, quando interpretamos as probabilidades de recebimento de recursos que o meio pode nos oferecer mediante o trabalho e a resolução de problemas.

A expectativa é inerente ao processo de aprendizado e condicionamento. Na infância e na juventude, há uma tendência maior à execução de comportamentos aleatórios, ao passo que, na vida adulta, geralmente alguns comportamentos são selecionados para promover maior obtenção de recursos. Quando pretendemos auferir recursos, e nos condicionamos a comportamentos adaptativos, há uma expectativa de ganhos quando estes comportamentos são colocados em prática, mesmo quando há uma baixa probabilidade de obtenção de tais recursos.

Pesquisas recentes revelaram importantes bases neuroquímicas e comportamentais da obtenção de recompensas no condicionamento operante. Segundo Wolfram Schultz (2004), existem três importantes fases entre o condicionamento positivo, a fase em que é identificada a possibilidade de ganho de recurso (também chamado "reforço"), uma fase posterior de "incerteza" e a fase em que é detectada a apreensão da recompensa ou reforço. O sistema de recompensa no cérebro é regulado principalmente pelos neurônios (células cerebrais) chamados "dopaminérgicos", isto é, que sintetizam a substância dopamina como neurotransmissor. Durante a fase em que há a "perspectiva" de recebimento da recompensa, um animal irá ter um pico de liberação de dopamina em algumas vias cerebrais muito semelhante ao que ocorre quando este animal está recebendo a recompensa. No intervalo entre estes dois eventos, considerado o "período de incerteza", que pode durar cerca de 400 milissegundos, a descarga de dopamina nestes neurônios não se mantém nos picos, mas atua no nível basal. Isso reflete, em última análise, um padrão neuroquímico muito semelhante de eventos que ocorre quando percebemos a possibilidade de uma recompensa e quando efetivamente a recebemos.

Voltando para a administração do giro, este é o caso, por exemplo, de uma aplicação financeira do saldo de tesouraria em um fundo de investimento, no qual o tesoureiro já investiu no passado com ganhos bem acima da média do mercado, que gera novamente uma expectativa de ganho superior à média de mercado, com desprezo ao risco.

O sistema dopaminérgico realiza, em síntese, a ligação entre um esforço realizado no presente e a recompensa obtida no futuro. Uma das evidências recentes para isso é a de que macacos, nos quais através de técnicas genéticas foi neutralizada a ação do receptor D2 de dopamina, tornaram-se *workaholics*, trabalhando muito mais em um condicionamento anterior (de pressionar uma alavanca) porque perderam a noção do "quanto" tinham que trabalhar para receber sua recompensa de suco de fruta. A liberação de dopamina contribui fortemente para a satisfação de uma expectativa positiva com relação ao ganho de recompensas.

Experimentos como estes são um forte indicativo que permite supor que, após um condicionamento positivo, a expectativa de ganhos no futuro pode ser tão estimulante e motivadora quanto o próprio ganho. Talvez se não fossem estes eventos em nossos cérebros, tantos negócios a serem executados a prazo não fossem fechados diariamente.

Por outro lado, um interessante artigo de Tanimoto H. et al. (2004) demonstra que um agente associado à punição pode se transformar em prazer. Isso é explicado por meio de animais condicionados a receber um pequeno choque elétrico ao ser acionada uma campainha. Se o som da campainha for aplicado no início do período de choque, os animais exibem um padrão neurológico condizente com aversão. No entanto, se a campainha é tocada ao final do evento de choque, o animal exibe uma resposta neurológica de recompensa ao som quando percebido independentemente de outros estímulos. Deste experimento poderíamos deduzir que, em uma expectativa de perdas ou estímulos negativos, a possibilidade de estancarmos uma situação aversiva, ou de termos a menor perda possível, e poderia eventualmente também ser considerada uma espécie de "reforço positivo" e até mesmo um mecanismo em que potencialmente estaria envolvida a geração de prazer e recompensa.

Esta é a situação, por exemplo, do gerente de crédito que estimava uma perda de crédito com um cliente, em razão de protestos ocorridos, quando recebe a notícia de que um novo sócio havia entrado na empresa cliente, mudando a expectativa de perda e aliviando o estado de tensão pela expectativa de perda.

Tais mecanismos, acionados no condicionamento operante via expectativa de ganhos futuros, envolvem componentes relacionados à emoção no cérebro humano. O cérebro humano pode ser didaticamente dividido em três partes principais:

- córtex e estruturas subcorticais, envolvido principalmente com planejamento, percepção de estímulos externos, decisão e movimentos voluntários;
- o cérebro "límbico", formado principalmente pelo sistema límbico e tálamo, envolvido com as sensações de prazer, aversão e recompensa, assim como com a formação de memórias;
- o "cérebro reptiliano" (formado por mesencéfalo, ponte e bulbo), assim chamado por se apresentar mais desenvolvido em peixes, répteis e anfíbios, que seria mormente responsável pela regulação de estados internos do organismo, e pelo automatismo funcional de alguns órgãos.

Pode-se dizer que existe uma "hierarquização" de comando entre a camada do córtex em relação ao cérebro "límbico" e ao "reptiliano", assim como entre estes dois últimos, sendo o cérebro límbico também "regulador" em algumas funções do cérebro reptiliano.

Desse modo, conclui-se que, sendo o sistema límbico (ligado às "emoções") o responsável pela operação de satisfação com o ganho de recompensas/reforços, este desempenha um importante papel na tomada de decisões no planejamento futuro comandado pelo córtex. Ou seja, em qualquer planejamento de ganhos financeiros futuros, há o acionamento de estruturas ligadas ao prazer e recompensa, quando imaginamos a obtenção dos benefícios do negócio em um momento posterior.

A título de ilustração, uma importante relação entre este sistema dopaminérgico de recompensas e a área de finanças é dada pelo estudo de uma patologia conhecida como transtorno de déficit de atenção e hiperatividade (TDAH).

Os indivíduos que apresentam este distúrbio têm um déficit em algumas áreas corticais do neurotransmissor dopamina, o que os leva a ter uma alteração em seu sistema de recompensas e punições, apresentando uma menor modificação de comportamento de resposta a punições e uma dificuldade de se manter efetuando comportamentos usualmente prazerosos.

Um indivíduo com este transtorno tem, por exemplo, dificuldades em se concentrar em uma única atividade por longo tempo, pois os níveis de dopamina necessários para manter a sensação de recompensa não são mantidos, o que o faz buscar uma nova atividade potencialmente prazerosa e com liberação de nova carga deste neurotransmissor.

Os indivíduos com TDAH apresentam maiores volumes de dívidas e potencial para arriscar em opções de alto risco financeiro como jogos de azar do que os indivíduos normais, provavelmente por sua dificuldade em perceber consequências de punições financeiras futuras, e por sua preferência maior do que a média por situações de prazer imediatista variadas, como compra e usufruto de utilidades diversas.

O sistema de recompensas, como será enfatizado adiante, recruta bastante áreas do córtex pré-frontal, e está também implicado em outras doenças, como distúrbios obsessivo-compulsivos, autismo e procura por substâncias viciantes. As pesquisas recentes constatam uma correlação entre as disfunções do sistema pré-frontal de recompensa e o volume exagerado de débitos no cartão de crédito destes pacientes.

Dessa forma, justifica-se que campos de estudos financeiros, como a administração de capital de giro, não são completamente exatos. As decisões dependem de análise de gráficos, de cálculos, mas também têm um direcionamento emocional. Este direcionamento deve ser controlado, para que na análise de dados o componente emocional não distorça o processo lógico de tomada das decisões.

Administrar dinheiro não é nada mais do que administrar recursos. Os recursos na espécie humana possuem valor de autoconservação, valor reprodutivo e valor hedonístico (que geram prazer). Isso explica facilmente por que lidar com dinheiro pode "mexer" tanto com a emoção. Ao longo da evolução, nosso cérebro foi condicionado para gerar estratégias individuais (de maior variabilidade) e de grupo (de menor variabilidade) para o mantenimento de um fluxo constante de recursos para os grupamentos humanos. Não é à toa que as estratégias de provimento dos recursos têm forte conteúdo emocional. Elas podem garantir a sobrevivência, determinar a extinção e o sucesso reprodutivo em todas as espécies animais. É natural e adaptativo que as estratégias de obtenção e fluxo de recursos estejam associadas a sensações intensas de prazer, dor e, em especial, de expectativa e ansiedade. Não é diferente, pois, na busca de recursos financeiros pelo tesoureiro, na busca de insumos para a produção, pela área de compras, na busca de recursos através da aquisição de bens e serviços.

Um dos fatores que reforçam esta colocação é o fato de que existe um prazer intrínseco ao aprendizado, quando este está ligado a uma lógica de probabilidade de recompensas. Dessa forma, as estratégias desempenhadas pelos indivíduos que garantam seus recursos e lhes gerem prazer podem ser rapidamente fixadas, e as estratégias negativas ou neutras, descartadas. Isso predispõe algumas pessoas a terem dificuldade de mudar suas orientações ao estabelecerem uma estratégia financeira que tenha proporcionado recursos por um longo tempo, e que em determinado momento (por mudanças na política, na economia, no mercado, nas tendências de psicologia de massas) começa a apresentar falência na contabilidade de lucros. Esse comportamento está ligado diretamente com a heurística da ancoragem, com a expectativa de manutenção dos ganhos, embora haja a necessidade de alterar a estratégia diante de uma alteração no cenário.

Outro viés interessante de ser analisado neste tópico é o dos conflitos de condicionamento. Podemos dar um exemplo disso mais claro em termos experimentais. Consideremos um cão treinado, durante cerca de 100 repetições, para pressionar uma barra e ganhar um pequeno pedaço de carne a cada pressão realizada. Este cão está condicionado para a realização da tarefa, pois associa um comportamento a uma recompensa. No entanto, concebamos a hipótese de que na centésima primeira tentativa em que o cão pressionar esta barra ele receba um choque elétrico. O estímulo negativo aplicado, em lugar do positivo, irá causar um conflito no condicionamento deste animal. Se, nas tentativas subsequentes, choques e pedaços de carne forem dados aleatoriamente ao se pressionar a barra, este cão irá entrar em um conflito tal de aprendizado que deixará de perceber qualquer lógica existente entre comportamento executado, recompensa e punição.

Não por acaso este é o modelo experimental de estudo da depressão. Nos experimentos, observa-se o dano ao comportamento (e ao condicionamento) da não associação entre tarefas que levam à recompensa ou à punição.

Não é à toa que o gerente de crédito fica atordoado quando percebe uma perda de crédito após tantos créditos concedidos ou quando o tesoureiro tem uma perda em um investimento financeiro após inúmeros acertos.

Da mesma forma, se um gerente ou supervisor de uma empresa pune ou recompensa seus empregados sem que lhes seja permitida uma associação lógica entre os reforços e seus comportamentos, estará levando sua equipe a um estado de desmotivação análogo ao da depressão.

É importante ressaltar uma tendência também universalmente humana e adaptativa: se puderem escolher, os homens preferem solucionar problemas cujo processo de resolução seja mais prazeroso, considerando que a apresentação de diferentes problemas lhes proporciona ganhos iguais. No entanto, muitas vezes os problemas que proporcionam maiores ganhos e recursos são aqueles que não proporcionam uma identificação ou prazer imediato durante a sua resolução, e requerem estudos e busca de outras fontes de aprendizado.

Um exemplo disso seria uma pessoa que atua na área de crédito tendo que resolver em dado momento um problema na empresa relativo à falta de estoques. Por ela nunca ter trabalhado na área de estoques, mesmo que seja para o seu departamento, poderá tomar uma atitude de delegar esta função para qualquer um que se julgue capaz disso, mesmo tendo as ferramentas e autonomia para resolver a questão.

10.2.2 Pessimismo e otimismo

Na gestão de finanças, a análise da capacidade de julgamento e da interferência das emoções deve ser uma tarefa cotidiana. Devem-se trabalhar métodos de avaliação contínua, para evitar que tendências de personalidade ou de momentos bons ou ruins possam influenciar negativamente nas decisões financeiras.

Alguns protocolos experimentais, como o Paradoxo de Ellsberg, revelaram que existe uma tendência a atribuirmos expectativas positivas ou negativas nos julgamentos, e a refutar expectativas neutras, mesmo quando a perspectiva racional nos leva a calcular e avaliar sobre uma possibilidade matematicamente nula. E ainda é bastante difícil para a cognição humana, quando se desconhecem variáveis que proporcionem perspectivas, manter uma posição otimista ou pessimista a respeito do resultado de uma ação.

Desse modo, a cognição humana tende a ter como resultado de análises expectativas otimistas ou pessimistas a respeito de ações futuras e em andamento, mas não demonstra ter inclinação para aceitar as duas ao mesmo tempo, ou para expectativas neutras.

Neste julgamento, há uma importante participação do componente "emocional", assim como do componente "racional", nas atitudes pessimistas e otimistas, que refletem a análise da perspectiva de aquisição de recursos. Na filogênese do homem, como mencionado, tais recursos se referem a alimento, abrigo, roupas, remédios, que, no geral, aumentam a expectativa de vida e as taxas reprodutivas, ambas relacionadas à perpetuação da carga genética dos indivíduos.

Na sociedade contemporânea capitalista, tais recursos e muitos outros podem ser adquiridos por meio do dinheiro/capital. Se o dinheiro pode adquirir os recursos disponíveis para a sobrevivência, pode-se dizer que ele mesmo, por si só, assume a forma de recurso com o qual se troca por todos os demais.

Assim, as estratégias ou atitudes na sociedade moderna visam, por excelência, a uma maximização do ganho deste recurso, que, se administrado com uma estratégia eficiente, poderá permitir a multiplicação de seu valor e poder de troca em situações futuras.

Estas estratégias de multiplicação do dinheiro/capital envolvem aspectos como privação de recompensas no presente para promoção de recompensas maiores/por mais tempo no futuro, possibilidade de alianças com outros indivíduos com benefícios mútuos e, finalmente, julgamentos sobre valores e prazos de resultados esperados.

Dessa forma, aplicando a teoria à dinâmica do capital de giro, podemos dizer que diversos fatores interferem em atitudes pessimistas e otimistas. De outra forma, uma postura otimista ou pessimista com relação às probabilidades futuras irá influenciar suas atitudes cotidianas na administração do capital. Um pessimista, por exemplo, irá desconfiar de mudanças repentinas no mercado, e poderá deixar disponível grande quantidade de capital líquido, em detrimento do financiamento de clientes, provocando uma redução na atividade da empresa. Um otimista, por outro lado, ao acreditar no sucesso incondicional de seu negócio, poderá investir demasiadamente no imobilizado, não se preocupando com variáveis intervenientes, como, por exemplo, instabilidades políticas e de mercado e competição com outras empresas, que possam vir a demandar repentinamente um grande volume de recursos disponíveis.

Alguns fatores podem interferir em ações demasiadamente otimistas ou pessimistas. A genética é a primeira delas. Com o avanço das neurociências e técnicas psicológicas, um administrador pode hoje facilmente descobrir se tem propensão a distúrbios de ansiedade, depressão e episódios maníacos, que podem motivar atitudes extremas na administração de capital de giro.

Num futuro próximo, talvez seja possível, pela análise genética, um estabelecimento mais refinado destas tendências. Distúrbios como esses podem causar grandes prejuízos, tendo em vista que as pessoas, vivendo em uma fase depressiva ou altamente ansiosa, assumem atitudes defensivas, inclusive inconscientemente, perante o ambiente e sua vida de relação.

Não seria absurdo imaginar que um gerente, no auge de sua melancolia, acredite que a melhor atitude seja vender toda a carteira de recebíveis para o primeiro banco que aparecer, ou, num episódio de mania, diminua para menos do que o mínimo necessário o investimento no capital de giro, a fim de auferir lucros na expansão da capacidade produtiva, por acreditar com otimismo num volume de vendas acima da taxa média de crescimento da empresa.

Estes vieses e transtornos psicológicos também podem ter um forte fator ambiental, ou de história pregressa (experiências passadas). Um administrador cuja infância foi amargurada por grandes privações e fome pode viver em descrédito com relação ao mercado e à política financeira, e ter uma demasiada aversão ao risco, evitando, por exemplo, vendas a prazo. Esta aversão pode emperrar o ritmo esperado de crescimento da empresa. Por outro lado, a perda de um parente próximo de um gerente de banco pode interferir nas suas decisões de concessão de crédito naquela semana.

O pessimismo pode ter efeito negativo quando se avalia a gestão do crédito, podendo causar problemas nas relações com os clientes e na identificação dos mesmos com os propósitos da empresa. O pessimismo pode ainda trazer prejuízos na gestão de estoques, podendo provocar estoques desnecessários, no relacionamento com fornecedores ou com bancos. Pode, ainda, trazer prejuízos na gestão da tesouraria, com o excesso de liquidez. São bastante consideráveis, portanto, os problemas na administração de capital de giro potencialmente causados pelo (excesso de) pessimismo.

Agora, analisemos o outro lado da moeda, o otimismo exacerbado. A mente de um empreendedor tende geralmente ao otimismo. O mercado seleciona naturalmente as pessoas otimistas e com certa propensão ao risco. Mais de 50% das empresas que são abertas no Brasil vão à falência em menos de dois anos, em boa parte como fruto de excesso de otimismo, descartando a necessidade de planejamento e preparo.

A estatística é semelhante mesmo para países desenvolvidos. É possível que estes números, mais do que uma incompetência administrativa por parte dos empresários, reflitam uma "ecologia de mercado" na qual somente os mais aptos para determinada situação e momento consigam se estabelecer, e que existam fortes gargalos de resistência (limitação de recursos ambientais) que barrem o estabelecimento de novos empreendimentos.

Também em todas as espécies, somos mais frágeis e temos menos chances de sobrevivência quando temos pouco tempo de vida. Portanto, abrir uma empresa é lutar contra a estatística. É remar com força contra a maré. É preciso ser otimista para acreditar no sucesso, quando as chances históricas de êxito são escassas. No entanto, isso não seria, por assim dizer, tão ecologicamente fora de padrão.

Todos nós já fomos um espermatozoide nadando entre muitos com remota chance de perfurar o óvulo. E, quando nascemos, também lutamos contra uma estatística de baixa sobrevivência infantil e juvenil, e mesmo assim a maioria de nós insiste em continuar a luta pela vida nesta mesma sociedade. O otimismo faz parte da própria estrutura da sobrevivência e é, na maioria das vezes, nosso maior aliado.

Contudo, o excesso de otimismo, sem um pleno equacionamento de possíveis variáveis intervenientes, pode gerar transtornos agudos e catastróficos no fluxo de capitais de um empreendimento. A estimativa que os gerentes esperam para o crescimento e sua não adequação à disponibilidade de capital de giro pode ser considerada a maior causa de insolvência das empresas brasileiras. Pode-se supor uma falta de planejamento, mas, sobretudo, um excesso de otimismo. O excesso de otimismo pode trazer prejuízos na gestão de estoques, podendo provocar estoques desnecessários; no relacionamento com fornecedores ou com bancos, pode levar a um descrédito.

Segundo uma interessante colocação do antropólogo Dennis Werner, o cérebro é preparado para traçar metas de uma felicidade estável e duradoura, de uma ilusão de perenidade em um estado de êxtase que nunca se mantém por tanto tempo quanto imaginamos. Isso seria útil evolutivamente, porque quando temos forte ambição de obter um determinado (e importante) recurso em que imaginamos a recompensa de prazer e êxtase duradouro mobilizamos grande parte de nossa energia para obtê-lo. No entanto, uma vez conseguido o recurso, percebemos que talvez tivéssemos superestimado o tempo de êxtase que aquela conquista poderia gerar.

Algum tempo depois, uma nova meta surge à cabeça, trabalhar por outro recurso ainda melhor, e este, aí sim, irá gerar a felicidade duradoura. O mecanismo descrito de autoilusão, defendido por psicólogos evolucionistas, faz sentido se tivermos em mente que, para garantir a sobrevivência e a continuidade do grupo, muitas vezes tenha sido necessária no curso da história humana uma motivação aumentada pela autossugestão.

Faz sentido também que a satisfação decorrente pela conquista não dure o tempo suficiente para que sejamos embriagados pelo êxtase e nos desfoquemos de outras necessidades de provisão de recursos que surgem a cada momento e são sempre contínuas. Depois de conseguidas as metas que supostamente levariam o homem a uma felicidade perene, ele cria outras, mantendo para si o mito desta felicidade condicionada à obtenção da próxima meta, num ciclo evolutivamente estável de autoilusão.

É preciso falar nestes termos, para que se entendam como nos tornamos frágeis quando temos uma ambição. Na verdade, talvez seja melhor nos referirmos a um ciclo de ambições. A conquista de uma meta usualmente gera prazer. O prazer que também é conseguido novamente pela conquista da próxima meta subsequente. É extremamente saudável sentirmos prazer com o alcançar dos destinos planejados, da retirada dos lucros auferidos por nossos planejamentos. No entanto, a manutenção das ambições pode começar a se tornar perigosa, quando atentamos para que as mesmas fontes de prazer são as maiores fontes de vício.

O sistema dopaminérgico, um conjunto de vias cerebrais que conduz o neurotransmissor dopamina, é o sistema acionado quando, por exemplo, fumamos um cigarro. É o sistema acionado também no vício de substâncias como o café, o chocolate, o guaraná ou mesmo a cocaína. Também é o sistema acionado quando temos uma onda de prazer por uma meta conquistada; são as mesmas as vias neurais de recompensa, de prazer e dependência de substâncias. Desse modo, satisfazer a nossas ambições também pode gerar vício. Podemos nos tornar dependentes da realização de metas predeterminadas, uma após a outra, e por vezes desestabilizarmos os componentes de um sistema administrativo para obtermos, ainda que transitórios e insustentáveis, os indicadores de crescimento e lucro que almejamos.

Isso acontece quando, quimicamente, o cérebro passa a precisar daquela meta para manter-se em equilíbrio. A liberação de dopamina, pela série de progressivos sucessos e reforços, se tornou dependente daquela atividade. Através de um processo de autossugestão, determinado indivíduo pode se condicionar à obtenção de estímulos prazerosos quase apenas de uma única fonte, a fim de, em termos ecológicos, maximizar seus esforços para a obtenção de seu recurso.

Por isso, se um indivíduo está focado demais na atividade de gerenciamento e na busca por metas estabelecidas, pode ser interessante que se pergunte sempre o quanto aquilo é realmente significativo no contexto de sua existência, e o peso que é dado àquela atividade no detrimento de outras, como a preservação da saúde, da vida social, da dedicação à família, ou se este indivíduo não estaria realmente se tornando viciado em metas puramente subjetivas movidas por caprichos pessoais.

Um eminente neurologista, o português António Damásio, em seu livro *O erro de Descartes*, explica em termos de funcionalidade de conexões neurais e de casos de pacientes com áreas cerebrais lesadas a sua tese de que não existe uma dicotomia entre o que definimos por "razão" e o que é definido por "emoção". Qualquer comportamento dito racional possui um conteúdo emocional, e vice-versa. "Razão" e "emoção" fariam parte de um mesmo *processo*, estando majoritariamente representados no cérebro, respectivamente, por estruturas evolutivamente mais modernas (córtex frontal e pré-frontal) e mais primitivas (sistema límbico, mesencéfalo, tronco cerebral), as quais são ativadas em qualquer comportamento consciente.

Dessa óptica evolutiva e neurológica, pode-se dizer que as estruturas e comportamento compatíveis com a "racionalidade" teriam evoluído no sentido de administrar recursos presentes para manter um fluxo constante/maior de benefícios futuros, mesmo que por vezes seja necessário abrir mão de uma recompensa menor, embora imediata. Ou seja, diferentemente de alguns outros animais, se os homens enxergam possibilidades futuras por associações lógicas, são capazes de se privar de sensações de prazer imediatas para postergá-las (via "razão") para momentos ulteriores em que viriam em maior grau e número, ativando seus centros de recompensa, embora com a mesma fisiologia de uma recompensa imediata.

Na linguagem financeira, isso pode ter como significado o fato de não haver qualquer decisão puramente "racional" (ainda que baseada em médias, previsões, estatísticas) nem essencialmente "emotiva". Os dois elementos sempre estarão presentes em qualquer atividade pecuniária.

Por isso, a questão que deve ser sempre trazida à consciência nestas decisões é: "qual o peso relativo da análise pura de dados contábeis, econômicos e estatísticos, e de meu estado emocional, minhas expectativas e frustrações, nesta atitude que estou tomando?"

A emoção, como foi sugerido, não pode ser eliminada. Uma decisão de alocação de recursos financeiros em estoques, recebíveis ou fundos de investimento é tanto uma decisão racional como uma decisão emotiva. O que podemos fazer, então, caso as consideremos negativas, para evitar decisões demasiadamente "emocionais" na administração de capital de giro?

As emoções, apesar de não poderem ser eliminadas, podem ser de certa forma condicionadas. Podemos nos condicionar a nos sentirmos recompensados apenas se jogarmos efetivamente nas regras do jogo financeiro, respeitando os princípios da geração de valor na gestão do capital de giro.

Grandes ganhos podem gerar grandes recompensas emocionais "imediatas". Notam-se casos de grandes retiradas por fraudes no mercado financeiro e na gestão financeira de empresas: as pessoas ficam eufóricas com a imagem do dinheiro, mesmo que seja um número de saldo em conta.

No entanto, é plenamente possível, por autossugestão e condicionamento, direcionar o prazer e a satisfação para o bom gerenciamento financeiro. Dito isso, cabe aqui a seguinte pergunta: se falarmos em um viés universalmente humano de aversão ao risco e à perda, por que enfatizamos a tendência contrária, o otimismo exagerado, e, por conseguinte, a busca pelo risco?

Como a maioria de nossas ações gera expectativas de ganhos, pode-se evidenciar como será mais bem descrito posteriormente, que existe uma tendência natural humana de aversão ao risco. Por outro lado, o mercado, devido às altas taxas de risco envolvidas e às inúmeras variáveis decisórias a ele pertinentes, seleciona justamente as pessoas que não tenham em sua personalidade esta aversão ao risco evidenciada. Em outras palavras, considerando as probabilidades relativamente menores de sucesso, o mercado seleciona naturalmente as pessoas otimistas que nele se inserem para gerir as empresas.

Assim, como sugestão, ao pesquisarmos sobre o grau de interferência das emoções nas nossas decisões financeiras, e a influência do intercurso financeiro nos nossos estados subjetivos (passados, presentes e futuros), melhor do que nos atermos a perguntas comuns como: O quanto precisarei ganhar para manter uma estabilidade?", "O quanto posso perder?"; poderia talvez esboçar questionamentos como: "O quanto precisarei arriscar e perder, e subtrair de minha ganância de lucros, para aprender a controlar minhas emoções ao administrar meu capital de giro?"

10.2.3 Emoções prévias

Emoções prévias, mesmo que não relacionadas com a esfera de preocupações da administração financeira, têm um peso considerável sobre as decisões de negociação monetária.

Pesquisas iniciais neste campo comprovaram que emoções positivas ocasionam uma tendência mais otimista nas decisões do que emoções negativas, e que emoções negativas levam a uma tendência mais pessimista nas decisões do que as positivas, mesmo se a fonte da emoção não tem relação com o objeto de julgamento.

Estudos experimentais são consistentes com uma teoria de que a emoção da raiva/fúria experimentada em uma situação evoca estimativas de risco mais otimistas e escolhas de busca por situações de maior risco, enquanto a emoção prévia do medo causa o contrário.

Um exemplo interessante sobre a influência de emoções prévias no julgamento financeiro é o de Lerner et al. (2004). Estes pesquisadores partiram do pressuposto de existência do *endowement effect* (efeito de dote), isto é, a tendência natural das pessoas de arbitrar preços de venda de uma mercadoria maiores do que os preços de compra. Este efeito psicológico constitui uma das mais importantes e robustas anomalias econômicas.

Neste estudo, foi elaborado um protocolo experimental no qual os sujeitos eram induzidos, por videoclipes, a emoções de medo e fúria, e logo depois submetidos a uma tarefa de escolhas financeiras, com opções de negociar vários objetos de uma lista a diferentes tipos de preço. A eles foi avisado que seria dado um prêmio se tivessem um bom desempenho nessas escolhas, de maneira que vendessem os objetos quando o preço lhes gerasse maior lucro e rejeitassem as ofertas ruins.

Como resultado, o experimento comprovou que a tristeza reduziu os preços de venda, mas aumentou os preços de compra (no experimento, os preços "de escolha"), enquanto a raiva quando experimentada reduziu ambos os preços de venda e de compra, criando preços de compra e venda sem diferença significativa, e assim eliminando o *endowement effect*.

Uma possível interpretação para estes efeitos, segundo os autores, é a de que, no caso da raiva, ligada muito de perto a um objeto ou tema "indigesto", implicaria uma tendência a se desfazer de objetos correntes e iria evitar adquirir quaisquer objetos novos. Tente imaginar o resultado deste comportamento na área de compras de uma empresa.

Por outro lado, a tristeza, que emerge da perda e de solidão, evocaria uma tendência implícita de modificar circunstâncias no indivíduo. Logo, a tristeza evocaria uma tendência a se desfazer de objetos antigos (possivelmente através de vendas a preços baixos) e a adquirir objetos novos através da compra, para que tais objetos possibilitem uma oportunidade para a mudança.

Isso poderia também estar refletido no caso hipotético de um gerente de banco que nega o crédito a uma empresa movido por motivos pessoais (como disputas conjugais), ou um administrador que, experimentando uma fase de baixa autoestima, realiza uma compra excessiva de estoques, assim como dá crédito a clientes de confiança duvidosa.

De fato, a experiência médica comprova que pacientes com o transtorno de compra compulsiva tendem a experimentar com maior frequência episódios de depressão, e a medicação antidepressiva tende a reduzir esta tendência. O efeito das emoções prévias também se aplica ao caso dos operadores "amadores" do mercado financeiro, que vibram ou se entristecem em demasia quando têm sucesso ou perdas financeiras em suas negociações, o que pode gerar enormes prejuízos na tesouraria. O efeito residual do desencadeamento de uma emoção durante as transações pode afetar completamente a estimativa da transação seguinte.

Segundo os autores da pesquisa, crises sociais e acontecimentos políticos podem influenciar no comportamento do consumidor, dependendo de que emoção despertaria em cada indivíduo. Episódios como o ataque às torres gêmeas de 11 de setembro de 2001, por exemplo, estimularam a compra de mercadorias por parte dos consumidores, em decorrência da emoção que induziram individualmente. Crises sociais, em que fatores econômicos não estivessem tão envolvidos, também poderiam ter efeito similar.

Uma aplicação prática desta teoria voltada para a administração de capital de giro, que envolve este livro, seria a prática usada em algumas empresas de "encantar" o cliente antes de fechar seus negócios. A alocação do cliente em locais confortáveis, com alimentação agradável, assim como passeios turísticos no local de atuação da empresa poderiam, ao despertar emoções de prazer, influenciar a disposição para efetuar desembolso de recursos financeiros.

Isso porque as emoções positivas evocadas podem contribuir para um menor sentimento de incômodo, na hora das negociações, relativo ao reforço negativo que significa o pagamento. A influência desse reforço positivo de prazer pode ser ainda maior se o pagamento pelas utilidades oferecidas puder ser efetuado a prazos mais longos, portanto, mais distantes do momento da negociação. A tendência de um cliente previamente "agradado" a fechar negócios também poderá envolver vieses comportamentais como a tendência ao altruísmo recíproco (que envolve demonstrações de "gratidão") e o julgamento moral, como será visto mais adiante.

10.2.4 Autossabotagem

A autossabotagem, na interpretação psicanalítica clássica, está relacionada aos "pulsões de morte" descritas por Freud. Já na interpretação da psicologia evolutiva, poderia ser antes interpretada, na maioria das vezes de um modo mais ecológico, como uma situação de fuga e luta em situações de estresse.

Geralmente fugimos ou empregamos a violência quando não temos condições emocionais de reagir de outra forma. A pressão psicológica, a tensão, pode se tornar tão grande que nos impele a acionar os mecanismos mais primitivos existentes no sistema nervoso de autopreservação. Pode ser útil para um antílope da savana sair correndo em debandada de um leão quando atacado, ou que tente se defender com os chifres, após parcialmente dominado pelas garras do predador. Isso pode ser altamente adaptativo para o antílope, pois, quando este animal é submetido a situações de forte estresse agudo, tais defesas são acionadas para garantir sua sobrevivência em questões de vida ou morte.

No entanto, com os humanos temos a "civilização". As situações estressantes e tensas quando se administra o capital de uma empresa dificilmente se traduzirão pela permanência ou não do administrador sobre a face da Terra. No Brasil, segundo consta nos códigos legais, ninguém é preso por dívidas, por falências ou concordatas. É permitido falir e perder dinheiro.

No entanto, as situações de administração financeira podem gerar nos indivíduos tensões comparáveis às do antílope ao ser perseguido pelo leão. O fato é que, racionalmente, não há motivos para acionarmos tais mecanismos primitivos de autopreservação.

A autossabotagem financeira ocorre quando, de maneira consciente ou inconsciente, um indivíduo toma atitudes seriadas de altíssimo risco financeiro sem necessidade ou contrariando os princípios da racionalidade, decrescendo serialmente o valor de seus investimentos e empreendimentos. As pessoas acabam enveredando na autossabotagem financeira porque muitas vezes não tiveram preparo emocional, como simulações, para vivenciarem situações de risco, ou quantos motivos alheios à administração financeira (vida amorosa, contexto social, traumas passados) os conduziram a episódios de intensa baixa estima e subjugam suas potencialidades. Na verdade, nem existem leões no Brasil. O único leão que pode ferir por aqui, mas sem matar suas presas – e cujo tamanho da ferida dependerá do sucesso empresarial da mesma –, é o leão do Imposto de Renda. Para escapar do mesmo, ou diminuir esta "ferida", cabe ao gestor financeiro realizar um adequado e consciente planejamento tributário.

Outra razão para a autossabotagem pode ser a propensão pessoal para o risco, especialmente quando o cotidiano de sua vida "moderna e confortável" o leva a sentimentos de monotonia. Este tema será mais bem abordado logo adiante. O que ocorre neste caso é justamente o contrário do que foi exposto anteriormente. As pessoas podem direcionar todo o prazer obtido em situações de risco para a sua atividade de administração financeira.

Uma terceira e interessante razão para a autossabotagem, por estranho que pareça, pode ser a necessidade de despertar compaixão. Um indivíduo que teve sucesso um dia e foi à bancarrota sem dúvida desperta mais compaixão dos colegas e familiares do que aquele que nunca teve recursos. Tal desejo por compaixão pode ter origem na infância, em situações em que a atenção dos pais só era dirigida ao filho quando este fracassava em alguma de suas atividades, em que a afetividade paterna só era exercida mediante alguma tentativa infrutífera de sucesso, talvez mais do que com o próprio êxito nas mesmas atividades. Imagine, por exemplo, o que não faria este tipo de comportamento na gestão de tesouraria, de recebíveis ou de estoques?

Uma relação paterna semelhante, somada a predisposições genéticas, poderia levar um indivíduo na vida adulta a uma tendência cíclica de sucessos e derrocada, para buscar inconscientemente o prêmio da compaixão decorrente de suas quedas.

É interessante ressaltar aqui que, ao contrário do que já foi exposto, o analista profissional do mercado de capitais geralmente não demonstra variações notáveis de humor durante suas operações, nem busca recompensas ou apoios emocionais para seus sucessos e seus fracassos. Isso se contrasta com o investidor amador, que se exalta demasiadamente quando perde ou ganha em suas operações na bolsa. O investimento para ele é um jogo, no qual "predisposição", "sorte" e "azar" podem ter um peso igual ou maior do que a análise técnica de mercado e o desenvolvimento de estruturas racionais de negociação.

Ao observarmos investidores profissionais de mercado de capitais, por exemplo, em sua rotina de negociações de uma empresa de investimentos, não perceberemos grandes sobressaltos emocionais em suas atitudes. Eles operam nos mercados com ponderação e autocontrole. Pessoas com preparo para as negociações financeiras sabem que seu objetivo está calcado em um ganho parcimonioso e duradouro, mais do que em grandes retiradas em um único momento. Seu otimismo foi direcionado para uma expectativa de balanço em longo prazo entre perdas e ganhos sucessivos, superando um viés da característica humana que é sobrevalorizar as perdas e ganhos imediatos e subvalorizar as expectativas de recebimento e gasto em parcelas a prazo.

De todo modo, as instituições financeiras e comércio varejista são bem-sucedidos financeiramente, em parte porque lucram com esta característica humana de diferentes percepções de valor na extensão do tempo. Como os juros que irão cobrar de seus clientes permitirão amortizações de longo prazo, muitos negócios podem ser eventualmente realizados por causa da sensação de recompensa do cliente em usar o crédito para adquirir seus bens em curto prazo.

Deve-se, portanto, buscar compreender os padrões de comportamento que geram determinadas ações na gestão do capital de giro, priorizando o equilíbrio e o preparo tanto para a derrota quanto para a vitória. Embora seja mais difícil de assegurar as condições de equilíbrio após sucessivos ganhos e conquistas ou administrar racionalmente as vitórias e as derrotas.

Isso pode ser traduzido, na administração financeira, em como procurar adequar o fluxo de capital de giro às tendências de crescimento e perda de mercados da empresa, assim como o controle racional da velocidade de crescimento em função do fluxo de capitais na administração do giro. Além disso, outro fator de destaque é poder levar também a uma autossabotagem inconsciente na administração financeira: o não reconhecimento dos próprios erros. Muitas pessoas, como os operadores iniciantes de funções financeiras, relutam para admitir, ou mesmo para reconhecer, as atitudes que lhe causam perdas financeiras significativas.

Isso também pode ter uma explicação evolutiva: quando, em um passado remoto, os machos dominantes conduziam o grupo a estratégias falhas na obtenção de recursos, estes muitas vezes perdiam sua condição de liderança, o acesso às fêmeas e finalmente parte do acesso aos próprios recursos conseguidos pelo grupo. De alguma forma, podemos ter sido selecionados para omitir das outras pessoas falhas em nossa estratégia comportamental para a obtenção de recursos financeiros.

A exemplo disso, empresas tendem a relutar ao máximo para postergar a percepção da sociedade de sua derrocada financeira, mesmo quando isso possa significar um comprometimento ainda maior de endividamento, e geralmente a admissão da falência envolve um grande sentimento de culpa e vergonha. Em muitos casos de falência ou concordata, a administração tenta fazer de tudo, inclusive fraudes, como emissão de duplicatas frias, para não admitir o fracasso.

Em uma administração financeira mais racional, cabe, pois, a constante tentativa de identificação e correção dos erros que implicam em perdas financeiras, mesmo que por vezes custe a humildade da admissão pública destes mesmos erros.

10.2.5 Estresse

A categoria de doenças de que mais sofrem os executivos que lidam com finanças são os transtornos mentais. Estes incluem doenças graves como depressão maior e distúrbio obsessivo-compulsivo, ou transtornos mais leves como transtornos de ansiedade e mesmo o estresse crônico. Esta categoria, em um estudo recente, superou as doenças coronarianas como tipicamente ocupacionais de cargos administrativos de gerência.

Grande parte desta propensão se deve às pressões e ao estresse da atividade administrativa. Um comportamento, ou uma atitude, mal planejado pode implicar por vias diretas ou indiretas em prejuízos financeiros para a empresa.

Uma carga de pressão e estresse é inerente à atividade da administração do capital de giro. O desempenho bom ou ruim desta atividade pode significar o sucesso, a sobrevivência ou a derrocada de uma organização, além de ganhos ou perdas de vultosas quantias de dinheiro.

Para que possamos minimizar sua influência em nossas decisões financeiras e – principalmente – sobre nossa saúde, precisamos identificar seus sintomas e, antes de tudo, saber conhecer nossos limiares e nos prevenirmos contra eles. Basicamente, existem dois tipos de estresse: o estresse agudo e o estresse crônico.

Contrariamente ao que muitas vezes se veicula na mídia, o estresse agudo pode ser benéfico. Está associado a uma certa carga de estresse no dia a dia, e a aspectos como certo aumento de capacidade de memória, de desempenho e capacidade de resolver problemas. Alguns hormônios e neurotransmissores são liberados em situações de estresse agudo: a dopamina, a adrenalina (hormônio) e a noradrenalina (neurotransmissor).

Podemos dizer que o estresse agudo pode estar associado a fobias, a medo, à ansiedade para o cumprimento das metas, mas também ao prazer, se vier a desencadear sensações de recompensa de grande magnitude. É notório que algumas pessoas, por questões próprias, buscam atividades em que estejam propensas a tensões, a dilemas e a pressões para decidir, e que se sentem de alguma forma realizadas quando exercem tais atividades, especialmente quando têm sucesso.

Os mecanismos de recompensa cerebral (como liberação de dopamina e outras substâncias, como as endorfinas), após o sucesso em uma situação de pressão aguda, são bastante aumentados. Isso faz algumas pessoas buscarem prazer na liberação destas endorfinas em esportes radicais, como alpinismo, mergulho, artes marciais etc. Outras buscam a tensão do risco em jogos como a roleta, as cartas, ou "jogos financeiros", como a bolsa de valores e outros investimentos de risco.

Em termos evolutivos, pode ter sido bastante útil para a sobrevivência da espécie o desenvolvimento de um mecanismo de prazer associado ao estresse agudo, e os mecanismos cerebrais de recompensa por enfrentar e sobreviver a situações de risco, de preferência com a aquisição de recursos econômicos associados ao risco.

Nesse sentido, devemos ter cuidado para verificar se nossas "previsões" de custos e ganhos na administração do capital de giro não estariam sendo mais apostas para satisfazer a um possível gosto pelo risco do que decisões racionais baseadas nas médias e expectativas possíveis de serem mensuráveis e alcançáveis.

Caso isso seja detectado, é uma indicação de que talvez a opção por algum esporte de tensão no tempo livre seja uma possível válvula de escape para esta fonte importante de prazer, em vez de exercer a paixão pela aposta nas decisões relativas ao gerenciamento do capital. Nesse sentido, o investimento da empresa no fomento a atividades esportivas de seus colaboradores pode reduzir o risco do processo decisório.

Uma situação de estresse agudo relativamente baixo está relacionada ao prazer. Episódios de estresse agudo também podem estar relacionados a grandes traumas. A psicologia individual é bastante variável no que se refere a como os indivíduos lidam com as perdas e insucessos. Situações de perdas e insucessos consecutivos podem culminar em uma situação em que "a gota d'água" determine decisões financeiras catastróficas. Um caso típico na administração do giro é representado pela citada emissão de duplicatas "frias" em casos de falência ou concordata.

Como já foi comentado, devemos antes de tudo aprender com as perdas, o que é um aprendizado emocional. É quase impossível aprender sem perder. Mais do que nos confortarmos com a autocomiseração e com o sentimento pleno da desilusão, devemos procurar padrões (emocionais e numéricos) relacionados com as perdas. Daí a importância de uma agenda financeira contábil e emocional.

Com o entendimento dos padrões, podem-se identificar melhor os mecanismos de falha, e traçar estratégias criativas para prevenir erros futuros. É o que deveria ocorrer na área de crédito com as perdas incorridas: dever-se-ia fazer uma reunião do comitê de crédito somente para avaliar os padrões das perdas, aperfeiçoando-se os procedimentos de análise e concessão de crédito. O mesmo poderia ocorrer na área de tesouraria e de gestão de suprimentos.

Os estados de tristeza e depressão, ao contrário do que se pensava até pouco tempo, são movidos pela intensa atividade cerebral no sistema límbico (emoções) e mesencéfalo, assim como em algumas partes do córtex (planejamento). Isso pode significar que haja uma intensa reorganização sináptica nestes níveis estruturais. Tal reorganização pode se refletir, portanto, em uma estratégia para que, depois de repetidos insucessos e inadaptação na interação com seu meio, o cérebro encontre uma forma de se reorganizar, permitindo o fluxo de novas ideias, conceitos e pensamentos irreverentes. Deve-se, pois, aproveitar a tristeza decorrente de insucesso de maneira construtiva, para que esse estado, antes de tudo, ajude a traçar novas metas e estratégias no emprego futuro do capital. Mas também se deve estar preparado para o interregno até tal reorganização.

Em síntese, devemos dizer que o estresse agudo pode significar dois riscos para a administração financeira: quando o agente busca nas atividades financeiras a autorrecompensa pelo risco de certas operações, e quando este estresse está ligado a situações administrativas que levem a traumas de difícil recuperação, ou a estados de depressão transitória. Geralmente, tais traumas podem estar ligados ao excesso de cobrança da gerência, ou a uma cobrança exagerada do autodesempenho.

Com relação ao estresse crônico, pode-se dizer que é prejudicial em todas as instâncias na administração do capital de giro. O estresse crônico se instala com a manutenção constante de vários estados somados de estresse agudo. Para a instalação de um estado de estresse crônico, frequentemente são necessários alguns dias ou mesmo meses de sucessivos episódios de estresse agudo. As substâncias envolvidas na patogênese deste tipo de estresse são os hormônios corticoides, os adrenocorticoides e os mineralocorticoides. O efeito da liberação contínua destes hormônios no corpo é: um estado de esgotamento, de fadiga crônica, uma queda na disposição pelo trabalho na produção.

No cérebro, o estresse crônico está associado à perda de memória e à ansiedade/déficits de atenção. Também está associado à perda de reatividade quando defrontados com situações de alerta/defesa/agressividade que anteriormente desencadeariam respostas de estresse agudo. Macacos silvestres colocados em cativeiro com estresse crônico, por exemplo, reagem pouco à presença e ao estímulo de um experimentador, ao qual antes teriam reagido com ameaças ou demonstrações de medo.

Na administração do capital de giro, são alguns exemplos os efeitos do estresse crônico que se seguem:

- o desvio do foco de atenção da sobrevivência da empresa para atividades imediatistas (geração de lucros, terminar o trabalho mais cedo, ou mesmo estimular o prejuízo para evitar o trabalho);
- perda na atenção com os cálculos numéricos, como também nas condições de negociação com bancos/fornecedores/credores;
- tendência a querer terminar o trabalho mais rápido, em vez de zelar pela qualidade do mesmo (falta de comprometimento com as operações);
- perda de sensibilidade ante possíveis perdas de oportunidade ou perdas financeiras diretas;
- dificuldade de memorização para compromissos, números, metas e prazos, ocasionando prejuízos diretos.

De maneira geral, deve-se zelar pelo diagnóstico de quanto o estresse está comprometendo a saúde dos colaboradores, assim como influenciando as transações na administração financeira. Os seus efeitos podem ser vistos tanto num laudo laboratorial quanto eventualmente numa análise contábil. Este diagnóstico pode se iniciar pelo próprio administrador, mas pode contar com a ajuda de médicos e psicoterapeutas. Muitas vezes, em casos de estresse crônico, pode ser necessário um período de descanso ou desapego nas atividades financeiras.

O Ministério do Trabalho, em sua descrição oficial das doenças ocupacionais, define uma síndrome típica de profissionais que lidam com pessoas, como os gestores de finanças, a síndrome de esgotamento ou de *burnout*. Seus sintomas aparecem quando o paciente é demasiadamente envolvido com seu trabalho, a ponto de não conseguir separar sua atividade profissional dos momentos de descanso e de lazer. Por isso, a administração do capital de giro em uma empresa deve sempre contar com mais de um empregado habilitado e ciente das últimas operações que envolvem o giro, e gestores com potencial tendência a síndromes de estresse crônico devem receber especial atenção, mesmo férias e terapia comportamental adequada quando necessário. Especialmente na área financeira, deixar a equipe sem férias é temerário, pois os acidentes sempre podem envolver grandes proporções.

10.2.6 Motivação

A motivação é o desejo por algum objeto ou por executar algum comportamento influenciado por fatores fisiológicos, psíquicos e culturais. Segundo Kandel (1991) o comportamento reflete o que uma pessoa necessita ou deseja. A motivação, nesse sentido, seria controlada de um modo importante por processos reguladores homeostáticos básicos, essenciais para a sobrevivência, como a alimentação, a respiração, o sexo, a regulação da temperatura e autoproteção.

A motivação varia como uma função da privação – por exemplo, privação de comida, sede, ou a privação sexual. Essas necessidades internas motivam nosso comportamento e o orientam em direções específicas que nos levam a (ou afastam de) objetivos específicos. Além disso, os estados de motivação têm efeitos gerais: aumentam nosso nível de vigília, e, portanto, diminuem nosso limiar comportamental e acentuam nossa capacidade de agir. Finalmente, as necessidades internas (como prazer, satisfação, reconhecimento) requerem a organização do comportamento de forma a direcionar o atendimento e a realização destas necessidades biológicas.

A motivação tem íntima correlação com o condicionamento operante realizado corretamente por gerentes e com o nível de estresse dos empregados. O aumento de salário, inserido no contexto de ambiente de trabalho favorável, como forma de recompensa por um alto desempenho, pode atuar como agente motivador (reforço positivo), enquanto o não recebimento do mesmo na data esperada pode atuar como um agente de desmotivação (reforço negativo).

Cabe ressaltar aqui, no entanto, o fato de haver teorias que dizem que salário não é motivador, mas pode ser desmotivador quando considerado injusto perante os pares. Essas teorias dizem que motivação é função do ambiente de trabalho. Como correlato evolutivo, cabe ressaltar que teria havido um ganho na capacidade de liderança e no acesso aos parceiros reprodutivos nos nossos ancestrais hominídeos associados a um ganho relativo (individual) de recursos, mais do que com um ganho que fosse distribuído igualmente no grupo, ou seja, quando seriam pelo grupo reconhecidos os "méritos pessoais". De todo modo, motivação e lógica de obtenção de recursos caminham juntas.

Como sugerido anteriormente, um dos mais eficientes modelos de depressão em animais é o de aplicar estímulos dolorosos de maneira que eles não consigam associá-los a maneiras de evitá-los, ou alternando o condicionamento induzido por recompensas por via de punições aleatórias quando os animais executam o comportamento em que esperam a recompensa.

Nas empresas, a não associação entre punição e recompensas, assim como incertezas sobre o futuro, são fontes de desmotivação e de baixo comprometimento com o trabalho. Por isso, a divulgação de informações financeiras desfavoráveis pode potencialmente desmotivar uma equipe. Na prática administrativa, deve-se procurar buscar uma clareza nas negociações, de maneira que cada um saiba de antemão o que esperar no que se refere às consequências positivas ou negativas de seus atos.

Alguns agentes que levam a essa dissociação entre reforços positivos e negativos, e portanto à desmotivação, são: chefia insegura ou incapaz; autoridade mal delegada; bloqueio de carreira; conflito entre chefias; chefia não representativa dos interesses dos empregados; organização deficiente da área de trabalho; protecionismo; correlação inadequada entre responsabilidade e salário; relacionamento humano deficiente; trabalho monótono; fatores físicos; fatores orgânicos/pessoais.

Podemos encontrar, na prática administrativa, indivíduos com motivação sadia e motivação deformada. A motivação deformada evolui desde a simples desatenção e descomprometimento até a comportamentos agressivos e irracionais que comprometem as relações e a estabilidade das corporações.

Deformações no ambiente de trabalho como as descritas anteriormente também podem levar, além da desmotivação, a outros estados psíquicos como os transtornos mentais, que, além de comprometerem a saúde e os gastos previdenciários, ocasionam queda na produtividade, erros de cálculo e negócios improfícuos nas operações financeiras. O Ministério da Saúde compreende a importância deste assunto. Eis aqui alguns exemplos de transtornos mentais que são influência de um ambiente de trabalho insalubre, segundo o Ministério da Saúde (Portaria MS 1339/1999), em sua Lista de Transtornos Mentais Relacionados ao Trabalho: demência, delírio, transtornos cognitivos, transtorno orgânico de personalidade, episódios depressivos, neurastenia, distúrbios neuróticos, transtornos do sono, síndrome do esgotamento profissional (*Burnout*).

Especificamente na administração financeira, alguns pontos devem ser ressaltados no que se refere à indução de desmotivação. Se a área financeira frequentemente atrasar o pagamento dos salários, os funcionários não saberão quando podem contar com o mesmo, podendo desajustar o seu sistema de previsão de reforço positivo. O mesmo pode ocorrer com quaisquer descumprimentos de prazos de pagamento a fornecedores, especialmente se passam a ocorrer com frequência.

O descumprimento de prazos atua como reforço negativo para quem recebe, sejam eles fornecedores, bancos ou mesmo clientes e empregados, podendo gerar redução de confiança e de credibilidade nas relações de negócios futuros. Os maiores problemas relacionados a esta perda de confiança seriam a diminuição dos prazos e valores de crédito, a diminuição da produtividade dos funcionários e o aumento de erros nos cálculos e negociações financeiras.

Uma possível amenização para o problema seria a renegociação de prazos e valores com a maior antecedência possível. Será visto adiante que o valor estimado de um bem decresce à medida que o tempo para se obtê-lo aumenta. Portanto, este viés do comportamento pode ser explorado a partir do momento em que é percebida a indisponibilidade de caixa para determinados pagamentos, facilitando inclusive o planejamento financeiro de quem recebe para lidar com o atraso no recebimento.

10.2.7 Egoísmo e altruísmo

A teoria do gene egoísta pressupõe que a evolução do comportamento humano e animal, aí incluído o comportamento econômico, ocorreu na direção da perpetuidade dos próprios genes. Isso ajuda a explicar por que somos em geral mais tolerantes e altruístas com nossos parentes, filhos e netos do que com pessoas não aparentadas. Eles têm uma carga genética bem mais semelhante com a nossa do que a média da população.

No âmbito financeiro, esta teoria poderia explicar tantas sociedades estáveis fundadas e formadas por irmãos, especialmente quando estes participaram juntos da construção do patrimônio e da agregação de valor ao negócio. Como tendência geral, há entre irmãos maior tolerância quanto a possíveis erros de decisões financeiras, assim como para retiradas de lucros que não foram previamente combinadas.

Por outro lado, há entre irmãos a disputa natural entre os recursos provenientes dos pais. Isso pode explicar por que há tantas contendas judiciais fraternas quando há heranças de meios produtivos a serem distribuídas e/ou administradas, quando, por exemplo, herdam empresas. Caso fosse comprovado um índice maior de falências e concordatas em empresas herdadas administradas por irmãos do que em empresas fundadas por irmãos, esta abordagem etológica poderia contribuir em explicar possíveis causalidades. Como também contribuiria se fosse constatado que em tais empresas fundadas por irmãos há um menor índice de concordatas causadas por disputas hierárquicas internas.

O altruísmo recíproco (ou ajuda mútua) entre indivíduos não aparentados pode ser entendido por mecanismos um pouco diferentes. Algumas teorias apontam as demonstrações de gratidão como "garantia" de possíveis retribuições futuras. Desse modo, quanto maior a "satisfação" momentânea que podemos incitar com uma ajuda, e maior a demonstração de gratidão, maiores as possibilidades de retribuições. Tais retribuições, nesse sentido, podem funcionar como reforços positivos, e as relações recíprocas de altruísmo, como formas de condicionamentos operantes. Tais condicionamentos podem, evidentemente, ser extintos quando a relação de confiança e de ajuda recíproca futura é eventualmente quebrada e as expectativas com relação ao comportamento recíproco não forem atendidas.

Segundo as abordagens econômicas mais tradicionais, as interações entre indivíduos não aparentados, em uma dinâmica de negociação, pressupõem maximização de ganhos e, com isso, uma lógica racional de egoísmo direto extremado, resultando na anulação da capacidade econômica dos competidores.

Na maioria das relações interpessoais, porém, não é difícil perceber que tal conduta é moralmente condenável. A questão do julgamento moral será abordada posteriormente, mas pode-se inferir, a partir de estudos comportamentais, que o altruísmo é de fato uma ferramenta de autopreservação evolutivamente estável, e que indivíduos que se ajudam mutuamente podem não estar fazendo nada mais do que exercer seu egoísmo genético por vias indiretas através de perspectivas futuras. O arcabouço moral é, certamente, sob esta ótica, um "egoísmo genético disfarçado".

Desse modo, o comportamento gregário de humanos e primatas teria favorecido, bem mais do que em outras espécies, esta tendência ao altruísmo, assim como das diversas formas de manifestar gratidão.

Esta propensão para atitudes de altruísmo e para relações de confiança mútua teve recentemente um reforço quando foi verificada experimentalmente a liberação do hormônio ocitocina no cérebro de pessoas em momentos coincidentes em que relataram verbalmente ter sentido confiabilidade nas demais pessoas com quem tratavam. Este mesmo hormônio foi relatado por outros pesquisadores por participar da relação de comprometimento durante a formação de casais em espécies monogâmicas, e relacionado a laços sociais duradouros, sendo recentemente chamado também de "hormônio da paixão".

No entanto, muitas vezes, estas tendências evolutivas para o altruísmo, que provavelmente tiveram bastante sucesso em comunidades primitivas de poucos indivíduos, podem se tornar prejudiciais em mercados em que muitas pessoas negociam, e cujas opções estarão bem mais calcadas nas melhores condições de preços e pagamentos do que num compromisso de reciprocidade futura. Em pequenos grupos, a probabilidade de negociação com diferentes indivíduos é bem menor do que a que ocorre nos grandes mercados contemporâneos.

Além do que, em um grupo primitivo da pré-história (de cerca de 30 indivíduos, como sugerem alguns estudos antropológicos), assim como em algumas comunidades nativas atuais, haveria maior tempo médio de interação entre as pessoas, e com isso relações mais sólidas de compromisso assistencial e afetivo, do que nas negociações dinamizadas do mundo da era da comunicação.

A maioria das transações financeiras é feita pontualmente, sob contratos preestabelecidos, e geralmente não implica em compromissos de negócios futuros (salvo algumas facilidades como menores juros, em alguns casos). Sob tais ambientes de mercado, torna-se mais economicamente interessante a procura pelos melhores preços, condições de pagamento e ofertas, do que compromissos informais de ajuda mútua.

Outro fator a ser considerado na tendência altruísta é que geralmente as pessoas procuram ajudar aqueles que têm maior capacidade de retribuição futura. Esta retribuição como garantia pode ser expressa através do conhecimento prévio da personalidade e da história pregressa do beneficiário, mas outro fator de peso é a sua capacidade futura de ganho de recursos.

O exemplo disso não é difícil de perceber. Os ricos em nossa sociedade são mais ajudados quando se encontram em apuros do que os pobres, pois seus recursos futuros se traduzem por perspectivas de ganhos financeiros. Quanto mais recurso possui a quem se presta uma ajuda de peso considerável, maior a probabilidade de que ela recompense com um ganho igual ou maior no futuro.

Mesmo assim, observamos uma tendência a se prestar assistência a pessoas realmente carentes. A psicologia evolucionista explica tal comprometimento como "uma salvaguarda moral" para se prevenir contra uma igual situação de necessidade. O que se espera no geral com tal atitude é que a mesma ajuda nos seja dada quando nos encontrarmos em situações-limite semelhantes.

Outro viés de seleção de grupos para atitudes altruístas, de relação estreita com aquela baseada nos recursos financeiros, é a calcada em indivíduos com uma posição hierárquica superior. A perspectiva de ajuda futura pode significar perspectivas de recursos financeiros diretos e indiretos, mas também pode incluir apoio para também subir alguns degraus na escada hierárquica. Esta ambição também é uma estratégia evolutivamente estável, como será visto no próximo tópico.

Dessa forma, guiado por esses vieses comportamentais, o gestor de crédito pode vir a beneficiar parentes ou amigos concedendo crédito para outras empresas, ainda que isso implique em assumir riscos financeiros maiores no exercício de sua função.

10.2.8 Hierarquia

Não existem exemplos conhecidos na natureza de sociedades animais não hierarquizados. Isso também se aplica a comunidades humanas. A hierarquização, em espécies gregárias, é um denominador comum em todos os tipos de interação social.

As demonstrações de hierarquia podem incluir formas violentas e diretas, como também formas mais sutis. Na nossa sociedade capitalista, a partir da Revolução Francesa e da instalação da sociedade burguesa, passou a vigorar a máxima de "que quem tem o poder econômico tem também o poder político", contrariando as atividades históricas da nobreza, que muitas vezes tinha só títulos e capacidade de influenciar decisões governamentais, sem estar ligada diretamente ao processo produtivo de acumulação de capital. De tal forma, a hierarquização social passou a representar uma relação cada vez mais nítida entre ganho de recursos financeiros e poder de decisão.

Dependendo das sociedades e das estratégias econômicas para distribuição de recursos, pode haver maiores ou menores pressões hierárquicas. Em sociedades nativas como a dos pigmeus, há uma pressão menos incidente, enquanto na Índia a instalação do sistema de castas determinou uma forte hierarquização sem a possibilidade de qualquer mobilidade social.

Já em países como o Brasil, pode-se dizer que a mobilidade social é bastante significativa. O IBGE constatou que, de cada dez brasileiros situados no topo da pirâmide social, oito deles vieram das camadas socialmente mais baixas.

Desse modo, a possibilidade de ascensão social, assim como as pressões hierárquicas locais, acaba por refletir em muitos comportamentos econômicos e decisões financeiras, o que possivelmente influencia na determinação dos elevados índices de corrupção do país e das empresas. Esta relação hierarquia social e comportamento de risco foi sustentada de maneira mais lógica após alguns importantes estudos psicobiológicos, em que foi constatada a covariação entre estes dois fatores.

Em macacos machos em uma sociedade de cativeiro altamente hierarquizada, foi constatado que nos indivíduos de posição hierárquica inferior era mais baixo no cérebro o nível do neurotransmissor serotonina. Em contrapartida, os machos dominantes exibiam níveis cerebrais maiores deste neurotransmissor.

Foi constatado também que os níveis hierárquicos/serotoninérgicos tinham relação com tendências a comportamentos de risco. Nesse sentido, animais em uma escala social mais baixa apresentavam em seu repertório comportamental atitudes mais arriscadas do que os machos e fêmeas dominantes.

Faz sentido pensar que, ao passo que machos subdominantes possam ter maior benefício social com o risco (são eles que na maioria das vezes introduzem no grupo novas fontes de recursos), seja economicamente desvantajoso assumir riscos para os machos dominadores. Uma vez que o exercício da liderança se faz principalmente por inspeção do ambiente/grupo e por demonstrações de poder, torna-se por vezes limitado o leque comportamental dos animais em situação hierárquica mais alta. Por meio da estratégia de assumir riscos e inovar comportamentos, muitas vezes os animais de degraus sociais mais baixos conseguem chegar à condição de liderança, especialmente se suas inovações trouxerem benefícios para o grupo em termos de recursos.

Dessa maneira, a posição hierárquica, especialmente em grupos de forte pressão social, pode estar relacionada a comportamentos de maior ou menor risco nas decisões financeiras. Teoricamente, indivíduos de uma hierarquia social mais baixa e forte perspectiva de ascensão em uma empresa altamente hierarquizada assumiriam mais riscos financeiros do que os gestores situados nos degraus mais próximos ao topo da pirâmide administrativa.

Analogamente, baixos níveis cerebrais deste neurotransmissor (serotonina) no cérebro também estão ligados a patologias de baixa autoestima, como depressão crônica no ser humano. Verificamos, então, também uma ligação entre autoestima e comportamentos de tendência ao risco na administração financeira, ligando potencialmente a baixa autoestima a comportamentos de maior implicação em risco financeiro com potencial de perdas financeiras.

A questão da hierarquia na gestão da capital de giro está relacionada com o poder de tomada de decisão ou influência na gestão do capital de giro. Analogamente aos exemplos descritos, quanto menor a ocupação hierárquica do gestor, maior seria a propensão ao risco em busca de ascensão profissional.

10.2.9 Ambição e inveja

A evolução também dotou o ser humano de ferramentas para competir por posições hierárquicas mais relevantes, e de sentimentos que permitissem uma motivação considerável para galgar estas posições, mesmo que em detrimento de outras pessoas que as ocupem. Dois destes sentimentos que merecem destaque são a "ambição" e a "inveja".

A ambição e a inveja estão intimamente ligadas. O sentimento de inveja pode implicar estratégias diretas ou indiretas/gradativas de minar a condição hierárquica de outro competidor. Há na sociedade contemporânea aspectos morais relevantes que condenam as manifestações dos sentimentos de inveja, mas sob a ótica da abordagem evolutiva estes sentimentos e ações correlatas podem ter tido um significado importante e adaptativo.

Os sentimentos de ambição e de inveja, com seus respectivos comportamentos para minar autoridades estabelecidas, podem ter contribuído em um passado evolutivo para não permitir a concentração demasiada de poder quando o ser humano se organizava em pequenos grupos nômades, e, dessa forma, tornar a sociedade mais igualitária e não permitir grandes abusos de poder e decisões errôneas.

No entanto, com a organização social efetivada em grupos maiores, como na sociedade contemporânea, os sentimentos de inveja não mais possuem esta função social, haja vista que a concentração de poder se tornou uma característica geral dos grandes grupos e nações. Como no passado, elas têm uma atuação agora mais relevante nas dinâmicas de pequenos grupos, como existem nas empresas e organizações.

Em termos financeiros e de obtenção de recursos, podemos dizer que os sentimentos de inveja e as ações decorrentes de sabotagem alheia podem ter representado uma importante estratégia evolutiva para destronar autoridades e galgar posições sociais e acesso a recursos, mas hoje, com a sociedade de mercados, com um grande número de concorrentes, esta estratégia pode não ser a mais rentável na maioria dos casos. No entanto, a atenção para coibir tais disponibilidades comportamentais deve ser redobrada com o crescimento das organizações, e em especial com o crescimento de saldos disponíveis e estoques. O controle e a fiscalização desses comportamentos destrutivos envolvem grandes custos e devem ser objeto de prevenção nas organizações, para providenciar um ambiente de trabalho mais sadio e produtivo.

Isso porque a maioria das técnicas de sabotagem alheia é hoje moralmente condenável ou legalmente penalizável. Há, assim, uma perda de utilidades sociais com estratégias do gênero. Além disso, em um mercado com muitos concorrentes, a concentração de energia na sabotagem de um único indivíduo não necessariamente implicará no sucesso hierárquico do outro; isso porque um dos (vários) demais concorrentes oportunistas poderia ocupar as posições disputadas.

Em mercados extensos e sociedades capitalistas complexas, em geral o investimento direcionado para estratégias de aumento direto e impessoal dos próprios ganhos é geralmente o mais eficaz quando se compete com muitos.

No entanto, talvez por causa deste viés evolutivo, muitas pessoas continuam se centrando em estratégias de gasto de tempo e recursos próprios de sabotagem alheia direcionada para outros indivíduos específicos, em vez de desenvolverem estratégias mais específicas ou segmentadas por grupos que poderiam lhes garantir um melhor fluxo de caixa de recursos financeiros, tais como desenvolver suas habilidades pessoais e aumentar sua criatividade e informação.

Então, em muitos casos, o insucesso na gestão do capital de giro está relacionado à sabotagem externa ou excesso de ambição, impactando em perdas desnecessárias, fruto desses vieses comportamentais.

10.2.10 Gênero

Diferenças entre perfis de risco em decisões econômicas e financeiras também podem ser relevantes entre os sexos.

Em sua natureza gregária e com o advento da divisão de tarefas entre os sexos, já observada em alguns hominídeos primitivos, houve uma significativa modificação a respeito de decisões de risco para homens e mulheres.

Enquanto em um passado nem tão remoto os homens se dedicavam à caça, à coleta de víveres e à guerra, cabia às mulheres o cuidado com a casa, com as crias e o preparo dos alimentos. Deve-se ressaltar que as mulheres férteis em um passado mais remoto estavam sempre envolvidas com a atividade de gestação/amamentação, tendo em vista a não existência de métodos contraceptivos. Assim, a relação da mulher com seus filhos era crucial para a sobrevivência do grupo.

Por conseguinte, o cérebro feminino teria se construído mais para a função de guarda e proteção da prole, de controle de higiene e qualidade dos alimentos, assim como para manobras de manutenção de coalizão social, enquanto o cérebro masculino teria se concentrado mais em aspectos como busca de recursos no meio ambiente, alianças com outros machos com fins específicos, e finalmente em disputas com outros concorrentes pela dominação.

De fato, há diferenças significativas de ativação em núcleos cerebrais quando homens e mulheres executam determinadas tarefas. Enquanto mulheres se saem melhor em alguns testes de vocabulário e de manipulação precisa de pequenos objetos, os homens apresentam índices superiores em testes de cálculo aritmético e percepção geométrica. Os sexos, como demonstrado com algumas técnicas de neuroimagem, podem recrutar diferentes áreas cerebrais em processamentos complexos como da linguagem.

Considerando estas afirmações, seria razoável supor que, devido a uma estreita ligação entre a evolução do cérebro feminino e o cuidado maternal, as mulheres apresentariam uma menor tendência a atitudes arriscadas do que seus parceiros, de cuja capacidade de lançar-se a novas fontes de recursos também dependia a continuação de sua comunidade.

Na administração de capital de giro, algumas características relevantes pertencentes ao sexo podem traçar um perfil mais ou menos conservador nas decisões financeiras. Enquanto o raciocínio masculino é mais analítico e, por assim dizer, cartesiano, o feminino tende a ser mais holístico e intuitivo – perdas de crédito não previsíveis por processos analíticos poderiam ser percebidas por processos intuitivos.

O estudo de Barber e Odean (2000) reforça esta ideia. Esses pesquisadores realizaram uma extensa pesquisa nas operações de mercado financeiro e constataram que as mulheres tiveram uma rentabilidade de carteira significativamente maior do que a dos homens. Segundo os autores, esse fato se deve a uma estratégia feminina de uma menor quantidade de operações, e em empresas com um risco tradicionalmente reduzido e historicamente mais seguro no mercado. Já os homens obtiveram, em operações isoladas, maior lucratividade, mas perdiam rentabilidade por causa do número bem maior de operações executadas e da consequente perda de capital por comissões para as agências operadoras.

Curiosamente, a experiência da maternidade pode ser também uma tendência evolutiva a influenciar nas mulheres a tendência ao risco. Um artigo de Wartella J. et al. (2003) verificou que fêmeas de ratos que já tiveram experiência de maternidade apresentaram uma menor reatividade a situações aversivas, indicando possivelmente maior ansiedade e maior tendência de reações de medo nas ratas virgens.

Já nas ratas paridas, os autores sugerem que tenha havido uma modificação plástica cerebral, de maneira a evitar na fêmea com filhotes reações ao estresse (que poderiam levá-la possivelmente ao abandono da cria). Isso pode refletir um direcionamento evolutivo de autopreservação, na fêmea, para a reprodução, o que inclui por exemplo cuidados na escolha do parceiro. Por outro ângulo, no trabalho de Barber e Odean (2000), as mulheres solteiras apresentaram melhor desempenho e rentabilidade do que as mulheres casadas, o que pode refletir uma maior aversão ao risco (e, como covariação, níveis mais elevados de ansiedade e receio) antes da instauração de uma vida conjugal e da experiência da maternidade das mulheres.

Se em uma decisão financeira os aspectos mais críticos forem requerer análises isoladas e um raciocínio aritmético progressivo, talvez um cérebro masculino seja mais eficiente. No entanto, se as informações são eventualmente escassas para a urgência da necessidade de decisão, e devam ser avaliadas também as relações interpessoais para a decisão, neste caso quiçá possa caber a melhor eficácia para um cérebro feminino.

Em resumo, analisando *grosso modo* a questão, podemos dizer que o comportamento masculino é mais propenso ao risco (e, por conseguinte, a assumir riscos financeiros). Isso pode ser ilustrado pelo fato de mais de 90% dos operadores do mercado financeiro serem homens. A maioria dos apostadores crônicos e viciados em jogo também são homens.

No entanto, as perspectivas administrativas no século XXI tendem a apontar uma direção de decisões um tanto mais intuitivas, portanto mais femininas. Isso porque, apesar da disponibilidade de notícias inerente à era das comunicações em que vivemos, a análise de todo este montante de informação em tempo real para a tomada de decisão muitas vezes não é possível em tempo hábil.

Daí a emergência desta aparente contradição: no progresso das comunicações e da disponibilidade da informação, muitas vezes a intuição é a principal ferramenta de que se pode dispor. Não é à toa que nas grandes empresas as mulheres têm progressivamente ocupado cargos de chefia e direção nas últimas décadas.

Com base em estudos destas tendências futuras, poderão ser mais bem conhecidas as aptidões de cada gênero de maneira a melhor direcionar suas competências, de acordo com necessidades de perfis mais arrojados ou conservadores, de perfis mais holísticos e intuitivos ou mais direcionados e detalhistas.

10.2.11 Idade

Estudos recentes têm revelado diferenças significativas no processo decisório em diversas faixas etárias de pessoas submetidas a alguns testes psicológicos.

Uma constatação relevante para a área de finanças pode ser a de que, conforme a idade aumenta, a percepção de unidade de tempo decorrido parece menor. Em um protocolo experimental desenhado por Coelho M. et al. (2004), pessoas mais velhas e mais jovens foram submetidas a um teste bastante simples, e respondendo a uma pergunta do tipo: quanto vale para você um minuto? Assim que tivessem a sensação de que um minuto teria transcorrido, apertariam um dispositivo ligado a uma marcação real de tempo.

Neste estudo observou-se que para os jovens um minuto tem uma duração de tempo mais longa, ao passo que para os mais velhos o dispositivo foi acionado em média antes do tempo real de um minuto. Verificou-se que a mesma tendência ocorre quando ambos os grupos são submetidos a um teste de cinco minutos.

Pode-se abstrair daí a hipótese palpável de que o tempo passa mais devagar para os jovens, e mais depressa para os idosos. O que ainda está para ser provado é se realmente podemos considerar este dado para intervalos de tempo mais longos, como meses e anos.

Se esta suposição for verdadeira, na administração de recebíveis, por exemplo, pessoas com idade mais avançada terão uma tendência maior a concederem menores prazos de pagamento, e pessoas mais jovens à concessão de prazos mais longos.

Isso pode ser teorizado pela necessidade maior no jovem de recompensas em curto prazo, às quais pode ser associada maior necessidade de autoafirmação e de ascensão hierárquica no grupo, como também uma maior taxa de metabolismo cerebral, necessária ao seu aprendizado de sobrevivência e social.

10.2.12 O caminho do meio

Na religião budista, o objetivo último das técnicas de oração, vivências e meditação é que cheguemos ao "nirvana", um estado no qual haja a superação de conceitos, de antíteses, de emoções e de ambições; um estado de união entre nós mesmos e o universo. Tal estado pode ser conseguido por trilhar o que, tendo vivido uma vida de excessos de fartura e excessos de privações, Buda chamou de o "caminho do meio".

A metáfora do "caminho do meio" pode ser uma boa estratégia para lidarmos com as emoções na administração do capital de giro. A experiência empírica sugere que se deve estar além dos vieses psicológicos que levam à busca pela realização do lucro imediato, para buscarmos acima de tudo a nossa perfeita integração e união com o mercado, uma espécie de "nirvana financeiro".

Na parte relativa à Economia Comportamental, detalharemos como a aquisição de bens a curto prazo, mesmo que pouco influenciem o padrão de vida ou as necessidades imediatas das pessoas, exerce uma forte tendência nas negociações. O mesmo se dá com a liquidez do capital. Utilizando técnicas de autocondicionamento operante, cujas vastas referências se encontram nos livros de Neolinguística, talvez seja possível chegar a um grau de condicionamento, como já sugerido anteriormente, para "jogar um bom jogo" em primeiro lugar, em vez de "auferir lucros rápidos". No caso, "jogar um bom jogo" implica o planejamento financeiro da empresa em longo prazo, a análise da política financeira e suas consequências sobre as taxas de juros, a liquidez e o crédito.

Deve-se procurar realizar as operações encarando-as como atividade estritamente profissional, e não deixar que elas passem a ser um combustível para nossas paixões. Deve-se, nas transações, procurar analisar as possíveis intenções das diversas partes, sem que grandes alterações emocionais prejudiquem as movimentações.

O caminho do meio na administração do capital de giro seria um equilíbrio entre as avaliações numéricas, estatísticas e contábeis, e a participação de componentes emocionais na tomada de decisões, em que a grande recompensa cerebral viria pela sobrevivência e pelo crescimento a longo prazo da mesma.

Chegamos, porém, através da consciência do grau em que nossas emoções são afetadas (e influenciam) pelas atividades financeiras, somente através dos nossos próprios erros, de estudos, de ajuda de amigos e consultores, e, acima de tudo, de bastante tempo de reflexão. O tempo psicológico, assim como o tempo cronológico, também é dinheiro.

10.3 Aspectos comportamentais na administração do capital de giro

No presente capítulo, foram discutidas em linhas gerais as principais implicações de vieses comportamentais na tomada de decisão financeira. A partir de agora, serão vistas, com base nestes conceitos, as principais aplicações destas teorias voltadas para as diversas atividades da administração do capital de giro (ACG). Como vimos nos capítulos anteriores, resumidamente a ACG é composta de cinco subitens principais:

1. a gestão de crédito;
2. a gestão de estoques;
3. a gestão de financiamentos;
4. a gestão da tesouraria;
5. a gestão de tributos.

10.3.1 Aspectos comportamentais na gestão de crédito

A concessão do crédito está relacionada a uma preferência do consumidor por comprar certas mercadorias a prazo em vez de adquiri-las por pagamento a vista. A decisão para a compra a prazo é influenciada por fatores como disponibilidade de fluxo constante de capital no futuro, disponibilidade líquida de capital no momento da negociação, valor da parcela, juros embutidos no parcelamento, prazos concedidos, situação econômica do país, e por características individuais de perfis de personalidade. De maneira geral, quanto maior o índice de relação entre preço da utilidade e o poder de compra do consumidor, maior é a probabilidade de uma decisão para a compra a crédito quando o comerciante dispõe dessa opção no mercado.

A preferência para compras a crédito encontra explicação na teoria dos descontos hiperbólicos, especialmente nos casos em que a obtenção do bem é realizada no momento da negociação e os pagamentos se perduram por uma longa janela de tempo (alguns meses ou anos) em parcelas mínimas com altos juros embutidos. Isso é especialmente comum em empresas de vendas no varejo (que têm na administração do giro a sua principal fonte de geração de valor) e em alguns planos de governo de financiamento de imóveis a longo prazo. Quando a parcela mensal não impacta tanto o orçamento salarial, mesmo que o montante das prestações a longo prazo implique um gasto duas vezes maior do que a compra a vista (por conta dos juros embutidos), segundo a teoria dos descontos hiperbólicos, as pessoas no geral tendem a subavaliar as perdas quando são postergadas por períodos mais extensos de tempo. Esta teoria ajuda também a compreender por que tendemos a postergar pagamentos (reforços negativos) se podemos dividi-los em várias parcelas menores no futuro do que pagarmos de uma só vez no momento da compra.

Com relação à situação econômica do país, pode haver aumento do crédito se os indicadores econômicos de crescimento (e desenvolvimento) forem favoráveis, implicando em uma maior capacidade de solvência. Como exemplo, temos que o aumento de vendas a crédito cresceu relativamente ao período anterior no ano de implantação do Plano Real, que determinou expectativas de maior estabilidade econômica futura e, assim, maior previsibilidade de ganhos e perdas (o que é também uma possível aplicação da teoria da preferência por expectativas e probabilidades conhecidas).

Curiosamente, um interessante estudo de Lakoff (2004) verificou que, com a instalação de crises, como a desvalorização da moeda argentina, e a perda de expectativas econômicas, ocorreu um grande aumento de vendas de medicamentos antidepressivos, o mesmo fenômeno ocorreu na crise financeira de 2008 e na europeia nos anos seguintes. Como uma via "neuroeconômica" de mão dupla, esta pesquisa indica que a frustração de expectativas possivelmente somada ao aumento da imprevisibilidade de ganhos e perdas futuras, devido à instabilidade econômica (gerando crise dos sistemas de crédito), pode ter também implicações diretas na saúde mental pública, atingindo grandes proporções sociais.

Fatores sazonais e cíclicos podem também influenciar a concessão do crédito. Países tropicais exportadores de matérias agrícolas podem ter maior crescimento econômico e disponibilidade de capital nos meses de safra; o aumento de poder de compra no final do ano, devido ao recebimento do décimo terceiro salário, também pode aumentar as vendas a prazo nos meses que antecedem este ganho.

Ainda, a aplicação da teoria de Kahneman e Tverski (1991) de comportamento em relação ao risco pode ter bastante influência na concessão de crédito. Muitas vezes, um fornecedor, diante de uma empresa em crise, tende a aumentar seu crédito e continuar fornecendo produtos, para tentar evitar quaisquer perdas. Contudo, se os indicadores contábeis da empresa endividada indicarem alto risco de falência, continuar fornecendo materiais não é a atitude mais racional a ser tomada.

No entanto, observa-se muitas vezes na prática este comportamento, o que pode ser explicado pelo viés comportamental de que as pessoas tendem a arriscar mais a fim de evitarem qualquer perda possível em uma loteria de probabilidades crescentes de perdas *versus* riscos.

Finalmente, algumas influências de características de personalidade (transitórias ou perenes) podem também exercer influência na concessão do crédito. A relação de concessão de crédito é uma relação de altruísmo recíproco. Se o gestor atravessa uma fase de declínio de sua autoestima, pode não acreditar que suas ações serão devidamente reconhecidas e retrucadas no futuro. Isso pode significar uma maior dificuldade na concessão do crédito, e, por conseguinte, a perda de oportunidades financeiras.

Por outro lado, alguém com motivação para elevar sua autoestima e estima no mercado, tendo tido no passado dificuldades de relacionamento social, pode arriscar por demasiado na concessão do crédito, acarretando custo de oportunidade de investimentos com prazos longos e aumento das estatísticas de insolvência de clientes.

Não por acaso, quando se fala em relacionamento com clientes, empregam-se no mercado palavras como *conquista* e *sedução*. Nesse sentido, até as relações amorosas, que envolvem altruísmo, expectativas e autoconfiança, podem fornecer indicadores de como os gestores enxergam seus clientes. Sem dúvida, o crédito é um voto de confiança que constitui um elemento poderoso do comerciante para promover estas relações, podendo ser usado também como estratégia de mercado. Assim, poderão enfrentar, em dados momentos, problemas com o crédito as pessoas que tenham dificuldades de relacionamento tanto em casos de excesso de expectativas quanto de excesso de cautela social.

10.3.2 Aspectos comportamentais na gestão de estoques

Sobre a política de estocagem, pode-se dizer que o acúmulo de grandes estoques representa um tampão sobre os problemas de fluxo de produção em uma empresa. Manter um grande estoque sem dúvida pode eliminar no dia a dia uma série de preocupações relacionadas ao direcionamento da produção e do fluxo de materiais. Como já evidenciado em capítulos anteriores, apesar disso, esta sobre-estocagem pode representar grandes prejuízos por conta de fatores como perda de espaço, fiscalização, aumento do número de funcionários, furtos, perda de oportunidades, além dos custos financeiros.

A política de sobre-estocagem pode representar um importante viés psicológico da equipe gerencial, que talvez esteja optando pela concentração do capital neste item por uma tendência subjetiva de aversão ao risco de falhas no fluxo produtivo de materiais. Esta atitude pode significar falhas na liderança, na comunicação interpessoal e no planejamento da produção/do fluxo de materiais.

De acordo com os princípios da moderna administração e da racionalidade, deve-se, de maneira geral, manter o estoque em níveis próximos do mínimo. No entanto, em algumas situações específicas, contrariando esta tendência, manter um estoque maior do que o necessário pode ser uma estratégia de geração de vendas. Se o estoque for usado, por exemplo, para ficar nas vistas do consumidor como estratégia de marketing e de vendas, pode ser compensatório manter um grande volume de materiais disponíveis, desde que estes fiquem sempre à mostra do comprador.

É bastante conhecida no varejo, por exemplo, a estratégia de exibir prateleiras e galpões sempre cheios de produtos em supermercados, e em alguns bares e restaurantes. O efeito psicológico de o consumidor visualizar grandes estoques pode ser demonstrar solidez econômica, variabilidade de opções para atender a gostos diferentes, além do simples efeito estético que possuem alguns tipos de mercadoria, especialmente quando de marcas variadas. Exercitar a escolha dentre vários produtos similares é uma tarefa de aprendizado e, como o aprendizado lógico pode gerar prazer, esta escolha pode ser altamente prazerosa para o consumidor. A exibição de estoques pode ser, portanto, uma estratégia para conquistar clientes e promover o crescimento.

Apresentar variedade de itens de estoque pode, ainda, aumentar a venda pelo fato de que uma nova(s) possibilidade(s) de escolha, mesmo quando não desperta(m) para si muito interesse, pode(m) promover a opção de compra por uma alternativa até então pouco atraente. Ou seja, a existência da variedade aumenta o desejo de exercitar a escolha (e, por conseguinte, a compra).

De modo geral, o estoque deve ser direcionado ao comportamento do consumidor. Acumular estoques pode ser também estratégico se há variação grande de preços e de procura em ocasiões posteriores. Por exemplo, pode ser útil comprar os ingredientes da cesta de natal dos funcionários em outubro, considerando que em novembro e dezembro estes itens sobem de preço por causa do aumento da demanda.

Naturalmente, há em alguns setores como o varejo um aumento de vendas nos finais de semana, em véspera de feriados, datas festivas, semana do pagamento. Podemos evidenciar uma importante aplicação da teoria dos descontos hiperbólicos, na qual a preferência por recompensas imediatas reflete muitas de nossas escolhas: sendo o salário a coroação mensal do trabalhador por um mês da venda de sua capacidade de trabalho, podemos compreender melhor por que a busca da conversão dos seus recursos financeiros em *commodities* é maior na semana do pagamento.

O conteúdo do estoque também pode sofrer influência da variação sazonal dos comportamentos humanos. Por exemplo, uma fábrica de refrigerantes tem maior necessidade de estoques durante o período de verão, pois o consumo de bebidas refrescantes é maior durante as estações mais quentes. Por outro lado, um comércio varejista poderá alavancar sua venda de bebidas quentes, como conhaque e uísque, no período de inverno, necessitando de maior estoque destes produtos.

Pode haver, contudo, influências de alguns vieses comportamentais que fogem à racionalidade na gestão de estoques. No momento da compra, pode haver uma superavaliação por parte do gestor daqueles objetos com os quais este mais se identifica, aos quais atribui um "valor subjetivo ou sentimental". Como vimos, quanto maior o valor subjetivo atribuído a um objeto, maior a tendência a atitudes financeiras de risco para obtê-lo. Como exemplo, um maior valor subjetivo atribuído a um determinado item do estoque pode significar uma compra por preços acima do mercado. Se nesta compra não houve uma adequada procura pelas ofertas mais baixas e foi fruto de uma ânsia pela rapidez de obtenção, nesta atitude podem ser aplicáveis também os conceitos dos descontos hiperbólicos (preferências por ganhos imediatistas).

Estados emocionais e tendência a certos transtornos mentais podem também influenciar negativamente a avaliação da necessidade de estoques. Episódios de tristeza ou depressão podem, como mencionado, inclinar para uma direção de compras em excesso, tendo em vista que, de acordo com o experimento da influência de emoções prévias, citado anteriormente, o fato de comprar bens materiais pode dar uma sensação de alívio temporário para estas morbidades. A aquisição de bens, como comentado, pode diminuir a sensação de insegurança e do sentimento de falta de proteção, decorrentes desses estados.

Essa tendência continua valendo se os bens são adquiridos para uso próprio ou para a empresa, pois o incremento de *commodities* no setor de trabalho também pode ser um importante fator de aumento de sensação de bem-estar. Como exemplo, ao chegarem a nosso setor de trabalho computadores ou móveis novos em substituição aos antigos, geralmente decorre disso uma sensação de prazer, independentemente se estes bens são próprios ou da empresa em que trabalhamos.

Sobre os transtornos mentais, devemos ressaltar que as compulsões (ou "transtornos obsessivos-compulsivos") podem ter uma implicação eventual direta com as compras do estoque. Verificou-se, por exemplo, uma relação de comorbidade entre compulsão por ingestão de alimentos e por compras desenfreadas. Um nome específico é dado para os indivíduos que apresentam este último distúrbio, o de compradores compulsivos.

De uma maneira lógica, patologias como transtornos de ansiedade e alguns tipos de depressão apresentam comorbidade com transtornos compulsivos. No entanto, não necessariamente todas as compulsões refletirão em compras desenfreadas, podendo a patologia se apresentar em diversas outras formas de comportamentos compulsivos.

Nesse sentido, é importante que se atente para tendências a transtornos compulsivos de compra, pois podem levar a uma supervalorização da necessidade de estoque e a uma aquisição exacerbada do mesmo.

A educação financeira na infância, por sua vez, também pode influenciar o comportamento de um gestor na avaliação de sua necessidade de estoques. Uma educação paterna voltada para uma política de privações materiais na infância como estratégia de economia de recursos pode levar a uma postura no adulto de uma atitude de subestimar a necessidade de estoques, através da minimização em excesso das compras.

Por outro lado, um excesso de bens materiais na infância (em especial se por uma forma de compensação de afeto deficiente) pode levar indivíduos na vida adulta a políticas de sobreaquisição de bens materiais, ou à aquisição eventual de materiais supérfluos. Isso acontece especialmente se a sensação de "segurança" e demonstração de afetividade é condicionada ao ganho de bens durante a educação infantil, o que pode gerar adultos com um direcionamento para manter grande quantidade de bens visíveis à disposição. Historicamente, ainda, há toda uma cultura (talvez com forte influência da economia da colonização ibérica) de que necessariamente a "segurança" e a "solidez" da empresa estariam representadas no patrimônio visível, seja ele sob a forma de construções, seja sob a forma de estoques.

Com efeito, esta postura se mostrou viável nas primeiras fases históricas do desenvolvimento capitalista, mas, com o advento de políticas como terceirização, métodos de fornecimento *just-in-time* e modernas inovações de transportes, logística e comunicação, assim como de administração de ganho do capital financeiro, esta ideia do patrimônio "construído" e baseado em bens à disposição vem tornando-se menos competitiva na maioria dos casos no nosso mercado.

10.3.3 Aspectos comportamentais na gestão dos financiamentos

Nesta seção serão discutidas algumas implicações neuropsicológicas que eventualmente podem influenciar decisões que envolvem as decisões de gestão de tesouraria e captação de recursos por financiamento, seja do ponto de vista da agência financeira quanto do empresário que busca crédito financeiro através de capital de terceiros.

Quando se pensa em administrar o capital de giro no início do funcionamento de uma empresa, é razoável que se planeje onde conseguir este capital.

Assim, a primeira decisão é naturalmente a escolha da agência financiadora (ou banco), que, se seguirmos critérios racionais, será aquela que apresentar uma melhor relação custo-benefício em uma avaliação que inclui a pesquisa das menores taxas de juros, os melhores prazos de pagamento e a melhor concessão de volume de crédito.

No entanto, muitas vezes, verificamos que os gestores de pessoas jurídicas, especialmente os de pequenas e médias empresas, muitas vezes escolhem seu banco por simples questões de proximidade (localização), ou pela disponibilidade de agências na região ou no país. O efeito psicológico de uma ampla rede de agências é o de "estabilidade e força financeira", o que pode tornar o banco mais atrativo por parecer mais "sólido" e "seguro". No entanto, tanto a localização quanto a disponibilidade de agências não refletem necessariamente segurança de um banco.

O fato de se tomar uma decisão de escolha baseada na localização de um banco reflete uma tendência comportamental na obtenção de recursos chamada "Teoria do Forrageamento Ótimo", de acordo com a qual os animais superiores (aí incluindo o homem nas sociedades nômades) baseariam suas decisões de obtenção de recursos de modo a despender o mínimo de energia e obter o máximo possível dela. A energia obtida através do alimento é especialmente crítica em todo o filo dos vertebrados, de maneira que uma decisão imprecisa de um balanceamento errôneo de recompensas energéticas pode determinar a morte ou a sobrevivência de um indivíduo.

Se para um chimpanzé existe um cacho de bananas na árvore mais próxima, não há por que ir predar um ninho de ovos localizado na árvore mais alta de um sítio de alimentação. Considerando que herdamos esta tendência genética para obtenção de recursos, isso pode explicar por que negócios ligados à alimentação e à obtenção de recursos, como restaurantes e agências bancárias, apresentam sucesso quando estão localizados em áreas de intensa concentração de escritórios e sedes de empresas, e por isso de alta circulação de pessoas.

Outro fator importante na relação de uma empresa com os bancos é a relação com o gerente financeiro da agência. Uma relação de confiança e estabilidade pode permitir a permanência de uma empresa por vários anos seguidos atrelada a um banco. Muitas vezes passa a ser a pessoa do gerente, mais do que o banco, que determina a fidelidade dos clientes.

Tal relação envolve aspectos como empatia pessoal, percepção subjetiva de aspectos de personalidade, habilidade de avaliação de risco e capacidade de negociação. Mas, em especial, a relação entre gerente e cliente tende a envolver os preceitos já evidenciados do altruísmo recíproco.

Muitas vezes, as pessoas físicas e jurídicas (através de seus gerentes) realizam aplicações financeiras com o mesmo gerente financiador que concede o crédito, a fim de beneficiá-lo também com estas aplicações. As pessoas, naturalmente, têm a compulsão, por causa de princípios como Forrageamento Ótimo e Altruísmo Recíproco, em manter suas relações-fonte de recursos e retribuir as gentilezas, investindo seu excedente com o mesmo gerente que realizou a concessão de seu financiamento.

No entanto, no mundo financeiro atual, estes são negócios independentes, e as agências financeiras na verdade obtêm seu lucro de ambas as partes. No geral, os princípios da racionalidade indicam que se deve procurar as melhores taxas de rentabilidade quando da decisão de investimento, independentemente das relações interpessoais favoráveis pregressas com os agentes financeiros. Investir o capital necessariamente na mesma instituição financiadora pode ser mais cômodo e até aumentar um pouco a empatia com o gerente, mas também pode significar um importante custo de oportunidade.

Evidentemente, o gerente pode experimentar também a influência de emoções prévias que possam influenciar sua decisão de concessão de crédito a seus clientes. Se, por exemplo, houve uma disputa jurídica conjugal com sua esposa em processo de divórcio no dia anterior à negociação de crédito, o gerente pode negar um volume de crédito que disporia se não estivesse sendo afetado por emoções negativas de sua vida pessoal. Se, por outro lado, estiver voltando de férias de uma viagem paradisíaca pelas ilhas gregas, este mesmo gerente pode eventualmente ceder mais crédito do que o usual.

Cabe aqui ressaltar que também o tipo de educação financeira dada pelos pais/tutores na infância pode influenciar bastante as decisões de financiamento na idade adulta. Se, por exemplo, os pais/tutores tiverem negado recursos (ou mesmo atenção devida) para os filhos quando os tinham disponíveis, isso pode levar na idade adulta a uma dificuldade natural para pedir recursos para agências financiadoras.

Por outro lado, pais "superprotetores", que tenham criado na infância uma situação artificial de abundância de recursos e satisfação incontinenti dos desejos das crianças, podem gerar adultos superotimistas com relação à concessão de crédito, com a concepção, por assim dizer, quase "mística", de que "o mundo conspira a seu favor", e necessariamente "todos lhes darão crédito quando for preciso".

Assim, a expectativa de crédito para capital alavancado deve ser pensada criteriosamente, e tendo em mente que em especial as instituições financeiras irão avaliar esta concessão com base em informações objetivas e estatísticas (seguindo o princípio do *manage by numbers*, ou gerenciamento pelos números), com um peso muito maior do que uma conversa simpática e amigável com o gerente do banco.

10.3.4 Aspectos comportamentais na gestão da tesouraria

Na administração do giro, muitas vezes há disponibilidade de capital e oportunidade para aplicações financeiras, de modo a permitir o aumento dos ganhos. As escolhas de aplicação são determinadas tanto por critérios de racionalidade quanto por percepções subjetivas de cada investidor.

Podemos tecer a primeira aplicação da teoria comportamental nas aplicações do giro. A tendência de aversão ao risco na maioria das pessoas determina quase sempre investimentos em fundos com probabilidades conhecidas de taxas de valorização, embora estas taxas sejam relativamente baixas quando se comparam, por exemplo, às médias de rentabilidade de aplicações no mercado financeiro em ascensão. Pode haver também uma procura por certos fundos influenciada simplesmente por uma tendência de comportamento de massa, como vimos no efeito manada, quando o peso da responsabilidade de decisões individuais é diminuído se nos inserimos em um comportamento de massa, o que não necessariamente diminui o risco das atitudes. Ao se adotar um comportamento seguido pela massa, aumenta a sensação de inserção no grupo e de maior coesão com o mesmo, o que de um modo geral aumenta o sentimento de segurança.

No entanto, em comportamentos de massa, as oportunidades de ganho são relativamente menores do que em comportamentos individuais. Muitas vezes, o gestor pode enxergar possibilidades mais rentáveis de aplicação fora das tendências de massa.

Deve-se ressaltar, porém, que alguns vieses psicológicos importantes podem influenciar estas decisões, como aqueles comentados nas heurísticas comportamentais.

10.3.5 Aspectos comportamentais na gestão dos tributos

Em nosso país, observamos um alto índice de sonegação se nos compararmos com outras economias em desenvolvimento. O Brasil também é o país onde o valor da carga tributária em relação ao Produto Interno Bruto está entre os maiores do mundo. A alta incidência de casos conhecidos de desvio de verbas públicas, assim como a baixa aplicação do investimento tributário na esfera social (a maior parte dos tributos federais é revertida para pagamento de juros da dívida externa), podem acarretar no contribuinte a sensação de que ele não visualiza o retorno da aplicação de seu imposto na realidade em que vive.

As altas taxas cobradas, aliadas a esta falta de visualização de retorno social de tributos, ao excesso de burocracia e complexidade, que tem sido frequente na história de nosso país, podem ser consideradas as maiores causas do desenvolvimento de uma "cultura de sonegação". A própria palavra *imposto*, já consagrada no uso comum com denotação de "imposição", em vez da palavra *tributo*, consagrada em outros países, já reflete a aversão histórica do brasileiro à convivência com esta modalidade de contribuição social.

Algumas alternativas de cobrança de tributos podem, no entanto, amenizar as estatísticas de sonegação. Como comentado no item Crédito, as pessoas, em geral, sentem menos as perdas financeiras quando os tributos são divididos em parcelas menores a serem pagas a prazos mais longos. Dessa forma, certos tributos de impacto mais diferenciado no orçamento podem apresentar maiores índices de sonegação se forem cobrados em uma única parcela.

10.4 Considerações finais e direcionamentos futuros

Nos capítulos anteriores, foram discutidos os princípios racionais da administração do capital de giro, enfatizando os métodos de obtenção, aplicação e geração de valor a partir dessa atividade.

Neste capítulo, foram apresentados os conceitos e a formação básica do tema. Ao longo do capítulo, foram discutidos alguns princípios comportamentais influentes na gestão do capital de giro que contrariam esta tendência a uma administração financeira puramente técnica.

Aqui, foi enfatizado que não é possível fugirmos de nossas tendências comportamentais, psicológicas e evolutivas, e, portanto, devemos conhecê-las para melhor lidar com elas na administração do capital de giro.

Algumas tendências patológicas têm sua aplicação mais específica em determinados pontos da administração do capital de giro, como é o caso das compulsões para as compras e a gestão de estoques; outras têm uma aplicação mais geral, como é o caso do transtorno de hiperatividade e déficit de atenção e a dificuldade para percepção de perdas e benefícios posteriores.

Uma vez tendo conhecimento dos vieses comportamentais e das tendências individuais para desequilíbrios comportamentais, pode-se investir em uma reeducação financeira, através de técnicas de condicionamento já aplicadas pela psicologia cognitiva e pela neolinguística. Os gestores de RH podem também, efetuando uma aplicação racional das finanças comportamentais, diminuir o risco de acidentes financeiros nas empresas, através do direcionamento adequado de perfis de personalidade (e do redirecionamento, no caso de desequilíbrios temporários) para os diversos setores da administração financeira.

Para grandes empresas, uma experiência interessante seria a mobilização de uma equipe financeira, na qual poderia ser incluído um profissional com formação em finanças comportamentais. Uma possível aplicação de uma gestão financeira considerando vieses comportamentais pode significar grande economia de recursos financeiros para as instituições, melhorando inclusive os índices estatísticos de falências e concordatas. A identificação dos vieses psicológicos dos gestores na tomada de decisão pode diminuir o risco dos mesmos, significando menos "acidentes" financeiros que sejam relativamente comuns no dia a dia das corporações.

No entanto, as finanças comportamentais, em que se inclui também a "neuroeconomia", constituem uma ciência relativamente recente que está avançando em um ritmo bastante rápido de conhecimento técnico.

Algumas áreas das finanças, como a dos mercados financeiros, têm ocupado até agora o lugar de maior destaque nas pesquisas comportamentais. As finanças corporativas, que constituem o tema deste livro, ainda carecem de estudos que dirijam aspectos teóricos para suas aplicações práticas.

Possíveis e importantes direcionamentos futuros na área comportamental para a gestão do giro talvez possam evidenciar as correlações entre perfis psicológicos e administração financeira, através de testes de perfil já tradicionalmente usados em psicologia.

Uma adaptação a estes testes para serem sensíveis a algumas tendências humanas na gestão financeira poderia representar um importante avanço na maximização de recursos corporativos.

Aspectos comportamentais como as heurísticas comportamentais, as tendências a depressão, a comportamentos de risco, a comportamentos de massa, a autossabotagem, a apego a certos bens materiais, a déficits de atenção, a não reconhecimento dos erros, a ansiedade/imediatismo, a estresse agudo e crônico, a ser atingido por emoções fortes poderiam ser, nesse sentido, também padronizados através de pesquisas e serem empregados nos testes e avaliações da rotina empresarial. O principal ganho com isso seria a definição de perfis mais apropriados para as diversas atividades da administração do giro, diminuindo tendências pessoais e situacionais para decisões que vão de encontro aos princípios de racionalidade expostos nos capítulos anteriores.

Uma gestão financeira comportamental mais criteriosa nas empresas também deveria, de acordo com o que foi exposto, enfatizar a inserção da equipe de medicina do trabalho para levantamento de dados a respeito de estresse e transtornos psíquicos nos trabalhadores, especialmente aqueles que lidam com administração de recursos financeiros. Pode-se montar um quadro comportamental evidenciando as áreas de focos de incidência destes transtornos, a fim de estabelecer ao mesmo tempo uma atividade proativa terapêutica e financeira para com estes indivíduos.

De um modo geral, um dos mais importantes objetivos das finanças comportamentais é a melhoria dos índices microeconômicos corporativos, aliada a um aumento da qualidade de vida do trabalhador. Se mais se conhece sobre a sua personalidade e sobre sua necessidade de reeducação ou redirecionamento, menos esforço se gasta com punições desnecessárias e com cobranças excessivas.

Por fim, ressaltamos que a ciência comportamental está em constante evolução. Com a introdução das técnicas modernas de estudo do comportamento e da mente humana, cada vez mais será possível esmiuçar detalhes de nossa tomada de decisões, e explicar comportamentos financeiros aparentemente não "racionais", e que há alguns anos permaneciam ainda para nós como uma incógnita.

Resumo

Inicialmente a hipótese de mercados eficientes e a concepção do *Homus Economicus* pressupõem a racionalidade do mercado e de todos os *players*, partindo da premissa que todos buscam os melhores resultados individuais com base em análises racionais, quantitativas e outras técnicas racionais.

Em contraponto a essa visão tradicional, surge o conceito de finanças comportamentais com argumentos capazes de explicar as distorções de mercado e a interferência da subjetividade humana nas decisões de gestão financeira.

Dentro das finanças comportamentais, diversas heurísticas tentam apresentar os vieses cognitivos que afetam a percepção e a tomada de decisão. Todos os gestores, assim como em todo processo administrativo, estão sujeitos a elas e envoltos a um processo psicológico, instintivo e social que distorce drasticamente toda a racionalidade proposta e sucumbe a diversos mecanismos que condicionam o comportamento humano.

Entender como se processam esses mecanismos de condicionamento é fundamental para entendermos as relações entre psicologia e finanças. Todas as análises de perspectivas futuras, de risco, de ganhos são baseadas no aprendizado a partir de outras pessoas (do condicionamento alheio) e do aprendizado ou condicionamento próprio.

O condicionamento operante, aquele que envolve, de um lado, a execução de comportamentos e, de outro, possíveis perspectivas de recompensas ou punições, é o que representa maior relevância nos estudos das finanças.

Administrar dinheiro não é nada mais do que administrar recursos. Os recursos na espécie humana possuem valor de autoconservação, valor reprodutivo e valor hedonístico (que geram prazer). Isso explica facilmente por que lidar com dinheiro pode "mexer" tanto com a emoção.

Na gestão de finanças, a autoanálise de emocionalidade deve ser uma tarefa cotidiana. Devem-se trabalhar métodos de avaliação contínua, para evitar que tendências de personalidade ou de momentos bons ou ruins possam influenciar negativamente as decisões financeiras.

Deve-se considerar também que há uma importante participação do componente "emocional", assim como do componente "racional", nas atitudes pessimistas e otimistas, que refletem a análise da perspectiva de aquisição de recursos.

O caso é que atitudes e orientações demasiadamente otimistas ou pessimistas podem interferir de diferentes maneiras na manutenção e na sobrevivência das organizações.

Emoções prévias, mesmo que não relacionadas com a esfera de preocupações da administração financeira, têm um peso considerável sobre as decisões de negociação monetária.

A autossabotagem, na interpretação psicanalítica clássica, está relacionada às "pulsões de morte" descritas por Freud. Já na psicologia evolutiva, poderia ser antes interpretada, na maioria das vezes, de modo mais ecológico, como uma situação de fuga e luta em situações de estresse.

Em uma administração financeira mais racional, cabe, pois, a constante tentativa de identificação e correção dos erros que implicam em perdas financeiras, mesmo que por vezes custe a humildade da admissão pública desses mesmos erros.

A categoria de doenças de que mais sofrem os executivos que lidam com finanças são os transtornos mentais. Estes incluem doenças graves como depressão maior e distúrbio obsessivo-compulsivo, ou transtornos mais leves, como transtornos de ansiedade e mesmo o estresse crônico. Esta categoria, em um estudo recente, superou as doenças coronarianas como tipicamente ocupacionais de cargos administrativos de gerência.

Grande parte desta propensão se deve às pressões e ao estresse da atividade administrativa. Um comportamento ou uma atitude mal planejada pode implicar por vias diretas ou indiretas em prejuízos financeiros para a empresa.

Uma carga de pressão e estresse é inerente à atividade da administração do capital de giro. O desempenho bom ou ruim desta atividade pode significar o sucesso, a sobrevivência ou a derrocada de uma organização.

A motivação é o desejo por algum objeto ou por executar algum comportamento influenciado por fatores fisiológicos, psíquicos e culturais. A motivação varia como uma função da privação – por exemplo, privação de comida, sede, ou a privação sexual. Essas necessidades internas motivam nosso comportamento e o orientam em direções específicas que nos levam a (ou afastam de) objetivos específicos.

A teoria do gene egoísta pressupõe que a evolução do comportamento humano e animal, aí sendo incluído o comportamento econômico, ocorreu na direção da perpetuidade dos próprios genes. Isso ajuda a explicar por que somos em geral mais tolerantes e altruístas com nossos parentes, filhos e netos do que com pessoas não aparentadas. Eles têm uma carga genética bem mais semelhante com a nossa do que a média da população.

No âmbito financeiro, esta teoria poderia explicar tantas sociedades estáveis fundadas e formadas por irmãos, especialmente quando estes participaram juntos da construção do patrimônio e da agregação de valor ao negócio.

Os sentimentos de ambição e de inveja, com seus respectivos comportamentos para minar autoridades estabelecidas, podem ter contribuído em um passado evolutivo para não permitir a concentração demasiada de poder quando o ser humano se organizava em pequenos grupos nômades, e, dessa forma, tornar a sociedade mais igualitária e não permitir grandes abusos de poder e decisões errôneas.

Diferenças entre perfis de risco em decisões econômicas e financeiras também podem ser relevantes entre os sexos. Além disso, estudos recentes têm revelado diferenças significativas no processo decisório em diversas faixas etárias de pessoas submetidas a alguns testes psicológicos. Isso pode ser teorizado pela necessidade maior no jovem de recompensas em curto prazo, à qual podem ser associadas maior necessidade de autoafirmação e de ascensão hierárquica no grupo, como também uma maior taxa de metabolismo cerebral, necessária ao seu aprendizado de sobrevivência e social.

Todos esses elementos influenciam na administração do capital de giro (ACG), mais especificamente em cada um de seus subitens principais: gestão de crédito, gestão de estoques, gestão de financiamentos, gestão de tesouraria e gestão de tributos.

Questões

1. Qual a principal divergência entre a teoria de mercados eficientes e as finanças comportamentais?

2. Quais são as principais contribuições das finanças comportamentais para a Gestão do Capital de Giro?

3. A maneira como somos educados na infância pode ter relação com nossa perspectiva de gerenciamento de estoques, financiamentos, crédito e aplicações? Quais as bases científicas e psicanalíticas envolvidas?

4. O estudo do condicionamento operante é importante para entendermos a base neurofisiológica da realização de negócios e operações financeiras. Comente e dê exemplos relativos à concessão de crédito e aplicações financeiras.

5. A que se propõe a nova ciência da Neuroeconomia ou Economia Comportamental? Que técnicas utilizam?

6. É possível ter uma expectativa neutra diante de um fenômeno em que estejam envolvidos perdas e ganhos de recursos, mesmo que o cálculo de probabilidades matemáticas seja zero? Explique sua resposta.

7. É possível, na gestão financeira do capital de giro, tomar uma decisão completamente racional? Qual a função da "racionalidade" em uma perspectiva temporal de obtenção de recursos? Explique suas respostas.

8. Qual a distinção entre "estresse crônico" e "estresse agudo"? Situações de estresse em algum momento podem ser benéficas? Quais os malefícios econômico-financeiros para um administrador de capital de giro sob estresse crônico?
9. Identifique três situações, explicitando a causalidade, em que esteja envolvida a autossabotagem na administração financeira do capital de giro.
10. Comente sobre algumas aplicações da teoria comportamental e da Neuroeconomia sobre a administração de capital de giro.

Referências

AGUIAR, Renato Aparecido; SALES, Roberto Moura; SOUSA, Lucy Aparecida de. Um Modelo *Fuzzy* Comportamental para análise de sobrerreação e sub-reação no mercado de ações brasileiro. *Rev. adm. empres.* [online]. 2008, v. 48, nº 3, p. 8-22. ISSN 0034-7590.

AKITSUKI, Y. et al. Context-dependent cortical activation in response to financial reward and penalty: an event-related FMRI study. *Neuroimage*, 19(4), p. 1674-1685, Aug. 2003.

ALBERT, P. R.; LEMONDE, S. 5-HT1A receptors, gene repression, and depression: guilt by association. *Neuroscientist*, 10(6), p. 575-593, Dec. 2004.

ARAUJO COUTO, H. Fadiga psíquica entre operadores. *Cadernos Ergo*, nº 3, Belo Horizonte, 1982.

BARBER, B. M.; ODEAN, T. Boys will be boys: gender, Overconfidence, and Common Stock Investment. *Quarterly Journal of Economics*, 2000.

BAZERMAN, M. H. *Judgment in managerial decision making*. 5. ed. New York: Wiley, 2002.

BERRIDGE, Kent C. Pleasures of the brain. *Brain and Cognition*, 52, p. 106-128, 2003.

BLUM, K. et al. Reward deficiency syndrome: a biogenetic model for the diagnosis and treatment of impulsive, addictive, and compulsive behaviors. *J Psychoactive Drugs*, 32 Suppl, i-iv, 1-112, Nov. 2000.

CABANAC, M. et al. Pleasure in decision-making situations. *BMC Psychiatry*, 2(1), p. 7, 2002.

CAMERER, Colin. Behavioral economics: reunifying psychology and economics. *Proc Natl Acad Sci USA*, 96 (19), p. 10575-10577, 14 Sept. 1999.

_____. Psychology and economics: strategizing in the brain, 300(5626), p. 1673-1675, 13 June 2003.

CARLTON, P. L. et al. Attention deficit disorder and pathological gambling. *J Clin Psychiatry*, 48(12), p. 487-488, Dec. 1987.

CAROL, R. et al. *Anthropology*. 10. ed. Englewood Cliffs: Prentice Hall, 2002.

CASEBEER, William D. Moral cognition and its neural constituents. *Nature*, p. 841-846, 2004.

CÉREBRO consome diariamente 30% de calorias, *Folha de S. Paulo*, São Paulo, 24 nov. 2000.

CHAOULOFF, Francis. Serotonin, stress and corticoids. *Journal of Psychopharmacology*, 14(2), p. 139-151, 2000.

COELHO, M. et al. Assessment of time perception: the effect of aging. *J Int Neuropsychol Soc.*, 10(3), p. 332-341, May 2004.

COLANGELO FILHO, L. *Implantação de sistemas ERP*. Porto: Lello, 2001.

CONSTITUIÇÃO BRASILEIRA de 1988. Com as modificações verificadas até a Emenda Constitucional 9/95. Disponível em: <www.edutec.net/Leis/Gerais/cb.htm>.

CRICK, F.; KOCH, C. A framework for consciousness. *Nature Neuroscience*, p. 6119-6126, 2003.

DAMÁSIO, António. *O erro de Descartes*. São Paulo: Companhia das Letras, 1996.

DARWIN, Charles. *The origin of species*. New York: Penguim Books, 1968.

DASGUPTA, P.; MASKIN, E. Uncertainty, waiting costs, and hyperbolic discounting revised, 2002.

DAWKINS, Richard. *The selfish gene*. New York: Oxford University Press, 1976.

DEL NERO, H. S. A base biológica do prazer. *Viver – Mente e Cérebro*, nº 144, p. 94-95, jan. 2005.

DESCARTES, René. *O discurso do método*: regras para a direção do espírito. São Paulo: Martin Claret, 2002.

DI CHIARA, G. et al. Dopamine and drug addiction: the nucleus accumbens shell connection. *Neuropharmacology* 47, p. 227-241, 2004.

ELDER, Alexander. *Como se transformar num investidor de sucesso*. Rio de Janeiro: Elsevier, 2004.

FEHR, E.; SUZANN-VIOLA, Renninger. O paradoxo do samaritano. *Viver – Mente e Cérebro*, nº 144, p. 80-87, jan. 2005.

_____; GÄCHTER, S. Altruistic punishment in humans. *Nature* 415, p. 137-140, 2002.

FELTON, J. S. Burnout as a clinical entity – its importance in health care workers. *Occup Med*, 48(4), p. 237-250, May 1998.

FLORACK, A.; SCARABIS, M. Poderes invisíveis. *Viver – Mente e Cérebro*, nº 144, p. 30-39, jan. 2005.

FREUD, Sigmund. *The basic writings of Sigmund Freud*. New York: Random House,1938.

FUCHS, E.; FLUGGE, G. Social stress in tree shrews: effects on physiology, brain function, and behavior of subordinate individuals. *Pharmacol Biochem Behav*, 73(1), p. 247-258, Aug. 2002.

GLIMCHER, P. W.; RUSTICHINI, A. *Neuroeconomics*: the consilience of brain and decision. *Science*, 306, p. 447-452, 2004.

HAMMOND, J. S.; KEENEY, R. L.; RAIFFA, H. The hidden traps in decision making. *Clin Lab Manage Rev.*, 13(1), p. 39-47, Jan./Feb. 1999.

HOLT, Charles A.; ROTH, Alvin E. The Nash equilibrium: a perspective. *Proc Natl Acad Sci*, 101 (12), p. 3999-4002, 23 Mar. 2004.

HOUDÉ, O.; MAZOYER, Nathalie T. Neural foundation of logical and mathematical cognition. *Nature Ver. Neurosc*, v. 4, p. 507-514, 2003.

HUME, David. *Investigação sobre o entendimento humano* [1748]. Tradução de Anoar Aiex. Lisboa: Edições 70, 1998.

JOHNSON, E. J.; TVERSKY, A. Affect, generalization, and the perception of risk. *Journal of Personality and Social Psychology*, 45, p. 20-31, 1983.

JOSHUA, D. et al. *The neural bases of cognitive conflict and control in moral judgment neuron*, v. 44, p. 389-400, 2004.

KAHNEMAN D.; KNETSCH, J. K.; THALER, R. H. Anomalies: the endowment effect, loss aversion, and status quo bias. *Journal of Economic Perspectives*, 5(1), p. 193-206, 1991.

_____; TVERSKY, A. Prospect theory: an analysis of decision under risk. *Econometrica*, v. 47, p. 263-291, 1979.

_____; _____. Choices, values and frames. *American Psychologisti*, 39, p. 341-350, 1984.

KANDEL, E. R.; SCHWARTZ, J. H.; JESSEL, T. M. *Principles of neural science*. 3. ed. Normwalk: Appleton and Lange, 1991.

KANSAKU, K.; KITAZAWA, S. Imaging studies on sex differences in the lateralization of language. *Neurosci Res*, 41(4), p. 333-337, Dec. 2001.

KANT, Immanuel. *Crítica da razão pura*. São Paulo: Martin Claret, 2002.

KANTROWITZ-GORDON, I. The oxytocin factor: tapping the hormone of calm, love and healing. *J Midwifery Womens Health*, 50(1), Jan./Fev. 2005.

KELLEY, A. E. Genetic and genomic approaches to reward and addiction. *Neuropharmacology*, 47, nº 1, p. 101-110, 2004.

KENTNER, M.; CIRÉ, L.; SCHOLL, J. Psychosocial and clinical risk factor profiles in managers. *Int Arch Occup Environ Health*, p. 33-40, 2000.

KIMURA, Herbert; BASSO, Leonardo Fernando Cruz; KRAUTER, Elizabeth. Paradoxos em finanças: teoria moderna *versus* finanças comportamentais. *Rev. adm. empres.* [online]. 2006, v. 46, nº 1, p. 41-58. ISSN 0034-7590.

KORTE, S. M. Corticosteroids in relation to fear, anxiety and psychopathology. *Neurosci Biobehav Rev*, 25(2), p. 117-142, Mar. 2001.

LAKOFF, A. The anxieties of globalization: antidepressant sales and economic crisis in Argentina. *Soc Stud Sci*, 34(2), p. 247-269, Apr. 2004.

LEMGRUBER, V. As bases científicas da psicoterapia. *Viver – Mente e Cérebro*, nº 144, p. 24-28, jan. 2005.

LEONARD, B.; MILLER, K. *Stress, the immune system, and psychiatry*. Chichester: John Wiley, 1995.

LERNER, S. J.; DEBORAH, A. S.; LOEWENSTEIN, G. Heart strings and purse strings: carryover effects of emotions on economic decisions psychological science. *American Psychological Society*, p. 337-341, 2004.

_____; KELTNER, D. Fear, anger, and risk. *Journal of Personality and Social Psychology*, 81, p. 146-159, 2001.

_____ et al. Effects of fear and anger on perceived risks of terrorism: a national field experiment. *Psychological Science*, 14, p. 144-150, 2003.

_____; LOEWENSTEIN, G. Heart strings and purse strings: carryover effects of emotions on economic decisions. *Psicological science*, p. 337-341, 2004.

LIMA, Murillo Valverde. Um estudo sobre finanças comportamentais. *RAE electron*. [online]. 2003, v. 2, nº 1, p. 0-0. ISSN 1676-5648.

LIU, Z. et al. DNA targeting of rhinal cortex D2 receptor protein reversibly blocks learning of cues that predict reward. *Proc Natl Acad Sci U S A*, 101(33), p. 12336-12341, 17 Aug. 2004.

LOCKE, John. *An essay concerning humane understanding*. v. I. MDCXC 2004.

LOEWENSTEIN, G.; O'DONOGHUE, T.; RABIN, M. Projection bias in predicting future utility. *The Quarterly Journal of Economics*, p. 1209-1249, Nov. 2003.

MACY, M. W.; FLACHE, A. Learning dynamics in social dilemmas. *Proc Natl Acad Sci*, 99 (Suppl. 3), p. 7229-7236, 14 May 2002.

MANNING, Aubrey. *An introduction to animal behaviour*. London: Edward Arnold, 1967.

MATIAS, Alberto Borges. *Instituto jurídico da concordata no Brasil como instrumento de recuperação econômica e financeira das empresas*. 1992. Tese (Doutorado) – Faculdade de Economia, Administração e Contabilidade da USP, São Paulo.

MCCLURE, S. M.; YORK, M. K.; MONTAGUE, P. R. The neural substrates of reward processing in humans: the modern role of FMRI. *Neuroscientist*, 10(3), p. 260-268, June 2004.

MCEWEN, B. S. Plasticity of the hippocampus: adaptation to chronic stress and allostatic load. *Ann N Y Acad Sci*, 933, p. 265-277, Mar. 2001.

MINISTÉRIO DO TRABALHO. Doenças Relacionadas ao Trabalho. Manual de Procedimentos para Serviços de Saúde. Portaria MS 1339/1999.

MITCHELL, J. E. et al. The relationship between compulsive buying and eating disorders. *Int J Eat Disord*, 32(1), p. 107-111, July 2002.

MOHN, A. R.; YAO, W. D.; CARON, M. G. Memory and addiction: shared neural circuitry and molecular mechanisms. *Neuron*, 44(1), p. 161-179, 30 Sept. 2004.

MOLDEN, D. *Managing with the power of NLP*: neuro-linguistic programming for competitive advantage. London: Pearson Professional, 1996.

MURPHY, K.; BARKLEY, R. A. Attention deficit hyperactivity disorder adults: comorbidities and adaptive impairments. *Comprehensive Psychiatry*, v. 37, nº 6, p. 393-401, nov./dez. 1996.

NEUMANN, J. VON; MORGENSTERN, O. *Theory of games and economic behavior*. Princeton: Princeton University Press, 1944.

NÓBREGA, Mailson da. A carga tributária não é de 40% do PIB, mas... *O Estado de S. Paulo*, 11 jul. 2004.

O'NEIL, M. F.; MOORE, N. A. Animal models of depression: are there any? *Hum Psychopharmacol*, 18(4), p. 239-254, June 2003.

PANTER-BRICK, C. Sexual division of labor: energetic and evolutionary scenarios. *Am J Hum Biol*, 14(5), p. 627-640, Sept./Oct. 2002.

PASTORE, José. Mobilidade social e representação de classe. *O Estado de S. Paulo*, 14 set. 1999.

PIAGET, Jean. *The moral judgement of the child*. New York: Free Press, 1965.

PORGES, S. W. Social engagement and attachment: a phylogenetic perspective. *Ann N Y Acad Sci*, 1008, p. 31-47, Dec. 2003.

RABINOWICZ, T. et al. Structure of the cerebral cortex in men and women. J *Neuropathol Exp Neurol*, 61(1), p. 46-57, Jan. 2002.

RIZZOLATTI, G., FOGASSI, L.; GALLESE V. Neurophysiological mechanisms underlying the understanding and imitation of action. *Nature Rev. Neurosci*, 2, p. 661-670, 2001.

RUSSEL, B. *História do pensamento ocidental*. Rio de Janeiro: Ediouro, 2002.

SANFEY, Alan G. et al. The neural basis of economic decision-making in the ultimatum game. *Science*, v. 300, p. 1755-1758, 2003.

SANTOS, José Odálio dos; SANTOS, José Augusto Rodrigues dos. Mercado de capitais: racionalidade *versus* emoção. *Rev. contab. financ.* [online]. 2005, v. 16, nº 37, p. 103-110. ISSN 1808-057X.

SARTINI B. A. et al. Uma introdução a teoria dos jogos. BIENAL DA SOCIEDADE BRASILEIRA DE MATEMÁTICA, UNIVERSIDADE FEDERAL DA BAHIA, 2., Anais..., 25-29, out. 2004.

SAVAGE, L. *The foundations of statistics*. New York: Wiley, 1964.

SCHULTZ, Wolfram. Neural coding of basic reward terms of animal learning theory, game theory, microeconomics and behavioural ecology. *Current Opinion in Neurobiology*, 14, p. 139-147, 2004.

SHIUE, C. Y.; WELCH, M. J. Update on PET radiopharmaceuticals: life beyond fluorodeoxyglucose. *PET Radiol Clin North Am*, 42(6), p. 1033-1093, viii, nov. 2004.

SLOSBERG, M. Spinal learning: central modulation of pain processing and long-term alteration of interneuronal excitability as a result of nociceptive peripheral input. *J Manipulative Physiol Ther*, 13(6), p. 326-336, July/Aug. 1990.

SLOVIC, P. Perception of risk. *Science*, 236, p. 280-285, 1987.

SPINELLA, M.; YANG, B.; LESTER, D. Prefrontal system dysfunction and credit card debt. *Int J Neurosci*, 114(10), p. 1323-1332, Oct. 2004.

STOCKBURGER, W. T. CT imaging, then and now: a 30-year review of the economics of computed tomography. *Radiol Manage*, 26(6), p. 20-22, 24-27, 28-30, Nov./Dec. 2004.

SUZUKI, Daissetz Teitaro. *Introdução ao Zen-Budismo*. São Paulo: Pensamento, 2003.

TANIMOTO. H.; HEISENBERG, M.; GERBER, B. Experimental psychology: event timing turns punishment to reward. *Nature*, 430(7003), p. 983, 26. Aug. 2004.

TVERSKY, A.; KAHNEMAN, D. Judgment under uncertainty: heuristics and biases. *Science*, v. 185, p. 1124-1131, 1974.

VIGGIANO, D.; VALLONE, D.; SADILE, A. Dysfunctions in dopamine systems and ADHD: evidence from animals and modeling. *Neural Plast*, 11(1-2), p. 97-114, 2004.

VYGOTSKY, L. *Pensamento e linguagem*. São Paulo: Martins Fontes, 1988.

VYTHILINGAM, M. et al. Hippocampal volume, memory, and cortisol status in major depressive disorder: effects of treatment. *Biol Psychiatry*, 56(2), p. 101-12, 15 July 2004.

WARTELLA, J. et al. Single or multiple reproductive experiences attenuate neurobehavioral stress and fear responses in the female rat. Physiol Behav, 79(3), p. 373-81, Aug. 2005.

WARWICK, J. M. Imaging of brain function using SPECT. *Metab Brain Dis.*, 19(1-2), p. 113-123, June 2004.

WERNER, Dennis. *O pensamento de animais e intelectuais*: evolução e epistemologia. Florianópolis: Ed. da UFSC, 1997.

WHEN AND WHY do people avoid unknown probabilities in decisions under uncertainty? Testing some predictions from optimal foraging theory. *Cognition*, 72(3), p. 269-304, 26 Oct. 1999.

WRIGHT, Richard. *O animal moral*. Rio de Janeiro: Campus, 1996.

YOSHINAGA, C. E. et al. *Finanças comportamentais*: uma introdução. Semead, 7., *Anais*...

Posfácio

Assim, encerramos esta nossa obra. Esperamos que o leitor a tenha apreciado. Pode ter certeza de que a elaboramos tendo em mente a formação de profissionais financeiros em nível de excelência acadêmica.

Solicitamos que quaisquer sugestões para aperfeiçoamento nos sejam enviadas para o e-mail <matias@usp.br>. Desde já, agradecemos pelo seu tempo e pelas sugestões que nos enviar.

Aos professores, sucesso em sua jornada na formação de gestores financeiros; aos alunos, sucesso na carreira; aos profissionais de finanças, sucesso na administração do capital de giro.

Alberto Borges Matias

Formato	21 x 28 cm
Tipografia	Iowan 10/13
Papel	Offset Sun Paper 90 g/m² (miolo)
	Cartão Supremo 250 g/m² (capa)
Número de páginas	312
Impressão	Geográfica Editora

Sim. Quero fazer parte do banco de dados seletivo da Editora Atlas para receber informações sobre lançamentos na(s) área(s) de meu interesse.

Nome: _____
_____ CPF: _____ Sexo: ○ Masc. ○ Fem.
Data de Nascimento: _____ Est. Civil: ○ Solteiro ○ Casado

End. Residencial: _____
Cidade: _____ CEP: _____
Tel. Res.: _____ Fax: _____ E-mail: _____

End. Comercial: _____
Cidade: _____ CEP: _____
Tel. Com.: _____ Fax: _____ E-mail: _____

De que forma tomou conhecimento deste livro?
☐ Jornal ☐ Revista ☐ Internet ☐ Rádio ☐ TV ☐ Mala Direta
☐ Indicação de Professores ☐ Outros: _____

Remeter correspondência para o endereço: ○ Residencial ○ Comercial

Indique sua(s) área(s) de interesse:

○ Administração Geral / Management
○ Produção / Logística / Materiais
○ Recursos Humanos
○ Estratégia Empresarial
○ Marketing / Vendas / Propaganda
○ Qualidade
○ Teoria das Organizações
○ Turismo
○ Contabilidade
○ Finanças

○ Economia
○ Comércio Exterior
○ Matemática / Estatística / P. O.
○ Informática / T. I.
○ Educação
○ Línguas / Literatura
○ Sociologia / Psicologia / Antropologia
○ Comunicação Empresarial
○ Direito
○ Segurança do Trabalho

Comentários

_____
_____
_____

ISR-40-2373/83

U.P.A.C Bom Retiro

DR / São Paulo

CARTA - RESPOSTA
Não é necessário selar

O selo será pago por:

atlas

01216-999 - São Paulo - SP

REMETENTE:
ENDEREÇO: